SAS/ETS를 이용한

계량경제 · 금융자료 분석

박유성 · 김기환 지음

Analysis for Economic and Financial Data

Using SAS/ETS

자유아카데미

차 례

그림 차례

표 차례

머리말

이 책은 계량 경제학이나 수리 금융에 사용되는 선형모형분석 방법을 다루고 있다. 경제학이나 경영학에서 다루는 선형모형은 그 구조가 매우 복잡하며 상당한 수준의 통계적 수학적 지식이 전제되어야 이해가 가능하다. 계량경제학과 수리금융(또는 금융공학)에서 선형모형은 광범위하고 다양하게 응용되고 있는데도 불구하고 통계적 이론과 수학적인 기초에 지레 겁을 먹는 경우가 많다. 이 책은 고도의 통계적 · 수학적 지식이 없어도 자료의 특성에 따라 경제 · 금융자료를 분석할 수 있게 하려고 SAS/ETS를 이용한 사례분석을 비교적 자세하게 설명하려고 노력하였다.

이 책을 이해하는데 최소한의 지식은 행렬(matrix)의 이해이다. 선형모형의 이론적인 전개는 가능한 짧게 전개하였으며 추정치의 검정을 위한 근사분포는 될 수 있는 대로 생략하고 설명하였으므로 수학을 기본으로 엄밀한 이론적 접근이 필요한 석 · 박사과정 학생에게는 다소 부족한 점이 있다.

이 책은 크게 두 섹션으로 나눌 수 있다. 총 11개 장 중 2장~8장까지는 정상성 과정(stationary process)을 따르는 자료를 대상으로 하는 경제 · 금융 분석방법을 다루고 있고 9장~11장까지는 비정상성과정(non-stationary process)을 따르는 자료에 대한 모형과 통계적 추론을 다루고 있다. 종속변수의 차원에 따라 분류하면 2장~6장, 9장이 일변량 선형모형에 해당하며 7~8장, 10~11장은 다변량 선형모형에 해당한다.

또한, 여러 가지 시계열 자료 분석 기법은 5~6장과, 9~11장이며 이외는 엄밀하지는 않지만, 횡단면 자료 분석으로 나눌 수 있다. 그러므로 선형모형과 시계열 모형의 이해나 이들 두 모형을 접목하여 분석하고 변동성 예측에 대해 관심이 있는 독자는 1장~6장을 읽어보길 권하고, 단순하게 계량경제에서 사용되는 횡단면 자료 분석을 주로 하는 선형모형에 관심의 초점이 있는 독자는 1~4장, 7~8장을 공부하길 바란다. 9장~11장은 금융이론(특히, 금융공학)을 공부하는 학생은 반드시 공부해야 할 분야이다. 이 3개의 장을 이해하기 위해서는 1장~6

장의 완벽한 소화를 전제로 한다. 1장~6장, 9장~11장을 강의하면 1장~5장을 한 학기로, 6장 그리고 9장~11장을 두 번째 학기로 강의하는 게 적당하며 1~4장 그리고 7~8장을 강의하면 한 학기용으로 적당하다고 생각한다.

필자는 선형모형을 이론부터 시작하여 응용을 공부하는 과정에서 "이것은 어디에 쓰이지?", "왜 이걸 하지?" 하는 의문 때문에 수많은 시행착오를 거쳐 왔다. 실제 응용을 통해서 과거에 이해하지 못했던 이론의 함의를 파악하게 되었고 이론과 이론의 연결고리를 찾을 수 있었다.

이 책은 응용을 먼저 공부하고 "이 응용의 이론적 본질은 무엇이지?" 하는 의문을 자연스럽게 갖도록 구성되어있다. 이 책을 통해 선형모형의 광범위한 응용범위, 이 책에서 다루지 않은 일반화 선형모형(Generalized Linear Model), 생존분석 등과의 이론적인 연결고리, 그리고 이러한 선형모형의 통계적 추론 이론이 의외로 간단하다는 느낌을 받을 수 있다면 필자는 이 책을 쓴 소기의 목적을 달성한 것으로 생각한다.

일러두기

SAS의 분석결과는 다양한 형식으로 출력이 가능하지만, 요즘 가장 일반적으로 사용되는 방법은 HTML 형식을 이용하는 것이다. 이 형식은 보기도 좋고 편집도 용이하지만 출력결과를 자세히 설명하는 용도로는 다소 부족한 점이 있다. 원활한 내용 전개와 이 책의 특성인 자세한 설명을 잘 반영할 수 있도록 SAS/ETS 12.3의 분석결과를 과거의 형식인 text 형태로 제시하였다. 따라서 책에서 제시되는 결과물의 형식과 독자가 SAS/ETS를 직접 수행하여 얻는 결과의 형식이 다르더라도 과거의 답습이 아닌 한 줄씩 자세한 설명을 하기 위한 저자들의 노력으로 생각해주기 바란다. 추가적으로 설명하려는 위치를 정확히 제시하기 위해 다음과 같이 행번호가 함께 나타나게 하였다.

```
1
2
3    SAS/ETS program or output
4
5
```

위와 같은 형식은 프로그램을 제시하는 경우에도 함께 사용하였다. 본문에서 내용을 설명할 때, 프로그램의 행번호(1에서 5)는 진한 색상의 *P1*~*P5*로 표시하였고, 분석결과에서 행번호(1에서 5)는 연한 색상의 *R1*~*R5*로 표시하여 독자들이 쉽게 구분할 수 있도록 하였다.

이 책에서 설명한 SAS/ETS는 12.3 버젼으로 이 책이 출간되는 시점에서 가장 최신 판이다. 따라서 독자들이 사용하는 SAS/ETS와 버젼이 같지 않은 경우 분석에서 제시되는 결과물의 종류에 차이가 있을 수 있다. 프로그램이나 분석결과에 대하여 자세한 설명을 다루다 보니 많은 양의 자료와 프로그램이 본문에 포함되어있다. 사용된 프로그램과 자료는 자유아카데미(http://www.freeaca.com)의 자료실에 모두 업로드 하였으니 이를 받아서 사용할 수 있다.

CHAPTER 1

선형모형

1.1 선형모형의 정의

선형모형(linear model)은 어떤 변수 그룹을 또 다른 변수 그룹의 선형결합으로 설명하려는 시도를 모형화한 것으로 설명할 수 있다. 이를 좀 더 정확히 정의하기 위해 $h(x_1, x_2, \ldots, x_k; \beta_1, \beta_2, \ldots, \beta_k)$를 모수 $\beta_1, \beta_2, \ldots, \beta_k$와 변수 $x_1, x_2, \ldots, x_k$의 임의의 함수라고 하자. 변수 $x_1, x_2, \ldots, x_k$가 주어졌을 때 어떤 변수 y가 평균이 $h(x_1, x_2, \ldots, x_k; \beta_1, \beta_2, \ldots, \beta_k)$이고 분산이 σ^2인 확률변수라고 하면, 이 y를 어떻게 모형화할 수 있을까? 다음의 모형 (1.1)을 고려해 보자

$$y = h(x_1, x_2, \ldots, x_k; \beta_1, \beta_2, \ldots, \beta_k) + \epsilon \tag{1.1}$$

모형 (1.1)에서 ϵ을 평균이 0 분산이 σ^2인 확률변수(이를 오차항이라고 함)라고 가정하면 모형 (1.1)을 통해 $x_1, x_2, \ldots, x_k$가 주어졌을 때 평균이 $h(x_1, x_2, \ldots, x_k; \beta_1, \beta_2, \ldots, \beta_k)$이고 분산이 σ^2인 확률변수 y를 정의할 수 있을 것이다. 모형 (1.1)에서 함수 h가 모수 $\beta_1, \beta_2, \ldots, \beta_k$의 선형함수이면 이를 선형모형이라고 말한다. 선형모형의 대표적인 경우를 살펴보자. 다음의

모형 (1.2)는 y가 모수 $\beta_1, \beta_2, \ldots, \beta_k$의 선형함수이므로 선형모형의 정의를 만족한다.

$$y = \beta_1 x_1 + \beta_2 x_2 + \cdots + \beta_k x_k + \epsilon \tag{1.2}$$

특히 (1.2)와 같은 모형을 다중선형회귀모형(multiple linear regression model)이라고 한다. 다른 예들로 다음의 모형들을 고려하여 보자.

$$\begin{aligned} &① \quad y = \beta_1 x_1 + \beta_2 x_2^3 + \epsilon \\ &② \quad y = \beta_1 x^{\beta_2} e^{\epsilon} \\ &③ \quad y = \beta_1 x^{\beta_2} + \epsilon \end{aligned} \tag{1.3}$$

(1.3)의 모형 ①과 ②는 선형모형의 예들이고 모형③은 비선형모형의 예이다. 먼저 (1.3)의 모형 ①은 선형모형의 정의에 따라 비록 y가 x_2에 대해 비선형일지라도 모수 β_1과 β_2에 대해서 선형함수이므로 선형모형이 된다. 사실, $x_2^3 = x_2^*$로 놓으면

$$y = \beta_1 x_1 + \beta_2 x_2^* + \epsilon$$

이 되어 (1.2)에서 $k = 2$인 경우가 된다. 모형 ②는 양변에 자연로그를 취하면

$$\ln y = \ln \beta_1 + \beta_2 \ln x + \epsilon$$

가 되고 자연로그변환이 이루어진 곳에 '*' 표시를 하면 $y^* = \beta_1^* + \beta_2 x^* + \epsilon$가 되어 이 모형 역시 선형모형의 범주에 포함된다. 그러나 (1.3)의 모형 ③은 양변에 자연로그변환을 하더라도 모형 ①과 ②의 경우처럼 선형모형으로 표현할 수 없으므로 비선형모형으로 간주하게 된다.

1.2 다중선형회귀모형

다중선형회귀모형은 종속변수(dependent variable) y와 독립변수(independent variable) $x_1, x_2, \ldots, x_k$들과의 관계를 규명하기 위한 모형으로 (1.4) 처럼 표현한다.

$$y = \beta_1 x_1 + \beta_2 x_2 + \cdots + \beta_k x_k + \epsilon \tag{1.4}$$

다중선형회귀모형 (1.4)에서 ϵ을 오차항이라고 하고 $E(\epsilon) = 0$, $V(\epsilon) = \sigma^2$인 확률변수라는 가정을 많이 사용하며, $x_1 = 1$로 하여 β_1을 y의 절편(intercept)이라고 한다.

다중선형회귀모형에서 사용되는 가정 중에서 가장 중요한 하나는 $x_1, x_2, \ldots, x_k$가 y의 원인 (cause)이고 y는 $x_1, x_2, \ldots, x_k$의 결과(result)라는 가정일 것이다. 이러한 가정에 따라

변수 y는 (1.4)의 모형에 의해 모형 내의 $x_1, x_2, \ldots, x_k$에 의해 결정된다는 의미에서 내생변수(endogenous variable) 또는 종속변수라고 한다. 한편, 변수 $x_1, x_2, \ldots, x_k$ 는 모형 내에서 결정되지 않고 모형 밖에서 주어진다는 의미에서 외생변수(exogenous variable) 또는 독립변수라고 한다.

모형 (1.4)에서 종속변수와 독립변수 간의 선형관계의 규명은 모수 $\beta_1, \beta_2, \ldots, \beta_k$ 의 추정문제와 동일하게 되며, 모수 $\boldsymbol{\beta} = (\beta_1, \beta_2, \ldots, \beta_k)'$의 추정은 오차항 ϵ의 가정에 따라 크게 달라진다. 따라서 다중선형회귀모형은 오차항의 가정에 따라 서로 다른 특성이 있는 모형들로 나누어 볼 수 있다. 오차항 ϵ의 가정에 따른 다중선형회귀모형을 분류하기에 앞서 선형모형으로 분류할 수 있으나 모수 $\boldsymbol{\beta}$의 추정 관점에서 제외해야 할 모형들을 다음의 간단한 두 가지 예를 통해 살펴보도록 하자. 첫 번째는 모수에 의해 발생하는 예이고 두 번째는 독립변수에 의해 발생하는 예이다. 첫 번째 예로

$$y = \beta x^{\beta} e^{\epsilon} \tag{1.5}$$

을 생각해 보자. 이 모형은 (1.3)의 모형 ②에서 $\beta_1 = \beta_2$인 경우에 해당함을 알 수 있다. 모형 (1.5)의 양변에 자연로그를 취하면

$$\ln y = \ln \beta + \beta \ln x + \epsilon$$

이 되어 선형모형으로 분류할 수 있다. 모수가 $\ln \beta$와 β이므로 이들 두 모수의 추정치를 각각 $\widehat{\alpha}_1$과 $\widehat{\alpha}_2$라고 하면, $\widehat{\beta} = e^{\widehat{\alpha}_1}$과 $\widehat{\beta} = \widehat{\alpha}_2$의 두 개의 추정치가 존재하게 된다. 이처럼(하나의 모수 β에 대하여 두 개의 $\widehat{\beta}$이 존재) 모수의 개수보다 추정치의 개수가 많을 때 그 모형을 과다인식된 (over-identifying) 모형이라고 한다. 유일한 모수의 추정치가 존재하는 과다인식된 선형모형을 제외한 모든 과다인식된 선형모형은 선형모형의 대상으로부터 제외하기로 한다. 모형 (1.5)에서 $e^{\widehat{\alpha}_1} = \widehat{\alpha}_2$이면 과다인식된 모형이더라도 유일한 β의 해가 존재하게 되는 예가 된다.

두 번째 예로 독립변수 $x_1, x_2, \ldots, x_k$에서 발생하는 문제를 고려해 보자. 종속변수 y는 소비, 독립변수 x_1은 비노동소득, x_2는 노동소득, 그리고 x_3를 소득이라 정의하고 $x_3 = x_1 + x_2$라는 관계 하에서

$$y = \beta_0 + \beta_1 x_1 + \beta_2 x_2 + \beta_3 x_3 + \epsilon \tag{1.6}$$

의 모형을 설정하였다고 하자. 0이 아닌 임의의 상수 a에 대해 $\beta_1^* = \beta_1 + a$, $\beta_2^* = \beta_2 + a$, $\beta_3^* = \beta_3 - a$라고 놓고 새로운 모수들로 새로운 모형 (1.7)을 설정할 수 있다.

$$y = \beta_0 + \beta_1^* x_1 + \beta_2^* x_2 + \beta_3^* x_3 + \epsilon \tag{1.7}$$

이제 $x_3 = x_1 + x_2$의 관계를 사용하여 모형 (1.7)을 정리하면

$$\begin{aligned} y &= \beta_0 + \beta_1^* x_1 + \beta_2^* x_2 + \beta_3^* x_3 + \epsilon \\ &= \beta_0 + (\beta_1 + a)x_1 + (\beta_2 + a)x_2 + (\beta_3 - a)x_3 + \epsilon \\ &= \beta_0 + \beta_1 x_1 + \beta_2 x_2 + \beta_3 x_3 + a(x_1 + x_2 - x_3) + \epsilon \\ &= \beta_0 + \beta_1 x_1 + \beta_2 x_2 + \beta_3 x_3 + \epsilon \end{aligned}$$

이 되어 모형 (1.6)과 모형 (1.7)은 상수 a에 무관하게 같아지게 된다. 그러므로 x_1, x_2, 그리고 x_3의 계수의 추정치를 각각 $\hat{\alpha}_1$, $\hat{\alpha}_2$, 그리고 $\hat{\alpha}_3$라고 할 때 $i = 1,2,3$에 대해 $\hat{\alpha}_i$가 β_i^*의 추정치인지 β_i의 추정치인지 구분할 방법이 없으므로 모형 (1.6)은 추정 불가능한 선형모형이 된다. 이 문제는 $x_3 = x_1 + x_2$라는 독립변수 간의 선형종속관계(linear dependency) 때문에 발생한 것이다. 그러므로 (1.4)에 정의된 다중선형회귀모형이 추정 가능한 선형모형이 되기 위해서는 독립변수 $x_1, x_2, \ldots, x_k$들이 선형적으로 독립(linearly independent)이어야 한다는 조건이 필요하게 된다. 특히, 독립변수 간의 선형종속관계가 있을 때 이를 다중공선성(multicolinearity)이 존재한다고 말한다. 이에 대한 해결책으로는 능형회귀(ridge regression)를 비롯한 여러 가지 방법이 있으나, 가장 간단하고 좋은 방법은 독립변수 $x_1, x_2, \ldots, x_k$의 상관관계를 구해 이 계수가 |0.9|보다 크게 나타나는 해당 독립변수를 모형에서 제외하는 것이다.

이제 모형 (1.4)가 과다인식문제나 다중공선성 문제가 없는 모형이라고 가정하고, 다중선형회귀모형의 정의를 더 명확하게 해보도록 하자. 이 책에서는 이를 위해 세 가지 방법으로 다중선형회귀모형을 정의하고 있기 때문에, 앞으로의 내용전개에 대한 이해를 돕기 위하여 정리하고 넘어가도록 하자. 종속변수 y와 독립변수$x_1, x_2, \ldots, x_k$의 i번째 관찰치를 각각 y_i, $x_{1i}, x_{2i}, \ldots, x_{ki}$라고 정의하고 ϵ_i를 y_i에 대응하는 오차항이라고 정의하면,

❶ 선형회귀모형을 접할 때 앞쪽에서 등장하는 표현으로 각각의 관찰치들의 선형결합을 풀어서 나타내는 방법이 있으며,

$$y_i = \beta_1 x_{1i} + \beta_2 x_{2i} + \cdots + \beta_k x_{ki} + \epsilon_i, \quad i = 1,2,\ldots,T, \quad E(\epsilon_i) = 0. \tag{1.8}$$

❷ $\mathbf{x}_i' = (x_{1i}, x_{2i}, \ldots, x_{ki})$, $\boldsymbol{\beta} = (\beta_1,\ \beta_2,\ \ldots,\ \beta_k)'$로 놓고, '❶'에서 선형결합 부분을 두 벡터 $\mathbf{x}_i'$, $\boldsymbol{\beta}$의 곱으로 표현하면, 다음과 같다.

$$y_i = \mathbf{x}_i'\boldsymbol{\beta} + \epsilon_i \quad i = 1,2,\ldots,T, \quad E(\epsilon_i) = 0. \tag{1.9}$$

❸ 마지막으로 행렬을 이용한 표현으로

$$\mathbf{y} = \mathbf{X}\boldsymbol{\beta} + \boldsymbol{\epsilon}, \quad E(\boldsymbol{\epsilon}) = \mathbf{0}. \tag{1.10}$$

이 있다. 여기서 사용된 각 벡터와 행렬의 정의는 다음과 같다.

$$\mathbf{y} = \begin{pmatrix} y_1 \\ y_2 \\ \vdots \\ y_T \end{pmatrix}, \quad \mathbf{X} = \begin{pmatrix} x_{11} & x_{21} & \cdots & x_{k1} \\ x_{12} & x_{22} & \cdots & x_{k2} \\ \vdots & \vdots & \ddots & \vdots \\ x_{1T} & x_{2T} & \cdots & x_{kT} \end{pmatrix}, \quad \boldsymbol{\beta} = \begin{pmatrix} \beta_1 \\ \beta_2 \\ \vdots \\ \beta_k \end{pmatrix}, \quad \boldsymbol{\epsilon} = \begin{pmatrix} \epsilon_1 \\ \epsilon_2 \\ \vdots \\ \epsilon_T \end{pmatrix}$$

모수 $\boldsymbol{\beta} = (\beta_1, \beta_2, \ldots, \beta_k)'$ 추정은 $\boldsymbol{\epsilon} = (\epsilon_1, \epsilon_2, \ldots, \epsilon_T)'$의 분산에 큰 영향을 받는다. 오차항의 분산에 대한 가장 강한 가정은 $V(\boldsymbol{\epsilon}) = \sigma^2 I$이며, 모형 (1.8), (1.9)에서는 $V(\epsilon_i) = \sigma^2$와 $Cov(\epsilon_i, \epsilon_j) = 0, i \neq j,\ i, j = 1, 2, \ldots, T$를 의미한다. 또한, 각 y_i는 고정상수 $\mathbf{x}_i'\boldsymbol{\beta}$와 확률변수 ϵ_i의 합이므로 $V(\mathbf{y}) = \sigma^2 I$ 역시 만족하며, $V(y_1) = V(y_2) = \cdots = V(y_T) = \sigma^2$이고 $Cov(y_i, y_j) = 0,\ i \neq j,\ i, j = 1, 2, \ldots, T$를 의미하게 된다. 이러한 오차항의 분산에 대한 가정을 만족하는 모형을 고전적 다중선형회귀모형(classical multiple linear regression model)이라고 한다. (1.11)은 고전적 다중선형회귀모형에서의 관찰치 $y_1, y_2, \ldots, y_T$의 분산공분산행렬을 나타낸다.

$$V(\boldsymbol{\epsilon}) = V(\mathbf{y}) = \sigma^2 I = \begin{pmatrix} \sigma^2 & 0 & \cdots & 0 \\ 0 & \sigma^2 & \cdots & 0 \\ \vdots & \vdots & \ddots & \vdots \\ 0 & 0 & \cdots & \sigma^2 \end{pmatrix} \tag{1.11}$$

오차항 $\boldsymbol{\epsilon}$의 분산에 대한 또 다른 가정으로 이분산성(heteroscedasticity)을 고려할 수 있다. 즉 $Cov(\epsilon_i, \epsilon_j) = 0,\ i \neq j$이나 $Var(\epsilon_i) = \sigma_i^2, i = 1, 2, \ldots, T$인 경우를 말한다. 고정된 시간에서 T개의 서로 다른 장소로부터 관찰한 자료를 횡단면자료(cross-sectional data)라고 하는데 이분산은 대부분 횡단면자료에서 발생한다. 예를 들어 y_i가 i번째 도시의 소비일 때, 도시의 규모에 따라(혹은 도시의 소득에 따라) 소비의 분산이 달라질 것이다. 즉 y_i의 분산은 i에 의존하게 되므로 오차항의 분산도 i에 의존하는 이분산성 가정이 대부분의 횡단면자료에서 훨씬 현실적이다. 이처럼 선형회귀모형의 오차항이 $Var(\epsilon_i) = \sigma_i^2$이고 $Cov(\epsilon_i, \epsilon_j) = 0$, $i \neq j,\ i, j = 1, 2, \ldots, T$.를 만족하는 확률변수이면 이를 이분산 선형회귀모형(linear regression model with heteroscedasticity)이라고 한다. 이분산 선형회귀모형에서 관찰치 $y_1, y_2, \ldots, y_T$

의 분산공분산행렬은 (1.12)와 같다.

$$V(\boldsymbol{\epsilon}) = V(\mathbf{y}) = \begin{pmatrix} \sigma_1^2 & 0 & \cdots & 0 \\ 0 & \sigma_2^2 & \cdots & 0 \\ \vdots & \vdots & \ddots & \vdots \\ 0 & 0 & \cdots & \sigma_T^2 \end{pmatrix} \tag{1.12}$$

하나의 관찰대상에 대해 T개의 시간에서 관찰한 자료를 시계열자료(time series data)라 한다. 예를 들어, A회사의 100일간의 주식가격은 시계열자료의 예이다. $y_1, y_2, \ldots, y_T$가 A 회사의 T일간의 주식가격이라면, 자료가 동일한 관찰대상에서 관찰되기 때문에 $Var(y_i) = \sigma^2$, $i = 1, 2, \ldots, T$, 즉 모든 관찰치의 분산이 동일하다는 가정은 충분히 받아들일 수 있는 가정이 될 것이다. 그러나 $Cov(y_i, y_j)$는 어떨까? 위의 예에서 과거의 주식가격은 현재 및 미래의 주식가격에 영향을 줄 것은 자명하므로

$$Cov(y_i, y_j) \neq 0, \quad i \neq j, \quad i, j = 1, 2, \ldots, T$$

가 된다. 이에 따라, 선형회귀모형에서 $Var(\epsilon_i) = \sigma^2$, $i = 1, 2, \ldots, T$이고 $Cov(\epsilon_i, \epsilon_j) \neq 0$, $i \neq j$일 때 고려할 수 있는 모형은 오차항이 자기상관관계를 가지고 있는 선형회귀모형(linear regression model with autocorrelated disturbance)이다. 이 모형은 비록 $Cov(\epsilon_i, \epsilon_j) \neq 0$이더라도 만약 $|i - j|$가 어떤 주어진 값보다 크면 $Cov(\epsilon_i, \epsilon_j) = 0$ 또는 거의 0인 경우이다. (1.13)은 오차항이 자기상관관계를 가지고 있는 선형회귀모형의 분산형태를 관찰치 $y_1, y_2, \ldots, y_T$를 이용하여 나타낸 것이다. 단, (1.13)에서 σ_{ij}는 어떤 상수 a에 대해 $|i - j| \geq a$이면 $\sigma_{ij} = 0$이거나 거의 0을 가정한 것이다.

$$V(\boldsymbol{\epsilon}) = V(\mathbf{y}) = \begin{pmatrix} \sigma^2 & \sigma_{12} & \cdots & \sigma_{1T} \\ \sigma_{21} & \sigma^2 & \cdots & \sigma_{2T} \\ \vdots & \vdots & \ddots & \vdots \\ \sigma_{T1} & \sigma_{T2} & \cdots & \sigma^2 \end{pmatrix} \tag{1.13}$$

앞에서 언급했듯이, 선형회귀모형은 (1.11) ~ (1.13)에 주어진 오차항의 가정에 따라 모수의 추정방법과 모수추정량의 통계적인 성질도 매우 다르게 된다. 이에 대한 것은 제2장 ~ 제5장에서 다루게 된다.

1.3 선형방정식 시스템

다중선형회귀모형은 1개의 종속변수와 k개의 독립변수에 대한 모형이다. 이를 좀 더 일반화한 것이 M개의 종속변수와 k개의 독립변수의 선형관계를 규명하고자 하는 선형방정식시스템(system of linear equations)이다. 선형방정식시스템은 i번째 모형의 종속변수 y_i와 k_i개의 독립변수인 $x_{i1}, x_{i2}, \ldots, x_{ik_i}$가 선형모형으로 정의된 모형이다. 즉, y_{it}와 $x_{i1t}, x_{i2t}, \ldots, x_{ik_it}$를 y_i와 $x_{i1}, x_{i2}, \ldots, x_{ik_i}$의 t번째 관찰치라고 하면, 다음 모형 (1.14)는

$$
\begin{aligned}
y_{1t} &= \beta_{11}x_{11t} + \beta_{12}x_{12t} + \cdots + \beta_{1k_1}x_{1k_{1t}} + \epsilon_{1t} \\
y_{2t} &= \beta_{21}x_{21t} + \beta_{22}x_{22t} + \cdots + \beta_{2k_2}x_{2k_{2t}} + \epsilon_{2t} \\
&\vdots \\
y_{Mt} &= \beta_{M1}x_{M1t} + \beta_{M2}x_{M2t} + \cdots + \beta_{Mk_M}x_{Mk_{Mt}} + \epsilon_{Mt}
\end{aligned}
\tag{1.14}
$$

M개의 종속변수와 $k = \sum_{i=1}^{M} k_i$개의 독립변수로 구성된 선형모형이 된다($t = 1, 2, \ldots, T$). 모형 (1.14) 각 방정식의 관찰치 개수가 T로 모두 동일한 이유는 특정시점 t에서 정의된 모든 종속변수와 독립변수가 동시에 관찰되기 때문이다. 물론 각 방정식의 관찰치 개수가 동일하지 않은 예도 있으나 이 경우는 논의에서 제외하기로 한다. 모형에서 사용될 종속변수, 독립변수 오차항을 다음과 같이 정의하고

$$
\mathbf{y}_t = (y_{1t},\ y_{2t},\ \ldots,\ y_{Mt})' \quad \mathbf{x}_{it} = (x_{i1t},\ x_{i2t},\ \ldots,\ x_{ik_it})' \quad \boldsymbol{\epsilon}_t = (\epsilon_{1t},\ \epsilon_{2t},\ \ldots,\ \epsilon_{Mt})'
$$

$\boldsymbol{\beta}_i = (\beta_{i1}, \beta_{i2}, \ldots, \beta_{ik_i})'$로 놓으면 모형 (1.14)는 다음 모형 (1.15)로 표현할 수 있다.

$$
\mathbf{y}_t = \begin{pmatrix} \mathbf{x}'_{1t} & \mathbf{0}' & \cdots & \mathbf{0}' \\ \mathbf{0}' & \mathbf{x}'_{2t} & \cdots & \mathbf{0}' \\ \vdots & \vdots & \ddots & \vdots \\ \mathbf{0}' & \mathbf{0}' & \cdots & \mathbf{x}'_{Mt} \end{pmatrix} \begin{pmatrix} \boldsymbol{\beta}_1 \\ \boldsymbol{\beta}_2 \\ \vdots \\ \boldsymbol{\beta}_M \end{pmatrix} + \begin{pmatrix} \epsilon_{1t} \\ \epsilon_{2t} \\ \vdots \\ \epsilon_{Mt} \end{pmatrix} = \mathbf{X}_t\boldsymbol{\beta} + \boldsymbol{\epsilon}_t, \quad t = 1, 2, \ldots, T. \tag{1.15}
$$

여기에서 $E(\boldsymbol{\epsilon}_t) = \mathbf{0}$를 가정하고 오차벡터의 분산공분산 구조는 (1.16)과 같이 가정한다.

$$
V\begin{pmatrix} \boldsymbol{\epsilon}_1 \\ \boldsymbol{\epsilon}_2 \\ \vdots \\ \boldsymbol{\epsilon}_T \end{pmatrix} = \begin{pmatrix} \boldsymbol{\Omega}_{11} & \boldsymbol{\Omega}_{21} & \cdots & \boldsymbol{\Omega}_{T1} \\ \boldsymbol{\Omega}_{12} & \boldsymbol{\Omega}_{22} & \cdots & \boldsymbol{\Omega}_{T2} \\ \vdots & \vdots & \ddots & \vdots \\ \boldsymbol{\Omega}_{1T} & \boldsymbol{\Omega}_{2T} & \cdots & \boldsymbol{\Omega}_{TT} \end{pmatrix} \tag{1.16}
$$

특히, (1.16)에서

$$\boldsymbol{\Omega}_{ij} = \begin{cases} \boldsymbol{\Omega} & i = j \\ \mathbf{0} & i \neq j \end{cases}, \quad i, j = 1, 2, \ldots, M.$$

이면, 즉 모형 (1.15)의 오차항의 분산공분산이

$$\begin{pmatrix} \boldsymbol{\Omega} & \mathbf{0} & \cdots & \mathbf{0} \\ \mathbf{0} & \boldsymbol{\Omega} & \cdots & \mathbf{0} \\ \vdots & \vdots & \ddots & \vdots \\ \mathbf{0} & \mathbf{0} & \cdots & \boldsymbol{\Omega} \end{pmatrix} = \mathbf{I}_{T\times T} \otimes \boldsymbol{\Omega}_{M\times M} \tag{1.17}$$

이면, 모형 (1.15)는 표면무상관회귀(seemingly unrelated regression, SUR) 모형이라고 한다(Zellner, 1962, 1963; Srivastava and Giles, 1987). 이 SUR 모형을 포함한 선형방정식 시스템은 제7장에서 자세히 다룰 것이다.

지금까지는 종속변수가 1개이든 M개이든 관계없이 독립변수의 선형결합만을 고려하였다. 이제, M개 종속변수의 선형결합과 k개 독립변수의 선형결합 간의 관계를 규명하는 모형을 고려해 보자. 다음의 모형 (1.18)은 M개의 종속변수와 k개의 독립변수가 있고 종속변수의 개수와 같은 M개의 방정식이 있는 모형이다($t = 1, 2, \ldots, T$).

$$\begin{aligned} \gamma_{11}y_{1t} + \gamma_{21}y_{2t} + \cdots + \gamma_{M1}y_{Mt} &= \beta_{11}x_{1t} + \beta_{21}x_{2t} + \cdots + \beta_{k1}x_{kt} + \epsilon_{1t} \\ \gamma_{12}y_{1t} + \gamma_{22}y_{2t} + \cdots + \gamma_{M2}y_{Mt} &= \beta_{12}x_{1t} + \beta_{22}x_{2t} + \cdots + \beta_{k2}x_{kt} + \epsilon_{2t} \\ &\vdots \\ \gamma_{1M}y_{1t} + \gamma_{2M}y_{2t} + \cdots + \gamma_{MM}y_{Mt} &= \beta_{1M}x_{1t} + \beta_{2M}x_{2t} + \cdots + \beta_{kM}x_{kt} + \epsilon_{Mt} \end{aligned} \tag{1.18}$$

이 모형과 모형 (1.14)의 차이점은 각 방정식은 M개의 종속변수의 선형결합과 k개의 독립변수의 선형결합으로 구성되어 있다는 것이다. 오차항 $\boldsymbol{\epsilon} = (\boldsymbol{\epsilon}_1, \ldots, \boldsymbol{\epsilon}_M)'$의 분산공분산 구조가 (1.17)의 형태로 되어 있을 때 모형 (1.18)를 연립방정식 모형(simultaneous equation model)이라고 한다. 이 연립방정식 모형은 대부분 경제이론에 빈번하게 이용되는 모형으로 이에 대한 자세한 내용은 제8장에서 다루어질 것이다.

1.4 패널모형

모형 (1.15)를 모형 (1.9)와 비교할 때 모형 (1.9)에 정의된 $y_i, \mathbf{x}_i, \epsilon_i$가 각각 $\mathbf{y}_t, \mathbf{X}_t$, 그리고

$\boldsymbol{\epsilon}_t$로 된 것을 제외하면 형태상 완전히 일치하고 있음을 알 수 있다. 그러므로 모형 (1.9)에서 오차항의 분산에 대한 가정을 (i) $Var(\epsilon_i) = \sigma^2$, $i = 1,\ldots,T$, (ii) 이분산, (iii) 자기상관 오차항으로 분류하였듯이, 모형 (1.15)에서도 (i) $Var(\boldsymbol{\epsilon}_t) = \boldsymbol{\Omega}_{M\times M}$, $t = 1,\ldots,T$, (ii) 이분산, (iii) 자기상관 오차항으로 분류할 수 있을 것이다. SUR 모형이나 연립방정식 모형은 $Var(\boldsymbol{\epsilon}_t) = \boldsymbol{\Omega}_{M\times M}$, $t = 1,\ldots,T$의 가정을 따르는 모형이지만 오차항의 분산이 (ii) 이분산 또는 (iii) 자기상관 오차항을 따르게 되면 모형 (1.15)는 패널모형(panel model) 범주에 속하게 된다. 즉 모형 (1.15)의 오차항의 분산공분산 구조가 (1.16)의 형태를 가질 때이다. 패널모형은 고정효과(fixed effect) 모형과 확률효과(random effect)모형으로 크게 나눌 수 있으며, 이러한 모형 구분 때문에 (1.16)의 분산공분산 구조가 다르게 정의되고 추정 및 검정의 문제도 다르게 된다. 패널모형에 대한 자세한 내용은 Baltagi and Raj(1992), Baltagi(1995) 등을 참고하기 바란다.

1.5 시계열 모형

모형 (1.11) $y_t = \mathbf{x}_t'\boldsymbol{\beta} + \epsilon_t$에서 $\mathbf{x}_t'$가 y_t의 과거값, 즉 $\mathbf{x}_t = (y_{t-1}, y_{t-2}, \ldots, y_{t-p})$이고 $\epsilon_t = \theta_1\epsilon_{t-1} + \theta_2\epsilon_{t-2} + \cdots + \theta_q\epsilon_{t-q}$이면, 이 모형을 ARMA$(p,q)$(autoregressive moving average) 모형이라고 한다. 즉 y_t가 자신의 과거값에 의존하고 ϵ_t의 공분산 구조가 (1.13)의 형태를 가질 때 이 모형이 된다. 이 모형의 자세한 내용은 박유성, 김기환(2011)을 참고하기 바란다. ARMA(p,q) 모형을 충분한 크기의 $n(n > p)$을 선택하면 MA가 없는 AR(n)(autoregressive) 모형으로 아주 잘 근사할 수 있기 때문에 제5장에서 주로 AR(p)모형을 다루게 될 것이다.

ARMA(p,q) 모형 $y_t = \phi_1 y_{t-1} + \phi_2 y_{t-2} + \cdots + \phi_p y_{t-p} + \epsilon_t - \theta_1\epsilon_{t-1} - \theta_2\epsilon_{t-2} - \cdots - \theta_q\epsilon_{t-q}$에서 기본적인 가정은 $Var(\epsilon_t) = \sigma^2$ 이다. 즉 ϵ_t와 $\epsilon_{t-k}, k \neq 0$는 서로 간에 상관관계를 가지고 있으나 $Var(\epsilon_t) = Var(\epsilon_{t-k}) = \sigma^2$라는 등분산(equal variance) 가정을 전제로 하고있다. 그러나 금융의 주 분석 대상인 수익율의 변동성은 과거의 변동성에 의존한다는 것은 잘 알려진 사실이다. 즉 $Var(\epsilon_t)$가 $Var(\epsilon_{t-k})$에 의존한다는 것을 의미한다. 이 모형은 제6장에서 다루게 될 것이다. 이 모형은 $y_t = \mathbf{x}_t'\boldsymbol{\beta} + \epsilon_t$ 모형에서 ϵ_t의 분산이 (1.12)의 형태인 이분산선형회귀모형에도 적용가능한 방법이다.

통계학의 추론은 일정한 크기의 자료를 바탕으로 한다. 즉, $y_1, y_2, \ldots, y_T$, T개의 값을 이용하여 이 자료의 특성을 파악하며, 평균, 분산, 상관관계 등을 사용한다. $y_1, y_2, \ldots, y_T$를 확률과정(stochastic process)이라고 하며 이 확률과정의 결합분포가 무엇이든 간에 관계없이 $y_1, y_2, \ldots, y_T$ 각각의 주변분포가 모두 같으면 이를 정상성과정(stationary process)이라고 한다. 주변분포가 모두 같으므로 $E(Y_1^k) = E(Y_2^k) = \cdots = E(Y_T^k), k \geq 1$이 성립한다.

통계학의 추론은 이러한 정상성과정에서만 가능하다. 그러므로 어떤 확률과정이 주어졌을 때 이 확률과정이 정상성인지, 비정상성인지를 점검하여 비정상성(non-stationary)이면 이 확률과정을 정상성과정으로 변환한 후 통계적 추론을 해야한다. 단위근검정(unit root test)을 통해 정상성 여부를 검정하며 제9장에서 이에 관한 내용을 다룰 것이다.

선형방정식의 시스템모형 (1.14) 또는 (1.18)의 연립방정식모형을 고려하게 된 근본적인 이유는 $y_{1t}, y_{2t}, \ldots, y_{Mt}$들 간에 인과관계(causality)가 성립하지 않기 때문이다. 모형 (1.14)와 (1.18)은 $\mathbf{y}$가 결과이고 $\mathbf{X}$가 원인인 회귀모형의 가정이 성립되지않고 $y_{1t}, y_{2t}, \ldots, y_{Mt}$가 고정된 시간 t에서 상호의존할 경우에 사용하게되는 모형이다. 이러한 모형을 다변량모형이라고 통칭한다. 다변량 모형 중에서도 가장 일반화된 모형은

$$\mathbf{y}_t = \sum_{i=1}^{p} \boldsymbol{\Phi}_{\boldsymbol{i}} \mathbf{y}_{t-i} + \sum_{i=0}^{s} \boldsymbol{\Theta}_{\mathbf{1}\boldsymbol{i}} \mathbf{x}_{t-i} - \sum_{i=0}^{q} \boldsymbol{\Theta}_{\mathbf{2}\boldsymbol{i}} \boldsymbol{\epsilon}'_{t-i} \tag{1.19}$$

이다. 여기에서 $\mathbf{y}_t = (y_{1t}, y_{2t}, \ldots, y_{Mt})'$, $\mathbf{x}_t = (x_{1t}, x_{2t}, \ldots, x_{Mt})'$이며 $\boldsymbol{\epsilon}_t = (\epsilon_{1t}, \epsilon_{2t}, \ldots, \epsilon_{Mt})'$이다. 모형 (1.19)를 VARMAX(vector autoregressive moving average model with exogenous variables) 모형이라고 한다. 이 VARMAX 모형에서 $\boldsymbol{\Phi}_\mathbf{1} = \boldsymbol{\Phi}_\mathbf{2} = \cdots = \boldsymbol{\Phi}_{\boldsymbol{p}} = \mathbf{0}$ 이고 $\boldsymbol{\Theta}_{\mathbf{20}} = \boldsymbol{\Theta}_{\mathbf{21}} = \cdots = \boldsymbol{\Theta}_{\mathbf{2}\boldsymbol{q}} = \mathbf{0}$이면 이를 분배시차모형(distributed lagged model)이라고 하며, $\boldsymbol{\Phi}_\mathbf{1} = \boldsymbol{\Phi}_\mathbf{2} = \cdots = \boldsymbol{\Phi}_{\boldsymbol{p}} = \mathbf{0}$ 이고 $s = q = 0$이고 $\boldsymbol{\Theta}_{\mathbf{20}} = \mathbf{1}$ 이면 (1.14)의 선형방정식 시스템모형이 된다. 또한 $s = 0$ 이고 $\boldsymbol{\Theta}_{\mathbf{10}} = \mathbf{0}$ 이면 VARMA(p, q)(vector autoregressive moving average) 모형이 된다. 모형 (1.19)가 성립하기 위한 전제조건은 벡터 $\mathbf{y}_t$의 정상성 여부이다. 단변량에서 단위근 검정을 통해 단변량 y_t의 정상성 여부를 점검하듯이 $\mathbf{y}_t$의 정상성 여부는 공적분검정(cointegration test)를 통해 점검하게 된다. 그러나 공적분 검정이 단변량에서 단위근 검정과 틀린 점은 $\mathbf{y}_t$들 간에 장기균형관계(equilibrium)가 있는 지를 추가적으로 점검할 수 있으며, 이 장기균형관계는 VECM(vector error correction model)을 유도할 수 있도록 한다. 이 주제는 제10장에서 다루어질 것이다. VARMAX 모형과 $\mathbf{y}_t$의 분산공분산이 과거의 분산공분산에 의존하는 다변량 GARCH(generalized autoregressive conditional heteroscedasticity) 모형은 제11장에서 다루어질 것이다.

1.6 정리

이 책의 목적은 선형모형의 설정보다는 선형모형에 포함된 오차항의 분산공분산구조의 형태에 따른 모수 추정에 있다. 지금까지 살펴본 바와 같이 선형모형의 분석 및 모수추정은

모형의 형태뿐만 아니라 오차항의 분산공분산구조에 따라 다양한 형태를 보이도 있다. 선형모형의 모든 분야를 한꺼번에 안다는 것은 매우 높은 수준의 수학적 배경과 통계적 배경이 없으면 불가능할 것이다. 수학적·통계적 배경을 가능한 한 배제하고 학습 과정을 수월하게 하려고 이 책에서는 SAS/ETS V9.3이라는 통계패키지를 이용하여 해결하려고 노력하였다.

다음의 도표는 이 책에서 다루고자 하는 선형모형 분야를 간략하게 정리한 것이다.

표 1.1: 선형모형 분야

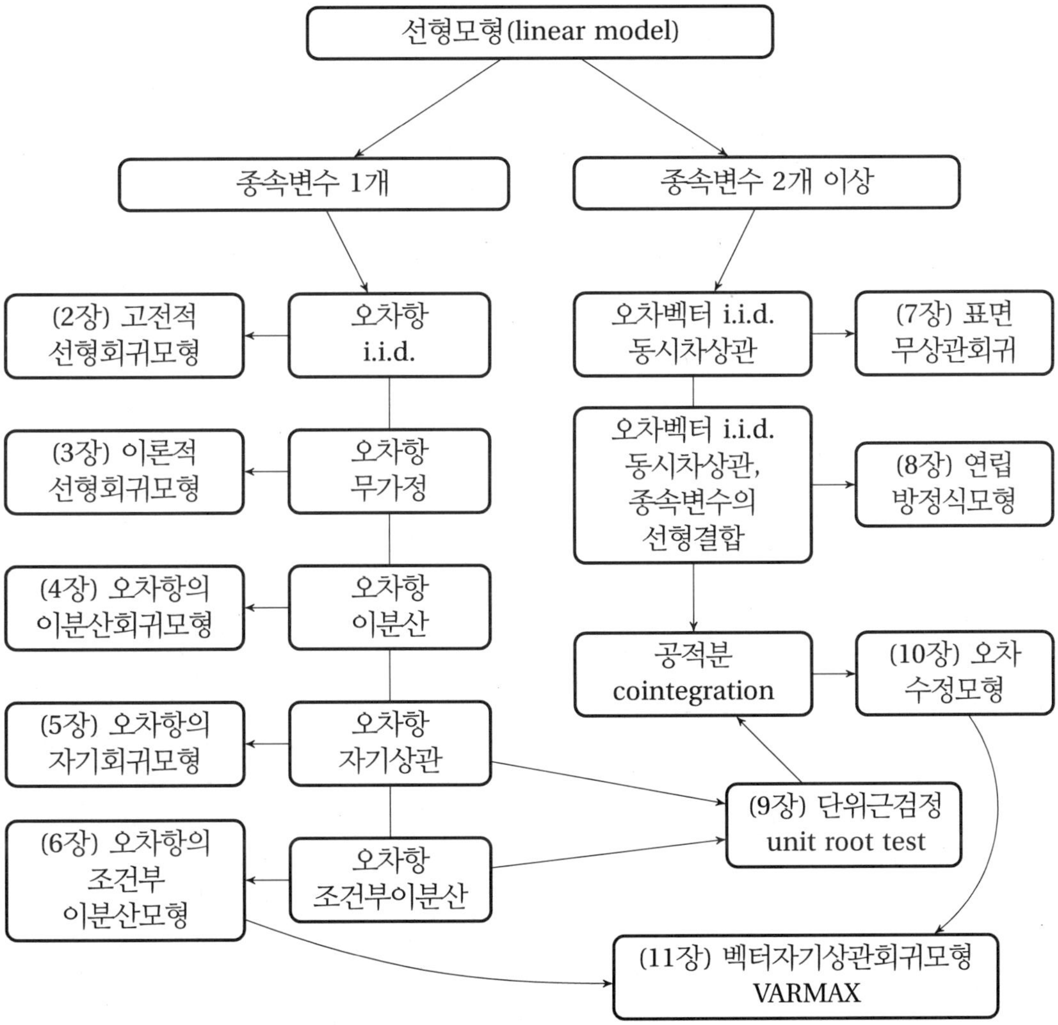

CHAPTER 2

고전적 선형모형

고전적 선형회귀모형(classical linear regression model)을 가장 기초적인 선형회귀모형으로 해석하기보다는 선형회귀모형들 중에서 가장 강한 가정을 갖는 모형으로 해석하는 것이 좀 더 옳을 듯하다. 다시 말하면 고전적 선형회귀모형을 실제로 이용하는 경우, 현실에 대한 응용력이 가장 떨어지는 선형모형으로 볼 수 있다는 것이다. 그러나 고전적 선형회귀모형에 대한 이해는 더욱 현실적인 가정을 가진 선형회귀모형을 이해하기 위한 근간이 되므로, 고전적 선형회귀모형의 가정과 이론적인 배경 및 의미를 정확하게 파악하는 것은 매우 중요하다. 대부분의 회귀분석 교재에 이론적인 배경이 잘 설명되어 있으므로 이 장에서는 이론적인 배경보다는 모형의 해석 및 이해에 중점을 두고자 한다.

2.1 다중선형회귀모형

다중선형회귀모형은 하나의 종속변수와 둘 이상의 독립변수 간의 선형관계를 규명하는 모형으로 다음의 가정을 충족시키는 모형이다.

❶ 종속변수 y_i(혹은 변수 변환된 y_i)가 모수 $\beta_1, \ldots, \beta_k$에 대해 선형적이다. 즉, $y_i = \beta_1 x_{1i} + \beta_2 x_{2i} + \cdots + \beta_k x_{ki} + \epsilon_i$, $i = 1, 2, \ldots, n$ 이다. 이를 다시 모든 관찰치를 포함

하여 행렬로 표기하면 모형(2.1)과 같다.

$$\mathbf{y} = \mathbf{X}\boldsymbol{\beta} + \boldsymbol{\epsilon} \tag{2.1}$$

여기에서 $\mathbf{y} = (y_1, y_2, \ldots, y_n)'$, $\boldsymbol{\beta} = (\beta_1, \beta_2, \ldots, \beta_k)'$, $\boldsymbol{\epsilon} = (\epsilon_1, \epsilon_2, \ldots, \epsilon_n)'$이고

$$\mathbf{X} = \begin{pmatrix} x_{11} & x_{21} & \cdots & x_{k1} \\ x_{12} & x_{22} & \cdots & x_{k2} \\ \vdots & \vdots & \ddots & \vdots \\ x_{1n} & x_{2n} & \cdots & x_{kn} \end{pmatrix}$$

이다.

❷ 설명변수 $\mathbf{X}$는 상수이며 $\mathbf{X}$의 계수(rank)는 k이다.

❸ 오차항 ϵ_i는 $E(\boldsymbol{\epsilon}) = \mathbf{0}$ 이고 $Var(\boldsymbol{\epsilon}) = \sigma^2 I$인 $i.i.d.$한 확률변수이다.

다음의 예들은 가정 ❶을 만족하는 모형들이다.

- 소비함수 : 소비 $= \beta_1 + \beta_2$소득 $+ \epsilon$
- Cobb–Douglass 비용함수 : $\ln C_i = \beta_1 + \beta_2 \ln Q_i + \beta_3 \ln P_{3i} + \beta_4 \ln P_{4i} + \epsilon_i$ 여기에서 C는 비용, Q는 생산량, P_3는 단위생산량을 위한 노동가격, P_4는 단위생산량을 위한 자본가격이다.
- 로지스틱함수 : $y_t = \dfrac{1}{1 + \exp\{-(\beta x_t + \delta t + \epsilon_t)\}}$, $\quad t = 1, \ldots, n.$

로지스틱함수가 선형모형인 이유는

$$\ln\left(\frac{y_t}{1 - y_t}\right) = \beta x_t + \delta t + \epsilon_t$$

이기 때문이다. 같은 관점에서 $y_i = \beta x_i^{0.5} + \epsilon_i$도 가정 ❶을 충족시키는 선형모형이다. 그러나 $y_i = \beta_1 x_i^{\beta_2} + \epsilon_i$는 가정 (1)을 충족시키지 못하는 비선형회귀모형(nonlinear regression model)이 된다.

다음의 예는 가정 ❷의 의미를 살펴보기 위한 예이다. 앞에서 제시된 소비함수는 소득 = 비노동소득 + 노동소득이다. 만약 소비함수를

$$\text{소비} = \beta_1 + \beta_2\text{비노동소득} + \beta_3\text{노동소득} + \beta_4\text{소득} + \epsilon$$

으로 놓는 경우를 고려하여 보자. 어떤 실수 c에 대해

$$\begin{aligned}\text{소비} &= \beta_1 + (\beta_2 - c)\text{비노동소득} + (\beta_3 - c)\text{노동소득} + (\beta_4 + c)\text{소득} + \epsilon \\ &= \beta_1 + \beta_2^*\text{비노동소득} + \beta_3^*\text{노동소득} + \beta_4^*\text{소득} + \epsilon \\ &= \beta_1 + \beta_2\text{비노동소득} + \beta_3\text{노동소득} + \beta_4\text{소득} + \epsilon\end{aligned}$$

이 되어 동일한 관찰치에 대해(소비, 소득, 비노동소득, 노동소득) 수많은 β_2, β_3, β_4가 추정되므로 결국 유일한 β_2, β_3, β_4를 추정할 수 없게 되는 문제가 발생한다. 즉, 가정 ❷는 설명변수 간에 $a_1x_{1i} + a_2x_{2i} + \cdots + a_kx_{ki} = 0$이 되는 0이 아닌 $a_1, a_2, \ldots, a_k$는 존재하지 않아야 한다는 것을 의미하고, 이것은 모형 (2.1)에서 X 행렬의 계수가 k라는 가정으로 충족된다.

그림 2.1: 고전적 선형회귀모형

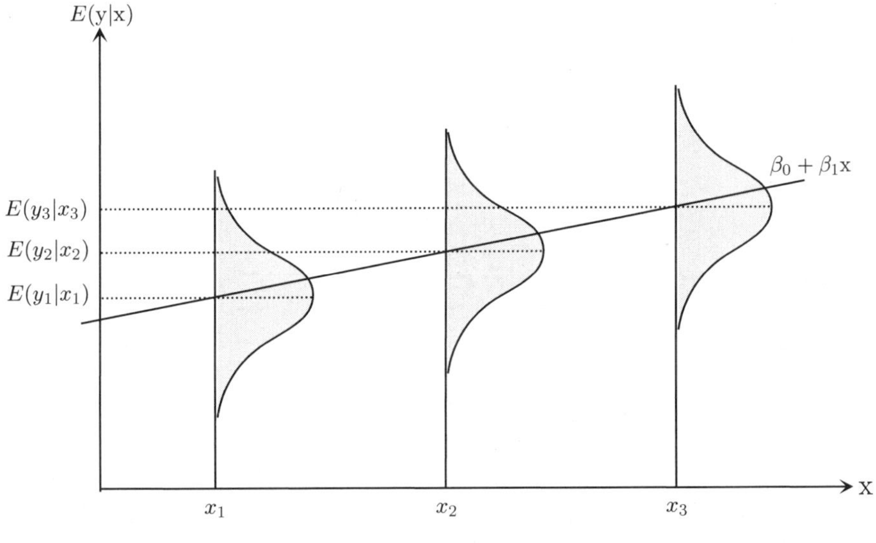

가정 ❷에서 **X**가 상수라는 가정은, 현실적인 측면에서 **X**가 상수(nonstochastic)라는 가정을 만족하는 경우가 매우 드물어서 $E(\boldsymbol{\epsilon}|\mathbf{X}) = \mathbf{0}$이라는 가정으로 대체할 수 있다. 그러므로 **X**가 확률적(stochastic)인 변수라고 할 때, **X**가 상수라는 고전적 선형회귀모형의 기본 가정은 좀 더 넓은 의미인 $E(\boldsymbol{\epsilon}|\mathbf{X}) = \mathbf{0}$으로 대체하게 된다.

거시경제학에서 '소득 = 소비 + 정부지출 + 순수출액'의 관계가 있다. 이 경우, 소비 = $\beta_0 + \beta_1$소득 $+ \epsilon$으로 모형을 설정하게 되면 $Cov(\text{소득}, \epsilon) \neq 0$이 되므로 광의의 고전적 선형회귀모형의 기본 가정을 위배하게 된다. 이 경우 도구변수(instrumental variable)를 이용해야 하며 자세한 내용은 제3장에서 다시 논의하게 될 것이다.

기본 가정 ❸은 모수 $\boldsymbol{\beta}$의 추정과 밀접한 관계를 맺고 있다. 이에 대한 관계를 그림으로 살펴보기 위해 다음의 간단한 모형을 고려하여 보자.

$$y_i = \beta_1 + \beta_2 x_i + \epsilon_i, \qquad i = 1,2,3.$$

로 표시할 때 그림 2.1에서 ϵ_i는 $i.i.d.$한 $N(0,\sigma^2)$임을 잠정적으로 가정하였다. 그림 2.1에서 볼 수 있듯이 x_i가 주어져 있을 때 y_i의 값은 평균이 $\beta_1 + \beta_2 x_i$이고 모든 x_i에 대하여 동일한 크기인 분산을 갖는 σ^2인 정규분포를 따르고 있다. 이것은 (β_1, β_2)의 추정에 $(x_1, y_1), (x_2, y_2), (x_3, y_3)$가 동일한 양의 정보를 가지고 있다는 것을 의미한다. 이를 좀 더 자세히 이해하기 위해 그림 2.1에서 $Var(\epsilon_1) = \sigma_1^2$, $Var(\epsilon_2) = \sigma_2^2$, 그리고 $Var(\epsilon_3) = \sigma_3^2$로 놓고 $\sigma_1^2 < \sigma_2^2 < \sigma_3^2$라고 가정하자. 그러면 그림 2.1은 그림 2.2의 형태를 보이게 된다.

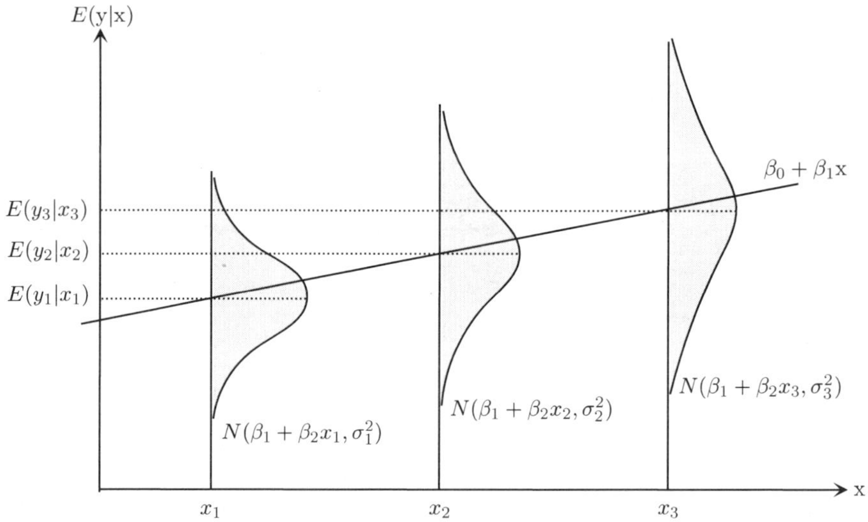

그림 2.2: 이분산선형회귀모형

그림 2.2는 $\epsilon_1 \sim N(0,\sigma_1^2)$, $\epsilon_2 \sim N(0,\sigma_2^2)$ 그리고 $\epsilon_3 \sim N(0,\sigma_3^2)$를 가정한 그림으로, x_1이 주어졌을 때의 y_1의 분포는 $N(\beta_1 + \beta_2 x_1, \sigma_1^2)$, x_2가 주어졌을 때의 y_2의 분포는 $N(\beta_1 + \beta_2 x_2, \sigma_2^2)$, 그리고 x_3이 주어졌을 때의 y_3의 분포는 $N(\beta_1 + \beta_2 x_3, \sigma_3^2)$이 된다. 즉, 관찰치 (x_1, y_1), (x_2, y_2), (x_3, y_3) 모두가 모수 $\boldsymbol{\beta} = (\beta_1, \beta_2)'$을 포함하고 있으므로 모수 $\boldsymbol{\beta}$를 추정하기 위한 정보를 가지고 있으나, 분산이 $\sigma_1^2 < \sigma_2^2 < \sigma_3^2$이므로 모수 $\boldsymbol{\beta}$를 정확히 추정하기 위한 정보의 양과 질이 다르다고 할 수 있다. 즉, 분산이 클수록 정보의 양과 질에 대한 믿음이 감소하게 되므로 모수 $\boldsymbol{\beta}$의 추정에는 (x_1, y_1)은 (x_2, y_2)보다 높게, (x_2, y_2)는 (x_3, y_3)보다는 높게 가중치를 주어서 $\boldsymbol{\beta}$를

추정해야 할 것이다. 이에 대한 논의는 제3장 이후부터 자세히 다룰 것이다.

이제, 다중선형회귀모형에서 다루고자 하는 문제를 살펴보자. k개의 독립변수 $x_1, x_2, \ldots, x_k$와 하나의 종속변수 y에 대한 선형회귀모형은

$$y_i = \beta_1 x_{1i} + \beta_2 x_{2i} + \cdots + \beta_k x_{ki} + \epsilon_i, \qquad i = 1, 2, \ldots, n. \tag{2.2}$$

이 되고 ϵ_i는 고전적 선형회귀모형에서의 가정을 충족하는 확률변수이다. 모형 (2.2)에서 해결해야 하는 문제는 크게 모수 $\beta_1, \ldots, \beta_k$ 및 $Var(\epsilon_i) = \sigma^2$의 추정문제와 추정된 모수 $\beta_1, \ldots, \beta_k$의 검정문제로 나눌 수 있다. 모수 $\boldsymbol{\beta} = (\beta_1, \ldots, \beta_k)'$의 추정량은

$$\widehat{\boldsymbol{\beta}} = (\mathbf{X}'\mathbf{X})^{-1}\mathbf{X}'\mathbf{y} \tag{2.3}$$

이며, 이를 보통최소제곱추정량(ordinary least squares estimator, OLS)이라고 한다. 여기에서 X와 $\mathbf{y}$는 (2.1)에 정의되어 있다. (2.3)의 모수추정량 $\widehat{\boldsymbol{\beta}}$는 $\mathbf{y}$의 모든 선형불편추정량 중 가장 작은 분산을 갖는 최소분산불편추정량(minimum variance unbiased estimator)이다(이에 대한 이론적인 설명은 2.3절을 참조할 것). (2.3)의 모수추정량을 가지고 (2.2)를 표현하면

$$\widehat{\mathbf{y}} = \mathbf{X}\widehat{\boldsymbol{\beta}}, \quad \text{또는} \quad \widehat{y}_i = \widehat{\beta}_1 x_{1i} + \widehat{\beta}_2 x_{2i} + \cdots + \widehat{\beta}_k x_{ki}$$

가 되며, $\widehat{\beta}_j$는 x_j의 계수(coefficient)를 나타낸다. 이 $\widehat{\beta}_j$의 의미는 y와 x_j에서 $x_1, x_2, \ldots, x_{j-1}, x_{j+1}, \ldots, x_k$의 정보를 제거한 후의 y와 x_j만의 순수한 관계를 나타내는 것으로 해석한다(좀 더 정확한 이해를 위해 2.4절을 참조할 것). 또 하나의 관심대상인 $Var(\epsilon_i) = \sigma^2$의 추정량은

$$\widehat{\sigma}^2 = \frac{1}{n-k}\sum_{i=1}^{n}(y_i - \widehat{y}_i)^2$$

이고 이 $\widehat{\sigma}^2$은 σ^2의 불편추정량이며 일치추정량이 된다(2.3.1절과 부록 D 참조). 그러나 (2.3)의 추정량은 독립변수 $x_1, \ldots, x_k$와 오차항 ϵ이 무상관일 때 사용할 수 있는 추정량이다. 앞에서 논의하였듯이 독립변수와 오차항이 상관관계를 가지고 있을 때 (2.3)의 추정량은 사용할 수 없고 도구변수를 이용한 새로운 추정량을 사용하여야 한다(이론적인 배경은 2.8절, 부록 D, 그리고 제3장을 참조). 제 3의 변수 $z_1, z_2, \ldots, z_l$, $l \geq k$,가 $x_1, \ldots, x_k$와는 상관관계를 가지고 있고 오차항 ϵ과는 무상관관계를 가진 변수라면 이 변수 $z_1, \ldots, z_l$, $l \geq k$,를 도구변수라고 한다. $\widehat{x}_1, \ldots, \widehat{x}_k$를 $x_1, \ldots, x_k$에 대해 도구변수 $z_1, \ldots, z_l$로 회귀시킨 후의 $x_1, \ldots, x_k$의 OLS적합값이라고 할 때, 새로운 $\boldsymbol{\beta}$의 추정량은

$$\widehat{\boldsymbol{\beta}}_{IV} = (\widehat{\mathbf{X}}'\widehat{\mathbf{X}})^{-1}\widehat{\mathbf{X}}'\mathbf{y} \tag{2.4}$$

가 된다. 이 $\widehat{\boldsymbol{\beta}}_{IV}$는 $\boldsymbol{\beta}$의 불편추정량이며 일치추정량이다(2.8절, 부록 B, 그리고 제3장을 참조).

이제 (2.3)이나 (2.4)에 의해 $\boldsymbol{\beta}$를 추정한 후 두 번째 문제인 검정문제를 고려하여 보자. 우선 모형 (2.2)의 적합성 여부이다. 즉 모형 (2.2)가 맞는다면 $\beta_1, \beta_2, \ldots, \beta_k$ 중 최소한 하나는 0이 아닐 것이다. 즉,

$$\begin{aligned} H_0 &: \quad \beta_1 = \beta_2 = \cdots = \beta_k = 0 \text{ 와} \\ H_1 &: \quad \beta_1, \beta_2, \ldots, \beta_k \text{ 중 최소한 하나는 0이 아니다} \end{aligned} \tag{2.5}$$

라는 검정이 된다. 이에 대한 검정은 F 검정을 이용한다(2.5.2절 참조). 이 F 검정을 실시한 후, H_0를 기각하지 못하게 되면 (2.2)는 틀린 모형, 즉 독립변수 $x_1, \ldots, x_k$로 종속변수 y를 설명하지 못하는 모형이 된다. 그러나 H_0를 기각하게 되면 $\beta_1, \ldots, \beta_k$ 각각에 대하여 어느 것이 0인지를 검정해야 한다. 즉, 각각의 $i\,(i = 1, 2, \ldots, k)$에 대하여

$$H_0 : \beta_i = 0, \quad \text{vs.} \quad H_1 : \beta_i \neq 0 \tag{2.6}$$

의 검정이 된다. 이는 t 검정법을 이용하게 된다(2.5.1절 참조). 한편, (2.5) 검정에서 H_1를 채택했을 때 (2.6)의 일반적인 가설검정의 형태를 고려할 수 있다. 예를 들어,

$$\begin{aligned} &H_0 : \beta_i + \beta_j = 0, \\ &H_0 : 2\beta_i - \beta_j = 0, \\ &H_0 : \beta_i - \beta_j = 0, \quad i \neq j. \end{aligned} \tag{2.7}$$

등의 가설검정을 고려할 수 있다. 이 역시 t 검정법을 시행한다(2.5.1절 참조). (2.5)~(2.7)의 가설검정을 포함하는 가장 일반적인 가설검정도 고려할 수 있다. 예를 들어,

$$\begin{aligned} &H_0 : \beta_i = 0 \quad \text{이고} \quad \beta_j - \beta_k = 0, \\ &H_0 : 2\beta_i - \beta_j = 0 \quad \text{이고} \quad \beta_j + 2\beta_k = 0 \end{aligned} \tag{2.8}$$

와 같은 가설검정이다. 이 검정은 F 검정을 시행한다(2.5.2절 참조). (2.5)의 가설검정 후 H_0를 기각했을 때의 또 하나의 관심사는 y의 추정량 $\widehat{y} = \widehat{\beta}_1 x_1 + \widehat{\beta}_2 x_2 + \cdots + \widehat{\beta}_k x_k$가 y를 어느 정도 설명하는가, 좀 더 정확히 표현하면 y의 변동을 $\widehat{y}$가 얼마나 설명하는가에 대한 문제이다. 이는 소위 결정계수 R^2 또는 수정결정계수 $\bar{R}^2$로 $\widehat{y}$의 y에 대한 설명력을 구현하게 된다. R^2 또는 $\bar{R}^2$가 1에 가까울수록 $\widehat{y}$가 y에 대해 높은 설명력을 가진다고 하며 0에 가까울수록 설명력이 떨어진다고 해석한다(자세한 내용은 2.11절을 참조).

이제 (2.5)~(2.8)의 가설검정 후 H_0를 기각하지 못하게 된다면 H_0 하에서 모수 $\boldsymbol{\beta}$를 재추

정해야 할 것이다. 예를 들어, (2.6)에서 $H_0 : \beta_i = 0$의 가설을 기각하지 못하게 되면 (2.2)의 모형에서 단순히 변수 x_i를 제거한 후 재추정하면 된다. 그러나 (2.7)이나 (2.8)의 가설에서는 위와 같은 방법으로 할 수 없고 H_0라는 제약조건 하에서 이를 추정해야 할 것이다(자세한 이론적 배경은 2.7절을 참조).

지금까지 우리는 모수 $\boldsymbol{\beta}$의 추정 및 검정의 문제를 살펴보았다. 검정문제에서 또 하나의 중요한 관심사는 모형 (2.2)에서 모수 $\boldsymbol{\beta}$가 n에 의존하지 않는 안정적인 모수인가이다. 이 문제에 대한 이해를 돕기 위해 간단한 모형을 고려하여 보자.

$$y_i = \beta_0 + \beta_1 x_i + \epsilon_i, \quad i = 1, 2, \ldots, n.$$

여기에서 x는 소득, y는 소비라고 가정하자. n개의 표본을 n개의 도시라고 하면, 이 n개의 도시는 대도시와 중소도시로 나눌 수 있으며, 이때 "모수 $\boldsymbol{\beta}$가 n에 의존하지 않는 안정적인 모수인가?"는 대도시 그룹의 β_0와 β_1, 중소도시 그룹의 β_0와 β_1이 같다고 할 수 있는가를 검정하는 문제가 될 것이다. 만약 두 그룹의 모수가 같다는 H_0를 기각했다면, 중소도시의 소비함수는 대도시의 소비함수와 다르다는 결론을 내릴 수 있을 것이다. 한편 n개의 도시를, n개의 시간으로 보고 서울의 소득 및 소비를 n개 년도에서 관찰한 것으로 놓는다면, 이 경우 고려해 볼 수 있는 것 중 하나는 서울지역의 소비함수가 시간과 관계없이 같은 가이다. 만약 서울지역의 소비함수가 시간이 흐름에 따라 변화했다면 어느 시점부터 소비함수가 변화하였고 그 변화의 양은 얼마이고 그 변화의 원인은 무엇인가 등이 될 것이다. 이러한 문제는 구조 변화에 대한 검정(tests of structural change)으로 구현되며 이를 Chow 검정(Chow(1960))이라고 한다(2.6절 참조).

구조변화에 대한 검정은 (2.2)의 선형모형에서 최소한 1개 이상의 모수가 다를 때 모형의 구조가 변화하였다는 결론을 내리게 된다. 위의 소비함수의 첫 번째 예에서(즉 n이 n개의 도시일 때), 대도시와 중소도시의 소비는 차이가 있을 것으로 충분히 예상할 수 있다. 즉 대도시의 β_0와 중소도시의 β_0가 다르다는 것이다. 이 경우, 구조변화에 대한 검정은 당연히 대도시와 중소도시의 소비가 다르다는 상황에서 "소득의 계수 β_1이 대도시와 중소도시 간에 다른가?" 라는 검정을 고려하게 된다. 이 검정은 소위 가변수(dummy variable)를 이용하여 검정을 하게 된다. 이들의 이론적인 배경은 2.6절, 2.9절, 그리고 2.10절을 참조하길 바란다.

이제 제2장에서 논의한 지금까지의 문제를 정리하면 다음의 표 2.1로 정리할 수 있다.

표 2.1: 고전적 선형모형의 분석 절차

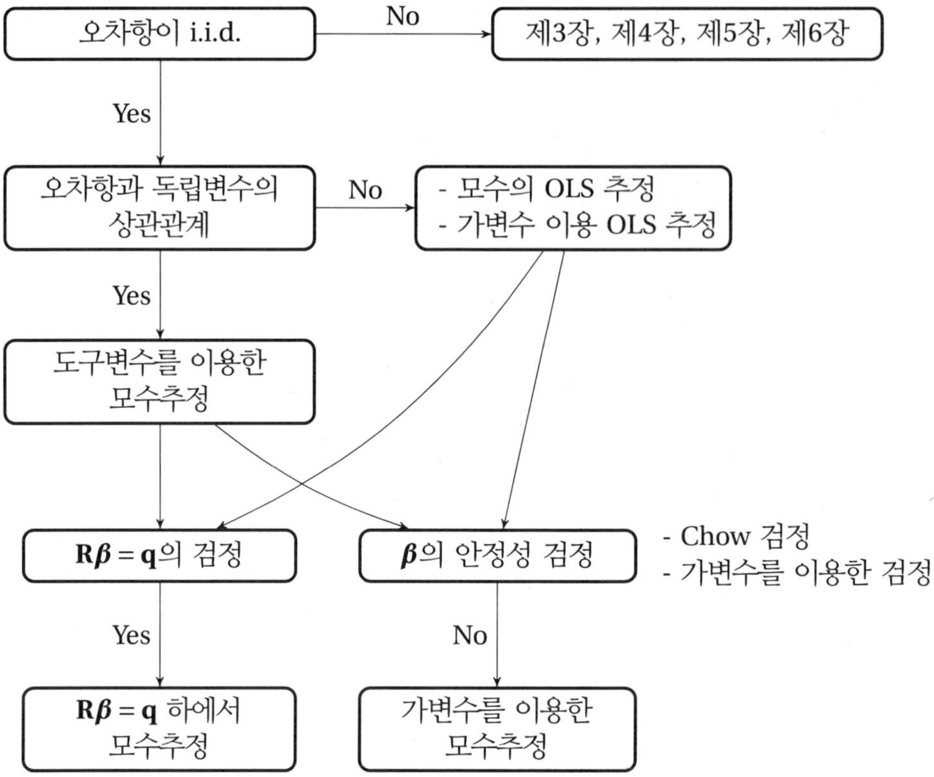

2.2 SAS/ETS의 사용법

SAS/ETS 9.4 프로시저 중에서 AUTOREG 프로시저를 사용하면 2.1절에서 논의한 문제들을 간단하게 해결할 수 있다. AUTOREG는 본래 제5장에서 설명할 오차항이 자기상관관계가 있을 때 사용하는 프로시저이지만 고전적 선형회귀모형이 제5장의 특수한 경우이므로 2.1절에서 제시한 문제를 해결하기 위한 충분한 기능이 있다. 우선, 고전적 선형회귀모형을 위한 AUTOREG 프로시저를 종합하면 다음과 같다.

---

① **PROC AUTOREG** data= *input data-set* options;

② **MODEL** response = regressors / options;

③ **TEST** equations / options;

④ **RESTRICT** equations;

⑤ **OUTPUT OUT=** *data-set* options;

---

① AUTOREG 프로시저를 시작하는 명령어로 options에 포함될 수 있는 사항은 다음과 같다.

OUTEST= data-set : 추정된 모형의 모수 값들과 관련 통계량 값들을 지정된 데이터세트에 저장하도록 한다.

PLOTS : AUTOREG 프로시져에서 만들어지는 결과물들을 ODS(Output Delivery System)을 통해 plot으로 출력 받을 수 있도록 해준다. 이를 통해 잔차분석을 쉽게 해결할 수 있으며, 그 외에도 자기상관과 관련된 내용을 그래픽적으로 확인할 수 있도록 해준다. 좀 더 자세한 내용은 예제를 통하여 확인하도록 한다.

② 선형회귀모형을 지정하는 명령어로 options에 포함될 수 있는 사항은 다음과 같다.

NOINT : y의 절편, 즉 β_0를 없애라는 명령어이다.

CHOW=(obs_1 obs_2 ... obs_n) : 이는 모형의 구조변화가 있는지를 검정하는 명령어이다(2.6절 참조). 예를 들어,

```
MODEL y = x z /chow=(11 16 25);
```

라고 했을 때 1 ~ 10번까지의 자료를 그룹 I, 11번부터 마지막까지의 자료를 그룹 II로 분류하여 그룹 I과 그룹 II의 y절편, x의 회귀계수, 그리고 z의 회귀계수가 같은지를 검정하게 된다. 그리고 다시 1 ~ 15번까지의 자료를 그룹 I, 16 ~끝까지의 자료를 그룹 II로 분류하여 이 두 그룹간에 회귀계수가 같은지를 검정하게 된다. 마지막으로 자료를 1 ~ 24, 25 ~끝으로 2개의 그룹으로 나눈 후 두 그룹간의 회귀계수가 같은지를 검정하게 된다. 이와 같이 CHOW=(obs_1 ... obs_n)에서 $n \geq 2$ 경우 즉, 위의 예처럼(11, 16, 25의 3개를 사용) 구조변화의 관찰점을 정확하게 알 수 없을 때 사용하게 된다.

NORMAL : 회귀분석 후 잔차(residual)에 대하여 Jarque-Bera의 정규성 검정을 시행한다.

PROC AUTOREG의 MODEL은 2개 이상을 동시에 지정할 수 있다. 예를 들어 입력데이터세트에 y, x_1, x_2, x_3라는 변수가 있을 때

```
PROC AUTOREG data=ex;
 MODEL y = x1 x2;
 MODEL y = x1 x3;
```

와 같이 2개의 모형을 모두 지정할 수 있고, 2개의 모형의 결과를 구별하기 위해 라벨을 부여할 수 있다. 즉,

```
M1 : MODEL y = x1 x2;
M2 : MODEL y = x1 x3;
```

와 같이 모형에 M1, M2의 이름을 지정하여 결과출력 시 모형을 쉽게 구별할 수 있다.

③ 이 명령어로 MODEL에 지정한 모형에서 회귀계수의 선형관계를 검정할 수 있다. 예를 들어,

$$y = \beta_0 + \beta_1 x_1 + \beta_2 x_2 + \beta_3 x_3 + \epsilon$$

의 AUTOREG 프로그램을

```
MODEL y = x1 x2 x3;
TEST  intercept=1, x2 + x3 = 0;
```

로 했을 때, 이는 $H_0 : \beta_0 = 1, \beta_2 + \beta_3 = 0$을 동시에 검정하는 프로그램이다. 이 TEST를 사용하는 몇 가지 예를 들면 다음과 같다. 모형 $y = \beta_0 + \beta_1 x_1 + \beta_2 x_2 + \beta_3 x_3 + \epsilon$에서 $H_0 : \beta_1 - 2\beta_2 = 0$은

```
TEST x1 - 2 * x2 = 0;
```

이다. $H_0 : \beta_0 = 0$와 $H_0 : \beta_2 + 3\beta_3 = 0$을 각각 검정할 때는

```
TEST intercept = 0;
TEST x2 + 3 * x3 = 0;
```

과 같이 TEST문을 따로 쓰고, 만약 두 가설을 동시에 검정하고자 할 때는

```
TEST intercept = 0, x2 + 3 * x3 = 0;
```

과 같이 ','에 의해 두 가설을 동시에 TEST문에 쓸 수 있다.

④ 이 명령어는 회귀계수에 제약(restriction)을 부여하는 명령어이다. 사전지식에 의해 어떤 특정계수(또는 계수들)에 제약을 부여하거나 앞의 TEST에 의해 귀무가설을 기각하지 못할 때 유용하게 쓰는 명령어이다. 명령어의 형태는 TEST문과 같다. 예를 들어,

```
MODEL y = x1 x2 x3;
RESTRICT x1 + x2 = 0,  2 * x3 - x2 = 0;
```

는 $\beta_1+\beta_2=0$, $2\beta_3-\beta_2=0$이라는 제약조건 하에서 β_0, β_1, β_2, β_3를 추정하게 된다. RESTRICT문과 TEST문을 동시에 사용할 때 한 가지 주의할 점이 있다. 예를 들어,

```
MODEL     y = x1 x2 x3;
RESTRICT x1 - x2 = 0;
TEST     x1 - x2 = 0;
```

과 같은 경우 TEST의 의미가 없어지게 된다. 즉, 이 프로그램은 `RESTRICT x1 - x2 = 0;`에 의해 이미 $\beta_1=\beta_2$의 제약조건에서 회귀계수를 추정하였기 때문이다.

⑤ OUT= *data-set* 출력데이터세트로 다음의 *options*에 의해 OUT= *data-set*에 저장하게 된다.

ALPHACLM = number : 이는 y의 신뢰구간을 구하기 위한 신뢰계수를 지정하여 주는 명령어이다. 그러므로 number는 0과 1 사이의 값이어야만 한다. 예를 들어, ALPHACLM=0.01로 지정하게 되면 99% 신뢰구간을 구하게 된다. 디폴트는 0.05로 95%의 신뢰구간을 구하게 된다.

LCLM = name : ALPHACLM = number에 지정된 신뢰구간의 하한값을 저장할 변수를 지정해 주는 명령어이다.

UCLM = name : ALPHACLM = number에 지정된 신뢰구간의 상한값을 저장할 변수를 지정해 주는 명령어이다.

PM = name : y의 예측치 $\hat{y}$값을 저장할 변수를 지정해 주는 명령어이다.

RM = name : 잔차값을 저장할 변수를 지정해 주는 명령어이다.

2.2.1 사례분석 1 - 다중선형회귀분석

다음의 자료는 1980~1992년 까지는 매월노동통계조사보고서(매월노동통계조사는 2008년 종료), 1993~2008년 까지는 통계청의 국가통계포털(KOSIS)에서 수집한 것으로 사회간접자본 및 기타서비스업의 취업자 수(SOC, 단위:1,000명), 제조업 취업자 수 (MAF, 단위:1,000

명), 그리고 제조업 월급여총액(정액급여+초과급여, *WAGE*, 단위:원)이다. 한국표준사업분류의 개정, 인구총조사 이후의 조정 등으로 1980~1992, 1993~2001, 2002~2008 기간별로 자료를 나누어 보아야 하지만, 설명을 목적으로 하는 사례분석이므로 동일한 기준에서 작성된 것으로 간주하고 이후 내용을 전개하였다.

표 2.2: SOC, MAF의 취업자 수와 제조업 임금

YEAR	MAF(1000명)	SOC(1000명)	WAGE(원)
1980	2,955	5,951	131,770
1981	2,859	6,239	156,926
1982	3,033	6,624	179,736
1983	3,266	6,816	200,263
1984	3,348	7,024	216,333
1985	3,504	7,578	236,831
1986	3,826	7,830	257,124
1987	4,416	8,172	281,537
1988	4,667	8,579	327,768
1989	4,882	9,150	396,051
1990	4,911	9,858	472,718
1991	5,156	10,704	552,814
1992	4,980	11,301	632,306
1993	4,720	11,871	700,684
1994	4,758	12,560	773,133
1995	4,818	13,168	868,843
1996	4,725	13,782	983,186
1997	4,537	14,365	1,064,134
1998	3,917	13,603	1,060,951
1999	4,027	13,943	1,128,112
2000	4,293	14,603	1,227,832
2001	4,267	15,139	1,296,891
2002	4,241	15,841	1,458,006
2003	4,205	15,967	1,563,866
2004	4,290	16,427	1,679,297
2005	4,234	16,789	1,825,079
2006	4,167	17,181	1,934,598
2007	4,119	17,569	2,048,577
2008	4,079	17,784	2,168,286

그림 2.3은 표 2.2의 자료를 플롯으로 나타낸 것으로 *SOC*와 *MAF*는 왼쪽 세로축을 기준으로 *WAGE*는 오른쪽 y축을 기준으로 작성된 것이다. *MAF*의 경우 1990년대 초반까지 꾸준히 증가하는 경향을 보이다가 이후 완만한 하향 안정적 추세를 보이고 있으며 *SOC*와 *WAGE*가 비슷한 속도록 증가하고 있는 것으로 보이지만 y축이 다른 것을 고려하여야 한다. *WAGE*는 꾸준히 증가하였으나, *MAF*는 이와 같은 방향으로 움직이지 않았음을 볼 수 있다. 모형 2.9은 표 2.2의 자료를 분석하기 위하여 간단한 모형을 작성한 것으로 각 취업자 수의 변화를 시간효과(YEAR)와 제조업 월급여총액의 변화로 설명하고자 하였다.

$$
\begin{aligned}
SOC &= \alpha_0 + \alpha_1\, YEAR + \alpha_2\, WAGE + \epsilon_1 \\
MAF &= \beta_0 + \beta_1\, YEAR + \beta_2\, WAGE + \epsilon_2
\end{aligned}
\tag{2.9}
$$

다음은 이 모형들을 기반으로하는 모형분석을 위한 프로그램과 결과이다. 프로그램과 출력결과에서 설명을 위해 위치를 지적할 필요가 있을 때는 표시된 줄번호를 이용한다. 앞으로 프로그램은 **P6**(프로그램의 6번째 줄), 출력결과는 *R6*(출력결과의 6번째 줄)과 같은 표시를 사용하기로 한다.

프로그램 2.1 : 다중선형회귀분석 프로그램

```
1   data EX2_1;
2     input YEAR MAF SOC WAGE;
3     cards;
4     ...
5   ; run;
6
7   proc autoreg data=EX2_1;
8    SOC: model SOC=YEAR WAGE;
9    MAF: model MAF=YEAR WAGE;
10  run;
11
12   proc autoreg data=EX2_1 plots;
13     MAF: model MAF= YEAR WAGE;
14   run;
```

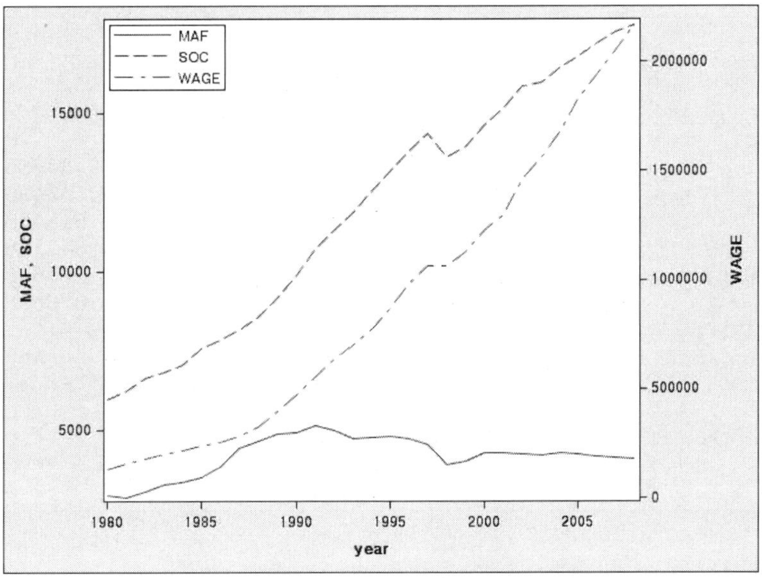

그림 2.3: *SOC*, *MAF*, *WAGE* 플롯

프로그램 2.1의 결과인 출력 2.1은 A와 B로 구분하여 제시하였다.

출력 2.1.A : 프로그램 2.1 P8의 결과

```
Model                    SOC

                 Ordinary Least Squares Estimates

   SSE              5506239.81    DFE                          26
   MSE                  211778    Root MSE              460.19393
   SBC              444.869126    AIC                  440.767239
   MAE              352.598354    AICC                 441.727239
   MAPE             3.38262879    HQC                  442.051899
   Durbin-Watson        0.4525    Regress R-Square         0.9871
                                  Total R-Square           0.9871

                                    Standard                   Approx
Variable        DF      Estimate       Error    t Value    Pr > |t|

Intercept        1       -937413       97173      -9.65      <.0001
year             1      476.2352     49.0175       9.72      <.0001
WAGE             1     -0.000286    0.000653      -0.44      0.6645
```

출력 2.1.B : 프로그램 2.1 P9의 결과

```
Model                    MAF

                 Ordinary Least Squares Estimates

   SSE              3740690.45    DFE                          26
   MSE                  143873    Root MSE              379.30556
   SBC              433.657386    AIC                  429.555498
   MAE              306.647447    AICC                 430.515498
   MAPE             7.34376831    HQC                  430.840158
   Durbin-Watson        0.4335    Regress R-Square         0.6656
                                  Total R-Square           0.6656

                                    Standard                   Approx
Variable        DF      Estimate       Error    t Value    Pr > |t|

Intercept        1       -543906       80093      -6.79      <.0001
year             1      276.3627     40.4017       6.84      <.0001
WAGE             1     -0.003349    0.000538      -6.23      <.0001
```

출력 2.1.A와 출력 2.1.B에 의해

$$\widehat{SOC} = -937413 + 476.24\,YEAR - 0.000296\,WAGE$$

$$\widehat{MAF} = -543906 + 276.36\,YEAR - 0.0033\,WAGE$$

로 모형이 추정되어 있고 추정된 모든 회귀계수는 SOC 모형의 α_2를 제외하고는 유의수준 0.05($\alpha = 0.05$) 하에서 모두 유의한 결과를 보이고 있다. 그리고 SOC 모형의 $R^2 = 0.9871$이고 MAF 모형의 $R^2 = 0.6656$로서 SOC 모형은 매우 잘 적합 되었고 MAF 모형은 상대적으로 적합도가 떨어짐을 알 수 있다. 추가로 프로그램 2.1 P13의 결과는 '출력 2.1.B'와 같으나 'plots'에 의하여 그림 2.4를 얻을 수 있다. 기본적으로 잔차분석(residual analysis)에 사용할 수 있는 정보들을 제공하고 있으므로 분석자가 유용하게 사용할 수 있다.
SBC~HQC와 같이 모형의 적합도에 관련된 통계량들은 2.13절을 참조하고, 그 이외의 내용은 고전적 선형모형 이후에 다루는 내용이 포함되어있으므로 여기서는 설명을 생략하고 넘어가기로 한다.

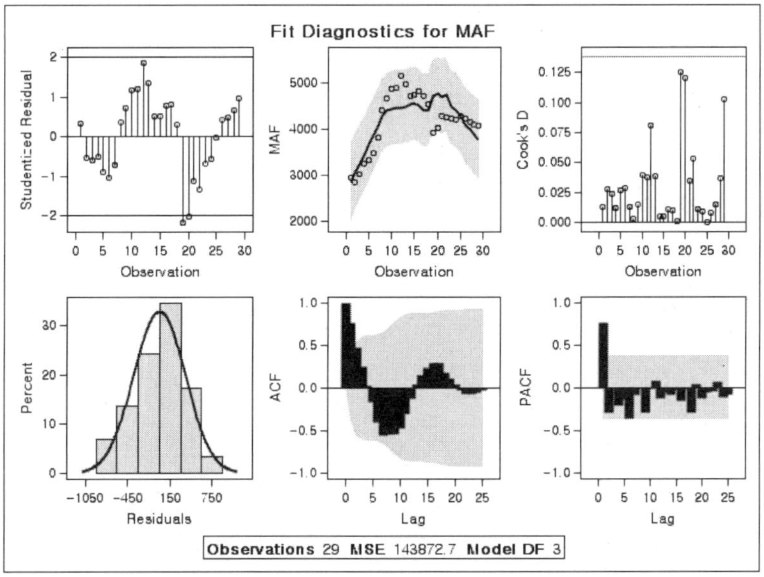

그림 2.4: MAF 모형 분석결과에 따른 추가 정보

2.2.2 사례분석 2 - 회귀계수의 검정 및 제약

$MAF = \beta_0 + \beta_1\ YEAR + \beta_2\ WAGE + \epsilon_2$의 모형에서 모형의 적합도 검정은 $H_0 : \beta_1 = \beta_2 = 0$에 대한 검정이 된다. 다음의 프로그램은 $H_0 : \beta_1 = \beta_2 = 0$를 위한 F 검정과 $H_0 : \beta_1 = 0$에 대한 t 검정을 위한 것이다. 프로그램 2.2의 결과는 출력 2.2와 같다.

프로그램 2.2 : F 검정과 t 검정법

```
proc autoreg data=EX2_1;
  model MAF=YEAR WAGE;
  test  YEAR=0, WAGE=0;
  test  YEAR=0;
run;
```

출력 2.2 : F 검정과 t 검정 결과

```
                                     Mean
 Source               DF           Square      F Value      Pr > F

 Numerator             2          3723330        25.88      <.0001
 Denominator          26           143873

                                     Mean
 Source               DF           Square      F Value      Pr > F

 Numerator             1          6731913        46.79      <.0001
 Denominator          26           143873
```

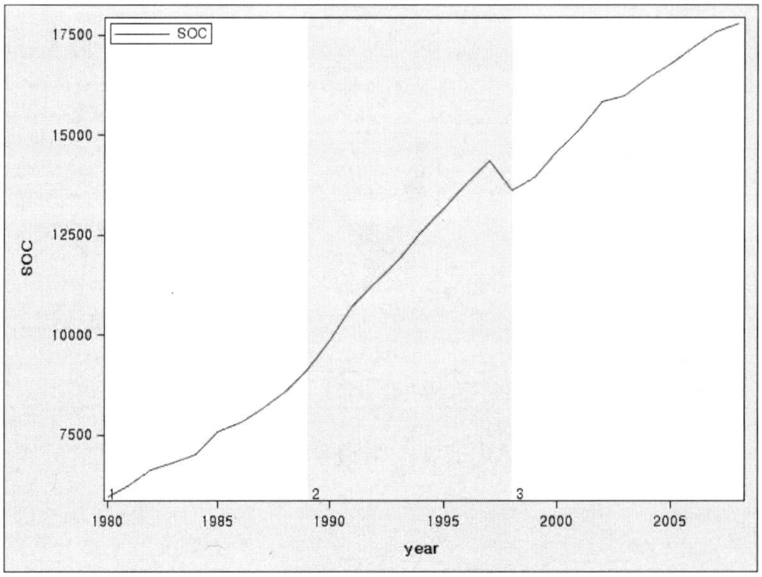

그림 2.5: *SOC*와 *YEAR*의 플롯

출력 2.2에 따라 $H_0 : \beta_1 = \beta_2 = 0$의 검정은 p-값이 0.0001보다 작으므로 H_0를 기각하게 되어 모형적합을 위한 독립변수($YEAR$, $WAGE$)의 선택은 의미가 있게 된다. 한편, $H_0 : \beta_1 = 0$의 검정 역시 p-값이 0.0001보다 작으므로 H_0를 기각하게 된다. 여기에서 $\sqrt{\text{F}} = \sqrt{46.79} =$

6.84032로 출력 2.1.B의 `t Value` 값과 일치하고 있음을 알 수 있다. 이것은 $\sqrt{F} = t$라는 관계식 때문이다. 그러므로 출력 2.1.A와 출력 2.1.B의 `t Value`는 해당변수의 회귀계수에 대한 t 검정통계량 값이 되어 프로그램 2.2에서 '`test YEAR=0;`'과 같은 검정은 필요 없게 된다. 그림 2.5는 SOC와 $YEAR$의 시도표로 SOC의 변화를 살펴보면 올림픽이 있었던 1988년과 경제위기로 IMF에 구제금융을 신청했던 1997년을 기준으로(시도표에서 음영으로 구분) $YEAR$에 대한 기울기에 변동이 있는 것을 알 수 있다. 그러면 과연 두 시점을 전후하여 $YEAR$의 회귀계수가 달라졌는가(이는 그림 2.5에서 명확히 관찰되지만, 통계적 검정을 통계 확인해 볼 필요는 있다) 그리고 1988년 이전과 이후 $YEAR$의 회귀계수는 어떤 관계가 있는지 검정하여 보자. 내용 전개를 위해 1988년과 1997년을 기준으로 세 개의 그룹으로 자료를 나눈 후 (2.10)과 같이 모형을 정의한다.

$$
\begin{aligned}
GR1: SOC_t &= \beta_{01} + \beta_{11}\, YEAR + \epsilon_{1t}, \qquad t = 1980, \ldots, 1988.\\
GR2: SOC_t &= \beta_{02} + \beta_{12}\, YEAR + \epsilon_{2t}, \qquad t = 1989, \ldots, 1997. \qquad (2.10)\\
GR3: SOC_t &= \beta_{03} + \beta_{13}\, YEAR + \epsilon_{3t}, \qquad t = 1998, \ldots, 2008.
\end{aligned}
$$

프로그램 2.3 : 그룹별 회귀분석

```
data EX2_2; set EX2_1;
  if YEAR<1989 then T=1;
  else if 1989 <= Year < 1998 then  T=2;
  else T=3;
run;

proc autoreg data=EX2_2;
  model SOC=YEAR; by T;
run;
```

출력 2.3 : 그룹별 회귀분석 결과

```
   --------------------------------- T=1 ---------------------------------
                        Ordinary Least Squares Estimates

       SSE               52166.4722    DFE                             7
       MSE                     7452    Root MSE                 86.32701
       SBC               107.920079    AIC                     107.52563
       MAE               58.3950617    AICC                    109.52563
       MAPE              0.82463011    HQC                     106.67441
       Durbin-Watson         1.9389    Regress R-Square           0.9918
```

```
                                      Total R-Square          0.9918

                                        Standard                 Approx
    Variable         DF      Estimate      Error    t Value    Pr > |t|

    Intercept         1       -637103      22111     -28.81      <.0001
    year              1      324.7500    11.1448      29.14      <.0001
    ------------------------------ T=2 ------------------------------
                       Ordinary Least Squares Estimates

       SSE                55728.8728    DFE                           7
       MSE                      7961    Root MSE               89.22594
       SBC                108.514604    AIC                  108.120155
       MAE                65.2098765    AICC                 110.120155
       MAPE               0.59360775    HQC                  107.268935
       Durbin-Watson          1.0806    Regress R-Square         0.9978
                                        Total R-Square           0.9978

                                        Standard                 Approx
    Variable         DF      Estimate      Error    t Value    Pr > |t|

    Intercept         1      -1277576      22957     -55.65      <.0001
    year              1      646.9833    11.5190      56.17      <.0001
    ------------------------------ T=3 ------------------------------
                       Ordinary Least Squares Estimates

       SSE                312513.263    DFE                           9
       MSE                     34724    Root MSE              186.34295
       SBC                148.812014    AIC                  148.016224
       MAE                125.608264    AICC                 149.516224
       MAPE               0.80799448    HQC                  147.514589
       Durbin-Watson          0.9378    Regress R-Square         0.9847
                                        Total R-Square           0.9847

                                        Standard                 Approx
    Variable         DF      Estimate      Error    t Value    Pr > |t|

    Intercept         1       -840460      35588     -23.62      <.0001
    year              1      427.5364    17.7671      24.06      <.0001
```

출력 2.3에서 보듯이 1988년 이전 $YEAR$의 회귀계수는 324.75이고 1989년 이후는 $YEAR$의 회귀계수가 646.98로 1988년 이전 매년 약 32만 명씩 증가를 하던 SOC 취업자 수가 1989년 이후는 매년 약 64만 명씩 증가하는 것으로 나타났다. 물론 y의 절편도 큰 차이를 보이지만 절편의 의미는 거의 없으므로 y의 절편이 다르다는 가정 하에서 실제로 $H_0: 2\beta_{11} = \beta_{12}$인지를 검정하여 보자(이 가정은 1989~1997년까지의 서비스업 취업자 수 연별 증가수준이 1988년 이전의 두 배에 해당함을 뜻한다). 이를 위해 모형 (2.10)을 다음과 같이 변형하여 보자.

$$
\begin{aligned}
GR1 : SOC_t &= \beta_{01} + \beta_{11}\, YEAR + \epsilon_t, & t &= 1980, \ldots, 1988. \\
GR2 : SOC_t &= \left(\beta_{01} + \beta_{01}^*\right) + \left(\beta_{11} + \beta_{11}^*\right) YEAR + \epsilon_t, & t &= 1989, \ldots, 1997.
\end{aligned}
\tag{2.11}
$$

즉, 모형 (2.10)에서 $\beta_{02} = \beta_{01} + \beta_{01}^*$이고 $\beta_{12} = \beta_{11} + \beta_{11}^*$로 변형한 것이다. 그러므로 모형 (2.10)에서 $H_0 : 2\beta_{11} = \beta_{12}$는 모형 (2.11)에서 $H_0 : \beta_{11}^* = \beta_{11}$과 같은 가설검정이 된다. 한편 모형 (2.11)를 가변수 D_t를 이용하여 하나의 모형으로 표현하면

$$
SOC_t = \beta_{01} + \beta_{01}^*\, D_t + \beta_{11}\, YEAR + \beta_{11}^*\, D_t \cdot YEAR + \epsilon_t, \quad t = 1980, \ldots, 1997. \tag{2.12}
$$

이 되고, 가변수 D_t의 정의는 다음과 같다.

$$
D_t = \begin{cases} 0, & t < 1989 \\ 1, & 1989 \le t < 1998 \end{cases}
$$

(2.10), (2.11), (2.12)가 모두 같은 모형이 되는 것은 쉽게 알 수 있다. 이제 모형 (2.12)를 이용하여 $H_0 : \beta_{11}^* = \beta_{11}$, 즉 $H_0 : 2\beta_{11} = \beta_{12}$를 검정해 보자.

프로그램 2.4 : $H_0 : H_0 : \beta_{11}^* = \beta_{11}$의 검정을 위한 프로그램

```
1  data EX2_2; set EX2_1;
2    if YEAR<1989 then T=0;
3    else if 1989 <= Year < 1998 then T=1; else T=2;
4    TYEAR=T*YEAR;
5  run;
6
7  proc autoreg data=EX2_2;
8    where T <= 1;
9    model SOC=T YEAR TYEAR;
10   TEST YEAR-TYEAR=0;
11 run;
```

프로그램 2.4에서 **P4**의 TYEAR=T*YEAR는 모형 (2.12)의 $D_t \cdot YEAR$이고 **P8**은 T=3 경우는 제외하라는 명령이며 **P9**는 모형 (2.12)를 표현한 것이다. 그리고 **P10**은 $H_0 : \beta_{11}^* = \beta_{11}$을 검정하라는 명령어이다.

출력 2.4 : $H_0: \beta_{11}^* = \beta_{11}$의 검정 결과

```
                      Ordinary Least Squares Estimates

       SSE                107895.345    DFE                          14
       MSE                      7707    Root MSE               87.78844
       SBC                219.217089    AIC                  215.655602
       MAE                61.8024691    AICC                 218.732525
       MAPE               0.70911893    HQC                  216.146683
       Durbin-Watson          1.8765    Regress R-Square         0.9992
                                        Total R-Square           0.9992


                                              Standard                    Approx
    Variable         DF       Estimate          Error    t Value    Pr > |t|

    Intercept         1        -637103          22486     -28.33      <.0001
    T                 1        -640473          31872     -20.10      <.0001
    year              1       324.7500        11.3334      28.65      <.0001
    TYEAR             1       322.2333        16.0279      20.10      <.0001

                                   Test 1

                                              Mean
         Source               DF            Square    F Value    Pr > F

         Numerator             1         76.003337       0.01    0.9223
         Denominator          14       7706.810367
```

출력 2.4를 보면 우선 R^2가 매우 높고(여기서 Regressin R^2와 Total R^2의 구분은 추후에 하기로 한다), 각 모수의 검정 결과도 모두 유의한 것으로 나타났다. `Test 1`은 $H_0: \beta_{11}^* = \beta_{11}$의 검정결과로 F = 0.01이고 p-값이 0.9223으로 H_0를 기각하지 못하고 있다. 이 검정결과를 설명하면, " 88올림픽 이후 1997년까지 연별 제조업취업자 수 증가율은 올림픽 이전의 두 배에 달한다" 로 할 수 있다. 이제 $\beta_{11}^* = \beta_{11}$라는 가정 하에서 회귀계수를 다시 추정해 보자.

프로그램 2.5 : $\beta_{11}^* = \beta_{11}$ 제약조건 하에서의 회귀계수 추정

```
1 proc autoreg data=EX2_2;
2   where T <= 1;
3   model SOC=T YEAR TYEAR;
4   RESTRICT YEAR-TYEAR=0;
5   OUTPUT OUT=ex2_2_out p=phat1 pm=phat2 lcl=cl1 ucl=cu1 lclm=cl2 uclm=cu2;
6 run;
```

P4는 $\beta_{11}^* = \beta_{11}$라는 제약조건 하에서 모형 (2.12)의 회귀계수를 추정하라는 명령어이다. **P5**는 분석결과로부터 적합값, 신뢰구간, 예측구간 값들을 데이터셋에 저장하라는 명령어이다.

출력 2.5 : $\beta^*_{11} = \beta_{11}$ 제약조건 하에서의 회귀계수 추정 결과

```
                    Ordinary Least Squares Estimates

     SSE                  107971.348    DFE                          15
     MSE                        7198    Root MSE               84.84156
     SBC                  216.339392    AIC                  213.668277
     MAE                  61.3550617    AICC                 215.382562
     MAPE                 0.70110307    HQC                  214.036587
     Durbin-Watson            1.8831    Regress R-Square         0.9992
                                        Total R-Square           0.9992

                                           Standard                 Approx
  Variable        DF       Estimate           Error    t Value     Pr > |t|

  Intercept        1        -635105            9718     -65.35       <.0001
  T                1        -643473            9807     -65.62       <.0001
  year             1       323.7433          4.8983      66.09       <.0001
  TYEAR            1       323.7433          4.8983      66.09       <.0001
  Restrict1       -1        30.2000        293.8998       0.10       0.9223
```

출력 2.5에 의해 모형 (2.12)는

$$\widehat{SOC}_t = -635105 - 643473\, D_t + 323.74\, YEAR + 323.74\, D_t \cdot YEAR$$

로 추정되었다. 여기서 $\widehat{\beta}_{11} = \widehat{\beta^*}_{11} = 323.7$로 제약조건이 만족되는 것을 확인할 수 있다. 이를 기간별로 재정리하면 다음과 같다.

$$\widehat{SOC}_t = -635105 + 323.74\, YEAR, \qquad t = 1980, \ldots, 1988.$$

$$\widehat{SOC}_t = -1278578 + 647.49\, YEAR, \qquad t = 1989, \ldots, 1997.$$

그림 2.6은 SOC의 적합결과를 95% 신뢰구간(프로그램 2.5에서 lclm, uclm), 95% 예측구간(프로그램 2.5에서 lcl, ucl)과 함께 나타낸 시도표이다. 이 그림에서 출력 2.5의 결과와 그림 2.5에서 명확하게 보이지 않았던 서비스업 취업자 수의 증가율 변화를 관찰할 수 있다. 사실 이 그림은 88년 올림픽의 효과만 본 것이다(즉, 식(2.10)에서 $GR1$과 $GR2$ 모형만 사용한 것). 서비스업 취업자 수 증가율은 1997년 12월 경제위기 때문에 IMF에 구제금융을 신청했던 사건의 영향으로 다시 한 번 변하게 된다. 이를 더 자세히 보기 위해 식 (2.10)의 $GR2$과 $GR3$ 모형과 출력 2.3에서 T=1과 T=2 부분을 살펴보도록 하자. 자료의 특성 때문이긴 하지만 두 그룹의 모형 적합도는 1에 가깝게 나온 것을 알 수 있고 회귀계수의 추정결과는 $\widehat{\beta}_{12} = 646.98$, $\widehat{\beta}_{13} = 427.54$로 검정결과도 모두 유의한 것으로 나타났다. 경제위기 전후 서비스업 취업자

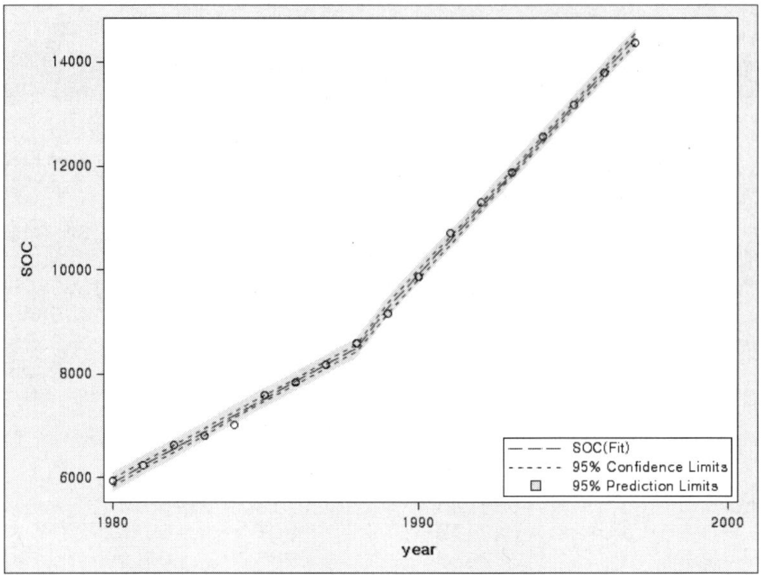

그림 2.6: *SOC*의 적합결과와 95% 신뢰구간, 예측구간

수의 증가율을 비교하기 위해서는 앞서 설명한 88올림픽의 효과에서처럼 가변수를 정의하고 모형을 만들어야 한다. 그러나 이는 앞선 내용의 반복이므로 이번에는 두 개의 가변수를 사용하여 *GR*1, *GR*2, *GR*3를 모두 고려하는 모형을 생각해 보자. $\widehat{\beta}_{13} = 427.54$의 해석은 "서비스업 취업자 수 증가율은 경제위기를 겪으면서 1989~1997년 기간에 비해 2/3 수준으로 떨어졌으며, 올림픽 이전 수준인 $\widehat{\beta}_{11} = 324.75$보다는 약 4/3배 정도 높은 것으로 나타났다"로 할 수 있다. 그러나 이런 판단은 눈으로 가늠해보는 것이고, 객관적인 결정을 위해서는 통계적 검정 절차를 따라야 한다. 이를 위해 앞서와 마찬가지로 가변수를 사용하기로 한다. 이미 모형 내에 가변수를 넣어줌으로써 절편에 영향을 줄 수 있고, 가변수와 독립변수의 곱을 모형 내에 넣어 줌으로써 기울기에 영향을 줄 수 있는 효과를 경험하였으므로 자세한 설명은 생략하기로 한다. 두 개의 그룹에 대한 하나의 모형을 만들기 위해서는 하나의 가변수가 필요하지만, 세 개의 그룹에 대한 하나의 모형을 만들기 위해서는 (2.13)과 같이 정의된 두 개의 가변수가 필요하다.

$$(D_{1t}, D_{2t}) = \begin{cases} (0,0), & t < 1989 \\ (1,0), & 1989 \le t < 1998 \\ (0,1), & t \ge 1998 \end{cases} \tag{2.13}$$

가변수를 이용하여 모형 (2.10)을 하나의 모형으로 표현하면 모형 (2.14)가 된다.

$$\begin{aligned} SOC_t =& \beta_{01} + \beta_{01}^{*} D_{1t} + \beta_{01}^{**} D_{2t} \\ &+ \beta_{11} YEAR + \beta_{11}^{*} D_{1t} \cdot YEAR + \beta_{11}^{**} D_{2t} \cdot YEAR + \epsilon_t. \end{aligned} \tag{2.14}$$

모형 (2.14)에 (2.13)에서 지정된 가변수값을 넣어주면 모형 (2.15)를 얻게 되어 모형 (2.14)와 (2.15)가 같음을 확인할 수 있다.

$$\begin{aligned} &\left(D_{1t}=0, D_{2t}=0\right): SOC_t = \beta_{01} + \beta_{11}\ YEAR + \epsilon_t. \\ &\left(D_{1t}=1, D_{2t}=0\right): SOC_t = \left(\beta_{01} + \beta_{01}^{*}\right) + \left(\beta_{11} + \beta_{11}^{*}\right) YEAR + \epsilon_t. \\ &\left(D_{1t}=0, D_{2t}=1\right): SOC_t = \left(\beta_{01} + \beta_{01}^{**}\right) + \left(\beta_{11} + \beta_{11}^{**}\right) YEAR + \epsilon_t. \end{aligned} \tag{2.15}$$

이제 앞서 언급한 검정에 대하여 이야기해 보자. 먼저 "서비스업 취업자 수 증가율은 경제위기를 겪으면서 1989~1997년 기간에 비해 2/3 수준으로 떨어졌다"는 모형 (2.10)에서 가설 $H_0 : \beta_{13} = \frac{2}{3}\beta_{12}$가 되며, 모형 (2.15)에서는 가설 $H_0 : (\beta_{11} + \beta_{11}^{**}) = \frac{2}{3}(\beta_{11} + \beta_{11}^{*})$로 쓸 수 있다. 두 번째로 "서비스업 취업자 수 증가율은 경제위기를 겪으면서 올림픽 이전 수준보다는 약 4/3배 정도 높은 것으로 나타났다"는 모형 (2.10)에서 가설 $H_0 : \beta_{13} = \frac{4}{3}\beta_{11}$가 되며, 모형 (2.15)에서는 가설 $H_0 : (\beta_{11} + \beta_{11}^{**}) = \frac{4}{3}\beta_{11}$ 또는 이를 정리하여 $H_0 : \beta_{11} = 3\beta_{11}^{**}$로 쓸 수 있다. 프로그램 2.6은 모형 (2.15)에서 두 가지 검정을 수행하기 위한 것이다.

프로그램 2.6 : 서비스업 취업자 수 증가율 검정을 위한 프로그램

```
1  data EX2_3; set EX2_1;
2    if YEAR<1989 then do; D1=0; D2=0; end;
3     else if 1989 <= year <1998  then  do; D1=1; D2=0; end ;
4       else do; D1=0; D2=1; end;
5    D1YEAR=D1*YEAR;
6    D2YEAR=D2*YEAR; run;
7
8  proc autoreg data=EX2_3;
9    model SOC=D1 D2 YEAR D1YEAR D2YEAR;
10   TEST YEAR+D2YEAR-0.67*YEAR-0.67*D1YEAR=0;
11   TEST YEAR-3*D2YEAR=0; run;
```

프로그램 2.6에서 P2~P4는 두 개의 가변수 정의를 위한 것이고 P10, P11은 두 가지 검정을 수행하기 위한 것이다.

출력 2.6 : 서비스업 취업자 수 증가율 검정 결과

```
                        Dependent Variable    SOC

       SSE              420408.607   DFE                        23
       MSE                   18279   Root MSE            135.19850
       SBC               380.37112   AIC                372.167345
       MAE              86.0046673   AICC               375.985527
       MAPE             0.74662345   HQC                374.736665
       Durbin-Watson        1.1901   Regress R-Square       0.9990
                                     Total R-Square         0.9990

                                       Standard                 Approx
    Variable        DF      Estimate      Error    t Value    Pr > |t|

    Intercept        1       -637103      34629     -18.40      <.0001
    D1               1       -640473      49084     -13.05      <.0001
    D2               1       -203358      43195      -4.71      <.0001
    year             1      324.7500    17.4541      18.61      <.0001
    D1YEAR           1      322.2333    24.6838      13.05      <.0001
    D2YEAR           1      102.7864    21.6982       4.74      <.0001

                                Test 1

                                         Mean
        Source             DF          Square    F Value    Pr > F

        Numerator           1     2130.806114       0.12    0.7359
        Denominator        23           18279

                                Test 2

                                         Mean
        Source             DF          Square    F Value    Pr > F

        Numerator           1      770.942802       0.04    0.8391
        Denominator        23           18279
```

출력 2.6에서 모형의 모든 독립변수가 서비스업 취업자 수의 변화를 유의하게 설명하고 있는 것을 볼 수 있다. 또한 Test 1의 검정결과도 $F = 0.12$이고 p-값이 0.7359로 $H_0 : (\beta_{11} + \beta_{11}^{**}) = \frac{2}{3}(\beta_{11} + \beta_{11}^{*})$를 기각하지 못하고 있다. 또한, Test 2의 검정결과도 $F = 0.04$이고 p-값이 0.8391로 $H_0 : \beta_{11} = 3\beta_{11}^{**}$를 기각하지 못하고 있다. 따라서 "서비스업 취업자 수 증가율은 경제위기를 겪으면서 1989~1997년 기간에 비해 2/3 수준으로 떨어졌으며, 올림픽 이전 수준보다는 약 4/3배 정도 높게 나타났다"라는 통계적인 판단을 할 수 있다. 사실 두 검정은 비교기준이 되는 기간을 어느 시점으로 놓을 것인가에 차이가 있을 뿐이지 거의 같은 내용으로 볼 수 있다. 따라서 검정결과에 의한 모수의 재추정은 두 번째 가정 하에서 시행한다. 프로그램 2.7은 제약조건 하에서 모수의 재추정, 추정결과 저장을 하기 위한 것이다. 이때 모수 재추정을 위한 제약조건은 올림픽 전후 서비스업 취업자 수 증가율에 관한 $\beta_{11} = \beta_{11}^{*}$도

함께 사용한다.

프로그램 2.7 : $\beta_{11} = \beta_{11}^{*}$와 $\beta_{11} = 3\beta_{11}^{**}$ 제약조건 하에서 추정을 위한 프로그램

```
proc autoreg data=EX2_3;
  model SOC=D1 D2 YEAR D1YEAR D2YEAR;
  RESTRICT YEAR-D1YEAR=0;
  RESTRICT YEAR-3*D2YEAR=0;
  OUTPUT OUT=ex2_3_out p=phat1 pm=phat2 lcl=cl1 ucl=cu1 lclm=cl2 uclm=cu2;
run;
```

출력 2.7 : $\beta_{11} = \beta_{11}^{*}$와 $\beta_{11} = 3\beta_{11}^{**}$ 제약조건 하에서 추정결과

```
                         Dependent Variable    SOC

       SSE                421615.745    DFE                        25
       MSE                     16865    Root MSE            129.86389
       SBC                373.719678    AIC                368.250495
       MAE                85.3687431    AICC               369.917162
       MAPE               0.73754584    HQC                369.963375
       Durbin-Watson          1.2040    Regress R-Square       0.9990
                                        Total R-Square         0.9990

                                          Standard                   Approx
    Variable        DF       Estimate        Error     t Value     Pr > |t|

    Intercept        1        -632685        11574      -54.66       <.0001
    D1               1        -641031        11679      -54.89       <.0001
    D2               1        -212773         4006      -53.11       <.0001
    year             1       322.5235       5.8337       55.29       <.0001
    D1YEAR           1       322.5235       5.8337       55.29       <.0001
    D2YEAR           1       107.5078       1.9446       55.29       <.0001
    Restrict1       -1      -116.1749     722.3714       -0.16       0.8760
    Restrict2       -1        91.4843     353.2466        0.26       0.8016
```

출력 2.7의 추정결과에 의해 모형 2.14는 다음과 같이 추정되었으며,

$$\begin{aligned}\widehat{SOC}_t &= -632685 - 641031D_{1t} - 212773D_{2t} \\ &\quad + 322.52YEAR + 322.52D_{1t}\cdot YEAR + 107.51D_{2t}\cdot YEAR.\end{aligned}$$

이 추정결과는 모형 2.15의 형식에 따라 다음과 같이 정리할 수 있다.

$$\begin{aligned}\widehat{SOC}_t &= -632685 + 322.5235YEAR, \qquad t = 1980,\ldots,1988. \\ \widehat{SOC}_t &= -1273716 + 645.047YEAR, \qquad t = 1989,\ldots,1997. \\ \widehat{SOC}_t &= -845458 + 430.0313YEAR, \qquad t = 1998,\ldots,2008.\end{aligned}$$

제약조건에 따라 $\widehat{\beta}_{11} = \widehat{\beta}^{*}_{11} = 322.52$로 같고 $3\widehat{\beta}^{**}_{11} = 3 \times 107.51 = 322.52 = \widehat{\beta}_{11}$로 일치하는 것을 확인할 수 있다. 그림 2.7은 SOC의 적합결과를 95% 신뢰구간, 95% 예측구간과 함께 나타낸 것이다. 이 그림에서 1997년과 1998년 사이에 나타나는 꺽임 현상은 이 시기를 기준으로 나누어지는 두 모형을 시도표에서 연결하면서 나타나는 것으로 어색해 보이지만 문제가 되지는 않는다.

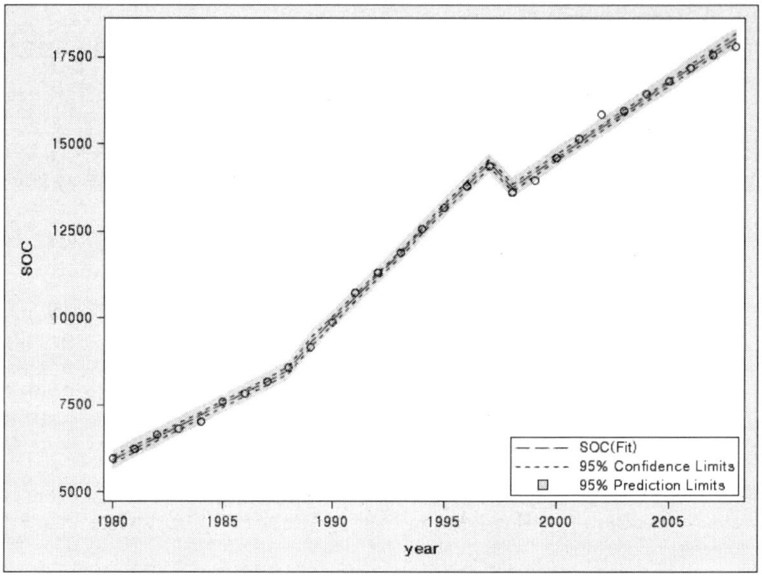

그림 2.7: SOC의 적합결과와 95% 신뢰구간, 예측구간

2.2.3 사례분석 3 - 회귀계수의 안정성

사례분석 2에서는 가변수 사용에 대한 설명을 충분히 하려 했기 때문에 다소 복잡한 내용이 있었다. 그러나 이번 사례분석에서는 내용의 용이한 전개를 위해 표 2.2의 자료에서 1992~2008년의 자료만을 사용하였다. 이 절에서 다루고자 하는 내용은 추정된 회귀계수들이 관찰치에 대하여 안정적인가 하는 것이다. 즉, $y_t = \mathbf{x}'_t\boldsymbol{\beta} + \epsilon_t$의 모형에서 $\boldsymbol{\beta}$가 t에 무관한가이다. 프로그램 2.8은 다음의 모형에서

$$SOC_t = \alpha_0 + \alpha_1\, YEAR_t + \alpha_2\, WAGE_t + \epsilon_{1t}$$

$$MAF_t = \beta_0 + \beta_1\, YEAR_t + \beta_2\, WAGE_t + \epsilon_{2t}$$

모수 $(\alpha_0, \alpha_1, \alpha_2)$, 그리고 $(\beta_0, \beta_1, \beta_2)$가 시간 t에 무관하게 안정적인 지를 검정하고 만약 시간 t에 의존한다면 모수의 변화를 일으키는 시점(breaking point)은 어디인지를 알아보기 위한 것이다.

프로그램 2.8 : 회귀계수 안정성을 위한 프로그램

```
proc autoreg data=EX2_1;
 where 1992 <= year <= 2008;
 MAF : model MAF = YEAR WAGE/CHOW=(6 7 8 9 10 11 12 13);
 SOC : model SOC = YEAR WAGE/CHOW=(6 7 8 9 10 11 12 13);
run;
```

P3은 $MAF_t = \beta_0 + \beta_1\, YEAR_t + \beta_2\, WAGE_t + \epsilon_{2t}$의 모형을 $t = 1$부터 $t = 5$까지(즉, 1992년부터 1996년까지)와 $t = 6$부터 마지막까지(즉, 1997년부터 2000년까지)로 구분하여 모수 $(\beta_0, \beta_1, \beta_2)$가 두 그룹 간에 차이가 있는 지를 검정한다(`chow=(6)`). 같은 방법으로 $1 \le t \le 6$과 $t \ge 7, \ldots, 1 \le t \le 12$와 $t \ge 13$으로 모형을 구분하여 모수 $(\beta_0, \beta_1, \beta_2)$의 변화가 있는지를 검정한다. P4는 $SOC_t = \alpha_0 + \alpha_1\, YEAR_t + \alpha_2\, WAGE_t + \epsilon_{1t}$의 모형을 $1 \le t \le 5$와 $t \ge 6$, $1 \le t \le 6$과 $t \ge 7, \ldots, 1 \le t \le 12$와 $t \ge 13$으로 모형을 구분하여 모수 $(\alpha_0, \alpha_1, \alpha_2)$의 변화가 있는 지를 검정한다.

출력 2.8 : 회귀계수 안정성 점검을 위한 Chow 검정결과

```
 (MAF)                   Break
  Test                   Point    Num DF     Den DF     F Value     Pr > F

  Chow                       6         3         11        1.13     0.3782
  Chow                       7         3         11       10.18     0.0017
  Chow                       8         3         11        7.20     0.0061
  Chow                       9         3         11        8.37     0.0035
  Chow                      10         3         11        2.70     0.0969
  Chow                      11         3         11        0.88     0.4805
  Chow                      12         3         11        0.89     0.4768
  Chow                      13         3         11        0.96     0.4460

 (SOC)                   Break
  Test                   Point    Num DF     Den DF     F Value     Pr > F

  Chow                       6         3         11        4.21     0.0327
  Chow                       7         3         11       20.07     <.0001
  Chow                       8         3         11        8.35     0.0035
  Chow                       9         3         11       11.05     0.0012
  Chow                      10         3         11       15.90     0.0003
  Chow                      11         3         11       15.23     0.0003
  Chow                      12         3         11        6.91     0.0070
  Chow                      13         3         11        2.57     0.1072
```

출력 2.8에서 (MAF)의 결과를 보면 유의수준 5% 기준에서 모수 $(\beta_0, \beta_1, \beta_2)$는 $1 \le t \le 5$와 $t \ge 6$의 구분에 의한 두 그룹 간의 모수 변화는 없으나 Break Point=7에 해당하는 $1 \le t \le 6$과 $t \ge 7$의 구분에 의해 두 그룹 간의 모수 변화가 발생하고 있음을 알 수 있다. 이는 MAF의 모형은 1997년($t = 6$) 이전과 1998년($t = 7$) 이후로 구분하여 각자의 회귀모형으로 추정하는 것이 바람직하다는 것을 의미한다. 소위 'IMF'라고 부르는 경제위기가 1997년 12월에 시작되었고, 그 영향력으로 말미암은 경기침체는 1998년을 거치고 1999년부터 경제회복과 경제지표의 반등이 시작되었다. 그러므로 이번 분석에서는 1998년($t = 7$, break point=7)을 모수 변화의 시점으로 선택하였다. 프로그램 2.9는 이 시점에 의해 자료를 두 그룹으로 나누고 가변수로 하나의 회귀모형을 만들어 분석하는 것이다. 가변수 사용에 관한 내용은 사례분석 2에서 충분히 다루었으므로 다음과 같이 가변수를 정의하고 설명은 생략하기로 한다.

$$D = \begin{cases} 0, & t < 1998 \\ 1, & t \ge 1998 \end{cases}$$

프로그램 2.9 : 양분점($t = 7$) 원인 검정을 위한 프로그램

```
data EX2_3; set EX2_1;
  where 1992 <= YEAR <= 2008;
  if YEAR < 1998 then D=0;  else D=1;
  DYEAR=D*YEAR; DWAGE=D*WAGE; run;

proc autoreg data=EX2_3;
  model MAF=D YEAR DYEAR WAGE DWAGE; run;
```

가변수 D, $DYEAR$와 $DWAGE$에 의한 모형 추정결과를 언급하기 전에 가변수를 포함한 모형을 정리해보도록 하자.

$$\begin{aligned} MAF_t =& \beta_0 + \beta_0^* D + \beta_1 YEAR_t + \beta_1^* D \cdot YEAR_t \\ &+ \beta_2 WAGE_t + \beta_2^* D \cdot WAGE_t + \epsilon_t \end{aligned} \tag{2.16}$$

모형 (2.16)을 가변수의 정의에 따라 정리하면 모형 (2.17)이 된다.

$$\begin{aligned} MAF_t &= \beta_0 + \beta_1 YEAR_t + \beta_2 WAGE_t + \epsilon_t, & 1992 \le t \le 1997 \\ MAF_t &= (\beta_0 + \beta_0^*) + (\beta_1 + \beta_1^*) YEAR_t + (\beta_2 + \beta_2^*) WAGE_t + \epsilon_t, & 1998 \le t \le 2008 \end{aligned} \tag{2.17}$$

이제 양분점이 $t = 7$이 된 원인을 알아보기로 하자. 즉, $t = 7$에서 양분점이 발생하는 이유가 모수 β_0, β_1, 그리고 β_2 중 어느 것에 의한 것인가를 파악하고자 하는 것이다. 모형 (2.17)에서

β_1과 $\beta_1+\beta_1^*$가 통계적으로 같은 값이 된다면 이는 $\beta_1^*=0$임을 의미하며, $YEAR_t$는 양분점의 원인이 되지 못함을 나타낸다. 같은 관계가 β_2와 $\beta_2+\beta_2^*$에서도 성립한다. 이제 출력 2.9을 보도록 하자.

출력 2.9 : 양분점($t=7$) 원인 검정 결과

```
                         Dependent Variable    MAF

       SSE                 90419.4192     DFE                          11
       MSE                       8220     Root MSE               90.66392
       SBC                 211.086207     AIC                  206.086927
       MAE                   63.49397     AICC                 214.486927
       MAPE                1.45265251     HQC                  206.583865
       Durbin-Watson           2.2320     Regress R-Square         0.9434
                                          Total R-Square           0.9434

                                                Standard                   Approx
    Variable         DF        Estimate            Error    t Value    Pr > |t|

    Intercept         1          375606           496465       0.76      0.4652
    D                 1        -1172585           553572      -2.12      0.0577
    year              1       -186.5299         250.0921      -0.75      0.4714
    DYEAR             1        589.2252         278.7458       2.11      0.0582
    WAGE              1        0.001415         0.002811       0.50      0.6247
    DWAGE             1       -0.004864         0.003008      -1.62      0.1342
```

출력 2.9를 살펴보면 D와 $DYEAR$의 검정을 위한 p-값이 유의수준 0.05보다는 약간 크지만 그렇다고 통계적으로 0으로 해석할 수는 없는 수준이다. $WAGE$와 $DWAGE$의 검정을 위한 p-값은 유의수준보다 크므로 통계적으로 0이라고 할 수 있다. 검정결과에 따라 모형을 재추정하도록 하자. 이때 p-값이 가장 큰 $WAGE$를 제거하게 되면 $DWAGE$가 의미를 잃게 되므로 $DWAGE$의 추정계수 -0.004864가 0이라는 제약조건 하에서 모수를 추정해 보도록 하자.

프로그램 2.10 : 제약조건 하에서 MAF 모형의 추정

```
proc autoreg data=EX2_3;
  model MAF=D YEAR DYEAR WAGE DWAGE;
  restrict  DWAGE=0;  run;
```

프로그램 2.10에서 $\beta_2^*=0$이라는 제약조건 하에서 추정된 결과가 출력 2.10이다. 결과를 보면 $\widehat{\beta}_2^*=0$으로 추정된 것을 알 수 있으며 출력 2.9에서와 달리 $WAGE$의 계수 $\widehat{\beta}_2^*=$

−0.002833으로 부호도 바뀌었으며 검정결과도 유의한 것으로 바뀌었음을 알 수 있다.

출력 2.10 : 제약조건 하에서 최종 MAF 모형의 추정 결과

```
                         Dependent Variable    MAF

      SSE                   111910.511     DFE                          12
      MSE                         9326     Root MSE               96.57057
      SBC                   211.878082     AIC                  207.712015
      MAE                    72.954886     AICC                 213.166561
      MAPE                  1.65388065     HQC                  208.126131
      Durbin-Watson             1.9674     Regress R-Square         0.9299
                                           Total R-Square           0.9299

                                                Standard                  Approx
   Variable        DF       Estimate            Error     t Value    Pr > |t|

   Intercept        1        -371727           193079       -1.93      0.0782
   D                1        -284669            74530       -3.82      0.0024
   year             1       189.9497          97.2401        1.95      0.0745
   DYEAR            1       142.0735          37.2659        3.81      0.0025
   WAGE             1      -0.002833         0.001066       -2.66      0.0209
   DWAGE            1              0                0           .           .
   Restrict1       -1       -4418835          2910874       -1.52      0.1342
```

(2.16)에서 $DWAGE$의 회귀계수가 0이라는 제약조건 하에서의 최종적으로 추정된 회귀모형은 다음과 같으며

$$\widehat{MAF}_t = -371727 - 284669D_t + 189.95YEAR_t + 142.07D_t \cdot YEAR_t - 0.002833WAGE_t$$

이를 다시 가변수의 값에 따라 정리하면 아래와 같은 최종 모형을 얻게 된다.

$$\begin{aligned}\widehat{MAF}_t &= -371727 + 189.95YEAR_t - 0.002833\,WAGE_t, \quad 1992 \le t \le 1997\\ \widehat{MAF}_t &= -656396 + 332.02YEAR_t - 0.002833\,WAGE_t, \quad 1998 \le t \le 2008\end{aligned}$$

결국, 제조업 취업자 수의 변화는 제조업 임금에 의해 설명이 되지만 부호가 음수가 나와 임금이 늘어도 제조업 취업자 수는 오히려 줄어드는 것으로 나타났으며(이는 그림 2.3에서 관찰됨), 1997년 전후하여 $YEAR$의 회귀계수에서 큰 차이를 보여 이 효과에 의해 양분점이 발생하였음을 알 수 있다.

이제 SOC 모형을 고려하여 보자. 출력 2.8의 Chow 검정결과를 살펴보면 t의 모든 시점이 양분점임을 알 수 있다. 이는 모수 $(\alpha_0, \alpha_1, \alpha_2)$가 시간 t에 대한 의존도가 높다는 것을 의미한다. 그러므로 SOC 모형은 선형회귀모형보다는 확률계수모형이나 상태공간모형이 좀 더

바람직할 것이다. 확률계수모형은 모수 $\boldsymbol{\beta}$가 확률변수라는 가정에서 출발한 모형으로 고전적 선형회귀모형에서는 회귀계수가 상수값을 갖는 모수라 보고 그 값을 추정하였다.

2.2.4 사례분석 4 - 두 개의 회귀모형 비교

지금까지 우리는 하나의 회귀모형 내에서(즉, SOC 모형이나 MAF 모형 내에서) 모수의 추정 및 검정, 그리고 모수의 비교 및 안정성 검정 등을 살펴보았다. 이번에는 두 개의 모형이 있을 때 각 모형의 독립변수 중 일부 또는 모두가 같은 경우, 공통적인 독립변수의 회귀계수가 같은 가에 대한 통계적 검정을 하고자 한다. 이미 보았던 MAF 모형과 SOC 모형은 모두 같은 독립변수를 가지고 있으므로 각 독립변수의 회귀계수가 같은지를 검정한다.

$$\begin{aligned} SOC_t &= \alpha_0 + \alpha_1\, YEAR_t + \alpha_2\, WAGE_t + \epsilon_{1t} \\ MAF_t &= \beta_0 + \beta_1\, YEAR_t + \beta_2\, WAGE_t + \epsilon_{2t} \end{aligned} \tag{2.18}$$

$\alpha_0 = \beta_0$, 혹은 $\alpha_1 = \beta_1$, $\alpha_2 = \beta_2$의 검정을 위해 가변수 GR을 다음과 같이 정의하고

$$GR = \begin{cases} 1, & \text{만약 모형이 SOC이면} \\ 0, & \text{만약 모형이 MAF이면} \end{cases}$$

이를 이용하여 모형 (2.18)을 재표현하면 모형 (2.19)와 같다.

$$\begin{aligned} EMP_t = \beta_0 + \alpha_0^*\, GR + \beta_1\, YEAR_t + \alpha_1^*\, GR \cdot YEAR_t \\ + \beta_2\, WAGE_t + \alpha_2^*\, GR \cdot WAGE_t + \epsilon_t^* \end{aligned} \tag{2.19}$$

가 된다. 모형 (2.19)를 가변수 GR의 값과 함께 풀어보면 t가 SOC 모형에서 자료의 시점을 나타낼 때 $EMP_t = SOC_t$, $\epsilon_t^* = \epsilon_{2t}$가 되고 t가 MAF 모형에서 자료의 시점을 나타낼 때 $EMP_t = MAF_t$, $\epsilon_t{}^* = \epsilon_{1t}$가 된다. 즉 t가 MAF 모형에서 자료의 시점을 나타내면 모형 (2.19)는 $GR = 0$이므로

$$MAF_t = \beta_0 + \beta_1\, YEAR_t + \beta_2\, WAGE_t + \epsilon_{2t}$$

가 되고 t가 SOC 모형에서 자료의 시점을 나타내면 모형 (2.19)은 $GR = 1$이므로

$$SOC_t = \beta_0 + \alpha_0^* + \left(\beta_1 + \alpha_1^*\right) YEAR_t + \left(\beta_2 + \alpha_2^*\right) WAGE_t + \epsilon_{1t}$$

가 된다. (2.18)의 SOC 모형과 비교할 때 $\alpha_0 = \beta_0 + \alpha_0^*$, $\alpha_1 = \beta_1 + \alpha_1^*$, 그리고 $\alpha_2 = \beta_2 + \alpha_2^*$의 관계를 갖는다. 모형 (2.18)에서 $\beta_0 = \alpha_0$는 모형 (2.19)에서 $\alpha_0^* = 0$을 의미하며 $\beta_1 = \alpha_1$은

$\alpha_1^* = 0$을, $\beta_2 = \alpha_2$은 $\alpha_2^* = 0$을 의미하며 이들의 검정을 위한 프로그램은 다음과 같다.

프로그램 2.11 : 두 개의 회귀모형 비교

```
1  data EX2_4;
2   set EX2_3(keep=SOC YEAR WAGE rename=(SOC=EMP) where=(year >= 1992))
3       EX2_3(keep=MAF YEAR WAGE rename=(MAF=EMP) where=(year >= 1992));
4       index=_n_; GR=0;
5           if index > 17 then  GR=1;
6           GYEAR=GR*YEAR; GWAGE=GR*WAGE; run;
7
8  proc autoreg data=EX2_4;
9   model EMP = GR YEAR GYEAR WAGE GWAGE; run;
10
11 proc autoreg data=EX2_4;
12  model EMP = GR YEAR GYEAR WAGE; run;
```

위 프로그램에서 EX2_3은 프로그램 2.9에서 정의되었고 P2~P6은 가변수 GR의 정의와 이에 따른 데이터셋의 구성, 모형 (2.19) 의 변수 EMP, $GYEAR$와 $GWAGE$를 정의하고 있다. P9는 GR, $GYEAR$, $GWAGE$의 계수를 계산한 후 모형 (2.19)를 적합 시켜 모수들의 동질성 검정 및 두 모수의 차를 계산할 수 있게 하는 프로그램이다. 프로그램 2.11의 결과는 다음과 같다.

출력 2.11 : 두 회귀모형의 계수 비교

```
                         Dependent Variable    EMP

        SSE                1857757.9    DFE                          28
        MSE                    66348    Root MSE              257.58202
        SBC               488.535676    AIC                  479.377513
        MAE               169.741963    AICC                 482.488624
        MAPE              2.11045022    HQC                  482.500709
        Durbin-Watson         1.1330    Regress R-Square         0.9981
                                        Total R-Square           0.9981

                            Parameter Estimates

                                           Standard                  Approx
     Variable       DF      Estimate          Error     t Value     Pr > |t|

     Intercept       1       -495173         188956       -2.62       0.0140
     GR              1        995025         267224        3.72       0.0009
     year            1      254.0590        95.1269        2.67       0.0125
     GYEAR           1     -503.1923       134.5297       -3.74       0.0008
     WAGE            1      0.001420       0.000993        1.43       0.1639
     GWAGE           1      0.000696       0.001405        0.50       0.6243
    -------------------------------------------------------------------------
                            Parameter Estimates
```

```
24
25                                              Standard                   Approx
26   Variable      DF        Estimate              Error     t Value     Pr > |t|
27
28   Intercept      1         -429616             133058       -3.23       0.0031
29   GR             1          863911              35596       24.27       <.0001
30   year           1        221.0511            66.9776        3.30       0.0026
31   GYEAR          1       -437.1765            17.7981      -24.56       <.0001
32   WAGE           1        0.001768           0.000693        2.55       0.0163
```

출력 2.11의 R16 ~ R21 을 보면 $WAGE$, $GWAGE$의 추정계수만 통계적으로 0이라는 가설을 기각하지 못하는 것을 알 수 있다. 일반적인 분석절차에 따라 p-값이 0.6243으로 가장 큰 $GWAGE$를 제거하고 모형을 재추정하였다. 프로그램 2.11의 P12 와 출력 2.11의 R28 ~ R32 가 해당 프로그램과 결과이다. 여기서는 만족스러운 검정결과를 확인할 수 있다. 이를 모형으로 정리하면

$$\widehat{EMP}_t = -429616 + 863911\,GR + 221.05\,YEAR_t$$
$$-437.18\,GR \cdot YEAR_t + 0.0018\,WAGE_t$$

로 모형 (2.19)를 추정하고 있다. 이를 모형 (2.18)의 형식으로 재표현하면

$$\widehat{MAF}_t = -429616 + 221.05\,YEAR + 0.0018\,WAGE_t$$
$$\widehat{SOC}_t = 434295 - 216.13\,YEAR + 0.0018\,WAGE_t$$

가 된다. 두 모형의 계수를 비교해보면 $WAGE$는 같은 계수를 갖으므로 제조업 취업자 수와 서비스업의 취업자 수의 변동을 동일하게 설명해 주는 요인으로 보인다. 그러나 $YEAR$는 두 모형에서 서로 다른 계수를 갖기 때문에 제조업과 서비스업 취업자 수의 변동 또는 차이를 설명해주는 요인이 되는 것을 알 수 있다. 이를 교호작용이라고 하며, 자세한 내용은 2.9.2절을 참조하기 바란다.

2.2.5 사례분석 5 - 분계점 효과

다음의 자료는 $n = 80$명의 학력별, 나이별 소득자료에 관한 가상자료이다. 위 자료를 이용하여 나이에 따른 소득의 효과를 제거한 후 대졸과 고졸의 소득 차, 석사와 대졸의 소득 차, 박사와 석사의 소득 차 등의 분계점 효과를 추정하고자 한다(자세한 내용은 2.9.1절 참조).

표 2.3: 학력별, 나이별 소득의 가상 자료

소득	나이	학력
49.1690	35	고졸
59.9942	38	대졸
58.1144	33	석사
66.3725	39	박사
⋮	⋮	⋮

이를 위해 모형 (2.20)을 고려하자.

$$INCOME_i = \beta_0 + \beta_1 AGE_i + \beta_2 D_{1i} + \beta_3 D_{2i} + \beta_4 D_{3i} + \epsilon_i \tag{2.20}$$

여기서 사용된 가변수의 정의는 다음과 같다.

$$D_{1i} = \begin{cases} 1, & \text{만약 } i\text{가 대졸 이상이면} \\ 0, & \text{만약 그렇지 않으면} \end{cases}$$

$$D_{2i} = \begin{cases} 1, & \text{만약 } i\text{가 석사 이상이면} \\ 0, & \text{만약 그렇지 않으면} \end{cases}$$

$$D_{3i} = \begin{cases} 1, & \text{만약 } i\text{가 박사면} \\ 0, & \text{만약 그렇지 않으면} \end{cases}$$

모형과 가변수 정의에 의하면, 대졸과 고졸의 소득차이는 β_2로, 석사와 대졸의 소득차이는 β_3로, 박사와 석사의 소득차이는 β_4로 추정된다. 다음의 프로그램은 가상자료의 생성과 모형 (2.20) 추정을 위한 프로그램이다.

프로그램 2.12 : 분계점 효과 추정을 위한 가상자료 생성 및 분석 프로그램

```
data tres;
 do i= 1 to 80;
   AGE = RAND('Table', 0.1,0.1,0.1,0.1,0.1,0.1,0.1,0.1,0.1,0.1)+29;
   LEVEL = RAND('Table', 0.25, 0.25, 0.25, 0.25);
   if LEVEL = 1 then  do; D1=0; D2=0; D3=0; end;
     else if LEVEL = 2 then  do; D1=1; D2=0; D3=0; end;
           else if LEVEL = 3 then  do; D1=1; D2=1; D3=0; end;
             else if LEVEL = 4 then  do; D1=1; D2=1; D3=1; end;
```

```
      INCOME = 20+0.9*AGE+5*D1+4*D2+3*D3+2*rannor(0);
  output;
  end; run;

proc autoreg data=tres;
 model INCOME=AGE D1 D2 D3; run;
```

프로그램 2.12의 P3 ~ P4 는 AGE와 LEVEL(학력)을 'RAND' 함수를 이용하여 생성하는 부분으로 AGE는 30 ~ 39세, LEVEL은 $LEVEL = 0$이면 고졸, $LEVEL = 1$이면 대졸, $LEVEL = 2$는 석사, 그리고 $LEVEL = 3$은 박사가 이산균일분포에 따라 생성되도록 한 것이다. RAND 함수에 관한 자세한 내용은 SAS 9.4 Language 매뉴얼을 참조하기 바란다. P5 ~ P8 은 모형 (2.20)의 D_{1i}, D_{2i}, 그리고 D_{3i}를 정의하는 과정이며, P9 는 AGE, LEVEL, 가변수 D_1, D_2, D_3로 INCOME을 생성하는 부분으로 모형 (2.21)을 사용하였다. 이 프로그램이 수행되면 표 2.3의 가상자료가 만들어진다.

$$\begin{aligned} INCOME_i = 20 + 0.9AGE_i + 5D_{1i} + 4D_{2i} + 3D_{3i} + \epsilon_i, \\ \epsilon_i \sim N(0, 2^2),\ i = 1, 2, \ldots, 80. \end{aligned} \tag{2.21}$$

출력 2.12 : 분계점 효과의 분석 결과

Dependent Variable INCOME

SSE	273.75999	DFE	75
MSE	3.65013	Root MSE	1.91053
SBC	347.35831	AIC	335.448176
MAE	1.53398327	AICC	336.258987
MAPE	2.6496317	HQC	340.22329
Durbin-Watson	1.8743	Regress R-Square	0.8847
		Total R-Square	0.8847

Variable	DF	Estimate	Standard Error	t Value	Approx Pr > |t|
Intercept	1	16.6249	2.6786	6.21	<.0001
AGE	1	0.9906	0.0765	12.94	<.0001
D1	1	5.4674	0.6232	8.77	<.0001
D2	1	3.8081	0.5577	6.83	<.0001
D3	1	3.6052	0.6076	5.93	<.0001

출력 2.12를 보면 모형 (2.20) 다음과 같이 추정하고 있다.

$$\widehat{INCOME}_i = 16.62 + 0.99AGE_i + 5.47D_{1i} + 3.81D_{2i} + 3.61D_{3i} \tag{2.22}$$

그러므로 고정된 나이에서 고졸에 대한 대졸의 소득증분은 5.47, 대졸에 대한 석사의 소득증분은 3.81, 그리고 석사에 대한 박사의 소득증분은 3.61이 된다.

이 경우는 가상의 자료를 생성하여 분석한 것이기 때문에 모형 추정결과인 2.22와 자료를 생성할 때 사용한 모형 2.21는 서로 거의 같아야 한다. 그럼에도 계수 간에 차이가 발생하는 것은 오차항의 분산의 크기 때문이다. 모형 2.21에는 ϵ_i의 분산으로 4를 사용하였으며, 이보다 큰 분산을 사용하면 계수 간의 차이는 커지며, 더 작은 분산을 사용하게 되면 계수 간의 차이는 작아지게 된다.

2.3 모수의 추정과 성격

다음의 다중선형회귀모형 (2.23)이

$$\mathbf{y} = \mathbf{X}\boldsymbol{\beta} + \boldsymbol{\epsilon} \tag{2.23}$$

2.1절에서 설명한 고전적 선형회귀모형의 기본 가정 (1), (2), (3)을 만족한다고 하자. 모수 $\boldsymbol{\beta}$의 추정은 오차 $\boldsymbol{\epsilon} = \mathbf{y} - \mathbf{X}\boldsymbol{\beta}$를 가능한 한 작게 만드는 문제로 귀결된다. 여러 가지 추정방법 중에서 널리 사용되고 있는 추정방법 중의 하나는 큰 오차에 가능한 한 많은 벌점(penalty)을 부과하는 최소제곱오차손실추정법(minimum squared error loss estimation)이다. 즉,

$$\begin{aligned} S = \sum_{i=1}^{n} \epsilon_i^2 &= (\mathbf{y} - \mathbf{X}\boldsymbol{\beta})'(\mathbf{y} - \mathbf{X}\boldsymbol{\beta}) \\ &= S = \mathbf{y}'\mathbf{y} - 2\boldsymbol{\beta}'\mathbf{X}'\mathbf{y} + \boldsymbol{\beta}'\mathbf{X}'\mathbf{X}\boldsymbol{\beta} \end{aligned}$$

를 최소화하는 $\boldsymbol{\beta}$를 추정하는 방법이다. 목적함수 S를 최소화하는 $\boldsymbol{\beta}$를 구하면 다음과 같다.

$$\frac{\partial S}{\partial \boldsymbol{\beta}} = -2\mathbf{X}'\mathbf{y} + 2\mathbf{X}'\mathbf{X}\boldsymbol{\beta} = \mathbf{0}$$

가 된다. $\mathbf{X}$의 계수가 k이므로 $(\mathbf{X}'\mathbf{X})^{-1}$가 존재하고 위 식으로부터

$$\widehat{\boldsymbol{\beta}} = (\mathbf{X}'\mathbf{X})^{-1}\mathbf{X}'\mathbf{y} \tag{2.24}$$

가 된다. (2.24)에서 정의된 $\widehat{\boldsymbol{\beta}}$를 보통최소제곱추정량(ordinary least squares estimator, OLS)이라고 한다.

벡터, 행렬의 미분

❶ $n\times 1$ 벡터 $\mathbf{x}'=(x_1,\ldots,x_n)$와 $n\times 1$ 벡터 $\mathbf{a}'=(a_1,\ldots,a_n)$ 에 대하여 $\mathbf{z}=\mathbf{x}'\mathbf{a}=\sum_{i=1}^{n}x_i a_i$라 놓으면, $\mathbf{x}$에 대한 편도함수(partial derivative)는 다음과 같이 주어진다.

$$\frac{\partial(\mathbf{x}'\mathbf{a})}{\partial\mathbf{x}}=\frac{\partial(\mathbf{a}'\mathbf{x})}{\partial\mathbf{x}}=\mathbf{a}$$

❷ $n\times 1$ 벡터 $\mathbf{x}$와 $n\times n$ 대칭행렬 A에 대해 다음 식이 성립한다.

$$\frac{\partial(\mathbf{x}'A\mathbf{x})}{\partial\mathbf{x}}=2A\mathbf{x}$$

❸ A가 대칭행렬이 아니면 다음 식이 성립한다.

$$\frac{\partial(\mathbf{x}'A\mathbf{x})}{\partial\mathbf{x}}=(A+A')\mathbf{x}$$

❹ $\mathbf{x}$는 $n\times 1$, $\mathbf{y}$는 $m\times 1$ 벡터이고 C는 $n\times m$ 행렬일 때 다음 식이 성립한다.

$$\frac{\partial}{\partial C}\mathbf{x}'C\mathbf{y}=\mathbf{x}\mathbf{y}'$$

❺ $\mathbf{x}$는 $k\times 1$ 벡터이고 A는 $n\times n$ 대칭행렬이고 C는 $n\times k$ 행렬일 때 다음 식이 성립한다.

$$\frac{\partial}{\partial C}\mathbf{x}'C'AC\mathbf{x}=2AC\mathbf{x}\mathbf{x}'$$

2.3.1 최소제곱추정량의 성질과 분산의 추정

(2.24)에서 구한 OLS 추정량 $\hat{\boldsymbol{\beta}}=(\mathbf{X}'\mathbf{X})^{-1}\mathbf{X}'\mathbf{y}$는 다음의 중요한 성질을 가지고 있다.

(i) $\hat{\boldsymbol{\beta}}$는 $\mathbf{y}$에 대해 선형추정량이고,

(ii) 모수 $\boldsymbol{\beta}$의 불편추정량이며,

(iii) 모수 $\boldsymbol{\beta}$의 모든 선형불편추정량 중에서 최소의 분산을 가진 추정량이다.

(i)은 $\hat{\boldsymbol{\beta}}$의 정의에 따라 자명하다. 그리고 (ii)는

$$\begin{aligned} E(\hat{\boldsymbol{\beta}}) &= E[(\mathbf{X}'\mathbf{X})^{-1}\mathbf{X}'\mathbf{y}] = (\mathbf{X}'\mathbf{X})^{-1}\mathbf{X}'E(\mathbf{y}) \\ &= (\mathbf{X}'\mathbf{X})^{-1}\mathbf{X}'E(\mathbf{X}\boldsymbol{\beta}+\boldsymbol{\epsilon}) = (\mathbf{X}'\mathbf{X})^{-1}\mathbf{X}'\mathbf{X}\boldsymbol{\beta} = \boldsymbol{\beta} \end{aligned}$$

이므로 $\hat{\boldsymbol{\beta}}$는 $\boldsymbol{\beta}$의 불편추정량이다. 한편,

$$\hat{\boldsymbol{\beta}} = (\mathbf{X}'\mathbf{X})^{-1}\mathbf{X}'\mathbf{y} = (\mathbf{X}'\mathbf{X})^{-1}\mathbf{X}'(\mathbf{X}\boldsymbol{\beta}+\boldsymbol{\epsilon}) = \boldsymbol{\beta} + (\mathbf{X}'\mathbf{X})^{-1}\mathbf{X}'\boldsymbol{\epsilon}$$

이므로

$$\begin{aligned} Var(\hat{\boldsymbol{\beta}}) &= E(\hat{\boldsymbol{\beta}}-\boldsymbol{\beta})(\hat{\boldsymbol{\beta}}-\boldsymbol{\beta})' \\ &= E\left[(\mathbf{X}'\mathbf{X})^{-1}\mathbf{X}'\boldsymbol{\epsilon}\boldsymbol{\epsilon}'\mathbf{X}(\mathbf{X}'\mathbf{X})^{-1}\right] \\ &= (\mathbf{X}'\mathbf{X})^{-1}E(\boldsymbol{\epsilon}\boldsymbol{\epsilon}') = (\mathbf{X}'\mathbf{X})^{-1}\sigma^2 \end{aligned}$$

이다. 그런데 $Var(\hat{\boldsymbol{\beta}}) = (\mathbf{X}'\mathbf{X})^{-1}\sigma^2$는 다음의 Gauss–Markov 정리로 모든 선형불편추정량 중에서 최소의 분산을 가짐을 보일 수 있다. 그러므로 $\hat{\boldsymbol{\beta}} = (\mathbf{X}'\mathbf{X})^{-1}\mathbf{X}'\mathbf{y}$ 는 BLUE(best linear unbiasd estimator)가 된다.

정리 **2.1 (Gauss-Markov 정리)** *선형회귀모형* $\mathbf{y} = \mathbf{X}\boldsymbol{\beta}+\boldsymbol{\epsilon}$*에서* $E(\boldsymbol{\epsilon}) = \mathbf{0}$*이고* $Var(\boldsymbol{\epsilon}) = \sigma^2\mathbf{I}$ *이면 OLS 추정량* $\hat{\boldsymbol{\beta}} = (\mathbf{X}'\mathbf{X})^{-1}\mathbf{X}'\mathbf{y}$*는* $\boldsymbol{\beta}$*에 대한 모든* $\mathbf{y}$*의 선형불편추정량 중 최소분산을 가지는 추정량이다.*

증명 부록 E 참조. □

이제 오차항의 분산 σ^2의 추정에 대해 생각하여 보자. 모형 (2.23)에서 $Var(\mathbf{y}) = Var(\boldsymbol{\epsilon}) = \sigma^2\mathbf{I}$이므로 $\mathbf{y}$와 $\boldsymbol{\epsilon}$ 모두 σ^2을 추정하는 정보를 가지고 있다. 그러나 $\boldsymbol{\epsilon}$은 관찰되지 않는 확률변수이므로 σ^2을 추정하는 데 사용할 수 없고 $\mathbf{y}$를 이용하여야 할 것이다. $Var(\mathbf{y}-\mathbf{X}\boldsymbol{\beta}) = Var(\boldsymbol{\epsilon}) = \sigma^2\mathbf{I}$이므로 $(\mathbf{y}-\mathbf{X}\hat{\boldsymbol{\beta}})'(\mathbf{y}-\mathbf{X}\hat{\boldsymbol{\beta}})$가 자연스러운 σ^2의 추정량이 될 것이다. 즉, 잔차 $\mathbf{e} = \mathbf{y}-\mathbf{X}\hat{\boldsymbol{\beta}}$를 이용하여 σ^2을 추정하고자 한다.

$$\mathbf{e} = \mathbf{y}-\mathbf{X}\hat{\boldsymbol{\beta}} = \mathbf{y}-\mathbf{X}(\mathbf{X}'\mathbf{X})^{-1}\mathbf{X}'\mathbf{y} = (I-\mathbf{X}(\mathbf{X}'\mathbf{X})^{-1}\mathbf{X}')\mathbf{y} = \mathbf{M}\mathbf{y}$$

이다. 여기에서 $\mathbf{M} = \mathbf{I}-\mathbf{X}(\mathbf{X}'\mathbf{X})^{-1}\mathbf{X}'$이고 $\mathbf{M} = \mathbf{M}'$이며, $\mathbf{M}^2 = \mathbf{M}$인 멱등행렬(idempotent matrix)이므로 다음이 성립하며,

$$E\left(\sum_{i=1}^{n}(y_i-\mathbf{x}_i{}'\widehat{\boldsymbol{\beta}})^2\right)=E\left(\sum_{i=1}^{n}e_i^2\right)=E[(\mathbf{y}-\mathbf{X}\widehat{\boldsymbol{\beta}})'(\mathbf{y}-\mathbf{X}\widehat{\boldsymbol{\beta}})]$$
$$=E(\mathbf{y}'\mathbf{M}\mathbf{y})=E[tr(\mathbf{y}'\mathbf{M}\mathbf{y})]=E[tr(\mathbf{e}'\mathbf{M}\mathbf{e})]=tr(\mathbf{M}E(\mathbf{e}'\mathbf{e}))$$
$$=\sigma^2 tr(\mathbf{M})=\sigma^2(n-k)$$

σ^2의 불편추정량은 다음과 같다.

$$E(\sigma^2)=\frac{\mathbf{e}'\mathbf{e}}{n-k}=\sum_{i=1}^{n}\frac{e_i^2}{n-k}$$

trace

정방행렬 A의 대각선 원소들의 합을 행렬 A의 트레이스라 정의하고, $tr(A)$라 표시한다.

$$tr(A)=a_{11}+a_{22}+\cdots+a_{nn}=\sum_{i=1}^{n}a_{ii}$$

행렬 A와 B가 모두 정방행렬이고, k를 상수라 할 때 다음이 성립한다.

❶ $tr(A')=tr(A), \quad tr(AB)=tr(B'A')$

❷ $tr(A\pm B)=tr(A)\pm tr(B), \quad tr(kA)=ktr(A)$

❸ $tr(ABC)=tr(CAB)=tr(BCA), \quad tr(AA')=tr(A'A)=\sum_{i,j}a_{ij}^2$

❹ $\mathbf{a}$가 $n\times 1$ 열벡터, $\mathbf{a}=(a_1,\cdots,a_n)'$ 이면, $\mathbf{a}'\mathbf{a}=\sum_{i=1}^{n}a_i^2=tr(\mathbf{a}\mathbf{a}')$

대칭멱등행렬(symmetric idempotent matrix)

$n\times n$ 행렬 A가 다음과 같은 성질을 만족할 때 행렬 A를 대칭멱등행렬이라 한다.

$$A=A', \quad A^2=AA=A$$

$n\times n$ 대칭멱등행렬 A, $r(A)=p\le n$은 다음의 성질을 만족한다.

❶ 멱등행렬 A의 고유치는 0 또는 1이다.

❷ $tr(A)=r(A)=p$, 만일 $r(A)=n$이면 $A=I$ 이다.

❸ 행렬 A와 B가 다같이 멱등행렬이고 $AB=BA$이면 행렬 AB도 멱등행렬이다.

❹ 행렬 A가 멱등행렬이고 P가 직교행렬이면 행렬 $PA'P$는 멱등행렬이다.

❺ 행렬 A가 멱등행렬이면 $I-A$는 멱등행렬이고 $A(I-A)=(A-A)=0$.

행렬의 계수(rank of matrix)
$m\times n$ 행렬 A에서 선형독립인 열의 최대 개수를 행렬 A의 열계수(column rank)라 하며, 선형독립인 행의 최대 개수를 행계수(row rank)라 한다. 행계수와 열계수는 같으며 이를 행렬 A의 계수(rank)라 하고 $r(A)$로 표현한다.

2.4 잔차와 $\widehat{\boldsymbol{\beta}}$의 의미

모형 (2.23)을 아래와 같이 정리하여 잔차와 $\widehat{\boldsymbol{\beta}}$의 의미를 살펴보도록 하자.

$$\begin{aligned}\mathbf{y}&=\mathbf{X}\boldsymbol{\beta}+\boldsymbol{\epsilon}\\&=\mathbf{X}\widehat{\boldsymbol{\beta}}+\mathbf{e}=\widehat{\mathbf{y}}+\mathbf{e}\end{aligned}$$

여기에서 $\widehat{\boldsymbol{\beta}}=(\mathbf{X}'\mathbf{X})^{-1}\mathbf{X}'\mathbf{y}$이므로 $(\mathbf{X}'\mathbf{X})\widehat{\boldsymbol{\beta}}=\mathbf{X}'\mathbf{y}$가 되어 다음과 같이 된다.

$$(\mathbf{X}'\mathbf{X})\widehat{\boldsymbol{\beta}}-\mathbf{X}'\mathbf{y}=\mathbf{X}'(\mathbf{X}\widehat{\boldsymbol{\beta}}-\mathbf{y})=\mathbf{X}'\mathbf{e}=\mathbf{0}$$

그러면 $\mathbf{X}'\mathbf{e}=\mathbf{0}$의 의미는 무엇일까? 이것의 의미는 다음과 같이 해석할 수 있다. 만약 $\mathbf{X}$의 첫 번째 열이 $(1,1,\ldots,1)'$이라면, 즉 선형회귀모형에서 절편을 포함하고 있는 모형이면 $\mathbf{X}'\mathbf{e}=\mathbf{0}$는

(i) $\sum_{i=1}^n e_i=0$을 의미한다. 그러므로

$$\bar{y}=\frac{1}{n}\sum_{i=1}^n y_i=\frac{1}{n}1'\mathbf{y}=(\bar{x}_1\ \bar{x}_2\ \cdots\ \bar{x}_k)\widehat{\boldsymbol{\beta}}+\frac{1}{n}\sum_{i=1}^n e_i=\frac{1}{n}\sum_{i=1}^n\widehat{y}_i+\frac{1}{n}\sum_{i=1}^n e_i$$

가 되어 결국 $\bar{y}=(\bar{x}_1,\bar{x}_2,\ldots,\bar{x}_k)\widehat{\boldsymbol{\beta}}=\sum_{i=1}^n\widehat{y}_i/n$가 되어

(ii) 회귀모형은 자료의 평균을 지나고, 즉 $(\bar{y},\bar{x}_1,\bar{x}_2,\ldots,\bar{x}_k)$를 지나고,

(iii) 실제 y값의 평균은 y의 추정값 $\widehat{y}$의 평균과 같다는 것을 의미하게 된다.

그러나 y의 절편이 포함되지 않은 모형은 위에서 논의한 것들과 다르다는 데 유의해야 한다. 다음으로 $\mathbf{e} = \mathbf{y} - \hat{\mathbf{y}} = (\mathbf{I} - \mathbf{X}(\mathbf{X}'\mathbf{X})^{-1}\mathbf{X}')\mathbf{y}$에서 $\mathbf{M} = (\mathbf{I} - \mathbf{X}(\mathbf{X}'\mathbf{X})^{-1}\mathbf{X}')$의 의미는 무엇일까? 이는 $\mathbf{y}$를 $\mathbf{X}$에 대해 회귀시킨 후 잔차를 얻게 하는 행렬로 해석할 수 있다. 그러므로 $\mathbf{MX} = \mathbf{0}$가 될 것이다. 왜냐하면 $\mathbf{X}$를 $\mathbf{X}$ 자체로 회귀시키므로 당연히 완벽한 모형적합이 되어 그 잔차는 0이 되기 때문이다(물론 $\mathbf{MX} = (\mathbf{I} - \mathbf{X}(\mathbf{X}'\mathbf{X})^{-1}\mathbf{X}')\mathbf{X} = \mathbf{X} - \mathbf{X} = \mathbf{0}$이 됨을 쉽게 알 수 있다). 이제 $\hat{\mathbf{y}} = \mathbf{X}\hat{\boldsymbol{\beta}}$과 $\mathbf{e}$, $\hat{\boldsymbol{\beta}}$과 $\mathbf{e}$의 관계를 살펴보기로 하자. $\hat{\mathbf{y}} = \mathbf{X}\hat{\boldsymbol{\beta}} = \mathbf{X}(\mathbf{X}'\mathbf{X})^{-1}\mathbf{X}'\mathbf{y}$이고 $\mathbf{e} = \mathbf{My}$이므로 $\mathbf{X}(\mathbf{X}'\mathbf{X})^{-1}\mathbf{X}'\mathbf{M} = \mathbf{0}$이 되어 $\hat{\mathbf{y}}$와 $\mathbf{e}$는 서로 직교하게 된다. 이는 $Cov(\hat{\mathbf{y}}, \mathbf{e}) = \mathbf{0}$이라는 의미가 된다. 한편, $\hat{\boldsymbol{\beta}} = (\mathbf{X}'\mathbf{X})^{-1}\mathbf{X}'\mathbf{y}$이고 $\mathbf{e} = \mathbf{My}$이므로 $(\mathbf{X}'\mathbf{X})^{-1}\mathbf{X}'\mathbf{M} = \mathbf{0}$이 된다. 따라서 $\hat{\boldsymbol{\beta}}$와 $\mathbf{e}$는 직교하게 되고 결국 $Cov(\hat{\boldsymbol{\beta}}, \mathbf{e}) = \mathbf{0}$을 의미하며, 이는 다시 σ^2의 추정량 $\hat{\sigma}^2 = \mathbf{e}'\mathbf{e}/(n-k)$와 $\hat{\boldsymbol{\beta}}$는 서로 간에 직교한다는 해석을 내릴 수 있게 된다. $\hat{\sigma}^2$와 $\hat{\boldsymbol{\beta}}$가 무상관(uncorrelated)관계를 갖는다는 성질은 곧 논의할 검정(testing)에서 중요한 역할을 하게 될 것이다. 요약하면,

(a) $\hat{\mathbf{y}}$와 $\mathbf{e}$는 직교한다.

(b) $\hat{\boldsymbol{\beta}}$와 $\mathbf{e}$는 직교하므로 $\hat{\boldsymbol{\beta}}$와 $\hat{\sigma}^2$은 서로 간에 직교한다.

그러므로 OLS는 단순히 오차의 제곱합을 최소화시킨다는 의미 이외에, 설명변수 $\mathbf{X}$에 의해 $\mathbf{y}$를 설명하고 설명하지 못한 부분인 잔차에는 $\mathbf{X}$가 설명할 수 있는 정보가 남아있지 않도록 하는 추정방법이 된다. 다음으로 OLS 추정량 $\hat{\boldsymbol{\beta}}$의 해석은 어떻게 할까? 즉,

$$y = \hat{\beta}_1 x_1 + \hat{\beta}_2 x_2 + \cdots + \hat{\beta}_k x_k + e$$

에서 $\hat{\beta}_i$의 의미는 무엇일까? 일반적으로 우리는 $\hat{\beta}_i$를 x_i가 1단위 증가할 때 y는 $\hat{\beta}_i$ 단위만큼 증가한다는 해석을 내린다. 이것이 틀린 해석은 아니지만 좀 더 정확한 해석을 위해 다음과 같이 선형모형을 분할하여 보자.

$$\mathbf{y} = \mathbf{X}\boldsymbol{\beta} + \boldsymbol{\epsilon} = \mathbf{X}_1\boldsymbol{\beta}_1 + \mathbf{X}_2\boldsymbol{\beta}_2 + \boldsymbol{\epsilon}$$

여기에서

$$\mathbf{X} = \left(\mathbf{X}_{1(n\times p)}\ \mathbf{X}_{2(n\times(k-p))}\right),\quad \boldsymbol{\beta} = \begin{pmatrix} \boldsymbol{\beta}_{1(p\times 1)} \\ \boldsymbol{\beta}_{2((k-p)\times 1)} \end{pmatrix}$$

이다. $(\mathbf{X}'\mathbf{X})\hat{\boldsymbol{\beta}} = \mathbf{X}'\mathbf{y}$이므로

$$\begin{pmatrix} \mathbf{X}_1'\mathbf{X}_1 & \mathbf{X}_1'\mathbf{X}_2 \\ \mathbf{X}_2'\mathbf{X}_1 & \mathbf{X}_2'\mathbf{X}_2 \end{pmatrix} \begin{pmatrix} \hat{\boldsymbol{\beta}}_1 \\ \hat{\boldsymbol{\beta}}_2 \end{pmatrix} = \begin{pmatrix} \mathbf{X}_1'\mathbf{y} \\ \mathbf{X}_2'\mathbf{y} \end{pmatrix}$$

가 되어 이를 $\widehat{\boldsymbol{\beta}}_2$에 대해 풀면

$$\begin{aligned}\widehat{\boldsymbol{\beta}}_2 &= \left[\mathbf{X}_2{}'(\mathbf{I}-\mathbf{X}_1(\mathbf{X}_1{}'\mathbf{X}_1)^{-1}\mathbf{X}_1{}')\mathbf{X}_2\right]^{-1}\left[\mathbf{X}_2{}'(\mathbf{I}-\mathbf{X}_1(\mathbf{X}_1{}'\mathbf{X}_1)^{-1}\mathbf{X}_1{}')\mathbf{y}\right] \\ &= \left(\mathbf{X}_2{}'\mathbf{M}_1\mathbf{X}_2\right)^{-1}\left(\mathbf{X}_2{}'\mathbf{M}_1\mathbf{y}\right)\end{aligned}$$

가 된다. 여기에서 $\mathbf{M}_1 = \mathbf{I}-\mathbf{X}_1(\mathbf{X}_1{}'\mathbf{X}_1)^{-1}\mathbf{X}_1{}'$이고, 대칭이며 멱등행렬이다. 그러므로

$$\widehat{\boldsymbol{\beta}}_2 = \left(\mathbf{X}_2{}'\mathbf{M}_1'\mathbf{M}_1\mathbf{X}_2\right)^{-1}\left(\mathbf{X}_2{}'\mathbf{M}_1'\mathbf{M}_1\mathbf{y}\right) \tag{2.25}$$

가 된다. 앞에서 $\mathbf{M} = \mathbf{I}-\mathbf{X}(\mathbf{X}'\mathbf{X})^{-1}\mathbf{X}'$의 해석과 동일하게 $\mathbf{M}_1\mathbf{X}_2$는 $\mathbf{X}_2$를 $\mathbf{X}_1$에 대해 회귀시킨 후의 잔차를 의미하며 $\mathbf{M}_1\mathbf{y}$는 $\mathbf{y}$를 $\mathbf{X}_1$에 대해 회귀시킨 후의 잔차를 의미하게 되므로, $\mathbf{X}_2$를 $\mathbf{X}_1$에 대해 회귀시킨 후 구한 잔차를 E_X라고 하고 $\mathbf{y}$를 $\mathbf{X}_1$에 대해 회귀시킨 후 구한 잔차를 $\mathbf{e}_\mathbf{y}$라고 할 때, (2.25)의 $\widehat{\boldsymbol{\beta}}_2$는 $\widehat{\boldsymbol{\beta}}_2 = (E_X{}'E_X)^{-1}E_X{}'\mathbf{e}_\mathbf{y}$와 같게 된다. 즉, $\widehat{\boldsymbol{\beta}}_2$는 $\mathbf{X}_2$와 $\mathbf{y}$에 대해 $\mathbf{X}_1$이 가지고 있는 모든 정보를 배제한 상태에서의 순수한 $\mathbf{X}_2$와 $\mathbf{y}$의 관계를 의미하게 된다. 그러므로 $y = \widehat{\beta}_1x_1+\widehat{\beta}_2x_2+\cdots+\widehat{\beta}_kx_k+e$에서 $\widehat{\beta}_i$의 해석은 x_i를 제외한 모든 설명변수를 제거한 상태에서의 y와 x_i의 순수한 회귀관계로 해석해야 한다. 예를 들면, 부동산매매가격 = β_1시간 + β_2계절효과 + ϵ이라는 회귀식에서 β_1은 계절효과를 제거한 부동산매매가격의 순수한 시간효과라는 해석이 된다.

2.5 통계적 추론

이 절에서 논의되는 통계적 추론은 OLS 추정량 $\widehat{\boldsymbol{\beta}}$의 분포와 검정에 대한 문제를 다룰 것이다. 2.1절의 기본 가정에 (2.26)을 추가하면,

$$\boldsymbol{\epsilon} \sim N(\mathbf{0}, \sigma^2\mathbf{I}) \tag{2.26}$$

$$\widehat{\boldsymbol{\beta}} = (\mathbf{X}'\mathbf{X})^{-1}\mathbf{X}'\mathbf{y} = \boldsymbol{\beta} + (\mathbf{X}'\mathbf{X})^{-1}\mathbf{X}'\boldsymbol{\epsilon}$$

이므로 $\widehat{\boldsymbol{\beta}}$이 $\boldsymbol{\epsilon}$의 선형함수이고 $E(\widehat{\boldsymbol{\beta}}) = \boldsymbol{\beta}$이고 $Var(\widehat{\boldsymbol{\beta}}) = \sigma^2(\mathbf{X}'\mathbf{X})^{-1}$이 된다. 따라서 (2.26)의 가정에 의해 (2.27)이 된다.

$$\widehat{\boldsymbol{\beta}} \sim N(\boldsymbol{\beta}, \sigma^2(\mathbf{X}'\mathbf{X})^{-1}) \tag{2.27}$$

> **선형결합된 확률벡터의 분포**
> $n \times p$ 상수행렬 A와 $n \times 1$의 상수벡터 $\mathbf{b}$에 대해 확률벡터 $\mathbf{z} \sim N(\boldsymbol{\mu}, \boldsymbol{\Sigma})$면 확률벡터 $\mathbf{y}$는 다음의 분포를 $\mathbf{y} = A\mathbf{z} + \mathbf{b} \sim N\left(A\boldsymbol{\mu} + \mathbf{b}, A\boldsymbol{\Sigma}A'\right)$ 따르게 된다.

$\widehat{\boldsymbol{\beta}}$의 확률분포가 (2.27)과 같음을 확인하였으므로 이제 $\boldsymbol{\beta}$의 검정문제를 살펴보도록 하자. 이를 위한 몇 가지 정리를 증명 없이 요약하면 다음과 같다.

정리 **2.2** *만약* $\mathbf{x} \sim N(\mathbf{0}, I)$ *이고* A*가 멱등행렬이면* $\mathbf{x}'A\mathbf{x}$*는* χ^2 *분포를 따르고 자유도는* $tr(A)$ *이다.*

정리 **2.3** $\mathbf{x}_{(n\times 1)} \sim N(\mathbf{0}, \Omega)$ *이면* $\mathbf{x}'\Omega^{-1}\mathbf{x}$*는* χ^2 *분포를 따르고 자유도는* n*이다.*

정리 **2.4** $\mathbf{y} = \mathbf{X}\boldsymbol{\beta} + \boldsymbol{\epsilon}$*이 고전적 다중회귀모형의 기본 가정을 만족하고* $\boldsymbol{\epsilon} \sim N(\mathbf{0}, \sigma^2 I)$ *이면 잔차* $\mathbf{e}$*와* $\widehat{\boldsymbol{\beta}}$*는 독립이다.*

정리 2.4는 $\mathbf{e}$와 $\widehat{\boldsymbol{\beta}}$가 무상관관계가 있고 $\mathbf{e}$와 $\widehat{\boldsymbol{\beta}}$가 정규분포를 따르므로 쉽게 증명할 수 있다.

모수 $\boldsymbol{\beta}' = (\beta_1, \ldots, \beta_k)$에 대한 검정은 다양한 형태를 가질 수 있다. 예를 들어, $\boldsymbol{\beta}' = (\beta_1, \beta_2, \beta_3)$인 경우를 고려하여 보자. $\beta_2 = 0, \beta_1 - \beta_2 = 0, \beta_1 - (\beta_2 + \beta_3)/2 = 0, 2\beta_1 + \beta_2 = 2$ 등의 가설검정은 $\boldsymbol{\gamma}'\boldsymbol{\beta} = c$의 검정으로 일반화할 수 있다. 즉, $\beta_2 = 0$인 경우 $\boldsymbol{\gamma}' = (0, 1, 0)$이고 $c = 0$, $2\beta_1 + \beta_2 = 2$인 경우 $\boldsymbol{\gamma}' = (2, 1, 0)$이고 $c = 2$이기 때문이다.

또 다른 유형의 $\boldsymbol{\beta}$에 대한 검정은 $\beta_1 = \beta_2 = \beta_3 = 0$, $\beta_1 - 2\beta_2 = 2$이고 $\beta_3 = 0$과 같은 형태로서 이는 $\mathbf{R}\boldsymbol{\beta} = \mathbf{q}$의 한 형태들이다. 즉, $\beta_1 = \beta_2 = \beta_3 = 0$의 경우는

$$\mathbf{R} = \begin{pmatrix} 1 & 0 & 0 \\ 0 & 1 & 0 \\ 0 & 0 & 1 \end{pmatrix}, \quad \mathbf{q} = \begin{pmatrix} 0 \\ 0 \\ 0 \end{pmatrix}$$

이다. 그리고 $\beta_1 - 2\beta_2 = 2$이고 $\beta_3 = 0$인 경우는

$$\mathbf{R} = \begin{pmatrix} 1 & -2 & 0 \\ 0 & 0 & 1 \end{pmatrix}, \quad \mathbf{q} = \begin{pmatrix} 2 \\ 0 \end{pmatrix}$$

으로 표시할 수 있다.

2.5.1 $\boldsymbol{\gamma}'\boldsymbol{\beta} = c$의 검정

어떤 주어진 $\boldsymbol{\gamma}$에 대해 $\boldsymbol{\gamma}'\boldsymbol{\beta}$의 자연스러운 추정량은 $\boldsymbol{\gamma}'\widehat{\boldsymbol{\beta}}$이다. (2.27)에 의해 $\widehat{\boldsymbol{\beta}} \sim N(\boldsymbol{\beta}, (\mathbf{X}'\mathbf{X})^{-1}\sigma^2)$이므로

$$\boldsymbol{\gamma}'\widehat{\boldsymbol{\beta}} \sim N(\boldsymbol{\gamma}'\boldsymbol{\beta}, \sigma^2\boldsymbol{\gamma}'(\mathbf{X}'\mathbf{X})^{-1}\boldsymbol{\gamma}) \tag{2.28}$$

가 된다. 한편,

$$\begin{aligned}\mathbf{e} &= (\mathbf{I}-\mathbf{X}(\mathbf{X}'\mathbf{X})^{-1}\mathbf{X}')\mathbf{y} = (\mathbf{I}-\mathbf{X}(\mathbf{X}'\mathbf{X})^{-1}\mathbf{X}')(\mathbf{X}\boldsymbol{\beta}+\boldsymbol{\epsilon})\\ &= (\mathbf{I}-\mathbf{X}(\mathbf{X}'\mathbf{X})^{-1}\mathbf{X}')\boldsymbol{\epsilon} \equiv \mathbf{M}\boldsymbol{\epsilon}\end{aligned}$$

이다. $\mathbf{M}$은 멱등행렬이고 $\boldsymbol{\epsilon}/\sigma \sim N(0, I)$이므로 $(\mathbf{e}'\mathbf{e})/\sigma^2 = (\boldsymbol{\epsilon}'/\sigma)\mathbf{M}(\boldsymbol{\epsilon}/\sigma)$는 정리 2.2에 의해 χ^2 분포를 따르며 자유도는

$$tr(\mathbf{I}-\mathbf{X}(\mathbf{X}'\mathbf{X})^{-1}\mathbf{X}') = n-k \tag{2.29}$$

가 된다. 정리 2.4에 의해 $\widehat{\boldsymbol{\beta}}$과 $\mathbf{e}$가 독립이므로 (2.28)와 (2.29)에 의해

$$\frac{\dfrac{\boldsymbol{\gamma}'\widehat{\boldsymbol{\beta}}-\boldsymbol{\gamma}'\boldsymbol{\beta}}{\sqrt{\sigma^2\boldsymbol{\gamma}'(\mathbf{X}'\mathbf{X})^{-1}\boldsymbol{\gamma}}}}{\sqrt{\dfrac{\mathbf{e}'\mathbf{e}}{\sigma^2}/(n-k)}} = \frac{\boldsymbol{\gamma}'\widehat{\boldsymbol{\beta}}-c}{\sqrt{\dfrac{\mathbf{e}'\mathbf{e}}{n-k}\boldsymbol{\gamma}'(\mathbf{X}'\mathbf{X})^{-1}\boldsymbol{\gamma}}}$$

는 자유도가 $n-k$인 t 분포를 따르게 된다.

예제 2.1

2.2.2절의 [사례분석 2]의 경우를 통해 살펴보자.

$$MAF = \beta_0 + \beta_1 YEAR + \beta_2 WAGE + \epsilon_1$$

의 모형에서 $H_0 : \beta_1 = 0$의 검정은 $\boldsymbol{\beta}' = (\beta_0, \beta_1, \beta_2)$이므로 $H_0 : \boldsymbol{\gamma}'\boldsymbol{\beta} = (0,1,0)\boldsymbol{\beta} = 0$의 검정과 동일하다. 출력 2.2의 t 검정결과 `t=6.84032`이고 $P[T > 6.83032] < 0.0001$ 이므로 $H_0 : \beta_1 = 0$이라는 가설을 기각하게 된다. ■

2.5.2 $\mathbf{R}\boldsymbol{\beta} = \mathbf{q}$의 검정

크기가 $J \times k$인 행렬 $\mathbf{R}$이 주어져 있을 때, $\mathbf{R}\boldsymbol{\beta}$의 추정량은 $\mathbf{R}\widehat{\boldsymbol{\beta}}$가 되어 귀무가설 $H_0 : \mathbf{R}\boldsymbol{\beta} = \mathbf{q}$

하에서

$$\mathbf{R}\widehat{\boldsymbol{\beta}} \sim N(\mathbf{q}, \mathbf{R}Var(\widehat{\boldsymbol{\beta}})\mathbf{R}')$$

이다. 그러면 정리 2.3에 의해

$$(\mathbf{R}\widehat{\boldsymbol{\beta}}-\mathbf{q})'[\mathbf{R}Var(\widehat{\boldsymbol{\beta}})\mathbf{R}']^{-1}(\mathbf{R}\widehat{\boldsymbol{\beta}}-\mathbf{q}) = (\mathbf{R}\widehat{\boldsymbol{\beta}}-\mathbf{q})'[\sigma^2\mathbf{R}(\mathbf{X}'\mathbf{X})^{-1}\mathbf{R}']^{-1}(\mathbf{R}\widehat{\boldsymbol{\beta}}-\mathbf{q}) \tag{2.30}$$

는 자유도가 J인 χ^2 분포를 따르게 된다. (2.30)을 Wald test라고 한다. 단, $J < k$이어야 한다. 예를 들어, $J = k$이면 $\boldsymbol{\beta} = \mathbf{R}^{-1}\mathbf{q}$가 되어 이는 통계적인 문제가 아니기 때문이다. (2.30)에서 σ^2이 알려져 있지 않으면 $\mathbf{R}\boldsymbol{\beta} = \mathbf{q}$에 대한 검정을 할 수 없게 된다. 만약 σ^2이 알려져 있지 않으면 정리 2.4에 의해 $\mathbf{e}$와 $\widehat{\boldsymbol{\beta}}$가 독립이고, 정리 2.2에 의해 $(\mathbf{e}'\mathbf{e})/\sigma^2$가 χ^2 분포를 따르므로

$$\begin{aligned}
\mathrm{F}_{(J,n-k)} &= \frac{(\mathbf{R}\widehat{\boldsymbol{\beta}}-\mathbf{q})'[\sigma^2\mathbf{R}(\mathbf{X}'\mathbf{X})^{-1}\mathbf{R}']^{-1}(\mathbf{R}\widehat{\boldsymbol{\beta}}-\mathbf{q})/J}{\frac{\mathbf{e}'\mathbf{e}}{\sigma^2}/(n-k)} \\
&= \frac{(\mathbf{R}\widehat{\boldsymbol{\beta}}-\mathbf{q})'[S^2\mathbf{R}(\mathbf{X}'\mathbf{X})^{-1}\mathbf{R}']^{-1}(\mathbf{R}\widehat{\boldsymbol{\beta}}-\mathbf{q})}{J}
\end{aligned} \tag{2.31}$$

가 된다. 여기에서 $S^2 = \mathbf{e}'\mathbf{e}/(n-k)$이다.

(2.31)의 F 통계량은 다음에 의해서도 쉽게 유도할 수 있다.

(1) 제약조건이 없는 모형(unrestricted model) $\mathbf{y} = \mathbf{X}\boldsymbol{\beta} + \boldsymbol{\epsilon}$으로부터 OLS 추정량 $\widehat{\boldsymbol{\beta}}$를 구하고 잔차 $\mathbf{e}$를 구한다.

(2) 제약조건이 있는 모형(restricted model)으로부터 $\mathbf{R}\boldsymbol{\beta} = \mathbf{q}$라는 제약조건 하에서의 OLS 추정량 $\widehat{\boldsymbol{\beta}}^*$와 잔차 $\mathbf{e}^*$를 구한다. 그러면 $H: \mathbf{R}\boldsymbol{\beta} = \mathbf{q}$에 대한 F 통계량은

$$\mathrm{F}_{(J,n-k)} = \frac{(\mathbf{e}^{*\prime}\mathbf{e}^* - \mathbf{e}'\mathbf{e})/J}{\mathbf{e}'\mathbf{e}/(n-k)} \tag{2.32}$$

가 된다. 여기에서 J는 $\mathbf{R}_{(J\times k)}$에서 온 값이다.

예를 들어, $y_i = \beta_1 x_{1i} + \beta_2 x_{2i} + \beta_3 x_{3i} + \epsilon_i$의 모형에서 $\mathbf{e}$의 i번째 항은 $y_i - \widehat{\beta}_1 x_{1i} - \widehat{\beta}_2 x_{2i} - \widehat{\beta}_3 x_{3i}$가 된다. 그리고

$$\mathbf{R} = \begin{pmatrix} 1 & 0 & 0 \\ 0 & 1 & -1 \end{pmatrix}$$

이고 $\mathbf{q}' = (0,0)$일 때, 이 제약조건 하에서의 모형은 $y_i = \beta(x_{2i} + x_{3i}) + \epsilon_i$가 되어 $\mathbf{e}^*$의 i번째 항은 $y_i - \widehat{\beta}(x_{2i} + x_{3i})$가 된다. 그러므로

$$\frac{(\mathbf{e}^{*\prime}\mathbf{e}^* - \mathbf{e}'\mathbf{e})/2}{\mathbf{e}'\mathbf{e}/(n-3)}$$

은 $F_{(2,n-3)}$의 분포를 따른다.

예제 2.2

2.2.2절 사례분석 2를 살펴보자.

$$MAF = \beta_0 + \beta_1 YEAR + \beta_2 WAGE + \epsilon_1$$

의 모형에서 $H_0 : \beta_1 = \beta_2 = 0$은

$$\mathbf{R} = \begin{pmatrix} 0 & 1 & 0 \\ 0 & 0 & 1 \end{pmatrix}$$

로 정의하면 다음의 검정 문제와 동일하게 된다.

$$H_0 : \mathbf{R}\boldsymbol{\beta} = \begin{pmatrix} 0 & 1 & 0 \\ 0 & 0 & 1 \end{pmatrix} \begin{pmatrix} \beta_0 \\ \beta_1 \\ \beta_2 \end{pmatrix} = \begin{pmatrix} 0 \\ 0 \end{pmatrix}$$

위에서 **R**이 2×3 행렬이므로 (2.31)또는 (2.32)식에 의해 F 통계량은 자유도가 (2,26)인 F 분포를 따르게 된다. F 통계량은 출력 2.2에 의해 F=25.88이고, $P[F_{(2,26)} > 25.88] < 0.0001$이므로 $H_0 : \beta_1 = \beta_2 = 0$이라는 가설은 기각된다. ■

2.6 구조변화에 대한 검정(Tests of Structural Change)

모형 (2.32)에 정의된 F 검정의 형식을 따르면서 중요한 의미를 부여할 수 있는 검정 중의 하나는 구조변화에 대한 검정(Chow test)이다. 그림 2.8은 구조변화가 있는 자료에 회귀모형을 적합했을 때 나타나는 모습을 표현한 것으로 1997~1998년 경제위기(IMF 구제금융)를 겪으면서 경제적으로 급격한 구조변화를 경험했던 우리나라의 상황을 생각해 보자. 이제 이런 구조변화를 고려하여 사회간접자본 및 기타 서비스업 취업자 수를 분석하기 위한 다음의 모형을 고려해 보자.

$$y_t = \beta_0 + \beta_1 YEAR_t + \beta_2 WAGE_t + \epsilon_t \tag{2.33}$$

여기에서 y_t는 시간 t에서의 사회간접자본 및 기타 서비스업 취업자 수이고, $WAGE_t$와 $YEAR_t$는 제조업 월 급여 총액과 연도를 나타낸다. 1997년 이전과 1998년 이후의 자료를 가지고 각각 모형 (2.33)으로 적합시켰을 때 회귀계수 β_0, β_1, 그리고 β_2가 같은지에 관심이

있다면 이는 모형의 구조변화에 대한 검정문제가 된다. 즉, 시간 t를 기준으로 두 개의 그룹으로 자료를 분리하여 두 그룹 간의 회귀계수의 차를 검정하는 문제이다.

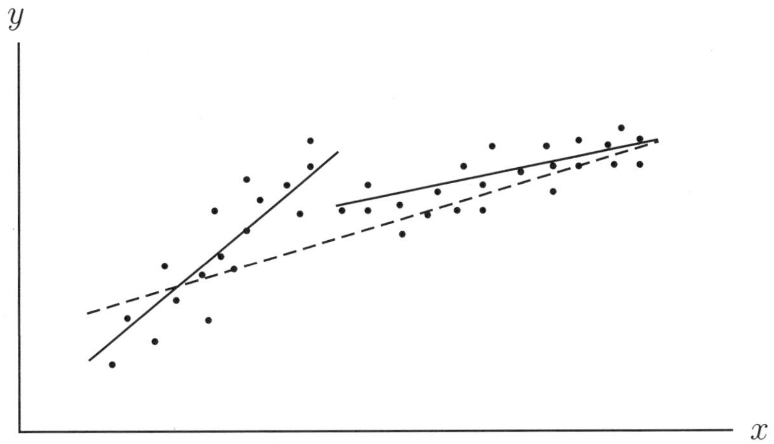

그림 2.8: Chow 검정

또 다른 예는 농림어업 취업자 수와 사회간접자본 및 서비스업 취업자 수가 모형 (2.33)과 동일하게 시간 $YEAR$와 $WAGE$의 선형모형일 때, 두 취업자 그룹 간의 모수 β_0, β_1, 그리고 β_2의 차가 존재하는지를 검정하고자 할 때이다. 위의 예에서 살펴보았듯이 구조변화에 대한 검정(test of structural change)은 두 개의 그룹이 하나 이상의 동일한 독립변수(종속변수는 같을 필요가 없음)를 가지고 있는 선형모형일 때 각 독립변수의 회귀계수에 대한 동일성 여부를 검정하는 문제가 된다. 이제 그룹 I의 관찰치가 n_1개이고 그룹 II의 관찰치가 n_2개일 때, 선형회귀모형은 각각

$$\begin{aligned} \text{그룹 I} &: \mathbf{y}_1 = \mathbf{X}_1\boldsymbol{\beta}_1 + \boldsymbol{\epsilon}_1 \\ \text{그룹 II} &: \mathbf{y}_2 = \mathbf{X}_2\boldsymbol{\beta}_2 + \boldsymbol{\epsilon}_2 \end{aligned} \tag{2.34}$$

가 된다. 여기에서 $\mathbf{y}_1$는 $n_1 \times 1$ 벡터, $\mathbf{y}_2$는 $n_2 \times 1$ 벡터, $\mathbf{X}_1$는 $n_1 \times k$ 행렬, $\mathbf{X}_2$는 $n_2 \times k$ 행렬, 그리고 $\boldsymbol{\beta}_1$과 $\boldsymbol{\beta}_2$는 $k \times 1$ 모수벡터이다. 위의 예에서, 그룹 I은 97년까지의 자료에 의한 모형 또는 농림어업 취업자 수에 의한 모형이다. 한편 그룹 II는 1999년 이후의 모형 또는 사회간접자본 및 기타 서비스업 취업자 수 자료에 의한 모형이 될 것이다.

구조변화에 대한 검정은 크게 두 가지로 나눌 수 있다. (2.34)에서 $H_0 : \boldsymbol{\beta}_1 = \boldsymbol{\beta}_2$에 대한 검정과 $\boldsymbol{\beta}_1$의 일부와 $\boldsymbol{\beta}_2$의 일부가 같은지의 검정으로 나눌 수 있다.

2.6.1 $H_0 : \boldsymbol{\beta}_1 = \boldsymbol{\beta}_2$에 대한 검정

이 검정은 $\boldsymbol{\beta}_1 = \boldsymbol{\beta}_2$라는 가설이 기각되지 않았을 때 그룹 I과 그룹 II로 자료를 분류하여 모수 $\boldsymbol{\beta}_1$과 $\boldsymbol{\beta}_2$를 추정하는 것보다는 두 개의 자료를 통합하여(pooled) 모수 $\boldsymbol{\beta}_1 = \boldsymbol{\beta}_2 \equiv \boldsymbol{\beta}$를 추정하는 것이 더 효율적일 것이다. 반면 $\boldsymbol{\beta}_1 = \boldsymbol{\beta}_2$의 가설이 기각되었을 때는 두 그룹 간에 최소한 하나 이상의 독립변수 설명력이 차이가 있다는 것을 의미한다. $H_0 : \boldsymbol{\beta}_1 = \boldsymbol{\beta}_2 \equiv \boldsymbol{\beta}$라는 가정 하에서 (2.34)는

$$\begin{aligned} \text{그룹 I} &: \mathbf{y}_1 = \mathbf{X}_1\boldsymbol{\beta} + \boldsymbol{\epsilon}_1 \\ \text{그룹 II} &: \mathbf{y}_2 = \mathbf{X}_2\boldsymbol{\beta} + \boldsymbol{\epsilon}_2 \end{aligned} \tag{2.35}$$

가 된다. (2.34)은 제약조건이 없는 모형이고 (2.35)는 제약조건이 있는 모형이라는 차이가 있다. (2.32)에서와 같이 모형 (2.34)에서 $\mathbf{e}'\mathbf{e}$와 모형 (2.35)에서 $\mathbf{e}^{*\prime}\mathbf{e}^*$를 구해 F 검정을 할 수 있다. 모형 (2.34)는

$$\begin{pmatrix} \mathbf{y}_1 \\ \mathbf{y}_2 \end{pmatrix} = \begin{pmatrix} \mathbf{X}_1 & 0 \\ 0 & \mathbf{X}_2 \end{pmatrix} \begin{pmatrix} \boldsymbol{\beta}_1 \\ \boldsymbol{\beta}_2 \end{pmatrix} + \begin{pmatrix} \boldsymbol{\epsilon}_1 \\ \boldsymbol{\epsilon}_2 \end{pmatrix} \tag{2.36}$$

로 재표현할 수 있고 모형 (2.35)는

$$\begin{pmatrix} \mathbf{y}_1 \\ \mathbf{y}_2 \end{pmatrix} = \begin{pmatrix} \mathbf{X}_1 \\ \mathbf{X}_2 \end{pmatrix} \boldsymbol{\beta} + \begin{pmatrix} \boldsymbol{\epsilon}_1 \\ \boldsymbol{\epsilon}_2 \end{pmatrix} \tag{2.37}$$

로 재표현할 수 있다. (2.36)로부터 추정된 $\boldsymbol{\beta}_1$과 $\boldsymbol{\beta}_2$의 OLS추정량은 (2.34)의 각각의 모형으로부터 추정된 OLS 추정량과 같다. (2.34) 그룹 I의 오차제곱합을 SSE_1, 그룹 II의 오차제곱합을 SSE_2로 표현할 때 (2.36)(또는 (2.34))의 오차제곱합은 $\mathbf{e}'\mathbf{e} = SSE_1 + SSE_2$가 된다. 모형 (2.37)은 $\mathbf{y} = \mathbf{X}\boldsymbol{\beta} + \boldsymbol{\epsilon}$과 같은 일반적인 선형모형이므로($\mathbf{y}' = (\mathbf{y}_1{}', \mathbf{y}_2{}')$, $\mathbf{X}' = (\mathbf{X}_1{}', \mathbf{X}_2{}')$, $\boldsymbol{\epsilon}' = (\boldsymbol{\epsilon}_1{}', \boldsymbol{\epsilon}_2{}')$) $\boldsymbol{\beta}$의 OLS 추정량은 $\widehat{\boldsymbol{\beta}}^* = (\mathbf{X}'\mathbf{X})^{-1}\mathbf{X}'\mathbf{y}$가 되고, 오차제곱합은 $\mathbf{e}^{*\prime}\mathbf{e}^* = (\mathbf{y} - \mathbf{X}\widehat{\boldsymbol{\beta}}^*)'(\mathbf{y} - \mathbf{X}\widehat{\boldsymbol{\beta}}^*)$이 된다. 그러므로 $H_0 : \boldsymbol{\beta}_1 = \boldsymbol{\beta}_2$의 검정은 2.5절의 (2.32)에 적용하여, $\mathbf{e}'\mathbf{e}$의 자유도가 $n_1 + n_2 - 2k$이고 $\mathbf{e}^{*\prime}\mathbf{e}^*$의 자유도는 $n_1 + n_2 - k$이므로

$$\begin{aligned} \mathrm{F} &= \frac{(\mathbf{e}^{*\prime}\mathbf{e}^* - \mathbf{e}'\mathbf{e})/(n_1 + n_2 - k - (n_1 + n_2 - 2k)}{\mathbf{e}'\mathbf{e}/(n_1 + n_2 - 2k)} \\ &= \frac{(\mathbf{e}^{*\prime}\mathbf{e}^* - \mathbf{e}'\mathbf{e})/k}{\mathbf{e}'\mathbf{e}/(n_1 + n_2 - 2k)} \end{aligned}$$

인 F 검정통계량을 가지며 자유도는 $(k, n_1 + n_2 - 2k)$가 된다.

예제 2.3

2.2.4절 사례분석 4가 대표적인 경우이다.

$$SOC_t = \alpha_0 + \alpha_1\, YEAR_t + \alpha_2\, WAGE_t + \epsilon_{1t},$$

$$MAF_t = \beta_0 + \beta_1\, YEAR_t + \beta_2\, WAGE_t + \epsilon_{2t}, \quad t = 1992, 1993, \ldots, 2008$$

이다. 위의 두 개의 모형으로부터 $H_0: \beta_0 = \alpha_0$, $\beta_1 = \alpha_1$, 그리고 $\beta_2 = \alpha_2$인가를 검정하고자 한다. (2.36)에 의해

$$\begin{pmatrix} MAF_{1992} \\ MAF_{1993} \\ \vdots \\ MAF_{2008} \\ \hline SOC_{1992} \\ SOC_{1993} \\ \vdots \\ SOC_{2008} \end{pmatrix} = \left(\begin{array}{ccc|ccc} 1 & 1992 & WAGE_{1992} & & & \\ 1 & 1993 & WAGE_{1993} & & O & \\ \vdots & \vdots & \vdots & & & \\ 1 & 2008 & WAGE_{2008} & & & \\ \hline & & & 1 & 1992 & WAGE_{1992} \\ & O & & 1 & 1993 & WAGE_{1993} \\ & & & \vdots & \vdots & \vdots \\ & & & 1 & 2008 & WAGE_{2008} \end{array}\right) \begin{pmatrix} \beta_0 \\ \beta_1 \\ \beta_2 \\ \hline \alpha_0 \\ \alpha_1 \\ \alpha_2 \end{pmatrix} + \begin{pmatrix} \epsilon_{2,1992} \\ \epsilon_{2,1993} \\ \vdots \\ \epsilon_{2,2008} \\ \hline \epsilon_{1,1992} \\ \epsilon_{1,1993} \\ \vdots \\ \epsilon_{1,2008} \end{pmatrix}$$

가 되고 $H_0: \beta_0 = \alpha_0$, $\beta_1 = \alpha_1$, 그리고 $\beta_2 = \alpha_2$의 가정 하에서 (2.37)은

$$\begin{pmatrix} MAF_{1992} \\ \vdots \\ MAF_{2008} \\ SOC_{1992} \\ \vdots \\ SOC_{2008} \end{pmatrix} = \begin{pmatrix} 1 & 1992 & WAGE_{1992} \\ \vdots & \vdots & \vdots \\ 1 & 2008 & WAGE_{2008} \\ 1 & 1992 & WAGE_{1992} \\ \vdots & \vdots & \vdots \\ 1 & 2008 & WAGE_{2008} \end{pmatrix} \begin{pmatrix} \beta_0 \\ \beta_1 \\ \beta_2 \end{pmatrix} + \begin{pmatrix} \epsilon_{2,1992} \\ \vdots \\ \epsilon_{2,2008} \\ \epsilon_{1,1992} \\ \vdots \\ \epsilon_{1,2008} \end{pmatrix}$$

가 된다. 이 검정의 결과는 $n_1 = n_2 = 17$이고 $k = 3$이므로

$$F = \frac{(\mathbf{e}^{*'}\mathbf{e}^{*} - \mathbf{e}'\mathbf{e})/3}{\mathbf{e}'\mathbf{e}/28} = 4852.29$$

가 되어 $P[F_{(3,28)} > 4852.29] < 0.0001$이므로 $H_0: \beta_0 = \alpha_0$, $\beta_1 = \alpha_1$, $\beta_2 = \alpha_2$ 가설을 기각하게 된다. ■

2.6.2 $\boldsymbol{\beta}_1$의 일부분과 $\boldsymbol{\beta}_2$의 일부분의 동일성 검정

MAF(제조업 취업자 수)와 SOC(사회간접자본 및 기타 서비스업 취업자 수)의 경우를 살펴보자. 표 2.2에서 볼 수 있듯이 MAF의 절대값과 SOC의 절대값은 근본적인 차이를 보이고 있다. 또한, MAF는 시간이 지날 수록 줄어드는 반면 SOC는 증가하고 있다. 즉, (2.33)의 선형회귀모형에서 β_0와 β_1은 근본적으로 두 그룹 간에 차이가 있을 것이다. 그러므로 이들의 근본적인 차이를 인정하고 순수한 $WAGE$의 회귀계수를 그룹 간에 비교하는 것이 타당하게 된다. (2.36)의 제약조건이 없는 모형에서 k개의 모수 중 최초의 k_1개의 모수는 그룹별로 다르고 나머지 $k-k_1$개의 모수가 같은가를 검정하기 위한 제약조건이 있는 모형은(독립변수를 재배치함으로써 우리는 항상 최초의 k_1개의 모수를 아래와 같이 놓을 수 있다)

$$\begin{pmatrix} \mathbf{y}_1 \\ \mathbf{y}_2 \end{pmatrix} = \begin{pmatrix} \mathbf{X}_{11} & \mathbf{0} & \mathbf{X}_{12} \\ \mathbf{0} & \mathbf{X}_{21} & \mathbf{X}_{22} \end{pmatrix} \begin{pmatrix} \boldsymbol{\beta}_{11} \\ \boldsymbol{\beta}_{21} \\ \boldsymbol{\beta} \end{pmatrix} + \begin{pmatrix} \boldsymbol{\epsilon}_1 \\ \boldsymbol{\epsilon}_2 \end{pmatrix} \tag{2.38}$$

가 된다. 여기에서 $\mathbf{X}_{11}$는 $n_1 \times k_1$, $\mathbf{X}_{12}$는 $n_1 \times (k-k_1)$, $\mathbf{X}_{21}$는 $n_2 \times k_1$, $\mathbf{X}_{22}$는 $n_2 \times (k-k_1)$인 행렬이고, $\boldsymbol{\beta}_{11}$과 $\boldsymbol{\beta}_{21}$은 $k_1 \times 1$ 모수벡터, $\boldsymbol{\beta}$는 $(k-k_1)$ 모수벡터이다. 즉, $\boldsymbol{\beta}_{12}$를 모형 (2.34) 그룹 I의 $\boldsymbol{\beta}_1$에서 $\boldsymbol{\beta}_{11}$을 제외한 나머지 모수라 하고, $\boldsymbol{\beta}_{22}$를 그룹 II의 $\boldsymbol{\beta}_2$에서 $\boldsymbol{\beta}_{21}$을 제외한 나머지 모수라고 정의할 때, (2.38)은 $H_0 : \boldsymbol{\beta}_{12} = \boldsymbol{\beta}_{22}$라는 귀무가설 하에서의 모형이 된다. 2.5절에서와 마찬가지로 $\mathbf{e}^{*\prime}\mathbf{e}^*$를 모형 (2.38)에서 오차제곱합이라 할 때, 자유도가 $n_1 + n_2 - ((k-k_1)+2k_1) = n_1 + n_2 - (k+k_1)$이므로 검정통계량은

$$\begin{aligned} \mathrm{F} &= \frac{(\mathbf{e}^{*\prime}\mathbf{e}^* - \mathbf{e}'\mathbf{e})/((n_1+n_2-(k+k_1)) - (n_1+n_2-2k))}{\mathbf{e}'\mathbf{e}/(n_1+n_2-2k)} \\ &= \frac{(\mathbf{e}^{*\prime}\mathbf{e}^* - \mathbf{e}'\mathbf{e})/(k-k_1)}{\mathbf{e}'\mathbf{e}/(n_1+n_2-2k)} \end{aligned}$$

이며 자유도는 $(k-k_1, n_1+n_2-2k)$이다. 여기에서 $\mathbf{e}'\mathbf{e}$는 모형 (2.36)에서와 같다.

2.6.3 불충분한 자료를 가지고 있을 때 구조변화에 대한 검정

모형 (2.34)에서 시간 t에 의해 두 그룹으로 나눌 때 종종 어느 한 그룹의 관찰치의 개수가 모수의 개수보다 작을 경우가 발생한다. 예를 들어, 2.2절의 사례분석에서 모형 (2.10)의 분류기준 대신 1981년 이전과 1982년 이후의 두 그룹으로 나누었을 때 1981년 이전의 자료는 두

개인 반면 추정해야 할 모수는 3개가 되는 경우이다. 제약조건이 없는 모형은 (2.36)과 같은

$$\begin{pmatrix} \mathbf{y}_1 \\ \mathbf{y}_2 \end{pmatrix} = \begin{pmatrix} \mathbf{X}_1 & \mathbf{0} \\ \mathbf{0} & \mathbf{X}_2 \end{pmatrix} \begin{pmatrix} \boldsymbol{\beta}_1 \\ \boldsymbol{\beta}_2 \end{pmatrix} + \begin{pmatrix} \boldsymbol{\epsilon}_1 \\ \boldsymbol{\epsilon}_2 \end{pmatrix} \tag{2.39}$$

이다. 단, 그룹 I의 관찰치의 개수 $n_1 < k$이고 그룹 II의 관찰치의 개수 $n_2 > k$이다. 이 경우 그룹 I의 오차제곱합 SSE_1은 관찰치 보다 모수의 개수가 많으므로 완전한 적합(perfect fit)을 만들어내게 된다. 그러므로 $SSE_1 = 0$이 되어 모형 (2.39)에서의 총오차제곱합은 SSE_2(즉, 그룹 II에서의 오차제곱합)가 된다. 한편 $H_0 : \boldsymbol{\beta}_1 = \boldsymbol{\beta}_2$라는 귀무가설 하에서 제약조건이 있는 모형은

$$\begin{pmatrix} \mathbf{y}_1 \\ \mathbf{y}_2 \end{pmatrix} = \begin{pmatrix} \mathbf{X}_1 \\ \mathbf{X}_2 \end{pmatrix} \boldsymbol{\beta} + \begin{pmatrix} \boldsymbol{\epsilon}_1 \\ \boldsymbol{\epsilon}_2 \end{pmatrix} \tag{2.40}$$

가 된다. (2.40)은 (2.37)과 동일한 형태를 가지고 있으나 제약조건을 가지는 모수의 개수는 다르게 된다. 모형 (2.37)에서는 $n_1 > k$이고 $n_2 > k$이므로 $H_0 : \boldsymbol{\beta}_1 = \boldsymbol{\beta}_2$에서 k개의 모수만으로 제약되어 있으나, 모형 (2.40)에서는 $n_1 < k$이므로 $\mathbf{y}_1$이 완전한 적합이 되기 위해서는 오직 n_1개의 모수만으로 제약되도록 하면 되므로 제약조건을 가지는 모수는 n_1개가 된다. 그러므로 (2.40)에서 $\mathbf{e}^{*\prime}\mathbf{e}^*$의 자유도는 $n_1 + n_2 - k$가 된다. 즉, 두 개의 그룹 중 어느 하나가 불충분한 자료를 가지고 있을 때의 구조변화에 대한 검정통계량은

$$\mathrm{F} = \frac{(\mathbf{e}^{*\prime}\mathbf{e}^* - SSE_2)/n_1}{SSE_2/(n_2 - k)}$$

가 되며, 자유도가 $(n_1, n_2 - k)$인 F 분포를 따르게 된다. 2.5절에서 논의된 모든 문제는 $Var(\boldsymbol{\epsilon}_1) = \sigma^2\mathbf{I}_{n_1}, Var(\boldsymbol{\epsilon}_2) = \sigma^2\mathbf{I}_{n_2}$를 가정하고 있다. 즉, $\boldsymbol{\epsilon}_1$과 $\boldsymbol{\epsilon}_2$는 서로 간에 독립이며 동일한 분산 σ^2을 가지고 있는 $i.i.d.$한 확률변수로 가정하고 있다. 그러나 일반적으로 두 개의 그룹이 등분산을 가진다는 가정이 어려울 경우가 많다. 이는 이분산성(heteroscedasticity) 문제로 귀결된다. 이 문제는 제4장에서 다시 다루기로 한다.

2.6.4 비내포모형 간의 선택

지금까지 우리는 독립변수 **X**가 같다는 가정 하에서 구조변화의 검정을 논의하였다. 모형 (2.34)와 같이 제약조건이 없는 모형에서 회귀계수 $\boldsymbol{\beta}$에 부여한 적당한 가정이 타당한가를 검정하는 문제를 다루었다. 즉, 모형 (2.35), (2.37), (2.38) 등은 모형 (2.34)의 모수에 적당한 제약식을 부여함으로써 항상 표현할 수 있으므로 이들을 (2.34)의 내포모형(nested model)

이라 한다. 이제 다음과 같은 단순선형모형을 고려하여 보자.

$$\begin{aligned} H_0 &: y_i = \beta_0 + \beta_1 x_i + \epsilon_i \\ H_1 &: y_i = \beta_0^* + \beta_1^* z_i + \epsilon_i^* \end{aligned} \tag{2.41}$$

여기에서 z_i는 x_i와 다른 변수이거나 $\log x_i$, ${x_i}^2$ 등과 같은 변수이다. 그러므로 (2.41)에서는 모수에 적당한 제약식을 주더라도 H_1 모형이 H_0 모형으로 환원될 수 없으며 마찬가지로 H_0도 H_1으로 환원될 수 없다. 이러한 모형을 비내포모형(nonnested model)이라 한다. 이제 문제는 관찰치 x_i와 y_i를 가지고 어떤 모형이 좀 더 좋은 모형인가에 관한 검정이 필요하게 된다. 예를 들어, $y_i = \beta_1 x_i + \epsilon_i$가 y_i를 잘 설명하는지, 아니면 $y_i = \beta_1 \ln x_i + \epsilon_i$가 y_i를 잘 설명하는지에 대한 검정이 필요하게 된다. 이에 대한 검정방법은 Davidson and MacKinnon(1981), Cox(1961, 1962), Pesaran(1974), Pesaran and Deaton(1978) 등이 제시한 여러 가지가 있으나, 각각이 나름대로 장단점을 가지고 있다. 이 절에서는 Davidson and MacKinnon(1981)이 제시한 J test를 이론적인 배경을 제외하고 그 방법만을 소개하고자 한다.

$$\begin{aligned} H_0 &: \mathbf{y} = \mathbf{X}\boldsymbol{\beta} + \boldsymbol{\epsilon}_0 \\ H_1 &: \mathbf{y} = \mathbf{Z}\boldsymbol{\gamma} + \boldsymbol{\epsilon}_1 \end{aligned} \tag{2.42}$$

으로 놓자. 여기에서 $\boldsymbol{\beta}$와 $\boldsymbol{\gamma}$의 크기가 동일할 필요는 없다. 모형 (2.42)를 다음과 같은 복합모형으로 표시하자.

$$\mathbf{y} = (1-\alpha)\mathbf{X}\boldsymbol{\beta} + \alpha(\mathbf{Z}\boldsymbol{\gamma}) + \boldsymbol{\epsilon} \tag{2.43}$$

모형 (2.42)에서 H_0를 기각하지 못한다는 것은 $\alpha = 0$을 의미하며 H_0를 기각한다는 것은 $1-\alpha = 0$이라는 것을 의미한다. 모형 H_0와 H_1의 선택을 위한 검정절차는 다음과 같다.

1. $H : \alpha = 0$에 대한 검정절차

   (1) (2.42)의 H_1 모형을 적합시켜 $\hat{\mathbf{y}}$를 구한다.

   (2) 모형 (2.43)에서 $\mathbf{Z}\boldsymbol{\gamma}$ 대신에 $\hat{\mathbf{y}}$를 대입시켜 $\hat{\alpha}$를 구한다. 즉, $\mathbf{y}$를 $\mathbf{X}$와 $\hat{\mathbf{y}}$에 대해 회귀하여 $\hat{\mathbf{y}}$의 계수 $\hat{\alpha}$를 구한다.

   (3) $H : \alpha = 0$ 하에서 $\hat{\alpha}/\sqrt{Var(\hat{\alpha})}$가 근사적으로 $N(0,1)$ 분포를 따르게 되어 표준정규분포표에 의해 검정을 하게 된다.

2. $H : 1-\alpha = 0$에 대한 검정

   (1) (2.42)의 H_0 모형을 적합시켜 $\hat{\mathbf{y}}$를 구한다.

(2) 모형 (2.43)에서 $\mathbf{X}\boldsymbol{\beta}$ 대신 $\hat{\mathbf{y}}$를 대입시켜 $\widehat{1-\alpha}$를 구한다.

(3) $H: 1-\alpha = 0$ 하에서 $\widehat{1-\alpha}/\sqrt{Var(\widehat{1-\alpha})}$는 근사적으로 $N(0,1)$ 분포를 따른다.

위의 두 가지 검정을 모두 하여

(i) $H: \alpha = 0$이 기각되고 $H: 1-\alpha = 0$이 기각되지 않으면 모형 H_1이,

(ii) $H: \alpha = 0$이 기각되지 않고 $H: 1-\alpha = 0$이 기각되면 모형 H_0를 채택하게 된다.

(iii) 의 경우를 벗어나는 경우가 발생하게 되면, 즉, $H: \alpha = 0$이 기각되고 $H: 1-\alpha = 0$도 기각되는 경우가 발생하게 되면 어떠한 결론도 내릴 수 없게 된다.

예제 2.4

표 2.4의 자료(자료출처:한국은행 경제통계시스템, ECOS)는 우리나라의 1979년부터 2010년까지의 수출액(단위: 백만 달러)과 수출신용장내도액(LC내도액, 단위: 백만 달러)의 자료이다.

표 2.4: 수출액과 수출신용장내도액

연도	수출액	LC내도액	연도	수출액	LC내도액
1979	15055.5	12731.7	1995	125058.0	72926.3
1980	17504.9	15836.4	1996	129715.1	69732.7
1981	21253.8	17896.1	1997	136164.2	67615.4
1982	21853.3	16096.1	1998	132313.1	56915.0
1983	24445.1	17581.7	1999	143685.5	58030.9
1984	29244.9	19383.9	2000	172267.5	61868.5
1985	30283.1	19558.2	2001	150439.1	53269.8
1986	34714.5	25358.9	2002	162470.5	52264.9
1987	47280.9	34784.7	2003	193817.5	60342.7
1988	60696.4	42786.9	2004	253844.8	72426.2
1989	62377.2	45533.7	2005	284418.7	74255.7
1990	65015.7	47519.7	2006	325464.9	89189.9
1991	71870.1	50005.0	2007	371489.0	91250.0
1992	76631.5	52352.2	2008	422007.3	100526.1
1993	82235.9	55594.7	2009	363533.4	76425.5
1994	96013.2	64314.1	2010	466383.8	93214.1

EXP를 수출액, LC를 수출신용장내도액이라고 할 때 $\log EXP_t = \beta_0 + \beta_1 \log LC_t + \epsilon_t$ 모형이 적합한지, 혹은 $\log EXP_t = \gamma_0 + \gamma_1 \sqrt{LC_t} + \epsilon_t$의 모형이 적합한지를 J 검정법을 통해 실시하고자 한다. (2.43)에 의해 위의 모형은

$$\log EXP_t = (1-\alpha)(\beta_0 + \beta_1 \log LC_t) + \alpha(\gamma_0 + \gamma_1 \sqrt{LC_t}) + \epsilon_t$$

로 놓을 수 있다. 절차 1에 의한 $H:\alpha=0$에 대한 검정을 하여 본 결과는 다음과 같다. $\widehat{\alpha}=0.3481$이고 $\widehat{z}=0.3481/0.3513=0.99$가 되어 $P[Z>\widehat{z}]=0.3375$이므로 가설 H_0를 기각하지 못하게 된다. 한편 절차 2에 의한 $H:1-\alpha=0$에 대한 검정은 $\widehat{1-\alpha}=0.6540$이고 $\widehat{z}=0.6540/0.3508=1.861$이 되어 $P[Z>\widehat{z}]=0.0820$가 되어 유의수준 10%에서 $H:1-\alpha=0$라는 가설을 기각하게 된다. 그러므로 유의수준 10%에서 $\log EXP_t=\beta_0+\beta_1\log LC_t+\epsilon_t$ 모형이 $\log EXP_t=\gamma_0+\gamma_1\sqrt{LC_t}+\epsilon_t$ 모형보다 더 우수하다고 말할 수 있다.

프로그램

```
1  proc autoreg data=JTEST;
2   model LEXP = SLC;  output out= H1 pm=y_hat; run;
3
4  proc autoreg data=H1;
5   model LEXP = LLC y_hat; run;
6
7  proc autoreg data=JTEST;
8   model LEXP = LLC;  output out= H0 pm=y_hat; run;
9
10 proc autoreg data=H0;
11  model LEXP = y_hat SLC; run;
```

위의 프로그램은 J test를 실행한 것으로 *P1*~*P5*는 절차 1을 수행한 것이며, *P7*~*P11*은 절차 2를 수행한 것이다. ■

2.7 제약식 $\mathbf{R}\boldsymbol{\beta}=\mathbf{q}$에서 모수 추정

$H_0:\mathbf{R}\boldsymbol{\beta}=\mathbf{q}$라는 가설을 기각하지 못할 때, $\mathbf{R}\boldsymbol{\beta}=\mathbf{q}$라는 제약식 하에서 모수를 추정해야 할 것이다(Judge and Takayama(1966)). 2.3절에서 모수에 대한 제약식이 없는 $\boldsymbol{\beta}$의 OLS는 $S=\sum_{i=1}^{n}\epsilon_i{}^2=(\mathbf{y}-\mathbf{X}\boldsymbol{\beta})'(\mathbf{y}-\mathbf{X}\boldsymbol{\beta})$를 최소화하는 $\boldsymbol{\beta}$였다. 한편, $\mathbf{R}\boldsymbol{\beta}=\mathbf{q}$라는 제약식이 있을 때의 OLS 추정량은 라그랑즈 승수법을 이용하면

$$S^*=(\mathbf{y}-\mathbf{X}\boldsymbol{\beta})'(\mathbf{y}-\mathbf{X}\boldsymbol{\beta})+2\boldsymbol{\lambda}'(\mathbf{R}\boldsymbol{\beta}-\mathbf{q}) \tag{2.44}$$

를 최소화하는 $\boldsymbol{\beta}$를 찾는 문제가 된다.

(2.44)를 $\boldsymbol{\beta}$와 $\boldsymbol{\lambda}$에 대해 미분을 취하면

$$\frac{\partial S^*}{\partial \boldsymbol{\beta}} = -2\mathbf{X}'(\mathbf{y}-\mathbf{X}\boldsymbol{\beta}) + 2\mathbf{R}'\boldsymbol{\lambda} = \mathbf{0}$$
$$\frac{\partial S^*}{\partial \boldsymbol{\lambda}} = 2(\mathbf{R}\boldsymbol{\beta}-\mathbf{q}) = \mathbf{0}$$

이 되고, 이를 행렬로 표현하면

$$\begin{pmatrix} \mathbf{X}'\mathbf{X} & \mathbf{R}' \\ \mathbf{R} & \mathbf{0} \end{pmatrix} \begin{pmatrix} \boldsymbol{\beta} \\ \boldsymbol{\lambda} \end{pmatrix} = \begin{pmatrix} \mathbf{X}'\mathbf{y} \\ \mathbf{q} \end{pmatrix} \tag{2.45}$$

가 된다. (2.45)를 $\boldsymbol{\beta}$와 $\boldsymbol{\lambda}$에 대해 풀면

$$\widehat{\boldsymbol{\beta}}_{\mathbf{R}} = (\mathbf{X}'\mathbf{X})^{-1}\mathbf{X}'\mathbf{y} - (\mathbf{X}'\mathbf{X})^{-1}\mathbf{R}'\left[\mathbf{R}(\mathbf{X}'\mathbf{X})^{-1}\mathbf{R}'\right]^{-1}(\mathbf{R}(\mathbf{X}'\mathbf{X})^{-1}\mathbf{X}'\mathbf{y}-\mathbf{q})$$
$$\widehat{\boldsymbol{\lambda}} = \left[\mathbf{R}(\mathbf{X}'\mathbf{X})^{-1}\mathbf{R}'\right]^{-1}(\mathbf{R}(\mathbf{X}'\mathbf{X})^{-1}\mathbf{X}'\mathbf{y}-\mathbf{q})$$

가 된다. $\widehat{\boldsymbol{\beta}}_{\mathbf{R}}$이 $\mathbf{R}\boldsymbol{\beta}=\mathbf{q}$라는 제약식 하에서 구한 $\boldsymbol{\beta}$의 OLS 추정량이고 $\widehat{\boldsymbol{\lambda}}$는 $\mathbf{R}\boldsymbol{\beta}=\mathbf{q}$라는 제약식 하에서의 검정방법 중의 하나인 라그랑즈 승수 검정법(LM test)과 밀접한 관계를 가지고 있다. $\widehat{\boldsymbol{\lambda}}$가 작을수록 $\mathbf{R}\boldsymbol{\beta}=\mathbf{q}$라는 제약식은 올바른 제약식이 될 것이다.

예제 2.5

2.2.2절 사례분석 2가 대표적인 경우이다. 즉 모형

$$GR1: SOC_t = \beta_{01} + \beta_{11} YEAR_t + \epsilon_{1t}, \qquad t = 1980, \ldots, 1988.$$
$$GR2: SOC_t = \beta_{02} + \beta_{12} YEAR_t + \epsilon_{2t}, \qquad t = 1989, \ldots, 1997.$$

에서 각각의 모형으로부터 추정된 회귀식은

$$GR1: \widehat{SOC}_t = -637103 + 324.75 YEAR_t$$
$$GR2: \widehat{SOC}_t = -1277576 + 674.9833 YEAR_t$$

이다(출력 2.3 참조). 그러나 출력 2.4에서 보았듯이 $H_0: \beta_{11}^* = \beta_{11}$라는 가설을 기각하지 못하였다. $\beta_{11}^* = \beta_{11}$라는 제약조건 하에서 추정된 회귀식은 출력 2.5에서 보았듯이

$$GR1: \widehat{SOC}_t = -635105 + 323.74 YEAR_t$$
$$GR2: \widehat{SOC}_t = -1277.578 + 647.47 YEAR_t$$

로 추정되어 제약조건이 없는 회귀식과 제약조건이 있는 상태에서의 추정된 회귀식이 차이를 보이고 있음을 알 수 있다. ■

2.8 독립변수 X가 확률변수일 때

지금까지 우리는 독립변수 $\mathbf{X}$가 상수라고 가정하였다. 그러나 대부분의 실제 상황에서는 $\mathbf{X}$가 어떤 주어진 숫자라기보다는 종속변수 $\mathbf{y}$와 같이 확률적인 구조를 갖는 어떤 확률변수로 해석하는 것이 타당할 것이다. 이 절에서는 $\mathbf{X}$가 확률변수일 때의 모수 $\boldsymbol{\beta}$의 추정 및 검정문제를 다루고자 한다. 즉, $\mathbf{y} = X\boldsymbol{\beta} + \boldsymbol{\epsilon}$에서

(i) $\mathbf{y}$는 모수 $\boldsymbol{\beta}$에 대해 선형적인 관계를 가지고 있고,

(ii) $\boldsymbol{\epsilon}$은 평균이 $\mathbf{0}$이고 분산이 $\sigma^2\mathbf{I}$인 분포를 따르며,

(iii) $\mathbf{X}$는 확률변수

임을 가정한 모형이다. 그러므로 2.1절의 고전적 다중회귀모형의 기본 가정의 (2)만 (iii)으로 대치하게 되는 것이다. $\mathbf{X}$가 확률변수일 때 $\widehat{\boldsymbol{\beta}} = (\mathbf{X}'\mathbf{X})^{-1}\mathbf{X}'\mathbf{y}$가 좋은 추정량인가는 $E(\boldsymbol{\epsilon}|\mathbf{X})$의 구조에 달려있다.

2.8.1 $E(\boldsymbol{\epsilon}|\mathbf{X}) = 0$일 경우

$E(\boldsymbol{\epsilon}) = \mathbf{0}$이므로 $Cov(\mathbf{X}, \boldsymbol{\epsilon}) = E(\mathbf{X}\boldsymbol{\epsilon}) = E(\mathbf{X}E(\boldsymbol{\epsilon}|\mathbf{X})) = E(\mathbf{X}\cdot\mathbf{0}) = \mathbf{0}$이 되어 $Cov(\mathbf{X}, \boldsymbol{\epsilon}) = \mathbf{0}$을 의미하게 된다. 그러므로 $E(\boldsymbol{\epsilon}|\mathbf{X}) = \mathbf{0}$는 독립변수 $\mathbf{X}$와 $\boldsymbol{\epsilon}$이 무상관관계가 있다는 것을 의미하며, 결론적으로 $\widehat{\boldsymbol{\beta}} = (\mathbf{X}'\mathbf{X})^{-1}\mathbf{X}'\mathbf{y}$가 최소분산을 가지고 있는 추정량이며, 지금까지 논의된 모든 검정통계량도 동일한 분포를 따르므로 동일한 검정절차를 따르게 된다. 즉, 다음과 같은 결론에 도달하게 된다.

정리 **2.5** *고전적 선형회귀모형에서* $\mathbf{X}$*가 상수이든 또는 확률변수이든 관계없이,* $E(\boldsymbol{\epsilon}|\mathbf{X}) = \mathbf{0}$ *일 때 OLS 추정량* $\widehat{\boldsymbol{\beta}} = (\mathbf{X}'\mathbf{X})^{-1}\mathbf{X}'\mathbf{y}$*는 최소분산선형불편추정량이며 모든 검정통계량은 동일한 분포를 따르게 된다.*

그 이유를 간략하게 살펴보면 다음과 같다. $\mathbf{y} = \mathbf{X}\boldsymbol{\beta} + \boldsymbol{\epsilon}$에서 $\widehat{\boldsymbol{\beta}} = (\mathbf{X}'\mathbf{X})^{-1}\mathbf{X}'\mathbf{y}$이므로 $\widehat{\boldsymbol{\beta}} = \boldsymbol{\beta} + (\mathbf{X}'\mathbf{X})^{-1}X'\boldsymbol{\epsilon}$이 된다. 다음과 같이 정리하면 $\widehat{\boldsymbol{\beta}}$는 $\boldsymbol{\beta}$의 불편추정량임을 알 수 있다.

$$\begin{aligned}
E(\widehat{\boldsymbol{\beta}}) &= \boldsymbol{\beta} + E((\mathbf{X}'\mathbf{X})^{-1}\mathbf{X}'\boldsymbol{\epsilon}) \\
&= \boldsymbol{\beta} + E((\mathbf{X}'\mathbf{X})^{-1}E(\mathbf{X}'\boldsymbol{\epsilon}|\mathbf{X})) \\
&= \boldsymbol{\beta} + E((\mathbf{X}'\mathbf{X})^{-1}\mathbf{X}'E(\boldsymbol{\epsilon}|\mathbf{X})) \\
&= \boldsymbol{\beta} + E((\mathbf{X}'\mathbf{X})^{-1}\mathbf{X}'\mathbf{0}) \\
&= \boldsymbol{\beta}
\end{aligned}$$

이제 $\mathbf{X}$가 주어진 상태에서의 $\widehat{\boldsymbol{\beta}}$의 조건부분산은 $Var(\widehat{\boldsymbol{\beta}}|\mathbf{X}) = \sigma^2(\mathbf{X}'\mathbf{X})^{-1}$이므로

$$\begin{aligned}
Var(\widehat{\boldsymbol{\beta}}) &= E(Var(\widehat{\boldsymbol{\beta}}|\mathbf{X})) + Var(E(\widehat{\boldsymbol{\beta}}|\mathbf{X})) \\
&= E(\sigma^2(\mathbf{X}'\mathbf{X})^{-1}) + Var(\boldsymbol{\beta}) \\
&= \sigma^2 E(\mathbf{X}'\mathbf{X})^{-1}
\end{aligned}$$

가 된다. $\mathbf{X}$가 주어져 있을 때 어떠한 다른 불편추정량 $\widehat{\boldsymbol{\beta}}^*$의 분산보다도 $Var(\widehat{\boldsymbol{\beta}}|\mathbf{X}) = \sigma^2(\mathbf{X}'\mathbf{X})^{-1}$가 Gauss–Markov 정리로 인해 최소이므로 $\widehat{\boldsymbol{\beta}}$는 최소분산불편추정량이 되는 것이다. 한편, $H_0 : \boldsymbol{\gamma}'\boldsymbol{\beta} = \beta_0$와 $H_0 : R\boldsymbol{\beta} = \mathbf{q}$의 검정에 사용된 검정통계량은 각각 t 분포와 F 분포를 따르고 있다. 이 t 분포와 F 분포는 $\mathbf{X}$와는 무관한 분포이므로 $\mathbf{X}$가 상수이든 확률변수이든 관계없이 동일한 분포를 가지게 되므로 검정절차는 동일하게 된다(엄밀한 의미에서 동일한 검정통계량을 가지지는 않는다. 그 이유는 $\mathbf{X}$가 상수일 때 $Var(\widehat{\boldsymbol{\beta}}) = \sigma^2(\mathbf{X}'\mathbf{X})^{-1}$인 반면, $\mathbf{X}$가 확률변수일 때 $Var(\widehat{\boldsymbol{\beta}}) = \sigma^2 E(\mathbf{X}'\mathbf{X})^{-1}$이기 때문이다. 그러나 실제 응용에서는 $E(\mathbf{X}'\mathbf{X})^{-1}$를 구할 수 없으므로 $E(\mathbf{X}'\mathbf{X})^{-1}$ 대신 $(\mathbf{X}'\mathbf{X})^{-1}$를 사용함으로써 동일한 검정통계량이 되는 것이다).

2.8.2 $E(\boldsymbol{\epsilon}|\mathbf{X}) = \boldsymbol{\eta} \neq \mathbf{0}$일 경우

이 경우는 $Cov(\mathbf{X}, \boldsymbol{\epsilon}) \neq \mathbf{0}$일 경우이다. 이 경우에는 $\mathbf{X}$가 $n \times k$인 행렬일 때 다음을 만족하는 어떤 변수 $\mathbf{Z}_{(n\times l)}$을 선택해야 한다. 여기에서 $l \geq k$이다.

(i) $\mathbf{X}$와 $\mathbf{Z}$의 상관관계가 높고,

(ii) $E(\boldsymbol{\epsilon}|\mathbf{Z}) = \mathbf{0}$인 변수 $\mathbf{Z}$를 선택하여 $\widehat{\boldsymbol{\beta}}_{IV} = (\mathbf{Z}'\mathbf{X})^{-1}\mathbf{Z}'\mathbf{y}$로 $\boldsymbol{\beta}$를 추정하게 된다.

도구변수 $\mathbf{Z}$를 이용한 $\boldsymbol{\beta}$의 도구변수 OLS 추정량 $\widehat{\boldsymbol{\beta}}_{IV}$ 를 도구변수 추정량이라고 한다. 이제 왜 도구변수 $\mathbf{Z}$를 이용해야 하는지에 대한 이유를 살펴보자. 먼저 $\widehat{\boldsymbol{\beta}} = (\mathbf{X}'\mathbf{X})^{-1}\mathbf{X}'\mathbf{y}$를 고려하여 보자. 모형이 $\mathbf{y} = \mathbf{X}\boldsymbol{\beta} + \boldsymbol{\epsilon}$이므로 $\widehat{\boldsymbol{\beta}} = \boldsymbol{\beta} + (\mathbf{X}'\mathbf{X})^{-1}\mathbf{X}'\boldsymbol{\epsilon}$이 된다. 양변에 기대치를 취하면

$$\begin{aligned} E(\widehat{\boldsymbol{\beta}}) &= \boldsymbol{\beta} + E((\mathbf{X}'\mathbf{X})^{-1}\mathbf{X}'\boldsymbol{\epsilon}) \\ &= \boldsymbol{\beta} + E((\mathbf{X}'\mathbf{X})^{-1}\mathbf{X}'E(\boldsymbol{\epsilon}|\mathbf{X})) \\ &= \boldsymbol{\beta} + E((\mathbf{X}'\mathbf{X})^{-1}\mathbf{X}')\boldsymbol{\eta} \end{aligned}$$

가 되어 $\mathbf{X}$가 $\mathbf{0}$이 아닌 한 $\widehat{\boldsymbol{\beta}}$는 $\boldsymbol{\beta}$의 불편추정량이 되지 않는다(물론, $\widehat{\boldsymbol{\beta}}$는 일치추정량도 아니다). 그러나

$$\widehat{\boldsymbol{\beta}}_{IV} = (\mathbf{Z}'\mathbf{X})^{-1}\mathbf{Z}'\mathbf{y} = (\mathbf{Z}'\mathbf{X})^{-1}\mathbf{Z}'(\mathbf{X}\boldsymbol{\beta} + \boldsymbol{\epsilon}) = \boldsymbol{\beta} + (\mathbf{Z}'\mathbf{X})^{-1}\mathbf{Z}'\boldsymbol{\epsilon}$$

이 되어 양변에 기대치를 취하면

$$\begin{aligned} E(\widehat{\boldsymbol{\beta}}_{IV}) &= \boldsymbol{\beta} + E((\mathbf{Z}'\mathbf{X})^{-1}\mathbf{Z}'\boldsymbol{\epsilon}) \\ &= \boldsymbol{\beta} + E(E((\mathbf{Z}'\mathbf{X})^{-1}\mathbf{Z}'\boldsymbol{\epsilon}|\mathbf{Z})) \\ &= \boldsymbol{\beta} + E(E((\mathbf{Z}'\mathbf{X})^{-1}\mathbf{Z}'|\mathbf{Z})E(\boldsymbol{\epsilon}|\mathbf{Z})) \\ &= \boldsymbol{\beta} \end{aligned}$$

가 되어 $\widehat{\boldsymbol{\beta}}_{IV}$는 불편추정량이 된다. 여기에서 $E(\boldsymbol{\epsilon}|\mathbf{Z})$이 되는 것을 이용하였다. 그리고 $\widehat{\boldsymbol{\beta}}_{IV}$는 $\boldsymbol{\beta}$의 일치추정량이 된다(이에 대한 자세한 내용은 부록 D 참조).

2.9 가변수를 이용한 회귀분석

표 2.5의 자료(자료출처: KOSIS)는 2003년부터 2009년까지 분기별 가계지출과 소득에 대한 자료이다. 소득에 따라 가계지출의 규모가 다르므로 소득에 따른 가계지출의 효과를 제거한 후, 가계지출의 분기별 효과는 무엇일까? 이에 대한 모형은 다음과 같다.

$$C_t = \beta_1 + \beta_2 x_t + \delta_1 D_{t1} + \delta_2 D_{t2} + \delta_3 D_{t3} + \epsilon_t \tag{2.46}$$

표 2.5: 분기별 가계지출과 소득(단위:원)

분기	1사분기		2사분기		3사분기		4사분기	
연도	가계지출	소득	가계지출	소득	가계지출	소득	가계지출	소득
2003	2,139,578	2,582,089	2,097,931	2,558,371	2,169,367	2,672,267	2,180,677	2,709,546
2004	2,329,988	2,757,680	2,203,328	2,717,095	2,300,713	2,863,118	2,273,644	2,815,951
2005	2,433,277	2,907,714	2,276,983	2,837,566	2,404,211	2,919,518	2,351,148	2,928,678
2006	2,538,090	3,033,424	2,385,233	2,965,551	2,454,195	3,033,176	2,536,264	3,134,298
2007	2,644,354	3,214,433	2,467,916	3,074,534	2,625,905	3,255,649	2,596,412	3,248,737
2008	2,819,584	3,429,714	2,613,218	3,280,709	2,767,907	3,477,986	2,668,818	3,371,354
2009	2,783,253	3,472,233	2,663,025	3,295,793	2,810,278	3,449,739	2,861,363	3,535,919

여기에서 C_t는 가계지출, x_t는 소득이다. 그리고

$$D_{t1} = \begin{cases} 1 & \text{만약 } t = 1/4 \text{ 분기} \\ 0 & \text{만약 } t \neq 1/4 \text{ 분기} \end{cases} \qquad D_{t2} = \begin{cases} 1 & \text{만약 } t = 2/4 \text{ 분기} \\ 0 & \text{만약 } t \neq 2/4 \text{ 분기} \end{cases}$$

$$D_{t3} = \begin{cases} 1 & \text{만약 } t = 3/4 \text{ 분기} \\ 0 & \text{만약 } t \neq 3/4 \text{ 분기} \end{cases}$$

이다. 즉,

$$X = \begin{pmatrix} 1 & x_1 & 1 & 0 & 0 \\ 1 & x_2 & 0 & 1 & 0 \\ 1 & x_3 & 0 & 0 & 1 \\ 1 & x_4 & 0 & 0 & 0 \\ \vdots & \vdots & \vdots & \vdots & \vdots \\ 1 & x_T & 0 & 0 & 1 \end{pmatrix}$$

여기에서 X의 첫 번째 행은 1/4 분기 자료를, 두 번째 행은 2/4 분기, 세 번째 행은 3/4 분기, 네 번째 행은 4/4 분기의 자료를 의미한다. 그러므로 모형 (2.46)에서 δ_1은 4/4 분기 대비 1/4 분기 가계지출효과, δ_2는 4/4 분기 대비 2/4 분기의 효과, 그리고 δ_3는 4/4 분기 대비 3/4 분기 가계지출효과를 의미하게 된다.

만약 모형 (2.46)을

$$D_{t4} = \begin{cases} 1 & \text{만약 } t = 4/4 \text{ 분기} \\ 0 & \text{만약 } t \neq 4/4 \text{ 분기} \end{cases}$$

라고 정의하고

$$C_t = \beta_1 + \beta_2 x_t + \delta_1 D_{t1} + \delta_2 D_{t2} + \delta_3 D_{t3} + \delta_4 D_{t4} + \epsilon_t \tag{2.47}$$

로 하면 어떨까? 이 경우

$$X = \begin{pmatrix} 1 & x_1 & 1 & 0 & 0 & 0 \\ 1 & x_2 & 0 & 1 & 0 & 0 \\ 1 & x_3 & 0 & 0 & 1 & 0 \\ 1 & x_4 & 0 & 0 & 0 & 1 \\ \vdots & \vdots & \vdots & \vdots & \vdots & \vdots \\ 1 & x_t & 0 & 0 & 0 & 1 \end{pmatrix}$$

이 되어 3번째 열부터 6번째 열까지의 합이 첫 번째 열의 값이 되므로 **X**의 계수가 6이 되지 않게 된다. 그러므로 고전적 회귀모형의 기본가정 (2)에 위배되어 $(\mathbf{X}'\mathbf{X})^{-1}$가 존재하지 않게 된다. 이러한 현상을 가변수함정(dummy variable trap)이라고 한다. 그러므로 가변수를 사용할 때는 가변수함정에 빠지지 않도록 주의해야 한다. 다음 프로그램은 표 2.5의 자료에 대하여 분기 효과 측정을 위한 세 개의 가변수를 만드는 것이다 (*P3*~*P6*에 나오는 D4에 대해서는 아래의 추가적인 설명을 참고).

예제 2.6

가변수 함정에 빠지지 않고 표 2.5의 자료를 이용한 분기별 순수효과를 산출하기 위해 모형 (2.46)을 적용하여 추정된 모형은 다음과 같다.

$$C_t = -141006 + 1.30x_t - 90460D_{t1} - 3568D_{t2} - 22377D_{t3}$$

이를 해석해 보면, 4/4분기를 기준으로 1/4분기는 90,460원을 덜 지출하고, 2/4분기는 4/4 분기에 비해 3,568원 정도를, 3/4분기는 22,377원 정도를 덜 지출하는 것으로 해석되고 있다. 그러나 검정결과에 의하면 2/4분기 효과와 3/4사분기 효과는 $H_0 : \delta_i = 0, i = 2, 3$를 기각하지 못하였기 때문에 통계적으로는 4/4분기의 효과와 같은 것으로 해석되어야 한다(아래의 내용은 해당 프로그램과 모수추정 결과를 요약한 것이다).

예제 2.6의 프로그램

```
1   data dummy;
2   input year qu x income;
3   if qu = 1 then do; D1=1; D2=0; D3=0; D4=0; end;
4    else if qu = 2 then do; D1=0; D2=1; D3=0; D4=0; end;
5       else if qu = 3 then do; D1=0; D2=0; D3=1; D4=0; end;
6              else if qu = 4 then do; D1=0; D2=0; D3=0; D4=1;  end;
```

```
cards;
2003  1 2139578  2582089
2003  2 2097931  2558371
 ...  ;  run;

proc autoreg data=dummy;
model income = x D1 D2 D3; run;
```

예제 2.6의 출력

Variable	DF	Estimate	Standard Error	t Value	Approx Pr > |t|
Intercept	1	-141006	73803	-1.91	0.0686
x	1	1.3013	0.0291	44.66	<.0001
D1	1	-90460	17885	-5.06	<.0001
D2	1	-3568	18140	-0.20	0.8458
D3	1	-22377	17863	-1.25	0.2229

■

만약 가계지출과 소득의 순수한 관계를 알고 싶을 때 어떻게 모형을 세울까? 즉, 가계지출에 내포된 분기 효과와 소득에 내포된 분기 효과를 제거한 후 가계지출과 소득의 순수한 관계는 다음의 모형으로 표현할 수 있다.

$$C_t = \beta x_t + \delta_1 D_{t1} + \delta_2 D_{t2} + \delta_3 D_{t3} + \delta_4 D_{t4} + \epsilon_t \tag{2.48}$$

2.4절의 모수 β의 해석에 따라, 모형 (2.48)의 β는 C_t와 x_t로부터 분기 효과를 제거한 C_t와 x_t의 순수한 관계를 나타내게 된다. 물론 모형 (2.46)의 β_2에 의해서도 C_t와 x_t의 순수한 관계를 동일하게 도출할 수 있다. 또한, 모형 (2.48)는 모형 (2.47)과 비교해 볼 때 모형 (2.47)에서 $\beta_1 = 0$일 경우이다. 이 경우 $(\mathbf{X}'\mathbf{X})^{-1}$가 존재함을 쉽게 볼 수 있다.

예제 2.7

분기 효과를 제거한 후, 가계지출과 소득의 순수효과를 구하기 위해 표 2.5의 자료를 모형 (2.48)에 적용하여 추정된 회귀식은

$$C_t = 1.30x_t - 231465D_{t1} - 144574D_{t2} - 163382D_{t3} - 141006D_{t4}$$

이다. 그러므로 소득이 1,000원 증가할 때 가계지출은 평균적으로 1,300원 정도가 증가한다는 것을 알 수 있다. 가변수의 계수는 모형 (2.46)을 이용한 가변수 추정값과 밀접한 관계를 가지

고 있다. 만약 4/4분기의 계수 141,006을 0으로 하면 3/4분기의 계수는 $-163382+141006=-22376$, 2/4분기 계수는 $-144574+141006=-3568$, 1/4분기 계수는 $-231465+141006=90459$로 되어 이는 모형 (2.46)의 계수와 일치함을 알 수 있다. 만약 분기 효과를 고려하지 않은 모형 $C_t=\beta_0+\beta_1 x_t+\epsilon_t$를 이용하면 $\widehat{\beta}_1=1.278$로 추정되어 가계지출과 소득의 순수효과 1.301을 과소평가하게 됨을 알 수 있다.

예제 2.7의 프로그램

```
proc autoreg data=dummy;
  model income =  x D1 D2 D3 D4 / noint; run;

proc autoreg data=dummy;
  model income =  x ; run;
```

예제 2.7의 출력

```
                                       Standard                    Approx
 Variable        DF       Estimate        Error      t Value     Pr > |t|

 x                1         1.3013       0.0291        44.66       <.0001
 D1               1        -231465        74704        -3.10       0.0051
 D2               1        -144574        70685        -2.05       0.0524
 D3               1        -163382        74066        -2.21       0.0377
 D4               1        -141006        73803        -1.91       0.0686
--------------------------------------------------------------------------
                                       Standard                    Approx
 Variable        DF       Estimate        Error      t Value     Pr > |t|

 Intercept        1        -112495       102881        -1.09       0.2842
 x                1         1.2781       0.0413        30.91       <.0001
```

■

2.9.1 분계점 효과

가변수(dummy variable)란 일반적으로 직업, 성별(sex)이나 분기 등과 같이 크기를 정의할 수 없는 질적변수 또는 명목형변수로 분류되는 변수들을 모형에서 활용하기 위하여 생성하여 사용하는 변수를 말한다. 그러나 가변수의 본래 의미와 다르게 우리는 종종 순서가 의미를 갖는 질적변수(순서형변수)에 대해서도 가변수를 생성하여 사용하는 경우가 있다. 예를 들면, 교육수준 같은 경우가 될 것이다. 고졸보다는 대졸이, 대졸보다는 석사학위자가,

석사학위자보다는 박사학위자가 교육수준이 높다고 말한다. 만약 교육수준이 교육을 마친 연도를 고려하지 않고, 즉 교육단계의 수준을 고려하지 않고 단지 고졸, 대졸, 석사학위자, 박사학위자란 분류정보만을 이용하여 교육수준별 효과를 수량화하여 모형 내에서 사용한다면 잘못된 가변수 때문에 발생되는 오류현상을 분계점 효과(Threshold Effect)라고 부른다.
다음의 모형을 고려하여 보자.

$$\text{소득} = \beta_1 + \beta_2\text{나이} + \beta_3\text{교육수준} + \epsilon$$

이 모형은 소득을 나이와 교육수준의 함수로 나타낸 것이다. 이 경우 교육수준은 질적변수이므로 만약 고졸=1, 대졸=2, 석사=3, 박사=4로 놓으면 어떤 현상이 일어날까? 동일한 나이에서 교육수준이 1단위 증가할 때 소득은 β_3단위 만큼 증가하게 되므로 대졸 − 고졸 = 석사 − 대졸 = 박사 − 석사 = β_3이라는 이상한 결과에 도달하게 된다. 즉, 동일한 나이에서 고졸과 대졸의 임금 차는 β_3이고, 석사와 대졸, 박사와 석사 간의 임금 차도 동일하게 β_3라는 비현실적인 모형이 되는 것이다. 그러면 어떤 모형이 소득에 미치는 교육의 효과를 산출해 낼 수 있을까? 다음의 모형이 타당한 모형이 될 것이다.

$$\begin{aligned}
&\text{고졸}: \text{소득} = \beta_1 + \beta_2\text{나이}\\
&\text{대졸}: \text{소득} = \beta_1 + \beta_2\text{나이} + \delta_1\\
&\text{석사}: \text{소득} = \beta_1 + \beta_2\text{나이} + \delta_1 + \delta_2\\
&\text{박사}: \text{소득} = \beta_1 + \beta_2\text{나이} + \delta_1 + \delta_2 + \delta_3
\end{aligned} \tag{2.49}$$

즉, δ_1 = 대졸 − 고졸, δ_2 = 석사 − 대졸, δ_3 = 박사 − 석사의 효과를 나타내는 변수가 될 것이다. 모형 (2.49)은 다음의 모형으로 표기할 수 있다.

$$\text{소득} = \beta_1 + \beta_2\text{나이} + \delta_1 BA + \delta_2 MA + \delta_3 ph.D + \epsilon$$

여기에서 만약 어떤 사람이 고졸일 경우 $BA = MA = ph.D = 0$이고, 대졸일 경우 $BA = 1$, $MA = ph.D = 0$, 석사일 경우 $BA = MA = 1$, $ph.D = 0$, 그리고 박사일 경우 $BA = MA = ph.D = 1$이 된다. 예를 들어, $n = 4$이고 첫 번째 사람은 고졸, 두 번째 사람은 대졸, 세 번째

사람은 석사, 네 번째 사람은 박사일 경우,

$$\mathbf{X} = \begin{pmatrix} 1 & 나이_1 & 0 & 0 & 0 \\ 1 & 나이_2 & 1 & 0 & 0 \\ 1 & 나이_3 & 1 & 1 & 0 \\ 1 & 나이_4 & 1 & 1 & 1 \end{pmatrix}$$

이 된다. 이에 대한 예제는 2.2.5절의 사례분석 5를 참조하길 바란다.

2.9.2 교호작용

같은 나이의 대졸자가 고졸자의 임금보다 높고 나이가 들수록 대졸자의 임금상승률이 고졸자보다 높은 경우가 많다. 이러한 현상을 대졸 여부의 교호작용(Interaction)이 있다고 말한다. 위의 교호작용이 있는 모형을 쓰면

$$S = \beta_1 + \beta_2 나이 + \beta_3 D + \beta_4\, D \cdot 나이 + \epsilon \tag{2.50}$$

이 된다. 여기에서 S는 임금을 나타내며, D는

$$D = \begin{cases} 1, & \text{만약 대졸이면} \\ 0, & \text{만약 고졸이면} \end{cases}$$

인 가변수이다. 즉,

$$\begin{aligned} &고졸: S = \beta_1 + \beta_2\, 나이 + \epsilon_1 \\ &대졸: S = \beta_1 + \beta_3 + (\beta_2 + \beta_4)나이 + \epsilon_2 \end{aligned} \tag{2.51}$$

인 모형이 된다. 이를 그림으로 표시하면 그림 2.9와 같다. 그림 2.9는 고졸자와 대졸자의 임금은 절대값의 차이뿐만 아니라 기울기(나이에 따른 임금인상률)도 다른 경우이다.

모수의 추정은 OLS 추정량인 $\widehat{\boldsymbol{\beta}} = (\mathbf{X}'\mathbf{X})^{-1}\mathbf{X}'\mathbf{y}$에 의해서 추정된다. 그러나 OLS 추정은 (2.51)의 ϵ_1과 ϵ_2의 분산의 가정에 따라 분류된다. 만약, $Var(\epsilon_1) = Var(\epsilon_2)$이면 모형 (2.50)에 의해 $\boldsymbol{\beta}$를 추정하게 된다. 이 경우, 예를 들어 $n = 5$이고 최초의 3명은 고졸, 나머지 2명은 대졸일 때, $\mathbf{X}$의 구성은 다음과 같이 된다. 만약 $Var(\epsilon_1) \neq Var(\epsilon_2)$이면 (2.51)에서 학력별로 OLS 추정량을 구하게 된다. 이에 대한 이론적인 배경은 제4장의 이분산선형회귀모형과 제7장의 회귀방정식 시스템에서 자세히 설명한다.

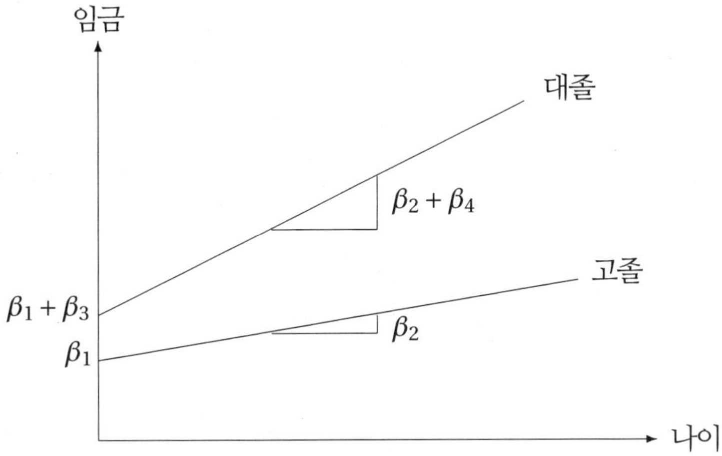

그림 2.9: 학력에 따른 임금의 차이

$$\mathbf{X} = \begin{pmatrix} 1 & 나이_1 & 0 & 0 \\ 1 & 나이_2 & 0 & 0 \\ 1 & 나이_3 & 0 & 0 \\ 1 & 나이_4 & 1 & 나이_4 \\ 1 & 나이_5 & 1 & 나이_5 \end{pmatrix}$$

2.10 가변수를 이용한 구조변화의 검정

우리는 이미 2.6절에서 구조변화에 대한 검정을 논의한 바 있다. 이 절에서는 2.6절에서 논의된 구조변화에 대한 검정을 가변수를 이용하여 구현하고자 한다.

$$\begin{aligned} 그룹\ \mathrm{I}\ &: \mathbf{y}_1 = \mathbf{X}_1\boldsymbol{\beta}_1 + \boldsymbol{\epsilon}_1 \\ 그룹\ \mathrm{II}\ &: \mathbf{y}_2 = \mathbf{X}_2\boldsymbol{\beta}_2 + \boldsymbol{\epsilon}_2 \end{aligned} \tag{2.52}$$

의 모형에서 그룹 II 의 모형을

$$그룹\ \mathrm{II}: \mathbf{y}_2 = \mathbf{X}_2(\boldsymbol{\beta}_1 + \boldsymbol{\beta}_0) + \boldsymbol{\epsilon}_2$$

로 표현하자. 그러면 $\boldsymbol{\beta}_1 = \boldsymbol{\beta}_2$는 $\boldsymbol{\beta}_0 = \mathbf{0}$을 의미하게 된다. 즉 (2.52)에서 $\boldsymbol{\beta}_1 = \boldsymbol{\beta}_2$의 가설검정

은

$$\begin{aligned} \text{그룹 I} &: \mathbf{y}_1 = \mathbf{X}_1\boldsymbol{\beta}_1 + \boldsymbol{\epsilon}_1 \\ \text{그룹 II} &: \mathbf{y}_2 = \mathbf{X}_2(\boldsymbol{\beta}_1 + \boldsymbol{\beta}_0) + \boldsymbol{\epsilon}_2 \end{aligned} \tag{2.53}$$

의 모형에서 $\boldsymbol{\beta}_0 = \mathbf{0}$라는 가설검정과 동일한 검정이 되게 된다. (2.53)을 하나의 모형으로 표현하면

$$\begin{pmatrix} \mathbf{y}_1 \\ \mathbf{y}_2 \end{pmatrix} = \begin{pmatrix} \mathbf{X}_1 & \mathbf{0} \\ \mathbf{X}_2 & \mathbf{X}_2 \end{pmatrix} \begin{pmatrix} \boldsymbol{\beta}_1 \\ \boldsymbol{\beta}_0 \end{pmatrix} + \begin{pmatrix} \boldsymbol{\epsilon}_1 \\ \boldsymbol{\epsilon}_2 \end{pmatrix}$$

가 된다. 그러므로 가변수를 이용한 회귀모형은

$$\begin{pmatrix} \mathbf{y}_1 \\ \mathbf{y}_2 \end{pmatrix} = \begin{pmatrix} \mathbf{X}_1 & D\cdot\mathbf{X}_2 \\ \mathbf{X}_2 & D\cdot\mathbf{X}_2 \end{pmatrix} \begin{pmatrix} \boldsymbol{\beta}_1 \\ \boldsymbol{\beta}_0 \end{pmatrix} + \begin{pmatrix} \boldsymbol{\epsilon}_1 \\ \boldsymbol{\epsilon}_2 \end{pmatrix} \tag{2.54}$$

이 된다. 여기에서

$$D = \begin{cases} 1, & \text{만약 } i\text{번째 관찰치가 그룹 II에 속하면} \\ 0, & \text{그렇지 않으면} \end{cases}$$

인 가변수이다. 이제 다음의 모형을 고려하여 보자.

$$\begin{aligned} \text{그룹 I} &: \mathbf{y}_1 = \mathbf{X}_{11}\boldsymbol{\beta}_{11} + \mathbf{X}_{12}\boldsymbol{\beta}_{12} + \boldsymbol{\epsilon}_1 \\ \text{그룹 II} &: \mathbf{y}_2 = \mathbf{X}_{21}\boldsymbol{\beta}_{21} + \mathbf{X}_{22}\boldsymbol{\beta}_{22} + \boldsymbol{\epsilon}_2 \end{aligned} \tag{2.55}$$

여기에서 $\mathbf{y}_1$은 $n_1 \times 1$ 벡터이고 $\mathbf{y}_2$는 $n_2 \times 1$ 벡터이다. 그리고 $\boldsymbol{\beta}_{11}$과 $\boldsymbol{\beta}_{21}$의 크기가 동일할 필요는 없다. (2.55)에서 $\boldsymbol{\beta}_{12} = \boldsymbol{\beta}_{22}$에 대한 검정은

$$\begin{aligned} \text{그룹 I} &: \mathbf{y}_1 = \mathbf{X}_{11}\boldsymbol{\beta}_{11} + \mathbf{X}_{12}\boldsymbol{\beta}_{12} + \boldsymbol{\epsilon}_1 \\ \text{그룹 II} &: \mathbf{y}_2 = \mathbf{X}_{21}\boldsymbol{\beta}_{21} + \mathbf{X}_{22}(\boldsymbol{\beta}_{12} + \boldsymbol{\beta}_0) + \boldsymbol{\epsilon}_2 \end{aligned} \tag{2.56}$$

의 모형에서 $\boldsymbol{\beta}_0 = \mathbf{0}$에 대한 가설검정 문제와 동일하게 된다. (2.56)을 하나의 모형으로 표현하면

$$\begin{pmatrix} \mathbf{y}_1 \\ \mathbf{y}_2 \end{pmatrix} = \begin{pmatrix} \mathbf{X}_{11} & \mathbf{0} & \mathbf{X}_{12} & \mathbf{0} \\ \mathbf{0} & \mathbf{X}_{21} & \mathbf{X}_{22} & \mathbf{X}_{22} \end{pmatrix} \begin{pmatrix} \boldsymbol{\beta}_{11} \\ \boldsymbol{\beta}_{21} \\ \boldsymbol{\beta}_{12} \\ \boldsymbol{\beta}_0 \end{pmatrix} + \begin{pmatrix} \boldsymbol{\epsilon}_1 \\ \boldsymbol{\epsilon}_2 \end{pmatrix}$$

가 된다. 그러므로 가변수를 이용한 회귀모형을 쓰면

$$\begin{pmatrix} \mathbf{y}_1 \\ \mathbf{y}_2 \end{pmatrix} = \begin{pmatrix} D_1\mathbf{X}_{11} & D_2\mathbf{X}_{21} & \mathbf{X}_{12} & D_2\mathbf{X}_{22} \\ D_1\mathbf{X}_{11} & D_2\mathbf{X}_{21} & \mathbf{X}_{22} & D_2\mathbf{X}_{22} \end{pmatrix} \begin{pmatrix} \boldsymbol{\beta}_{11} \\ \boldsymbol{\beta}_{21} \\ \boldsymbol{\beta}_{12} \\ \boldsymbol{\beta}_0 \end{pmatrix} + \begin{pmatrix} \boldsymbol{\epsilon}_1 \\ \boldsymbol{\epsilon}_2 \end{pmatrix} \tag{2.57}$$

가 된다. 여기에서

$$D_1 = \begin{cases} 1, & \text{만약 } i\text{번째 관찰치가 그룹 I에 속하면} \\ 0, & \text{그렇지 않으면} \end{cases}$$

$$D_2 = \begin{cases} 1, & \text{만약 } i\text{번째 관찰치가 그룹 II에 속하면} \\ 0, & \text{그렇지 않으면} \end{cases}$$

으로 정의되는 가변수들이다. (2.54)나 (2.57)과 같이 가변수를 이용하여 하나의 모형으로 표현한 후 $H_0 : \boldsymbol{\beta}_0 = \mathbf{0}$의 검정을 통해 2.6절의 구조변화에 대해 검정을 할 수 있다. $H_0 : \boldsymbol{\beta}_0 = \mathbf{0}$의 검정은 2.5절의 방법과 동일함은 자명하다. 이에 대한 예제는 2.2절 사례분석 2, 3, 4를 참조하길 바란다.

2.11 적합도와 변수의 선택

독립변수 $\mathbf{X}$가 없는 회귀모형은

$$y_i = \beta + \epsilon_i, \quad i = 1, 2, \ldots, n \tag{2.58}$$

이 된다. $\mathbf{x}' = (1, 1, \ldots, 1)$이므로 $\widehat{\boldsymbol{\beta}} = (\mathbf{x}'\mathbf{x})^{-1}\mathbf{x}'\mathbf{y} = \bar{y}$가 된다. 그러므로 모형 (2.58)의 잔차는 $e_i = y_i - \bar{y}$가 될 것이다. 즉 e_i는 $\mathbf{y}$를 $\mathbf{1}' = (1, 1, \ldots, 1)$로 회귀시킨 후 구한 잔차를 말하며 $\mathbf{e}_\mathbf{y}'\mathbf{e}_\mathbf{y}$는 모형 (2.58)로부터 구한 오차제곱합이라고 정의하자. 이제 모형 (2.58)에 독립변수가 추가되면 이 독립변수는 $\mathbf{e}_\mathbf{y}'\mathbf{e}_\mathbf{y}$의 일부분을 설명하게 되고 이를 $V(\mathbf{X})$라고 표기할 때, $V(\mathbf{X})/\mathbf{e}_\mathbf{y}'\mathbf{e}_\mathbf{y}$는 $\mathbf{X}$변수가 $\mathbf{y}$의 변동을 설명하는 양이 될 것이다. $V(\mathbf{X}) \le \mathbf{e}_\mathbf{y}'\mathbf{e}_\mathbf{y}$이므로 $0 \le V(\mathbf{X})/\mathbf{e}_\mathbf{y}'\mathbf{e}_\mathbf{y} \le 1$이 된다. 따라서 $V(\mathbf{X})/\mathbf{e}_\mathbf{y}'\mathbf{e}_\mathbf{y}$가 1에 가까울수록 $\mathbf{X}$가 $\mathbf{y}$에 잘 적합되었다고 말하게 되고 0에 가까울수록 $\mathbf{X}$는 $\mathbf{y}$를 설명하는 데에 적합하지 못한 변수라는 것을 의미하게 된다. 이제 구체적으로

$V(\mathbf{X})/\mathbf{e}_\mathbf{y}'\mathbf{e}_\mathbf{y}$를 구하여 보자. 독립변수 $\mathbf{X}$를 포함한 선형회귀모형은

$$\mathbf{y} = \mathbf{X}\boldsymbol{\beta} + \boldsymbol{\epsilon} = \mathbf{X}\widehat{\boldsymbol{\beta}} + \mathbf{e} \tag{2.59}$$

이다. 여기에서 $\widehat{\boldsymbol{\beta}} = (\mathbf{X}'\mathbf{X})^{-1}\mathbf{X}'\mathbf{y}$이고 $\mathbf{e} = \mathbf{y} - \mathbf{X}\widehat{\boldsymbol{\beta}}$인 잔차이다. $\mathbf{X}'\mathbf{e} = \mathbf{X}'\mathbf{y} - \mathbf{X}'\mathbf{X}\widehat{\boldsymbol{\beta}} = \mathbf{X}'\mathbf{y} - \mathbf{X}'\mathbf{X}(\mathbf{X}'\mathbf{X})^{-1}\mathbf{X}'\mathbf{y} = \mathbf{0}$이므로 $\mathbf{X}$의 첫열이 $\mathbf{1}' = (1, 1, \ldots, 1)$일 경우, 즉, 모형 (2.59)가 $\mathbf{y}$의 절편을 포함하고 있다면 $\sum_{i=1}^{n} e_i = 0$이 된다. 2.4절의 해석에 따라 $\mathbf{y}$를 $\mathbf{1}' = (1, \ldots, 1)$에 회귀시킨 후 구한 잔차를 $\mathbf{M}_0\mathbf{y}$라 할 때(즉, (2.58)에서 $\mathbf{M}_0\mathbf{y} = (y_1 - \bar{y}, y_2 - \bar{y}, \ldots, y_n - \bar{y})'$), (2.59)의 양변에 $\mathbf{M}_0$를 곱하면

$$\mathbf{M}_0\mathbf{y} = \mathbf{M}_0\mathbf{X}\widehat{\boldsymbol{\beta}} + \mathbf{M}_0\mathbf{e} \tag{2.60}$$

가 된다. (2.60)에서 $\mathbf{M}_0\mathbf{e} = (e_1 - \bar{e}, e_2 - \bar{e}, \ldots, e_n - \bar{e})$이고 $\sum_{i=1}^{n} e_i = 0$이므로 $\mathbf{M}_0\mathbf{e} = \mathbf{e}$가 된다. (2.60)의 양변에 다시 $\mathbf{y}'$을 곱하면

$$\begin{aligned} \mathbf{y}'\mathbf{M}_0\mathbf{y} &= \mathbf{y}'\mathbf{M}_0\mathbf{X}\widehat{\boldsymbol{\beta}} + \mathbf{y}'\mathbf{M}_0\mathbf{e} \\ &= \widehat{\boldsymbol{\beta}}'\mathbf{X}'\mathbf{M}_0\mathbf{X}\widehat{\boldsymbol{\beta}} + \mathbf{e}'\mathbf{M}_0\mathbf{X}\widehat{\boldsymbol{\beta}} + \widehat{\boldsymbol{\beta}}'\mathbf{X}'\mathbf{M}_0\mathbf{e} + \mathbf{e}'\mathbf{M}_0\mathbf{e} \end{aligned} \tag{2.61}$$

가 된다. $\mathbf{X}'\mathbf{e} = \mathbf{0}$이고 $\mathbf{M}_0\mathbf{e} = \mathbf{e}$이므로 (2.61)은

$$\mathbf{y}'\mathbf{M}_0\mathbf{y} = \widehat{\boldsymbol{\beta}}'\mathbf{X}'\mathbf{M}_0\mathbf{X}\widehat{\boldsymbol{\beta}} + \mathbf{e}'\mathbf{M}_0\mathbf{e}$$

가 된다. $\mathbf{M}_0$가 멱등행렬이므로

$$\begin{aligned} \mathbf{y}'\mathbf{M}_0\mathbf{y} &= (\mathbf{M}_0\mathbf{y})'\mathbf{M}_0\mathbf{y} \\ &= (y_1 - \bar{y}, y_2 - \bar{y}, \ldots, y_n - \bar{y})'(y_1 - \bar{y}, y_2 - \bar{y}, \ldots, y_n - \bar{y}) \\ &= \mathbf{e}_\mathbf{y}'\mathbf{e}_\mathbf{y} \end{aligned}$$

이고 $\mathbf{e}'\mathbf{M}_0\mathbf{e} = (\mathbf{M}_0\mathbf{e})'\mathbf{M}_0\mathbf{e} = \mathbf{e}'\mathbf{e}$이므로

$$\mathbf{e}_\mathbf{y}'\mathbf{e}_\mathbf{y} = \widehat{\boldsymbol{\beta}}'\mathbf{X}'\mathbf{M}_0\mathbf{X}\widehat{\boldsymbol{\beta}} + \mathbf{e}'\mathbf{e}$$

가 된다. 그러므로 $V(\mathbf{X}) = \widehat{\boldsymbol{\beta}}'\mathbf{X}'\mathbf{M}_0\mathbf{X}\widehat{\boldsymbol{\beta}}$이고

$$R^2 \equiv \frac{V(\mathbf{X})}{\mathbf{e}_\mathbf{y}'\mathbf{e}_\mathbf{y}} = \frac{\widehat{\boldsymbol{\beta}}'\mathbf{X}'\mathbf{M}_0\mathbf{X}\widehat{\boldsymbol{\beta}}}{\mathbf{e}_\mathbf{y}'\mathbf{e}_\mathbf{y}} = 1 - \frac{\mathbf{e}'\mathbf{e}}{\mathbf{e}_\mathbf{y}'\mathbf{e}_\mathbf{y}}$$

가 되며 이를 결정계수라고 한다. 이 결정계수 R^2는 앞에서 설명했듯이 $\mathbf{X}$가 $\mathbf{y}$를 얼마나 잘 적합 시키는가에 대한 유용한 정보를 주고 있으나, 다음과 같은 두 가지 측면은 조심해야 한다.

첫 번째로, 만약 모형 (2.59)에서 $\mathbf{X}$의 첫 열이 1이 아니라면, 다시 말해, 절편이 없는 모형일 경우 $\mathbf{X}'\mathbf{e} = \mathbf{0}$이라고 할지라도 $\sum_{i=1}^{n} e_i = 0$이 되지 않으므로 (2.61)식에서 두 번째와 세 번째 항이 0으로 되지 않고 $\mathbf{e}'\mathbf{M}_0\mathbf{e} \neq \mathbf{e}'\mathbf{e}$가 되므로 $R^2 = V(\mathbf{X})/(\mathbf{e_y}'\mathbf{e_y}) = 1-(\mathbf{e}'\mathbf{e})/(\mathbf{e_y}'\mathbf{e_y})$가 될 수 없다. 그러므로 어떤 선형회귀모형이 $\mathbf{y}$의 절편을 포함하고 있지 않은면 R^2는 의미가 없어지게 된다. $\mathbf{y}$의 절편이 없는 모형의 경우는 $(\hat{\mathbf{y}}'\hat{\mathbf{y}})/(\mathbf{y}'\mathbf{y})$를 이용하는 것이 바람직하다. 여기에서 $\hat{\mathbf{y}} = \mathbf{X}\hat{\boldsymbol{\beta}}$이다. 두 번째로, $\mathbf{X}$ 변수의 선택문제이다. 우리는 가능한 한 R^2가 1에 가까울수록 좋은 모형이라고 해석하게 된다. 그러나 R^2는 새로운 $\mathbf{X}$ 변수를 추가하면 할수록(새로운 $\mathbf{X}$ 변수가 $\mathbf{y}$에 대해 설명력이 있든 없든 간에 관계없이) 항상 증가하는 성질을 가지고 있다. 그러므로 독립변수 $\mathbf{X}$에 새로운 어떤 변수 x_i를 추가하느냐의 여부를 결정하는 데는 R^2가 좋은 기준이 아니라는 결론에 도달하게 된다. $\mathbf{X}$ 변수의 선택을 위한 기준은 다음의 통계량을 이용하게 된다.

$$\bar{R}^2 = 1 - \frac{n-1}{n-k}\left(1-R^2\right)$$

$\bar{R}^2$를 조정된 R^2(adjusted R^2)라고 말하며 분모에 있는 k에 의해 추가되는 변수의 상대적인 기여를 측정하게 되어 R^2와 달리 추가된 변수 x_i의 상대적인 기여율이 낮을 때 $\bar{R}^2$는 줄어들게 된다. 그러나 설명변수 $\mathbf{X}$와 $\mathbf{y}$가 무상관관계이면

$$\bar{R}^2 = 1 - \frac{n-1}{n-k} = -\frac{k-1}{n-k}$$

가 되어 $\bar{R}^2$는 0과 1 사이에 있지 않게 되는 약점을 가지고 있다.

2.12 예측

지금까지 우리는 고전적인 회귀모형 $\mathbf{y} = \mathbf{X}\boldsymbol{\beta} + \boldsymbol{\epsilon}$의 다양한 응용분야를 다루었고 모수 $\boldsymbol{\beta}$의 추정방법과 추정량의 성격을 살펴보았다. 이제 모수 $\boldsymbol{\beta}$의 OLS 추정량 $\hat{\boldsymbol{\beta}} = (\mathbf{X}'\mathbf{X})^{-1}\mathbf{X}'\mathbf{y}$를 가지고 어떤 $\mathbf{x}_0$가 주어졌을 때 개별값 $\mathbf{y}_0$의 예측치를 구하는 방법에 대해 알아보도록 하자.

$$\mathbf{y}_0 = \boldsymbol{\beta}'\mathbf{x}_0 + \boldsymbol{\epsilon}_0$$

의 예측치는 $\hat{\mathbf{y}}_0 = \hat{\boldsymbol{\beta}}'\mathbf{x}_0$가 되며 이는 Gauss–Markov 정리에 의해 최소분산선형불편추정량(minimum variance linear unbiased estimator)이 된다. 그러므로 예측오차는 $\mathbf{y}_0 - \hat{\mathbf{y}}_0 =$

$\boldsymbol{\beta}'\mathbf{x}_0 + \boldsymbol{\epsilon}_0 - \widehat{\boldsymbol{\beta}}'\mathbf{x}_0$이고, 분산은

$$\begin{aligned} Var(\mathbf{y}_0 - \widehat{\mathbf{y}}_0) &= Var(\boldsymbol{\epsilon}_0) + Var(\boldsymbol{\beta}'\mathbf{x}_0 - \widehat{\boldsymbol{\beta}}'\mathbf{x}_0) \\ &= \sigma^2 + \sigma^2 \mathbf{x}_0{}'(\mathbf{X}'\mathbf{X})^{-1}\mathbf{x}_0 \end{aligned}$$

가 된다. 정리하면, 특정한 $\mathbf{x}_0$가 주어졌을 때 $\mathbf{y}_0 = \boldsymbol{\beta}'\mathbf{x}_0 + \boldsymbol{\epsilon}_0$의 예측치는 $\widehat{\mathbf{y}}_0 = \widehat{\boldsymbol{\beta}}'\mathbf{x}_0$이고, 예측오차의 분산은 $\sigma^2 + \sigma^2\mathbf{x}_0{}'(\mathbf{X}'\mathbf{X})^{-1}\mathbf{x}_0$인 것이다. 예측오차의 분산에 대한 추정치는

$$\widehat{Var}(\mathbf{y}_0 - \widehat{\mathbf{y}}_0) = \widehat{\sigma}^2 + \widehat{\sigma}^2\mathbf{x}_0{}'(\mathbf{X}'\mathbf{X})^{-1}\mathbf{x}_0, \quad \widehat{\sigma}^2 = \frac{\mathbf{e}'\mathbf{e}}{n-k} = \frac{1}{n-k}\sum_{i=1}^{n}(y_i - \widehat{y}_i)^2$$

이 된다. 한편 $\mathbf{y}_0$ 대신에 그 평균값에 해당하는 $E(\mathbf{y}_0|\mathbf{x}_0) = E(\boldsymbol{\beta}'\mathbf{x}_0) + E(\boldsymbol{\epsilon}_0) = \boldsymbol{\beta}'\mathbf{x}_0$를 넣으면, 예측오차는 $\widehat{\mathbf{y}}_0 - E(\boldsymbol{\beta}'\mathbf{x}_0) = \widehat{\boldsymbol{\beta}}'\mathbf{x}_0 - \boldsymbol{\beta}'\mathbf{x}_0$이며 분산은 $Var(\widehat{\mathbf{y}}_0 - E(\boldsymbol{\beta}'\mathbf{x}_0)) = \mathbf{x}_0'(\mathbf{X}'\mathbf{X})^{-1}\mathbf{x}_0\sigma^2$가 됨을 쉽게 알 수 있다. 그러므로 개별값 $\mathbf{y}_0$에 대한 신뢰구간은 평균값 $E(\mathbf{y}_0|\mathbf{x}_0)$의 신뢰구간보다 σ^2 만큼 더 넓게된다.

2.13 모형의 적합도를 위한 통계량

이 절에서 소개하는 적합도를 위한 통계량은 단지 고전적 선형회귀모형에만 적용되는 것이 아니라, 비선형회귀모형, 시계열모형, 이분산선형회귀모형, 방정식 시스템(system of equation), 연립방정식모형(simultaneous equation model) 각종 벡터(vector)모형 등 거의 모든 모형에 적용되는 통계량이다.

Y_t와 $Y_t{}^s$를 시점 t(또는 t번째), $t = 1,2,\ldots,n_0$에서의 관찰치 및 예측치라고 정의할 때 모형의 적합도를 위한 통계량을 정리하면 다음과 같다.

(1) 평균오차(mean error, ME)

$$\frac{1}{n_0}\sum_{t=1}^{n_0}\left(Y_t{}^s - Y_t\right)$$

이 평균오차의 값이 양(+)이면 평균적으로 과다예측이 되었다는 의미를 가지고 음(−)이면 과소예측이 되었다는 것을 의미한다. 그러나 Y_t의 척도에 따라 ME값이 다르게 되는 문제를 가지고 있다.

(2) 평균절대오차(mean absolute error, MAE)

$$\frac{1}{n_0}\sum_{t=1}^{n_0}|Y_t{}^s - Y_t|$$

이를 MAE라 하고, 이 MAE는 ME(mean error)와 동시에 해석하는 것이 바람직하다.

만약 MAE가 크고 ME가 +이면, 특이하게 과다예측한 $Y_t{}^s$가 존재한다는 것을 의미하며 이는 Y_t의 어떤 관찰치가 특이치일 가능성이 높다. 그러나 ME와 동일하게 MAE도 Y_t의 척도문제를 갖고 있다.

(3) 평균비율오차(mean percentage error, MPE)

$$\frac{1}{n_0}\sum_{t=1}^{n_0}\left(\frac{Y_t{}^s - Y_t}{Y_t} \times 100\right)$$

MPE는 ME와 거의 같은 의미를 가지고 있으나 MPE는 척도문제(scale problem)를 제거했다는 데에 의미가 있으므로, Y_t 기준으로 어느정도의 과다예측 및 과소예측 했는지에 대한 유용한 척도이다.

(4) 평균절대값비율오차(mean absolute percentage error, MAPE)

$$\frac{1}{n_0}\sum_{t=1}^{n_0}\left|\frac{Y_t{}^s - Y_t}{Y_t}\right| \times 100$$

MAE에서 발생하는 척도문제를 해결한 통계량이다. MAPE도 MPE와 동시에 해석하는 것이 바람직하다.

(5) 평균오차제곱합(mean squared error, MSE) 또는 제곱근평균오차제곱합(root MSE, RMSE)

$$MSE = \frac{1}{n_0}\sum_{t=1}^{n_0}\left(Y_t{}^s - Y_t\right)^2, \ RMSE = \sqrt{MSE}$$

위 통계량은 가장 널리 사용되는 적합도를 위한 통계량으로서 대부분의 모수추정을 위한 통계량으로 사용된다. 그러나 이들 모두는 척도문제가 있다.

(6) 제곱근비율평균오차제곱합(root percentage MSE, RPMSE)

$$\sqrt{\frac{1}{n_0}\sum_{t=1}^{n_0}\left(\frac{Y_t{}^s - Y_t}{Y_t}\right)^2 \times 100}$$

RMSE에서 발생하는 척도문제를 해결한 통계량이다.

L이 모형의 모수추정을 위한 최대우도값을 나타내고, N과 k는 각기 관찰치의 수와 추정모수의 개수를 나타낼 때, 정보기준(Information criterion)은 통계모형의 상대적인 적합도를 나타낸다. 아래의 정보기준들은 식에서 알 수 있듯이 로그최대우도값의 영향력은 모두 같고 N과 k의 영향력을 얼마나 반영하느냐에 따라 값의 차이가 나게 된다.

(1) Akaike의 정보기준(Akaike's information criterion, AIC)

$$AIC = -2\log(L) + 2k$$

(2) 수정 Akaike의 정보기준(corrected Akaike's information criterion, AICC)

$$AICC = AIC + 2\frac{k(k+1)}{N-k-1}$$

(3) Schwarz의 베이지안 정보기준(Schwarz's Bayesian information criterion, SBC)

$$SBC = -2\log(L) + \log(N)k$$

(4) Hannan-Quin 정보기준(Hannan-Quin information criterion, HQC)

$$HQC = -2\log(L) + 2\log(\log(N))k$$

위에서 소개한 모든 통계량은 값이 작을수록 모형이 잘 적합되었다고 말한다. 위의 통계량 중 어떤 것이 가장 우수한 것이냐에 대한 뚜렷한 해답은 없다. 그러므로 가능한 한 위에 소개한 모든 통계량을 구해서 모형의 적합도 여부를 결정해야 할 것이다.

2.14 정규분포 가정이 없을 때

고전적 선형회귀모형 $\mathbf{y} = \mathbf{X}\boldsymbol{\beta} + \boldsymbol{\epsilon}$에서 모수 $\boldsymbol{\beta}$의 OLS 추정량 $\widehat{\boldsymbol{\beta}}$와 $\mathbf{y}$의 예측치 $\widehat{\mathbf{y}}$의 통계적 성질과 이에 따른 검정문제는 $\boldsymbol{\epsilon}$가 평균이 $\mathbf{0}$이고 분산이 $\sigma^2\mathbf{I}$인 정규분포라는 가정에 따른 것이다. 그러면 $\boldsymbol{\epsilon}$의 정규분포 가정은 대단히 중요한 것인가? 대답은 그렇지 않다는 것이다. 결론적으로 말해, n의 크기가 어느 정도 크고 $(\mathbf{X}'\mathbf{X})/n$이 n이 커짐에 따라 어떤 값에 수렴하고 $E(\boldsymbol{\epsilon}|\mathbf{X}) = \mathbf{0}$을 만족하면 $\boldsymbol{\epsilon}$의 정규성 가정이 없더라도 앞에서 논의한 모든 문제는 동일한 접근법에 의해 해결될 수 있다. 이에 대한 자세한 이론적인 논의는 부록 B를 참조하길 바란다.

연습문제

표 2.4의 수출액(EXP), 신용장내도액(LC)를 이용하여

1. 수출신용장내도액으로 수출액을 예측하려는 모형을 만들고자 한다. 고전적 선형회귀모형에서 분산에 대한 가정을 만족하도록 적절한 변수변환을 하여 모형을 설정하시오.

2. 문제 1의 모형으로부터 수출신용장내도액의 회귀계수가 변화하고 있는지를 점검하시오.

다음 자료는 1996년 1월~2005년 12월 탄산음료, 맥주의 매월 출하량과 서울지역 월평균 기온이다. 자료출처는 KOSIS(http://kosis.kr/)와 서울통계자료실(http://stat.seoul.go.kr/)이다. 월평균 기온을 TEM, 탄산음료출하량을 TN, 그리고 맥주출하량을 B라고 정의할 때, 위 자료를 이용하여

3. 다음의 모형에 대한 OLS 추정치를 구하시오.

$$TN_t = \alpha_0 + \alpha_1 TEM_t + \epsilon_{1t}$$

$$B_t = \beta_0 + \beta_1 TEM_t + \epsilon_{2t}$$

4. (1) $H_0 : \alpha_0 = \beta_0$ 의 검정을 하시오.

   (2) $\alpha_0 \neq \beta_0$ 라는 가정 하에서 $H_0 : \alpha_1 = \beta_1$의 검정을 하시오.

5. 문제 3에 정의된 탄산음료모형과 맥주모형 각각에서 모수의 안정성 여부를 점검하고 양분점이 있는지를 점검하시오. 만약 양분점이 존재한다면 양분점의 원인을 규명하시오 (Chow 검정).

6. 문제 3의 OLS 추정으로 계산된 잔차의 플롯을 그린 후 OLS 추정법의 문제점을 논의하시오.

7. 문제 6을 기초로 문제 3에서 제시된 모형의 개선점을 논의하시오.

서울지역 월평균 기온

연도	1월	2월	3월	4월	5월	6월	7월	8월	9월	10월	11월	12월
1996	-2.2	-1.6	4.9	10.2	18.4	22.3	24.4	26.0	22.0	14.5	6.1	1.6
1997	-3.3	0.7	6.8	13.0	17.0	23.4	26.1	26.8	20.2	13.4	8.8	1.8
1998	-1.3	3.4	7.3	15.6	19.0	21.9	24.9	25.0	23.0	17.0	7.3	2.3
1999	-0.8	0.7	6.7	13.9	17.5	23.1	25.9	26.0	22.9	14.3	7.9	0.4
2000	-2.1	-1.7	6.3	11.9	17.5	23.7	26.8	26.2	20.7	14.9	7.0	0.9
2001	-4.2	-0.3	5.0	13.6	19.1	22.5	25.9	26.5	22.5	16.5	7.0	-0.6
2002	0.3	2.9	7.6	13.6	18.2	22.2	25.2	24.2	21.6	12.8	4.0	1.7
2003	-2.5	2.7	6.5	13.2	19.6	21.5	23.8	24.1	20.9	13.9	9.5	0.7
2004	-1.5	2.3	6.3	13.1	17.6	23.2	24.8	26.1	21.7	15.2	9.1	1.9
2005	-2.5	-1.9	4.1	13.2	17.7	22.7	25.3	25.1	21.8	14.7	8.6	-3.9

탄산음료 매월 출하량

연도	1월	2월	3월	4월	5월	6월	7월	8월	9월	10월	11월	12월
1996	87,080	75,632	86,156	111,667	160,149	141,666	123,471	147,666	88,764	100,223	78,213	75,307
1997	90,075	83,904	110,942	104,184	128,269	121,104	127,133	130,381	106,273	107,408	74,481	91,368
1998	75,404	65,705	83,898	90,315	93,243	100,073	107,248	87,315	94,329	91,796	78,123	85,608
1999	93,650	82,448	123,927	133,032	162,045	146,142	141,929	122,469	95,933	95,670	86,521	103,808
2000	109,614	102,432	135,886	127,807	136,153	144,753	98,493	144,438	120,237	103,067	95,425	110,153
2001	91,413	114,012	118,081	119,726	137,615	142,133	123,969	146,815	139,127	103,644	91,229	83,796
2002	90,490	91,706	111,649	105,610	130,323	148,744	113,679	113,153	106,100	92,078	77,493	109,194
2003	72,235	96,512	102,452	112,479	132,652	142,409	112,562	99,956	97,529	91,543	82,612	102,605
2004	92,060	101,977	107,088	105,574	115,524	136,705	104,081	114,306	92,148	95,383	85,716	103,312
2005	97,674	112,628	106,207	121,695	126,080	141,851	102,735	105,745	101,568	96,700	82,739	103,604

맥주 매월 출하량

연도	1월	2월	3월	4월	5월	6월	7월	8월	9월	10월	11월	12월
1996	131,420	124,173	134,277	131,176	150,950	154,493	221,132	152,040	142,706	134,706	131,007	116,422
1997	143,515	110,941	127,827	135,344	159,263	156,094	186,595	151,682	145,311	141,123	108,894	123,454
1998	117,760	139,639	81,826	106,497	128,875	123,776	124,247	122,473	130,701	115,443	104,340	114,816
1999	99,208	97,708	112,811	116,088	127,831	132,983	149,321	144,743	138,424	147,501	98,607	117,246
2000	125,307	109,712	138,670	125,691	139,939	149,635	167,104	169,437	147,425	135,801	123,675	121,527
2001	136,306	114,977	132,642	134,921	157,054	182,148	155,724	189,714	176,463	135,567	129,882	136,064
2002	124,942	127,056	137,543	149,676	162,904	182,272	181,338	171,862	158,805	144,834	126,361	153,234
2003	163,761	111,268	126,671	146,932	161,540	166,176	173,765	164,164	152,395	144,749	126,329	144,087
2004	137,433	122,279	135,091	146,684	162,099	162,752	172,274	189,199	161,390	141,864	134,236	139,265
2005	122,542	121,242	150,482	151,073	149,923	158,370	169,666	178,528	163,550	135,889	129,181	103,230

CHAPTER 3

일반화선형회귀모형과 추정방법

3.1 일반화선형회귀모형의 정의

자료는 관찰방법에 따라 횡단면자료(cross-sectional data)와 시계열자료(time series data)로 나눌 수 있다. 횡단면자료는 고정된 시간에서 서로 다른 n개의 지역으로부터 구한 자료이며, 시계열자료는 횡단면자료와는 반대로 고정된 장소에서 n개의 계속된 시점에서 구한 자료이다. n개의 관찰치를 y_i, $i = 1, \ldots, n$으로 표기할 때, 횡단면자료일 경우 n은 n개 서로 다른 장소를, 시계열자료일 때는 n개의 서로 다른 시점을 의미한다. 횡단면자료일 경우 서로 독립적인 n개의 장소를 택함으로써 y_i가 서로 간에 독립임을 가정할 수 있으나 실제로는 y_i들의 분산이 서로 다른 경우가 대부분이다. 한편, 시계열자료일 경우 동일한 장소에서 측정되므로 y_i의 분산이 같다고 가정할 수 있으나 동일한 장소로부터의 관찰치이므로 y_i들은 서로 간에 독립이 아니고 상관관계가 존재하게 된다. 선형회귀모형의 관점에서 살펴볼 때 위의 문제들은 다음 모형으로 표시할 수 있다.

$$\mathbf{y}_{(n\times 1)} = \mathbf{X}_{(n\times k)} \cdot \boldsymbol{\beta}_{(k\times 1)} + \boldsymbol{\epsilon}_{(n\times 1)}, \quad E(\boldsymbol{\epsilon}) = \mathbf{0}, Var(\boldsymbol{\epsilon}) = \sigma^2\mathbf{\Omega}. \tag{3.1}$$

모형 (3.1)에서 오차벡터의 분산공분산행렬이 다음과 같을 때는

$$\mathbf{\Omega} = \begin{pmatrix} {\sigma_1}^2 & 0 & \cdots & 0 \\ 0 & {\sigma_2}^2 & \cdots & 0 \\ \vdots & \vdots & \ddots & \vdots \\ 0 & 0 & \cdots & {\sigma_n}^2 \end{pmatrix}$$

y_i들이 서로 간에 독립이나 분산이 다른 경우(heteroscedasticity)가 되고, 이때 모형 (3.1)을 이분산선형회귀모형이라 한다. 한편, 오차벡터의 분산공분산행렬이 다음과 같아지면

$$\mathbf{\Omega} = \begin{pmatrix} 1 & \rho_{12} & \rho_{13} & \cdots & \rho_{1n} \\ \rho_{21} & 1 & \rho_{23} & \cdots & \rho_{2n} \\ \rho_{31} & \rho_{32} & 1 & \cdots & \rho_{3n} \\ \vdots & \vdots & \vdots & \ddots & \vdots \\ \rho_{n1} & \rho_{n2} & \rho_{n3} & \cdots & 1 \end{pmatrix}$$

y_i들은 등분산(homoscedasticity)이나 y_i들 서로 간에는 독립이 아닌 경우가 된다. 이때는 모형 (3.1)을 자기상관을 가진 선형회귀모형(linear regression model with autocorrelation)이라 한다. 모형 (3.1)과 같이 $Var(\boldsymbol{\epsilon}) = \sigma^2\mathbf{\Omega} \neq \sigma^2\mathbf{I}$를 가진 선형회귀모형을 일반화선형회귀모형(generalized linear regression model)이라고 한다. 이분산선형회귀모형은 제4장에서, 자기상관을 가진 선형회귀모형은 제5장에서 자세히 다루기로 한다. 이 장에서는 $Var(\boldsymbol{\epsilon}) = \sigma^2\mathbf{\Omega}$에서 $\mathbf{\Omega}$의 이분산이나 자기상관과 같은 특별한 형태를 가정하지 않은 상황에서 모수 $\boldsymbol{\beta}$에 대한 추정방법과 그 성격을 다루고자 한다. $\mathbf{\Omega}$의 값이 주어지지 않는 한 비록 $\boldsymbol{\epsilon} \sim N(\mathbf{0}, \sigma^2\mathbf{\Omega})$를 따른다 할지라도 고전적 선형회귀모형과 달리, 표본의 크기 n이 작을 때 모형 (3.1)의 모수 $\boldsymbol{\beta}$의 적절한 추정량 $\widehat{\boldsymbol{\beta}}$의 분포를 정확하게 파악할 수 없는 경우가 대부분이다. 그러므로 어떤 추정량 $\widehat{\boldsymbol{\beta}}$의 통계적 성격 규명은 대표본 이론으로만 가능하게 된다. 그러나 대표본 이론은 상당한 깊이의 수학적 · 통계적 지식을 요구하므로 여기에서는 기본적인 개념만 설명하고 그에 대한 결과는 SAS에 의존하기로 한다. 좀 더 자세한 이론적인 배경은 부록 B를 참조하기 바란다.

3.2 Ω가 알려졌을 경우 일반화선형회귀모형

모형 (3.1)에서 $\mathbf{\Omega} = \mathbf{I}$이면, 즉 $Var(\boldsymbol{\epsilon}) = \sigma^2\mathbf{\Omega} = \sigma^2\mathbf{I}$이면 이는 제2장에서 논의한 고전적 선형회귀모형이 된다. 그러나 $Var(\boldsymbol{\epsilon}) = \sigma^2\mathbf{\Omega} \neq \sigma^2\mathbf{I}$일지라도 $\mathbf{\Omega}$가 알려졌을 경우, 모형 (3.1)은

고전적 선형회귀모형과 일치하게 된다. 그 이유를 살펴보기 위해 다음의 몇 가지를 정리하였다.

정의 **3.1** *대칭행렬 $\mathbf{A}$가 임의의 벡터 $\mathbf{x} \neq \mathbf{0}$에 대해 $\mathbf{x}'\mathbf{A}\mathbf{x} > 0$이면 행렬 $\mathbf{A}$를 양정치(positive definite) 행렬이라고 한다.*

정리 **3.1** *어떤 행렬 $\mathbf{A}$가 양정치행렬이면 $\mathbf{A} = \mathbf{C}\boldsymbol{\Lambda}\mathbf{C}'$으로 표시할 수 있다. 여기서 $\mathbf{CC}' = \mathbf{I}$이며 $\boldsymbol{\Lambda}$는 대각행렬(diagonal matrix) 이다.*

정리 3.1을 살펴보면 $\mathbf{CC}' = \mathbf{I}$ 이므로 $\mathbf{C}' = \mathbf{C}^{-1}$이며 $\mathbf{C}^{-1}\mathbf{C} = \mathbf{I}$이므로 $\mathbf{C}'\mathbf{C} = \mathbf{I}$임을 쉽게 알 수 있다. 이제 이를 모형 (3.1)에 적용해 보자. $Var(\boldsymbol{\epsilon}) = \sigma^2\boldsymbol{\Omega}$에서 $\boldsymbol{\Omega}$는 양정치행렬이므로 $\boldsymbol{\Omega} = \mathbf{C}\boldsymbol{\Lambda}\mathbf{C}'$으로 표시할 수 있고, 다음도 성립한다.

$$\boldsymbol{\Omega}^{-1} = [\mathbf{C}\boldsymbol{\Lambda}\mathbf{C}']^{-1} = [\mathbf{C}']^{-1}\boldsymbol{\Lambda}^{-1}\mathbf{C}^{-1} = \mathbf{C}\boldsymbol{\Lambda}^{-1}\mathbf{C}'$$

또한 $\boldsymbol{\Lambda}$가 대각행렬이므로 $\boldsymbol{\Omega}^{-1}$를 다음과 같이도 표시할 수 있다.

$$\boldsymbol{\Omega}^{-1} = \mathbf{C}\boldsymbol{\Lambda}^{-1/2}\boldsymbol{\Lambda}^{-1/2}\mathbf{C}'$$

이제 $\mathbf{y} = \mathbf{X}\boldsymbol{\beta} + \boldsymbol{\epsilon}$의 양변에 $\mathbf{P} = \boldsymbol{\Lambda}^{-1/2}\mathbf{C}'$을 곱하면 $\mathbf{Py} = \mathbf{PX}\boldsymbol{\beta} + \mathbf{P}\boldsymbol{\epsilon}$이 된다. $\mathbf{y}_* = \mathbf{Py}$, $\mathbf{X}_* = \mathbf{PX}$, $\boldsymbol{\epsilon}_* = \mathbf{P}\boldsymbol{\epsilon}$으로 표시하면 $\mathbf{Py} = \mathbf{PX}\boldsymbol{\beta} + \mathbf{P}\boldsymbol{\epsilon}$은 모형 (3.2)로 표현할 수 있다.

$$\mathbf{y}_* = \mathbf{X}_*\boldsymbol{\beta} + \boldsymbol{\epsilon}_* \tag{3.2}$$

모형 (3.2)에서 오차벡터의 분산공분산 행렬은 다음과 같이 정리되므로

$$\begin{aligned} Var(\boldsymbol{\epsilon}_*) &= Var(\mathbf{P}\boldsymbol{\epsilon}) = \mathbf{P}Var(\boldsymbol{\epsilon})\mathbf{P}' = \mathbf{P}\sigma^2\boldsymbol{\Omega}\mathbf{P}' = \sigma^2\mathbf{P}\boldsymbol{\Omega}\mathbf{P}' \\ &= \sigma^2\boldsymbol{\Lambda}^{-1/2}\mathbf{C}'\mathbf{C}\boldsymbol{\Lambda}\mathbf{C}'\mathbf{C}\boldsymbol{\Lambda}^{-1/2} = \sigma^2\mathbf{I} \end{aligned}$$

모형 (3.2)는 제2장의 고전적 선형회귀모형과 같아진다. 그러므로 $\boldsymbol{\beta}$의 최소제곱추정량은

$$\begin{aligned} \widehat{\boldsymbol{\beta}}_{GLS} &= (\mathbf{X}_*{}'\mathbf{X}_*)^{-1}\mathbf{X}_*{}'\mathbf{y}_* \\ &= (\mathbf{X}'\mathbf{P}'\mathbf{P}\mathbf{X})^{-1}\mathbf{X}'\mathbf{P}'\mathbf{P}\mathbf{y} \\ &= (\mathbf{X}'\boldsymbol{\Omega}^{-1}\mathbf{X})^{-1}\mathbf{X}'\boldsymbol{\Omega}^{-1}\mathbf{y} \end{aligned} \tag{3.3}$$

(3.3)이 된다. 제2장에서 논의된 바와 같이 (3.3)의 $\widehat{\boldsymbol{\beta}}_{GLS}$는 최소분산을 가진 $\boldsymbol{\beta}$의 불편추정량이며 제2장에서 논의되었던 $\widehat{\boldsymbol{\beta}}_{OLS}$의 모든 성질을 그대로 유지한다. 그러나 (3.3)의 $\widehat{\boldsymbol{\beta}}_{GLS}$는

$\boldsymbol{\epsilon}'_*\boldsymbol{\epsilon}_*$를 최소화하는 $\boldsymbol{\beta}$의 추정량이므로 통계량 R^2는 다음과 같이 정의된다.

$$R^2 = 1 - \frac{\sum(y_{*i} - \widehat{y}_{*i})^2}{\sum(y_{*i} - \bar{y}_*)^2}, \qquad \widehat{y}_{*i} = \mathbf{x}'_{*i}\widehat{\boldsymbol{\beta}}_{GLS}$$

따라서 R^2는 $\mathbf{y}$가 아닌 변수 변환된 $\mathbf{y}_* = \mathbf{P}\mathbf{y}$에 대한 적합도를 나타내므로 R^2의 의미가 달라진다는 것에 유의해야 할 것이다. (3.3)의 $\widehat{\boldsymbol{\beta}}_{GLS} = (\mathbf{X}'\boldsymbol{\Omega}^{-1}\mathbf{X})^{-1}\mathbf{X}'\boldsymbol{\Omega}^{-1}\mathbf{y}$는 앞에서 언급하였듯이 $\boldsymbol{\epsilon}'_*\boldsymbol{\epsilon}_*$를 최소화하는 $\boldsymbol{\beta}$이다. 즉,

$$\begin{aligned} \boldsymbol{\epsilon}_*{}'\boldsymbol{\epsilon}_* &= (\mathbf{y}_* - \mathbf{X}_*\boldsymbol{\beta})'(\mathbf{y}_* - \mathbf{X}_*\boldsymbol{\beta}) \\ &= (\mathbf{y} - \mathbf{X}\boldsymbol{\beta})'\mathbf{P}'\mathbf{P}(\mathbf{y} - \mathbf{X}\boldsymbol{\beta}) \\ &= (\mathbf{y} - \mathbf{X}\boldsymbol{\beta})'\boldsymbol{\Omega}^{-1}(\mathbf{y} - \mathbf{X}\boldsymbol{\beta}) \end{aligned} \tag{3.4}$$

이므로, 2.1절의 그림 2.2와 같이 큰 분산을 가진 y_i는 작은 분산을 가진 y_j보다 $\boldsymbol{\beta}$를 추정하는 데 정보력이 떨어지므로 $\boldsymbol{\Omega}^{-1}$는 이에 따른 가중치 역할을 하게된다. 이러한 의미에서 $\widehat{\boldsymbol{\beta}}_{GLS}$를 일반화최소제곱추정량(generalized least squared estimator, GLS)이라고 한다.

예제 3.1

$y_i = 10 + 2.4x_i + \epsilon_i$의 모형으로부터 27개의 $x_i = i$와 y_i를 생성하였다. 단,

$$E(\boldsymbol{\epsilon}) = \mathbf{0}, \quad Var(\boldsymbol{\epsilon}) = \begin{pmatrix} 0.2 & 0 & \cdots & 0 \\ 0 & 0.4 & \cdots & 0 \\ \vdots & \vdots & \ddots & \vdots \\ 0 & 0 & \cdots & 5.4 \end{pmatrix}$$

을 가정하였다. 즉, $Var(\epsilon_i) = 0.2 \cdot i,\ i = 1, 2, \ldots, 27$이다. 이 모형으로부터 27개의 가상자료를 생성하여 $\boldsymbol{\beta}$의 OLS 추정량과 GLS 추정량을 비교하였다. 표 3.1의 결과를 살펴보면 이분산을 반영한 GLS 추정량이 OLS 추정량보다 참값(10, 2.4)에 가까움을 볼 수 있으나 그 차이는 크지 않다. 그러나 모수추정량의 표준편차의 관점에서 볼 때 OLS 추정량의 표준편차가 GLS 추정량의 표준편차보다 약 두 배 가까이 큰 것을 알 수 있다. 이는 잘못된 추정법에 의한 추정치는 잘못된 표준편차의 추정을 초래하고, 이로 인하여 검정결과에 오류가 생길 수 있음을 의미한다.

다음 프로그램은 표 3.1의 결과를 만들 때 사용하였던 것이다. 프로그램 P2 `iter=50`에서

표 3.1: OLS와 GLS의 비교

추정방법	추정된 모수(괄호안은 표준편차)
OLS	$\widehat{y}_i = 11.062 + 2.397\ x_i$
	(0.564) (0.058)
GLS	$\widehat{y}_i = 11.013 + 2.401\ x_i$
	(0.359) (0.035)

표 3.1의 결과가 50회 반복연산으로 만들어진 것임을 알 수 있다.

예제 3.1의 프로그램

```
proc iml;
iter=50;
out_OLS = shape(0, 2, iter); out_GLS = shape(0, 2, iter);
do k=1 to iter;
   X = shape(1,27,2);  e = shape(0,27,1);  V = shape(0,27,27);
   do i= 1 to 27;
      X[i,2] = i;  e[i,1] = sqrt(0.2*i)*rannor(0); V[i,i] = 0.2*i;
   end;
   y = shape(1,27,1)+X*{10, 2.4}+e;
out_OLS[,k]= inv(X`*X)*X`*y;
out_GLS[,k]= inv(X`*inv(V)*X)*X`*inv(V)*y;
end;

OLS_int = out_OLS[1,]; OLS_slp = out_OLS[2,];
GLS_int = out_GLS[1,]; GLS_slp = out_GLS[2,];
create OLS_GLS var{OLS_int, OLS_slp, GLS_int, GLS_slp};
append; quit;

proc means data=OLS_GLS;
 var OLS_int OLS_slp GLS_int GLS_slp; run;
```

이제 $\boldsymbol{\beta}$의 GLS 추정량 $\widehat{\boldsymbol{\beta}}_{GLS} = (\mathbf{X}'\boldsymbol{\Omega}^{-1}\mathbf{X})^{-1}\mathbf{X}'\boldsymbol{\Omega}^{-1}\mathbf{y}$의 기대값과 분산을 구해보자. 먼저 $\widehat{\boldsymbol{\beta}}_{GLS}$의 기대값은

$$E(\widehat{\boldsymbol{\beta}}_{GLS}) = (\mathbf{X}'\boldsymbol{\Omega}^{-1}\mathbf{X})^{-1}\mathbf{X}'\boldsymbol{\Omega}^{-1}E(\mathbf{y}) = (\mathbf{X}'\boldsymbol{\Omega}^{-1}\mathbf{X})^{-1}\mathbf{X}'\boldsymbol{\Omega}^{-1}\mathbf{X}\boldsymbol{\beta} = \boldsymbol{\beta}$$

가 되어 $\widehat{\boldsymbol{\beta}}_{GLS}$는 $\boldsymbol{\beta}$의 불편추정량이 된다. $\widehat{\boldsymbol{\beta}}_{GLS}$의 분산은 다음과 같이 구할 수 있다.

$$\begin{aligned} Var(\widehat{\boldsymbol{\beta}}_{GLS}) &= (\mathbf{X}'\boldsymbol{\Omega}^{-1}\mathbf{X})^{-1}\mathbf{X}'\boldsymbol{\Omega}^{-1}\sigma^2\boldsymbol{\Omega}\boldsymbol{\Omega}^{-1}\mathbf{X}(\mathbf{X}'\boldsymbol{\Omega}^{-1}\mathbf{X})^{-1} \\ &= \sigma^2(\mathbf{X}'\boldsymbol{\Omega}^{-1}\mathbf{X})^{-1} \end{aligned}$$

Gauss-Markov-Aitken 정리에 의해 $\widehat{\boldsymbol{\beta}}_{GLS}$가 모든 $\boldsymbol{\beta}$의 불편추정량 중에서 최소분산을 가지는 추정량이 된다. 물론, $\mathbf{X}$가 상수가 아닌 확률변수일 때에도 만약 $E(\boldsymbol{\epsilon}|\mathbf{X}) = \mathbf{0}$이면 $\widehat{\boldsymbol{\beta}}_{GLS}$는 불편추정량이며

$$Var(\widehat{\boldsymbol{\beta}}_{GLS}) = \sigma^2 E(\mathbf{X}'\boldsymbol{\Omega}^{-1}\mathbf{X})^{-1}$$

가 된다. 실제 적용에서는 $Var(\widehat{\boldsymbol{\beta}}_{GLS}) = \sigma^2 E(\mathbf{X}'\boldsymbol{\Omega}^{-1}\mathbf{X})^{-1}$ 대신에 다음을 사용한다.

$$\widehat{Var}(\widehat{\boldsymbol{\beta}}_{GLS}) = \widehat{\sigma}^2(\mathbf{X}'\boldsymbol{\Omega}^{-1}\mathbf{X})^{-1}, \quad \widehat{\sigma}^2 = \frac{1}{n-k}\left(\mathbf{y}-\mathbf{X}\widehat{\boldsymbol{\beta}}_{GLS}\right)'\left(\mathbf{y}-\mathbf{X}\widehat{\boldsymbol{\beta}}_{GLS}\right)$$

3.3 $\boldsymbol{\Omega}$를 모를 때 선형회귀모형

고전적 선형회귀모형에서는 $\widehat{\boldsymbol{\beta}}_{GLS}$에서 $\boldsymbol{\Omega} = \mathbf{I}$로 주어져 있으므로

$$\widehat{\boldsymbol{\beta}}_{GLS} = (\mathbf{X}'\boldsymbol{\Omega}^{-1}\mathbf{X})^{-1}\mathbf{X}'\boldsymbol{\Omega}^{-1}\mathbf{y} = (\mathbf{X}'\mathbf{X})^{-1}\mathbf{X}'\mathbf{y}$$

가 되고 3.1절에서와같이 $\boldsymbol{\Omega}$가 알려졌을 경우 $\widehat{\boldsymbol{\beta}}_{GLS}$를 구하는 데 하등의 문제가 될 것이 없다. 그러나 $\boldsymbol{\Omega}$가 알려지지 않았을 경우는 어떻게 해야 하는가? 사실, 실제적인 측면에서 살펴볼 때 $\boldsymbol{\Omega}$가 알려졌을 경우는 거의 없다고 해야 할 것이다. (3.3)에 정의된 $\widehat{\boldsymbol{\beta}}_{GLS}$는 $\boldsymbol{\Omega}$에 의존하고 있다. 그러므로 $\widehat{\boldsymbol{\beta}}_{GLS}$를 구하기 위해서는 $\boldsymbol{\Omega}$를 모르는 경우라면 이를 추정해야 하며 추정된 $\boldsymbol{\Omega}$에 따라 $\widehat{\boldsymbol{\beta}}_{GLS}$의 값이 달라지므로 $\boldsymbol{\Omega}$의 좋은 추정량을 구해야 할 것이다. $\boldsymbol{\Omega}$의 좋은 추정치를 구한다는 의미는 $\boldsymbol{\Omega}$의 어떤 추정량 $\widehat{\boldsymbol{\Omega}}$가 $\boldsymbol{\Omega}$의 일치추정량이 된다는 것을 의미한다. $\boldsymbol{\beta}$와 $\boldsymbol{\Omega}$의 추정은 그들의 추정을 위한 목적함수에 따라 그 추정법이 다르게 된다. 목적함수에 따른 추정법을 간략하게 살펴보도록 하자.

3.3.1 목적함수가 오차제곱합일 때

목적함수가 (3.4)에 정의된 것과 같은 일반화오차제곱합일 때, 즉

$$\text{SSE} = (\mathbf{y}-\mathbf{X}\boldsymbol{\beta})'\boldsymbol{\Omega}^{-1}(\mathbf{y}-\mathbf{X}\boldsymbol{\beta})$$

일 때 $\boldsymbol{\beta}$와 $\boldsymbol{\Omega}$의 추정은 $(\mathbf{y}-\mathbf{X}\boldsymbol{\beta})'\boldsymbol{\Omega}^{-1}(\mathbf{y}-\mathbf{X}\boldsymbol{\beta})$를 최소화하는 $\widehat{\boldsymbol{\beta}}$와 $\widehat{\boldsymbol{\Omega}}$를 찾는 문제가 된다. 그러나 일반화오차제곱합은 모수 $\boldsymbol{\beta}$와 $\boldsymbol{\Omega}$의 비선형함수이므로 수학적으로 푸는 것은 불가능하다. 그러므로 적절한 $\boldsymbol{\beta}$와 $\boldsymbol{\Omega}$의 초기치를 준 후 SSE를 계산하고 다시 이 초기치에 적당한 값을 가감하여

SSE를 계산하여 SSE 간의 차이를 비교한다. 이 차이가 클 경우 다시 초기치에 적당한 값을 가감하여 위의 과정을 SSE 값의 변동이 없을 때까지 반복실행한다. 이 과정의 결과로 얻어진 값이 $\hat{\boldsymbol{\beta}}$와 $\hat{\mathbf{\Omega}}$이다. $\hat{\boldsymbol{\beta}}$와 $\hat{\mathbf{\Omega}}$를 구하는 알고리즘은 Gauss–Newton, Newton–Raphson, BHHH 알고리즘 등이 있으며 자세한 내용은 McLachlan and Krishnan(1997)이나 Hamilton(1994)을 참조하기 바란다.

대부분 통계패키지에는 위에 제시한 알고리즘 중에서 하나 이상을 이용하여 구해진 $\hat{\boldsymbol{\beta}}$와 $\hat{\mathbf{\Omega}}$의 추정치를 제공하고 있다. 이처럼 SSE를 최소화하는 $\hat{\boldsymbol{\beta}}$와 $\hat{\mathbf{\Omega}}$는 $\mathbf{X}$와 $\boldsymbol{\epsilon}$이 무상관일 때 $\boldsymbol{\beta}$와 $\mathbf{\Omega}$의 일치추정량이 되며, 이를 일반화최소제곱추정량이라고 한다. 추정과정에서 주의해야 할 점은 초기치의 부여 문제이다. 목적함수를 최적화하는 알고리즘은 초기치에 의존할 수 밖에 없으므로 잘못된 초기치 부여는 잘못된 최종추정치를 유도하게 된다. 그러므로 일반적으로 목적함수가 오차제곱합일 때 다음의 절차에 의해 $\hat{\boldsymbol{\beta}}$를 구하게 된다.

Step 1. 모형 $\mathbf{y} = \mathbf{X}\boldsymbol{\beta} + \boldsymbol{\epsilon}$에서 OLS 추정량 $\hat{\boldsymbol{\beta}} = (\mathbf{X}'\mathbf{X})^{-1}\mathbf{X}'\mathbf{y}$를 구한다.

Step 2. $\hat{\boldsymbol{\beta}}$를 이용하여 $\mathbf{\Omega}$의 추정치 $\hat{\mathbf{\Omega}}$를 구한다.

Step 3. 추정된 $\hat{\mathbf{\Omega}}$를 이용하여 $\hat{\hat{\boldsymbol{\beta}}} = (\mathbf{X}'\hat{\mathbf{\Omega}}^{-1}\mathbf{X})^{-1}\mathbf{X}'\hat{\mathbf{\Omega}}^{-1}\mathbf{y}$를 구한다.

Step 4. $\hat{\hat{\boldsymbol{\beta}}}$가 어떤 값에 수렴할 때까지 **Step 2**와 **Step 3**을 반복한다.

Step 2에서의 $\mathbf{\Omega}$의 추정이 모든 경우에 가능한 것은 아니다. 그 주된 이유는 $\mathbf{\Omega}$에 내포된 모수의 개수는 $n(n+1)/2$개로 총관찰치의 개수 n보다 크기 때문이다. 이 문제를 해결하기 위하여 $\mathbf{\Omega}$에 미지의 모수 $\eta_1, \eta_2, \ldots, \eta_q$, $q < n$, 만의 함수라는 가정을 부여하게 된다. 제4장과 제5장에서는 이 가정에 따라 이분산선형회귀모형과 자기상관선형회귀모형의 추정을 다루게 된다. 종합하면, 적절한 알고리즘에 의해 추정된 $\hat{\boldsymbol{\beta}}$와 $\hat{\mathbf{\Omega}}$는 각각 $\boldsymbol{\beta}$와 $\mathbf{\Omega}$의 일치추정량이 된다. 그리고 초기추정치로 OLS 추정량을 이용할 때 만약 $Cov(\mathbf{X}, \boldsymbol{\epsilon}) = \mathbf{0}$일 경우 추정된 $\hat{\mathbf{\Omega}}$는 일치추정량이 된다. 이러한 일치추정량 $\hat{\mathbf{\Omega}}$를 이용하여 구한 $\hat{\hat{\boldsymbol{\beta}}}$를

$$\hat{\hat{\boldsymbol{\beta}}} = \hat{\boldsymbol{\beta}}_{FGLS} = (\mathbf{X}'\hat{\mathbf{\Omega}}^{-1}\mathbf{X})^{-1}\mathbf{X}'\hat{\mathbf{\Omega}}^{-1}\mathbf{y}$$

추정 가능한 일반화최소제곱추정량(Feasible GLS, FGLS)이라고 한다. $\hat{\boldsymbol{\beta}}_{FGLS}$는 n이 클 때 근사적으로 평균이 $\boldsymbol{\beta}$이고 분산이 $\sigma^2(\mathbf{X}'\mathbf{\Omega}^{-1}\mathbf{X})^{-1}$ 인 정규분포를 따른다.

예제 3.2

예제 3.1에서는 $Var(\epsilon_i) = 0.2 \cdot i$로 알려져있을 때 GLS 추정량을 구하였다. 그러나 실제

경우처럼 $Var(\epsilon_i)$가 알려지지 않았을 때 FGLS를 구하는 모의실험을 하기 위해서는 예제 3.1과는 다른 다음 절차를 따른다. 먼저 회귀모형 $y_i = 10 + 2.4x_i + \epsilon_i, \epsilon_i \sim N(0, 0.2i)$을 따르는 자료 $(y_i, x_i), i = 1, 2, \ldots, 27$을 생성한 후 OLS 추정을 하여 잔차 $e_i = y_i - \hat{y}_i$를 구한다. 모의실험을 위하여 $Var(\epsilon_i)$를 e_i^2로 대치하여 $\hat{\boldsymbol{\Omega}}$를 구한다(정확한 추정방법은 4장에서 다룬다). 앞서의 결과로 Step 3과 Step 4를 5번 반복하여 구한 FGLS 추정 결과는 $\hat{y}_i = 10.982(0.499) + 2.401(0.043)\ x_i$이다. 단 여기에서 '( )'안은 50회 반복으로 얻어진 추정값들의 표준편차를 나타낸다. FGLS는 GLS보다는 참값에 정확하지 못하나 OLS보다는 정확하다는 것을 모의실험을 통해 확인할 수 있다. 모의실험을 위한 프로그램은 다음과 같다.

프로그램

```
1  proc iml;
2  iter=50;
3  out_OLS  = shape(0, 2, iter);
4  out_GLS  = shape(0, 2, iter);
5  out_FGLS = shape(0, 2, iter);
6  do k=1 to iter;
7     X = shape(1,27,2);   e = shape(0,27,1);   V = shape(0,27,27);
8     do i= 1 to 27;
9        X[i,2] = i;   e[i,1] = sqrt(0.2*i)*rannor(0); V[i,i] = 0.2*i;
10    end;
11    y = shape(1,27,1)+X*{10, 2.4}+e;
12    OLS=inv(X'*X)*x'*y;
13    GLS=inv(X'*inv(V)*X)*X'*inv(V)*y;
14    out_OLS[,k]= OLS; out_GLS[,k]= GLS;
15    FGLS=OLS;
16    do j=1 to 5;
17      resid = (y-X*FGLS)##2;
18          do m= 1 to 27;
19             if resid[m,1] < 10**(-10) then resid[m,1] =10**(-10);
20          end;
21      O_h = diag(resid);
22      FGLS = inv(X'*inv(O_h)*X)*X'*inv(O_h)*y;
23    end;
24    out_FGLS[,k] = FGLS;
25 end;
26 O_int = out_OLS[1,]; O_slp = out_OLS[2,];
27 G_int = out_GLS[1,]; G_slp = out_GLS[2,];
28 F_int = out_FGLS[1,]; F_slp = out_FGLS[2,];
29 create OLS_GLS_FGLS var{O_int, O_slp, G_int, G_slp, F_int, F_slp};
30 append;
31 quit;
32
33 proc means data=OLS_GLS_FGLS;
34  var O_int O_slp G_int G_slp F_int F_slp; run;
```

이 프로그램은 앞서 OLS와 GLS를 비교하기 위한 프로그램에 FGLS를 추가한 것이다(P9~P25).

프로그램에서 P18~p20의 내용은 $\widehat{\mathbf{\Omega}}^{-1}$이 존재하지 않는 경우를 피하기 위한 것으로, 이번 예에서는 $\widehat{\mathbf{\Omega}}$가 대각행렬이므로 대각의 원소 중 하나라도 0에 매우 근접하는 값이 있는 경우 역행렬이 계산되지 않을 수 있다. 따라서 P18~p20의 내용은 $\widehat{\mathbf{\Omega}}$의 대각원소 값 중 하나라도 10^{-10}보다 작은 값이 있다면 역행렬의 계산이 가능해지도록 이를 10^{-10}으로 바꾸어 넣도록 한 것이다.

3.3.2 목적함수가 우도함수일 때

모형 (3.1)에서 $\boldsymbol{\epsilon}$이 평균은 $\mathbf{0}$, 분산 $\sigma^2\mathbf{\Omega}$인 어떤 분포 f를 따르고 있을 때

$$L(\mathbf{y};\boldsymbol{\beta},\mathbf{\Omega}) = f(\mathbf{y},\boldsymbol{\beta},\mathbf{\Omega})$$

를 우도함수(likelihood function)라 하며 이 우도함수를 최대화하는 $\widehat{\boldsymbol{\beta}}$와 $\widehat{\mathbf{\Omega}}$를 최대우도추정량(maximum likelihood estimator, ML)이라고 한다. 특히 $\boldsymbol{\epsilon} \sim N(\mathbf{0},\sigma^2\mathbf{\Omega})$를 가정할 때 $\boldsymbol{\epsilon}_* = \mathbf{P}\boldsymbol{\epsilon}$는 3.1절에서 살펴본 바와 같이 평균이 $\mathbf{0}$이고 분산이 $\sigma^2\mathbf{I}$인 $i.i.d.$한 정규분포를 따른다. 즉, $\boldsymbol{\epsilon}_* \sim N(\mathbf{0},\sigma^2\mathbf{I})$인 것이다. 그러므로 $\mathbf{y}_* = \mathbf{P}\mathbf{y} \sim N(\mathbf{X}_*\boldsymbol{\beta},\sigma^2\mathbf{I})$를 따르게 되며 $y_{*1}, y_{*2}, \ldots, y_{*n}$의 우도함수는

$$\begin{aligned} L(\mathbf{y}_*;\boldsymbol{\beta},\mathbf{\Omega}) &= \prod_{i=1}^{n} f(y_{*i},\boldsymbol{\beta},\mathbf{\Omega}) \\ &= \left(\frac{1}{\sqrt{2\pi\sigma^2}}\right)^n \exp\left[-\frac{1}{2\sigma^2}(\mathbf{y}_* - \mathbf{X}_*\boldsymbol{\beta})'(\mathbf{y}_* - \mathbf{X}_*\boldsymbol{\beta})\right] \end{aligned} \tag{3.5}$$

가 된다. 이 $L(\mathbf{y}_*;\boldsymbol{\beta},\mathbf{\Omega})$를 최대화하는 $\widehat{\boldsymbol{\beta}}$와 $\widehat{\mathbf{\Omega}}$는 일치추정량이 되며 $\widehat{\boldsymbol{\beta}}$는 근사적으로 평균이 $\boldsymbol{\beta}$이고 분산이 $\left[-E\left(\partial^2 L(\mathbf{y}_*,\boldsymbol{\beta},\mathbf{\Omega})/\partial\boldsymbol{\beta}\partial\boldsymbol{\beta}'\right)\right]^{-1}$인 정규분포를 따른다. $\mathbf{y}$를 $\mathbf{y}_*$로 고친 이유는 $\mathbf{y}_*$는 $i.i.d.$한 확률변수이므로 $\boldsymbol{\beta}$의 근사분포를 쉽게 구할 수 있기 때문이다. 이제 최우추정량 ML과 OLS, 그리고 FGLS의 관계를 살펴보자. $\boldsymbol{\epsilon} \sim N(\mathbf{0},\sigma^2\mathbf{\Omega})$이므로 $\mathbf{y} \sim N(\mathbf{X}\boldsymbol{\beta},\sigma^2\mathbf{\Omega})$가 된다. 로그우도함수는

$$\ln L(\mathbf{y};\boldsymbol{\beta},\mathbf{\Omega}) = -\frac{n}{2}\ln(2\pi) - \frac{n}{2}\ln\sigma^2 - \frac{1}{2}\ln|\mathbf{\Omega}| - \frac{1}{2\sigma^2}(\mathbf{y}-\mathbf{X}\boldsymbol{\beta})'\mathbf{\Omega}^{-1}(\mathbf{y}-\mathbf{X}\boldsymbol{\beta}) \tag{3.6}$$

가 된다. (3.6)식에서 $\ln L(\mathbf{y};\boldsymbol{\beta},\mathbf{\Omega})$를 최대로 하는 σ^2는 $\widehat{\sigma}^2 = (\mathbf{y}-\mathbf{X}\boldsymbol{\beta})'\mathbf{\Omega}^{-1}(\mathbf{y}-\mathbf{X}\boldsymbol{\beta})/n$이므로 이를 (3.6)에 대입하면

$$\ln L(\mathbf{y};\boldsymbol{\beta},\mathbf{\Omega}) = -\frac{n}{2}\ln(2\pi) + \frac{n}{2}\ln n - \frac{n}{2}\ln(\mathbf{y}-\mathbf{X}\boldsymbol{\beta})'\mathbf{\Omega}^{-1}(\mathbf{y}-\mathbf{X}\boldsymbol{\beta}) - \frac{1}{2}\ln|\mathbf{\Omega}| - \frac{n}{2}$$

이 되어 $\ln L(\mathbf{y};\boldsymbol{\beta},\boldsymbol{\Omega})$의 최대화는

$$-\frac{n}{2}\ln(\mathbf{y}-\mathbf{X}\boldsymbol{\beta})'\boldsymbol{\Omega}^{-1}(\mathbf{y}-\mathbf{X}\boldsymbol{\beta})|\boldsymbol{\Omega}|^{1/n}$$

을 최대화하는 것과 동일하다. 이는 다시

$$|\boldsymbol{\Omega}|^{1/n}(\mathbf{y}-\mathbf{X}\boldsymbol{\beta})'\boldsymbol{\Omega}^{-1}(\mathbf{y}-\mathbf{X}\boldsymbol{\beta}) \tag{3.7}$$

를 최소화하는 문제와 같게 된다. 그러므로 $\boldsymbol{\Omega}=\mathbf{I}$이면, 즉, 고전적 회귀모형에서 $\boldsymbol{\beta}$의 추정은 OLS와 ML이 같아지게 된다. $\boldsymbol{\Omega}\neq\mathbf{I}$일 때는 GLS와 ML의 차이는 (3.7)식의 $|\boldsymbol{\Omega}|^{1/n}$에 의해서 결정되게 된다. (3.5)나 (3.7)도 역시 모수 $\boldsymbol{\beta}$와 $\boldsymbol{\Omega}$의 비선형이므로 3.2.1에 소개된 알고리즘에 의해 $\widehat{\boldsymbol{\beta}}$와 $\widehat{\boldsymbol{\Omega}}$를 구하게 된다.

예제 3.3

ML 추정량과 FGLS 추정량을 비교하기 위하여

$$y_t = 5+2.4\,t+\epsilon_t, \qquad t=1,2,\ldots,30$$
$$\epsilon_t = 0.7\,\epsilon_{t-1}+\nu_t, \quad \nu_t \sim N(0,4)$$

의 모형으로부터 30개의 가상자료를 생성하였다. FGLS 추정량과 ML 추정결과는 다음의 표 3.2와 같다. 표 3.2에서 볼 수 있듯이 FGLS 추정치나 ML 추정치가 거의 차이를 보이지 않는다. 이는 $|\boldsymbol{\Omega}|^{1/30}$이 거의 1에 가깝다는 것을 의미한다. 30개 가상자료와 정규분포를 가정한 상태에서 생성한 자료이기 때문에 ML 추정치가 FGLS 추정치보다 참값에 가깝게 나왔으나, 30개의 가상자료가 정규분포를 따르지 않는다면 ML이 FGLS보다 좋다는 보장을 할 수 없다. ■

표 3.2: **FGLS와 ML 추정의 비교**

추정방법	추정치
FGLS	$\widehat{y}_t = 4.58+2.39\,t$
ML	$\widehat{y}_t = 4.68+2.39\,t$

$\boldsymbol{\Omega}$가 어떤 $\boldsymbol{\theta}$에 의존하고 $\boldsymbol{\theta}$가 $\boldsymbol{\beta}$와 무관할 때의 ML 추정량을 구하여 보자. (3.6)의 로그우

도함수는

$$\ln L(\mathbf{y};\boldsymbol{\beta},\boldsymbol{\theta}) = -\frac{n}{2}\ln(2\pi) - \frac{n}{2}\ln\sigma^2 - \frac{1}{2}\ln|\mathbf{\Omega}(\boldsymbol{\theta})| - \frac{1}{2\sigma^2}(\mathbf{y}-\mathbf{X}\boldsymbol{\beta})'[\mathbf{\Omega}(\boldsymbol{\theta})]^{-1}(\mathbf{y}-\mathbf{X}\boldsymbol{\beta})$$

가 되어

$$\frac{\partial \ln L}{\partial \boldsymbol{\beta}} = \frac{1}{\sigma^2}\mathbf{X}'[\mathbf{\Omega}(\boldsymbol{\theta})]^{-1}(\mathbf{y}-\mathbf{X}\boldsymbol{\beta}) = \mathbf{0}$$

$$\frac{\partial \ln L}{\partial \sigma^2} = -\frac{n}{2\sigma^2} + \frac{1}{2\sigma^4}(\mathbf{y}-\mathbf{X}\boldsymbol{\beta})'[\mathbf{\Omega}(\boldsymbol{\theta})]^{-1}(\mathbf{y}-\mathbf{X}\boldsymbol{\beta}) = 0$$

$$\frac{\partial \ln L}{\partial \boldsymbol{\theta}} = -\frac{1}{2}\frac{\partial \ln|\mathbf{\Omega}(\boldsymbol{\theta})|}{\partial \boldsymbol{\theta}} - \frac{1}{2\sigma^2}(\mathbf{y}-\mathbf{X}\boldsymbol{\beta})\frac{\partial[\mathbf{\Omega}(\boldsymbol{\theta})]^{-1}}{\partial \boldsymbol{\theta}}(\mathbf{y}-\mathbf{X}\boldsymbol{\beta})' = \mathbf{0}$$

이다. 위의 세 식을 동시에 만족하는 $\widehat{\boldsymbol{\beta}}$, $\widehat{\sigma^2}$, $\widehat{\boldsymbol{\theta}}$가 ML 추정량이 된다. $\partial \ln L/\partial\boldsymbol{\beta} = \mathbf{0}$에서 $\boldsymbol{\beta}$의 ML 추정량은

$$\widehat{\boldsymbol{\beta}} = (\mathbf{X}'[\mathbf{\Omega}(\widehat{\boldsymbol{\theta}})]^{-1}\mathbf{X})^{-1}\mathbf{X}'[\mathbf{\Omega}(\widehat{\boldsymbol{\theta}})]^{-1}\mathbf{y}$$

가 되어 이는 FGLS와 일치하게 된다. 즉, $\widehat{\boldsymbol{\theta}}$가 ML 추정량이 되면 FGLS와 ML은 일치하게 된다. 그러나 일반적으로 $\mathbf{\Omega}(\boldsymbol{\theta})$에서 $\boldsymbol{\theta}$가 $\boldsymbol{\beta}$의 함수이면 $\partial \ln L/\partial\boldsymbol{\beta} = \mathbf{0}$의 해가

$$(\mathbf{X}'[\mathbf{\Omega}(\widehat{\boldsymbol{\theta}})]^{-1}\mathbf{X})^{-1}\mathbf{X}'[\mathbf{\Omega}(\widehat{\boldsymbol{\theta}})]^{-1}\mathbf{y}$$

의 형태를 취하지 않으므로 FGLS와 ML은 일치하지 않게 된다.

3.3.3 일반화적률추정법

일반화적률추정법(Generalized Method of Moments, GMM)은 통계추정법 중 가장 간단한 적률추정법을 일반화한 추정법으로 $E\left(\mathbf{X}^k\right) = \mu_k$, $k \geq 1$,일 때 $E\left(\mathbf{X}^k - \mu_k\right) = 0$이 된다는 기본적인 생각으로부터 출발한다. 이 경우 μ_k의 적률추정량(moment estimator)은 $E\left(\mathbf{X}^k - \mu_k\right) = 0$ 대신에 $\sum_{i=1}^n \left(\mathbf{X}_i^k - \mu_k\right)/n = 0$으로 놓고 μ_k에 대해 풀면 $\widehat{\mu_k} = \sum_{i=1}^n \mathbf{X}_i^k/n$이 된다. 이제 이 생각을 고전적 선형회귀모형의 경우로 확장해 보자. 고전적 선형회귀모형에서의 근본 가정은 모형 $y_i = \mathbf{x}_i{}'\boldsymbol{\beta} + \epsilon_i$에서 $Cov(\mathbf{x}_i, \epsilon_i) = \mathbf{0}$이다. $E(\epsilon_i) = 0$이므로 이는 $E(\mathbf{x}_i\epsilon_i) = \mathbf{0}$이라는 가정과 같다. 그러므로 $\boldsymbol{\beta}$의 적률추정치는

$$\frac{1}{n}\sum_{i=1}^n \mathbf{x}_i(y_i - \mathbf{x}_i{}'\boldsymbol{\beta}) = 0$$

의 해가 되며 이를 정리하면 $\boldsymbol{\beta}$의 OLS 추정량과 같아지게 된다.

$$\widehat{\boldsymbol{\beta}} = \left(\sum_{i=1}^{n} \mathbf{x}_i \mathbf{x}_i{}'\right)^{-1} \sum_{i=1}^{n} \mathbf{x}_i y_i = (\mathbf{X}'\mathbf{X})^{-1}\mathbf{X}'\mathbf{y}$$

이 $\widehat{\boldsymbol{\beta}}$는

$$\begin{aligned} S(\boldsymbol{\beta}) &= \left[\frac{1}{n}\sum_{i=1}^{n} \mathbf{x}_i (y_i - \mathbf{x}_i{}'\boldsymbol{\beta})\right]' \left[Var\left(\frac{1}{n}\sum_{i=1}^{n} \mathbf{x}_i (y_i - \mathbf{x}_i{}'\boldsymbol{\beta})\right)\right]^{-1} \left[\frac{1}{n}\sum_{i=1}^{n} \mathbf{x}_i (y_i - \mathbf{x}_i{}'\boldsymbol{\beta})\right] \\ &= \frac{1}{n}(\mathbf{X}'\mathbf{y} - \mathbf{X}'\mathbf{X}\boldsymbol{\beta})' \left[Var\left(\frac{1}{n}\mathbf{X}'\boldsymbol{\epsilon}\right)\right]^{-1} \frac{1}{n}(\mathbf{X}'\mathbf{y} - \mathbf{X}'\mathbf{X}\boldsymbol{\beta}) \end{aligned}$$

를 최소화하는 추정치가 된다(OLS, GLS를 구하기 위해 최소화하는 목적함수를 비교해보면 이해에 도움이 된다). 그 이유를 살펴보면 $Var(\mathbf{X}'\boldsymbol{\epsilon}/n) = \mathbf{X}'\sigma^2\mathbf{I}\mathbf{X}/n^2$이므로

$$\begin{aligned} S(\boldsymbol{\beta}) &= \frac{1}{\sigma^2}(\mathbf{X}'\mathbf{y} - \mathbf{X}'\mathbf{X}\boldsymbol{\beta})'(\mathbf{X}'\mathbf{X})^{-1}(\mathbf{X}'\mathbf{y} - \mathbf{X}'\mathbf{X}\boldsymbol{\beta}) \\ &= \frac{1}{\sigma^2}\left(\mathbf{y}'\mathbf{X}(\mathbf{X}'\mathbf{X})^{-1}\mathbf{X}'\mathbf{y} - \mathbf{y}'\mathbf{X}\boldsymbol{\beta} - \boldsymbol{\beta}'\mathbf{X}'\mathbf{y} + \boldsymbol{\beta}'\mathbf{X}'\mathbf{X}\boldsymbol{\beta}\right) \end{aligned}$$

이다. 이 $S(\boldsymbol{\beta})$를 최소화하는 $\widehat{\boldsymbol{\beta}}$는

$$\frac{\partial S(\boldsymbol{\beta})}{\partial \boldsymbol{\beta}} = \frac{1}{\sigma^2}(-2\mathbf{X}'\mathbf{y} + 2\mathbf{X}'\mathbf{X}\boldsymbol{\beta}) = \mathbf{0}$$

을 만족하는 $\boldsymbol{\beta}$이다. 즉 $\widehat{\boldsymbol{\beta}} = (\mathbf{X}'\mathbf{X})^{-1}\mathbf{X}'\mathbf{y}$이다. 한편,

$$\frac{\partial(\mathbf{X}'\mathbf{y} - \mathbf{X}'\mathbf{X}\boldsymbol{\beta})/n}{\partial \boldsymbol{\beta}} = \frac{1}{n}\mathbf{X}'\mathbf{X}$$

이므로

$$\begin{aligned} &\left[\frac{\partial(\mathbf{X}'\mathbf{y} - \mathbf{X}'\mathbf{X}\boldsymbol{\beta})/n}{\partial \boldsymbol{\beta}}\right]' \left[Var\left(\frac{1}{n}\mathbf{X}'\boldsymbol{\epsilon}\right)\right]^{-1} \left[\frac{\partial(\mathbf{X}'\mathbf{y} - \mathbf{X}'\mathbf{X}\boldsymbol{\beta})/n}{\partial \boldsymbol{\beta}}\right] \\ &= \frac{1}{n}\mathbf{X}'\mathbf{X}\left[\frac{1}{n^2}\sigma^2\mathbf{X}'\mathbf{X}\right]^{-1}\frac{1}{n}\mathbf{X}'\mathbf{X} \\ &= \frac{1}{\sigma^2}\mathbf{X}'\mathbf{X} \end{aligned}$$

가 되며, 이것의 역수 $\sigma^2(\mathbf{X}'\mathbf{X})^{-1}$가 $\widehat{\boldsymbol{\beta}}$의 분산이 됨을 알 수 있다. 이제 앞에서 논의한 추정방법을 일반화하여 보자. $\mathbf{g}(y_i, \mathbf{x}_i, \boldsymbol{\theta})$는 크기가 $L \times 1$인 y_i, $\mathbf{x}_i$, $\boldsymbol{\theta}_{(k\times 1)}$, $L > k$,의 어떤 함수이고 $E(\mathbf{g}(y_i, \mathbf{x}_i, \boldsymbol{\theta})) = \mathbf{0}$을 만족한다고 하자. 그러면 $\boldsymbol{\theta}$의 일반화적률추정량(GMM)은

$$q = \bar{\mathbf{g}}(\boldsymbol{\theta})'\mathbf{A}\,\bar{\mathbf{g}}(\boldsymbol{\theta}) \tag{3.8}$$

를 최소화하는 $\boldsymbol{\theta}$이다. 여기에서 $\bar{\mathbf{g}}(\boldsymbol{\theta}) = \sum_{i=1}^{n} \mathbf{g}(y_i, \mathbf{x}_i, \boldsymbol{\theta})/n$이고, $\mathbf{A}$는 양정치행렬이며 $\boldsymbol{\theta}$에 의존하지 않는다. Hansen(1982)은 (3.8)을 최소화하는 $\widehat{\boldsymbol{\theta}}$는 $\boldsymbol{\theta}$의 일치추정량이 되며 특히 $\mathbf{A} = [Var(\bar{\mathbf{g}}(\boldsymbol{\theta}))]^{-1}$로 놓았을 때, 즉 $q = \bar{\mathbf{g}}(\boldsymbol{\theta})'[Var(\bar{\mathbf{g}}(\boldsymbol{\theta}))]^{-1}\bar{\mathbf{g}}(\boldsymbol{\theta})$이면 q를 최소화하는 $\widehat{\boldsymbol{\theta}}$의 평균은 $\boldsymbol{\theta}$이고 분산은

$$\left[\left(\frac{\partial \bar{\mathbf{g}}(\boldsymbol{\theta})}{\partial \boldsymbol{\theta}}\right)' [Var(\bar{\mathbf{g}}(\boldsymbol{\theta}))]^{-1} \left(\frac{\partial \bar{\mathbf{g}}(\boldsymbol{\theta})}{\partial \boldsymbol{\theta}}\right)\right]^{-1}$$

인 정규분포를 따른다는 것을 보였다. GMM 추정은 모형 $\mathbf{y} = \mathbf{X}\boldsymbol{\beta} + \boldsymbol{\epsilon}$에서 $\mathbf{X}$와 $\boldsymbol{\epsilon}$이 서로 간에 상관관계가 있거나 $\boldsymbol{\epsilon}$에 자기상관관계가 있을 때 유용한 것으로 알려졌다. 일반적으로 (3.8)의 $\mathbf{A}$는 $\left[Var(\bar{\mathbf{g}}(\boldsymbol{\theta}))\right]^{-1}$의 적절한 추정치로서 여기에는 Bartlett, Parzen, Quadratic spectral 등이 있다(Andrews(1991)). (3.8)의 목적함수를 최소화하기 위한 초기치는 일반적으로 다음 절에서 설명할 2SLS 추정량을 이용한다.

3.3.4 도구변수를 이용한 추정방법

모형 (3.9)의 모든 i에 대해 $E(\epsilon_i) = 0$, $Var(\epsilon_i) = \sigma^2$이고 $Cov(\mathbf{x}_i, \epsilon_i) = \boldsymbol{\eta} \neq \mathbf{0}$이라고 하자. 즉, 고전적 선형회귀모형에서 $Cov(\mathbf{x}_i, \epsilon_i) = \boldsymbol{\eta} \neq \mathbf{0}$이라는 가정만 다른 모형이다.

$$y_i = \mathbf{x}_i{}'\boldsymbol{\beta} + \epsilon_i, \qquad i = 1, 2, \ldots, n. \tag{3.9}$$

$E(\boldsymbol{\epsilon}) = \mathbf{0}$이므로 $Cov(\mathbf{x}_i, \epsilon_i) = E(\mathbf{x}_i\epsilon_i) - E(\mathbf{x}_i)E(\epsilon_i) = E(\mathbf{x}_i\epsilon_i) = \boldsymbol{\eta}$가 된다. 그러므로 부록 C의 Kinchine 정리에 의해

$$\frac{1}{n}\sum_{i=1}^{n} \mathbf{x}_i'\epsilon_i = \frac{1}{n}\mathbf{X}'\boldsymbol{\epsilon}$$

은 $\boldsymbol{\eta}$의 일치추정량이 된다. 모형 (3.9)에서 $\boldsymbol{\beta}$의 추정량을 $\widehat{\boldsymbol{\beta}}_{OLS} = (\mathbf{X}'\mathbf{X})^{-1}\mathbf{X}'\mathbf{y}$로 할 때 $\widehat{\boldsymbol{\beta}}_{OLS}$는 $\boldsymbol{\beta}$의 일치추정량이 되지 않는다. 그 이유는

$$\begin{aligned}\widehat{\boldsymbol{\beta}} &= (\mathbf{X}'\mathbf{X})^{-1}\mathbf{X}'\mathbf{y} = (\mathbf{X}'\mathbf{X})^{-1}\mathbf{X}'(\mathbf{X}\boldsymbol{\beta} + \boldsymbol{\epsilon}) \\ &= \boldsymbol{\beta} + (\mathbf{X}'\mathbf{X})^{-1}\mathbf{X}'\boldsymbol{\epsilon}\end{aligned}$$

이므로 만약 $\mathbf{X}'\mathbf{X}/n$이 n이 커짐에 따라 역행렬이 존재하는 어떤 Q라는 값으로 수렴한다고 가정하면

$$\widehat{\boldsymbol{\beta}} = \boldsymbol{\beta} + \left(\frac{\mathbf{X}'\mathbf{X}}{n}\right)^{-1} \frac{1}{n}\mathbf{X}'\boldsymbol{\epsilon} \overset{n\to\infty}{\longrightarrow} \boldsymbol{\beta} + Q^{-1}\boldsymbol{\eta}$$

가 되어 $\widehat{\boldsymbol{\beta}}$는 $\boldsymbol{\beta}$의 일치추정량이 되지 않는다. 좀 더 자세한 증명은 부록 D를 참조하기 바란다. 이처럼 $Cov(\mathbf{x}_i, \epsilon_i) \neq \mathbf{0}$일 경우 일반적인 OLS 추정량 $\widehat{\boldsymbol{\beta}} = (\mathbf{X}'\mathbf{X})^{-1}\mathbf{X}'\mathbf{y}$는 $\boldsymbol{\beta}$의 추정량으로

사용할 수 없게 된다. 따라서 $\boldsymbol{\beta}$의 일치추정량을 구하기 위해서는, 도구변수(instrumental variable)를 이용하게 된다(Fomby et.al(1984), Johnston(1984)). $\mathbf{z}_i$와 $\mathbf{x}_i$의 상관관계가 높고 $Cov(\mathbf{z}_i, \epsilon_i) = \mathbf{0}$을 만족하는 크기가 $k^* \times 1$인 어떤 변수벡터 $\mathbf{z}_i$를 도구변수라 하는데, $k^* \geq k$를 만족해야 한다. 여기서 k는 $\mathbf{x}_i$의 크기를 나타낸다.

이제 이 도구변수 $\mathbf{z}_i$를 이용하여 모형 (3.9)의 $\boldsymbol{\beta}$를 추정하여 보자. 우선 $k^* = k$인 경우를 고려해 보자.

$$\widehat{\boldsymbol{\beta}}_{IV} = (\mathbf{Z}'\mathbf{X})^{-1}\mathbf{Z}'\mathbf{y} = \left(\sum_{i=1}^{n} \mathbf{z}_i \mathbf{x}_i{}'\right)^{-1} \sum_{i=1}^{n} \mathbf{z}_i y_i$$

를 $\boldsymbol{\beta}$의 추정량으로 놓으면 $\widehat{\boldsymbol{\beta}}_{IV} = (\mathbf{Z}'\mathbf{X})^{-1}\mathbf{Z}'(\mathbf{X}\boldsymbol{\beta} + \boldsymbol{\epsilon}) = \boldsymbol{\beta} + (\mathbf{Z}'\mathbf{X})^{-1}\mathbf{Z}'\boldsymbol{\epsilon}$이 된다. $\mathbf{Z}'\mathbf{X}/n$이 n이 커짐에 따라 $Q_{\mathbf{ZX}}$로 수렴한다고 가정할 때, $E(\mathbf{z}_i\epsilon_i) = \mathbf{0}$이므로 부록 C의 Kinchine 정리에 의해

$$\widehat{\boldsymbol{\beta}}_{IV} = \boldsymbol{\beta} + (\mathbf{Z}'\mathbf{X})^{-1}\mathbf{Z}'\boldsymbol{\epsilon} \stackrel{n\to\infty}{\longrightarrow} \boldsymbol{\beta}$$

가 되어 $\widehat{\boldsymbol{\beta}}_{IV} = (\mathbf{Z}'\mathbf{X})^{-1}\mathbf{Z}'\mathbf{y}$는 $\boldsymbol{\beta}$의 일치추정량이 된다(자세한 증명은 부록 D 참조). 이 $\widehat{\boldsymbol{\beta}}_{IV}$는 3.2.3절의 GMM 추정법으로도 구할 수 있다. 즉, $E(\mathbf{z}_i\epsilon_i) = \mathbf{0}$이므로 GMM 추정량은

$$q = \left(\frac{1}{n}\sum_{i=1}^{n} \mathbf{z}_i\epsilon_i\right)' \left[Var\left(\frac{1}{n}\sum_{i=1}^{n} \mathbf{z}_i\epsilon_i\right)\right]^{-1} \left(\frac{1}{n}\sum_{i=1}^{n} \mathbf{z}_i\epsilon_i\right)$$

를 최소화하는 $\boldsymbol{\beta}$가 된다.

$$\begin{aligned} q &= \left(\frac{1}{n}\mathbf{Z}'\boldsymbol{\epsilon}\right)' \left[Var\left(\frac{1}{n}\mathbf{Z}'\boldsymbol{\epsilon}\right)\right]^{-1} \left(\frac{1}{n}\mathbf{Z}'\boldsymbol{\epsilon}\right) \\ &= \left(\mathbf{Z}'(\mathbf{y} - \mathbf{X}\boldsymbol{\beta})\right)' \left[\mathbf{Z}' Var(\boldsymbol{\epsilon})\mathbf{Z}\right]^{-1} \left(\mathbf{Z}'(\mathbf{y} - \mathbf{X}\boldsymbol{\beta})\right) \\ &= \frac{1}{\sigma^2}(\mathbf{y} - \mathbf{X}\boldsymbol{\beta})'\mathbf{Z}(\mathbf{Z}'\mathbf{Z})^{-1}\mathbf{Z}'(\mathbf{y} - \mathbf{X}\boldsymbol{\beta}) \end{aligned}$$

가 되어

$$\frac{\partial q}{\partial \boldsymbol{\beta}} = -\frac{2}{\sigma^2}\mathbf{X}'(\mathbf{Z}(\mathbf{Z}'\mathbf{Z})^{-1}\mathbf{Z}')\mathbf{y} + \frac{2}{\sigma^2}\mathbf{X}'(\mathbf{Z}(\mathbf{Z}'\mathbf{Z})^{-1}\mathbf{Z}')\mathbf{X}\boldsymbol{\beta} = \mathbf{0} \tag{3.10}$$

식 (3.10)를 $\boldsymbol{\beta}$에 관해 풀면

$$\begin{aligned} \widehat{\boldsymbol{\beta}} &= (\mathbf{X}'\mathbf{Z}(\mathbf{Z}'\mathbf{Z})^{-1}\mathbf{Z}'\mathbf{X})^{-1}\mathbf{X}'\mathbf{Z}(\mathbf{Z}'\mathbf{Z})^{-1}\mathbf{Z}'\mathbf{y} \\ &= (\mathbf{Z}'\mathbf{X})^{-1}\mathbf{Z}'\mathbf{Z}(\mathbf{X}'\mathbf{Z})^{-1}\mathbf{X}'\mathbf{Z}(\mathbf{Z}'\mathbf{Z})^{-1}\mathbf{Z}'\mathbf{y} \qquad (3.11) \\ &= (\mathbf{Z}'\mathbf{X})^{-1}\mathbf{Z}'\mathbf{y} \end{aligned}$$

가 된다. 즉, $\widehat{\boldsymbol{\beta}} = \widehat{\boldsymbol{\beta}}_{IV}$가 되어 도구변수를 이용한 $\boldsymbol{\beta}$의 일치추정량이 된다. 또한 3.2.3절에 의해 $\widehat{\boldsymbol{\beta}}_{IV}$는 근사적으로 평균이 $\boldsymbol{\beta}$이고 분산이 $\sigma^2\left[(\mathbf{Z}'\mathbf{X})'(\mathbf{Z}'\mathbf{Z})^{-1}(\mathbf{Z}'\mathbf{X})\right]^{-1}$ 인 정규분포를 따른

다는 것을 알 수 있다.

이제 $k^* > k$인 경우를 고려하여 보자. $\mathbf{Z}$는 $n \times k^*$ 행렬이고 $\mathbf{X}$는 $n \times k$ 행렬이기 때문에 (3.11)에서 $\mathbf{Z}'\mathbf{X}$의 역행렬이 존재하지 않아 $\widehat{\boldsymbol{\beta}}_{IV}$를 구할 수 없게 된다. 이를 해결하기 위해, 먼저 행렬 $\mathbf{X}$를 행렬 $\mathbf{Z}$에 회귀시킨 후 $\mathbf{X}$의 추정값 $\widehat{\mathbf{X}} = \mathbf{Z}(\mathbf{Z}'\mathbf{Z})^{-1}\mathbf{Z}'\mathbf{X}$가 되므로 (3.11)식의 $\mathbf{Z}$ 행렬 자리에 $\widehat{\mathbf{X}}$를 대신 사용하여

$$\begin{aligned} \widehat{\boldsymbol{\beta}}_{IV} &= (\widehat{\mathbf{X}}'\mathbf{X})^{-1}\widehat{\mathbf{X}}'\mathbf{y} \\ &= (\mathbf{X}'\mathbf{Z}(\mathbf{Z}'\mathbf{Z})^{-1}\mathbf{Z}'\mathbf{X})^{-1}\mathbf{X}'\mathbf{Z}(\mathbf{Z}'\mathbf{Z})^{-1}\mathbf{Z}'\mathbf{y} \end{aligned} \tag{3.12}$$

로 사용하게 된다. 한편,

$$\begin{aligned} \widehat{\mathbf{X}}'\widehat{\mathbf{X}} &= \mathbf{X}'\mathbf{Z}(\mathbf{Z}'\mathbf{Z})^{-1}\mathbf{Z}'\mathbf{Z}(\mathbf{Z}'\mathbf{Z})^{-1}\mathbf{Z}'\mathbf{X} \\ &= \mathbf{X}'\mathbf{Z}(\mathbf{Z}'\mathbf{Z})^{-1}\mathbf{Z}'\mathbf{X} = \widehat{\mathbf{X}}'\mathbf{X} \end{aligned}$$

이므로 (3.12)는 $\widehat{\boldsymbol{\beta}}_{IV} = (\widehat{\mathbf{X}}'\widehat{\mathbf{X}})^{-1}\widehat{\mathbf{X}}'\mathbf{y}$가 된다. 그러므로 (3.12)는 $\mathbf{Z}$에 대해 $\mathbf{X}$를 회귀시킨 후 구한 $\widehat{\mathbf{X}}$에 대해 다시 $\mathbf{y}$를 회귀시킨다는 의미에서 2단계 최소제곱추정법(2 stage least square, 2SLS)이라고 한다. (3.12)의 $\widehat{\boldsymbol{\beta}}_{IV}$는 $\boldsymbol{\beta}$의 불편추정량이고 분산이 $(\mathbf{X}'\mathbf{Z}(\mathbf{Z}'\mathbf{Z})^{-1}\mathbf{Z}'\mathbf{X})^{-1}\sigma^2$이 됨을 부록 B와 같은 방법으로 보일 수 있다. 물론 (3.12)에 정의된 $\widehat{\boldsymbol{\beta}}_{IV}$는

$$\frac{\mathbf{X}'\mathbf{Z}}{n} \xrightarrow{n\to\infty} Q_{\mathbf{ZX}}, \qquad \frac{\mathbf{Z}'\mathbf{Z}}{n} \xrightarrow{n\to\infty} Q_{\mathbf{ZZ}}$$

로 수렴한다는 조건 하에서, Lindberg–Feller의 중심극한정리(부록 B 참조)에 의해 근사적으로 평균이 $\boldsymbol{\beta}$, 분산이 $(\mathbf{X}'\mathbf{Z}(\mathbf{Z}'\mathbf{Z})^{-1}\mathbf{Z}'\mathbf{X})^{-1}\sigma^2$인 정규분포를 따른다는 것을 보일 수 있다. 좀 더 자세한 증명은 부록 B를 참조하기 바란다.

지금까지 논의한 도구변수를 이용한 추정법은 $Var(\boldsymbol{\epsilon}) = \sigma^2\mathbf{\Omega} \neq \sigma^2\mathbf{I}$일 때도 바로 확장할 수 있다. 일반화선형회귀모형에서와 같이 $\mathbf{Z}$를 $\mathbf{Z}_* = \mathbf{PZ}$로, $\mathbf{X}$를 $\mathbf{X}_* = \mathbf{PX}$로, $\mathbf{y}$를 $\mathbf{y}_* = \mathbf{Py}$로 놓음으로써 지금까지 논의한 모든 문제는 해결된다.

예제 3.4

이 예제에서는 독립변수와 오차항이 상관관계가 있을 때 각 추정방법의 결과를 비교할 것이다. 30개의 가상자료를 $y_i = 2.4x_i + \epsilon_i$로부터 생성하였다. $Corr(x_i, \epsilon_i) = 0.5752$이고 이 x_i로부터 $Corr(x_i, z_i) = 0.78$이 되는 도구변수 z_i를 생성하였다. 물론 $Corr(z_i, \epsilon_i) = 0.1516$이 되도록 하였다. 이 30개의 가상자료로부터 OLS, 도구변수를 이용한 추정, 2SLS, GMM

추정치를 비교 정리한 표가 다음과 같다.

표 3.3: 독립변수가 오차항과 상관관계가 있을 때 추정법 비교

추정법	OLS	도구변수	2SLS	GMM
추정된 모수	$\hat{y}_i = 2.73x_i$	$\hat{y}_i = 2.45x_i$	$\hat{y}_i = 2.45x_i$	$\hat{y}_i = 2.47x_i$

표 3.3에서 볼 수 있듯이 OLS 추정치는 다른 추정치에 비해 정확도가 많이 떨어지는 것을 알 수 있다. 이는 x_i가 오차항 ϵ_i와 상관관계를 가지고 있을 때 OLS 추정량은 모수의 일치추정량이 되지 못한다는 사실을 뒷받침해주고 있다. 도구변수를 이용한 추정치는 $\widehat{\boldsymbol{\beta}}_{IV} = (\mathbf{Z}'\mathbf{X})^{-1}\mathbf{Z}'\mathbf{y}$로부터 계산된 값이고, 2SLS는 $\widehat{\boldsymbol{\beta}}_{2SLS} = (\widehat{\mathbf{X}}'\mathbf{X})^{-1}\widehat{\mathbf{X}}'\mathbf{y}$로부터 계산된 값이다. $\widehat{\mathbf{X}}$는 $\mathbf{X}$를 $\mathbf{Z}$에 회귀한 후 적합값이다. GMM 추정치는 2SLS를 초기추정치로 하여 구한 것이다. 도구변수를 이용한 추정치, 2SLS 추정치는 참값 2.4에 근사한 값이고, GMM 추정치가 약간 과대추정된 듯이 보이나 이는 $Corr(z_i, \epsilon_i) = 0.1516$을 반영한 추정치이기 때문이다. 즉, 만약 가상자료가 $Corr(z_i, \epsilon_i) = 0$이면 GMM 추정치는 도구변수, 2SLS 추정치와 근사적으로 동일할 것이다. 참고로 도구변수 추정치와 2SLS 추정치는 z_i와 ϵ_i의 상관관계를 무시한 추정치이나 GMM은 이를 반영한 추정법이다. ■

3.4 추정방법에 대한 평가

이상에서 우리는 $\mathbf{\Omega}$가 알려지지 않았을 때, 여러 가지 목적함수에 따른 추정방법을 살펴보았다. FGLS, ML, GMM 추정량들의 통계적 성질은 모두 관찰치의 개수(또는 표본의 개수) n이 클 때 나타나는 것들이다. 표본의 개수 n이 작을 때는 추정된 모수의 성질이 독립변수 $\mathbf{X}$와 $\mathbf{\Omega}$의 형태에 의존하기 때문에 어느 추정방법이 좋은지에 대한 뚜렷한 기준이 존재하지 않는다 (Taylor(1979)).

목적함수가 무엇이든지 관계없이 목적함수를 최소화(GLS, GMM) 또는 최대화 (ML)하는 모수추정치를 구하기 위해서 매우 복잡한 알고리즘을 사용해야 한다는 문제점이 있다. 또한, 비록 그러한 모수추정치를 찾았다 할지라도, 그 값이 목적함수에 포함된 모든 모수에 대해 만족하는 최소값(global minimum) 또는 최대값(global maximum)인지 알 수 없다. 즉, 목적함수를 최소화 또는 최대화하는 모수추정치가 목적함수에 포함된 일부 모수에서만 만족되는

최소값(local minimum) 또는 최대값(local maximum)일 수도 있다는 것이다. 이러한 의미에서 목적함수를 최소화 또는 최대화하는 값을 찾기 위해 초기치의 선택은 매우 중요하게 된다. 일반적으로, 일반화선형회귀모형에서의 초기치는 OLS 추정량이 된다. 그 이유는 대부분의 경우 OLS 추정량은 모수의 일치추정량이 되기 때문이다.

$y_1, \ldots, y_n$이 어떤 분포함수 $f(y_1, \ldots, y_n, \boldsymbol{\theta})$를 따르고 있을 때, 로그우도함수(log likelihood function)는

$$\ln L(y_1, \ldots, y_n, \boldsymbol{\theta}) = \ln f(y_1, \ldots, y_n, \boldsymbol{\theta})$$

가 되며 이 로그우도함수를 최대화하는 $\widehat{\boldsymbol{\theta}}$가 ML 추정량이 된다. 이 ML 추정량은 n이 클 때 적당한 조건(일반적으로 이 조건을 regular conditions라고 한다) 하에서 $\boldsymbol{\theta}$의 일치추정량이 되고

$$\widehat{\boldsymbol{\theta}} \sim N(\boldsymbol{\theta}, I^{-1}(\boldsymbol{\theta}))$$

가 된다. 여기에서 $I(\boldsymbol{\theta})$는 피셔 정보(Fisher information)라 하고

$$I(\boldsymbol{\theta}) = -E\left(\frac{\partial^2}{\partial\boldsymbol{\theta}\partial\boldsymbol{\theta}'} \ln L(\boldsymbol{\theta})\right)$$

이다. 또한, $\widehat{\boldsymbol{\theta}}$의 분산 $I^{-1}(\boldsymbol{\theta})$는 모든 불편추정량 중에서 최소분산을 갖게 된다. 어떤 추정량이 모수 $\boldsymbol{\theta}$의 일치추정량이 되고 그 추정량의 점근분포(asymptotic distribution)가 정규분포를 따르면 이를 CAN(consistently and asymptotically normal) 추정량이라고 한다. 특히 어떤 추정량이 CAN이면서 분산이 $I^{-1}(\boldsymbol{\theta})$를 가지면 이 추정량을 효율적(efficient)이라고 말한다. 그러므로 위의 결과에 따라 ML 추정량이 가장 좋은 추정량이 된다는 것은 자명하다. 그러나 ML 추정량을 구하기 위해서는 관찰치 $y_1, \ldots, y_n$의 분포함수 f를 정확히 알아야 하는데 분포함수 f를 아는 경우는 거의 없다. 선형회귀모형의 관점에서 본다면, $\boldsymbol{\beta}$ 또는 $\boldsymbol{\Omega}$의 ML 추정량을 구하기 위해서는 오차항(오차벡터) $\boldsymbol{\epsilon}$의 분포를 정확히 알아야만 한다는 말이 된다. 즉, 오차항의 정확한 분포를 안다는 것은 너무나 힘든 일이기 때문에 선형회귀모형뿐만 아니라 비선형회귀모형에서 조차도 오차항 $\boldsymbol{\epsilon}$의 분포가 정규분포를 따른다는 가정을 하고 ML 추정량을 구하게 되는 것이다. 이러한 관점에서, 회귀모형에서의 ML 추정량은 오차항이 정규분포를 따른다는 가정 하에서 구한 것이므로 만약 오차항 $\boldsymbol{\epsilon}$이 정규분포를 따르지 않을 때 ML 추정량이 FGLS나 GMM보다 좋다는 보장을 할 수 없게 된다. 그러므로 오차항 $\boldsymbol{\epsilon}$의 분포에 대한 가정없이 구한 FGLS나 GMM이 CAN이면서 분산이 $I^{-1}(\boldsymbol{\theta})$이면 앞에서 언급한 바와 같이 FGLS나 GMM은 효율적이라고 말한다. 제2장의 고전적 회귀모형에서의 OLS는 효율적인 추정량의 대표적 예라고 말할 수 있다.

3.5 검정

일반화선형회귀모형에서의 $\mathbf{R}\boldsymbol{\beta}=\mathbf{q}$의 검정은 고전적 회귀모형의 검정법과 동일하게 적용될 수 있다. 3.1절에서 살펴보았듯이 $\boldsymbol{\Omega}^{-1}=\mathbf{P}'\mathbf{P}$로 표현할 때 $\mathbf{y}_*=\mathbf{P}\mathbf{y}$, $\mathbf{X}_*=\mathbf{P}\mathbf{X}$, 그리고 $\boldsymbol{\epsilon}_*=\mathbf{P}\boldsymbol{\epsilon}$으로 변수변환하면, $\mathbf{y}_*=\mathbf{X}_*\boldsymbol{\beta}+\boldsymbol{\epsilon}_*$는 고전적 회귀모형의 모든 가정을 충족시키게 되므로 J개의 선형관계 $\mathbf{R}\boldsymbol{\beta}=\mathbf{q}$의 검정통계량은

$$
\begin{aligned}
F &= \frac{(\mathbf{R}\widehat{\boldsymbol{\beta}}-\mathbf{q})'\left[\mathbf{R}(\mathbf{X}_*{}'\mathbf{X}_*)^{-1}\mathbf{R}'\right]^{-1}(\mathbf{R}\widehat{\boldsymbol{\beta}}-\mathbf{q})/J}{\boldsymbol{\epsilon}_*{}'\boldsymbol{\epsilon}_*/(n-k)} \\
&= \frac{(\mathbf{R}\widehat{\boldsymbol{\beta}}-\mathbf{q})'\left[\mathbf{R}(\mathbf{X}'\boldsymbol{\Omega}^{-1}\mathbf{X})^{-1}\mathbf{R}'\right]^{-1}(\mathbf{R}\widehat{\boldsymbol{\beta}}-\mathbf{q})/J}{(\mathbf{y}-\mathbf{X}\boldsymbol{\beta})'\boldsymbol{\Omega}^{-1}(\mathbf{y}-\mathbf{X}\boldsymbol{\beta})/(n-k)}
\end{aligned} \tag{3.13}
$$

가 된다. 여기에서 $\widehat{\boldsymbol{\beta}}=(\mathbf{X}'\boldsymbol{\Omega}^{-1}\mathbf{X})^{-1}\mathbf{X}'\boldsymbol{\Omega}^{-1}\mathbf{y}$이다. 통계량 (3.13)은 $\boldsymbol{\epsilon}$이 정규분포를 따를 때 $F(J,n-k)$ 분포를 따르고, $\boldsymbol{\epsilon}$이 정규분포를 따르지 않더라도 $\mathbf{X}'\boldsymbol{\Omega}^{-1}\mathbf{X}/n$이 확률적으로 어떤 유일한 값으로 수렴하고 $\mathbf{X}$와 $\boldsymbol{\epsilon}$이 무상관관계이면 근사적으로 (3.13)은 $F(J,n-k)$ 분포를 따른다.

$\boldsymbol{\Omega}$가 알려지지 않았을 때 $\widehat{\boldsymbol{\Omega}}$를 $\boldsymbol{\Omega}$의 어떤 일치추정량이라 하면

$$W=(\mathbf{R}\widehat{\boldsymbol{\beta}}-\mathbf{q})'\left[\mathbf{R}(\mathbf{X}'\widehat{\boldsymbol{\Omega}}^{-1}\mathbf{X})^{-1}\mathbf{R}'\right]^{-1}(\mathbf{R}\widehat{\boldsymbol{\beta}}-\mathbf{q})$$

는 근사적으로 $\chi^2_{(J)}$ 분포를 따른다. 한편, $\mathbf{R}\boldsymbol{\beta}=\mathbf{q}$의 제약조건 하에서 $\boldsymbol{\beta}$의 GLS 추정량 $\widehat{\boldsymbol{\beta}}_c$는

$$\widehat{\boldsymbol{\beta}}_c=\widehat{\boldsymbol{\beta}}_{GLS}-(\mathbf{X}'\boldsymbol{\Omega}^{-1}\mathbf{X})^{-1}\mathbf{R}'\left[\mathbf{R}(\mathbf{X}'\boldsymbol{\Omega}^{-1}\mathbf{X})^{-1}\mathbf{R}'\right]^{-1}(\mathbf{R}\widehat{\boldsymbol{\beta}}_{GLS}-\mathbf{q})$$

가 됨을 2.7절에서와 동일한 방법으로 구할 수 있을 것이다.

CHAPTER 4

이분산선형회귀모형

4.1 이분산선형회귀모형의 정의

이분산선형회귀모형(heteroscedastic regression model)이란 선형회귀모형에서 오차항의 분산이 상수가 아닐 때, 즉

$$\mathbf{y} = \mathbf{X}\boldsymbol{\beta} + \boldsymbol{\epsilon} \tag{4.1}$$

에서 오차항의 분산공분산이

$$Var(\boldsymbol{\epsilon}) = \boldsymbol{\Omega} = \begin{pmatrix} \sigma_1^2 & 0 & \cdots & 0 \\ 0 & \sigma_2^2 & \cdots & 0 \\ \vdots & \vdots & \ddots & \vdots \\ 0 & 0 & \cdots & \sigma_n^2 \end{pmatrix}$$

의 구조를 가진 모형을 말한다. 제3장에서 논의된 방법에 따른 모형 (4.1)의 GLS 추정량은 다음과 같다.

$$\widehat{\boldsymbol{\beta}}_{GLS} = (\mathbf{X}'\boldsymbol{\Omega}^{-1}\mathbf{X})^{-1}\mathbf{X}'\boldsymbol{\Omega}^{-1}\mathbf{y}.$$

이를 구하는 방법을 고려하여 보자.

$$\mathbf{\Omega}^{-1} = \begin{pmatrix} \sigma_1^{-2} & 0 & \cdots & 0 \\ 0 & \sigma_2^{-2} & \cdots & 0 \\ \vdots & \vdots & \ddots & \vdots \\ 0 & 0 & \cdots & \sigma_n^{-2} \end{pmatrix}$$

이므로

$$\mathbf{\Omega}^{-1} = \begin{pmatrix} \sigma_1^{-1} & 0 & \cdots & 0 \\ 0 & \sigma_2^{-1} & \cdots & 0 \\ \vdots & \vdots & \ddots & \vdots \\ 0 & 0 & \cdots & \sigma_n^{-1} \end{pmatrix} \begin{pmatrix} \sigma_1^{-1} & 0 & \cdots & 0 \\ 0 & \sigma_2^{-1} & \cdots & 0 \\ \vdots & \vdots & \ddots & \vdots \\ 0 & 0 & \cdots & \sigma_n^{-1} \end{pmatrix} = \mathbf{P}'\mathbf{P}$$

로 쓸 수 있다. 모형 (4.1)의 양변에 위의 $\mathbf{P}$를 곱하면

$$\mathbf{Py} = \mathbf{PX}\boldsymbol{\beta} + \mathbf{P}\boldsymbol{\epsilon} \tag{4.2}$$

이 된다. $E(\mathbf{P}\boldsymbol{\epsilon}) = \mathbf{P}E(\boldsymbol{\epsilon}) = \mathbf{0}$이고 $Var(\mathbf{P}\boldsymbol{\epsilon}) = \mathbf{P}Var(\boldsymbol{\epsilon})\mathbf{P}' = \mathbf{P}(\mathbf{P}'\mathbf{P})^{-1}\mathbf{P}' = \mathbf{I}$가 되어 모형 (4.2)은 고전적 선형회귀모형이 된다. 그러므로 모형 (4.2)를 이용한 $\boldsymbol{\beta}$의 OLS 추정량(이는 모형 (4.1)에서의 GLS 추정량이다)은

$$\begin{aligned} \widehat{\boldsymbol{\beta}} &= ((\mathbf{PX})'\mathbf{PX})^{-1}(\mathbf{PX})'\mathbf{Py} = (\mathbf{X}'\mathbf{\Omega}^{-1}\mathbf{X})^{-1}\mathbf{X}'\mathbf{\Omega}^{-1}\mathbf{y} \\ &= \left(\sum_{i=1}^{n} \sigma_i^{-2}\mathbf{x}_i\mathbf{x}_i'\right)^{-1} \sum_{i=1}^{n} \sigma_i^{-2}\mathbf{x}_i y_i \end{aligned}$$

가 된다. 여기에서 $\mathbf{x}_i'$은 $\mathbf{X}$의 i번째 행벡터이다. 즉 y_i 대신 $\sigma_i^{-1}y_i$를, $\mathbf{x}_i$ 대신 $\sigma_i^{-1}\mathbf{x}_i$를 이용하면 이는 고전적 선형회귀모형과 일치하게 된다.

좀 더 일반적으로 말하면, $\mathbf{\Omega}$를 알고 있을 경우 $\mathbf{\Omega}^{-1} = \mathbf{P}'\mathbf{P}$를 만족하는 $\mathbf{P}$를 구한 후 $\mathbf{y}$를 $\mathbf{Py}$로 변환시키고 $\mathbf{X}$를 $\mathbf{PX}$로 변환시켜 $\mathbf{Py}$에 대한 $\mathbf{PX}$의 OLS 추정량을 구하면, 이 추정량이 $\mathbf{y}$에 대한 $\mathbf{X}$의 GLS 추정량이 된다. 그러므로 $\mathbf{\Omega}$를 알고 있을 경우, 모든 추정문제와 검정문제는 제2장에서 논의된 것과 동일하게 된다.

$\mathbf{\Omega}$가 알려져 있지 않은 경우 적절한 방법에 의해 추정된 $\widehat{\mathbf{\Omega}}$를 통해 $\widehat{\mathbf{\Omega}}^{-1} = \widehat{\mathbf{P}}'\widehat{\mathbf{P}}$를 만족하는 $\widehat{\mathbf{P}}$를 구한 후 $\mathbf{y}$를 $\widehat{\mathbf{P}}\mathbf{y}$, $\mathbf{X}$를 $\widehat{\mathbf{P}}\mathbf{X}$로 변환시켜 $\widehat{\mathbf{P}}\mathbf{y}$에 대한 $\widehat{\mathbf{P}}\mathbf{X}$의 OLS 추정량으로 $\mathbf{y}$에 대한 $\mathbf{X}$의 FGLS를 구하게 된다. 즉, 이분산회귀모형에서의 모든 문제는 $\mathbf{\Omega}$의 추정문제로 귀결되게 된다. 그러나

$\mathbf{\Omega}$를 추정하는 데는 또다른 문제점이 발생하게 된다. 모형 (4.1)에서 $\boldsymbol{\beta}$와 $\mathbf{\Omega}$를 추정하려는 경우 $\boldsymbol{\beta}$는 k개의 모수를 가지고 있고, $\mathbf{\Omega}$는 n개의 모수를 가지고 있으므로 모두 $n+k$개의 모수를 추정해야 한다. 그러나 n개의 자료를 가지고 $n+k$개의 모수를 추정하는 것은 불가능하므로 이를 해결하기 위해서는 $\mathbf{\Omega}$가 어떤 $L \times 1$ 벡터 $\boldsymbol{\eta}$에 의존한다는 가정을 할 수밖에 없다. 즉, $\mathbf{\Omega} = \mathbf{\Omega}(\boldsymbol{\eta})$, $L < n$이라는 가정으로부터 $\mathbf{\Omega}$를 추정하게 된다. 일반적으로 $\mathbf{\Omega}$에 대한 가정은 어떤 함수 h에 대하여

$$\mathbf{\Omega} = \begin{pmatrix} \sigma_1^2 & 0 & \cdots & 0 \\ 0 & \sigma_2^2 & \cdots & 0 \\ \vdots & \vdots & \ddots & \vdots \\ 0 & 0 & \cdots & \sigma_n^2 \end{pmatrix} = \begin{pmatrix} \sigma^2 h(1+\mathbf{z}_1'\boldsymbol{\eta}) & 0 & \cdots & 0 \\ 0 & \sigma^2 h(1+\mathbf{z}_2'\boldsymbol{\eta}) & \cdots & 0 \\ \vdots & \vdots & \ddots & \vdots \\ 0 & 0 & \cdots & \sigma^2 h(1+\mathbf{z}_n'\boldsymbol{\eta}) \end{pmatrix}$$

의 형식을 따르게 된다. 여기에서 $\mathbf{z}_i$는 모형 (4.1)의 $\mathbf{x}_i$ 중 일부 또는 전부일 수 있으며 제 3의 변수일 수도 있다. 즉,

$$\sigma_i^2(\boldsymbol{\eta}) = \sigma^2 h(1+\mathbf{z}_i'\boldsymbol{\eta})$$

로 적절한 함수 h와 변수 $\mathbf{z}_i$를 선택하여 $\boldsymbol{\eta}$를 추정함으로써 σ_i^2를 추정할 수 있게 된다. 그러므로 σ_i^2의 추정은 함수 h와 변수 $\mathbf{z}_i$의 선택이 전제되어야 한다.

4.2 이분선형회귀모형의 내용종합

이 장에서 다루는 내용을 도표로 정리하면 다음과 같다.

표 4.1: 이분산선형회귀모형의 분석절차

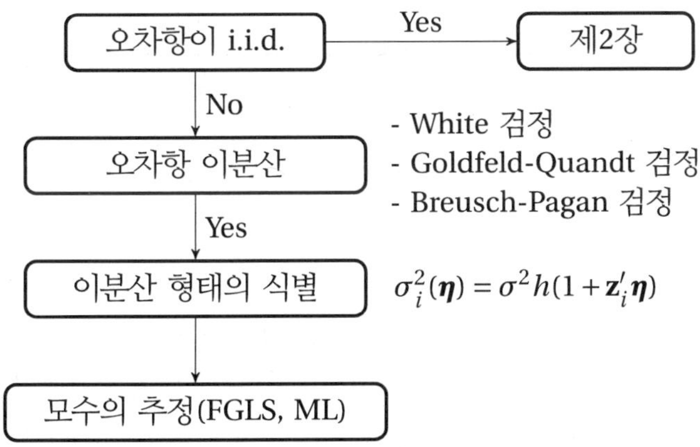

이후의 내용은 표 4.1에 따라 이 장에서 다루는 문제를 정리한 것이다.

4.2.1 $\mathbf{y} = \mathbf{X}\boldsymbol{\beta} + \boldsymbol{\epsilon}$에서 오차항이 이분산을 가지고 있는가?

오차항의 이분산 여부는 잔차플롯에 의해 잠정적으로 결정할 수 있다. $\boldsymbol{\beta}$의 OLS 추정량 $\widehat{\boldsymbol{\beta}} = (\mathbf{X}'\mathbf{X})^{-1}\mathbf{X}'\mathbf{y}$는 비록 오차항이 이분산을 가지고 있더라도 $\boldsymbol{\beta}$의 일치추정량이므로, 잔차 $e_i^2 = y_i - \mathbf{x}_i'\widehat{\boldsymbol{\beta}}$에서 e_i^2이나 $|e_i|$는 σ_i^2의 좋은 추정량이 된다. 그러므로 e_i^2나 $|e_i|$의 그림을 그려서 플롯이 안정적이지 못하면 오차항이 이분산을 갖는 것으로 의심할 수 있다.

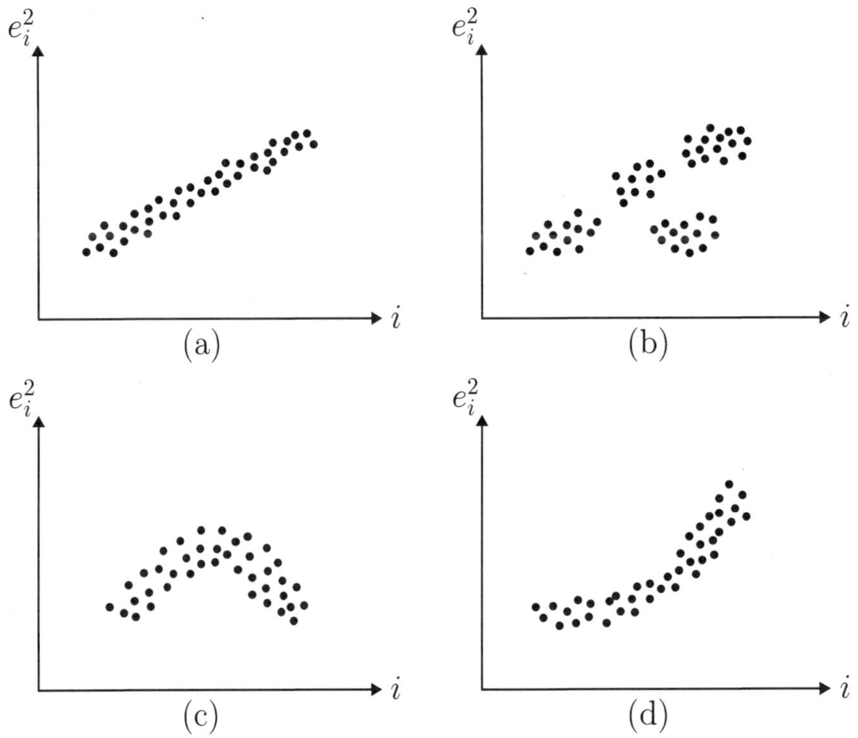

그림 4.1: e_i^2의 플롯

그림 4.1의 e_i^2의 플롯은 오차항의 이분산을 의심할 수 있는 몇 가지 예들이다. 그림 (a)는 분산이 관찰치의 순으로 증가하는 형태이고, 그림 (b)는 분산이 3개의 값을 갖는 형태로 관찰치들을 3개의 그룹으로 나누어 볼 수 있는 그룹 간 이분산선형회귀모형의 전형적인 예이다. 그림 (c)는 분산이 2차식의 형태를 따르고 있고, 그림 (d)는 분산이 지수적으로 증가하는 형태이다.

4.2.2 이분산 검정과 σ_i^2의 추정은 어떻게 하는가?

이분산이 존재한다는 것은 모형 (4.1)의 $\mathbf{\Omega}$에서 $\sigma_1^2, \sigma_2^2, \ldots, \sigma_n^2$ 중 적어도 하나의 분산은 다르다는 것을 의미한다. 이는 "$H_0 : \sigma_1^2 = \sigma_2^2 = \cdots = \sigma_n^2$ vs. H_1 :적어도 하나의 σ_i^2은 다르다" 를 검정하는 문제가 된다. $\sigma_i^2(\boldsymbol{\eta}) = \sigma^2 h(1 + \mathbf{z}_i'\boldsymbol{\eta})$로 가정하였기 때문에 "$H_0 : \sigma_1^2 = \sigma_2^2 = \cdots = \sigma_n^2$" 는 $\boldsymbol{\eta} = \mathbf{0}$과 같은 의미를 가지며, "$H_1$: 적어도 하나의 σ_i^2은 다르다"는 의미는 $\boldsymbol{\eta} \neq \mathbf{0}$과 동일한 의미를 가지게 된다. 그러므로 $\sigma_i^2(\boldsymbol{\eta}) = \sigma^2 h(1 + \mathbf{z}_i'\boldsymbol{\eta})$ 가정 하에서 이분산 검정은

$$H_0 : \boldsymbol{\eta} = \mathbf{0} \quad vs. \quad H_1 : \boldsymbol{\eta} \neq \mathbf{0}$$

에 대한 검정이 된다. 그러나 $\boldsymbol{\eta}$의 유의성을 검정하기 이전에 선행되어야 할 것은 h와 $\mathbf{z}_i$의 결정문제이다. 먼저 $\mathbf{z}_i$의 결정문제를 살펴보면, 모형 $\mathbf{y} = \mathbf{X}\boldsymbol{\beta} + \boldsymbol{\epsilon}$에서 $\mathbf{z}_i$가 $Var(\epsilon_i) = \sigma_i^2$에 대한 특별한 정보를 갖지 못한다면 $\mathbf{x}_i$ 중에서 선택하게 된다. 다음으로 함수 h의 결정에 대하여 알아보자. 대부분은 함수 h에 대한 형태를 사전에 알 수 없기 때문에 결정이 쉽지 않다. 이때, 가장 권장할 만한 초기 검정이 White 검정법이다. 예를 들어,

$$y_i = \beta_0 + \beta_1 x_{1i} + \beta_2 x_{2i} + \epsilon_i, \quad i = 1, 2, \ldots, n.$$

의 모형이 있을 때 $\boldsymbol{\beta} = (\beta_0, \beta_1, \beta_2)'$의 OLS 추정량에 의해 잔차 $e_i = y_i - \widehat{\beta}_0 - \widehat{\beta}_1 x_{1i} - \widehat{\beta}_2 x_{2i}$를 구한 후

$$e_i^2 = \eta_0 + \eta_1 x_{1i} + \eta_2 x_{2i} + \eta_3 x_{1i}^2 + \eta_4 x_{2i}^2 + \eta_5 x_{1i} x_{2i} + \nu_i$$

의 모형으로부터 $\boldsymbol{\eta} = (\eta_0, \eta_1, \eta_2, \eta_3, \eta_4, \eta_5)'$의 OLS 추정량을 구해 4.3.1절의 White 검정을 시행한다. 즉 White 검정은 $\sigma_i^2(\boldsymbol{\eta}) = \sigma^2 h(1 + \mathbf{z}_i'\boldsymbol{\eta})$에서 $h(x) = x$이고 $\mathbf{z}_i$는 모형 $y_i = \mathbf{x}_i'\boldsymbol{\beta} + \epsilon_i$에서 $\mathbf{x}_i$와 $\mathbf{x}_i$의 모든 2차항(예를 들어 $\mathbf{x}_i = (x_{1i}\ x_{2i})'$일 때 $\mathbf{x}_i$의 모든 2차항은 $x_{1i}^2, x_{2i}^2, x_{1i}x_{2i}$를 말한다)이 된다. White 검정결과 이분산이 유의하다는 검정결과를 보이면 이분산 검정을 끝내게 된다. 이때, σ_i^2의 추정치는

$$\widehat{e_i^2} = \widehat{\eta}_0 + \widehat{\eta}_1 x_{1i} + \widehat{\eta}_2 x_{2i} + \widehat{\eta}_3 x_{1i}^2 + \widehat{\eta}_4 x_{2i}^2 + \widehat{\eta}_5 x_{1i} x_{2i}$$

이 되며, $\widehat{\eta_i}$는 OLS 추정량이다. 만약 White 검정이 유의하지 못할 경우, White 검정의 검정력이 우수하지 못하므로 White 검정에 사용한 $\mathbf{z}_i$의 각각에 대해 e_i나 $|e_i|$에 대한 플롯을 그려보는 것이 다음의 절차이다. 예를 들어, $\mathbf{x}_i = (x_{1i}\ x_{2i})'$에서 x_{1i}의 e_i^2에 대한 플롯이 그림 (a)와 그림

(b)와 같은 경우는 $h(x) = \eta x_{1i}$로, (c)의 경우는 $h(x) = x_{1i}^{\eta}$로, (d)의 경우는 $h(x) = e^{\eta x_{1i}}$로 h와 z_i를 결정할 수 있을 것이다. 물론 $\mathbf{x}_i$ 중 2개 이상의 변수가 e_i^2이나 $|e_i|$에 영향을 미칠 때 $\mathbf{z}_i$에 이들을 모두 포함시킬 수 있다. 특히 $h(1+\mathbf{z}_i'\boldsymbol{\eta})$에서 $\mathbf{z}_i$가 하나의 변수이고 그 변수에 대한 e_i^2이나 $|e_i|$의 플롯이 그림 4.1의 (a)나 (d)와 같이 증가함수 형태이거나 혹은 감소함수 형태를 띨 경우, Goldfeld-Quandt 검정법을 사용한다(자세한 내용은 4.5.2절 참조).

$\mathbf{z}_i$가 두 개 이상의 변수로 구성되어 있고 $h(x)$가 x에 대한 증가함수 또는 감소함수가 아닐 때는 B-P-G(Breusch-Pagan-Godfrey) 검정법이 바람직하다(4.5.3절 참조).

σ_i^2의 추정은

(i) $h(x) = x$일 때 $e_i^2 = \eta_0 + \mathbf{z}_i'\boldsymbol{\eta} + \nu_i$ 모형에 의해 OLS 추정량 $\widehat{\eta}_0$와 $\widehat{\boldsymbol{\eta}}$를 추정하여 $\widehat{\sigma}_i^2 = \widehat{\eta}_0 + \mathbf{z}_i'\widehat{\boldsymbol{\eta}}$로 하여 σ_i^2을 추정한다.

(ii) $h(x) = x^2$일 때는 $|e_i| = \eta_0 + \mathbf{z}_i'\boldsymbol{\eta} + \nu_i$ 모형에 의해 σ_i^2의 추정치는 $(\widehat{\eta}_0 + \mathbf{z}_i'\widehat{\boldsymbol{\eta}})^2$로 한다.

(iii) $h(x) = e^x$일 때는 $\log e_i^2 = \eta_0 + \mathbf{z}_i'\boldsymbol{\eta}$의 모형으로부터 $\widehat{\sigma}_i^2 = e^{\widehat{\eta}_0 + \mathbf{z}_i'\widehat{\boldsymbol{\eta}}}$로 σ_i^2의 추정한다(자세한 내용은 4.6.3절 참조).

$\sigma_i^2(\boldsymbol{\eta}) = \sigma^2(1+\mathbf{z}_i'\boldsymbol{\eta})$ 중에서(즉, $h(x) = x$) 다음의 2가지 경우 매우 유용하다. 먼저 첫 번째로 $\sigma_i^2(\boldsymbol{\eta}) = \sigma^2(1+\eta(\mathbf{x}_i'\boldsymbol{\beta}))$인 경우이다. 이것은 $y_i = \mathbf{x}_i'\boldsymbol{\beta} + \epsilon_i$의 회귀모형에서 y_i의 분산이 y_i의 평균에 의존하는 경우이다. σ_i^2는 $\widehat{e}_i^2 = \widehat{\eta}_0 + \widehat{\eta} x_i^*$, $x_i^* = \mathbf{x}_i'\widehat{\boldsymbol{\beta}}$에 의해 추정된다. 여기에서 $\widehat{\boldsymbol{\beta}}$는 $\boldsymbol{\beta}$의 OLS 추정량이다.

두 번째로 $\mathbf{z}_i$가 가변수일 때이다. 이는 그룹이분산선형회귀모형에서 유용하게 쓰일 수 있다. 그림 4.1의 (b)와 같은 경우가 $\mathbf{z}_i$가 가변수일 때의 대표적인 경우이다. 즉 그림 4.1의 (b)와 같이 e_i^2를 3개의 그룹으로 나눌 수 있을 때, $\sigma_i^2(\boldsymbol{\eta}) = \sigma^2(1+\eta_1 D_1 + \eta_2 D_2)$로 h 및 $\mathbf{z}_i$를 결정한다. 여기에서

$$D_1 = \begin{cases} 1 & \text{만약 } e_i^2\text{가 그룹 I에 속하면} \\ 0 & \text{그렇지 않으면} \end{cases}$$

$$D_2 = \begin{cases} 1 & \text{만약 } e_i^2\text{가 그룹 II에 속하면} \\ 0 & \text{그렇지 않으면} \end{cases}$$

이다. σ_i^2의 추정은 $e_i^2 = \widehat{\eta}_0 + \widehat{\eta}_1 D_1 + \widehat{\eta}_2 D_2$에 의해 추정된다.

4.2.3 모수 $\boldsymbol{\beta}$의 추정

이분산 선형회귀 모형에서, $E(\boldsymbol{\epsilon}|\mathbf{X}) = \mathbf{0}$이면 모수 $\boldsymbol{\beta}$의 OLS 추정량

$$\widehat{\boldsymbol{\beta}}_{OLS} = (\mathbf{X}'\mathbf{X})^{-1}\mathbf{X}'\mathbf{y}$$

는 $\boldsymbol{\beta}$의 일치추정량이 된다. 그러나 $\widehat{\boldsymbol{\beta}}_{OLS}$는 FGLS 추정량

$$\widehat{\boldsymbol{\beta}}_{FGLS} = (\mathbf{X}'\widehat{\boldsymbol{\Omega}}^{-1}\mathbf{X})^{-1}\mathbf{X}'\widehat{\boldsymbol{\Omega}}^{-1}\mathbf{y}$$

보다는 일반적으로 큰 분산을 가지므로 효율적이지 못하다고 알려져 있다. 그러나 $\widehat{\boldsymbol{\beta}}_{OLS}$는 $\boldsymbol{\beta}$의 일치추정량이기 때문에 FGLS나 ML 추정량을 구하기 위한 초기추정량으로 유용한 역할을 하게 된다.

모수 $\boldsymbol{\beta}$의 FGLS 추정량은 $\sigma_i^2(\boldsymbol{\eta}) = h(1+\mathbf{z}_i'\boldsymbol{\eta})$를 앞에서 논의한 방법에 따라 $\boldsymbol{\eta}$를 추정한 후 $\widehat{\sigma}_i^2 = \sigma_i^2(\widehat{\boldsymbol{\eta}})$로 놓고

$$\widehat{\boldsymbol{\beta}}_{FGLS} = \left(\sum_{i=1}^{n} \widehat{\sigma}_i^{-2}\mathbf{x}_i\mathbf{x}_i'\right)^{-2} \sum_{i=1}^{n} \widehat{\sigma}_i^{-2}\mathbf{x}_i y_i$$

로 구하게 된다. 한편, $\boldsymbol{\beta}$의 ML 추정량은 모형 (4.1)에서 $\boldsymbol{\epsilon}$가 평균 $\mathbf{0}$ 분산이

$$Var(\boldsymbol{\epsilon}) = \sigma^2 \begin{pmatrix} h(1+\mathbf{z}_1'\boldsymbol{\eta}) & 0 & \cdots & 0 \\ 0 & h(1+\mathbf{z}_2'\boldsymbol{\eta}) & \cdots & 0 \\ \vdots & \vdots & \ddots & \vdots \\ 0 & 0 & \cdots & h(1+\mathbf{z}_n'\boldsymbol{\eta}) \end{pmatrix}$$

인 다변량 정규분포를 따른다는 가정 하에서 $\boldsymbol{\eta}$, σ^2, 그리고 $\boldsymbol{\beta}$를 동시에 추정하는 방법이다. 특히 $\sigma_i^2(\boldsymbol{\eta})$에서 $\boldsymbol{\eta}$가 모수 $\boldsymbol{\beta}$의 함수일 때 FGLS보다는 ML이 우수한 것으로 알려져 있다(자세한 내용은 4.6절을 참조).

4.3 SAS/ETS 프로그램

다음은 이 장에서 논의되는 이분산선형회귀모형의 추정 및 검정을 위한 SAS/ETS AUTOREG 프로시져에 대한 설명이다.

---

① **PROC AUTOREG** data= *input data-set* options;

② **MODEL** dependent = regressors / options;

③ **HETERO** variables / options;

④ **RESTRICT** equations;

⑤ **TEST** equations;

위 프로그램 중 ①, ②, ④, ⑤는 제2장에서 설명한 것과 동일하다. ③ 명령어는 $y_i = \mathbf{x}_i'\boldsymbol{\beta} + \epsilon_i$의 모형에서 $\epsilon_i \sim \mathrm{N}(0, \sigma_i^2)$, $\sigma_i^2 = \sigma^2 h(1 + \mathbf{z}_i'\boldsymbol{\eta})$를 가정하고 있다. AUTOREG 프로시져에서 $\mathbf{z}_i$의 함수인 h는 다음의 4가지 형태를 부여할 수 있다.

$$h = (1 + \mathbf{z}_i'\boldsymbol{\eta}),\ h = (1 + \mathbf{z}_i'\boldsymbol{\eta})^2,\ h = e^{(\mathbf{z}_i'\boldsymbol{\eta})},\ h = (1 + \eta\mathbf{x}_i'\boldsymbol{\beta})$$

HETERO variables에서 variables는 $h(\mathbf{z}_i'\boldsymbol{\eta})$의 $\mathbf{z}_i$를 지정하게 된다. 특히 $h(\mathbf{z}_i'\boldsymbol{\eta}) = (1 + \eta\mathbf{x}_i'\boldsymbol{\beta})$의 경우 HETERO xbeta /options로, 즉 **HETERO** variables에서 variables를 xbeta로 지정해 줌으로써 $h(\mathbf{z}_i'\boldsymbol{\eta}) = (1 + \eta\mathbf{x}_i'\boldsymbol{\beta})$의 해를 구하게 된다. 이제 **HETERO** variables /options에서 options에 대해서 알아보도록 하자.

(i) **LINK**=value

이 옵션은 h의 함수 형태를 지정해 주는 명령어이다. 즉,

LINK=LINEAR는 $h(\mathbf{z}_i'\boldsymbol{\eta}) = (1 + \mathbf{z}_i'\boldsymbol{\eta})$ 또는 $h(\mathbf{z}_i'\boldsymbol{\eta}) = (1 + \eta\mathbf{x}_i'\boldsymbol{\beta})$를,

LINK=SQUARE는 $h(\mathbf{z}_i'\boldsymbol{\eta}) = (1 + \mathbf{z}_i'\boldsymbol{\eta})^2$ 또는 $h(\mathbf{z}_i'\boldsymbol{\eta}) = (1 + \eta\mathbf{x}_i'\boldsymbol{\beta})^2$을,

LINK=EXP는 $h(\mathbf{z}_i'\boldsymbol{\eta}) = e^{(\mathbf{z}_i'\boldsymbol{\eta})}$를 지정하는 명령어이다.

(ii) **COEF**=value

이 옵션은 $h(\mathbf{z}_i'\boldsymbol{\eta})$에서 $\boldsymbol{\eta}$ 추정시 제약조건을 부여하는 명령어이다. 즉,

COEF=NONNEG는 $\eta \geq 0$을 만족하도록 추정하며,

COEF=UNIT은 $\eta = 1$로,

COEF=ZERO는 $\eta = 0$으로 추정한다.

COEF=UNREST는 아무런 제약조건 없이 η가 추정되도록 한다(기본설정).

(iii) **STD**=value

이 옵션은 $\sigma_i^2 = \sigma^2 h(\mathbf{z}_i'\boldsymbol{\eta})$에서 σ에 대한 제약조건이다. 즉,

STD=NONNEG는 $\sigma \geq 0$을 만족하도록 추정하며,

STD=UNIT은 $\sigma = 1$로 추정한다.

STD=UNREST는 아무런 제약조건 없이 σ가 추정되도록 한다(기본설정).

(iv) **TEST**=LM

이는 **HETERO** variables /options에 의해 주어진 $h(\mathbf{z}_i'\boldsymbol{\eta})$에 대한 이분산 검정을 위한 라그랑즈 승수 검정(Lagrange multiplier test)을 실시하라는 명령어이다. 즉 "H_0 : 이분산이 없다. vs. $H_1 : h(\mathbf{z}_i'\boldsymbol{\eta})$"에 대한 검정이다. 이는 4.3절에 의하면(특히 4.3.3 절) $H_0 : \boldsymbol{\eta} = \mathbf{0}$와 $H_1 : \boldsymbol{\eta} \neq \mathbf{0}$이라는 가설검정과 같다.

(v) **NOCONST**

이는 $h(\mathbf{z}_i'\boldsymbol{\eta}) = (1+\mathbf{z}_i'\boldsymbol{\eta})$, $h(\mathbf{z}_i'\boldsymbol{\eta}) = (1+\mathbf{z}_i'\boldsymbol{\eta})^2$, $h(\mathbf{z}_i'\boldsymbol{\eta}) = (1+\eta\mathbf{x}_i'\boldsymbol{\beta})$에서 $h(\mathbf{z}_i'\boldsymbol{\eta}) = (\mathbf{z}_i'\boldsymbol{\eta})$, $h(\mathbf{z}_i'\boldsymbol{\eta}) = (\mathbf{z}_i'\boldsymbol{\eta})^2$, $h(\mathbf{z}_i'\boldsymbol{\eta}) = (\eta\mathbf{x}_i'\boldsymbol{\beta})$로 h를 지정하라는 명령어이다. 즉, h에서 "1"을 없애라는 명령어이다.

이제 **HETERO** variables/options의 몇 가지 사용 예를 살펴보자. 다음 모형에서

$$y_i = \beta_0 + \beta_1 x_{1i} + \beta_2 x_{2i} + \beta_3 x_{3i} + \epsilon_i \tag{4.3}$$

(i) $Var(\epsilon_i) = \sigma_i^2 = \sigma^2 x_{2i}^2$라고 가정하면 프로그램은 다음과 같다.

```
PROC AUTOREG DATA=A;
MODEL y=x1 x2 x3;
HETERO x2 /LINK=square COEF=unit noconstant;
RUN;
```

(ii) $Var(\epsilon_i) = x_{2i}^2$라고 가정하면 프로그램은 다음과 같다.

```
PROC AUTOREG DATA=A;
MODEL y=x1 x2 x3;
HETERO x2 /LINK=square COEF=unit STD=unit noconstant;
RUN;
```

(iii) $\sigma_i^2 = \sigma^2 x_{2i}^{\eta}$이라고 가정하자. $\sigma_i^2 = \sigma^2 e^{(\eta \log x_{2i})}$이므로 프로그램은 다음과 같다.

```
PROC AUTOREG DATA=A;
MODEL y=x1 x2 x3;
HETERO lx /LINK=exp;
RUN;
```

여기서 lx는 데이터세트 A에서 이미 $\mathrm{l}x = \log x_2$로 정의되었다고 하자.

(iv) $\sigma_i^2 = \sigma^2(1+\eta\mathbf{x}_i'\boldsymbol{\beta})$이라고 가정하면 프로그램은 다음과 같다.

```
PROC AUTOREG DATA=A;
MODEL y=x1 x2 x3;
HETERO xbeta /LINK=linear;
RUN;
```

4.4 사례분석

표 4.2은 2009년 우리나라 16개 지역별 어음부도액과 예금은행 중소기업 대출금 자료이다 (자료출처: 한국은행 경제통계시스템, 한국은행 지역경제통계).

표 4.2: 2009년 16개 지역의 어음부도액과 중소기업대출금(단위:10억원)

지역(label)	시설자금 대출금(EQ)	운전자금 대출금(OP)	어음부도액(DIS)
서울특별시(SL)	42137.9	131452.7	4751.8
부산광역시(BS)	8526.3	23001.8	347.8
대구광역시(DG)	5206.1	16225.1	163.5
인천광역시(IC)	5457.4	16489.1	181.2
광주광역시(GJ)	2362.5	8626.1	176.4
대전광역시(DJ)	1831.8	5922.8	54.1
울산광역시(US)	2126.2	5665.1	78.3
경기도(GG)	22661.4	61400.2	1221.2
강원도(GW)	1629.0	3645.6	21.8
충청북도(CB)	1837.2	5238.4	56.0
충청남도(CN)	3336.7	7268.5	49.4
전라북도(JB)	3291.9	5975.4	83.1
전라남도(JN)	2939.5	4618.8	40.4
경상북도(GB)	4267.2	9102.1	81.1
경상남도(GN)	8248.6	17511.7	248.7
제주특별자치도(JJ)	838.8	2804.0	24.3

먼저 어음부도액을 DIS로, 시설자금 대출금을 EQ로, 그리고 운전자금 대출금을 OP 로 정의하도록 하자. 모형에 대하여 논하기 전에 표 4.2을 살펴보면 '서울특별시'와 '경기도'의 경우 DIS, EQ, OP 모두 다른 지역들에 비하여 매우 큰 값을 갖는 것을 볼 수 있다. 지역적 특성에서 기인한 것이지만 분석관점에서 이들을 특이치로 구분하여 분석 시 자료에서 제외하였다. 이제 모형을 다음과 같이 설정한 후

$$DIS_i = \beta_0 + \beta_1 EQ_i + \beta_2 OP_i + \epsilon_i \tag{4.4}$$

β_0, β_1 그리고 β_2의 OLS 추정량을 다음의 프로그램으로 구하였다.

프로그램 4.1 : 모형 (4.4) OLS 추정

```
data hetero1;
 input name $EQ OP DIS;
 if DIS > 150  then D=1; else D=0;
 cards;
 BS   8526.3   23001.8   347.8
 DG   5206.1   16225.1   163.5
 ...  ; run;

proc reg data=hetero1;
 model DIS= EQ OP /vif; run;
```

출력 4.1 : 프로그램 4.1의 결과

```
                         Dependent Variable: DIS

                                   Sum of         Mean
       Source              DF    Squares        Square  F Value  Pr > F

       Model                2     106428         53214    42.94  <.0001
       Error               11      13632    1239.30007
       Corrected Total     13     120060

         Root MSE              35.20369    R-Square     0.8865
         Dependent Mean       114.72143    Adj R-Sq     0.8658
         Coeff Var             30.68624

                         Parameter  Standard                      Variance
    Variable     DF      Estimate     Error   t Value  Pr > |t|  Inflation

    Intercept     1     -21.88631  17.88683     -1.22    0.2467          0
    EQ            1   -0.00012456   0.01219     -0.01    0.9920    8.90503
    OP            1       0.01453   0.00466      3.12    0.0098    8.90503
```

출력 4.1에 따라 $R^2 = 0.8865$로 모형 (4.4)가 잘 적합 된 것을 알 수 있다. 그러나 DIS의 변동을 설명하는데 시설자금 대출금(EQ)는 큰 역할을 하지 못하는 것으로 판명되어(p-값=0.9920) 모형 (4.4)를 다음과 같이 수정하였다.

$$DIS_i = \beta_0 + \beta_1 OP_i + \epsilon_i \tag{4.5}$$

그 결과 $\widehat{DIS}_i = -21.92452 + 0.01448\,OP_i$로 추정되었으며 $R^2 = 0.8865$가 되었다. 모형 (4.5)의 OLS 추정치를 위한 프로그램은 다음과 같다.

프로그램 4.2 : 모형 (4.5)의 OLS 추정

```
proc autoreg data=hetero1;
 model DIS=OP;
 output out=out1 r=R1 lclm=cl1 uclm=cu1; run;
```

모형 (4.5)의 OLS 추정량은 $Var(\epsilon_i) = \sigma^2$이라는 등분산 가정 하에서 출발한 추정치이다. 이제 모형 (4.5)의 OLS 추정치가 타당한가를 살펴보기 위해 오차항의 분산이 등분산인가를 검정하여 보자. 이를 위해 먼저 DIS와 OP의 플롯을 그려보면 다음과 같다.

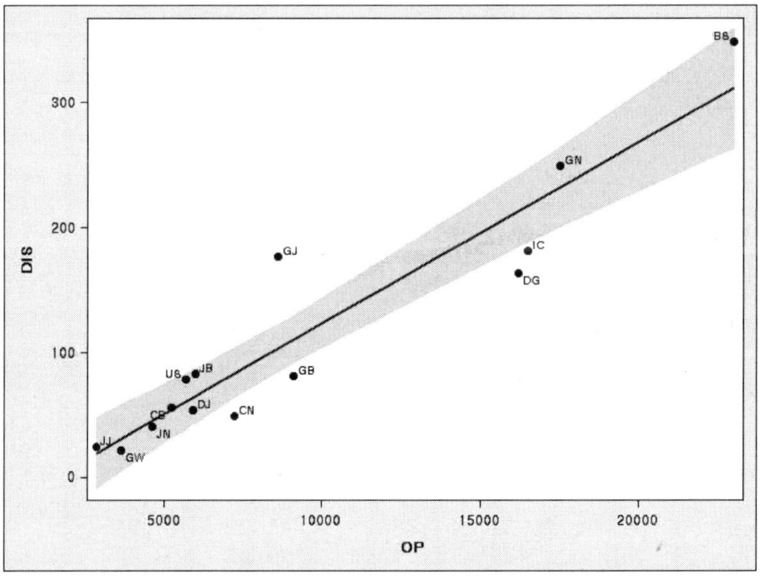

그림 4.2: DIS와 OP의 플롯

그림 4.2을 살펴보면 오차항의 분산이 일정하다는 가정이 어려워 보인다. 즉, 대략 DIS가 150을 중심으로 150 이하일 때와 150 이상일 때의 분산이 다르게 보인다. 그리고 회귀선(그림 4.2의 실선)을 중심으로 회귀선(즉 DIS의 평균)이 증가함에 따라 분산이 커지는 경향을 보이고 있다. 이러한 경향이 통계적으로 유의한 결과를 보이고 있는지를 검정하기 위해 먼저 White 검정을 실시하여 보자. 프로그램 4.2에서 추정된 회귀선 $\widehat{DIS}_i = -21.92452 + 0.01448\,OP_i$로부터 잔차 $\hat{\epsilon}_i^2 = \alpha_0 + \alpha_1 OP_i + \alpha_2 OP_i^2 + \nu_i$의 OLS 추정량에 의한 R^2를 구하고 $n \cdot R^2$가 근사적으로 $\chi^2_{(df=2)}$ 분포를 따른다는 사실을 이용하여 이분산 여부를 검정하고자 한다.

프로그램 4.3 : White 검정

```
data hetero2; set out1;
 SQR=R1**2; SQEQ=EQ**2; SQOP=OP**2;
 EQOP=EQ*OP; SEQ=SQRT(EQ); IEQ=1/EQ;  run;

proc autoreg data=hetero2;
 model SQR = OP SQOP; run;
```

여기에서 χ^2 분포의 자유도는 $\hat{\epsilon}_i^2 = \alpha_0 + \alpha_1 OP_i + \alpha_2 OP_i^2 + \nu_i$에서 독립변수의 숫자이다. 이를 위해 프로그램 4.2의 output out=OUT1에 저장된 $\hat{\epsilon}_i = \mathrm{R1}$을 이용하여 다음의 프로그램 4.3으로부터 $n \cdot R^2$를 계산한다.

출력 4.3 : 프로그램 4.3의 결과

```
                         Dependent Variable     SQR

    SSE                20888474.7     DFE                          11
    MSE                   1898952     Root MSE                   1378
    SBC                246.666562     AIC                   244.74939
    MAE                787.262083     AICC                  247.14939
    MAPE               1318.68963     HQC                  244.571921
    Durbin-Watson          2.3597     Regress R-Square         0.2414
                                      Total R-Square           0.2414

                                      Standard                 Approx
 Variable        DF       Estimate       Error     t Value    Pr > |t|

 Intercept        1          -1618        1473       -1.10      0.2955
 OP               1         0.5165      0.3076        1.68      0.1213
 SQOP             1      -0.000018   0.0000123       -1.48      0.1666
```

프로그램 4.3의 결과인 출력 4.3을 보면 $R^2 = 0.2414$로 $n \cdot R^2 = (14)(0.2414) = 3.3796$이나 $\chi^2_{0.05,(df=2)} = 5.99$이므로 White 검정결과 모형 (4.5)는 이분산을 가진 모형이라고 할 수 없다. 그러나 White 검정은 검정력이 좋지 않기 때문에 이 결과만으로는 이분산 여부를 확신할 수 없다. 그러므로 그림 4.2에서 관찰하였듯이 그룹이분산과 분산이 회귀선의 평균인 $\beta_0 + \beta_1 OP_i$에 의존하는지를 검정하여 보자. 그룹이분산의 경우는 다음의 가설을

$$H_0 : Var(\epsilon_i) = \sigma^2, \quad \text{vs.} \quad H_1 : Var(\epsilon_i) = \begin{cases} \sigma_1^2, & \text{만약 } DIS_i \le 150 \\ \sigma_2^2, & \text{만약 } DIS_i > 150,\ \sigma_2^2 = 2\sigma_1^2 \end{cases} \tag{4.6}$$

분산이 회귀선의 평균에 의존하는 경우는 다음의 가설을 검정하게 된다.

$$H_0 : Var(\epsilon_i) = \sigma^2, \quad \text{vs.} \quad H_1 : Var(\epsilon_i) = \sigma^2(1 + (\beta_0 + \beta_1 OP_i)) \tag{4.7}$$

다음의 프로그램 4.4는 B–P–G 검정법에 관한 것이다.

프로그램 4.4 : B-P-G 검정

```
1   proc autoreg data=hetero1;
2      model DIS=OP;
3      hetero D /link=linear coef=unit test=lm;   run;
4
5   proc autoreg data=hetero1;
6      model DIS=OP;
7      hetero xbeta /link=linear coef=unit test=lm;   run;
```

프로그램 4.4에서 P1~P3은 가설 (4.6)의 검정을 위한 프로그램이다. 즉 $Var(\epsilon_i) = \sigma^2(1+D_i)$에 대한 검정이다. 여기에서 D_i는 프로그램 4.1에 정의되어 있듯이 $DIS_i > 150$이면 $D_i = 1$, 그렇지 않으면 $D_i = 0$으로 정의되어 있다. P5~P7은 가설 (4.7)의 검정을 위한 프로그램이다. 위 가설의 검정은 test=LM에 의해 시행된다. 내용 설명에 앞서 출력 4.4에서 HET0와 HET1은 순서대로 각각 σ와 η의 추정값을 의미한다.

출력 4.4 : $Var(\epsilon_i) = \sigma^2(1+D_i)$의 검정결과

```
                     Linear Heteroscedasticity Estimates

    SSE                  13688.2585    Observations                14
    MSE                   977.73275    Root MSE              31.26872
    Log Likelihood       -66.224896    Total R-Square          0.8860
    SBC                  140.366963    AIC                 138.449791
    MAE                  24.5114836    AICC                140.631609
    MAPE                 24.9714064    HQC                 138.272322
    Hetero Test              9.8834    Normality Test          0.5962
    Pr > ChiSq               0.0017    Pr > ChiSq              0.7422

                                          Standard                  Approx
Variable         DF       Estimate          Error     t Value     Pr > |t|

Intercept         1       -23.1053        18.5631       -1.24       0.2132
OP                1         0.0144       0.001604        8.98       <.0001
HET0              1        24.2310         5.4884        4.41       <.0001
HET1              1         1.0000      7.091E-15     1.41E14       <.0001
```

출력 4.4 : $Var(\epsilon_i) = \sigma^2(1+(\beta_0+\beta_1 OP_i))$의 검정결과

```
                     Linear Heteroscedasticity Estimates

    SSE                  13636.0085    Observations                14
    MSE                   974.00061    Root MSE              31.20898
```

```
     Log Likelihood      -65.692605     Total R-Square          0.8864
     SBC                 139.302382     AIC                  137.38521
     MAE                 24.4463867     AICC                139.567028
     MAPE                25.4280787     HQC                 137.207741
     Hetero Test             4.8962     Normality Test          1.9417
     Pr > ChiSq              0.0269     Pr > ChiSq              0.3788

                                        Standard                   Approx
 Variable        DF       Estimate         Error    t Value     Pr > |t|

 Intercept        1       -22.7169       19.9010      -1.14       0.2537
 OP               1         0.0146      0.002210       6.59       <.0001
 HET0             1         2.8418        0.6487       4.38       <.0001
 HET1             1         1.0000     2.441E-16     4.1E15       <.0001
```

먼저 출력 4.4를 살펴보면 `Hetero Test=9.8834`이고 p-값이 0.0017이므로 가설 (4.6)을 기각하게 되어 모형 (4.5)는 이분산선형회귀모형이 된다. 즉, $H_1: Var(\epsilon_i) = \sigma^2(1+D_i)$에서 $\hat{\sigma} = 24.23$로 추정되었으므로 $DIS_i > 150$일 때는 $Var(\epsilon_i) = \sigma_2^2 = 2\cdot(24.23)^2$로, $DIS_i \le 150$일 때는 $Var(\epsilon_i) = \sigma_1^2 = (24.23)^2$로 추정되었다. 이 추정치를 바탕으로 새롭게 추정된(FGLS 또는 ML) 모형 (4.5)는 다음과 같다.

$$\widehat{DIS_i} = -23.1053 + 0.0144 OP_i$$

출력 4.5는 출력 4.4와 마찬가지로 `Hetero Test=4.8962`이고 p-값이 0.0269이므로 가설 (4.7)을 기각하게 되어 모형 (4.5)의 분산은 DIS_i의 평균 $\beta_0 + \beta_1 OP_i$에 의존하는 이분산선형회귀모형이 된다. 그러므로 추정된 이분산선형회귀모형은

$$\widehat{DIS_i} = -22.7169 + 0.0146 OP_i$$

이 되면 $Var(\epsilon_i) = \sigma^2(1+(\beta_0+\beta_1 OP_i))$는 $(2.8418)^2(1+(-22.7169+0.0146 OP_i))$로 추정되었다.

이분산선형회귀모형에서 이분산의 반영을 위해서는 외부 자료를 이용할 수 있지만, 실제적으로는 모형 내의 독립변수들이나 이들의 결합된 형태를 이용하게 된다. 그러나 어떤 형태를 적용해야 이분산을 반영할 수 있는가를 찾는 것은 그리 쉬운 일이 아닌다. 반면 그룹이분산처럼 가변수를 이용하여 이분산을 반영하는 방법은 비록 정교함이 떨어지기는 하지만 상대적으로 손쉽게 이분산의 효과를 모형에 반영할 수 있다. 이에 대한 예로 프로그램 4.4에서 ① 경우의 확장을 고려해보도록 하자. 그림 4.2을 보면 $DIS \ge 150$인 부분은 다시 $150 \le DIS \le 200$과 $DIS > 200$인 부분으로 나눌 수 있다. 즉 150과 200을 기준으로 3개의 그룹으로 나눌 수 있다.

따라서 세 그룹에 대한 이분산 검정은 가설 (4.6)을 확장한 가설 (4.8)을 검정하는 것이 된다.

$$H_0 : Var(\epsilon_i) = \sigma^2, \quad \text{vs.} \quad H_1 : Var(\epsilon_i) = \begin{cases} \sigma_1^2, & \text{만약 } DIS_i \le 150 \\ \sigma_2^2, & \text{만약 } 150 < DIS_i \le 200,\ \sigma_2^2 = 2\sigma_1^2 \\ \sigma_3^2, & \text{만약 } DIS_i > 200,\ \sigma_3^2 = 3\sigma_1^2 \end{cases} \tag{4.8}$$

세 그룹을 이분산 모형 내에 반영하기 위한 가변수의 정의는 150과 200을 기준으로, $\sigma_1^2 = \sigma^2$, $\sigma_2^2 = 2\cdot\sigma^2$, $\sigma_3^2 = 3\cdot\sigma^2$를 만족해야 하므로 다음과 같이 하였다.

$$D_1 = \begin{cases} 0, & \text{만약 } DIS_i \le 150 \\ 1, & \text{만약 } 150 < DIS_i \le 200 \\ 1, & \text{만약 } DIS_i > 200 \end{cases}, \quad D_2 = \begin{cases} 0, & \text{만약 } DIS_i \le 150 \\ 0, & \text{만약 } 150 < DIS_i \le 200 \\ 1, & \text{만약 } DIS_i > 200 \end{cases}$$

가변수 $\mathbf{D}_i = (D_{1,i}, D_{2,i})'$와 $\boldsymbol{\eta} = (\eta_1, \eta_2)'$에 의하여 만들어지는 세 그룹이분산은 다음과 같이 나타낼 수 있다.

$$Var(\epsilon_i) = \sigma^2(1 + D_{1,i} + D_{2,i}) = \sigma^2\left(1 + \mathbf{D}_i'\boldsymbol{\eta}\right)$$

가설 (4.8)의 검정을 위한 프로그램과 결과는 다음과 같다.

프로그램 4.5 : 세 그룹이분산의 검정

```
data hetero3; set hetero1;
 if DIS < 150 then do; D1=0; D2=0; end;
  else if 150 <= DIS <= 200 then do; D1=1; D2=0; end;
   else do; D1=1; D2=1; end; run;

proc autoreg data=hetero3;
 model DIS=OP;
 hetero D1 D2 /link=linear coef=unit test=lm; run;
```

출력 4.5 : $Var(\epsilon_i) = \sigma^2(1 + D_{1,i} + D_{2,i})$의 검정결과

```
                    Linear Heteroscedasticity Estimates

       SSE                 14025.4226    Observations                14
       MSE                       1002    Root MSE              31.65148
       Log Likelihood      -66.275963    Total R-Square          0.8832
       SBC                 140.469098    AIC                 138.551926
       MAE                 24.7216782    AICC                140.733745
       MAPE                24.6518024    HQC                 138.374457
       Hetero Test            11.0139    Normality Test          1.0277
```

```
      Pr > ChiSq             0.0041    Pr > ChiSq              0.5982

                                       Standard                     Approx
    Variable         DF      Estimate       Error     t Value      Pr > |t|

    Intercept         1      -19.9820     18.9505       -1.05        0.2917
    OP                1        0.0139    0.001737        7.99        <.0001
    HET0              1       23.6248      5.1668        4.57        <.0001
    HET1              1        1.0000   7.585E-11     1.32E10        <.0001
    HET2              1        1.0000   1.934E-13     5.17E12        <.0001
```

출력 4.5를 살펴보면 `Hetero Test = 11.0139`이고 p-값이 0.0041이므로 가설 (4.8)을 기각하지 못하게 되어 모형 (4.5)는 세 그룹이분산을 갖는 이분산 선형 회귀모형이 된다. 출력 결과 4.5에 따라 최종 모형은 다음과 같이 정리할 수 있다.

$$\widehat{DIS}_i = -19.982 + 0.0139\,OP_i$$

$$Var(\hat{\epsilon}_i) = 23.625^2(1 + D_{1,i} + D_{2,i}) = \begin{cases} \sigma_1^2 = 23.625^2, & \text{만약 } DIS_i \\ \sigma_2^2 = 2\cdot(23.625)^2, & \text{만약 } 150 < DIS_i \le 200 \\ \sigma_3^2 = 3\cdot(23.625)^2, & \text{만약 } DIS_i > 200 \end{cases}$$

다음으로 이분산을 모형에 반영하기 위한 수단으로 모형 4.4에서 제외된 변수 EQ의 사용을 고려해 보자. 변수 EQ가 이분산을 설명할 수 있으려면 모형 (4.5)의 잔차를 제곱한 값의 변화를 EQ또는 EQ의 변환 값인 $f(EQ)$가 설명할 수 있어야 한다. 이를 살펴보기 위하여 모형 (4.5)로부터 추정된 잔차의 제곱(R^2)을 세로축으로 하고 EQ, EQ^2, $\sqrt{EQ}$, EQ^{-1}를 가로축으로 하는 그림 4.3를 그려보았다. 이 그림을 살펴보면 EQ, EQ^2, $\sqrt{EQ}$의 경우는 값이 커짐에 따라 잔차의 제곱 R^2이 커지는 경향을 보이고 있으며 EQ^{-1}의 경우는 값이 커짐에 따라 R^2이 작아지는 경향을 보이고 있다. 그림을 판독하는 것만으로는 이분산의 설명 여부를 판단할 수 없으므로 네 경우 모두에 대하여 이분산 검정을 하였다.

표 4.3는 네 가지 경우에 대한 이분산 검정 결과를 정리한 것이다.

표 4.3: EQ의 변환형태에 따른 이분산 검정

	`Hetero Test`	p-값
$Var(\epsilon_i) = \sigma^2(1+EQ)$	0.8555	0.3550
$Var(\epsilon_i) = \sigma^2(1+EQ^2)$	0.2421	0.6227
$Var(\epsilon_i) = \sigma^2(1+\sqrt{EQ})$	1.3675	0.2422
$Var(\epsilon_i) = \sigma^2(1+EQ^{-1})$	2.3420	0.1259

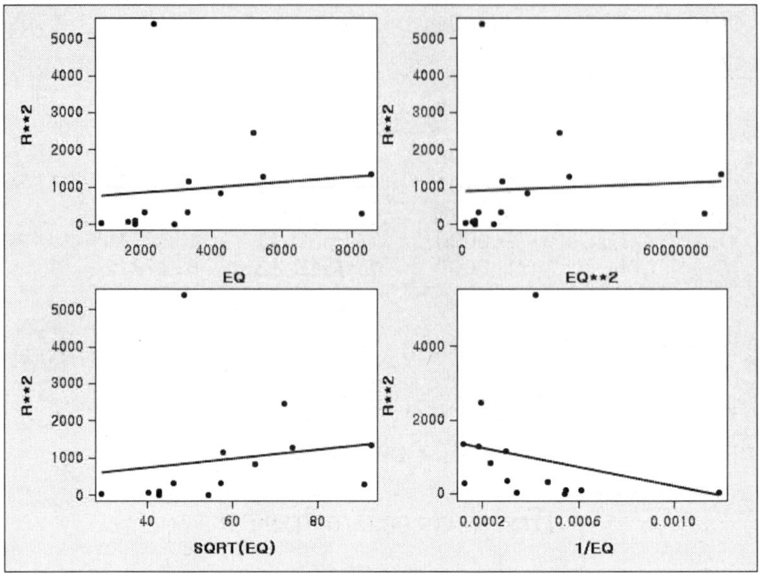

그림 4.3: 잔차의 제곱과 $f(EQ)$의 플롯

검정결과에서 알 수 있듯이 어느 경우도 이분산 검정을 통과하지 못하였다. 이런 경우라면 이분산에 영향을 줄 수 있는 EQ의 또 다른 변환 형태를 고려하는 것보다는 외부로부터 다른 변수를 선택하여 이분산을 설명하는 것이 유리할 것으로 판단된다.

지금까지 우리는 세 가지 유형의 이분산 형태에서 모형 (4.5)의 FGLS를 구하였다. 다음의 문제는 출력 4.4와 출력 4.5에 제시된 세 가지 이분산 모형 중 어떤 모형이 가장 적절한 것인가 이다. 다시 출력 4.4와 출력 4.5를 살펴보자. 일반적으로 두 가지 이상의 모형이 있을 때 가장 적합한 모형을 선택하는 기준은 SSE나 R^2이다. 그러나 제3장에서 논의하였듯이 이분산선형회귀모형에서 모수의 추정은 원래의 $\mathbf{y}$와 $\mathbf{X}$ 대신에 $\mathbf{y}_* = P\mathbf{y}$와 $\mathbf{X}_* = \mathbf{PX}$를 이용하기 때문에 만약 $Var(\epsilon_i)$의 구조가 달라지면 $\mathbf{y}_*$와 $\mathbf{X}_*$가 달라지므로 SSE나 R^2는 상대비교를 위해서는 적절치 못한 통계량이 된다. 이 경우보다 좋은 모형선택기준은 logL, SBC, AIC, AICC 또는 HQC이다. 이 값이 작으면 작을수록 좋은 모형이 되므로 근소한 차이지만 출력 4.4의 두 번째 경우인 이분산이 회귀선에 의존하는 경우가 가장 좋은 모형이라고 결론 내릴 수 있다. 즉, $Var(\epsilon_i) = \sigma^2(1+(\beta_0+\beta_1 OP_i))$의 가정 하에서 구한 β_0 및 β_1의 추정치가 세 가지 이분산형태 중 가장 좋은 추정치가 되는 것이다. 참고로 세 가지 형태의 오차항 가정 하에서 모두 정규분포를 따른다는 가설(출력 4.4와 출력 4.5의 Normal test)을 기각하지 못하고 있으므로 logL,

SBC, AIC, AICC 또는 HQC 기준에 의한 모형선택 기준이 타당한 것을 뒷받침하고 있다.

4.5 이분산성 검정

그림 4.2에서는 그림으로 오차항의 이분산 가능성을 엿볼 수 있었다. 그러나 그림에 의한 이분산성 판단은 어떻게 그림을 그리느냐에 따라 영향을 받게 되므로 이분산에 대한 통계적인 검정이 필요하게 된다. 다음의 내용은 이론적인 설명을 생략하고 오차항의 이분산 여부를 판단하는 검정법에 관한 내용을 정리한 것이다.

4.5.1 White 검정법

White(1980)는 다음과 같은 이분산 검정법을 제시하였다.

$$y_i = \boldsymbol{\beta}_0 + \boldsymbol{\beta}_1 x_{1i} + \boldsymbol{\beta}_2 x_{2i} + \cdots + \boldsymbol{\beta}_k x_{ki} + \epsilon_i, \quad i = 1, 2, \ldots, n.$$

모형에서 OLS 추정량 $\widehat{\boldsymbol{\beta}} = (\mathbf{X}'\mathbf{X})^{-1}\mathbf{X}'\mathbf{y}$를 구한 후 잔차의 제곱 $\hat{\epsilon}_1^2, \ldots, \hat{\epsilon}_n^2$을 구한다. 이 $\hat{\epsilon}_1^2, \ldots, \hat{\epsilon}_n^2$을 상수와 x_i, $x_i x_j$, $i, j = 1, 2, \ldots, k$에 대해 회귀시킨 후 nR^2을 구한다. 그러면 $H_0 : \sigma_i^2 = \sigma^2$이라는 귀무가설 하에서 nR^2은 근사적으로 $\chi^2_{df=2k+k(k-1)/2-1}$ 분포를 따른다는 것을 White(1980)는 증명하였다. 여기에서 $df = 2k + k(k-1)/2 - 1$는 x_i, $x_i x_j$, $i, j = 1, 2, \ldots, k$, 즉, $x_1, x_2, \ldots, x_k$, $x_1^2, x_2^2, \ldots, x_k^2$, $x_1 x_2, \ldots, x_{k-1} x_k$의 개수를 의미한다. White 검정법은 가장 일반적인 검정법으로 σ_i^2에 어떤 특별한 구조, 예를 들어, $\sigma_i^2 = \sigma^2 x_i$와 같은 구조를 가정하지 않는다는 장점이 있지만 검정력이 떨어진다는 약점도 가지고 있다.

예제 4.1

4.2절의 자료를 이용하여 모형 $DIS_i = \beta_0 + \beta_1 OP_i + \epsilon_i$를 고려해 보자. 먼저 β_0와 β_1의 OLS 추정결과는 $\widehat{DIS}_i = -21.925 + 0.0145 OP_i$이다. 이로부터 잔차 $\hat{\epsilon}_i^2 = DIS_i - \widehat{DIS}_i$를 구하여 $\hat{\epsilon}_i = \alpha_0 + \alpha_1 OP_i + \alpha_2 OP_i^2 + \nu_i$ 모형의 OLS 추정결과는 $\hat{\alpha}_0 = -1618$, $\hat{\alpha}_1 = 0.517$, $\hat{\alpha}_2 = -0.00018$이고 $R^2 = 0.2414$이다. 그러므로 $nR^2 = 14(0.2414) = 3.3796$이 된다. $\chi^2_{0.05,(2)} = 5.99$이므로 모형 $DIS_i = \beta_0 + \beta_1 OP_i + \epsilon_i$는 이분산을 가진다고 할 수 없다(프로그램 4.3 참조). ■

4.5.2 Goldfeld–Quandt 검정법

Goldfeld–Quandt(1965)는 이분산 검정을 위해 귀무가설과 대립가설을 다음과 같이 설정하였다.

$$H_0 : \sigma_i^2 = \sigma^2, \quad \text{vs.} \quad H_1 : \sigma_i^2\text{는 } X\text{에 의존한다.}$$

대립가설의 예로써 $H_1 : \sigma_i^2 = \sigma^2 x_i^2$와 같은 경우를 들 수 있다. 이러한 대립가설은 OLS 추정량을 이용하여 계산한 잔차의 제곱을 고려변수들과 산점도를 그려봄으로써 설정할 수 있을 것이다. 만약 $H_1 : \sigma_i^2 = \sigma^2 x_i^2$일 경우, 이 가설을 검정하기 위한 절차는 다음과 같다. 먼저 x_i의 크기에 따라 y_i를 재배치한 후 3개의 그룹으로 y_i들을 나눈 후 가운데 그룹에 속한 관찰치를 제외한다. 그런 후 첫 번째 그룹에 속한 관찰치(관찰치의 개수$= n_1$이라고 가정한다)를 가지고 OLS 추정량에 의해 잔차 $\mathbf{e}_1 = (\hat{\epsilon}_{1,1}, \ldots, \hat{\epsilon}_{1,n_1})'$을 구한다. 동시에 세 번째 그룹에 속한 관찰치(관찰치의 개수$= n_2$라고 가정한다)를 가지고 OLS 추정량에 의해 잔차 $\mathbf{e}_2 = (\hat{\epsilon}_{3,1}, \ldots, \hat{\epsilon}_{3,n_2})'$를 구한다. k를 모형 $y_i = \mathbf{x}_i'\boldsymbol{\beta} + \epsilon_i$의 $\boldsymbol{\beta}_{k\times 1}$의 크기라고 할 때 이 두 개의 잔차를 가지고 검정통계량

$$\mathrm{F} = \frac{\mathbf{e}_1'\mathbf{e}_1/(n_1 - k)}{\mathbf{e}_2'\mathbf{e}_2/(n_2 - k)}$$

를 구하고 이 검정통계량은 귀무가설 하에서 근사적으로 자유도가 $(n_1 - k, n_2 - k)$인 F 분포를 따른다는 것을 이용하여 검정한다. Goldfeld-Quandt 검정법은 가운데 그룹에 속한 관찰치가 많을수록, 즉 검정에 이용되지 않은 관찰치가 많을수록 검정력은 높아지지만 검정의 신뢰도가 떨어지는 문제점을 안고 있다. 이런 문제점에 대한 해결방법으로 Harvey and Phillips(1976)는 가운데 그룹의 관찰치가 전체 관찰치의 1/3이 넘지 않도록 해야 한다는 연구결과를 발표하였다.

예제 4.2

표 4.4는 2005년 우리나라의 지역별 세출(EXP, 단위: 10억 원)과 세입(REV, 단위: 10억 원)의 자료이다(출처: 지방자치단체별 재정통계, 한국도시통계, KOSIS).

다음의 모형을 고려해 보자.

$$EXP_i = \beta_0 + \beta_1 REV_i + \epsilon_i$$

이 모형으로부터 REV의 크기순으로 정리한 후 총 15개의 관찰치 중 1번부터 5번까지를 첫

표 4.4: 지역별 세출 및 세입

지역	세출	세입
경기도	23,419.922	30,800.380
서울특별시	20,215.267	23,866.839
경상남도	10,025.989	13,428.414
경상북도	9,487.191	12,202.061
전라남도	9,108.497	11,917.859
충청남도	7,575.379	9,738.349
전라북도	6,886.149	8,992.607
강원도	6,717.819	8,663.067
부산광역시	6,405.997	7,933.145
충청북도	4,929.819	6,469.367
인천광역시	4,673.049	6,174.141
대구광역시	4,238.352	5,126.060
광주광역시	2,933.043	3,506.881
대전광역시	2,518.266	3,103.184
제주도특별자치도	2,277.767	2,737.857
울산광역시	2,048.882	2,598.608

번째 그룹으로, 6번부터 11번까지를 두 번째 그룹으로, 12번부터 마지막 16번까지 자료를 세 번째 그룹으로 분리하였다. 다음은 Goldfeld–Quandt 검정의 검정통계량을 계산하기 위한 프로그램이다.

예제 4.2의 프로그램

```
data GQ GQ_1 GQ_2;
 input local $ EXP REV;  index=_n_;
 if 1 <= index <=5 then output GQ_1;
 if 12 <= index <= 16 then output GQ_2;
cards;
    경기도  23419.922   30800.380
서울특별시  20215.267   23866.839
 ... ; run;

proc autoreg data=GQ_1;
  model EXP = REV; output out=out_G1 r=r_g1; run;
proc autoreg data=GQ_2;
  model EXP = REV; output out=out_G2 r=r_g2; run;

data GQ_1_2;
  merge out_G1(keep=r_g1) out_G2(keep=r_g2); run;

proc means data=GQ_1_2 USS;
  var r_g1 r_g2; run;
```

첫 번째 그룹만을 이용하여 구한 OLS 잔차제곱의 합은 $\mathbf{e}_1'\mathbf{e}_1 = 3055835.37$이고 세 번째 그룹만을 이용하여 구한 OLS 잔차제곱의 합, 즉 $\mathbf{e}_2'\mathbf{e}_2 = 9592.12$이다. $n_1 = n_2 = 5$이고 $k = 2$이므로

$$\mathrm{F} = \frac{\mathbf{e}_1'\mathbf{e}_1/(n_1-k)}{\mathbf{e}_2'\mathbf{e}_2/(n_2-k)} = \frac{3055835.37/3}{9592.12/3} = 318.577$$

이 된다. $\mathrm{F}_{0.05,(3,3)} = 9.28$이므로 모형 $EXP_i = \beta_0 + \beta_1 REV_i + \epsilon_i$는 이분산을 가지고 있으며 이분산은 REV에 의존한다. ■

4.5.3 Breusch–Pagan / Godfrey 검정법

Goldfeld–Quandt 검정법은 σ_i^2이 독립변수 $\mathbf{X}$ 중 어떤 x_i에 의존할 때 매우 좋은 이분산 검정법으로 알려졌다. 그러나 σ_i^2이 독립변수 $\mathbf{X}$ 중 어떤 하나의 변수 x_i에 의존하기보다는 독립변수 $\mathbf{X}$의 일부 변수들이나 모든 변수에 의존하게 될 때는 Goldfeld–Quandt 검정법은 효율적이지 못하다. 이에 대하여 Breusch–Pagan(1979)은 다음과 같은 가설을 세우고 검정 통계량을 제시하였다.

$$H_0 : \sigma_i^2 = \sigma^2, \quad \text{vs.} \quad H_1 : \sigma_i^2 = \sigma^2 h(1 + \mathbf{z}_i'\boldsymbol{\eta}) \tag{4.9}$$

여기에서 h는 임의의 함수이고 $\mathbf{z}_i$는 $p \times 1$ 벡터이다. $\mathbf{z}_i$는 독립변수 $\mathbf{x}_i$일 수도 있고 다른 어떤 변수일 수도 있다. 위의 검정은 $\boldsymbol{\eta} = \mathbf{0}$일 경우 $h(1 + \mathbf{z}_i'\boldsymbol{\eta}) = \sigma^2 h(1)$이므로 이는 $H_0 : \sigma_i^2 = \sigma^2$가 된다. 그러므로 가설 (4.9)는 다음의 가설이 된다.

$$H_0 : \boldsymbol{\eta} = \mathbf{0}, \quad \text{vs.} \quad H_1 : \boldsymbol{\eta} \neq \mathbf{0}$$

Harrison and MaCabe(1979)는 OLS잔차를 이용하여 가설검정방법을 제안했으며 Breusch and Pagan(1979)은 가설 (4.9)를 검정하기 위하여 LM 검정통계량을 제안하였으며, 이 검정통계량은 $e_i^2/(\mathbf{e}'\mathbf{e}/n)$을 $(1, \mathbf{z}_i')$에 회귀시킨 후 총변동 중 회귀식에 의해 설명된 변동으로 정의하였다. 여기에서 $\mathbf{e}$는 모형 $\mathbf{y} = \mathbf{X}\boldsymbol{\beta} + \boldsymbol{\epsilon}$ 모형에서의 OLS 잔차이다. 즉, $g_i = e_i^2/(\mathbf{e}'\mathbf{e}/n)$으로 놓을 때 $LM = (\mathbf{g}'\mathbf{Z}(\mathbf{Z}'\mathbf{Z})^{-1}\mathbf{Z}'\mathbf{g} - n)/2$이다. 이 LM 검정통계량은 귀무가설 하에서 근사적으로 자유도가 p인 χ^2 분포를 따른다. 사실 LM 검정은 스코어 검정(score test) 또는 라그랑즈 승수 검정법(Lagrange multiplier test)이라고도 부른다.

예제 4.3

예제 4.1에서 모형 $DIS_i = \beta_0 + \beta_1 OP_i + \epsilon_i$는 ϵ_i가 이분산을 갖지 않는다는 검정결과를 보았다. 그러나 그림 4.2에서 볼 수 있듯이 이분산을 의심하지 않을 수 없으므로 모형의 β_0, β_1, 즉 회귀선을 이용하여 이분산 여부를 다시 검정하고자 한다. 회귀선을 도입한 이유는 당연한 것이지만 DIS 값이 회귀선을 따라 커지는 경향이 뚜렷하게 나타나기 때문이다. 다시 정리하면 다음의 검정을 하고자 한다.

$$H_0 : \sigma_i^2 = \sigma^2, \quad \text{vs.} \quad H_1 : \sigma_i^2 = \sigma^2 \left(1 + (\beta_0 + \beta_1 OP_i)\right)$$

이 검정결과 LM = 4.8963로 계산되었으며 $\chi^2_{0.05,(1)} = 3.84$이므로 모형 $DIS_i = \beta_0 + \beta_1 OP_i + \epsilon_i$는 이분산을 가지고 있으며, 이 이분산은 회귀선에 의존한다고 할 수 있다. 이분산의 추정치는 $\widehat{\sigma}_i = (2,8418)^2(1 + (-22.717 + 0.0146 OP_i)$이다(프로그램 4.4 참조). ■

4.6 이분산선형회귀모형의 모수 추정

이분산선형회귀모형에서 $E(\boldsymbol{\epsilon}|\mathbf{X}) = 0$일 때 OLS 추정량 $\widehat{\boldsymbol{\beta}}_{OLS} = (\mathbf{X}'\mathbf{X})^{-1}\mathbf{X}'\mathbf{y}$가 $\boldsymbol{\beta}$의 일치추정량이 된다는 것을 언급한 바 있다. 그러나 $Var(\mathbf{y}) = \boldsymbol{\Omega}$이므로

$$Var\left(\widehat{\boldsymbol{\beta}}_{OLS}\right) = (\mathbf{X}'\mathbf{X})^{-1}\mathbf{X}'\boldsymbol{\Omega}\mathbf{X}(\mathbf{X}'\mathbf{X})^{-1}$$

가 되어 $\widehat{\boldsymbol{\beta}}_{OLS}$의 검정을 위해 $\boldsymbol{\Omega}$의 추정이 선행되어야 한다. White(1980)는 $\boldsymbol{\Omega}$의 형태에 대해 특별한 가정을 하지 않은 상태에서 $nS_0 = \sum_{i=1}^n e_i^2 \mathbf{x}_i \mathbf{x}_i'$가 $\mathbf{X}'\boldsymbol{\Omega}\mathbf{X}$의 일치추정량이 된다는 것을 증명하였다. 그러므로 $\widehat{\boldsymbol{\beta}}_{OLS}$의 검정을 위해 $Var\left(\widehat{\boldsymbol{\beta}}_{OLS}\right)$의 추정량 $n(\mathbf{X}'\mathbf{X})^{-1}S_0(\mathbf{X}'\mathbf{X})^{-1}$를 이용할 수 있다. 그러나 이분산선형회귀모형에서 $\boldsymbol{\beta}$의 OLS 추정량은 효율적이지 못하므로 GLS, FGLS, 혹은 ML 추정량을 이용해야 한다.

4.6.1 $\boldsymbol{\Omega}$를 알고 있을 때 추정방법

$\boldsymbol{\Omega}$를 알고 있다는 것은 $\boldsymbol{\Omega}$에서 σ_i^2의 값을 안다는 단순한 의미보다는 σ_i^2이 $\mathbf{z}$에 의존하고 있는 함수 형태를 안다는 것을 뜻한다. 예를 들어, $\sigma_i^2 = \sigma^2 \mathbf{z}_i^2$, $\sigma_i^2 = \sigma^2 \mathbf{z}_i'\boldsymbol{\eta}$, 혹은 $\sigma_i^2 = \sigma^2 e^{(\mathbf{z}_i'\boldsymbol{\eta})}$ 등과 같은 형태를 말하는 것이다. 단, $\boldsymbol{\eta}$는 주어진 어떤 값이다. 좀 더 일반적으로 표현하면

$\sigma_i^2 = \sigma^2 h(\mathbf{z}_i')$가 된다. 그러므로 GLS 추정량은

$$\begin{aligned}\widehat{\boldsymbol{\beta}}_{GLS} &= (\mathbf{X}'\boldsymbol{\Omega}^{-1}\mathbf{X})^{-1}\mathbf{X}'\boldsymbol{\Omega}^{-1}\mathbf{y} \\ &= \left(\sigma^{-2}\sum_{i=1}^{n} h^{-1}(\mathbf{z}_i)\,\mathbf{x}_i\mathbf{x}_i'\right)^{-1}\sigma^{-2}\sum_{i=1}^{n} h^{-1}(\mathbf{z}_i)\,\mathbf{x}_i\,y_i \\ &= \left(\sum_{i=1}^{n} h^{-1}(\mathbf{z}_i)\,\mathbf{x}_i\mathbf{x}_i'\right)^{-1}\sum_{i=1}^{n} h^{-1}(\mathbf{z}_i)\,\mathbf{x}_i\,y_i\end{aligned} \tag{4.10}$$

가 된다. 만약 $\sigma_i^2 = \sigma^2 x_{ji}^2$일 경우, $\widehat{\boldsymbol{\beta}}_{GLS} = \left(\sum_{i=1}^{n} x_{ji}^{-2}\mathbf{x}_i\mathbf{x}_i'\right)^{-1}\sum_{i=1}^{n} x_{ji}^{-2}\mathbf{x}_i y_i$가 된다.
위의 GLS 추정량 $\widehat{\boldsymbol{\beta}}_{GLS}$는 다음과 같은 방법으로도 구할 수 있다. $\sigma_i^2 = \sigma^2 h(\mathbf{z}_i')$이므로 $y_i = \mathbf{x}_i'\boldsymbol{\beta} + \epsilon_i$의 양변에 $[h(\mathbf{z}_i')]^{-1/2}$을 곱하면 $[h(\mathbf{z}_i')]^{-1/2}y_i = [h(\mathbf{z}_i')]^{-1/2}\mathbf{x}_i'\boldsymbol{\beta} + (h(\mathbf{z}_i'))^{-1/2}\epsilon_i$가 되며,

$$Var\left([h(\mathbf{z}_i')]^{-1/2}\epsilon_i\right) = [h(\mathbf{z}_i')]^{-1/2}\sigma^2 h(\mathbf{z}_i)[h(\mathbf{z}_i')]^{-1/2} = \sigma^2$$

이 된다. 그러므로 $y_i^* = [h(\mathbf{z}_i')]^{-1/2}y_i$, $\mathbf{x}_i^* = [h(\mathbf{z}_i')]^{-1/2}\mathbf{x}_i$, 그리고 $\epsilon_i^* = (h(\mathbf{z}_i'))^{-1/2}\epsilon_i$로 놓으면 모형 $y_i^* = \mathbf{x}_i^*\boldsymbol{\beta} + \epsilon_i^*$는 고전적 회귀모형이 되어 다음의 OLS 추정량은 (4.10)과 일치한다.

$$\begin{aligned}\widehat{\boldsymbol{\beta}} &= (\mathbf{X}^{*\prime}\mathbf{X}^*)^{-1}\mathbf{X}^{*\prime}\mathbf{y}^* = \left(\sum_{i=1}^{n}\mathbf{x}_i^*\mathbf{x}_i^{*\prime}\right)^{-1}\sum_{i=1}^{n}\mathbf{x}_i^* y_i^* \\ &= \left(\sum_{i=1}^{n}[h(\mathbf{z}_i')]^{-1/2}\mathbf{x}_i\mathbf{x}_i'[h(\mathbf{z}_i')]^{-1/2}\right)^{-1}\sum_{i=1}^{n}([h(\mathbf{z}_i')]^{-1/2}x_i[h(\mathbf{z}_i')]^{-1/2}y_i \\ &= \left(\sum_{i=1}^{n}[h(\mathbf{z}_i')]^{-1}\mathbf{x}_i\mathbf{x}_i'\right)^{-1}\sum_{i=1}^{n}[h(\mathbf{z}_i')]^{-1}\mathbf{x}_i y_i\end{aligned}$$

물론, 고전적 회귀모형에서의 OLS 추정량이 최우추정량과 일치하게 되므로 (4.10)은 GLS 추정량임과 동시에 최우추정량(ML)이 된다. 그러므로 $\sigma_i^2 = \sigma^2 x_{2i}^2$일 경우의 예를 보면, 모형 $y_i = \beta_1 x_{1i} + \beta_2 x_{2i} + \cdots + \beta_k x_{ki} + \epsilon_i$를 (4.11)처럼 변수 변환하여 $\boldsymbol{\beta}$의 OLS추정량을 구하면 그 추정량이 GLS 또는 ML이 된다.

$$\frac{y_i}{x_{2i}} = \beta_1\frac{x_{1i}}{x_{2i}} + \beta_2 + \beta_3\frac{x_{3i}}{x_2 i} + \cdots + \beta_k\frac{x_{ki}}{x_{2i}} + \epsilon_i^* \tag{4.11}$$

그러나 추정된 $\boldsymbol{\beta}$의 해석은 반드시 변수 변환하기 이전의 원래 모형에서 해야 한다. 왜냐하면, 변수 변환한 모형에서의 β_2는 절편이 되나 원래의 모형에서는 변수 x_{2i}의 계수가 되기 때문이다.

4.6.2 그룹이분산선형회귀모형에서 추정방법

이분산선형회귀모형에서 오차항의 이분산은 독립변수 **X**와는 무관하게 종속변수의 값들을 그룹화하는 것에 의해 결정되는 경우가 많다. 예를 들어, 소득에 대한 소비의 회귀분석을 할 때 가난한 지역에서 소비의 분산과 부유한 지역에서 소비의 분산은 차이가 있을 것이다. 이 절에서는 이처럼 종속변수 y_i, $i = 1, \cdots, n$을 G개의 그룹으로 나누고 그룹 내에서의 y_i의 분산이 같다고 가정할 때 그룹별 이분산(groupwise heteroscedasticity) 검정과 모수 $\boldsymbol{\beta}$의 추정을 다루는 문제에 관하여 다룰 것이다. 먼저, 그룹이분산 검정방법을 살펴보자. 그룹이분산 검정을 위해

$$H_0 : \sigma_1^2 = \sigma_2^2 = \cdots = \sigma_G^2 = \sigma^2$$

$$H_1 : \sigma_1^2 \neq \sigma_2^2 \neq \cdots \neq \sigma_G^2$$

의 가설을 설정할 수 있다. 이제 총 표본의 수가 n이고 g번째 그룹의 표본의 수를 n_g라고 표시할 때(단, $n = \sum_{g=1}^{G} n_g$), ϵ이 정규분포를 따른다는 가정 하에서 H_0가 참일 때의 로그우도 함수는

$$\ln L_0 = -\frac{n}{2}\left[\ln(2\pi) + \ln\sigma^2\right] - \frac{1}{2\sigma^2}\sum_{i=1}^{n}\epsilon_i^2$$

이고, H_1이 참일 때의 로그우도함수는

$$\ln L_1 = -\frac{n}{2}\ln(2\pi) - \frac{1}{2}\sum_{g=1}^{G} n_g \ln\sigma_g^2 - \frac{1}{2}\sum_{g=1}^{G}\left(\frac{1}{\sigma_g^2}\sum_{i=1}^{n_g}\epsilon_{ig}^2\right)$$

이다. $\ln L_0$를 최대화시키는 $\boldsymbol{\beta}$와 σ^2의 ML은 $(\mathbf{X}'\mathbf{X})^{-1}\mathbf{X}'\mathbf{y}$와 $\mathbf{e}'\mathbf{e}/n$이다. 그리고 $\ln L_1$을 최대화시키는 $\boldsymbol{\beta}_g$와 σ_g^2, $g = 1, 2, \cdots, G$의 ML은 $(\mathbf{X}_g'\mathbf{X}_g)^{-1}\mathbf{X}_g'\mathbf{y}_g$와 $\mathbf{e}_g'\mathbf{e}_g/n_g$이다. 여기에서 $\mathbf{X}_g$, $\mathbf{y}_g$는 그룹 g에 속하는 관찰치이고 $\mathbf{e}_g$는 그룹 g에서 추정된 $\widehat{\boldsymbol{\beta}}_g$에 의해 구해진 잔차이다. 즉, H_1 하에서 $\boldsymbol{\beta}_g$는 그룹 g에 속한 관찰치만 이용하여 구한 OLS 추정량이 된다. $s^2 = \mathbf{e}'\mathbf{e}/n$, $s_g^2 = \mathbf{e}_g'\mathbf{e}_g/n_g$라고 정의할 때

$$\begin{aligned} \mathrm{Q} &= -2\left[\ln L_0(\widehat{\boldsymbol{\beta}}, \widehat{\sigma}^2) - \ln L_1(\widehat{\boldsymbol{\beta}}_g, \widehat{\sigma}_g^2)\right] \\ &= n\ln s^2 - \sum_{g=1}^{G} n_g \ln s_g^2 \end{aligned}$$

이 되고 H_0 하에서 Q 통계량은 근사적으로 자유도가 $G-1$인 χ^2 분포를 따르게 된다. 이 검정법을 우도비검정(likelihood ratio test)이라고 한다.

이제 그룹별 이분산이 존재한다는 가정 하에서 모수추정방법을 고려하여 보자.

$$y_i = \mathbf{x}_i{}'\boldsymbol{\beta} + \epsilon_i, \quad i = 1,2,\ldots,n. \tag{4.12}$$

여기에서 $E(\epsilon_i) = 0$, $Var(\epsilon_{ig}) = \sigma_g^2\mathbf{I}_g$, $g = 1,2,\ldots,G$이다. 이 경우 FGLS를 구해보자. FGLS를 구하는 방법은 두 가지가 있다. 먼저 모형 (4.12)에서 FGLS 추정량은

$$\begin{aligned}\widehat{\boldsymbol{\beta}}_{FGLS} &= (\mathbf{X}'\widehat{\boldsymbol{\Omega}}^{-1}\mathbf{X})^{-1}\mathbf{X}'\widehat{\boldsymbol{\Omega}}^{-1}\mathbf{y} \\ &= \left[\sum_{g=1}^{G}\frac{1}{\widehat{\sigma}_g^2}\mathbf{X}_g'\mathbf{X}_g\right]^{-1}\left[\sum_{g=1}^{G}\frac{1}{\widehat{\sigma}_g^2}\mathbf{X}_g' y_g\right]\end{aligned} \tag{4.13}$$

이므로 여기서 결정(추정)해주어야 할 값은 $\widehat{\sigma}_g^2$이 된다.

방법 I
(1) 모형 (4.12)에서 OLS 추정량에 의해 잔차 $\mathbf{e}$를 구한다.
(2) $\widehat{\sigma}_g^2$를 (1)에서 구한 잔차 $\mathbf{e}$로부터 $\mathbf{e}_g'\mathbf{e}_g/n_g$에 의해 구한다.
(3) (2)에서 구한 $\widehat{\sigma}_g^2$를 (4.13)에 대입하여 $\widehat{\boldsymbol{\beta}}_{FGLS}$를 구한다.
(4) $\widehat{\boldsymbol{\beta}}_{FGLS}$가 어떤 값에 수렴할 때까지 (2)와 (3)을 반복한다.

방법 II
(1) 그룹별로 OLS 추정량 $\widehat{\boldsymbol{\beta}}_g$를 구하여 $\mathbf{e}_g$를 구한다.
(2) $\widehat{\sigma}_g^2$를 (1)에서 구한 $\mathbf{e}_g'\mathbf{e}_g/n_g$에 의해 구한다.
(3) (2)에서 구한 $\widehat{\sigma}_g^2$를 (4.13)에 대입하여 $\widehat{\boldsymbol{\beta}}_{FGLS}$를 구한다.
(4) $\widehat{\boldsymbol{\beta}}_{FGLS}$가 수렴할 때까지 (2)와 (3)을 반복한다.

방법 I과 방법 II에서 절차 (1)을 비교해보면 FGLS를 구하는 방법에서는 초기치의 선택만 다를 뿐 근본적으로 같은 방법임을 알 수 있다.

이제 모형 (4.12)에서 $\boldsymbol{\epsilon}$이 정규분포를 따를 때 $\boldsymbol{\beta}$의 ML에 대해 생각하여 보자. 로그우도 함수가

$$\ln L(\boldsymbol{\beta},\sigma_g^2) = -\frac{n}{2}\ln(2\pi) - \frac{1}{2}\sum_{g=1}^{G} n_g \ln\sigma_g^2 - \frac{1}{2}\sum_{g=1}^{G}\left(\frac{1}{\sigma_g^2}\sum_{i=1}^{n_g}(y_i - \mathbf{x}_i'\boldsymbol{\beta})^2\right)$$

이므로

$$\begin{aligned}\frac{\partial \ln L}{\partial \boldsymbol{\beta}} &= \sum_{g=1}^{G}\left(\frac{1}{\sigma_g^2}\sum_{i=1}^{n_g}\mathbf{x}_i(y_i - \mathbf{x}_i'\boldsymbol{\beta})\right) \\ \frac{\partial \ln L}{\partial \sigma_g^2} &= -\frac{1}{2}\sum_{g=1}^{G}\frac{n_g}{\sigma_g^2} + \frac{1}{2}\sum_{g=1}^{G}\left(\frac{1}{\sigma_g^4}\sum_{i=1}^{n_g}(y_i - \mathbf{x}_i'\boldsymbol{\beta})^2\right)\end{aligned}$$

이 된다. $\boldsymbol{\beta}$와 σ_g^2의 ML은

$$\frac{\partial \ln L}{\partial \boldsymbol{\beta}} = \mathbf{0}, \quad \frac{\partial \ln L}{\partial \sigma_g^2} = 0$$

을 동시에 만족하는 $\boldsymbol{\beta}$와 σ_g^2이다. 이는 비선형함수이므로 Newton–Raphson 방법과 같은 수치해석적인 방법으로 풀어야 한다. 일반적으로 초기치는 앞에서 구한 FGLS를 사용한다. 즉, $\partial \ln L/\partial \sigma_g^2 = 0$에서 $\boldsymbol{\beta}$의 FGLS $\widehat{\boldsymbol{\beta}}_{FGLS}$를 대입하여 $\widehat{\sigma}_g^2$를 구하고, 다시 이 값을 이용하여 $\partial \ln L/\partial \boldsymbol{\beta} = 0$에서 $\boldsymbol{\beta}$를 구하는 이러한 절차를 반복하게 된다. 이 ML 추정량은 FGLS와 근사적으로 동일한 통계적 성질을 가지고 있다.

예제 4.4

4.2절의 그림 4.2에서 볼 수 있듯이 DIS가 150을 초과하는 그룹과 150 이하인 그룹의 분산이 다른 것으로 판단된다. 그러므로 먼저, 모형 $DIS_i = \beta_0 + \beta_1 OP_i + \epsilon_i$으로부터

$$H_0 : Var(\epsilon_i) = \sigma^2,$$

$$H_1 : Var(\epsilon_i) = \begin{cases} \sigma_1^2, & \text{만약 } DIS_i \le 150 \\ \sigma_2^2, & \text{만약 } DIS_i > 150 \end{cases}.$$

를 검정하였다. 검정결과 $LM = 9.8834$가 나와 $\chi^2_{0.05,(1)} = 3.84$이므로 모형 $DIS_i = \beta_0 + \beta_1 OP_i + \epsilon_i$는 그룹이분산을 가지고 있다고 판단할 수 있다.

그룹이분산을 이용한 ML 추정법으로 추정된 회귀식은 $\widehat{DIS}_i = -23.1053 + 0.0144 OP_i$이고 $\widehat{\sigma}_1 = (24.2310)^2$, $\widehat{\sigma}_2 = 2(24.2310)^2$로 추정되었다. 이 추정된 회귀식은 예제 4.1의 추정결과와 차이가 있음을 알 수 있다. ■

4.6.3 $\boldsymbol{\Omega}$를 모를 때 추정방법

$\boldsymbol{\Omega}$의 특별한 형태를 모르고, $\boldsymbol{\Omega}$가 $\mathbf{X}$에 의존하지도 않을 때는 OLS 추정량으로 $\boldsymbol{\beta}$를 추정하되 추정량의 분산은 4.4절의 도입부에 소개한 White의 추정량을 이용할 수 있다. 이 절에서는 $\boldsymbol{\Omega}$를 알지는 못하나 $\boldsymbol{\Omega}$가 독립변수 $\mathbf{X}$ 또는 제3의 변수 $\mathbf{Z}$에 의존하는 경우를 고려한다 (Harvey(1974), Amemiya(1977)). 가장 일반적인 형태의 σ_i^2는 어떤 함수 h에 대해 (4.14)인 경우이다.

$$\sigma_i^2(\boldsymbol{\eta}) = \sigma^2 h(\mathbf{z}_i'\boldsymbol{\eta}) \tag{4.14}$$

여기에서 z_i는 x_i일 수도 있고 제3의 변수일 수도 있다. (4.14)에서 함수 h가 미분가능하고, $\partial h(\mathbf{z}_i'\boldsymbol{\eta})/\partial\boldsymbol{\eta}$가 $\boldsymbol{\eta}$에 대해 연속함수일 때 FGLS나 ML을 구할 수 있다. 일반적으로 $\sigma_i^2 = \mathbf{z}_i'\boldsymbol{\eta}$, $\sigma_i^2 = \sigma^2(\mathbf{z}_i'\boldsymbol{\eta})$, $\sigma_i^2 = \sigma^2(\mathbf{z}_i'\boldsymbol{\eta})^2$, 또는 $\sigma_i^2 = \sigma^2(\mathbf{x}_i'\boldsymbol{\beta})^2$ 그리고 $\sigma_i^2 = \sigma^2 e^{(\mathbf{z}_i'\boldsymbol{\eta})}$의 형태를 취하고 있다.

1. 2단계 추정법(two-step estimation)

이분산선형회귀모형에서 $\boldsymbol{\beta}$의 FGLS를 구하기 위해 (4.14)에서 모수 $\boldsymbol{\eta}$를 추정해야 할 것이다. 함수 h가 알려졌을 경우 OLS 추정으로 구한 잔차 e_i^2를 (4.13)의 σ_i^2(첨자 g를 i로 바꾼 것으로 보자)에 대치시킨 후 다시 OLS 추정량 $\widehat{\boldsymbol{\eta}}$를 구하여 FGLS

$$\widehat{\boldsymbol{\beta}}_{FGLS} = \left(\sum_{i=1}^{n} \frac{1}{h(\widehat{\mathbf{z}}_i'\widehat{\boldsymbol{\eta}})}\mathbf{x}_i\mathbf{x}_i'\right)^{-1} \sum_{i=1}^{n} \frac{1}{h(\widehat{\mathbf{z}}_i'\widehat{\boldsymbol{\eta}})}\mathbf{x}_i y_i$$

를 구하게 된다. Amemiya(1985)는 위의 방법으로 구한 OLS 추정량 $\widehat{\boldsymbol{\eta}}$가 $\boldsymbol{\eta}$의 일치추정량인 것을 증명한 바 있다. 그러므로 $\widehat{\boldsymbol{\beta}}_{FGLS}$는 $\boldsymbol{\beta}$의 일치추정량이 된다. 특수한 형태의 σ_i^2를 정리하면 다음과 같다.

a) $\sigma_i^2 = \mathbf{z}_i'\boldsymbol{\eta}$
$y = \mathbf{X}\boldsymbol{\beta}+\epsilon$에서 OLS 추정으로 e_i를 구한 후 $e_i^2 = \mathbf{z}_i'\boldsymbol{\eta}+\nu_i$ 모형으로부터 OLS 추정량 $\widehat{\boldsymbol{\eta}}$를 구하여 $\widehat{\boldsymbol{\beta}}_{FGLS}$를 구한다.

b) $\sigma_i^2 = \sigma^2(\mathbf{z}_i'\boldsymbol{\eta})$
OLS 추정으로 e_i를 구한 후 $e_i^2 = \eta_0 + \mathbf{z}_i'\boldsymbol{\eta} + \nu_i$의 모형으로부터 OLS 추정량 $\widehat{\eta}_0$와 $\widehat{\boldsymbol{\eta}}$를 구하여 $\widehat{\boldsymbol{\beta}}_{FGLS}$를 구한다.

c) $\sigma_i^2 = \sigma^2(\mathbf{z}_i'\boldsymbol{\eta})^2$
OLS 추정으로 e_i를 구한 후 $|e_i| = \eta_0 + \mathbf{z}_i'\boldsymbol{\eta} + \nu_i$의 모형으로부터 OLS 추정량 $\widehat{\eta}_0$와 $\widehat{\boldsymbol{\eta}}$를 구하여 $\widehat{\boldsymbol{\beta}}_{FGLS}$를 구한다.

d) $\sigma_i^2 = \sigma^2(\mathbf{x}_i'\boldsymbol{\beta})^2$
이 경우는 y_i의 분산이 y_i의 평균에 의존하는 모형이다. 즉 $E(y_i)$의 절대값이 클 때 σ_i^2이 크고, 반대로 작을 때 σ_i^2가 작은 경우이다. 이 경우는 (1), (2), (3)의 경우와 달리 두 번째 회귀계수 $\widehat{\boldsymbol{\eta}}$가 필요 없게 된다. 즉, $\mathbf{y} = \mathbf{X}\boldsymbol{\beta} + \boldsymbol{\epsilon}$으로부터 OLS 추정량 $\widehat{\boldsymbol{\beta}}$를 구한 후 그것의 적합값 $\widehat{\mathbf{y}} = \mathbf{X}\widehat{\boldsymbol{\beta}}$를 σ_i^2의 추정량으로 사용하게 된다.

그러므로

$$\widehat{\boldsymbol{\beta}}_{FGLS} = \left(\sum_{i=1}^{n} \frac{1}{|\widehat{y}_i|^2} \mathbf{x}_i \mathbf{x}_i'\right)^{-1} \sum_{i=1}^{n} \frac{1}{|\widehat{y}_i|^2} \mathbf{x}_i y_i$$

가 된다. 그러나 이 경우 σ_i^2이 $\boldsymbol{\beta}$에 의존하기 때문에 $\widehat{\boldsymbol{\beta}}_{FGLS}$가 효율적이지 못하다고 알려져 있다.

e) $\sigma_i^2 = \sigma^2 e^{(\mathbf{z}_i'\boldsymbol{\eta})}$

OLS 추정에 의해 e_i를 구한 후 $\log e_i^2 = \eta_0 + \mathbf{z}_i'\boldsymbol{\eta} + \nu_i$ 모형으로부터 OLS 추정량 $\widehat{\eta}_0$와 $\widehat{\boldsymbol{\eta}}$를 구하여 $\widehat{\boldsymbol{\beta}}_{FGLS}$를 구한다.

2. 최우추정법(maximum likelihood estimation)

일반화선형회귀모형에서 오차항 $\boldsymbol{\epsilon}$이 정규분포를 따른다는 가정 하에서 로그우도함수는

$$\ln L = -\frac{n}{2}\ln(2\pi) - \frac{1}{2}\sum_{i=1}^{n}\left(\ln\sigma_i^2 - \frac{1}{\sigma_i^2}(y_i - \mathbf{x}_i'\boldsymbol{\beta})^2\right)$$

이 된다. $\sigma_i^2(\boldsymbol{\eta}) = \sigma^2 h(\mathbf{z}_i'\boldsymbol{\eta})$일 때,

$$\ln L = -\frac{n}{2}\left[\ln(2\pi) + \ln\sigma^2\right] - \frac{1}{2}\sum_{i=1}^{n}\ln h(\mathbf{z}_i'\boldsymbol{\eta}) - \frac{1}{2\sigma^2}\sum_{i=1}^{n}\frac{(y_i - \mathbf{x}_i'\boldsymbol{\beta})^2}{h(\mathbf{z}_i'\boldsymbol{\eta})}$$

이 될 것이다. 그러므로 다음을 동시에 만족하는 $\boldsymbol{\beta}, \sigma^2, \boldsymbol{\eta}$의 해가 ML추정치가 된다.

$$\frac{\partial \ln L}{\partial \boldsymbol{\beta}} = \sum_{i=1}^{n} x_i \frac{(y_i - \mathbf{x}_i'\boldsymbol{\beta})}{\sigma^2 h(\mathbf{z}_i'\boldsymbol{\eta})} = \mathbf{0}$$

$$\frac{\partial \ln L}{\partial \sigma^2} = -\frac{n}{2\sigma^2} + \frac{1}{2\sigma^4}\sum_{i=1}^{n}(y_i - \mathbf{x}_i'\boldsymbol{\beta})^2 h(\mathbf{z}_i'\boldsymbol{\eta}) = 0$$

$$\frac{\partial \ln L}{\partial \boldsymbol{\eta}} = -\frac{1}{2}\sum_{i=1}^{n}\frac{1}{\sigma_i^2(\boldsymbol{\eta})}\frac{\partial\sigma_i^2(\boldsymbol{\eta})}{\partial\boldsymbol{\eta}} + \frac{1}{2\sigma^2}\sum_{i=1}^{n}\frac{(y_i - \mathbf{x}_i'\boldsymbol{\beta})^2}{\sigma_i^4(\boldsymbol{\eta})}\frac{\partial\sigma_i^2(\boldsymbol{\eta})}{\partial\boldsymbol{\eta}} = \mathbf{0}$$

3.2.2절에서 논의된 바와 같이 $\boldsymbol{\eta}$가 $\boldsymbol{\beta}$와 무관할 때 ML 추정량 $\widehat{\boldsymbol{\eta}}$를 이용하면 FGLS와 ML은 일치하게 되나 $\boldsymbol{\eta}$가 $\boldsymbol{\beta}$에 의존하게 되면 FGLS와 ML은 같지 않게 된다. 즉, 2단계 추정법에서 $\sigma_i^2 = \mathbf{z}_i'\boldsymbol{\eta}$, $\sigma_i^2 = \sigma^2(\mathbf{z}_i'\boldsymbol{\eta})$, $\sigma_i^2 = \sigma^2(\mathbf{z}_i'\boldsymbol{\eta})^2$에서 $\boldsymbol{\eta}$의 추정량이 ML일 경우 FGLS = ML이나, $\sigma_i^2 = \sigma^2(\mathbf{x}_i'\boldsymbol{\beta})^2$의 경우 $\boldsymbol{\beta}$의 ML 추정량과 FGLS는 다르게 된다는 것을 의미한다. 특히 $\boldsymbol{\epsilon}$이 정규분포를 따를 때 $\boldsymbol{\beta}$의 ML 추정량이 2단계 추정법에 의한 FGLS보다 효율적이 된다.

연습문제

표 4.4에 주어진 우리나라의 지역별 세입(REV), 세출(EXP) 자료를 이용하여 모형

$$EXP_i = \beta_0 + \beta_1 REV_i + \epsilon_i$$

로부터 다음의 문제를 해결하시오.

1. 오차항의 이분산 검정을 위해 White 검정을 실시하시오.

2. 오차항의 이분산 검정을 위해 B–P–G 검정을 다음의 가설에 대하여 실시하시오.

   (1) $H_1 : \sigma_i^2 = \sigma^2(1 + REV_i^2)$

   (2) $H_1 : \sigma_i^2 = (1 + REV_i^2)$

   (3) $H_1 : \sigma_i^2 = \sigma^2(1 + REV_i^{\eta})$

   (4) $H_1 : \sigma_i^2 = \sigma^2(1 + (\beta_0 + \beta_1 REV_i))$

3. 문제 2의 검정결과 유의한 결과를 나타내는 오차항의 분산에 대한 가정들 중 어떤 가정이 가장 타당한가를 그 이유와 함께 논의하시오.

CHAPTER 5

오차항의 자기회귀모형

5.1 오차항의 자기회귀모형 정의

선형회귀모형에서 오차항이 i.i.d.한 특성을 따르지 않을 때, 오차항의 분산에 대한 형태는 이분산인 경우와 자기상관 오차항을 가진 경우로 나눌 수 있다. 일반적으로 횡단면자료(cross-sectional data)는 오차항이 이분산을 갖게 되고 제4장에서 논의한 이분산 선형회귀로 해결될 수 있다. 그러나 대부분 시계열자료(time series data)는 같은 관찰대상으로부터 T개의 시점에서 계속 관찰되므로 오차항이 자기상관관계를 갖게 되는 것이 일반적인 현상이다. 이를 좀 더 자세히 설명하면 회귀모형을 사용하여 관심 있는 시계열 변수의 평균을 추정한 후 잔차를 구했을 때 잔차가 자기상관관계 (자신의 과거치와의 상관관계를 가지고 있을 때의 상관관계)를 가지게 되는 현상을 말한다. y_t를 시점 t에 관찰된 어떤 값이라고 정의할 때 $(t-k)$ 시점 값 y_{t-k}, $k \geq 1$이 y_t를 설명하는 데 중요한 정보를 가질 경우가 이에 해당된다. 다음의 모형을 고려해 보자.

$$
\begin{aligned}
y_t &= \mathbf{x}_t'\boldsymbol{\beta} + \epsilon_t, \qquad t = 1, 2, \ldots, T. \\
\epsilon_t &= \phi\epsilon_{t-1} + \nu_t
\end{aligned}
\tag{5.1}
$$

여기에서 $E(\epsilon_t) = 0$, ν_t는 평균이 0이고 분산이 σ_ν^2인 i.i.d.한 확률변수이고 ν_t는 ϵ_{t-k}, $k \geq 1$과는 독립이라고 가정한다. 오차항이 자기상관 된 선형모형의 특성을 살펴보기 위해 모형 (5.1)에서 ϵ_t의 분산 및 공분산을 살펴보자. 만약 $|\phi| < 1$이면

$$\begin{aligned}
Var(\epsilon_t) &= Var(\phi\epsilon_{t-1} + \nu_t) = Var\big(\phi(\phi\epsilon_{t-2} + \nu_{t-1}) + \nu_t\big) \\
&= Var(\phi^2\epsilon_{t-2} + \phi\nu_{t-1} + \nu_t) = Var\big(\phi^2(\phi\epsilon_{t-3} + \nu_{t-2}) + \phi\nu_{t-1} + \nu_t\big) \\
&= Var(\phi^3\epsilon_{t-3} + \phi^2\nu_{t-2} + \phi\nu_{t-1} + \nu_t) \\
&= \cdots = Var\left(\sum_{i=0}^{\infty} \phi^i \nu_{t-i}\right) \\
&= \frac{1}{1-\phi^2}\sigma_\nu^2
\end{aligned}$$

가 된다. 또한,

$$\begin{aligned}
Cov(\epsilon_t, \epsilon_{t-1}) &= Cov(\phi\epsilon_{t-1} + \nu_t, \epsilon_{t-1}) \\
&= \phi Cov(\epsilon_{t-1}, \epsilon_{t-1}) + Cov(\nu_t, \epsilon_{t-1}) \\
&= \phi Var(\epsilon_t) = \frac{\phi}{1-\phi^2}\sigma_\nu^2
\end{aligned}$$

이며, 일반적인 경우로 정리해 보면

$$\begin{aligned}
Cov(\epsilon_t, \epsilon_{t-k}) &= Cov(\phi\epsilon_{t-1} + \nu_t, \epsilon_{t-k}) \\
&= Cov(\phi^2\epsilon_{t-2} + \phi\nu_{t-1} + \nu_t, \epsilon_{t-k}) \\
&= \cdots = Cov(\phi^k\epsilon_{t-k} + \phi^{k-1}\nu_{t-k+1} + \cdots + \phi\nu_{t-1} + \nu_t, \epsilon_{t-k}) \\
&= \phi^k Cov(\epsilon_{t-k}, \epsilon_{t-k}) = \phi^k Var(\epsilon_t) \\
&= \frac{\phi^k}{1-\phi^2}\sigma_\nu^2
\end{aligned}$$

이 된다. 따라서 모형 (5.1)에서 오차항의 분산공분산 행렬을 식 (5.2)로 정리할 수 있다.

$$Var(\boldsymbol{\epsilon}) = \frac{\sigma_\nu^2}{1-\phi^2}\begin{pmatrix} 1 & \phi & \phi^2 & \cdots & \phi^{T-1} \\ \phi & 1 & \phi & \cdots & \phi^{T-2} \\ \phi^2 & \phi & 1 & \cdots & \phi^{T-3} \\ \vdots & \vdots & \vdots & \ddots & \vdots \\ \phi^{T-1} & \phi^{T-2} & \phi^{T-3} & \cdots & 1 \end{pmatrix} \tag{5.2}$$

ϵ_t와 ϵ_{t-k}의 상관행렬 $Corr(\epsilon_t, \epsilon_{t-k})$는

$$Corr(\epsilon_t, \epsilon_{t-k}) = \frac{Cov(\epsilon_t, \epsilon_{t-k})}{Var(\epsilon_t)} = \frac{\phi^k \sigma_\nu^2}{1-\phi^2} \cdot \frac{1-\phi^2}{\sigma_\nu^2} = \phi^k$$

이 되고 이로부터 (5.2)는

$$Var(\boldsymbol{\epsilon}) = \frac{\sigma_\nu^2}{1-\phi^2} \cdot Corr(\epsilon_t, \epsilon_{t-k})$$

로 표현할 수 있다. 이 장에서는 (5.1)의 일반적인 형태로 모형(5.3)을 정의하고,

$$\begin{aligned} y_t &= \mathbf{x}_t'\boldsymbol{\beta} + \epsilon_t, \qquad t = 1, 2, \ldots, T. \\ \epsilon_t &= \phi_1 \epsilon_{t-1} + \phi_2 \epsilon_{t-2} + \cdots + \phi_p \epsilon_{t-p} + \nu_t \end{aligned} \tag{5.3}$$

모형의 특성, $\boldsymbol{\beta}$의 추정과 검정에 대해 여러 가지 통계적인 성질을 규명하고자 한다. 먼저 모형 (5.3)의 정의에서 독립변수인 $\mathbf{x}_t$는 종속변수의 시차변수(lagged variable)인 y_{t-k}, $k \geq 1$을 포함할 수 있으며, ν_t는 평균이 0이고 분산이 σ_ν^2인 i.i.d.한 확률변수이고 ν_t는 ϵ_{t-k}, $k \geq 1$와는 독립이라는 가정을 하고 있다. 또한 (5.3)의 오차항 ϵ_t의 모형을 차수가 p인 자기회귀모형(autoregressive model with order p)이라고 하고 간단히 AR(p)라고 표기한다. 특히 오차항 ϵ_t는 다음과 같이 정리할 수 있고

$$\left(1 - \phi_1 L - \phi_2 L^2 - \cdots - \phi_p L^p\right)\epsilon_t = \nu_t$$

이로부터 얻어지는 특성함수(characteristic function) $\left(1-\phi_1 L - \phi_2 L^2 - \cdots - \phi_p L^p\right) = 0$ 에서 L의 근의 절대값이 모두 1보다 크다는 가정을 하고 있다. 이러한 가정을 정상성조건(stationary condition)이라고 한다. 이 가정에 대한 설명은 5.4절에서 논의될 것이다. 사실 모형 (5.3)은 ϵ_t가 자기상관관계를 가지고 있을 때, 모형 $\epsilon_t = \phi_1 \epsilon_{t-1} + \cdots + \phi_p \epsilon_{t-p} + \nu_t$를 통해 ϵ_t의 자기상관관계를 제거한 모형이라고 해석할 수 있다. 즉 새로운 오차항 ν_t가 i.i.d를 만족하도록 ϵ_t에 모형을 적용한 것으로 해석할 수 있다.

이제 다음의 간단한 모형을 고려해 보자.

$$\begin{aligned} y_t &= \beta y_{t-1} + \epsilon_t \\ \epsilon_t &= \phi\epsilon_{t-1} + \nu_t \end{aligned} \tag{5.4}$$

모형 (5.4)는 독립변수가 종속변수 y_t의 시차변수 y_{t-1}인 경우로 $Cov(y_{t-1}, \epsilon_t)$를 구해보면 (5.5)와 같이 정리되고,

$$\begin{aligned} Cov(y_{t-1}, \epsilon_t) &= Cov(y_{t-1}, \phi\epsilon_{t-1} + \nu_t) \\ &= \phi Cov(y_{t-1}, \epsilon_{t-1}) = \phi Cov(y_t, \epsilon_t) \end{aligned} \tag{5.5}$$

$y_t = \beta y_{t-1} + \epsilon_t$를 이용하여 다시 정리하면,

$$\begin{aligned} Cov(y_t, \epsilon_t) &= Cov(\beta y_{t-1} + \epsilon_t, \epsilon_t) \\ &= Cov(\beta y_{t-1}, \epsilon_t) + Cov(\epsilon_t, \epsilon_t) \\ &= \beta Cov(y_{t-1}, \epsilon_t) + Var(\epsilon_t) \end{aligned}$$

이므로 (5.5)식에 의해

$$\begin{aligned} \frac{Cov(y_{t-1}, \epsilon_t)}{\phi} &= Cov(y_t, \epsilon_t) \\ &= \beta Cov(y_{t-1}, \epsilon_t) + \frac{\sigma_\nu^2}{1-\phi^2} \end{aligned}$$

가 되어

$$Cov(y_{t-1}, \epsilon_t) = \frac{\phi\sigma_\nu^2}{(1-\phi\beta)(1-\phi^2)}$$

이 되므로 y_{t-1}과 ϵ_t가 상관관계를 갖는 것을 확인할 수 있다. 제2장에서 논의된 바와 같이 선형회귀모형에서 독립변수와 오차항이 상관관계가 있을 때 β의 OLS 추정량은 일치추정량이 될 수 없으므로, 모형 (5.4)의 경우 β의 OLS 추정량을 사용할 수 없게 된다. 사실 모형 (5.4)에서 β의 OLS 추정량은 $\beta + \phi(1-\beta^2)/(1+\phi\beta)$ 의 일치추정량이 된다는 것을 대표본 이론에 의해 보일 수 있다. 그러므로 모형 (5.3)에서 $\mathbf{x}_t$에 y_t의 시차변수 y_{t-k}, $k \geq 1$가 포함되어 있을 경우와 포함되어 있지 않을 경우의 β의 추정법은 다를 수밖에 없으며 이들의 통계적인 성질들도 차이가 나게 된다. 모형 (5.3)에서

$$\epsilon_t = \phi_1\epsilon_{t-1} + \phi_2\epsilon_{t-2} + \cdots + \phi_p\epsilon_{t-p} + \nu_t$$

는 $y_t = \mathbf{x}_t'\boldsymbol{\beta} + \epsilon_t$에서 $\boldsymbol{\beta}$의 GLS 추정치를 구하는 역할을 하고 y_t의 예측치 $\hat{y}_t$를 구할 때 $E(\epsilon_t) = 0$에 의한 $\hat{y}_t = \mathbf{x}_t'\hat{\boldsymbol{\beta}}$대신에 오차항 모형으로부터 추정한

$$\hat{y}_t = \mathbf{x}_t'\hat{\boldsymbol{\beta}} + \hat{\epsilon}_t$$

를 사용할 수 있도록 하는 것이다.

5.2 오차항의 자기회귀모형 내용종합

이 장에서는 모형 (5.3)에서 정의된 모형을 다룬다. (5.3)에 정의된 모형을 오차항이 AR(p) 모형을 따르는 선형모형이라고 한다. 이제 모형 (5.3)으로 분석하는 일반적인 절차를 표 5.1로 살펴보면 다음과 같다.

표 5.1: 오차항 ϵ_t가 AR(p)를 따르는 선형모형 분석을 위한 절차

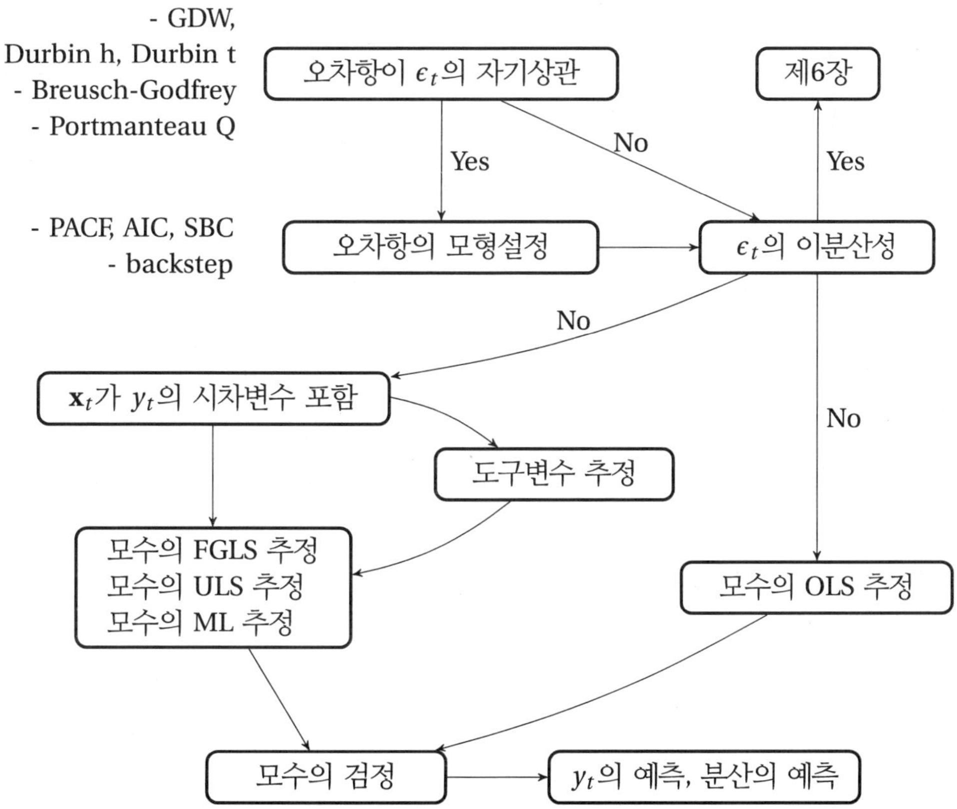

5.2.1 오차항의 자기상관

가장 먼저 다룰 부분은 $y_t = \mathbf{x}_t'\boldsymbol{\beta} + \epsilon_t$에서 ϵ_t의 자기상관 여부이다. 만약 ϵ_t에 자기상관이 없다면 ϵ_t의 이분산성을 검정하고 검정결과 이분산도 없을 경우 모수 $\boldsymbol{\beta}$의 가장 효율적인 추정량은 제2장에서 논의한 OLS 추정량이 된다. (그림 5.1의 NO(2) ⟶ NO(2*)).

ϵ_t의 자기상관 여부는 $\boldsymbol{\beta}$의 OLS 추정량에 의해 구한 ϵ_t의 잔차 $\widehat{\epsilon}_t$를 이용하게 된다. ϵ_t의 자기상관의 검정법으로, $\mathbf{x}_t$가 y_t의 시차변수 y_{t-k}, $k \geq 1$를 포함하고 있지 않은 경우에 사용하는 일반화 더빈–왓슨(GDW) 검정법이 있고, $\mathbf{x}_t$가 y_t의 시차변수를 포함하고 있을 때 사용하는 더빈의 h 검정법(Durbin h) 및 더빈의 t 검정법(Durbin t)이 있다. 또한 $\mathbf{x}_t$가 y_t의 시차변수를 포함하고 있든 아니든 간에 관계없이 ϵ_t의 자기상관관계 여부를 검정하는 Breusch–Godfrey 검정법과 포트맨토 Q 검정법이 있다(이상 자세한 내용은 5.6절 참조).

5.2.2 오차항 ϵ_t의 모형설정

위의 검정법 중 적절한 검정법을 통해 ϵ_t의 자기상관관계가 확인되면 모형 (5.3)에서

$$\epsilon_t = \phi_1\epsilon_{t-1} + \phi_2\epsilon_{t-2} + \cdots + \phi_p\epsilon_{t-p} + \nu_t$$

의 모형을 설정해야 할 것이다. p의 설정방법은 적절한 크기의 p를 선택한 후(보통 $T^{1/3}$) 모수 $\boldsymbol{\beta}$와 $\phi_1, \ldots, \phi_p$를 추정하여 구한 ν_t의 잔차 $\widehat{\nu}_t$의 자기상관여부를 검정하여 p를 결정한다. 자세한 내용은 5.5.2절에서 다룰 것이다.

5.2.3 모수의 추정

모형 (5.3)에서 추정해야 할 모수는 $\boldsymbol{\beta}$와 $\phi_1, \ldots, \phi_p$ 가 될 것이다. 이 경우 모수의 추정은 $\mathbf{x}_t$가 y_t의 시차변수를 포함하지 않는 경우와 포함하는 경우 두 가지 경우로 나눌 수 있다. 먼저 $\mathbf{x}_t$가 y_t의 시차변수를 포함하고 있지 않으면 $\boldsymbol{\beta}$와 $\phi_1, \ldots, \phi_p$는 FGLS나 ULS 혹은 ML 추정법으로 추정된다(자세한 내용은 5.6.3절과 5.6.4절 참조). 이들은 모두 초기치로 $\boldsymbol{\beta}$의 OLS 추정치를 사용한다. $\mathbf{x}_t$가 y_t의 시차변수를 포함하고 있으면 $\boldsymbol{\beta}$의 초기치는 OLS 추정치로 사용할 수 없다. 이때는 도구변수를 이용하여 $\boldsymbol{\beta}$의 초기치를 구하여 FGLS 나 ULS 추정법을 사용하거나 도구변수를 이용하지 않는 ML 추정법을 사용하여 모수를 추정하게 된다. 그러나 오차항이 자기상관을 가지고 있을 때 사용할 수 있는 가장 간단하면서도 일반적인 방법은 , $\mathbf{x}_t$에 y_t의 시차변수를 포함시킨 모형을 선택하여 FGLS나 ULS 혹은 ML 추정치를 구하는 것이다.

5.2.4 검정

일단 모수를 추정하게 되면 제2장에서 논의한 모수에 대한 여러 가지 검정을 하게 된다. 예를 들어 $R\boldsymbol{\beta}=\mathbf{q}$나 Chow 검정, 가변수를 이용한 검정 등을 실시할 수 있다.

5.2.5 예측

모수 $\boldsymbol{\beta}$와 ϵ_t의 모수 $\phi_1,\phi_2,\ldots,\phi_p$를 추정하게 되면 y_t의 예측치 $\widehat{y}_t$를 구하게 된다. $\widehat{y}_t$는

$$\widehat{y}_t=\mathbf{x}_t'\widehat{\boldsymbol{\beta}}+\widehat{\epsilon}_t$$
$$\widehat{\epsilon}_t=\widehat{\phi}_1\widehat{\epsilon}_{t-1}+\widehat{\phi}_2\widehat{\epsilon}_{t-2}+\cdots+\widehat{\phi}_p\widehat{\epsilon}_{t-p}$$

가 된다(자세한 내용은 5.7절을 참조).

5.3 SAS/ETS 사용법

SAS/ETS 중 AUTOREG 프로시저를 이용하여 모형 (5.3)을 적용하는 방법에 대하여 설명하도록 한다. AUTOREG 프로시져에서는 모형 (5.3)의 표현과 달리 다음의 표현을 사용한다.

$$y_t=\mathbf{x}_t'\boldsymbol{\beta}+\epsilon_t,\qquad t=1,2,\ldots,T.$$
$$\epsilon_t=-\phi_1\epsilon_{t-1}-\phi_2\epsilon_{t-2}-\cdots-\phi_p\epsilon_{t-p}+\nu_t$$

좀 더 자세히 설명하면

$$\epsilon_t=\phi_1\epsilon_{t-1}+\phi_2\epsilon_{t-2}+\cdots+\phi_p\epsilon_{t-p}+\nu_t$$

대신에

$$\epsilon_t=-\phi_1\epsilon_{t-1}-\phi_2\epsilon_{t-2}-\cdots-\phi_p\epsilon_{t-p}+\nu_t$$

로 ϵ_t의 모형을 정의했다는 것이다. 따라서 적합결과를 읽을 때는 오차항에 적용된 AR(p) 모형의 추정결과 중 추정계수의 부호를 반대로 보아야 한다는 점을 주의해야 한다. 다음은 AUTOREG 프로시저의 프로그램이다.

---

① **PROC AUTOREG** data = *input-data-set* options;

② **MODEL** dependent = regressors / options;

③ **HETERO** variables / options;

④ **OUTPUT** out = *SAS-data-set* options;

⑤ **RESTRICT** equations;

⑥ **TEST** equations / options;

위 명령어 중 ③, ⑤, 그리고 ⑥은 제2장과 제4장에 설명되어 있으므로 생략하기로 한다.

① options에 포함될 수 있는 것은 다음과 같다.

DATA = *input-dataset-name*: 입력데이터세트의 이름을 지정한다.

OUTEST = *SAS-data-set*: AUTOREG 프로시저 출력결과를 모두 포함하는 SAS 데이터세트이다. 모수추정치, 추정치의 분산 등을 포함한 SAS 데이터세트로 향후 분석을 위해 사용되는 데이터세트의 이름을 지정하는 옵션이다.

② 회귀모형에서 종속변수, 독립변수, 오차항의 모형 그리고 조건부 이분산 모형을 지정하고 추정방법을 지정해주는 명령어이다. 만약 독립변수가 지정되지 않을 경우 독립변수는 종속변수의 평균이 된다. 여러 개의 MODEL 명령어를 동시에 사용할 수 있다.

```
PROC AUTOREG data=A1;
MODEL y=x1 x2;
MODEL y=x3 x4;
MODEL y=x1 x2 x3 x4;
RUN;
```

으로 하면 3개 모형의 모수를 OLS 추정법으로 각각 추정한다. MODEL문의 서식은 MODEL dependent = regressors의 형식으로 dependent에는 종속변수를 지정하고 regressors에는 독립변수를 지정하게 된다. 위의 모형들을 SAS 출력상태에서 구별하기 위해 각 MODEL에 라벨을 부여할 수 있다. 예를 들어

```
M1: MODEL y=x1 x2;
M2: MODEL y=x3 x4;
M3: MODEL y=x1 x2 x3 x4;
```

로 하면 출력상태에서 MODEL의 이름을 M1, M2 그리고 M3로 부여하여 출력하게 된다. MODEL 명령어에 사용되는 옵션은 다음과 같다.

(1) **오차항 모형을 위한 옵션**

$\epsilon_t = -\phi_1\epsilon_{t-1} - \phi_2\epsilon_{t-2} - \cdots - \phi_p\epsilon_{t-p} + \nu_t$ 모형을 위한 옵션이다.

NLAG=number : 오차항 ϵ_t의 모형인 AR(p)에서 p를 지정해 주는 옵션이다.

NLAG=(numbet-list) : AR(p) 모형에서 오차항의 일부시차만 지정해 주는 옵션이다. 예를 들어,

$$y_t = \mu + \beta_1 x_{1t} + \beta_2 x_{2t} + \epsilon_t$$

$$\epsilon_t = -\phi_1 \epsilon_{t-1} - \phi_2 \epsilon_{t-2} - \phi_3 \epsilon_{t-3} + \nu_t$$

의 모형 지정은

```
MODEL y=x1 x2 /NLAG=3;
```

으로 하면 된다. 그러나 추정결과 ϕ_2가 유의하지 못할 경우,

```
MODEL y=x1 x2/NLAG=(1 3);
```

로 하여 ϕ_1, ϕ_2, ϕ_3 중 ϕ_1과 ϕ_3만 추정하게 할 수 있다.

(2) 모수추정을 위한 옵션

Method=type에 의해 모수추정법을 지정할 수 있다. Method=YW는 FGLS 추정법, Method=ULS는 ULS 추정법, Method=ML은 최우추정법을 지정하게 한다. 기본값은 Method=YW이다. $y_t = \mathbf{x}_t'\boldsymbol{\beta} + \epsilon_t$에서 $\mathbf{x}_t$에 y_t의 시차변수 y_{t-k}, $k \geq 1$이 포함되어 있는 경우, 기본값은 ML이다(자세한 내용은 5.6.3절과 5.6.4절 참조). 추가적으로 ITER 옵션이 있다. 이 옵션이 지정되면 FGLS 추정법에서 반복적인 FGLS(자세한 내용은 3.2절 참조)가 수행되도록 한다. ITER의 지정여부에 따른 추정결과에는 큰 차이가 존재하지 않는 것으로 알려져 있다.

(3) 자기상관 검정을 위한 옵션 및 ϵ_t의 모형설정을 위한 옵션

$y_t = \mathbf{x}_t'\boldsymbol{\beta} + \epsilon_t$에서 ϵ_t가 자기상관관계 여부를 검정하기 위한 옵션이다.

DW=n : $\mathbf{x}_t$가 y_t의 시차변수를 포함하고 있지 않을 경우에 오차항 ϵ_t의 자기상관 여부를 검정하는 일반화 더빈–왓슨 검정통계량을 시차변수 n까지 출력하라는 명령어이다.

DWPROB : DW=n에 지정된 더빈–왓슨 통계량의 p-값을 출력하라는 명령어로 $\phi_1 = \phi_2 = \cdots = \phi_{n-1} = 0$으로 가정 된 상태에서 $H_0 : \phi_n = 0$에 대한 검정결과를 나타낸다. DW=n과 DWPROB의 해석상 유의할 점은 검정을 위한 가정에 따라 앞 시차에서 유의한 결과가 나올 경우, 그 이후의 시차에 대해서는 통계적으로 아무런 의미를 갖지 못한다는 것이다. 예를 들어 DW=1,

즉 $Corr(\epsilon_t, \epsilon_{t-1})$이 DWPROB에 의해 유의한 결과가 나오면, DW=2부터의 검정결과는 통계적 의미를 갖지 못한다는 것이다.

GODFREY=r : 이 옵션은 5.6.1절에 설명된 Breusch–Godfrey 검정을 위한 옵션이다. 이는 ϵ_t가 AR(r)의 구조를 따르는지에 대한 검정법으로 $H_0 : \phi_1 = \phi_2 = \cdots = \phi_r = 0$이 귀무가설이 된다. 간략하게 `gf=r`로 쓸 수 있으며, H_0가 더빈–왓슨 검정과 달라서 해석 시 유의할 점에도 차이가 있다. H_0를 보고 알 수 있듯이 Breusch–Godfrey 검정은 이전 시차의 자기상관이 이후 시차의 자기상관 검정결과에 영향을 주게 된다. 예를 들어 '`gf=3`'인 경우 $H_0 : \phi_1 = 0$, $H_0 : \phi_1 = \phi_2 = 0$, $H_0 : \phi_1 = \phi_2 = \phi_3 = 0$ 검정이 차례로 이루어지며, 이때 오차항에 1차자기상관이 존재하여 $H_0 : \phi_1 = 0$을 기각하게 되면, 이후의 검정도 모두 기각하게 된다. 추가적으로 결과해석에서 주의해야 할 점은, 만약

```
/ NLAG=p GODFREY=r;
```

과같이 `NLAG=p`와 `GODFREY=r`을 동시에 사용하면 이는

$$H_0 : \epsilon_t \sim \text{AR}(p), \quad \text{vs.} \quad H_1 : \epsilon_t \sim \text{AR}(p+i),\ i = 1, 2, \ldots, r.$$

에 대한 검정법으로 바뀌게 된다는 것이다.

LAGDEP=name : $y_t = \mathbf{x}_t'\boldsymbol{\beta} + \epsilon_t$에서 $\mathbf{x}_t$에 y_t의 시차변수가 포함되어 있을 때의 모수추정법과 자기상관 검정법을 위한 옵션이다. $\mathbf{x}_t$에 y_t의 시차변수를 포함하고 있을 때 반드시 LAGDEP를 추가해야 한다. LAGDEP 옵션을 줌으로써 모수추정을 위한 초기추정치로 도구변수를 이용하기 때문이다. 자기상관 검정법 옵션은 다음과 같이 정의한다.

```
/ LAGDEP=variable
```

독립변수에 포함된 y_t의 시차변수를 variable에 지정하면 Durbin-h 검정을 하고, 단순히 LAGDEP로만 옵션을 주면 Durbin-t 검정을 하게 된다(5.6.1절 참조). LAGDEP 옵션을 사용하게 되면 모수추정은 ML 추정법을 디폴트로 사용하게 된다.

BACKSTEP : NLAG=n 옵션과 함께 사용되는 옵션으로 통계적으로 유의한 오차항의 시차를 결정해 주는 옵션이다(5.6.2절 참조). 예를 들어,

```
MODEL y=x1 x2 /NLAG=3 BACKSTEP;
```

프로그램을 사용하면 오차항은

$$\epsilon_t = -\phi_1\epsilon_{t-1} - \phi_2\epsilon_{t-2} - \phi_3\epsilon_{t-3} + \nu_t$$

모형이 되고 BACKSTEP 옵션에 의해 유의하지 않은 모수를 t 검정을 통해 제거하게 된다. 만약 BACKSTEP의 결과 통계적으로 유의한 모수가 ϕ_1, ϕ_3 이라면

```
MODEL y=x1 x2/NLAG=(1 3);
```

으로 재프로그램하여야 한다.

SLSTAY=value : BACKSTEP에 사용되는 옵션으로 BACKSTEP에서 사용하는 t 검정의 유의수준을 지정해 주는 옵션이다. 기본값은 SLSTAY = 0.05이다.

③ OUTPUT 명령어

OUTPUT 명령어는 **MODEL** dependent=regressors / options에 지정된 모형으로부터 출력된 종속변수의 예측치와 신뢰구간 그리고 조건부 이분산의 예측치 등의 출력을 위한 명령어이다(이론적 배경은 5.6절과 5.7절을 참조).

종속변수의 예측치 및 신뢰구간은 다음의 두 가지로 분류된다. $y_t = \mathbf{x}_t'\boldsymbol{\beta}$의 예측과 신뢰구간, $y_t = \mathbf{x}_t'\boldsymbol{\beta} + \epsilon_t$의 예측과 신뢰구간으로 구분된다. 즉 오차항의 자기회귀모형을 제외한 회귀부분만의 예측 및 신뢰구간과 오차항의 자기회귀모형을 고려한 y_t의 예측 및 신뢰구간으로 구분된다. 물론 오차항이 자기회귀모형을 갖지 않으면 $y_t = \mathbf{x}_t'\boldsymbol{\beta}$나 $y_t = \mathbf{x}_t'\boldsymbol{\beta} + \epsilon_t$의 예측 및 신뢰구간은 같다.

OUT= *SAS-data-set* : OUTPUT 명령어의 옵션에 의한 결과를 저장하는 출력데이터세트의 이름을 지정한다.

ALPHACLI=value : 이는 $y_t = \mathbf{x}_t'\boldsymbol{\beta} + \epsilon_t$의 $100(1-\alpha)\%$ 신뢰구간을 구축하기 위한 α 값에 대한 옵션이다. α는 0과 1사이의 값이며, 기본값은 0.05이다.

ALPHACLM=value : 이는 $y_t = \mathbf{x}_t'\boldsymbol{\beta}$의 $100(1-\alpha)\%$ 신뢰구간 구축을 위한 α 값의 옵션이다. 기본값은 0.05이다.

PREDICTED=name : $y_t = \mathbf{x}_t'\boldsymbol{\beta} + \epsilon_t$의 예측치를 지정된 name으로 OUT= 출력데이터세트에 저장하라는 명령어이다. 간략하게 P=name으로 할 수 있다.

PREDICTEDM=name : $y_t = \mathbf{x}_t'\boldsymbol{\beta}$, 회귀부분만의 예측치를 지정된 name으로 출력데이터세트에 저장하라는 명령어이다. 간략하게 PM=name으로 할 수 있다.

RESIDUAL=name : P=name에 의해 출력된 예측치와 실제 값의 차에 의한 잔차이다. 간단하게 R=name으로 할 수 있다.

RESIDUALM=name : PM=name에 의해 출력된 예측치와 실제 값의 차에 의한 잔차이다. 간단하게 RM=name으로 할 수 있다.

UCL=name, LCL=name : P=name에 의한 예측치의 $100(1-\alpha)\%$의 상한값(UCL)과 하한값(LCL)을 지정된 name으로 출력데이터세트에 저장하는 명령이다.

UCLM=name, LCLM=name : PM=name에 의한 $100(1-\alpha)\%$의 상한(UCLM) 및 하한값(LCLM)을 지정된 name으로 출력데이터세트에 저장하는 명령어이다.

5.4 사례분석

표 5.2은 1996년부터 2007년까지의 우리나라 월별 아파트 매매가격지수(2011년 6월=100)와 예금은행 총저축성예금(단위:10억원)과 예금은행 주택자금대출금(단위:10억원)에 대한 자료이다(자료출처 : 전국주택가격동향조사, 한국은행). HP를 아파트 매매가격지수, SDP를 예금은행 총저축성예금, 그리고 HL을 예금은행 주택자금대출금으로 정의하여 다음의 모형 (5.6)을 고려해보자.

$$HP_t = \beta_0 + \beta_1 SDP_t + \beta_2 HL_t + \epsilon_t \tag{5.6}$$

모형 (5.6)에 적용될 표 5.2의 자료는 월별로 관찰된 시계열자료이기 때문에 ϵ_t에 자기상관이 있을 것으로 예상되며, 이의 존재 여부는 검정을 통해 확인해 보아야 한다. 이에 관한 구체적인 절차로 먼저, 자료가 월별자료이므로 $\epsilon_t \sim AR(13)$ 모형을 따른다는 가정 하에서 더빈–왓슨 검정법을 사용한 후 $\epsilon_t \sim AR(13)$ 모형이 충분한지를 점검하기 위해 Breusch–Godfrey 검정을 추가로 시행한다. Breusch–Godfrey 검정결과에 따라 ϵ_t의 모형을 BACKSTEP 방법으로 설정한다. 앞서 설명한 분석절차에 대한 프로그램은 다음과 같다.

표 5.2: 아파트 매매 자료

연도	월	SDP	HL	HP	SDP	HL	HP	SDP	HL	HP
	1	113,464	17,754	45.7	137,741	18,932	48.1	162,720	21,324	48.9
	2	114,831	17,860	45.9	140,207	19,068	49.0	167,840	21,358	48.0
	3	116,511	18,008	46.1	142,999	19,244	49.2	167,204	21,407	46.6
	4	117,616	18,103	46.1	145,006	19,431	49.3	168,762	21,412	45.1
	5	120,567	18,215	46.1	146,746	19,638	49.3	174,885	21,475	43.8
1996	6	124,279	18,249	46.1	149,851	19,788	49.2	178,187	21,602	43.1
~1998	7	125,494	18,314	46.1	152,487	19,854	49.3	185,369	21,730	43.0
	8	126,889	18,362	46.2	158,297	20,034	49.5	192,629	21,844	43.2
	9	130,777	18,537	46.6	159,244	20,250	49.7	198,400	21,778	42.8
	10	131,258	18,621	46.8	159,474	20,473	49.8	204,150	21,651	42.4
	11	133,747	18,685	46.9	164,119	20,667	49.6	209,522	21,455	42.3
	12	137,383	18,869	47.1	162,854	21,084	49.4	214,131	21,242	42.7

연도	월	SDP	HL	HP	SDP	HL	HP	SDP	HL	HP
	1	219,345	21,030	43.6	290,698	22,982	46.5	362,090	27,824	47.0
	2	228,956	20,890	44.0	303,529	23,284	46.9	361,745	27,809	47.3
	3	237,052	20,684	44.4	310,700	23,764	47.2	366,333	27,935	47.7
	4	236,812	20,579	44.5	321,421	24,244	47.3	372,902	27,856	48.1
	5	235,877	20,657	44.8	326,871	24,855	47.2	377,221	27,998	48.6
1999	6	236,737	20,720	45.0	334,137	25,360	47.1	379,001	28,324	49.3
~2001	7	242,221	20,890	45.3	341,392	25,610	47.1	384,532	28,657	50.2
	8	254,247	21,099	45.9	346,433	25,945	47.2	391,759	28,892	51.5
	9	264,286	21,409	46.4	348,431	26,276	47.5	399,143	29,388	52.6
	10	270,893	21,866	46.5	351,278	26,733	47.5	396,417	29,717	52.9
	11	280,793	22,356	46.4	359,121	27,302	47.4	403,042	30,541	53.1
	12	281,292	22,748	46.3	360,605	27,744	47.0	405,803	31,563	53.8

연도	월	SDP	HL	HP	SDP	HL	HP	SDP	HL	HP
	1	415,779	32,327	56.0	454,591	46,245	65.9	491,428	54,886	72.2
	2	423,871	33,160	57.9	454,302	46,924	66.4	498,212	55,470	72.5
	3	432,374	34,263	59.7	470,579	47,651	66.9	488,241	55,942	72.7
	4	431,110	35,727	60.2	469,977	48,519	67.7	491,527	56,890	73.0
	5	434,473	37,008	60.5	476,162	49,025	69.2	488,639	57,724	73.1
2002	6	439,766	38,279	60.9	480,198	50,016	70.0	491,424	58,164	73.0
~2004	7	437,723	39,246	61.8	483,274	50,958	70.3	486,713	58,519	72.9
	8	444,798	40,472	63.2	488,086	51,852	70.7	487,836	58,659	72.7
	9	446,474	42,053	65.4	475,787	52,803	71.7	487,421	59,132	72.6
	10	453,404	43,477	65.8	479,191	53,184	72.9	485,370	59,210	72.5
	11	459,248	44,509	65.8	494,383	53,657	72.8	483,741	59,740	72.2
	12	456,983	45,679	66.0	489,620	54,425	72.3	482,666	60,296	71.9

연도	월	SDP	HL	HP	SDP	HL	HP	SDP	HL	HP
	1	478,021	60,269	71.7	482,151	62,067	76.5	500,544	67,067	87.5
	2	483,750	60,556	72.1	486,524	61,964	77.0	504,036	67,327	87.7
	3	480,418	60,788	72.5	484,022	62,179	77.6	507,973	67,924	87.8
	4	486,499	61,137	73.1	487,608	62,535	78.4	507,084	68,328	87.8
	5	488,431	60,988	73.7	492,680	63,019	79.4	513,004	68,575	87.7
2005	6	491,074	61,360	74.6	504,481	63,196	79.8	522,662	68,815	87.8
~2007	7	488,188	61,227	75.4	499,699	63,860	79.9	512,607	69,522	87.9
	8	486,552	61,731	75.7	500,683	64,049	80.1	510,375	70,713	88.0
	9	495,593	61,966	75.9	508,606	64,365	80.5	508,224	71,499	88.2
	10	490,899	62,129	75.9	505,699	64,737	81.7	510,411	72,875	88.3
	11	495,706	62,003	75.9	509,838	65,535	84.8	516,148	74,372	88.4
	12	491,015	61,993	76.1	514,458	66,903	86.6	516,234	73,011	88.5

프로그램 5.1 : 자기상관을 고려한 모형 (5.6)의 분석

```
data autocor;
 input SDP HL HP; TIME=_n_; L_HP=LAG(HP);
 cards;
113464   17754   45.7
 ...  ; run;

proc autoreg data=autocor;
 model HP = SDP HL /dw=13 dwprob gf=13;
 model HP = SDP HL /nlag=13 backstep;
   output out =out_auto PM=YH_M UCLM=U_M LCLM=L_M P=YH UCL=U LCL=L;
 model HP = HL /nlag=(1 2 5 7) iter dw=5 dwprob gf=5;
run;

proc autoreg data=autocor;
 model HP = L_HP SDP HL /lagdep=L_HP nlag=13 backstep;
 model HP = L_HP SDP /lagdep=L_HP nlag=(1 2) iter dw=5 gf=5;
run;
```

프로그램 P8은 일반화더빈왓슨(genralized DW, GDW) 검정법과 Godfrey 검정법에 의한 ϵ_t의 자기상관 검정 프로그램이고, 프로그램 P9는 $\epsilon_t \sim AR(13)$ 모형에서의 유의하지 않은 자기상관 차수를 제거하여 ϵ_t의 모형설정을 위한 프로그램이다. 프로그램 P11은 최종모형을 추정하고 자기상관의 잔존여부를 검정한 것이다. P8~P11의 결과는 다음과 같다.

출력 5.1 - P8 : GDW와 Godfrey 검정

```
                         Ordinary Least Squares Estimates

          SSE      938.400207    DFE                          141
          MSE         6.65532    Root MSE                 2.57979
          SBC      693.472041    AIC                   684.562601
          MAE      2.10445184    AICC                   684.73403
          MAPE     3.59358147    HQC                   688.182895
                                 Regress R-Square          0.9712
                                 Total R-Square            0.9712

     Durbin-Watson Statistics        Godfrey's Serial Correlation Test

Order        DW   Pr < DW   Pr > DW      Alternative        LM   Pr > LM

   1     0.0585    <.0001    1.0000      AR(1)        135.7365    <.0001
   2     0.1831    <.0001    1.0000      AR(2)        138.7717    <.0001
   3     0.3393    <.0001    1.0000      AR(3)        138.8509    <.0001
   4     0.5018    <.0001    1.0000      AR(4)        138.8517    <.0001
   5     0.6662    <.0001    1.0000      AR(5)        138.9408    <.0001
   6     0.8448    <.0001    1.0000      AR(6)        139.2702    <.0001
   7     1.0436    <.0001    1.0000      AR(7)        139.3134    <.0001
   8     1.2550    <.0001    1.0000      AR(8)        139.3141    <.0001
   9     1.4604    0.0028    0.9972      AR(9)        139.3177    <.0001
  10     1.6404    0.0590    0.9410      AR(10)       139.3526    <.0001
```

```
       11     1.7889    0.2843    0.7157       AR(11)        139.3573    <.0001
       12     1.9162    0.6123    0.3877       AR(12)        139.3750    <.0001
       13     2.0292    0.8540    0.1460       AR(13)        139.3763    <.0001

                              Parameter Estimates

                                                Standard                   Approx
       Variable         DF      Estimate           Error     t Value     Pr > |t|

       Intercept         1       31.1851          0.5970       52.24       <.0001
       SDP               1     -0.000016       3.4879E-6       -4.58       <.0001
       HL                1      0.000889       0.0000261       34.12       <.0001
```

출력 5.1 - P8은 모형 (5.6)의 OLS 추정결과로 $R^2 = 0.9712$이며 높은 적합도를 보이고 있고, 추정량의 검정결과도 모두 유의한 것으로 나왔지만, GDW, Godfrey 검정결과에 의하면 오차항에 자기상관이 존재하는 것으로 나타나 모형의 추정 및 검정결과는 신뢰할 수 없음을 알 수 있다. GDW 검정결과를 살펴보면(유의수준 5%에서 p-값) 시차 9까지는 자기상관이 있고 시차 10 이후부터는 자기상관이 없는 것을 알 수 있다. 그러나 5.2절에서 이미 설명했던 것처럼 GDW 검정은 해당 시차에 대한 자기상관 검정 시 이전 시차들에서는 자기상관이 존재하지 않는다고 가정하므로 시차 1 이후의 GDW 검정결과는 신뢰할 수 없게 된다($\phi_1 = \cdots = \phi_{k-1} = 0$으로 가정된 상태에서 귀무가설 $H_0 : \phi_k = 0,\ k = 1,2,\ldots,13$ 사용). 이제 Godfrey 검정결과를 살펴보자(R12 ~ R28 에 편집하여 제시). 이 검정법에서는 5.2절에서 설명하였듯이 귀무가설로 $H_0 : \phi_1 = \cdots = \phi_k = 0,\ k = 1,2,\ldots,13$을 사용한다. 따라서 시차 1에서 H_0를 기각하게 되는 경우 이후 시차에서도 H_0를 계속 기각하게 된다. 이와 같은 현상을 출력 5.1에서도 확인할 수 있다. 결국 이 결과에서는 자기상관의 존재여부는 확인할 수 있으나 자기상관의 시차와 같은 구체적인 정보는 얻을 수 없다.

출력 5.1 - P9 : 오차항의 자기회귀모형의 추정 및 검정

```
                    Backward Elimination of Autoregressive Terms

                        Lag       Estimate     t Value     Pr > |t|

                         12       0.000372        0.00       0.9981
                         10       0.004935        0.03       0.9758
                          4      -0.023166       -0.14       0.8866
                         13       0.017720        0.37       0.7083
                          8      -0.075304       -0.47       0.6366
                          9       0.031229        0.40       0.6896
                          6       0.071223        0.46       0.6447
                         11      -0.018488       -0.65       0.5172
                          3       0.097712        0.82       0.4137

                      Estimates of Autoregressive Parameters
```

```
                                           Standard
            Lag      Coefficient              Error      t Value

              1        -1.499980           0.073476       -20.41
              2         0.584781           0.087149         6.71
              5        -0.172495           0.056032        -3.08
              7         0.160452           0.041421         3.87

                        Yule-Walker Estimates

     SSE                 27.8363868    DFE                          137
     MSE                    0.20319    Root MSE                 0.45076
     SBC                 211.084457    AIC                   190.295764
     MAE                 0.30205449    AICC                  191.119293
     MAPE                0.50456804    HQC                   198.743116
     Durbin-Watson           1.5882    Regress R-Square          0.8527
                                       Total R-Square            0.9991

                                      Standard                    Approx
  Variable         DF       Estimate      Error     t Value     Pr > |t|

  Intercept         1        30.7168     1.2962       23.70       <.0001
  SDP               1      2.0419E-6  5.3233E-6        0.38       0.7019
  HL                1       0.000738  0.0000437       16.89       <.0001
```

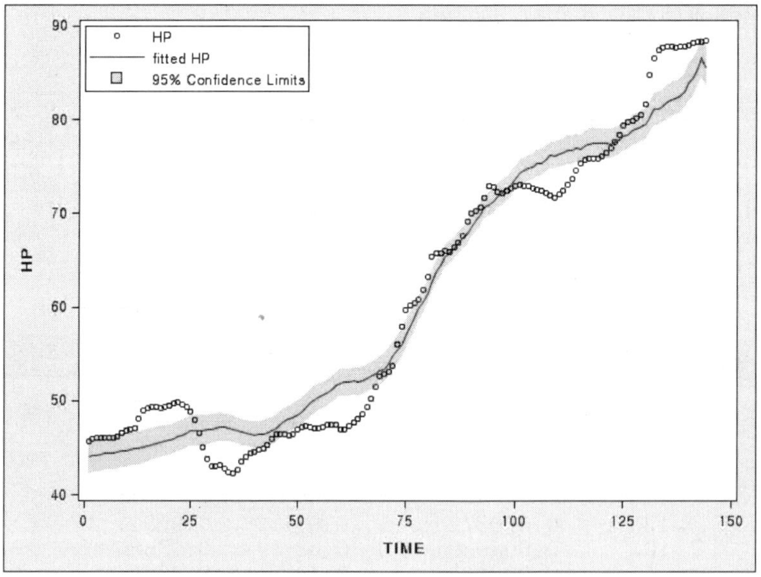

그림 5.1: $\hat{y}_t = \mathbf{x}_t'\hat{\boldsymbol{\beta}}$의 플롯

출력 5.1 - P9는 오차항이 AR(13) 모형을 따른다는 가정 하에서 모형 (5.6)의 FGLS 추정과정으로 `nlag=13 backstep` 옵션에 의해 오차항의 모형설정을 위한 유의미한 오차항의

선택과정을 볼 수 있다. 후진소거법에 의해 오차항 시차 1,2,5,7이 최종 선택되었으며 모형의 모수 추정결과도 OLS 추정결과와 다른 것을 알 수 있다. 또한 `Regress R-Square`와 `Total R-Square` 두 종류의 R^2가 있다. 먼저 `Regress R-Square`는 $\widehat{y}_t = \mathbf{x}_t'\widehat{\boldsymbol{\beta}}$을 이용하는 것으로 이때 $\boldsymbol{\beta}$는 오차모형을 반영한 분산공분산행렬을 분해(decomposition)하여 얻어지는 행렬로 자료를 변환시킨 후 이에 모형을 적용하여 추정하게 된다(이에 대한 자세한 내용은 3.2절을 참조하기 바람). 여기서 Reg.-R^2 = 0.8527이며 그림 5.1은 Reg.-R^2의 적합 정도를 보여주고 있다. `Total R-Square`는 $\widehat{y}_t - \mathbf{x}_t'\widehat{\boldsymbol{\beta}} + \widehat{\epsilon}_t$을 이용하는 것으로 $\mathbf{x}_t'\widehat{\boldsymbol{\beta}}$과 $\widehat{\epsilon}_t$의 정보를 모두 이용하기 때문에 일반적으로 `Regress R-Square`보다 높은 적합도를 보인다.

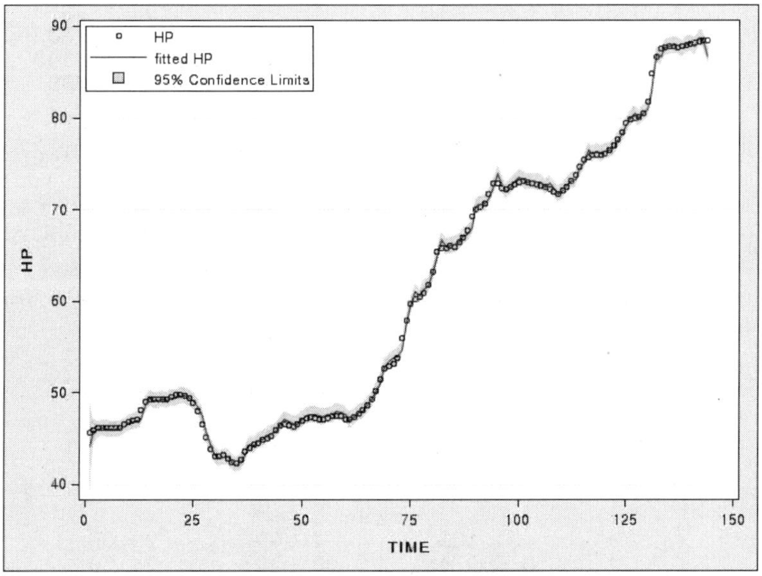

그림 5.2: $\widehat{y}_t = \mathbf{x}_t'\widehat{\boldsymbol{\beta}} + \widehat{\epsilon}_t$의 플롯

이 경우도 Tot.-R^2 = 0.9991로 Reg.-R^2보다 높게 나타났으며, 그림 5.2는 Tot.-R^2의 적합정도를 보여주고 있다. 모수 $\boldsymbol{\beta}$의 추정결과를 보면, 오차모형이 더해지면서 출력 5.1 - P8의 OLS 추정결과와는 많은 차이를 보이고 있다. 특히 SDP의 경우는 OLS 추정 시 유의미했던 결과가 오차모형을 고려한 FGLS 추정해서는 H_0를 기각하지 못하고 있음을 알 수 있다.

출력 5.1 - *P11* : 오차항의 자기회귀모형의 최종추정

```
                Estimates of Autoregressive Parameters

                                      Standard
       Lag      Coefficient              Error      t Value

         1        -1.424957           0.077505       -18.39
         2         0.482118           0.092280         5.22
         5        -0.134825           0.061094        -2.21
         7         0.141655           0.044891         3.16

                          Yule-Walker Estimates

     SSE       29.3128054    DFE                            138
     MSE          0.21241    Root MSE                   0.46088
     SBC       213.185674    AIC                     195.366794
     MAE       0.31439063    AICC                    195.979933
     MAPE      0.52539545    HQC                     202.607382
                             Regress R-Square            0.8143
                             Total R-Square              0.9991


    Durbin-Watson Statistics        Godfrey's Serial Correlation Test

 Order       DW   Pr < DW   Pr > DW     Alternative         LM   Pr > LM

   1     1.3804    <.0001    0.9999     AR(1)          18.1442    <.0001
   2     1.7195    0.0480    0.9520     AR(2)          18.6153    <.0001
   3     1.9290    0.3774    0.6226     AR(3)          20.6733    0.0001
   4     1.9374    0.4288    0.5712     AR(4)          20.6860    0.0004
   5     1.7597    0.1228    0.8772     AR(5)          21.1601    0.0008


                           Parameter Estimates

                                      Standard                   Approx
 Variable         DF     Estimate        Error    t Value      Pr > |t|

 Intercept         1      31.1637       1.3497      23.09        <.0001
 HL                1     0.000745    0.0000303      24.60        <.0001
```

출력 5.1 - *P11*은 독립변수에서 SDP를 제거하고, 시차 1,2,5,7을 이용하여 오차모형을 적용한 최종모형의 추정결과이다. $\widehat{\beta_0} = 31.16$, $\widehat{\beta_1} = 0.00075$ 이다. 회귀부분만의 Reg.-R^2 = 0.8143이고 오차모형까지를 포함한 Tot.-$R^2 = 0.9991$이다. 즉, $\widehat{HP_t} = 31.16 + 0.00075HL_t$ 만의 $R^2 = 0.8143$이지만 여기에 $\widehat{\epsilon}_t$를 추가함으로써 $R^2 = 0.9991$이 된다. 회귀모형의 오차항이 자기상관을 갖고 있을 때 오차항의 모형을 고려함으로써 모형의 설명력을 이와 같이 크게 높힐 수 있다. 최종모형을 정리하면 다음과 같다.

$$\begin{aligned} \widehat{HP}_t &= 31.16 + 0.00075HL_t + \widehat{\epsilon}_t \\ \widehat{\epsilon}_t &= 1.425\widehat{\epsilon}_{t-1} - 0.482\widehat{\epsilon}_{t-2} + 0.135\widehat{\epsilon}_{t-5} - 0.142\widehat{\epsilon}_{t-7} \end{aligned} \tag{5.7}$$

오차모형에서는 $\phi_i < 0$을 가정하고 있으므로 출력 5.1 - P11과 모형 (5.7)에서 $\hat{\phi}_i$ 의 부호가 반대가 됨을 유의해야 한다.

최종모형으로 (5.7)을 제시하기는 하였으나 사실 이 모형은 적합하다고 할 수 없다. 왜냐하면 출력 5.1-P11에서 GDW와 Godfrey 검정결과를 보면 모형 적합 후에도 잔차에 자기상관이 여전히 남아있기 때문이다. GDW검정과 Godfrey 검정은 `nlag` 옵션의 유무에 따라 다른 결과를 주는데, 예를 들어 `nlag` 옵션이 없는 경우는 OLS 산차에 대한 자기상관검정결과만 나오지만 `nlag` 옵션이 있는 경우는 OLS 잔차와 FGLS 잔차의 자기상관검정 결과 모두 나오게 된다. 따라서 R22 ~ R30은 FGLS 잔차에 대한 자기상관검정 결과가 된다. 여기서 GDW 검정결과는 FGLS 잔차의 시차 1~5에 관한 것으로 여전히 자기상관이 남아있음을 알 수 있고, Godfrey 검정결과에서는 시차 8 이후에도 여전히 자기상관이 남아있음을 알 수 있다. 따라서 (5.7)은 앞서 밝힌 바와 같이 적합한 결과가 아니므로 이의 개선에 대하여 논의하여야 한다.

"출력결과에 따라 그대로 모형적합과정을 실행하였는데 왜 이런 문제가 발생하였을까?" 사실 이 문제는 시계열 HP가 정상시계열이 아니기 때문에 발생하는 것으로 제9장에서 논의될 단위근(unit root)과 연관되어 있어 여기서 자세히 논의하기에는 적절하지 않다. 문제의 해결 관점에서 모형 (5.6)을 다음과 같이 수정하고 그 이유에 대해서는 제9장에서 설명하기로 한다.

$$HP_t = \beta_0 + \beta_1 HP_{t-1} + \beta_2 SDP_t + \beta_3 HL_t + \epsilon_t$$

수정모형에는 HP_t의 시차변수가 추가되었으며, 모형 추정과 오차항의 자기상관 선별과정까지 수행하도록 한 것이 프로그램 5.1의 P15이다. 여기서 시차변수를 모형에 포함시키고 프로그램에 `lagdep=L_HP`를 넣어준 것에 유의하자. 수행결과는 다음과 같다.

출력 5.1 - P15 : 수정모형의 추정

```
                    Ordinary Least Squares Estimates

          SSE       43.6660848    DFE                         139
          MSE          0.31414    Root MSE                0.56049
          SBC      256.030771     AIC                  244.179393
          MAE       0.40726356    AICC                 244.469248
          MAPE      0.69123847    HQC                  248.995226
                                  Regress R-Square         0.9986
                                  Total R-Square           0.9986

                        Miscellaneous Statistics

```

```
13              Statistic              Value       Prob            Label
14
15            Durbin h               8.0943     0.0001          Pr > h
16
17                                 Parameter Estimates
18
19                                                 Standard                    Approx
20     Variable           DF       Estimate           Error     t Value      Pr > |t|
21
22     Intercept           1        -1.8379          0.6323       -2.91        0.0043
23     L_HP                1         1.0498          0.0197       53.36        <.0001
24     SDP                 1       4.389E-6       8.5401E-7        5.14        <.0001
25     HL                  1      -0.000062       0.0000187       -3.31        0.0012
26
27                        Estimates of Autoregressive Parameters
28
29                                                    Standard
30                 Lag      Coefficient                  Error     t Value
31
32                   1        -0.892580               0.079814      -11.18
33                   2         0.356751               0.079814        4.47
34
35                            Maximum Likelihood Estimates
36
37       SSE                  21.2786875     DFE                         137
38       MSE                     0.15532     Root MSE                0.39411
39       SBC                  164.025161     AIC                  146.248093
40       MAE                  0.25824657     AICC                  146.86574
41       MAPE                 0.43724066     HQC                  153.471842
42       Log Likelihood       -67.124047     Regress R-Square         0.9964
43                                           Total R-Square           0.9993
44                                           Observations                143
45
46                                 Parameter Estimates
47
48                                                 Standard                    Approx
49     Variable           DF       Estimate           Error     t Value      Pr > |t|
50
51     Intercept           1        -0.4193          1.2502       -0.34        0.7379
52     L_HP                1         1.0053          0.0392       25.65        <.0001
53     SDP                 1       3.415E-6        1.446E-6        2.36        0.0196
54     HL                  1      -0.000021       0.0000365       -0.58        0.5638
55     AR1                 1        -0.9118          0.0845      -10.80        <.0001
56     AR2                 1         0.3355          0.0830        4.04        <.0001
```

수정모형의 OLS 추정결과 매우 높은 적합도와 함께 모형 내 모든 계수가 유의하게 추정된 것을 알 수 있다. 모형의 설명을 위해 시차변수 HP_{t-1}의 사용을 `lagdep=L_HP`로 선언해 주어 1차 자기상관관계에 대한 검정통계량 `Durbin-h`가 나온 것을 볼 수 있다. 또한 모수의 추정방법도 FGLS에서 최우추정법으로 바뀌게 되어 모수추정 결과인 *R35* ~ *R56* 도 이전과 차이가 있음을 알 수 있다(이는 일치추정량을 구하기 위한 것으로 자세한 설명은 5.5.3절에서 하도록 한다). 오차항이 $AR(2)$ 모형을 따르는 것으로 나타났으며 이를 고려한 오차항의 자기회귀모형 추정결과는 OLS 추정결과와는 달리 $\widehat{\beta_3} = -0.000021$이 유의미하지 않은 것으로 나타났다. 이제 최종모형을 적합해 보도록 하자. 프로그램 5.1의 **P16**이 이를 실행하기 위한 것이며 아울러 모형적합 후 잔차에 자기상관이 남아있는지를 검정하도록 하였다.

출력 5.1 - P16 : 최종모형의 추정

```
                 Estimates of Autoregressive Parameters

                                              Standard
              Lag       Coefficient              Error     t Value

                1         -0.930400           0.080379      -11.58
                2          0.329276           0.080379        4.10

         Durbin-Watson           Godfrey's Serial Correlation Test
           Statistics

        Order            DW     Alternative              LM     Pr > LM

            1        1.9717     AR(1)                0.1837      0.6682
            2        1.9261     AR(2)                4.0944      0.1291
            3        2.1070     AR(3)                5.9055      0.1163
            4        1.9863     AR(4)                5.9486      0.2030
            5        1.7715     AR(5)                5.9648      0.3097

                              Parameter Estimates

                                             Standard                    Approx
  Variable         DF       Estimate           Error     t Value     Pr > |t|

  Intercept         1         0.2798          0.3768        0.74       0.4591
  L_HP              1         0.9833          0.0107       91.96       <.0001
  SDP               1     2.8457E-6       1.1257E-6        2.53       0.0126
  AR1               1        -0.9285          0.0806      -11.51       <.0001
  AR2               1         0.3236          0.0809        4.00       0.0001
```

추정된 최종모형은 다음과 같이 정리되며, 모형적합 후 잔차에도 더는 자기상관이 남아있지 않음을 알 수 있다. 아파트매매가격지수의 변동을 설명하는 원인이 (5.7과 수정모형의 추정결과에서 다르게 나타난 것은 생각해볼 필요가 있지만 여기서는 이의 판단은 제외하고 수정모형을 더 적절한 모형으로 선택한다.

$$\widehat{HP}_t = 0.2798 + 0.9833 HP_{t-1} + 0.00000285 SDP + \widehat{\epsilon}_t$$

$$\widehat{\epsilon}_t = 0.9285 \widehat{\epsilon}_{t-1} - 0.3236 \widehat{\epsilon}_{t-2}$$

5.5 ARMA 모형

모형 (5.3)에서 ϵ_t의 모형인 AR(p) 모형을 좀 더 자세히 이해하기 위해 AR(p) 모형을 포함한 시계열의 ARMA(Autoregressive and Moving Average model) 모형을 간략하게 살펴보자. 모형의 특성에 대한 원활한 설명을 위하여 ϵ_t, ν_t 대신 z_t, a_t 를 사용하였다. 자세한 내용은 박유성 · 김기환(2011) 또는 Hamilton(1994)을 참조하기 바란다.

5.5.1 자기회귀모형(Autoregressive Model)

z_t를 시간 t에서 관찰된 값이라고 할 때 z_t가 모형 (5.8)로 구현되면 이를 차수가 p인 자기회귀과정(Autoregressive process with order p, AR(p))이라고 한다.

$$z_t = c + \phi_1 z_{t-1} + \phi_2 z_{t-2} + \cdots + \phi_p z_{t-p} + a_t \tag{5.8}$$

여기에서 c는 어떤 상수이고, a_t는 z_{t-k}, $k \geq 1$과는 독립이며 $E(a_t) = 0$, $Var(a_t) = \sigma_a^2$인 i.i.d. 한 확률변수이다. 모형 (5.8)이 모형으로서 의미를 갖기 위해서는 다음의 정상성조건(stationary condition)을 만족해야 한다. 어떤 시계열 z_t, $t = 0, \pm1, \pm2, \ldots$가 다음의 가정을 만족하면 시계열 z_t를 정상시계열(stationary time series)이라고 말한다.

정상성조건 (stationary condition)

(i) z_t의 평균이 시간 t와 무관한 상수이다. 즉, 모든 t에 대해 $E(z_t) = \mu$이다.

(ii) $Var(z_t)$가 존재하며 시간 t와 무관한 상수이다. 즉, $Var(z_t) = \sigma^2 < \infty$이다.

(iii) z_t의 공분산이 오직 시차에만 의존한다. 즉, $Cov(z_t, z_{t-k}) = \gamma_k$이다. 예를 들어 $Cov(z_{100}, z_{102}) = Cov(z_2, z_4) = \gamma_2$라는 것이다.

모형 (5.8)은 다음과 같이 표시할 수 있다. $L^i z_t = z_{t-i}$로 정의할 때(이 L을 후향연산자(backshift operator)라고 한다),

$$\begin{aligned} & z_t - \phi_1 L z_t - \phi_2 L^2 z_t - \cdots - \phi_p L^p z_t = c + a_t \\ \Rightarrow \quad & (1 - \phi_1 L - \phi_2 L^2 - \cdots - \phi_p L^p) z_t = c + a_t \end{aligned}$$

여기에서 $(1 - \phi_1 L - \phi_2 L^2 - \cdots - \phi_p L^p)$를 AR($p$) 모형의 특성함수라고 하며, $(1 - \phi_1 L - \phi_2 L^2 - \cdots - \phi_p L^p) = 0$에서 L의 모든 근의 절대값이 1보다 크면 (5.8)의 AR(p) 모형이 정상시

계열이 된다. 이제 정상성조건을 만족하는 모형 (5.8)의 평균과 공분산을 구해 보자. 모형 (5.8)의 양변에 기대치를 취하면

$$E(z_t) = c + \phi_1 E(z_{t-1}) + \cdots + \phi_p E(z_{t-p})$$

가 되고 정상성조건에 의해

$$\mu = c + \phi_1 \mu + \cdots + \phi_p \mu$$

가 된다. 그러므로

$$E(z_t) = \mu = c/(1 - \phi_1 - \phi_2 - \cdots - \phi_p)$$

가 된다. z_t와 z_{t-k}의 공분산은, 만약 $p > k$이면

$$\begin{aligned} Cov(z_t, z_{t-k}) &= Cov(c + \phi_1 z_{t-1} + \phi_2 z_{t-2} + \cdots + \phi_p z_{t-p} + a_t, z_{t-k}) \\ &= \phi_1 Cov(z_{t-1}, z_{t-k}) + \cdots + \phi_k Cov(z_{t-k}, z_{t-k}) + \cdots + \phi_p Cov(z_{t-p}, z_{t-k}) \end{aligned}$$

이고, $p \le k$이면

$$Cov(z_t, z_{t-k}) = \phi_1 Cov(z_{t-1}, z_{t-k}) + \phi_2 Cov(z_{t-2}, z_{t-k}) + \cdots + \phi_p Cov(z_{t-p}, z_{t-k})$$

가 된다. 이는 (5.9)와 같이 정리할 수 있다.

$$\gamma_k = \begin{cases} \phi_1 \gamma_{k-1} + \phi_2 \gamma_{k-2} + \cdots + \phi_k \gamma_0 + \phi_{k+1} \gamma_1 + \phi_{k+2} \gamma_2 + \cdots + \phi_p \gamma_{p-k}, & p > k \\ \phi_1 \gamma_{k-1} + \phi_2 \gamma_{k-2} + \cdots + \phi_p \gamma_{k-p}, & p \le k \end{cases} \tag{5.9}$$

z_t와 z_{t-k}의 상관계수인 ρ_k는 다음과 같이 정의되므로

$$\rho_k = Corr(z_t, z_{t-k}) = \frac{Cov(z_t, z_{t-k})}{\sqrt{Var(z_t) Var(z_{t-k})}} = \frac{\gamma_k}{\gamma_0}$$

(5.9)의 양변에 γ_0를 나누어 주면

(1) $p > k$일 때

$$\rho_k = \phi_1 \rho_{k-1} + \phi_2 \rho_{k-2} + \cdots + \phi_k + \phi_{k+1} \rho_1 + \phi_{k+2} \rho_2 + \cdots + \phi_p \rho_{p-k} \tag{5.10}$$

(2) $p \le k$일 때

$$\rho_k = \phi_1 \rho_{k-1} + \phi_2 \rho_{k-2} + \cdots + \phi_p \rho_{k-p} \tag{5.11}$$

가 된다. 예를 들어 AR(2) 모형을 고려해 보자. $p=2$ 이므로 시차 1($k=1$)인 경우는 (5.10)에 의해, 시차 2($k=2$)인 경우는 (5.11)에 의해서 각각

$$\rho_1 = \phi_1 + \phi_2\rho_1, \quad \rho_2 = \phi_1\rho_1 + \phi_2$$

이 되며, 이를 정리하면

$$\rho_1 = \frac{\phi_1}{1-\phi_2}, \quad \rho_2 = \frac{\phi_1^2}{1-\phi_2} + \phi_2$$

이 된다. 이후 시차에 대해서는 $\rho_k = \phi_1\rho_{k-1} + \phi_2\rho_{k-2}$가 되므로 ρ_k를 정리해보면

$$\rho_k = \frac{\phi_1^k}{1-\phi_2} + \phi_2\left[\phi_1^{k-2} + \frac{(k-2)\phi_1^{k-2}}{1-\phi_2} + \cdots\right], \quad k > 2$$

이 된다. 그러므로 z_t가 AR(2) 모형을 따를 때 ρ_k는 $k=2$를 시작점으로 상관관계가 지수적으로 감소하는 형태가 된다. 일반적인 AR(p) 모형에서 ρ_k는 $k=p$를 시작점으로 지수적 감소 형태가 되므로 ρ_k는 AR(p) 모형에서 p의 선택에 중요한 정보가 된다.

5.5.2 이동평균모형(Moving Average Model)

z_t가 차수 p를 가진 자기회귀모형을 따르면 $z_{t-1},\ldots,z_{t-p}$까지는 z_t를 설명하는 일정량의 정보를 갖고 있고, z_{t-k}가 $k>p$일 경우 k가 커짐에 따라 z_t를 설명하는 정보량이 ρ_k의 성질에 의해 지수적으로 감소하는 모형이 된다. 사실 $k>p$ 부분의 지수적으로 감소하는 정보 때문에 실제 자료에 모형을 적용하는데 어려움이 따르게 된다. 그렇다면 $z_{t-1}, z_{t-2},\ldots,z_{t-q}$까지만의 정보로만 z_t를 충분히 설명하는 경우는 없을까? 다음의 모형을 고려하여 보자.

$$z_t = c + a_t - \theta_1 a_{t-1} - \theta_2 a_{t-2} - \cdots - \theta_q a_{t-q} \tag{5.12}$$

여기에서 a_t는 모형 (5.8)에서 정의된 것과 동일하다. 모형 (5.12)에서 a_t가 평균이 0이고 분산이 σ_a^2인 i.i.d. 확률변수이므로

$$E(z_t) = c, \quad Var(z_t) = \sigma^2(1+\theta_1^2+\theta_2^2+\cdots+\theta_q^2)$$

가 됨을 알 수 있다. 모형 (5.12)는 모형 (5.8)에 비하여 다루기 쉬우므로 바로 상관관계를 알아보도록 하자.

$$Corr(z_t, z_{t-k}) = Corr(a_t - \theta_1 a_{t-1} - \cdots - \theta_q a_{t-q}, a_{t-k} - \theta_1 a_{t-k-1} - \cdots - \theta_q a_{t-k-q})$$

로 표현할 수 있고, 만약 $q \geq k$면, a_t의 속성에 의하여

$$\begin{aligned}\rho_k &= Corr(-\theta_k a_{t-k} - \cdots - \theta_q a_{t-q}, a_{t-k} - \theta_1 a_{t-k-1} - \cdots - \theta_{q-k} a_{t-q}) \\ &= -\theta_k + \theta_1\theta_{k+1} + \theta_2\theta_{k+2} + \cdots + \theta_{q-k}\theta_q\end{aligned}$$

이 되는 것을 쉽게 정리할 수 있다. 그리고 $q < k$이면 $\rho_k = 0$가 되므로 모형 (5.12)의 ρ_k는 $k = q$에서 절단(cut-off)된 형태를 보이게 된다. 즉 z_t를 설명하는데 $z_{t-1}, z_{t-2}, \ldots, z_{t-q}$만의 정보로 충분하다는 것을 의미하게 된다. 모형 (5.12)는 i.i.d.한 확률변수 a_t의 가중평균치로 z_t가 구현된다는 의미에서 이동평균모형(moving average model)이라고 한다. 그러므로 ρ_k가 절단된 형태를 보이게 되면 z_t는 이동평균과정이고, 절단된 시점이 모형 (5.12)과 같이 q이면 이를 MA(q) 모형이라고 한다. 또한 이동평균모형은 항상 정상성조건을 만족한다는 것을 어렵지 않게 보일 수 있다.

자기회귀모형과 이동평균모형을 동시에 고려한 모형을 ARMA(Autoregressive and Moving Average)모형이라고 한다. 즉

$$z_t = c + \phi_1 z_{t-1} + \phi_2 z_{t-2} + \cdots + \phi_p z_{t-p} + a_t - \theta_1 a_{t-1} - \cdots - \theta_q a_{t-q} \tag{5.13}$$

가 ARMA(p,q)가 된다. 모형 (5.13)의 ρ_k는 일반적으로 AR(p) 모형과 같은 지수적으로 감소 형태를 보이므로 정상성조건은 AR(p) 모형과 동일하다.

5.6 오차항에 자기상관이 있는 선형회귀모형

선형회귀모형을 적용할 때 고려해야 할 사항은 오차항에 자기상관의 존재 여부와, 오차항에 자기상관이 있다면 모수 추정을 어떻게 해야 하는가이다. 오차항에 자기상관이 있을 때 가장 일반적인 가정은 "오차항이 ARMA(p,q) 모형을 따른다" 이다. 그러나 MA 모형은 AR 모형에 의해 충분히 잘 설명될 수 있기 때문에 실제 응용에서는 오차항이 AR 모형을 따른다는 가정만으로도 큰 무리가 없는 것으로 알려져 있다. 그림 5.3는 출력 5.1 - P8의 OLS 추정결과로

얻어진 잔차의 시도표이다. 즉

$$HP_t = \beta_0 + \beta_1 SDP_t + \beta_2 HL_t + \epsilon_t$$

의 모형으로부터 구한 OLS 잔차 $\hat{\epsilon}_t = HP_t - \widehat{HP}_t$를 세로축으로 하고 시간을 가로축으로 하여 그린 것이다.

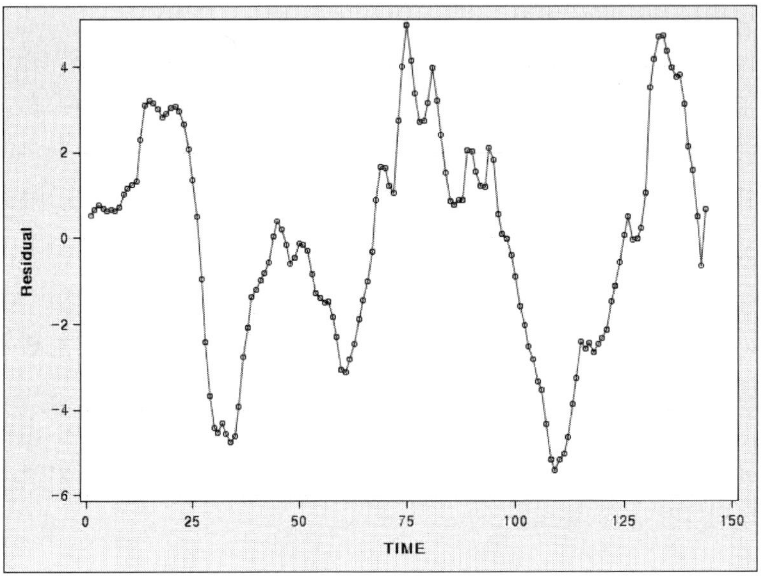

그림 5.3: 잔차 시도표

출력 5.1 - **P8**의 R^2는 0.9712로 매우 높게 나타나 모형적합이 잘된 것으로 보이지만 그림 5.3의 잔차 시도표를 보면, 잔차들이 i.i.d.하다는 가정이 심각하게 어긋남을 알 수 있다. 잔차값이 양의 값을 가질 때 계속 양의 값을 갖고 음의 값을 가질 때 계속 음의 값을 갖는 형태를 보이고 있어 오차가 양의 상관관계를 가질 때 나타나는 전형적인 모습이기 때문이다. 이제 이 절에서 다루고자 하는 내용을 모형 (5.14)로 정리해보도록 하자.

$$\begin{aligned} y_t &= \mathbf{x}_t'\boldsymbol{\beta} + \epsilon_t, \qquad t = 1, 2, \ldots, T. \\ \epsilon_t &= \phi_1\epsilon_{t-1} + \phi_2\epsilon_{t-2} + \cdots + \phi_p\epsilon_{t-p} + \nu_t \end{aligned} \tag{5.14}$$

(1) ϵ_t에 자기상관이 있는가?

ϵ_t에 자기상관이 없다면 (5.14)는 고전적 회귀모형이 된다. 그러나 자기상관이 있다면

(5.14)에서 p를 결정해야 하고 이로부터 $\boldsymbol{\beta}$의 추정문제를 고려하게 된다.

(2) **$\mathbf{x}_t$와 $\boldsymbol{\epsilon}_t$는 독립인가?**

이에 대한 기준은 모형 (5.14)에서 $\mathbf{x}_t$에 y_t의 시차변수 y_{t-k}, $k \geq 1$가 포함되었는지에 달려있다. 모형 (5.4)에서 보았듯이, 모형 (5.14)에서 $p \geq 1$일 때, $\mathbf{x}_t$가 y_t의 시차변수를 포함하고 있으면 OLS 추정량은 $\boldsymbol{\beta}$의 일치추정량이 되지 못한다. 이 경우 $\boldsymbol{\beta}$를 ML 추정법이나 도구변수 추정법을 이용하여 추정하게 된다. 한편, $\mathbf{x}_t$가 y_t의 시차변수를 포함하지 않는다면, OLS 추정량은 일치추정량이 되나 $Var(\boldsymbol{\epsilon}) = \sigma^2\boldsymbol{\Omega} \neq \sigma^2\mathbf{I}$이므로 $\boldsymbol{\Omega}$의 추정치를 이용한 FGLS에 의해 $\boldsymbol{\beta}$를 추정하게 된다.

5.6.1 오차항의 자기상관 검정

오차항 ϵ_t가 무상관이라면 이러한 가정 하에서 구한 $\widehat{\epsilon}_t$도 무상관이어야 한다. 즉, 모형 (5.14)의 잔차 $\widehat{\epsilon}_t$ 에 대한 $\widehat{\epsilon}_t = \phi_1\widehat{\epsilon}_{t-1} + \phi_2\widehat{\epsilon}_{t-2} + \cdots + \phi_p\widehat{\epsilon}_{t-p} + \nu_t$의 모형식에서 $\phi_1, \phi_2, \cdots, \phi_p$의 OLS 추정량이 모두 '0'이라면 ϵ_t의 무상관의 가정이 타당함을 의미한다. 그러므로 ϵ_t의 무상관 검정은 모형 (5.14)에서 $H_0 : \phi_1 = \phi_2 = \cdots = \phi_p = 0$을 F-검정하는 것이 된다. 이처럼 오차항의 자기상관관계에 대한 검정은 OLS 잔차 $\widehat{\epsilon}_t$를 이용하여 실시한다. 오차의 자기상관에 대한 검정법을 요약하면 다음과 같다.

(1) **더빈-왓슨 검정**

모형 (5.14)에서 $\epsilon_t = \phi\epsilon_{t-1} + \nu_t$일 때, $H_0 : \phi = 0$ vs. $H_1 : \phi \neq 0$에 대한 검정통계량은 (5.15)이며,

$$d = \frac{\sum_{t=2}^{T}(\widehat{\epsilon}_t - \widehat{\epsilon}_{t-1})^2}{\sum_{t=1}^{T}\widehat{\epsilon}_t^2} \tag{5.15}$$

d통계량의 분자를 전개하면

$$\sum_{t=2}^{T}\left(\widehat{\epsilon}_t - \widehat{\epsilon}_{t-1}\right)^2 = \sum_{t=2}^{T}\widehat{\epsilon}_t^2 - 2\sum_{t=2}^{T}\widehat{\epsilon}_t\widehat{\epsilon}_{t-1} + \sum_{t=2}^{T}\widehat{\epsilon}_{t-1}^2$$

가 된다. 만약 ϕ가 0이면 ϵ_t와 ϵ_{t-1}이 무상관이므로 $\sum_{t=2}^{T}\widehat{\epsilon}_t\widehat{\epsilon}_{t-1}$은 근사적으로 0이 될 것이다. 따라서 $d \approx 2$가 된다. 한편 ϵ_t와 ϵ_{t-1}의 상관계수가 1이면 $\sum_{t=2}^{T}\widehat{\epsilon}_t\widehat{\epsilon}_{t-1} \approx \sum_{t=2}^{T}\widehat{\epsilon}_t^2$이므로 $d \approx 0$이 된다. 만약 ϵ_t와 ϵ_{t-1}의 상관계수 -1이면 $\sum_{t=2}^{T}\widehat{\epsilon}_t\widehat{\epsilon}_{t-1} \approx -\sum_{t=2}^{T}\widehat{\epsilon}_t^2$가 되어 $d \approx 4$가 된다. 즉, d의 값이 4에 가까울수록 ϵ_t와 ϵ_{t-1}는 음의 상관관계가 강하고

2에 가까울수록 무상관관계를, 0에 가까울수록 양의 상관관계가 있는 것을 의미한다. (5.15)의 검정은 오차항이 $AR(1)$ 모형을 따를 경우만 해당하는 검정법이다. 그러므로 모형 (5.15)에서 $H_0 : \phi = 0$이라는 귀무가설을 기각하지 못하더라도 오차항에 자기상관이 없다는 결론을 내릴 수는 없다. 이에 대한 대안으로 (5.16)의 일반화 더빈-왓슨(generalized durbin-watson, GDW) 검정통계량을 고려할 수 있다.

$$d_j = \sum_{t=j+1}^{T} \frac{(\hat{\epsilon}_t - \hat{\epsilon}_{t-j})^2}{\sum_{t=1}^{T} \hat{\epsilon}_t^2} \tag{5.16}$$

일반화 더빈-왓슨 검정통계량은 오차항의 모형이 $\epsilon_t = \phi_j \epsilon_{t-j} + \nu_t$일 때, 귀무가설 $H_0 : \phi_j = 0$에 대한 검정이다. 그러나 주의해야 할 것은 $H_0 : \phi_j = 0$의 정확한 의미는 $\phi_1 = \phi_2 = \cdots = \phi_{j-1} = 0$라는 조건 하에서 $\phi_j = 0$에 대한 조건부검정이라는 사실이다. 이러한 의미에서 $\phi_{j-1} \neq 0$일 때 $H_0 : \phi_j = 0$의 검정은 통계적인 의미를 갖지 못하게 된다.

(2) **Breusch-Godfrey 검정**

Breusch(1978)와 Godfrey(1978)는 다음과 같은 검정통계량을 제시하였다. $y_t - \mathbf{x}_t' \hat{\boldsymbol{\beta}}$로부터 구한 OLS 잔차를 $\hat{\epsilon}_t$라고 할 때 귀무가설 $H_0 : \phi_1 = \phi_2 = \cdots = \phi_p = 0$를 검정하는 검정통계량은

$$y_t = \mathbf{x}_t' \hat{\boldsymbol{\beta}} + \phi_1 \hat{\epsilon}_{t-1} + \phi_2 \hat{\epsilon}_{t-2} + \cdots + \phi_p \hat{\epsilon}_{t-p} + \nu_t$$

의 모형으로부터 구한 결정계수 R^2에 관찰치의 수 T를 곱한 값, 즉 $LM = TR^2$이다. 이 LM은 귀무가설 H_0가 참일 때 근사적으로 자유도가 p인 χ^2 분포를 따른다.

(3) **포트맨토 검정(Portmanteau Q test)**

또 하나의 검정법은 Ljung and Box(1979)가 제시한 Q-검정이라고 불리는 포트멘토 검정이다.

$$Q = T(T+2) \sum_{j=1}^{L} \frac{r_j^2}{T-j}, \quad r_j = \frac{\sum_{t=j+1}^{T} \hat{\epsilon}_t \hat{\epsilon}_{t-j}}{\sum_{t=1}^{T} \hat{\epsilon}_t^2}$$

여기서 r_j는 $\hat{\epsilon}_t$와 $\hat{\epsilon}_{t-j}$의 상관계수이다. 오차항 ϵ_t가 무상관에 가까워지면 Q값은 매우 작은 값을 가지게 된다. Q는 제곱합의 형태이므로 $H_0 : \epsilon_t$는 무상관이라는 가정 하에서 근사적으로 자유도가 $L-p$인 χ^2 분포를 따르게 된다. 여기서 p는 ϵ_t 모형에 포함된 모수의 개수이다.

위의 세 가지 검정법 중 더빈-왓슨 검정법은 모형 (5.14)에서 $\mathbf{x}_t$에 y_t의 시차변수가 있을 때 d_j 통계량은 편향(bias)된다는 것이 알려졌다(Dezhbaksh, 1990). 이처럼 $\mathbf{x}_t$에 y_t의 시차변수가

포함되어 있을 때 Durbin(1970)은 다음의 Durbin-h 통계량을 제시하였다. 이 통계량은 근사적으로 표준정규분포를 따른다.

$$h = \left(1 - \frac{d}{2}\right)\sqrt{\frac{T}{1 - TS_c^2}}$$

여기에서 d는 (5.16)에서 d_1이고, T는 관찰수, 그리고 S_c^2는 다음의 모형에서

$$y_t = \mathbf{x}_t'\boldsymbol{\beta} + \alpha y_{t-1} + \epsilon_t \tag{5.17}$$

α의 OLS 추정량 $\widehat{\alpha}$의 분산이다. 그러나 통계량 h는 만약 $S_c^2 > (1/T)$이면 계산할 수 없으므로 Durbin은 다음의 Durbin-t 통계량을 제시하였다.

모형 (5.17)에서 OLS 잔차 $\widehat{\epsilon}_t$를 구한 후, 다시 $\widehat{\epsilon}_t$를 $\mathbf{x}_t'$, y_{t-1} 그리고 $\widehat{\epsilon}_{t-1}$에 대해 회귀하여 $\widehat{\epsilon}_{t-1}$의 계수를 구한다. Durbin의 t 검정은 $\widehat{\epsilon}_{t-1}$의 계수에 대한 t 검정을 함으로써 ϵ_t의 자기상관 여부를 결정하게 된다. 물론 Durbin-h 검정이나 Durbin-t 검정은 모형 (5.17) 대신에

$$y_t = \mathbf{x}_t'\boldsymbol{\beta} + \alpha_1 y_{t-1} + \alpha_2 y_{t-2} + \cdots + \alpha_k y_{t-k} + \epsilon_t$$
$$y_t = \mathbf{x}_t'\boldsymbol{\beta} + \alpha y_{t-d} + \epsilon_t, \;\; d \geq 2$$

모형에서도 적용될 수 있다. 즉 y_t의 시차변수가 y_{t-1}이 아니거나, 시차변수가 2개 이상일 때도 ϵ_t의 자기상관 여부를 검정하는 좋은 검정통계량이 된다.

5.6.2 오차항 p의 결정

자기상관된 오차항을 가진 회귀모형에서 모수를 추정하기 위해서는 먼저 자기상관된 오차항의 시차 p를 결정해야 한다. 그렇다면 "얼마나 큰 p를 택해야 하는가?"라는 의문에 대한 답은 "적당히 큰 값을 택해서 모형 (5.18)을 적합시킨 후(일반적으로 p를 전체 관찰치의 1/3승 즉, $T^{1/3}$을 택한), 다시 잔차를 구해 F-검정 또는 Q-검정을 통해 아직 상관관계가 남아 있는가를 점검하는 절차를 반복한다" 이다. 이를 단계별로 자세히 설명하면, 다음과 같다.

$$y_t = \mathbf{x}_t'\boldsymbol{\beta} + \epsilon_t, \quad \epsilon_t = \phi_1\epsilon_{t-1} + \phi_2\epsilon_{t-2} + \cdots + \phi_p\epsilon_{t-p} + \nu_t \tag{5.18}$$

모형을 (5.18)로 선택한 후(보통 $T^{1/3}$), 모형을 다시 쓰면

$$\epsilon_t = y_t - \mathbf{x}_t'\boldsymbol{\beta}$$

이므로 이를

$$\epsilon_t = \phi_1\epsilon_{t-1} + \phi_2\epsilon_{t-2} + \cdots + \phi_p\epsilon_{t-p} + \nu_t$$

에 대입하여 풀면

$$y_t = \mathbf{x}_t'\boldsymbol{\beta} + \phi_1\left(y_{t-1} - \mathbf{x}_{t-1}'\boldsymbol{\beta}\right) + \cdots + \phi_p\left(y_{t-p} - \mathbf{x}_{t-p}'\boldsymbol{\beta}\right) + \nu_t$$

가 되어 ν_t 가 무상관이며 등분산이라는 가정 하에서 OLS 추정치를 구한다. 그러면 잔차 $\widehat{\nu}_t$($\widehat{\epsilon}_t$ 가 아님)을 구하게 되고, $\widehat{\nu}_t$에 자기상관이 있는 가를 Q-검정이나 Godfrey 검정을 이용하여 검정한다. 만약 $\widehat{\nu}_t$에 자기상관이 없다면 p를 줄이고 그 반대라면 p를 증가시키게 된다. 이런 절차를 $\widehat{\nu}_t$에서 자기상관이 없어질 때까지 반복적용하여 최종 p를 구한다.

자기상관의 검정이나 시차 p의 결정을 실제로 모형설정에 적용하는 경우 몇 가지 고민스러운 점(특히 독자가 시계열자료분석에 익숙한 경우)들이 발생한다. 독자들에게 도움이 되기를 바라는 마음에서 이에 관해 문답형식으로 다섯 가지를 정리하였다.

☞ **ϵ_t 의 모형으로 AR(p)는 충분한가?**

✍ : 시계열 모형은 p차의 자기회귀모형(Autoregressive model with order p : AR(p)) 뿐만 아니라, q차의 이동평균모형(Moving Average model with order q: MA(q))이 있고 이를 합친 ARMA(p, q)모형이 있다. 그러나 Said and Dickey(1984)가 보여주었듯이 어떤 시계열 자료가 ARMA(p,q)를 따를 때 AR모형의 p를 크게 함으로써 ARMA(p, q)의 자기상관을 충분히 반영할 수 있다. 그러므로 ϵ_t 의 모형을 AR모형만 고려해도 충분하다고 할 수 있다.

☞ **ϵ_t의 자기상관성을 전통적인 자기상관함수(Autocorrelation function : ACF)나 편자기상관함수(Partial autocorrelation function : PACF)를 사용하여 점검할 수 있는가?**

✍ : ϵ_t가 AR(p)모형을 따를 때 ACF는 지수적 감소의 형태를, PACF는 p에서 절단(cut-off) 형태를 띠게 된다. 그러므로 시계열 모형에서 모형을 설정할 때 가장 많이 사용되는 매우 유용한 통계량이다. 그러나 모형 $y_t = \mathbf{x}_t'\boldsymbol{\beta} + \epsilon_t$에서 구한 잔차 $\widehat{\epsilon}_t$는 오차항 ϵ_t가 무상관이라는 가정 하에서 발생시킨 시계열이다. 그러므로 $\widehat{\epsilon}_t$을 이용한 ACF 와 PACF 는 ϵ_t의 자기상관성을 점검하는 데 이용하지 않는 것이 좋다.

☞ **AR(p)에서 왜 p를 크게 잡고 후향소거법(backward elimination)방법을 이용하는가?**

✍ : 회귀분석에서 변수선택방법으로 후향(backward), 전향(forward) , 또는 양방향(stepwise) 방법을 사용한다. 그러나 모의실험에 의하면 후향소거법이 통계적으로 가장

유의한 것으로 나타났고 대부분의 계량 경제학에서 전향이나 양방향방법을 권유하지 않고 있다. 특히, 시계열 자료에서 전향방법은 참 p보다 작은 p를 선택하는 경향이 있으나 후향소거법 참 p를 선택할 확률이 표본의 크기가 큼에 따라 1로 접근하게 된다.

☞ **모형 $y = \mathbf{x}_t'\boldsymbol{\beta} + \epsilon_t$에서 ν_t의 무상관성을 보이기 위해 자기상관검정을 반복시험하더라도 무상관성이 계속 기각되어 아주 큰 p를 선택하더라도 계속 ν_t의 상관관계가 나타나는 경우에는?**

✍ : 시계열 추세(trend)에는 확률적 추세(stochastic trend)와 비확률적 추세(deterministic trend)가 있다. 비확률적 추세는 $y_t = \mathbf{x}_t'\boldsymbol{\beta} + \epsilon_t$에서 $\mathbf{x}_t'$에 의해서 제거될 수 있는 추세를 말하고 확률적 추세는 i.i.d. 한 확률변수의 합으로 표현되는 것으로 회귀모형에 의해 제거 될 수 없는 추세를 말한다. 확률적 추세는 차분(differencing)에 의해 해결될 수 있다. 재정자료에서는 y_t 대신에 $y_t - y_{t-1}$을 사용함으로써 확률적 추세가 제거될 수 있으나, 좀 더 자세한 내용은 단위근 검정과 공적분 검정에서 다루게 된다.

☞ **$\mathbf{x}_t$에 y_t의 시차 변수(즉, $y_{t-1}, \cdots, y_{t-k}$)를 추가해도 되는가?**

✍ : 이론상 아무문제가 없으나 만약 y_t가 자기상관을 가지고 있다면 (즉, $\epsilon_t = \phi_1\epsilon_{t-1} + \phi_2\epsilon_{t-2} + \cdots + \phi_p\epsilon_{t-p} + \nu_t$에서 $\phi_1, \phi_2, \cdots, \phi_p$ 중 하나라도 '0'이 아니면) $\mathbf{x}_t$에 y_t의 시차변수를 넣지 않는 것이 좋다. 그 이유는 $\mathbf{x}_t$에 y_t의 시차변수를 넣고 ϵ_t의 모형이 성립되면 최소제곱추정치는 일치추정치가 되지 못하기 때문이다. 이 경우 최우추정치를 이용하거나 도구변수를 이용한 추정치를 이용해야 한다.

5.6.3 $\mathbf{x}_t$가 y_t의 시차변수를 포함하지 않는 경우 모수 $\boldsymbol{\beta}$의 추정

모수 $\boldsymbol{\beta}$의 추정은 FGLS, ULS(unconditional least squares estimator), ML 및 도구변수 추정법이 있다. 추정법의 선택은 독립변수 $\mathbf{x}_t$가 y_t의 시차변수를 포함하는지에 따라 달라진다. 먼저 $\mathbf{x}_t$가 y_t의 시차변수를 포함하지 않는 경우 모수 추정에 대하여 알아보자. 모형 (5.19)에서 $\boldsymbol{\beta}$의 추정값을 FGLS로 구하고자 한다.

$$y_t = \mathbf{x}_t'\boldsymbol{\beta} + \epsilon_t, \quad \epsilon_t = \phi_1\epsilon_{t-1} + \phi_2\epsilon_{t-2} + \cdots + \phi_p\epsilon_{t-p} + \nu_t \tag{5.19}$$

$\boldsymbol{\beta}$의 GLS 추정량은 $(\mathbf{X}'\boldsymbol{\Omega}^{-1}\mathbf{X})^{-1}\mathbf{X}'\boldsymbol{\Omega}^{-1}\mathbf{y}$이다. 여기에서 $\boldsymbol{\Omega}$는 (5.9)식에 정의되어 있으며 오직

$\phi_1,\ldots,\phi_p$의 함수이므로, $\phi_1,\cdots,\phi_p$가 주어진 값일 때 제3장에서 논의한 바와 같이 $\boldsymbol{\beta}$의 GLS 추정량인 $(\mathbf{X}'\boldsymbol{\Omega}^{-1}\mathbf{X})^{-1}\mathbf{X}'\boldsymbol{\Omega}^{-1}\mathbf{y}$는 ML 추정량과 같게 된다. 그러나 대부분의 경우 $\phi_1,\ldots,\phi_p$는 알려지지 않은 값이므로 $(\mathbf{X}'\boldsymbol{\Omega}^{-1}\mathbf{X})^{-1}\mathbf{X}'\boldsymbol{\Omega}^{-1}\mathbf{y}$는 구할 수 없게 된다. 그러므로 $\boldsymbol{\Omega}$의 추정치 (혹은 $\phi_1,\ldots,\phi_p$의 추정치)가 필요하게 된다. 가장 간단한 $\phi_1,\ldots,\phi_p$의 추정법을 정리하면 다음과 같다.

방법 I : $y_t = \mathbf{x}_t'\boldsymbol{\beta} + \epsilon_t$ 모형에서 OLS 추정량에 의한 잔차 $\widehat{\epsilon}_t$를 구한 후 $\widehat{\epsilon}_t$를 $\widehat{\epsilon}_{t-1},\widehat{\epsilon}_{t-2},\ldots,\widehat{\epsilon}_{t-p}$에 대해 회귀하여 $\widehat{\epsilon}_{t-i}$의 회귀계수를 ϕ_i의 추정치로 한다.

방법 II : y_t를 $y_{t-1},y_{t-2},\ldots,y_{t-p}$와 $\mathbf{x}_{t-1},\mathbf{x}_{t-2},\cdots,\mathbf{x}_{t-p}$에 대한 OLS 추정량을 구한 후 y_{t-i}의 회귀계수를 ϕ_i의 추정치로 한다.

방법 I 과 방법 II 에서 구한 ϕ_i의 추정량은 모두 ϕ_i의 일치추정량이 된다. 방법 I 에 의한 ϕ_i의 추정량이 일치추정량이 되는 이유는, $\mathbf{x}_t$와 ϵ_t가 무상관관계이고 오차항 ϵ_t가 정상과정이므로 $\boldsymbol{\beta}$는 일치추정량이 되어 잔차 $\widehat{\epsilon}_t$는 오차항 ϵ_t의 좋은 추정량이 되기 때문이다. 방법 II 의 경우를 살펴보자. 모형 (5.19)에서 오차항 ϵ_t를 후향연산자 L를 이용하여 재표현하면

$$(1-\phi_1L-\phi_2L^2-\cdots-\phi_pL^p)\epsilon_t = \nu_t$$

가 된다. 여기서 특성함수 $(1-\phi_1L-\phi_2L^2-\cdots-\phi_pL^p)$를 모형 (5.19)의 양변에 곱하면

$$(1-\phi_1L-\phi_2L^2-\cdots-\phi_pL^p)y_t = (1-\phi_1L-\phi_2L^2-\cdots-\phi_pL^p)x_t{}'\beta+\nu_t$$

가 되고, 이를 정리하면

$$y_t = \phi_1y_{t-1}+\phi_2y_{t-2}+\cdots+\phi_py_{t-p}+\mathbf{x}_t'\boldsymbol{\beta}-\mathbf{x}_{t-1}'\phi_1\boldsymbol{\beta}-\cdots-\mathbf{x}_{t-p}'\phi_p\boldsymbol{\beta}+\nu_t$$

가 된다. ν_t가 i.i.d.한 확률변수이므로 방법 II 에서 구한 y_{t-i}의 계수는 ϕ_i의 일치추정량이 된다. 이제 방법 I 이나 방법 II 에 의해 구한 $\phi_1,\phi_2,\ldots,\phi_p$의 추정량을 이용하여 $\widehat{\boldsymbol{\Omega}} = \boldsymbol{\Omega}(\widehat{\boldsymbol{\phi}})$로 놓고

$$\widehat{\boldsymbol{\beta}}_{FGLS} = (\mathbf{X}'\widehat{\boldsymbol{\Omega}}^{-1}\mathbf{X})^{-1}\mathbf{X}'\widehat{\boldsymbol{\Omega}}^{-1}\mathbf{y} \tag{5.20}$$

를 구하게 되면 추정량 (5.20)이 FGLS가 된다. 물론 $\widehat{\boldsymbol{\beta}}_{FGLS}$는 근사적으로 평균이 $\boldsymbol{\beta}$이고 분산이 $\sigma_\nu^2(\mathbf{X}'\boldsymbol{\Omega}^{-1}\mathbf{X})^{-1}$인 정규분포를 따르게 된다. 여기서 $(\mathbf{X}'\widehat{\boldsymbol{\Omega}}^{-1}\mathbf{X})^{-1}$에서 $\boldsymbol{\Omega}$의 추정량은 $\boldsymbol{\Omega}(\widehat{\boldsymbol{\phi}})$

이고 σ_v^2의 추정량은 다음과 같다.

$$\widehat{\sigma}_v^2 = \frac{(\mathbf{y}-\mathbf{X}\widehat{\boldsymbol{\beta}}_{FGLS})'(\mathbf{y}-\mathbf{X}\widehat{\boldsymbol{\beta}}_{FGLS})}{n-k}$$

예제 5.1

5.2절의 사례분석의 자료를 이용하여

$$HP_t = \beta_0 + \beta_1 HL_t + \epsilon_t$$
$$\epsilon_t = \phi_1\epsilon_{t-1} + \phi_2\epsilon_{t-2} + \phi_5\epsilon_{t-5} + \phi_7\epsilon_{t-7} + \nu_t$$

모형의 FGLS 추정량은 다음과 같다(AUTOREG 프로시저에서 METHOD=YW).

$$\widehat{HP}_t = 31.16(1.350) + 0.00075(0.00003)HL_t + \widehat{\epsilon}_t$$
$$\widehat{\epsilon}_t = 1.425(0.078)\widehat{\epsilon}_{t-1} - 0.482(0.092)\widehat{\epsilon}_{t-2} + 0.135(0.061)\widehat{\epsilon}_{t-5} + 0.142(0.045)\widehat{\epsilon}_{t-7}$$

괄호안은 표준편차이다. ■

ULS와 ML 추정법을 설명하기 위해, 모형 (5.19)에서 ϵ_t가 AR(1) 모형을 따른다고 가정하자. 즉

$$\begin{aligned} y_t &= \mathbf{x}_t'\boldsymbol{\beta} + \epsilon_t \\ \epsilon_t &= \phi\epsilon_{t-1} + \nu_t \end{aligned} \tag{5.21}$$

여기에서 ν_t는 평균이 0이고 분산이 σ_v^2인 i.i.d.한 정규분포를 따른다고 가정한다. 모형 (5.21)에서 $y_t = \mathbf{x}_t'\boldsymbol{\beta} + \epsilon_t$의 양변에 $(1-\phi L)$를 곱하면 다음과 같다.

$$\begin{aligned} (1-\phi L)y_t &= (1-\phi L)\mathbf{x}_t'\boldsymbol{\beta} + (1-\phi L)\epsilon_t \\ &= (1-\phi L)\mathbf{x}_t'\boldsymbol{\beta} + \nu_t \end{aligned}$$

여기서 $\epsilon_t = \phi\epsilon_{t-1} + \nu_t$이므로 $(1-\phi L)\epsilon_t$를 ν_t로 치환하였다. 이를 풀면

$$y_t = \phi y_{t-1} + \mathbf{x}_t'\boldsymbol{\beta} - \mathbf{x}_{t-1}'\phi\boldsymbol{\beta} + \nu_t \tag{5.22}$$

가 된다. 그러므로 $y_{t-1}, \mathbf{x}_t, \mathbf{x}_{t-1}$이 주어져 있을 때의 y_t의 분포는 정규분포를 따르게 되며 평균이 $\phi y_{t-1} + \mathbf{x}_t'\boldsymbol{\beta} - \mathbf{x}_{t-1}'\phi\boldsymbol{\beta}$이고 분산은 σ_v^2이 된다. 이제 이 사실을 바탕으로 우도함수를 이용하여 $\boldsymbol{\beta}$와 ϕ의 ML 추정량을 구해보자. 우도함수는 $y_1, y_2, \ldots, y_T$의 결합분포 $f(y_1, \ldots, y_T)$

를 구해야 하며, 결합분포는 다음과 같이 조건부 분포함수로 유도될 수 있다.

$$\begin{aligned} f(y_1,\ldots,y_T) &= f(y_T|y_1,\ldots,y_{T-1})f(y_1,\ldots,y_{T-1}) \\ &= f(y_T|y_1,\ldots,y_{T-1})f(y_{T-1}|y_1,\ldots,y_{T-2})f(y_1,\ldots,y_{T-2}) \\ &= \cdots \\ &= f(y_T|y_1,\ldots,y_{T-1})f(y_{T-1}|y_1,\ldots,y_{T-2})f(y_{T-2}|y_1,\ldots,y_{T-3}) \\ &\quad \cdots f(y_3|y_1,y_2)f(y_2|y_1)f(y_1) \end{aligned}$$

이 된다. 그런데 (5.22)에 의해 y_t는 y_{t-1}에만 의존하게 되므로

$$L(y_1,\ldots,y_T) = f(y_1,\ldots,y_T) = f(y_T|y_{T-1})f(y_{T-1}|y_{T-2})\cdots f(y_3|y_2)f(y_2|y_1)f(y_1)$$

이 된다. 위에서 논의한 바와 같이 $f(y_t|y_{t-1})$은 평균이 $\phi y_{t-1}+\mathbf{x}_t'\boldsymbol{\beta}-\mathbf{x}_{t-1}'\phi\boldsymbol{\beta}$이고 분산이 σ_v^2인 정규분포이므로 로그우도함수는

$$\begin{aligned} \ln L(y_1,\ldots,y_T) &= \ln f(y_1) + \sum_{t=2}^{T} \ln f(y_t|y_{t-1}) \\ &= \ln f(y_1) + \sum_{t=2}^{T} \ln\left[\frac{1}{\sqrt{2\pi\sigma_v^2}}\exp\left(-\frac{(y_t-\phi y_{t-1}-\mathbf{x}_t'\boldsymbol{\beta}+\mathbf{x}_{t-1}'\phi\boldsymbol{\beta})^2}{2\sigma_v^2}\right)\right] \\ &= \ln f(y_1) - \frac{T-1}{2}\left(\ln(2\pi)+\ln\sigma_v^2\right) - \frac{1}{2\sigma_v^2}\sum_{t=2}^{T}\left(y_t-\phi y_{t-1}-\mathbf{x}_t'\boldsymbol{\beta}+\mathbf{x}_{t-1}'\phi\boldsymbol{\beta}\right)^2 \end{aligned}$$

이 된다. $\ln L(y_1,\ldots,y_T)$를 구하기 위해 $f(y_1)$을 결정해 보자. 식 (5.21)에서 $y_1=\mathbf{x}_t'\boldsymbol{\beta}+\epsilon_1$이고 ϵ_1은 AR(1) 모형을 따르므로(즉 정상과정이므로) ϵ_1은 평균이 0이고 분산이 $\sigma_v^2/(1-\phi^2)$(식 (5.2) 참조)인 정규분포를 따른다. 그러므로 y_1은 평균이 $\mathbf{x}_t'\boldsymbol{\beta}$이고 분산이 $\sigma_v^2/(1-\phi^2)$인 정규분포를 따르게 된다. 따라서

$$\begin{aligned} \ln L(y_1,\ldots,y_T) &= -\frac{1}{2}\left[\ln(2\pi)+\ln\sigma_v^2-\ln(1-\phi^2)\right] - \frac{1-\phi^2}{2\sigma_v^2}(y_1-\mathbf{x}_1'\boldsymbol{\beta})^2 \\ &\quad -\frac{T-1}{2}\left(\ln(2\pi)+\ln\sigma_v^2\right) - \frac{1}{2\sigma_v^2}\sum_{t=2}^{T}\left(y_t-\phi y_{t-1}-\mathbf{x}_t'\boldsymbol{\beta}+\mathbf{x}_{t-1}'\phi\boldsymbol{\beta}\right)^2 \\ &= -\frac{T}{2}\left(\ln(2\pi)+\ln\sigma_v^2\right) + \frac{1}{2}\ln\left(1-\phi^2\right) - \frac{1-\phi^2}{2\sigma_v^2}\left(y_1-\mathbf{x}_1'\boldsymbol{\beta}\right)^2 \\ &\quad -\frac{1}{2\sigma_v^2}\sum_{t=2}^{T}\left(y_t-\phi y_{t-1}-\mathbf{x}_t'\boldsymbol{\beta}+\mathbf{x}_{t-1}'\phi\boldsymbol{\beta}\right)^2 \end{aligned} \tag{5.23}$$

식 (5.23)에서 세 번째와 네 번째 항

$$\left(1-\phi^2\right)\left(y_1-\mathbf{x}_1'\boldsymbol{\beta}\right)^2+\sum_{t=2}^{T}\left(y_t-\phi y_{t-1}-\mathbf{x}_t'\boldsymbol{\beta}+\mathbf{x}_{t-1}'\phi\boldsymbol{\beta}\right)^2 \tag{5.24}$$

를 최소화하는 $\boldsymbol{\beta}$를 ULS 추정량이라고 한다. 식 (5.24)을 최소화하는 $\widehat{\boldsymbol{\theta}}_u=(\widehat{\phi}_u,\widehat{\boldsymbol{\beta}}_u)$는 근사적으로 평균이 $\boldsymbol{\theta}=(\phi,\boldsymbol{\beta}')'$이고 분산은

$$\left(\frac{\partial v_1}{\partial\boldsymbol{\theta}}\frac{\partial v_2}{\partial\boldsymbol{\theta}}\cdots\frac{\partial v_T}{\partial\boldsymbol{\theta}}\right)\left(\frac{\partial v_1}{\partial\boldsymbol{\theta}}\frac{\partial v_2}{\partial\boldsymbol{\theta}}\cdots\frac{\partial v_T}{\partial\boldsymbol{\theta}}\right)'\sigma_v^2$$

인 정규분포를 따른다. 여기에서 $v_1=\sqrt{1-\phi}(y_1-\mathbf{x}_1'\boldsymbol{\beta})$, $v_t=y_t-\phi y_{t-1}-\mathbf{x}_t'\boldsymbol{\beta}+\mathbf{x}_{t-1}'\phi\boldsymbol{\beta}$, $t=2,3,\ldots,T$이다.

한편 $\boldsymbol{\beta}$의 ML 추정량은 (5.23)을 최대화하는 $\boldsymbol{\beta}$가 된다. 구체적인 ML 추정법과 ML 추정량의 점근분포는 제3장을 참조하기 바란다. ML 추정량과 ULS 추정량의 차이는 식 (5.23)에서 $(1/2)\ln(1-\phi^2)$에 의해 발생되고, 특히 $|\phi|$가 1에 가까울수록 (5.23)의 $\ln L(y_1,\ldots,y_T)$의 값이 $-\infty$로 접근하므로 ML과 ULS 추정량의 차가 크게 된다.

이제 모형 (5.21)에서 오차항 ϵ_t가 일반적인 AR(p) 모형을 따를 때의 ULS 추정법과 ML 추정법을 지금까지 논의된 방법에 따라 모형 (5.25)에서 살펴보자.

$$\begin{aligned} y_t &= \mathbf{x}_t'\boldsymbol{\beta}+\epsilon_t \\ \epsilon_t &= \phi_1\epsilon_{t-1}+\phi_2\epsilon_{t-2}+\cdots+\phi_p\epsilon_{t-p}+v_t \end{aligned} \tag{5.25}$$

모형 (5.21)와 마찬가지로 v_t는 평균이 0이고 분산이 σ_v^2인 i.i.d.한 정규분포를 따른다. 오차항의 특성함수 $(1-\phi_1L-\phi_2L^2-\cdots-\phi_pL^p)$를 $y_t=\mathbf{x}_t'\boldsymbol{\beta}+\epsilon_t$의 양변에 곱하면

$$y_t=\phi_1y_{t-1}+\phi_2y_{t-2}+\cdots+\phi_py_{t-p}+\mathbf{x}_t'\boldsymbol{\beta}-\mathbf{x}_{t-1}'\boldsymbol{\beta}\phi_1-\cdots-\mathbf{x}_{t-p}'\boldsymbol{\beta}\phi_p+v_t$$

가 된다. $y_1,\ldots,y_p$가 주어졌을 때 $y_{p+1},y_{p+2},\ldots,y_T$까지 결합밀도함수는

$$f(y_{p+1},y_{p+2},\cdots,y_T|y_1,\ldots,y_p)=\prod_{t=p+1}^{T}f(y_t|y_{t-1},\ldots,y_{t-p})$$

이다. $y_t|y_{t-1},\ldots,y_{t-p}$, $t\ge p+1$의 분포는 평균이 $\phi_1y_{t-1}+\phi_2y_{t-2}+\cdots+\phi_py_{t-p}+\mathbf{x}_t'\boldsymbol{\beta}-\mathbf{x}_{t-1}'\boldsymbol{\beta}\phi_1-\cdots-\mathbf{x}_{t-p}'\boldsymbol{\beta}\phi_p$이고 분산이 σ_v^2인 정규분포이다. 또한 $y_1,\ldots,y_p$의 분포는 식 (5.25)에 의해 평균이 $\boldsymbol{\mu}_p=(\mathbf{x}_1'\boldsymbol{\beta},\mathbf{x}_2'\boldsymbol{\beta},\ldots,\mathbf{x}_p'\boldsymbol{\beta})'$이고 분산이 $\sigma_v^2\boldsymbol{\Omega}$인 다변량 정규분포를 따른다. 여기에서 $\boldsymbol{\Omega}$는 식 (5.12)에 의해 구해진다. 그러므로 $y_1,y_2,\ldots,y_p,y_{p+1},\ldots,y_T$의 모든 자료를

이용한 우도함수는 (5.26)이 된다.

$$
\begin{aligned}
L(y_1,\ldots,y_T) &= f(y_1,\ldots,y_p)\prod_{t=p+1}^{T} f(y_t|y_{t-1},\ldots,y_{t-p})\\
&= -\frac{p}{2}\ln(2\pi)-\frac{p}{2}\ln(\sigma_v^2)+\frac{1}{2}\ln|\boldsymbol{\Omega}^{-1}|-\frac{1}{2\sigma_v^2}(\mathbf{y}_p-\boldsymbol{\mu}_p)'\boldsymbol{\Omega}^{-1}(\mathbf{y}_p-\boldsymbol{\mu}_p)\\
&\quad -\frac{T-p}{2}\ln(2\pi)-\frac{T-p}{2}\ln(\sigma_v^2)\\
&\quad -\sum_{t=p+1}^{T}\frac{(y_t-\phi_1 y_{t-1}-\phi_2 y_{t-2}-\cdots-\phi_p y_{t-p}-\mathbf{x}_t'\boldsymbol{\beta}+\mathbf{x}_{t-1}'\boldsymbol{\beta}\phi+\cdots+\mathbf{x}_{t-p}'\boldsymbol{\beta}\phi_p)^2}{2\sigma_v^2} \qquad (5.26)\\
&= -\frac{T}{2}\ln(2\pi)-\frac{T}{2}\ln(\sigma_v^2)+\frac{1}{2}\ln|\boldsymbol{\Omega}^{-1}|-\frac{1}{2\sigma_v^2}(\mathbf{y}_p-\boldsymbol{\mu}_p)'\boldsymbol{\Omega}^{-1}(\mathbf{y}_p-\boldsymbol{\mu}_p)\\
&\quad -\sum_{t=p+1}^{T}\frac{(y_t-\phi_1 y_{t-1}-\phi_2 y_{t-2}-\cdots-\phi_p y_{t-p}-\mathbf{x}_t'\boldsymbol{\beta}+\mathbf{x}_{t-1}'\boldsymbol{\beta}\phi+\cdots+\mathbf{x}_{t-p}'\boldsymbol{\beta}\phi_p)^2}{2\sigma_v^2}
\end{aligned}
$$

여기에서 $\mathbf{y}_p=(y_1,\ldots,y_p)'$이고 $\boldsymbol{\mu}_p=(\mathbf{x}_1'\boldsymbol{\beta},\mathbf{x}_2'\boldsymbol{\beta},\ldots,\mathbf{x}_p'\boldsymbol{\beta})'$이다. ULS 추정량은 식 (5.26)에서

$$
\begin{aligned}
(\mathbf{y}_p-\boldsymbol{\mu}_p)'\boldsymbol{\Omega}^{-1}(\mathbf{y}_p-\boldsymbol{\mu}_p)+\sum_{t=p+1}^{T}(y_t-\phi_1 y_{t-1}-\cdots\\
-\phi_p y_{t-p}-\mathbf{x}_t'\boldsymbol{\beta}+\mathbf{x}_{t-1}'\boldsymbol{\beta}\phi_1+\cdots+\mathbf{x}_{t-p}'\boldsymbol{\beta}\phi_p)^2
\end{aligned}
$$

을 최소화하는 $\boldsymbol{\beta}$이고 이 ULS 추정량은 $\boldsymbol{\beta}$의 일치추정량이 된다. $\boldsymbol{\Omega}^{-1}$가 양정치 행렬이므로 $\boldsymbol{\Omega}^{-1}=\mathbf{P}'\mathbf{P}$로 표시할 수 있다 (3장 정리 3.1 참조).

$$
\begin{aligned}
\boldsymbol{\nu}_p &= \mathbf{P}(\mathbf{y}_p-\boldsymbol{\mu}_p),\\
\nu_t &= y_t-\phi_1 y_{t-1}-\phi_2 y_{t-2}-\cdots-\phi_p y_{t-p}-\mathbf{x}_t'\boldsymbol{\beta}+\mathbf{x}_{t-1}'\boldsymbol{\beta}\phi_1+\cdots+\mathbf{x}_{t-p}'\boldsymbol{\beta}\phi_p,
\end{aligned}
$$

$t=p+1,\ldots,T$로 정의하고 $\boldsymbol{\theta}=(\phi_1,\ldots,\phi_p,\boldsymbol{\beta}')'$로 정의하면, $\boldsymbol{\theta}$의 ULS 추정량 $\widehat{\boldsymbol{\theta}}$는 근사적으로 평균과 분산이 다음과 같은 정규분포를 따르게 된다.

$$
\widehat{\boldsymbol{\theta}} \approx MN\left(\boldsymbol{\theta},\quad \left(\frac{\boldsymbol{\nu}_p{}'}{\partial\boldsymbol{\theta}}\frac{\nu_{p+1}}{\partial\boldsymbol{\theta}}\cdots\frac{\nu_T}{\partial\boldsymbol{\theta}}\right)\left(\frac{\boldsymbol{\nu}_p{}'}{\partial\boldsymbol{\theta}}\frac{\nu_{p+1}}{\partial\boldsymbol{\theta}}\cdots\frac{\nu_T}{\partial\boldsymbol{\theta}}\right)'\sigma_v^2\right)
$$

ML 추정량은 (5.26)를 최대화하는 $\boldsymbol{\theta}$가 되며 $\widehat{\boldsymbol{\theta}}_{ML}$의 점근분포는 제3장을 참조하기 바란다.

예제 5.2

다음은 예제 5.1의 모형에서 ULS, ML방법으로 추정하는 프로그램과 결과를 정리한 것이다.

$$HP_t = \beta_0 + \beta_1 HL_t + \epsilon_t, \quad \epsilon_t = \phi_1\epsilon_{t-1} + \phi_2\epsilon_{t-2} + \phi_5\epsilon_{t-5} + \phi_7\epsilon_{t-7} + \nu_t$$

예제 5.2의 프로그램 및 결과

```
proc autoreg data=autocor;
 model HP = HL /nlag=(1 2 5 7) method=ULS;
 model HP = HL /nlag=(1 2 5 7) method=ML; run;
```

추정법	β_0	β_1	ϕ_1	ϕ_2	ϕ_5	ϕ_7	MSE
ULS	63.16	0.000079	1.8053	-0.8772	0.1959	-0.1241	0.164
표준오차	49.21	0.000099	0.065	0.081	0.050	0.033	
ML	59.97	0.000010	1.7948	-0.8663	0.1919	-0.1223	0.164
표준오차	12.81	0.000099	0.065	0.081	0.050	0.034	

추정방법에 따라 추정값이나 표준오차에 차이가 발생함을 알 수 있다. ■

5.6.4 $\mathbf{x}_t$가 y_t의 시차변수를 포함하고 있는 경우 모수 $\boldsymbol{\beta}$의 추정

모형 (5.4)와 같이 $\mathbf{x}_t$에 y_t의 시차변수 y_{t-k}, $k \geq 1$를 포함하고 있다면 모형 (5.4)에서 논의한 대로 일반적인 모형 (5.25)에서 구한 OLS 추정량 $\widehat{\boldsymbol{\beta}}$은 $\boldsymbol{\beta}$의 일치추정량이 되지 않는다. 이는 앞에서 논의한 $\boldsymbol{\beta}$의 FGLS 추정량을 사용할 수 없다는 것을 의미한다. 이처럼 $\mathbf{x}_t$가 y_t의 시차변수를 포함하고 있을 때 $\boldsymbol{\beta}$의 추정법으로는 ML 추정법과 제3장에서 논의한 도구변수 추정법이 있다. 먼저 도구변수를 이용한 추정법에 대해 알아보자.

$$y_t = \mathbf{x}_t'\boldsymbol{\beta} + \epsilon_t, \quad \epsilon_t = \phi_1\epsilon_{t-1} + \cdots + \phi_p\epsilon_{t-p} + \nu_t \tag{5.27}$$

모형 (5.27)에서 $\mathbf{x}_t$가 y_t의 시차변수를 갖고 있을 때 도구변수 $\mathbf{Z}_{T\times k}$를 이용한 $\boldsymbol{\beta}$의 일치추정량은 $\widehat{\boldsymbol{\beta}}_{IV} = (\mathbf{Z}'\mathbf{X})^{-1}\mathbf{Z}'\mathbf{y}$에 의해 구할 수 있다. 여기에서 도구변수 $\mathbf{Z}$는 $\boldsymbol{\epsilon}$와는 무상관이고 $\mathbf{X}$와는 상관관계가 높은 변수이다. 이 $\widehat{\boldsymbol{\beta}}_{IV}$를 이용하여 잔차 $\widehat{\epsilon}_t = y_t - \mathbf{x}_t'\widehat{\boldsymbol{\beta}}_{IV}$를 구하고 $\widehat{\epsilon}_t$를 $\widehat{\epsilon}_{t-1},\ldots,\widehat{\epsilon}_{t-p}$에 대해 회귀시켜 구한 OLS 추정량으로 $\widehat{\phi}_1,\ldots,\widehat{\phi}_p$를 구하거나 5.5.3절의 방법 II에 의해 $\widehat{\phi}_1,\ldots,\widehat{\phi}_p$를 구하여 $\boldsymbol{\beta}$의 FGLS를 구할 수 있게 된다. 즉 $\boldsymbol{\Omega}$가 $\phi_1,\ldots,\phi_p$의 함수이므로 $\boldsymbol{\beta}$의 FGLS는 $(\mathbf{X}'\widehat{\boldsymbol{\Omega}}^{-1}\mathbf{X})^{-1}\mathbf{X}'\widehat{\boldsymbol{\Omega}}^{-1}\mathbf{y}$가 된다. 단 $\widehat{\boldsymbol{\Omega}}$는 앞에서 구한 $\widehat{\phi}_1,\ldots,\widehat{\phi}_p$에 의해 구한 추정량이다.

일반적으로 모형 (5.27)에서 도구변수의 선택은 어떻게 될까? $\mathbf{x}_t$에 y_{t-l}, $l \geq 1$이 포함되어 있다고 하자. 그러면 모형 (5.27)은 다음과 같이 놓을 수 있다.

$$y_t = \mathbf{x}_t'\boldsymbol{\beta} + c y_{t-l} + \epsilon_t$$

이 경우 y_{t-l}을 위한 도구변수는 y_t 를 $\mathbf{x}_t$와 $\mathbf{x}_{t-l}$에 회귀하여 구한 적합값 $\hat{y}_{t-l}$이 된다. 즉 $y_t = \mathbf{x}_t'\boldsymbol{\beta} + c\hat{y}_{t-l} + \epsilon_t$의 모형에서 구한 $\hat{\boldsymbol{\beta}}_{IV} = (\hat{\boldsymbol{\beta}}', \hat{c})'$이 도구변수를 이용한 $\boldsymbol{\beta}$의 추정량이 되는 것이다.

이제 ML 추정량에 관해 살펴보자. 모형 (5.27)를 y_t의 시차변수를 포함한 확장된 모형으로 쓰면

$$\begin{aligned} y_t &= \theta_1 y_{t-1} + \theta_2 y_{t-2} + \cdots + \theta_q y_{t-q} + \mathbf{x}_t'\boldsymbol{\beta} + \epsilon_t \\ \epsilon_t &= \phi_1 \epsilon_{t-1} + \phi_2 \epsilon_{t-2} + \cdots + \phi_p \epsilon_{p-1} + \nu_t \end{aligned} \tag{5.28}$$

이 된다. 모형 (5.28)의 양변에 ϵ_t의 특성함수 $(1 - \phi_1 L - \phi_2 L^2 - \cdots - \phi_p L^p)$를 곱하면

$$\begin{aligned} (1-\phi_1 L - \phi_2 L^2 - \cdots - \phi_p L^p) y_t &= (1-\phi_1 L - \phi_2 L^2 - \cdots - \phi_p L^p)(\theta_1 y_{t-1} + \cdots + \theta_q y_{t-q}) \\ &+ (1-\phi_1 L - \phi_2 L^2 - \cdots - \phi_p L^p)\mathbf{x}_t'\boldsymbol{\beta} + (1-\phi_1 L - \phi_2 L^2 - \cdots - \phi_p L^p)\epsilon_t \end{aligned}$$

이 되고, 이를 다시 모형 (5.29)으로 정리할 수 있다.

$$y_t = g_t(\mathbf{y}, \boldsymbol{\phi}, \boldsymbol{\theta}) + \mathbf{x}_t'\boldsymbol{\beta} - \mathbf{x}_{t-1}'\boldsymbol{\beta}\phi_1 - \cdots - \mathbf{x}_{t-p}'\boldsymbol{\beta}\phi_q + \nu_t \tag{5.29}$$

여기서 $g_t(\mathbf{y}, \boldsymbol{\phi}, \boldsymbol{\theta})$는 다음과 같다.

$$\begin{aligned} g_t(\mathbf{y}, \boldsymbol{\phi}, \boldsymbol{\theta}) = &\phi_1 y_{t-1} + \phi_2 y_{t-2} + \cdots + \phi_p y_{t-p} + \theta_1 y_{t-1} - \theta_1\phi_1 y_{t-2} \\ &- \cdots - \theta_1 \phi_p y_{t-p-1} + \theta_2 y_{t-2} - \theta_2\phi_1 y_{t-3} - \cdots - \theta_2\phi_p y_{t-p-2} \\ &+ \cdots + \theta_q y_{t-q} - \theta_q \phi_1 y_{t-q-1} - \theta_q\phi_2 y_{t-q-2} - \cdots - \theta_q\phi_p y_{t-q-p} \end{aligned}$$

이제 $y_1, y_2, \ldots, y_{q+p}$가 주어졌을 때의 로그우도함수는

$$\begin{aligned} &L(\mathbf{y}_t, T \leq t \leq q+p+1 | y_1, \ldots, y_{q+p}) \\ &= -\frac{T-(p+q)}{2}\ln(2\pi) - \frac{T-(p+q)}{2}\ln\sigma_v^2 \\ &= -\sum_{t=p+q+1}^{T} \frac{\left(y_t - g_t(\mathbf{y}, \boldsymbol{\phi}, \boldsymbol{\theta}) - \mathbf{x}_t'\boldsymbol{\beta} + \mathbf{x}_{t-1}'\boldsymbol{\beta}\phi_1 + \cdots + \mathbf{x}_{t-p}'\boldsymbol{\beta}\phi_q\right)^2}{2\sigma_\nu{}^2} \end{aligned}$$

이 되고, $L(\mathbf{y}_t, q+p+1 \le t \le T | y_1, \ldots, y_{q+p})$를 최대화하는 것은

$$S(\boldsymbol{\phi}, \boldsymbol{\theta}, \boldsymbol{\beta}) = \sum_{t=p+q+1}^{T} \left(y_t - g_t(\mathbf{y}, \boldsymbol{\phi}, \boldsymbol{\theta}) - \mathbf{x}_t' \boldsymbol{\beta} + \mathbf{x}_{t-1}' \boldsymbol{\beta} \phi_1 + \cdots + \mathbf{x}_{t-p}' \boldsymbol{\beta} \phi_q \right)^2$$

를 최소화하는 문제와 같아진다.

$L(\mathbf{y}_t, p+q+1 \le t \le T | y_1, \cdots, y_{q+p})$를 최대화하거나 $S(\boldsymbol{\phi}, \boldsymbol{\theta}, \boldsymbol{\beta})$를 최소화하는 $\boldsymbol{\beta}$를 조건부 ML 추정량이라고 한다. $\widehat{\boldsymbol{\beta}}_{ML}$의 점근분포를 포함한 통계적인 성질은 제3장에서 논의한 것과 동일하다. SAS/ETS를 포함한 대부분 통계패키지는 $\mathbf{x}_t$에 y_t의 시차변수를 포함하고 있을 때 ML 추정량은 조건부 ML 추정량을 의미한다. 일반적인 의미의 ML 추정량, 즉 $y_1, \ldots, y_{p+q}$가 주어졌다는 조건이 없는 ML 추정량은 칼만-필터링(Kalman-filtering)을 이용하여 구할 수 있으나, 여기에서는 생략하기로 한다. 관심 있는 독자는 Hamilton(1994)을 참조하기 바란다.

예제 5.3 : $\widehat{\boldsymbol{\beta}}_{IV}$와 ML 추정

5.2절의 자료를 이용하여

$$HP_t = \beta_0 + \beta_1 HP_{t-1} + \beta_2 SDP_t + \epsilon_t, \quad \epsilon_t = \phi_1 \epsilon_{t-1} + \phi_2 \epsilon_{t-2} + \nu_t$$

의 모형을 추정하고자 한다. 위의 모형에서 HP의 시차변수 HP_{t-1}이 방정식의 오른쪽에 있고 오차항이 자기회귀모형을 갖고 있으므로 도구변수 또는 ML 추정법으로 모수 추정을 하여야 할 것이다. 먼저 도구변수 추정법을 고려하여 보자. $HP_t = \alpha_0 + \alpha_1 SDP_t + \alpha_2 SDP_{t-1} + \epsilon_t$의 모형으로부터 HP의 OLS 적합값 $\widehat{HP}_t$를 구해

$$HP_t = \beta_0 + \beta_1 \widehat{H}P_{t-1} + \beta_2 SDP_t + \epsilon_t, \quad \epsilon_t = \phi_1 \epsilon_{t-1} + \phi_2 \epsilon_{t-2} + \nu_t$$

의 모형에 의한 $\widehat{\beta}_{IV}$를 구한다. 한편 ML 추정치를 구하기 위해 AUTOREG 프로시저 MODEL 옵션에 LAGDEP라는 옵션을 추가해야 한다.

예제 5.3의 프로그램

```
data autocor2; set autocor;
 L_HP=LAG(HP); L_SDP=LAG(SDP); run;

proc autoreg data=autocor2;
 model HP = SDP L_SDP;  output out=IV_ols PM = HP_IV; run;

data autocor3;
 merge autocor2 IV_ols(keep=time HP_IV);  by time; run;

```

```
proc autoreg data=autocor3;
 model HP = HP_IV SDP /nlag=(1 2) method=YW;
 model HP = L_HP SDP /nlag=(1 2) lagdep=L_HP method=ML; run;
```

프로그램 수행결과를 정리한 표는 다음과 같다.

추정법	β_0	β_1	β_2	ϕ_1	ϕ_2	MSE
$\widehat{\beta}_{IV}$	29.06130	0.07780	0.0000805	0.55610	0.37134	1.18094
표준오차	2.87050	0.03130	0.0000066	0.07904	0.07904	
ML	0.27980	0.98330	0.0000028	0.92850	-0.32360	0.15448
표준오차	0.37680	0.01070	0.0000011	0.08060	0.08090	

MSE 측면에서 ML 추정치가 $\widehat{\beta}_{IV}$보다 우수하다고 판단할 수 있다. ■

5.7 예측(Forecasting)

지금까지 우리는 자기상관 오차항을 가진 회귀모형의 특성과 그에 따른 모수의 다양한 추정방법을 논의하였다. 더 나아가면 추정한 모수를 가지고 미래 치의 예측을 어떻게 할 것인가에 대한 것이 당연한 관심사가 될 것이다. 이에 따라 이 절에서는 모형(5.30)을 기반으로 y_t의 예측에 관하여 다룰 것이다.

$$\begin{aligned} y_t &= \mathbf{x}_t'\boldsymbol{\beta} + \epsilon_t \\ \epsilon_t &= \phi_1\epsilon_{t-1} + \cdots + \phi_p\epsilon_{p-1} + \nu_t \end{aligned} \tag{5.30}$$

y_t의 예측은 두 가지로 분류할 수 있다. 하나는 장기적인 추세변화를 알고 싶어하는 구조적(structural) 예측이고, 또 다른 하나는 오차항의 구조를 반영한 예측이다. 구조적 예측(또는 이를 회귀예측이라고도 한다)은 $y_t = \mathbf{x}_t'\boldsymbol{\beta} + \epsilon_t$에서 ϵ_t의 구조를 무시한 예측으로, $\mathbf{x}_t$가 주어져 있을 때의 $E(y_t|\mathbf{x}_t)$가 y_t의 예측치가 된다. 즉 y_t의 구조적 예측치는 $\widehat{y}_t = \mathbf{x}_t'\widehat{\boldsymbol{\beta}}$ 가 된다. 여기에서 $\widehat{\boldsymbol{\beta}}$는 5.5.3절에서 논의하였던 적절한 추정방법에 의한 $\boldsymbol{\beta}$의 추정치이다. 그러나 구조적 예측치 $\widehat{y}_t = \mathbf{x}_t'\widehat{\boldsymbol{\beta}}$는 y_t의 장기추세를 파악하는 데 도움이 될 수 있으나, 진정한 의미에서의 y_t의 예측치라고 말할 수 없다. 그 이유는 오차항 ϵ_t의 구조식을 무시하였기 때문이다. 그러면 오차항 ϵ_t의 구조를 어떻게 반영할 수 있을까? $y_t = \mathbf{x}_t{}'\boldsymbol{\beta} + \epsilon_t$에 ϵ_t 의 AR(p) 구조를 반영하기 위해, ϵ_t의 AR(p) 특성함수 $(1-\phi_1 L - \phi_2 L^2 - \cdots - \phi_p L^p)$를 $y_t = \mathbf{x}_t'\boldsymbol{\beta} + \epsilon_t$ 의 양변에 곱하여

정리하면

$$\begin{aligned} y_t &= \phi_1 y_{t-1} + \phi_2 y_{t-2} + \cdots + \phi_p y_{t-p} + \mathbf{x}_t'\boldsymbol{\beta} - \mathbf{x}_{t-1}'\boldsymbol{\beta}\phi_1 - \cdots - \mathbf{x}_{t-p}'\boldsymbol{\beta}\phi_p + \nu_t \\ &= \mathbf{x}_t'\boldsymbol{\beta} + \phi_1(y_{t-1} - \mathbf{x}_{t-1}'\boldsymbol{\beta}) + \phi_2(y_{t-2} - \mathbf{x}_{t-2}'\boldsymbol{\beta}) + \cdots + \phi_p(y_{t-p} - \mathbf{x}_{t-p}'\boldsymbol{\beta}) + \nu_t \end{aligned} \tag{5.31}$$

가 된다. (5.31)에서 ν_t가 i.i.d.한 확률변수이므로 $y_t, y_{t-1}, \ldots, y_{t-p+1}, \mathbf{x}_{t+1}, \mathbf{x}_t, \ldots, \mathbf{x}_{t-p+1}$ 이 주어져 있을 때의 최소분산예측량(minimum variance predictor)은

$$E(y_{t+1}|y_t, \ldots, y_{t-p+1}, \mathbf{x}_{t+1}, \ldots, \mathbf{x}_{t-p+1})$$

이 되며 이를 $y_{t+1|t}$로 표시할 때 (5.31)에 의해

$$y_{t+1|t} = \mathbf{x}_{t+1}'\boldsymbol{\beta} + \phi_1(y_t - \mathbf{x}_t'\boldsymbol{\beta}) + \phi_2(y_{t-1} - \mathbf{x}_{t-1}'\boldsymbol{\beta}) + \cdots + \phi_p(y_{t-p+1} - \mathbf{x}_{t-p+1}'\boldsymbol{\beta})$$

가 된다. 이제 5.4절에서 논의된 적절한 추정방법에 따라 추정된 모수 $\widehat{\boldsymbol{\beta}}$와 $\widehat{\boldsymbol{\phi}}$를 사용한 y_{t+1}의 예측치는

$$\widehat{y}_{t+1|t} = \mathbf{x}_t'\widehat{\boldsymbol{\beta}} + \widehat{\phi}_1\widehat{\epsilon}_t + \widehat{\phi}_2\widehat{\epsilon}_{t-1} + \cdots + \widehat{\phi}_p\widehat{\epsilon}_{t-p+1} \tag{5.32}$$

이 된다. 여기에서 $\widehat{\epsilon}_{t-i} = y_{t-i} - \mathbf{x}_{t-i}'\widehat{\boldsymbol{\beta}},\ \ i = 0, \ldots, p-1$이다.

(5.32)에 정의된 y_{t+1}의 예측치는 구조적 예측치 $\widehat{y}_{t+1} = \mathbf{x}_t'\widehat{\boldsymbol{\beta}}$에 잔차 $\widehat{\epsilon}_{t-i} = y_{t-i} - \mathbf{x}_{t-i}'\widehat{\boldsymbol{\beta}}$를 이용하여 AR($p$) 구조를 오차항에 반영한 예측치임을 알 수 있다. 이러한 이유로 (5.32)에 정의된 예측치를 자기상관 오차항으로 수정된 y_{t+1}의 예측치라고 한다(그러나 일반적으로 이를 단순히 예측치라고 한다).

우리는 오직 $y_1, y_2, \ldots, y_T$의 관측치만 갖고 있다. 앞에서 논의했듯이 y_{T+1}의 예측은 $\widehat{y}_{T+1|T}$에 의해 가능하지만 y_{T+d}, $d \geq 2$의 예측은 어떻게 할까? 물론 독립변수인 $\mathbf{x}_{T+d}, \mathbf{x}_{T+d-1}, \ldots, \mathbf{x}_{T+1}$의 값은 주어져 있다는 가정 하에서 y_{T+d}의 예측을 고려하는 것이다. 만약 $\mathbf{x}_{T+d}, \ldots, \mathbf{x}_{T+1}$의 값이 주어져 있지 않을 때에는 $\mathbf{x}_T$의 예측을 위한 어떤 구조식(예를 들어, 시계열의 전이함수 모형)을 갖고 있지 않은 한 y_{T+d}의 예측은 불가능하게 된다. 모형 (5.30)에서 $y_T, y_{T-1}, \ldots, y_{T-p}, \mathbf{x}_{T+d}, \ldots, \mathbf{x}_{T+d-p}$가 주어졌을 때의 y_{T+d}의 최소분산예측량은 $E(y_{T+d}|y_T, \ldots, y_{T-p}, \mathbf{x}_{T+d}, \ldots, \mathbf{x}_{T+d-p})$이다. 그러므로 식 (5.31)에 $t = T + d - 1$을 대입한 후

$$E\big(y_{T+d}|y_T, \ldots, y_{T-p}, \mathbf{x}_{T+d}, \ldots, \mathbf{x}_{T+d-p}\big) \equiv y_{T+d|T}$$

를 구하면

$$\begin{aligned} y_{T+d|T} &= \mathbf{x}'_{T+d}\boldsymbol{\beta} + \phi_1(y_{T+d-1|T} - \mathbf{x}'_{T+d-1}\boldsymbol{\beta}) + \phi_2(y_{T+d-2|T} - \mathbf{x}'_{T+d-2}\boldsymbol{\beta}) \\ &\quad + \cdots + \phi_p(y_{T+d-p|T} - \mathbf{x}'_{T+d-p}\boldsymbol{\beta}) \end{aligned} \tag{5.33}$$

이 된다. 여기에서 $d \le 0$이면 $y_{T+d|T}$는 조건부 기대치의 정의에 따라 y_{T+d}가 된다.

(5.33)의 모수 $\boldsymbol{\beta}$와 $\boldsymbol{\phi}$에 모수의 추정치를 대입하여 y_{T+d}의 예측치는 $y_{T+d|T}$에 의해 구하고 $y_{T+i|T}$는, $1 \le i \le d-1$, (5.33)를 반복대입하여 구하게 된다. 예를 들어 $p = 2$이고 $d = 2$일 때의 y_{T+2}의 예측치는

$$y_{T+2|T} = \mathbf{x}'_{T+2}\boldsymbol{\beta} + \phi_1(y_{T+1|T} - \mathbf{x}'_{T+1}\boldsymbol{\beta}) + \phi_2(y_T - \mathbf{x}'_T\boldsymbol{\beta})$$

이고, 여기에서 $y_{T+1|T} = \mathbf{x}'_{T+1}\boldsymbol{\beta} + \phi_1(y_T - \mathbf{x}'_T\boldsymbol{\beta}) + \phi_2(y_{T-1} - \mathbf{x}'_{T-1}\boldsymbol{\beta})$이다.

연습문제

1. 제2장의 연습문제 3에서 다루었던 다음의 모형에서

$$TN_t = \alpha_0 + \alpha_1 TEM_t + \epsilon_{1t}, \quad B_t = \beta_0 + \beta_1 TEM_t + \epsilon_{2t}$$

오차항의 자기상관 여부를 검정하고 오차항이 자기상관을 갖고 있을 경우, 오차항 모형을 설정하고 모수의 FGLS 추정치와 ULS 추정치를 구해 비교 토의하시오.

다음의 자료는 1975년부터 2010년까지 명목 민간최종소비지출(private final consumption expenditure, 단위: 십억원), 명목 국민총소득(gross national income, 단위: 십억원) 이다 (한국은행 경제통계시스템, http://ecos.bok.or.kr/).

연도	1975	1976	1977	1978	1979	1980	1981	1982	1983
PFCE	7242.2	9232.5	11234.4	14830.2	19188.9	24531.5	30698.9	34731.7	39128.7
GNI	10373.2	14313.2	18382.8	24877.7	31838.8	38479.2	48162.4	55425.7	65449.3
연도	1984	1985	1986	1987	1988	1989	1990	1991	1992
PFCE	43683.6	48423.8	53596.5	60014.6	69064.9	80986.8	96947.8	117044.2	134957.8
GNI	74904.2	83666.6	98148.7	116467.2	139643.6	158334.8	191284.3	231097.1	263501.1
연도	1993	1994	1995	1996	1997	1998	1999	2000	2001
PFCE	153299.6	182579.3	214414.5	245692.1	271343.3	252110.9	289961.5	330389.5	364251.4
GNI	298057.1	348955.6	408013.6	458636.3	502865.4	492574.3	542177.5	600158.8	649898.9
연도	2002	2003	2004	2005	2006	2007	2008	2009	2010
PFCE	408715.7	420098.6	435060.4	465430.5	494917.6	530264.1	561627.5	575970.2	615406.9
GNI	720996.3	767771.4	829326.7	864427.3	910134.2	976813.9	1034115.4	1069783.1	1173123.4

2. $PFCE_t = \beta_0 + \beta_1 GNI_t + \epsilon_t$ 의 모형에서 오차항의 자기상관 여부를 일반화 더빈-왓슨 통계량을 이용하여 점검하고, Breusch-Godfrey 검정을 실시하고 이 결과를 이용하여 오차항의 AR(p) 모형을 설정하시오.

3. $DPFCE_t = PFCE_t - PFCE_{t-1}$, $DGNI_t = GNI_t - GNI_{t-1}$로 정의하여 $DPFCE_t = \beta_0 + \beta_1 DGNI_t + \epsilon_t$의 모형에 대한 자기상관 검정을 한 후 오차항 ϵ_t에 대한 적절한 모형을 설정하여 모수를 추정하시오.

4. 문제 3의 모형으로부터 $PFCE_t$의 예측치를 회귀모형과 오차항의 모형부분을 고려한 회귀모형을 이용하여 구하고 실제값과 비교하시오.

CHAPTER 6

오차항의 조건부이분산모형

관심변수를 y_t로 표현할 때 y_t의 평균인 μ_t에 대해 k개의 외생변수 선형결합으로 표현되는 회귀선은 μ_t의 장기추세선(long term trend)으로 해석되고 오차항의 자기회귀선은 μ_t의 단기추세선(short term trend)으로 해석될 수 있다. 이 두 개의 추세선에 의해 좀 더 정확한 μ_t의 추세를 구할 수 있고 이는 오차항의 정확한 분산을 추정하고 검정하는 중요한 사전 절차가 된다. 오차항의 분산은 등분산의 가정 하에서 추정되기 때문에 이분산일 때, 회귀모형의 모수는 다시 추정되어야 한다. 특히 오차항의 분산(현재의 분산)이 과거시점의 분산에 의존할 때 이분산의 행태는 모형을 통해 구현될 수 있다.

오차항 자기회귀 모형과 이분산 모형의 구축과정은 통계학에서 사용하는 전형적인 방법이다. 즉, 가정에 의해 나온 잔차의 검정이 그것이다. 먼저 "오차항의 분산은 등분산이며 오차항들은 무상관이다"라는 오차항의 i.i.d 가정 하에서 회귀계수를 구한다. 추정된 회귀계수(일반적으로 OLS 추정치)를 이용하여 잔차를 구한 후, 잔차의 무상관성 가정을 검정한다. 만약 무상관성 가정이 기각되면 오차항에 대한 자기회귀모형을 적합한 후, 잔차의 무상관성이 만족하는지를 검정하여 무상관성을 만족할 때까지 자기상관회귀의 모수를 증가시킨다. 마지막 단계로 이 잔차를 이용하여 오차의 이분산성을 검정하여 최종적으로 모수를 추정하여, 잔차에 대해 무상관성과 등분산성이 맞는지를 검정하게 된다.

6.1 조건부이분산

어떤 두 개의 확률변수가 독립인가를 유추하기 위해서는 흔히 표본상관계수에 의해 두 개의 확률변수가 무상관인가를 검정한다. 두 개의 확률변수가 상관관계가 있으면 독립이 아니지만, 상관관계가 없다고 해서 독립을 의미하는 것은 아니다. 회귀모형과 오차항의 자기회귀모형을 포함한 거의 모든 모형에서 오차항은 독립이라는 가정을 하고 있다. 그 주된 이유는 오차항의 분포를 독립적인 정규분포로 가정하여 추론할 수 있도록 하기 위함이다. 다시 모형 (6.1)를 고려해 보자.

$$y_t = \boldsymbol{x}_t'\boldsymbol{\beta} + \epsilon_t, \quad \epsilon_t = \phi_1\epsilon_{t-1} + \phi_2\epsilon_{t-2} + \cdots + \phi_p\epsilon_{t-p} + \nu_t \tag{6.1}$$

모형 (6.1)에서 충분한 p를 선택하여 $\hat{\nu}_t$이 무상관이라 할지라도 ν_t가 독립을 의미하지 않는다. 하지만 추가로 $\hat{\nu}_t{}^2$이 무상관임을 보이면 최소한 1차적률과 2차적률의 관점에서 무상관을 의미하여 ν_t가 좀 더 독립이라는 가정에 가까워짐을 의미하게 된다. 또한, $\hat{\nu}_t{}^2$이 무상관이라는 말은 ν_t의 분산이 시간 t에 의존하지 않는 등분산이라는 의미도 가지게 된다. 그러나 $\hat{\nu}_t{}^2$이 과거의 $\hat{\nu}_{t-k}^2 (k \geq 1)$ 과 상관관계가 있다면, 어떤 해석이 가능할까? $\hat{\nu}_t$이 잔차이므로 이 잔차의 평균은 0이 되어 $\hat{\nu}_t{}^2$은 시점 t에서 ν_t의 분산으로 해석할 수 있다. 그런데 이 $\hat{\nu}_t{}^2$이 과거의 $\hat{\nu}_{t-k}^2$와 상관관계가 있다면 시점 t에서 ν_t의 분산은 과거의 분산에 의존한다는 것을 의미하며, 조건부이분산(Conditional Heteroscedasticity)이 있다고 한다. 예를 들어, 어떤 자산(asset)의 수익률이 심한 변동을 지속적으로 보이다가 변동이 잦아들며 이 상태가 한동안 지속되는 현상을 대표적인 경우로 볼 수 있으며, 분산이 양의 관계로 과거의 분산에 의존할 때 나타나는 현상이다.

모형 (6.1)에서 ν_t가 무상관이 되면 $\hat{\nu}_t^2$을 이용하여 ν_t^2의 무상관 여부를 검정한다. 검정은 ν_t의 무상관을 검정할 때와 동일하게 F-검정 또는 Q-검정을 이용한다. 즉, $\hat{\nu}_t^2$를 이용하여

$$\hat{\nu}_t^2 = \xi_0 + \xi_1\hat{\nu}_{t-1}^2 + \xi_2\hat{\nu}_{t-2}^2 + \cdots + \xi_r\hat{\nu}_{t-r}^2 + \eta_t$$

의 OLS 추정량에 의해 $H_0: \xi_1 = \xi_2 = \cdots = \xi_r = 0$ 를 F-검정하거나 포트멘토 검정통계량인

$$Q = T(T+2)\sum_{i=1}^{q} \frac{Corr^2(\hat{\nu}_t^2, \hat{\nu}_{t-i}^2)}{T-i}$$

를 통해 χ^2 -통계량을 이용한 Q-검정을 한다. 만약 이 두 검정 결과 $\hat{\nu}_t^2$ 가 과거의 값과 상관관계가 있다는 결론을 내리면 $Var(\nu_t) = \sigma_t^2$에 대한 추론을 시도하게 된다. σ_t를 재정학에서는

변동성(volatility)이라고 하며, 이 변동성은 옵션의 가격 평가와 위험관리(risk management)에 매우 중요한 척도이고 변동성의 모형화는 모수추정과 예측을 좀 더 정교하게 해준다.

6.2 변동성 모형

첫 번째 변동성 모형은 Engle(1982)에 의해 소개된 모형으로 모형 (6.1)에서 ν_t간에는 무상관이지만 ν_t의 현재 값이 과거 값의 이차항(quadratic)형태에 영향을 받는 모형이다. 이를 모형으로 표현하면 (6.2)가 된다.

$$\begin{aligned} y_t &= \boldsymbol{x}_t'\boldsymbol{\beta} + \epsilon_t \\ \epsilon_t &= \phi_1\epsilon_{t-1} + \cdots + \phi_p\epsilon_{t-p} + \nu_t \\ \nu_t &= \sigma_t a_t, \qquad \sigma_t^2 = \alpha_0 + \alpha_1\nu_{t-1}^2 + \cdots + \alpha_m\nu_{t-m}^2 \end{aligned} \tag{6.2}$$

여기서 a_t는 $N(0,1)$이거나 t-분포를 따른다고 가정한다. 모형(6.2)와 같이 ${\sigma_t}^2$가 과거의 ν_{t-i}에 의존할 때 이를 ARCH(Autoregressive Conditional Heteroscedasticity) 모형이라고 한다. 특히, 모형 (6.2)에서 σ_t^2는 분산이므로 양의 값이 되기 위해서는 $\alpha_i \geq 0, \quad i = 0, 1, \cdots, m$을 만족해야 한다. 변동성 σ_t^2가 ARCH모형을 따를 때 과거의 충격($\nu_{t-1}, \cdots, \nu_{t-m}$)이 크면 σ_t^2도 커지므로 $\nu_t = \sigma_t a_t$에 의해 현재의 충격(ν_t)도 커진다는 것을 의미한다. 그러나 현시점의 변동성 σ_t^2가 아주 먼 과거의 충격에도 의존한다면 ARCH모형의 모수가 너무 많아져서 모형의 효율성이 급격하게 떨어지게 된다.

6.3 GARCH 모형

Bollerslev(1986)는 ARCH 모형에서 모수의 개수 증가로 인하여 발생하는 모형의 효율성 저하문제를 극복하기 위해 GARCH(Generalized ARCH) 모형을 소개하였다. 즉, 모형 (6.2)의 $\sigma_t^2 = \alpha_0 + \alpha_1\nu_{t-1}^2 + \cdots + \alpha_m\nu_{t-m}^2$를 (6.3)으로 고치면

$$ {\sigma_t}^2 = \alpha_0 + \sum_{i=1}^{m}\alpha_i\nu_{t-i}^2 + \sum_{j=1}^{s}\delta_j\sigma_{t-j}^2 \tag{6.3}$$

σ_t^2가 GARCH(m,s) 모형을 따른다고 한다. 그러므로 GARCH(m,0) 모형은 ARCH(m) 모형이 된다. 물론 (6.3)에서 $\sigma_t^2 > 0$이어야 하므로 $\alpha_0 > 0, \alpha_i \geq 0, \delta_j \geq 0$을 만족해야 한다. 이제 GARCH($m$,$s$) 모형의 행태를 파악해 보도록 하자. 이를 위해 $\eta_t = \nu_t^2 - \sigma_t^2$로 정의하고 (6.3)을

재정리하면 (6.4)를 얻을 수 있다.

$$\begin{aligned} v_t^2 &= \alpha_0 + \eta_t + \sum_{i=1}^{m} \alpha_i v_{t-i}^2 + \sum_{j=1}^{s} \delta_j \left(v_{t-j}^2 - \eta_{t-j}\right) \\ &= \alpha_0 + \sum_{i=1}^{\max(m,s)} (\alpha_i + \delta_i) v_{t-i}^2 - \sum_{j=1}^{s} \delta_j \eta_{t-j} + \eta_t \end{aligned} \tag{6.4}$$

여기서 max(m, s)로 인해 발생하는 여분의 α_i 또는 δ_i는 0으로 간주하면 된다. η_t의 특성을 알아보기 위하여 $\mathscr{F}_t$를 시점 t까지의 모든 정보의 집합(이를 σ -field 라고 한다)이라고 하자. σ_t^2는 $\mathscr{F}_{t-1}$ 측정 가능한(measurable) 함수이고(GARCH 모형에서 σ_t^2는 $t-1$ 시점까지의 모든 정보에 의해 완전히 결정된다) $v_t = \sigma_t a_t$이므로

$$\begin{aligned} E(\eta_t) &= E(E(\eta_t | \mathscr{F}_{t-1})) = E(E(v_t^2 - \sigma_t^2 | \mathscr{F}_{t-1})) \\ &= E(E(\sigma_t^2 a_t^2 - \sigma_t^2 | \mathscr{F}_{t-1})) \\ &= E(\sigma_t^2 E(a_t^2 - 1 | \mathscr{F}_{t-1})) \\ &= E(\sigma_t^2 E(a_t^2 - 1)) \\ &= 0 \end{aligned}$$

이 된다. 네 번째 등호는 $E(\sigma_t^2 | \mathscr{F}_{t-1}) = \sigma_t^2$이기 때문이며, 다섯 번째 등호는 a_t는 i.i.d.이므로 $\mathscr{F}_{t-1}$과는 무관하게 되고, 여섯 번째 등호는 가정에 의해 $E(a_t^2) = 1$이기 때문에 성립하게 된다. 같은 방법에 의해 $\mathscr{F}_{t-i}$이 주어지면 η_{t-i}는 더이상 확률변수가 아니므로

$$\begin{aligned} E(\eta_t \eta_{t-i}) &= E(E(\eta_t \eta_{t-i} | \mathscr{F}_{t-i})) \\ &= E(\eta_{t-i} E(\eta_t | \mathscr{F}_{t-1}) | \mathscr{F}_{t-i}) \\ &= E(\eta_{t-i} \sigma_t^2 E(a_t^2 - 1)) \\ &= 0 \end{aligned}$$

이 됨을 알 수 있다. 따라서 이 결과를 정리하면 $E(\eta_t) = 0$이고 $Cov(\eta_t, \eta_{t-i}) = 0$이 되므로 모형 (6.4)에서 v_t^2는 ARMA(max$(m, s), s$)를 따르고 η_t는 백색잡음(white noise) 역할을 하는 것을 알 수 있다. 그러므로 GARCH(m,s)모형에서의 v_t^2는 ARMA(max$(m,s),s$) 모형의 행태와 유사하고 ARCH(m) 모형은 v_t^2가 AR(m) 모형의 행태와 유사하게 움직인다고 할 수 있다. 이제

v_t^2의 특성을 살펴보기 위해 모형 (6.4)에 기대치를 취하면

$$\begin{aligned} E\left(v_t^2\right) &= \alpha_0 + \sum_{i=1}^{max(m,s)} (\alpha_i + \delta_i) E(v_{t-i}^2) - \sum_{j=1}^{s} \delta_j E(\eta_{t-j}) + E(\eta_t) \\ &= \alpha_0 + \sum_{i=1}^{max(m,s)} (\alpha_i + \delta_i) E(v_t^2) \end{aligned}$$

이다. 두 번째 등식은 $E\left(v_{t-i}^2\right)$가 $E\left(v_t^2\right)$로 변한 것은 v_t^2의 정상성(stationary) 가정에 의해 성립된다. 그러므로,

$$E(v_t^2) = \frac{\alpha_0}{1 - \sum_{i=1}^{max(m,s)} (\alpha_i + \delta_i)}$$

이 되며, $E\left(v_t^2\right) \geq 0$을 만족해야 하므로 $\sum_{i=1}^{max(m,s)} (\alpha_i + \delta_i) < 1$ 조건이 필요하다.

GARCH 모형에서 모수의 추론을 위해서는 v_t의 분포특성을 알아야 하며 특히 꼬리부분의 행태(tail behavior)를 알기 위해서는 v_t의 첨도(kurtosis)를 구해야 한다. 이를 위해 가장 단순한 경우인 ARCH(1) 모형을 고려하여 보자. 모형 (6.2)에서 σ_t^2를 다음과 같이 놓고

$$\sigma_t^2 = \alpha_0 + \alpha_1 v_{t-1}^2$$

$a_t \sim N(0,1)$을 가정한다. a_t가 표준정규분포를 따르므로

$$\begin{aligned} E\left(v_t^4 | \mathscr{F}_{t-1}\right) &= E\left(\sigma_t^4 a_t^4 | \mathscr{F}_{t-1}\right) = \sigma_t^4 E\left(a_t^4 | \mathscr{F}_{t-1}\right) \\ &= E\left(\sigma_t^4 | \mathscr{F}_{t-1}\right) E\left(a_t^4 | \mathscr{F}_{t-1}\right) \\ &= E\left(\sigma_t^4 | \mathscr{F}_{t-1}\right) E\left(a_t^4\right) = 3E\left(\sigma_t^4 | \mathscr{F}_{t-1}\right) \\ &= 3E\left((\alpha_0 + \alpha_1 v_{t-1}^2)^2 | \mathscr{F}_{t-1}\right) = 3\left(\alpha_0 + \alpha_1 v_{t-1}^2\right)^2 \end{aligned}$$

그런데 $E\left(v_t^4\right) = E\left(E\left(v_t^4 | \mathscr{F}_{t-1}\right)\right)$이므로 이를 정상성 조건과 함께 고려하여 정리하면 다음과 같이 된다.

$$\begin{aligned} E\left(v_t^4\right) &= 3E\left(\alpha_0^2 + 2\alpha_0\alpha_1 v_{t-1}^2 + \alpha_1^2 v_{t-1}^4\right) \\ &= 3\alpha_0^2 + 6\alpha_0\alpha_1 E\left(v_t^2\right) + 3\alpha_1^2 E\left(v_t^4\right) \end{aligned}$$

여기서 $E(v_t^2) = \alpha_0 / (1 - \alpha_1)$ 이므로 이를 재정리하면

$$E(v_t^4) = \frac{3\alpha_0^2(1+\alpha_1)}{(1-\alpha_1)(1-3\alpha_1^2)}$$

이 된다. 여기서 $E(v_t^4) > 0$ 이므로 $1 - 3\alpha_1^2 > 0$ 이라는 추가적인 조건이 필요하게 된다. 이제

v_t의 첨도를 구해보면

$$\frac{E(v_t^4)}{\left(Var(v_t)\right)^2} = \frac{3\alpha_0^2(1+\alpha_1)}{(1-\alpha_1)(1-3\alpha_1^2)} \cdot \frac{(1-\alpha_1)^2}{\alpha_0^2} = 3\frac{1-\alpha_1^2}{1-3\alpha_1^2} > 3$$

이 된다. 이는 ARCH(1) 모형을 따르는 v_t는 정규분포를 따르는 v_t보다 좀 더 두꺼운 꼬리(heavy tail)를 가진다는 것을 의미하므로 ARCH(1) 모형에서 극단치가 일어날 확률이 상대적으로 높다는 뜻이 된다. ARCH(1) 모형뿐 만 아니라 GARCH(m,s) 모형에서도 v_t 의 첨도가 3보다 크다는 것을 보여줄 수 있으므로 일반적인 GARCH(m,s) 모형에서도 위와 동일한 해석을 할 수 있다.

6.3.1 GARCH 모형의 예측

GARCH(1,1) 모형은 조건부 변동성을 위해 가장 널리 사용되는 모형으로 특히, 재무자료에서 변동성 충격(shock)이 지속될 때 매우 유용한 것으로 알려졌다. 일반적으로 사용되는 GARCH(1,1) 모형에서 예측과정을 살펴보기 위해 모형 (6.2)에서 σ_t^2를 (6.5)와 같이 놓자.

$$\sigma_t^2 = \alpha_0 + \alpha_1 v_{t-1}^2 + \delta_1 \sigma_{t-1}^2 \tag{6.5}$$

여기서, $E\left(v_{t+j}^2|\mathscr{F}_t\right) = E\left(a_{t+j}^2 \cdot \sigma_{t+j}^2|\mathscr{F}_t\right)$이 되며 a_{t+j}는 $\mathscr{F}_t$와는 독립이고 $a_t \sim N(0,1)$에 의해 $E(a_{t+j}^2) = 1$이므로 $E\left(v_{t+j}^2|\mathscr{F}_t\right) = E\left(\sigma_{t+j}^2|\mathscr{F}_t\right)$임을 알 수 있다. 이제 $E\left(\sigma_{t+j}^2|\mathscr{F}_t\right)$를 시점 t까지의 정보를 이용한 $t+j$시점에서 조건부 변동성의 예측치로 사용하도록 하자. 모형 (6.5)에 의해 $E\left(\sigma_{t+j}^2|\mathscr{F}_t\right)$는 다음과 같이 정리된다.

$$\begin{aligned} E\left(\sigma_{t+j}^2|\mathscr{F}_t\right) &= \alpha_0 + \alpha_1 E\left(v_{t+j-1}^2|\mathscr{F}_t\right) + \delta_1 E\left(\sigma_{t+j-1}^2|\mathscr{F}_t\right) \\ &= \alpha_0 + \alpha_1 E\left(\sigma_{t+j-1}^2|\mathscr{F}_t\right) + \delta_1 E\left(\sigma_{t+j-1}^2|\mathscr{F}_t\right) \\ &= \alpha_0 + (\alpha_1 + \delta_1) E\left(\sigma_{t+j-1}^2|\mathscr{F}_t\right) \end{aligned}$$

$E\left(\sigma_{t+1}^2|\mathscr{F}_t\right) = \alpha_0 + \alpha_1 v_t^2 + \delta_1 \sigma_t^2$이므로 위의 관계식을 이용하면

$$\begin{aligned} E\left(\sigma_{t+2}^2|\mathscr{F}_t\right) &= \alpha_0 + (\alpha_1 + \delta_1) E\left(\sigma_{t+1}^2|\mathscr{F}_t\right) \\ & \alpha_0 + (\alpha_1 + \delta_1)(\alpha_0 + \alpha_1 v_t^2 + \delta_1 \sigma_t^2) \end{aligned}$$

이 된다. 따라서 이를 순차적으로 적용하여 풀면 $E\left(\sigma_{t+j}^2|\mathscr{F}_t\right)$를 구할 수 있게 된다.

$E\left(\sigma_{t+1}^2|\mathscr{F}_t\right)$를 조건부 변동성의 1시점 앞 예측치(one-step-ahead forecast)라고 하며 실

제로 계산할 때에는 $E(\sigma_{t+1}^2|\mathscr{F}_t) = \alpha_0 + \alpha_1 v_t^2 + \delta_1\sigma_t^2$에서 $\alpha_0, \alpha_1, \delta_1$은 모수 추정치 $\widehat{\alpha}_0, \widehat{\alpha}_1, \widehat{\delta}_1$를 대입하고, v_t^2는 $\widehat{v}_t = \widehat{\epsilon}_t - \widehat{\phi}_1\widehat{\epsilon}_{t-1} - \cdots - \widehat{\phi}_p\widehat{\epsilon}_{t-p}$의 제곱으로 대치한다. 여기서 $\widehat{\epsilon}_t = y_t - \mathbf{x}_t'\widehat{\boldsymbol{\beta}}$이다.

이제 σ_t^2의 추정값만 구하면 조건부 변동성의 예측값을 구할 수 있다. $\sigma_t^2 = \alpha_0 + \alpha_1 v_{t-1}^2 + \delta_1\sigma_{t-1}^2$이므로, σ_0^2만 결정하면 된다.

$$
\begin{aligned}
E(\sigma_{t+j}^2|\mathscr{F}_t) &= \alpha_0 + (\alpha_1+\delta_1)E(\sigma_{t+j-1}^2|\mathscr{F}_t) \\
&= \alpha_0 + (\alpha_1+\delta_1)(\alpha_0 + (\alpha_1+\delta_1)E(\sigma_{t+j-2}^2|\mathscr{F}_t) \\
&= \quad \cdots \\
&= \alpha_0(1 + (\alpha_1+\delta_1) + (\alpha_1+\delta_1)^2 + \cdots) \\
&= \frac{\alpha_0}{1-(\alpha_1+\delta_1)}, \text{단} \quad \alpha_1+\delta_1 < 1
\end{aligned}
$$

이 되어 $E(\sigma_{t+j}^2|\mathscr{F}_t)$는 무조건부 분산 $E(v_t^2)$에 수렴하게 된다. 그러므로 일반적으로 σ_0^2를 무조건부 분산 (또는 무조건부 변동성)

$$E(v_t^2) = \frac{\alpha_0}{1-(\alpha_1+\delta_1)}$$

로 대치하여 사용한다.

6.3.2 GARCH 모형의 추정

다음의 GARCH(m,s) 모형에서

$$
\begin{aligned}
&y_t = \mathbf{x}_t'\boldsymbol{\beta} + \epsilon_t \\
&\epsilon_t = \phi_1\epsilon_{t-1} + \cdots + \phi_p\epsilon_{t-p} + v_t \\
&v_t = \sigma_t a_t, \qquad \sigma_t^2 = \alpha_0 + \alpha_1 v_{t-1}^2 + \cdots + \alpha_m v_{t-m}^2 + \delta_1\sigma_{t-1}^2 + \cdots + \delta_s\sigma_{t-s}^2
\end{aligned}
$$

이므로 v_t는 (6.6)으로 놓을 수 있다.

$$v_t = (y_t - \mathbf{x}_t'\boldsymbol{\beta}) - \phi_1(y_{t-1} - \mathbf{x}_{t-1}'\boldsymbol{\beta}) - \cdots - \phi_p(y_{t-p} - \mathbf{x}_{t-p}'\boldsymbol{\beta}) \tag{6.6}$$

a_t가 표준정규분포를 따르므로 σ_t가 주어졌을 때, $v_t \sim N(0, \sigma_t^2)$를 따르게 된다. 물론, σ_t^2는

$\nu_{t-1}, \nu_{t-2}, \cdots, \nu_1$의 함수이다. 그러므로 관찰치가 T개 일 때 $\nu_1, \cdots, \nu_T$의 우도함수는

$$\begin{aligned} f(\nu_1, \cdots, \nu_T) &= f(\nu_T|\mathscr{F}_{T-1}) f(\nu_{T-1}|\mathscr{F}_{T-2}) \cdots f(\nu_{p+1}|\nu_p, \cdots, \nu_1) f(\nu_p, \cdots, \nu_1) \\ &= \prod_{t=p}^{T} \frac{1}{\sqrt{2\pi\sigma_t^2}} \exp\left(-\frac{\nu_t^2}{2\sigma_t^2}\right) f(\nu_p, \cdots, \nu_1) \end{aligned}$$

이 된다. 여기에서 ν_t는 식 (6.6)과 같고 $f(\nu_T, \cdots, \nu_1)$은 $\nu_1, \cdots, \nu_T$로 표현할 수 없는 ν_t의 결합분포식이다. 예를 들어, $p = 0$ 이고 ARCH(2) 모형일 때

$$\nu_2 = a_2\sqrt{\alpha_0 + \alpha_1\nu_1^2 + \alpha_2\nu_0^2}, \quad \nu_1 = a_1\sqrt{\alpha_0 + \alpha_1\nu_0^2 + \alpha_2\nu_{-1}^2}$$

가 되어 관찰시점의 범위 $t = 1, \ldots, T$를 벗어나게 된다. 일반적으로 $f(\nu_p, \cdots, \nu_1)$은 매우 복잡하고, 표본의 크기가 클 때는 거의 영향력이 없으므로 이들을 생략하고 오직

$$\prod_{t=p}^{T} \frac{1}{\sqrt{2\pi\sigma_t^2}} \exp\left(-\frac{\nu_t^2}{2\sigma_t^2}\right) \tag{6.7}$$

를 최대화하는 추정치를 구하게 된다. 이 추정치들을 조건부 최우추정치(conditional MLE)라고 한다. 여기에서 σ_t^2은 순차적인 방법으로 ν_t^2의 함수로 표현하여 모수를 구하게 된다. 뒷부분에서 다시 설명하겠지만, 모형진단에서 a_t를 정규분포로 가정하기 어려운 경우가 있다. 이때 a_t의 분포로 다음과 같은 자유도가 n인 t-분포로 가정하게 된다.

$$f(a_t) = \frac{\Gamma\left(\frac{\nu+1}{2}\right)}{\Gamma\left(\frac{\nu}{2}\right)\sqrt{(\nu-2)\pi}} \left(1 + \frac{a_t^2}{\nu-2}\right)^{-\frac{\nu+1}{2}}, \quad \nu > 0$$

이 분포를 이용하여 (6.7)의 조건부 우도함수를 정의하고 모수를 추정하게 된다.
GARCH 모형에서의 상수 α_0가 유의하지 못하더라도 없애지 않는 것이 좀 더 타당하다. 이미 앞에서 살펴보았듯이 조건부 분산은 무조건부 분산으로 수렴하는데 $\alpha_0 = 0$이면 무조건부 분산이 0이 되기 때문이다.

6.4 다른 변동성 모형

6.4.1 IGARCH 모형

앞에서 이미 언급하였듯이, GARCH(1,1) 모형은 재무시계열 자료에서 변동성을 설명하는

데 매우 유용한 모형이다. 그렇지만 모수 α_1과 δ_1의 합이 1에 아주 가까운 값을 가지는 경우 $(\alpha_1+\delta_1 \simeq 1)$가 자주 발생하게 된다. 이처럼 GARCH$(m,s)$ 모형 (6.4)에서 $\sum_{i=1}^{max(m,s)}(\alpha_i+\delta_i)=1$(이는 $\sum_{i=1}^{m}\alpha_i+\sum_{i=1}^{s}\delta_i=1$을 의미하며, 차이가 나는 부분의 모수를 0으로 간주한 표현이다)이 되면 이를 차분된 GARCH, 즉 IGARCH(Integrated GARCH) 모형이라고 한다. GARCH(m,s) 모형의 v_t^2(식(6.4))를 ARMA$(\max(m,s),s)$ 모형으로 설명했듯이 $\sum_{i=1}^{max(m,s)}(\alpha_i+\delta_i)=1$이 되면 ARMA$(\max(m,s),s)$ 모형에서 단위근을 가진다는 의미로 해석할 수 있다. 또한, $\sum_{i=1}^{m}\alpha_i+\sum_{i=1}^{s}\delta_i=1$이 되면 v_t^2의 무조건부 분산이 존재하지 않음을 알 수 있다.

$$E\left(v_t^2\right)=\frac{\alpha_0}{1-\sum_{i=1}^{m}\alpha_i-\sum_{i=1}^{s}\delta_i}$$

IGARCH(1,1) 모형은 Value at Risk(VaR) 측정 방법 중 RiskMetrics에서 사용되는 변동성 모형으로 널리 알려져 있다. σ_t^2를 (6.8)로 정의하고

$$\sigma_t^2=\alpha_0+(1-\delta_1)v_{t-1}^2+\delta_1\sigma_{t-1}^2 \tag{6.8}$$

다음의 관계를 이용하면

$$E\left(v_{t+j-1}^2|\mathscr{F}_t\right)=E\left(a_{t+j-1}^2\sigma_{t+j-1}^2|\mathscr{F}_t\right)=E\left(\sigma_{t+j-1}^2|\mathscr{F}_t\right)$$

$E\left(\sigma_{t+j}^2|\mathscr{F}_t\right)=(j-1)\alpha_0+\sigma_{t+1}^2$ 가 됨을 아래와 같이 보일 수 있다.

$$\begin{aligned}E\left(\sigma_{t+j}^2|\mathscr{F}_t\right)&=\alpha_0+(1-\delta_1)E\left(v_{t+j-1}^2|\mathscr{F}_t\right)+\delta_1E\left(\sigma_{t+j-1}^2|\mathscr{F}_t\right)\\&=\alpha_0+E\left(\sigma_{t+j-1}^2|\mathscr{F}_t\right)\\&=2\alpha_0+E\left(\sigma_{t+j-2}^2|\mathscr{F}_t\right)\\&=\quad\cdots=(j-1)\alpha_0+E\left(\sigma_{t+1}^2|\mathscr{F}_t\right)=(j-1)\alpha_0+\sigma_{t+1}^2\end{aligned}$$

마지막 두 줄의 이해를 위해서는 식 (6.8)의 σ_t^2의 정의에서 시점 t까지의 정보가 주어졌을 때 σ_{t+1}^2가 결정되므로 $E\left(\sigma_{t+1}^2|\mathscr{F}_t\right)=\sigma_{t+1}^2$임을 유념하면 된다. 여기서 $\alpha_0=0$으로 놓으면 IGARCH(1,1)은 RiskMetrics의 변동성 모형이 된다. 한편, 식 (6.8)로부터

$$\begin{aligned}\sigma_t^2&=\alpha_0+(1-\delta_1)v_{t-1}^2+\delta_1\sigma_{t-1}^2\\&=\alpha_0+(1-\delta_1)v_{t-1}^2+\delta_1\left(\alpha_0+(1-\delta_1)v_{t-2}^2+\delta_1\sigma_{t-2}^2\right)\\&=\quad\cdots=\frac{\alpha_0}{1-\delta_1}+(1-\delta_1)\sum_{i=0}^{\infty}\delta_1^iv_{t-1-i}^2\end{aligned}$$

가 되어 비록 무조건부 분산이 존재하지 않는다고 하더라도 조건부 분산 σ_t^2는 현재와 과거의

$\{v_t^2\}$의 지수적 감소형태의 합으로 유한함을 보이고 있다. 그러므로 IGARCH 모형의 모수 추정은 일반적인 GARCH 모형의 모수 추정법과 동일하게 할 수 있고, 이 점이 단위근을 갖는 ARIMA 모형과의 근본적인 차이점이다.

6.4.2 GARCH-M 모형

자산의 수익률은 그 변동성에 의존하는 경우가 많다. 'high risk, high return' 이라는 말이 있듯이 변동성이 높은 자산에 대한 투자는 위험이 큰 대신에 큰 수익률을 기대하기 때문이다.

$$y_t = \mathbf{x}_t'\boldsymbol{\beta} + c \cdot h(\sigma_t) + \epsilon_t$$

$$\epsilon_t = \phi_1\epsilon_{t-1} + \cdots + \phi_p\epsilon_{t-p} + v_t$$

$$v_t = a_t\sigma_t, \quad \sigma_t^2 = \alpha_0 + \alpha_1 v_{t-1}^2 + \cdots + \alpha_m v_{t-m}^2 + \delta_1\sigma_{t-1}^2 + \cdots + \delta_s\sigma_{t-s}^2$$

으로 GARCH-M(GARCH in Mean) 모형이 표현되며, 모형의 이름대로 y_t의 평균이 조건부이분산(즉, σ_t^2) 에 의존하는 모형이다. c를 프리미엄(premium) 모수라고 하며 $c = 0$인 경우 위험 프리미엄(risk premium)이 없는 경우를 나타낸다. $c \neq 0$일 때 $h(\sigma_t)$는 σ_t, σ_t^2 또는 $\ln\sigma_t^2$의 형태를 따른다.

6.4.3 비대칭 효과 모형: TARCH 와 EGARCH

자산 가격의 특징 중 하나는 기대수익률보다 실제 수익률이 낮아졌을 때가($y_t < \mathbf{x}_t\boldsymbol{\beta}$, bad news) 높아졌을 때보다($y_t > \mathbf{x}_t\boldsymbol{\beta}$, good news) 수익률 변동성에 영향이 더 크다는 것이다. 그러나 앞 절에서 논의된 GARCH 모형은 v_t^2를 사용하므로 v_{t-1}의 부호에 관계없이($v_{t-1} > 0$ 이면 good news, $v_{t-1} < 0$ 이면 bad news) v_{t-1}의 절대값이 같으면 변동성(σ_t^2)에 동일한 영향을 미치게 된다. 수익률이 높아질 때 변동성이 줄어들고 수익률이 낮아질 때 변동성이 높아지는 경향을 지렛대 효과(leverage effect)라고 한다. 이 지렛대 효과를 반영하는 모형으로 TARCH(Threshold-GARCH) 모형이 있다. 예를 들어, TARCH(1,1) 모형은 다음과 같다.

$$\sigma_t^2 = \alpha_0 + \alpha_1 v_{t-1}^2 + \lambda_1 d_{t-1} v_{t-1}^2 + \delta_1\sigma_{t-1}^2$$

여기에서 d_{t-1}은 가변수로서 $v_{t-1} < 0$이면 $d_{t-1} = 1$이고 그렇지 않으면 0이다. 그러므로 σ_t^2에 대한 v_{t-1}의 효과는 $v_{t-1} < 0$이면 $\alpha_1 + \lambda_1$이고, $v_{t-1} \geq 0$이면 α_1이 된다.
지렛대 효과를 반영하는 또 다른 모형으로는 EGARCH(Exponential-GARCH) 모형이 있다.

EGARCH(m,s) 모형은 (6.9)와 같다.

$$\begin{aligned} v_t = a_t\sigma_t, \quad \ln\sigma_t^2 &= \alpha_0 + \alpha_1 g(a_{t-1}) + \cdots + \alpha_m g(a_{t-m}) + \delta_1 \ln\sigma_{t-1}^2 + \cdots + \delta_s \ln\sigma_{t-s}^2 \\ &= \alpha_0 + \sum_{i=1}^{m} \alpha_i g(a_{t-i}) + \sum_{j=1}^{s} \delta_j \ln\sigma_{t-j}^2 \end{aligned} \tag{6.9}$$

여기서 $g(a_t) = \theta a_t + \gamma[|a_t| - E|a_t|]$이고 $\gamma = 0$이면 지렛대 효과가 없는 것을 의미하며, $\gamma \neq 0$은 지렛대 효과가 있음을 의미한다. EGARCH 모형의 특징은 GARCH 모형에서 사용한 v_{t-i}^2 대신 백색잡음 과정(white noise)인 a_t를 사용하고, σ_t^2 대신 $\ln\sigma_t^2$를 모형화했기 때문에 GARCH 모형의 $\alpha_i > 0$, $\delta_i > 0$ 조건은 필요 없게 된다. 또한

$$g(a_t) = \theta a_t + \gamma[|a_t| - E|a_t|] = \begin{cases} (\theta+\gamma)a_t - \gamma E|a_t|, & a_t \geq 0 \\ (\theta-\gamma)a_t - \gamma E|a_t|, & a_t < 0 \end{cases}$$

가 되어 a_t의 부호에 따른 지렛대 효과를 반영할 수 있다. EGARCH 모형 (6.9)의 양변에 지수함수를 적용하여 재표현하면

$$\sigma_t^2 = \sigma_{t-1}^{2\delta_1} \cdot \sigma_{t-2}^{2\delta_2} \cdots \sigma_{t-s}^{2\delta_s} \cdot e^{\alpha_0} \cdot \exp\big(\alpha_1 g(a_{t-1})\big) \exp\big(\alpha_2 g(a_{t-2})\big) \cdots \exp\big(\alpha_m g(a_{t-m})\big)$$

이 된다. 그러므로 1시점 앞 예측치(one-step-ahead forecast)는 (6.10)이 된다.

$$E\big(\sigma_{t+1}^2 | \mathscr{F}_t\big) = \sigma_{t+1}^2 = \prod_{i=1}^{s} \sigma_{t+1-i}^{2\delta_i} \prod_{j=1}^{m} \exp\big(\alpha_j g(a_{t+1-j})\big) \cdot e^{\alpha_0} \tag{6.10}$$

k시점 앞 예측치(k-step-ahead forecast)를 구하기 위해 먼저 $\exp\big(g(a_t)\big)$의 기대치를 구해보자. $a_t \overset{i.i.d.}{\sim} N(0,1)$로 가정하면 $E(|a_t|) = \sqrt{2/\pi}$이 되므로

$$\begin{aligned} E\Big(\exp\big(g(a_t)\big)\Big) &= \int_{-\infty}^{\infty} \exp\left[\theta a_t + \gamma\left(|a_t| - \sqrt{\frac{2}{\pi}}\right)\right] \frac{1}{\sqrt{2\pi}} \exp\left(-\frac{a_t^2}{2}\right) da_t \\ &= \exp\left(-\gamma\sqrt{\frac{2}{\pi}}\right)\left[\int_{0}^{\infty} \exp\big((\theta+\gamma)a_t\big) \frac{1}{\sqrt{2\pi}} \exp\left(-\frac{a_t^2}{2}\right) da_t \right. \\ &\quad \left. + \int_{-\infty}^{0} \exp\big((\theta-\gamma)a_t\big) \frac{1}{\sqrt{2\pi}} \exp\left(-\frac{a_t^2}{2}\right) da_t \right] \\ &= \exp\left(-\gamma\sqrt{\frac{2}{\pi}}\right)\left[\exp\left(\frac{(\theta+\gamma)^2}{2}\right)\Phi(\theta+\gamma) + \exp\left(\frac{(\theta-\gamma)^2}{2}\right)\Phi(\gamma-\theta)\right] \end{aligned} \tag{6.11}$$

가 된다. 여기에서 $\Phi(x)$는 표준정규분포의 누적분포함수이다.

이제 k시점 앞 예측치는,

$$E\left(\sigma_{t+k}^2|\mathscr{F}_t\right)=E\left(\prod_{i=1}^{s}\sigma_{t+k-i}^{2\delta_i}|\mathscr{F}_t\right)\prod_{j=1}^{m}E\Big(\exp\left(\alpha_j g(a_{t+k-j})\right)\Big)\cdot e^{\alpha_0}$$

이다. 여기에서 $E\left(\prod_{i=1}^{s}\sigma_{t+k-i}^{2\delta_i}|\mathscr{F}_t\right)$가 복잡해 보이기는 하지만 (6.11)을 순차적으로 대입하여 풀면 된다. 예를 들어 $s=2, m=1$라고 놓으면 $k=3$일 때 즉 3시점 앞 예측치는 다음과 같고

$$E\left(\sigma_{t+3}^2|\mathscr{F}_t\right)=E\left(\sigma_{t+2}^{2\delta_1}\cdot\sigma_{t+1}^{2\delta_2}|\mathscr{F}_t\right)E\left(\exp\left(\alpha_1 g(a_{t+2})\right)\right)\cdot e^{\alpha_0}$$

σ_{t+1}은 (6.10)에서도 알 수 있듯이 t 시점까지의 정보만으로도 계산할 수 있어($\mathscr{F}_t$-measurable)

$$E\left(\sigma_{t+2}^{2\delta_1}\cdot\sigma_{t+1}^{2\delta_2}|\mathscr{F}_t\right)=E\left(\sigma_{t+2}^{2\delta_1}|\mathscr{F}_t\right)\cdot\sigma_{t+1}^{2\delta_2}$$

이 된다. 한편 $k=2$인 경우인 2시점 앞 예측치는 위에서와 같은 이유로 다음과 같이 정리된다.

$$\begin{aligned}E\left(\sigma_{t+2}^2|\mathscr{F}_t\right)&=E\left(\sigma_{t+1}^{2\delta_1}\cdot\sigma_{t}^{2\delta_2}|\mathscr{F}_t\right)E\left(\exp\left(\alpha_1 g(a_{t+1})\right)\right)\cdot e^{\alpha_0}\\&=\sigma_{t+1}^{2\delta_1}\cdot\sigma_{t}^{2\delta_2}E\left(\exp\left(\alpha_1 g(a_{t+1})\right)\right)\cdot e^{\alpha_0}\end{aligned}$$

이를 대입해서 풀면 $E\left(\sigma_{t+2}^{2\delta_1}\cdot\sigma_{t+1}^{2\delta_2}\mid\mathscr{F}_t\right)$가 풀리게 된다.

TARCH 모형이나 EGARCH 모형을 사용하기 위해서는 우선 지렛대 효과가 있는가를 검정하여야 한다. 검정의 절차는 다음과 같다. 먼저 적절한 GARCH 모형을 통해 $\nu_t=a_t\sigma_t$의 관계식으로부터 $\widehat{a}_t=\widehat{\nu}_t/\widehat{\sigma}_t$로 다음의 회귀모형을 구성하고

$$\widehat{a}_t^2=b_0+b_1\widehat{a}_{t-1}+b_2\widehat{a}_{t-2}+\cdots+b_k\widehat{a}_{t-k}+\epsilon_t$$

이를 통해 $H_0:b_1=b_2=\cdots=b_k=0$에 대한 F-검정을 한다. H_0를 기각하는 경우 지렛대 효과가 잔차에 남아있는 것으로 간주한다. 두 번째 방법은 Engle and Ng(1993)에 의해 제안된 것으로

$$\widehat{a}_t^2=b_0+b_1 d_{t-1}+\epsilon_t$$

(여기에서 $\widehat{a}_{t-1}<0$이면 $d_{t-1}=1$이고, 그렇지 않으면 $d_{t-1}=0$이다) 의 회귀모형을 통해 $H_0:b_1=0$에 대해 t-검정을 한다. 이 검정을 Sign Bias 검정이라고 한다. 이를 일반화하여 부호뿐 아니라 크기에도 영향을 받도록 모형을 설정할 수 있다. 다음의 회귀모형을 통하여

$$\widehat{a}_t^2=b_0+b_1 d_{t-1}+b_2 d_{t-1}\cdot a_{t-1}+b_3(1-d_{t-1})\cdot a_{t-1}+\epsilon_t$$

$H_0 : b_1 = b_2 = b_3 = 0$의 F-검정을 한다. 위 두 검정에서 H_0를 기각하게 되면 지렛대 효과가 있다는 것을 의미하며 TARCH 또는 EGARCH 모형을 통해 이 지렛대 효과를 반영하게 된다.

6.4.4 모형의 진단

변동성 모형 선택의 제1순위는 가장 간략한 모형(parsimonious model)의 선택이다. 그러므로 GARCH(1,1) 모형으로 출발하는 것이 일반적인 첫 순서이다. GARCH(1,1) 모형의 모수를 추정한 후 만약 $\alpha_1 + \delta_1 \simeq 1$이면 IGARCH(1,1) 모형을 고려해 보는 것을 추천한다. IGARCH(1,1) 모형은 모형의 적합측면에서 살펴볼 때 모수에 제한(즉, $\alpha_1 + \delta_1 = 1$)을 두기 때문에 GARCH(1,1)보다는 좋지 않다. 그러나 IGARCH(1,1)을 추천하는 이유는 모형의 간결성 때문이다. 두 모형 중 하나를 결정한 후 그 모형으로부터 $\hat{a}_t = \hat{\nu}_t / \hat{\sigma}_t$을 구한 후 다음의 회귀모형을 통해

$$\hat{a}_t = \xi_1 \hat{a}_{t-1} + \cdots + \xi_n \hat{a}_{t-n} + \epsilon_t$$

$H_0 : \xi_1 = \cdots = \xi_n = 0$인가를 F-검정하거나, $\hat{\rho}_a(k)$를 $\hat{a}_t$과 $\hat{a}_{t-k}$의 표본상관계수라고 할 때 $Q = \sum_{k=1}^{M} \hat{\rho}_a^2(k)$에 의한 Q-검정을 통해 $\hat{a}_t$의 자기상관이 있는지를 검정한다. 만약 F 또는 Q검정 결과 $\hat{a}_t$에 자기상관이 존재하는 것으로 나타났다면 $\epsilon_t = \phi_1 \epsilon_{t-1} + \cdots + \phi_p \epsilon_{t-p} + \nu_t$의 자기상관모형에서 p가 너무 작게 설정되었다는 것을 의미하므로 p를 증가시켜 모형을 재추정해야 한다.

만약 F 또는 Q검정 결과 $\hat{a}_t$의 자기상관이 존재하지 않는 것으로 나왔다면 $\hat{a}_t^2$에 대하여 재차 F 또는 Q검정을 실시하여 GARCH 효과가 남아 있는지를 확인하게 된다. 남아있다면 GARCH(m,s) 또는 IGARCH(m,s)에서 1보다 큰 m 또는 s를 선택하여 앞과 동일한 절차를 거치게 된다. 일단 GARCH(m,s) 또는 IGARCH(m,s) 모형이 설정되면 GARCH-M 모형을 적합하여 위험 프리미엄이 있는지를 살펴보게 된다. 다음으로는 지렛대 효과가 있는지를 앞절에서 설명한 절차에 따라 검정하여, 지렛대 효과가 있는 경우 TARCH 모형 또는 EGARCH 모형을 선택한다. TARCH 모형에서 모수가 음의 값을 가질 경우 TARCH 모형은 부적절하며 (σ_t^2가 양의 값이므로) EGARCH 모형을 선택한다. 표 6.1는 지금까지 설명한 분석절차를 정리한 것이다.

표 6.1: 오차항의 조건부이분산모형 분석절차

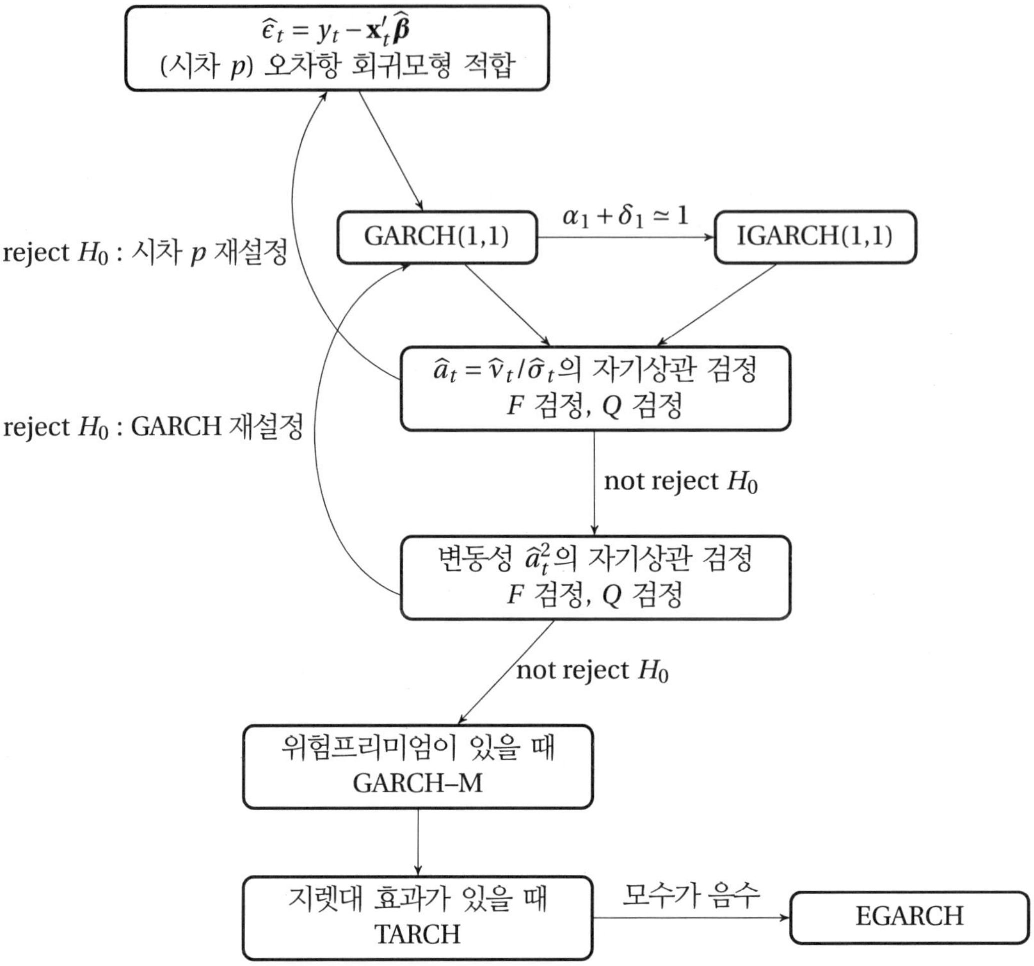

6.5 SAS/ETS 사용법

AUTOREG 프로시저에서는 오차항의 자기회귀모형과 오차항의 조건부이분산모형을 추정하고 예측값을 생성할 수 있다. 오차항 자기회귀모형의 활용을 위한 부분은 5장에서 충분히 설명하였으나 오차항의 조건부이분산모형의 활용법을 설명하는 데 필요한 부분들은 중복하여 설명하였다.

---

① **PROC AUTOREG** data=*input-data-set* options;

② **MODEL** dependent variables=regressors /options;

③ **OUTPUT** options;

④ **RESTRICT** options;

⑤ **TEST** restriction;

---

① options에 대한 내용을 살펴보면 다음과 같다.

OUTTEST= *name*: 모형의 모수에 대한 추정치를 데이터셋으로 저장한다.

COVOUT: OUTTEST에서 지정한 데이터셋에 공분산 추정값이 추가된다.

OUT= *name*: 예측치, 잔차, 신뢰구간을 데이터셋으로 저장한다.

② 오차항의 자기회귀모형과 오차항의 조건부이분산모형의 설정은 MODEL문을 통해서 이루어진다.

NOINT: 절편이 없는 모형을 가정한다.

NLAG= *lag*: 오차항의 자기회귀모형에서 AR 차수를 지정한다.

BACKSTEP: 유의하지 않은 AR 모수들을 모형에서 자동으로 제거한다.

MAXITER: 수치적인 방법으로 모수를 추정할 때 최대 반복수를 지정한다.

METHOD=*method*: 모수 추정 시 사용하는 추정방법을 지정한다.

GARCH=(Q= *value* ,P= *value*): ARCH항의 차수(Q)와 GARCH항의 차수(P)를 지정한다.

GARCH=(...,TYPE= *value*): EGARCH 또는 IGARCH 모형을 지정한다. EXP는 EGARCH, INTEGRATED는 IGARCH 모형이다.

GARCH=(...,MEAN= *value*): GARCH-M 모형에서 $h(\sigma_t)$의 형태를 지정한다. 이때 LINEAR는 σ_t, SQRT는 σ_t^2, LOG는 $\ln\sigma_t$ 형태의 모형을 지정한다.

GARCH=(...,NOINT): 상수항이 없는 GARCH 모형을 가정한다.

GARCH=(...) DIST=T: 오차항에 대해 조건부 t-분포를 가정한다.

③ options의 내용을 살펴보면

ALPHACLI= *value*: 예측치 신뢰구간의 신뢰수준을 결정한다. 예를 들어 99% 신뢰구간은 ALPHACLI=0.01으로 지정한다. 초기치는 0.05이다.

P= *variable*: 적합된 모형에서 구한 예측치를 해당 변수에 저장한다.

R= *variable*: 자기오차회귀모형에서 구한 잔차를 해당 변수에 저장한다.

CEV= *variable*: 분산의 추정치 $\hat{\sigma}_t^2$을 해당 변수에 저장한다. HT= *variable*도 같은 역할을 한다.

CPEV= *variable*: 자기상관 조건부이분산의 예측치 $E\left(\sigma_{t+j}^2 \mid \mathscr{F}_t\right)$을 해당 변수에 저장한다.

UCL= *variable*: 예측치의 신뢰 상한값을 해당 변수에 저장한다.

LCL= *variable*: 예측치의 신뢰 하한값을 해당 변수에 저장한다.

④, ⑤ 자세한 내용은 2장을 참조하기 바란다.

Type= *value*: 검정에 사용하는 통계량을 지정한다. F는 F 통계량을, WALD는 Wald 통계량을 지정한다.

6.6 사례분석

KOSPI 지수와 대우증권 주가와의 관계를 살펴보기 위하여 2005년 1월 3일부터 2006년 12월 28일까지 종가기준 일별 KOSPI 지수와 대우증권 주가자료를 분석해 보도록 하자. 총 496개의 시점에서 관찰된 자료이므로 자료를 정리한 표는 생략하였다. 사용한 자료는 출판사 자료실에 올려놓았으므로 이를 참고하기 바란다. 자료를 정리한 표를 생략한 대신 그림 6.1의 시도표를 제시하였다. 그림의 좌측 세로측은 KOSPI 지수를 우측 세로축은 대우증권 주가를 나타낸다. 두 값의 절대크기에는 차이가 있으나 변화양상이 매우 유사함을 알 수 있다. KOSPI 지수와 대우증권 주가는 2005년 1월 부터 상승세를 이어가지만 2006년 1, 2 분기에 상승세가 멈춘 것을 볼 수 있으며, 이후 다시 상승추세가 이어지는 것을 알 수 있다. 이 자료는 일별 자료이기 때문에 변동이 매우 빠르게 나타나고 있고 추세의 움직임 역시 불안정하게 보이고

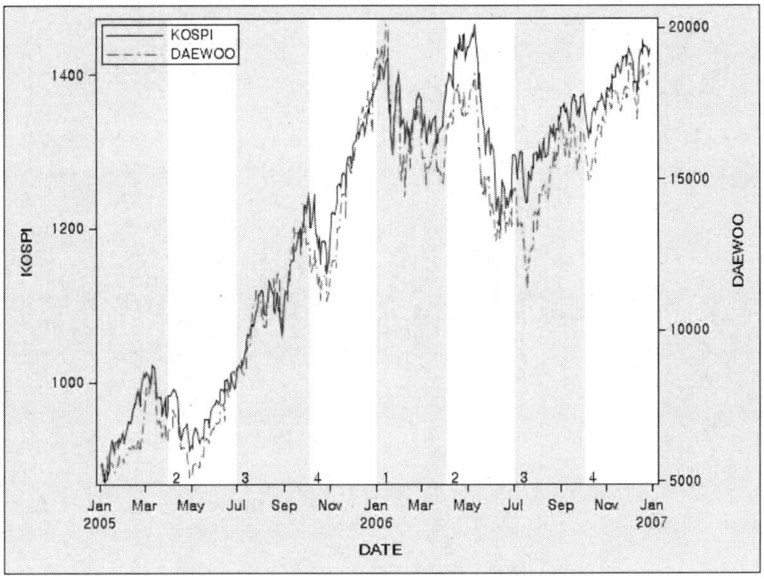

그림 6.1: KOSPI 지수와 대우증권 주가

있다. 이는 측정시간 단위가 짧은(high frequency) 자료에서 많이 나타나는 현상이며 특히 금융자료가 이에 해당되면 자료가 비정상(non-stationary)일 때 전형적인 현상이기도 하다. 이와 같은 자료를 모형화할 때는 주로 로그수익률(log returns) 형식으로 변환하여 사용한다. 원자료를 변환하여 사용는 것이지만 로그수익률 자체가 통계적으로 좋은 특성을 갖는 분석단위이기 때문에 분석 후 원자료의 단위로 재변환하지는 않는다(이에 관한 자세한 내용은 박유성(2011)을 참조). 그림 6.2는 로그수익률의 형식으로 변환한 KOSPI 지수, 대우증권 주가자료로 그림 6.1과는 완전히 다른 모습임을 알 수 있다.

모형 (6.12)는 대우증권 주가의 로그수익률을 KOSPI의 로그수익률로 설명하려는 것이며, 로그수익률 형식의 변환이 어떤 형태인지도 확인할 수 있다.

$$\log\left(\frac{DW_t}{DW_{t-1}}\right) = \beta_0 + \beta_1 \log\left(\frac{KOSPI_t}{KOSPI_{t-1}}\right) + \epsilon_t \tag{6.12}$$

조건부이분산을 고려한 모형(ARCH, GARCH)의 정의에서 알 수 있듯이 모형을 만들기 위해서는 오차항의 자기상관 ϵ_t의 자기상관 여부를 검정하여야 한다. 오차항의 자기상관을 모형화하는 부분은 7장의 내용과 중복되지만, 내용의 이해와 자연스러운 전개를 위하여 오차항의 자기회귀모형 적합과 조건부이분산의 모형화 모두를 함께 다룬다.

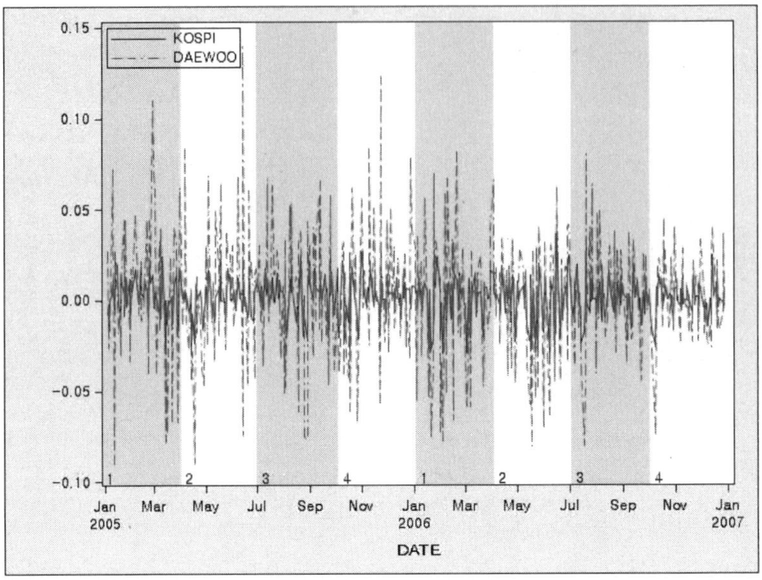

그림 6.2: 로그수익률 형식으로 변환된 KOSPI 지수와 대우증권 주가

6.6.1 오차항 자기회귀모형

절차1. 회귀모형의 설정 및 ϵ_t의 자기상관 검정

Said and Dickey(1984)에 따르면 AR(p)에서 p에 대한 사전 정보가 없을 때 총 자료의 개수가 T일 때 최소한 $T^{1/3}$ 차수의 자기상관검정을 권유하고 있다. 따라서 ϵ_t 에 대한 모형은 7차 자기상관($T = 496$)까지 고려하여 다음과 같이 설정할 수 있다.

$$\epsilon_t = \phi_1 \epsilon_{t-1} + \phi_2 \epsilon_{t-2} + \cdots + \phi_7 \epsilon_{t-7} + \nu_t \tag{6.13}$$

모형 (6.13)과 같이 ϵ_t에 대한 모형을 설정하고 backstep 옵션을 이용하여 유의한 계수만 선택한 후, $\hat{\nu}_t$를 이용하여 모형의 타당성 검정하도록 한다. 이에 관한 내용을 프로그램 6.1과 출력 6.1에 제시하였다.

프로그램 6.1 : 모형 (6.12)의 자기상관 여부

```
data STOCK; set STOCK;
  LDW=log(X100/lag(X100)); LKOSPI=log(KOSPI/lag(KOSPI)); run;
```

```
3
4 proc autoreg data=STOCK;
5   model LDW=LKOSPI/ nlag=(1 2 3 4 5 6 7) backstep;
6   model LDW=LKOSPI/ nlag=(1) ;
7   output out=RESID_OUT r=RESID p=PRED lcl=L95 ucl=U95; run;
```

프로그램 6.1의 P2에서 자료를 로그수익률 형식으로 변환하는 과정과 변수명을 확인할 수 있다. P3은 모형 (6.13)에서 backstep을 이용하여 유의하지 못한 계수를 제거한 후 ϵ_t의 모형 설정하는 프로그램이며 출력 6.1에서는 생략하였지만 ϕ_1 만 유의하다는 결론을 얻게 된다. P6은 최종모형을 적합하기 위한 프로그램이며 적합결과가 출력 6.1이다. P7은 최종모형의 잔차 및 적합값, 신뢰구간을 RESID_OUT이라는 데이터셋에 저장하는 프로그램이다.

출력 6.1. : 자기상관 여부, 프로그램 P6의 결과

```
                                        Standard
              Lag      Coefficient         Error      t Value

                1         0.100066      0.044857         2.23


    SSE               0.27495956   DFE                         492
    MSE                0.0005589   Root MSE                0.02364
    SBC              -2286.9932   AIC                  -2299.6068
    MAE               0.01771148   AICC                  -2299.558
    MAPE              124.141393   HQC                  -2294.6551
    Durbin-Watson         1.9909   Regress R-Square         0.5083
                                   Total R-Square           0.5032

                                     Standard                    Approx
  Variable        DF     Estimate       Error    t Value       Pr > |t|

  Intercept        1     0.000433    0.000970       0.45       0.6558
  LKOSPI           1       2.1524      0.0954      22.55       <.0001
```

절차2. 오차항 자기회귀모형의 설정 및 v_t의 자기상관 검정

이제 1차 자기상관이 있는 회귀모형의 잔차에 추가적인 자기상관이 있는지를 검정하기 위해 $\hat{v}_t$ 를 이용하여 F-검정 혹은 Q-검정을 하도록 한다. 여기서는 PROC ARIMA를 이용하여 Q-검정을 하였다.

프로그램 6.2 : 모형 (6.13)의 자기상관 여부

```
proc arima data=RESID_OUT;
   identify var=RESID nlag=30; run;
```

프로그램 6.2 에서 NLAG=30 은 30차까지의 자기상관에 대해 검정하겠다는 것을 의미하며, Q-검정의 결과는 다음과 같다.

출력 6.2. : Q-검정 결과

```
 To    Chi-          Pr >
Lag  Square   DF    ChiSq   --------------Autocorrelations----------------

  6    0.79    6   0.9924    0.001    0.015    0.021   -0.019    0.019    0.012
 12   14.75   12   0.2555   -0.073   -0.077   -0.014   -0.076   -0.059   -0.083
 18   23.22   18   0.1822   -0.034   -0.056   -0.074   -0.004    0.081    0.014
 24   29.44   24   0.2038    0.048    0.087    0.019    0.020    0.036    0.004
 30   47.45   30   0.0225    0.094    0.036   -0.111   -0.054    0.010   -0.093
```

위 결과 시차 30에서 자기상관이 유의한 것으로 파악된다. 따라서 nlag=36으로 재설정하여 오차항 자기회귀모형을 다시 적합하도록 한다.

절차3. 절차 2의 반복

프로그램 6.3 : 모형의 재설정 및 자기상관 여부

```
proc autoreg data=STOCK;
   model LDW=LKOSPI/ nlag=36 backstep;
   model LDW=LKOSPI/ nlag=(1 27 30 32);
   output out=RESID_OUT r=RESID p=PRED lcl=L95 ucl=U95;
   run;

proc arima data=RESID_OUT;
   identify var=RESID nlag=36; run;
```

프로그램 6.3의 결과 ϕ_1, ϕ_{27}, ϕ_{32}의 추정값이 유의수준 5%에서 유의하였으며 ϕ_{30}의 추정값은 검정결과로만 판단하기에는 모호한 점이 있어 모형에 포함하였다. 이들을 이용하여 모형을 재설정하고 최종 추정치를 구한 후 프로그램 6.2에서처럼 $\hat{v}_t$의 자기상관 여부에 대하여 Q-검정을 시행하여 얻어진 결과는 출력 6.3과 같다.

출력 6.3. : 추정결과 및 Q-검정 결과

```
           Expected Estimates of Autoregressive Parameters

                                             Standard
                  Lag      Coefficient          Error     t Value

                    1         0.094210       0.044215        2.13
                   27         0.099808       0.044220        2.26
                   30         0.086030       0.044205        1.95
                   32         0.130836       0.044193        2.96

                              Parameter Estimates

                                           Standard                   Approx
       Variable         DF     Estimate       Error    t Value     Pr > |t|

       Intercept         1     0.000422    0.000755       0.56       0.5769
       LKOSPI            1       2.2047      0.0931      23.68       <.0001


    To    Chi-         Pr >
   Lag  Square  DF    ChiSq  --------------Autocorrelations----------------

     6    0.45   6   0.9984  -0.008   0.011   0.007  -0.018   0.003   0.018
    12   14.40  12   0.2757  -0.049  -0.096   0.001  -0.073  -0.049  -0.090
    18   21.05  18   0.2771  -0.025  -0.054  -0.083   0.003   0.050   0.008
    24   24.64  24   0.4256   0.040   0.068   0.012   0.009   0.024   0.003
    30   32.93  30   0.3255   0.098   0.027  -0.011  -0.073   0.003  -0.001
    36   36.97  36   0.4239  -0.031  -0.009   0.023   0.021  -0.068   0.029
```

위 결과 $\widehat{v}_t$의 추가적인 자기상관이 없으므로, 최종 모형은 다음과 같다.

$$\widehat{\log\left(\frac{DW_t}{DW_{t-1}}\right)} = 0.000422 + 2.2047\log\left(\frac{KOSPI_t}{KOSPI_{t-1}}\right) + \widehat{\epsilon}_t$$

$$\widehat{\epsilon}_t = -0.094\widehat{\epsilon}_{t-1} - 0.100\widehat{\epsilon}_{t-27} - 0.086\widehat{\epsilon}_{t-30} - 0.131\widehat{\epsilon}_{t-32}$$

최종 모형의 추정결과는 그림 6.3과 같지만, 자료의 개수가 너무 많아 변동이 얼마나 잘 적합되었는지 확인하기는 어렵다. 따라서 2006년 7월 ~ 12월까지 6개월 간의 변동에 대해서만 도표로 그려 그림 6.4에 제시하였다. 그림 6.4를 보면 대우증권 주가지수의 로그수익률 변동을 적합값이 미처 따라가지 못하는 부분이 많이 나타나고 있음을 볼 수 있다.

6.6.2 조건부이분산모형

앞서 분석에서는 오차항에 자기상관이 존재하는가에 대해서만 파악하였다. 이번 분석에서

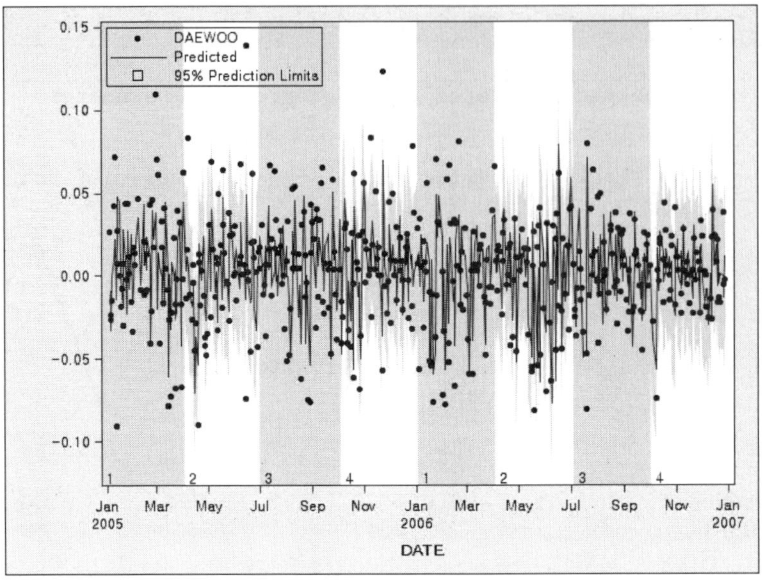

그림 6.3: 대우증권 주가지수, 적합된 주가지수 및 신뢰구간

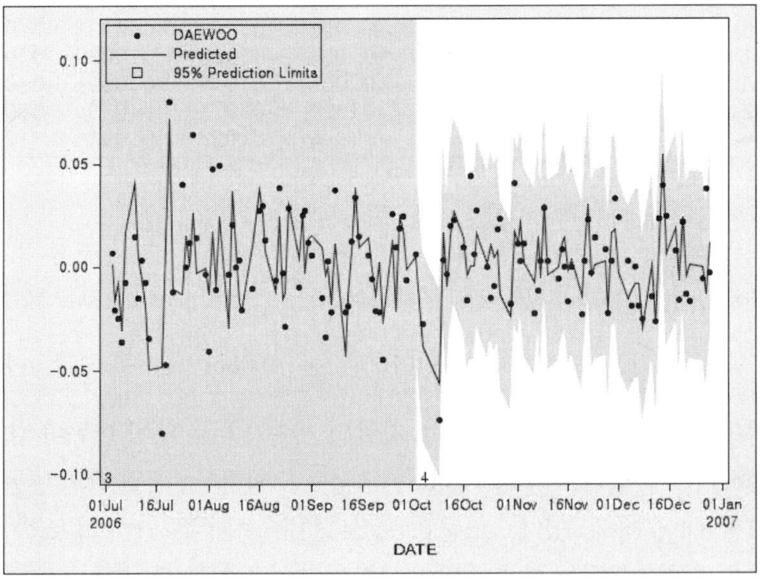

그림 6.4: 대우증권 주가지수, 적합된 주가지수 및 신뢰구간 (2006.7. ~ 2006.12.)

는 오차항의 분산에 변동성이 존재하는지 파악해보고, 조건부이분산모형을 적합해 보도록 하자.

절차1. 변동성의 자기상관 검정

프로그램 6.3의 오차항 자기회귀모형에서 구한 잔차의 제곱인 $\hat{v}_t{}^2$이 자기상관을 가졌는지를 Q-검정을 이용해 파악하도록 하자.

프로그램 6.4 : 변동성의 자기상관 검정

```
data RESID_OUT;  set RESID_OUT;
   RESID_S=RESID**2; run;

proc arima data=RESID_OUT;
   identify var=RESID_S nlag=60; run;
```

잔차의 제곱인 $\hat{v}_t{}^2$에 대한 Q-검정 결과는 다음과 같다.

출력 6.4 : Q-검정 결과

```
                       Autocorrelation Check for White Noise

 To    Chi-         Pr >
Lag  Square  DF    ChiSq  --------------Autocorrelations----------------

  6   38.15   6  <.0001    0.195   0.022   0.069   0.144   0.074   0.084
 12   43.17  12  <.0001    0.084  -0.014   0.042   0.029  -0.005  -0.002
 18   44.00  18  0.0006    0.014  -0.010  -0.010  -0.034  -0.005   0.003
 24   44.96  24  0.0059    0.032  -0.009   0.008   0.026  -0.003  -0.003
 30   57.39  30  0.0019    0.149   0.023  -0.012   0.026   0.014   0.003
 36   86.22  36  <.0001    0.186   0.102   0.010   0.064   0.062   0.034
 42   89.02  42  <.0001    0.032   0.061   0.006   0.005  -0.019   0.006
 48   93.45  48  <.0001    0.027   0.027  -0.053   0.017   0.043  -0.040
 54   93.79  54  0.0006   -0.013  -0.012   0.002  -0.001  -0.017  -0.003
 60   94.64  60  0.0029   -0.022   0.020   0.018   0.012  -0.013   0.002
```

출력 6.4에서 볼 수 있듯이 $\hat{v}_t^2$은 자기상관을 갖고있는 것으로 나타났다. 따라서 변동성 모형을 적합 시켜 보도록 하자.

절차2. 변동성 모형의 설정

먼저 GARCH(1,1) 모형을 적합한 후 $\hat{a}_t$ 및 $\hat{a}_t^2$이 무상관 인지를 점검한 후 모형의 확장 여부를 결정하게 된다. 그러나 이에 우선해야 하는 것은 $\hat{a}_t^2$의 정규성 여부이다. 출력 6.5의 normality test에서 볼 수 있듯이 p-value가 매우 작은 것을 보아 a_t가 t-분포를 따른다는 가정이 모형의 적합도를 좀 더 높일 것으로 판단하여 t-분포를 적용하였다.

프로그램 6.5 : GARCH 모형의 설정

```
proc autoreg data=STOCK;
  model LDW=LKOSPI/ nlag=(1 27 30 32) garch=(p=1,q=1) dist=t;
  output out=GARCH_OUT r=RESID p=PRED lcl=L95 ucl=U95 cev=HT1 cpev=HT2;
run;
```

프로그램 6.5에서는 garch=(p=1, q=1)에서 GARCH(1,1) 모형을 설정한 것을 알 수 있으며 dist=t 는 a_t가 t 분포를 따른다는 것을 가정한 것이다. cev=HT1는 $\hat{\sigma}_t^2$를 HT1라는 이름으로 저장하라는 것이며 cpev=HT2는 자기상관 조건부이분산의 예측치 $E(\sigma_{t+j}^2 \mid \mathscr{F}_t)$를 HT2 로 저장하라는 것이다. 분석결과는 다음과 같다.

출력 6.5 : GARCH 모형의 추정

```
 1                              GARCH Estimates
 2
 3      SSE                   0.26614491    Observations              495
 4      MSE                    0.0005377    Uncond Var         0.00065199
 5      Log Likelihood        1472.83942    Total R-Square         0.5191
 6      SBC                   -2883.6333    AIC                -2925.6788
 7      MAE                    0.0173148    AICC               -2925.2243
 8      MAPE                  122.524848    HQC                -2909.1732
 9                                          Normality Test       125.9182
10                                          Pr > ChiSq             <.0001
11
12                                 Standard              Approx
13  Variable   DF   Estimate          Error  t Value  Pr > |t|   Variable Label
14
15  Intercept   1  -0.000551       0.000671    -0.82    0.4118
16  LKOSPI      1     2.1455         0.0793    27.07    <.0001
17  AR1         1     0.0704         0.0440     1.60    0.1096
18  AR27        1     0.0741         0.0394     1.88    0.0600
19  AR30        1     0.0803         0.0414     1.94    0.0522
20  AR32        1     0.1427         0.0379     3.77    0.0002
21  ARCH0       1  0.0000128      0.0000106     1.21    0.2268
22  ARCH1       1     0.0701         0.0286     2.45    0.0141
23  GARCH1      1     0.9103         0.0376    24.20    <.0001
24  TDFI        1     0.1851         0.0513     3.61    0.0003   Inverse of t DF
```

출력 6.5에서 *P9*의 Normality Test와 *P10*의 Pr < ChiSq는 $\nu_t/\sigma_t = a_t$가 정규분포를 따르는지 검정한 결과이다. 검정결과 p-값이 0.0001보다 작게 나와 정규분포를 따르지 않는 것으로 나타나 프로그램 6.5에서 dist=t를 사용한 것이 설명된다. AR1~AR32는 각기 $\phi_1, \phi_{27}, \phi_{30}, \phi_{32}$를 나타내며 ARCH0, ARCH1과 GARCH1는 GARCH(1,1) 모형에서 α_0, α_1, δ_1을 나타내며 추정결과, 모두 유의한 것을 알 수 있다. α_0는 비록 유의하게 0과 다르지 않지만, 0으로 대체하지 않는게 좋다. 만약 $\alpha_0 = 0$이면 $Var(\nu_t)$가

0이 되기 때문이다. TDFI는 a_t에 가정하였던 t 분포의 자유도의 역수를 추정한 것으로 자유도가 $df = 1/0.1851 = 5.4$로 유의하게 추정되었음을 알 수 있다.

절차3. 모형의 진단

AR(m)-GARCH(p, q) 모형의 진단은 모형 적합 후 얻어지는 잔차에 자기상관이나 조건부이분산이 존재하는지를 검정하는 절차에 의해 이루어진다.

프로그램 6.6 : GARCH 모형의 검진

```
data GARCH_OUT;  set GARCH_OUT;
  AT=RESID/SQRT(HT1);  AT2=AT**2;  run;

proc arima data=GARCH_OUT;
  identify var=AT nlag=36;
  identify var=AT2 nlag=36; run;
```

프로그램 6.6은 프로그램 6.4에 의해 얻어진 잔차 $\hat{a}_t$와 이의 제곱인 $\hat{a}_t^2$에 자기 상관이 존재하는지 검정하는 프로그램으로 그 결과는 다음과 같다.

출력 6.6 : GARCH 모형의 검진

```
 To   Chi-         Pr >
Lag Square  DF   ChiSq   --------------Autocorrelations---------------

  6   1.34   6  0.9697  -0.004   0.003  -0.024  -0.045   0.003   0.000
 12  12.47  12  0.4084  -0.038  -0.085   0.035  -0.064  -0.022  -0.087
 18  18.35  18  0.4326  -0.028  -0.034  -0.074  -0.016   0.059   0.018
 24  21.84  24  0.5887   0.009   0.074  -0.016  -0.004   0.021  -0.020
 30  30.50  30  0.4404   0.089   0.030  -0.042  -0.068  -0.013  -0.031
 36  35.45  36  0.4943  -0.013   0.036   0.028   0.067  -0.051  -0.000
----------------------------------------------------------------------
 To   Chi-         Pr >
Lag Square  DF   ChiSq   --------------Autocorrelations---------------

  6   9.20   6  0.1626   0.112  -0.058   0.001   0.047  -0.017  -0.005
 12  13.81  12  0.3129   0.019  -0.060   0.012  -0.002  -0.058  -0.040
 18  18.53  18  0.4210  -0.012  -0.025  -0.060  -0.062  -0.014  -0.027
 24  20.49  24  0.6687  -0.020  -0.019  -0.015   0.008  -0.034  -0.039
 30  23.72  30  0.7845   0.071   0.009  -0.016   0.009  -0.012  -0.024
 36  39.94  36  0.2993   0.151   0.061  -0.030   0.053   0.011   0.009
```

출력 6.6에서 Q 검정결과에 의하며 $\hat{a}_t$와 $\hat{a}_t^2$에는 자기상관이 없는 것으로 나타났다. 그러므로 최종 추정된 모형은 다음과 같다.

$$\log\widehat{\left(\frac{DW_t}{DW_{t-1}}\right)} = -0.000551 + 2.155\log\left(\frac{KOSPI_t}{KOSPI_{t-1}}\right) + \hat{\epsilon}_t$$

$$\hat{\epsilon}_t = -0.0704\hat{\epsilon}_{t-1} - 0.0741\hat{\epsilon}_{t-27} - 0.0803\hat{\epsilon}_{t-30} - 0.1427\hat{\epsilon}_{t-32} + \hat{v}_t$$

$$\hat{v}_t = \hat{\sigma}_t a_t, \quad \hat{\sigma}_t^2 = 0.0000128 + 0.0701\hat{v}_t^2 + 0.9103\hat{\sigma}_t^2$$

절차 4. IGARCH 모형의 적합

절차 3에서 GARCH(1,1) 모형을 적합하였으나 $\alpha_1 + \delta_1 \simeq 1$로 1에 가까우므로 IGARCH 모형의 적합을 고려해보도록 하자. 여기서는 IGARCH(1,2) 모형을 적합해 보고 추정된 세 모수의 합이 1이 되는지를 확인해 보도록 하자.

프로그램 6.7 : IGARCH 모형의 설정

```
proc autoreg data=STOCK;
 model LDW=LKOSPI/nlag=(1 30 32)
                  garch=(q=1,p=2, type=INTEG, noint) dist=T;
 output out=GARCH_OUT r=RESID p=PRED lcl=L95 ucl=U95 cev=HT1 cpev=HT2;
run;
```

프로그램 6.7에서 `type=INTEG`는 IGARCH 모형 적용을 지정하는 것이며, `noint`는 $\alpha_0 = 0$(`ARCH0=0`)이 되도록 하는 옵션이다. 프로그램 2.4의 결과는 다음과 같다.

출력 6.7 : IGARCH 모형의 추정

```
                       Integrated GARCH Estimates

    SSE                  0.26943007   Observations              495
    MSE                   0.0005443   Uncond Var                  .
    Log Likelihood       1474.83654   Total R-Square         0.5132
    SBC                  -2900.0366   AIC                -2933.6731
    MAE                  0.01739284   AICC               -2933.3768
    MAPE                 120.659924   HQC                -2920.4685
                                      Normality Test       172.0835
                                      Pr > ChiSq             <.0001

                               Standard              Approx
Variable     DF    Estimate       Error   t Value   Pr > |t|   Variable Label

Intercept     1   -0.000686    0.000644     -1.07     0.2863
LKOSPI        1      2.0835      0.0678     30.72     <.0001
AR1           1      0.0866      0.0437      1.98     0.0477
AR30          1      0.0784      0.0399      1.97     0.0491
AR32          1      0.1369      0.0371      3.69     0.0002
```

```
ARCH1        1      0.0992    0.0238     4.17    <.0001
GARCH1       1  1.0537E-8          0    Infty    <.0001
GARCH2       1      0.9008    0.0238    37.84    <.0001
TDFI         1      0.1740    0.0376     4.63    <.0001   Inverse of t DF
```

먼저 IGARCH 모형이기 때문에 무조건부 분산(Uncond Var)이 존재하지 않음을 알 수 있고, SBC, AIC등이 개선된 것을 알 수 있다. 모수의 추정결과 모두 통계적으로 유의하였으며 $\widehat{\alpha}_1+\widehat{\delta}_1+\widehat{\delta}_2=1$ (ARCH1+GARCH1+GARCH2=1)이 되도록 추정된 것을 확인할 수 있고, 정규성검정 결과와 $df=5.75$인 t 분포의 결정에서 모두 문제가 없음을 확인할 수 있다. 내용의 반복을 피하기 위하여 프로그램 6.7과 출력 6.7에서는 생략하였지만 IGARCH(1,2) 모형의 진단 결과, $\widehat{a}_t$와 $\widehat{a}_t^2$ 모두 시차 60(nlag=60)까지 자기 상관이 없는 것으로 나타났기 때문에 2005년 1월 3일부터 2006년 12월 28일까지의 대우 증권 주가는 IGARCH 모형을 따른다고 할 수 있다. 이제, 대우 증권 주가에 위험 프리미엄이 있는지 파악하기 위해 GARCH-M 모형을 적합해 보고, 지렛대 효과가 있는지 알아보도록 하자.

프로그램 6.8 : GARCH - M 모형의 적용(위험 프리미엄 점검)

```
proc autoreg data=STOCK;
 model LDW=LKOSPI/nlag=(1 30 32)
                 garch=(q=1,p=2, type=INTEG, mean=LINEAR) dist=T; run;
```

프로그램 6.8의 출력결과는 프리미엄 모수 δ가 추가되는 것을 제외하고는 출력 6.7과 형식이 같으므로 생략하고 프리미엄 모수 추정결과만을 표 6.2에 정리하였다. GARCH-M 모형은 프로그램 6.8에서 mean=LINEAR, LOG, SQRT 세 가지 형식 중 선택하여 적용할 수 있다. 표 6.2로 부터 GARCH-M 모형을 적합한 결과, 대우증권 주가에 위험 프리미엄이 없다는 것을 알 수 있다(SAS의 출력에서는 프리미엄 모수를 DELTA로 표시). 이러한 현상은 이미 KOSPI200의 위험프리미엄이 대우증권 주가의 위험프리미엄을 설명했기 때문일 수도 있다.

표 6.2: 위험 프리미엄 점검결과(출력 6.8 정리)

모형	$\widehat{c}$	p-value	options
$y_t=\mathbf{x}_t'\boldsymbol{\beta}+ch_t+\epsilon_t$	2.5717	0.3435	LINEAR
$y_t=\mathbf{x}_t'\boldsymbol{\beta}+c\log(h_t)+\epsilon_t$	0.0014	0.2617	LOG
$y_t=\mathbf{x}_t'\boldsymbol{\beta}+c\sqrt{h_t}+\epsilon_t$	0.1242	0.3138	SQRT

절차5. 지렛대 효과

이제 절차 4의 IGARCH(1,2) 모형의 $\hat{a}_t$를 이용하여 지렛대 효과에 대해 검정해보도록 하자. 6.4.3절에서 지렛대 효과의 존재를 검정하는 세 가지 방법을 소개하였다. 프로그램 6.9는 세 가지 검정을 구현해 놓은 것이다.

프로그램 6.9 : 지렛대 효과의 검정

```
1  %macro leverage;;
2   data leverage;  set garch_out(keep=AT2 AT rename=(AT2=AT_2));
3     %do i = 1 %to 36; AT&i=lag&i(AT); %end; run;
4  %mend leverage;
5  %leverage
6
7  proc reg data=leverage;  model AT_2=AT1-AT36; run;
8
9  data garch_m;  set garch_out(keep=AT2 AT rename=(AT2=AT_2));
10   LAT = lag(AT); DT=0;
11    if LAT < 0 then DT=1;
12       if LAT =. then DT=.;
13    DT1 = LAT*DT;    DT2 = LAT*(1-DT); run;
14
15 proc reg data=garch_m;   model AT_2=DT; run;
16
17 proc reg data=garch_m;   model AT_2=DT DT1 DT2; run;
```

세 가지 검정 중 첫 번째 검정을 위해서는

$$\hat{a}_t^2 = b_0 + \sum_{k=1}^{36} b_k \cdot \hat{a}_{t-k} + \epsilon_t$$

모형을 실행시켜야 하며 이때 $\hat{a}_t$의 시차변수인 $\hat{a}_{t-1} \sim \hat{a}_{t-36}$ 필요하다. 프로그램 6.9의 P1~P6은 바로 36개의 시차변수를 만들기 위한 매크로 프로그램이며, P7은 36개의 시차변수를 이용하는 첫 번째 검정을 위한 부분이다. 두 번째와 세 번째 검정은 순서대로 다음의 모형의 검정결과를 사용하며 P9~P13은 두 검정에서 사용되는 변수들을 정의하는 부분이다.

$$\hat{a}_t^2 = b_0 + b_1 d_{t-1} + \epsilon_t$$

$$\hat{a}_t^2 = b_0 + b_1 d_{t-1} + b_2 d_{t-1} . a_{t-1} + b_3 (1 - d_{t-1}) \cdot a_{t-1} + \epsilon_t$$

P15, P17은 두 번째와 세 번째 검정을 하기위한 모형적합 부분이다. 검정결과를 종합해보면(출력 6.9 생략) 잔차에서 지렛대 효과가 발견되었으므로 EGARCH 모형을 적합해 보도록 하자.

절차 6. EGARCH 모형

EGARCH 모형은 type=EXP로 적용하며, 최종적으로 AR(32)-EGARCH(1,1) 모형이 선택되었다. 이 모형의 적합을 위한 프로그램은 다음과 같다.

프로그램 6.10 : EGARCH 모형의 설정

```
proc autoreg data=STOCK;
 model LDW=LKOSPI/nlag=(27 30 32)
                  garch=(q=1, p=1, type=EXP) maxiter=100;
 output out=GARCH_OUT r=RESID p=PRED lcl=L95 ucl=U95 cev=HT1 cpev=HT2;
run;
```

프로그램 6.10의 결과는 형식이 GARCH, IGARCH의 경우와 같아 설명은 생략하였다. EGARCH 모형은 비대칭효과 모형이므로 정규성 검정 결과는 무시하였다(SAS에서 EGARCH 모형에서는 dist=t 옵션이 적용되지 않는다).

출력 6.10 : EGARCH 모형의 추정

```
                      Exponential GARCH Estimates

      SSE                  0.2678817    Observations             495
      MSE                  0.0005412    Uncond Var                 .
      Log Likelihood      1179.28784    Total R-Square        0.5160
      SBC                 -2302.7347    AIC               -2340.5757
      MAE                 0.01745862    AICC              -2340.2045
      MAPE                124.185742    HQC               -2325.7206
                                        Normality Test       43.7863
                                        Pr > ChiSq            <.0001

                                        Standard                 Approx
  Variable          DF       Estimate      Error    t Value    Pr > |t|

  Intercept          1      0.0000789   0.000735       0.11      0.9145
  LKOSPI             1         2.1288     0.0698      30.48      <.0001
  AR27               1         0.1342     0.0369       3.64      0.0003
  AR30               1         0.0718     0.0415       1.73      0.0837
  AR32               1         0.1462     0.0383       3.82      0.0001
  EARCH0             1        -0.7426     0.3207      -2.32      0.0206
  EARCH1             1         0.3040     0.0484       6.28      <.0001
  EGARCH1            1         0.9011     0.0421      21.40      <.0001
  THETA              1        -0.3433     0.1044      -3.29      0.0010
```

출력은 생략하였지만 EGARCH(1,1) 모형의 모형 진단 결과, $\hat{a}_t$와 $\hat{a}_t^2$ 모두 자기 상관이 없는 것으로 판정되어 2005년 1월 3일부터 2006년 12월 28일까지의 대우 증권 주가는 지렛대 효과가 존재하며 EGARCH(1,1) 모형을 따른다고 할 수 있다. 최종 모형인 EGARCH(1,1) 모형 식은 다음과 같다(SAS에서는 $\gamma = 1$을 사용한다).

$$\widehat{\log\left(\frac{DW_t}{DW_{t-1}}\right)} = 0.0000789 + 2.1288\log\left(\frac{KOSPI_t}{KOSPI_{t-1}}\right) + \hat{\epsilon}_t$$

$$\hat{\epsilon}_t = -0.1342\hat{\epsilon}_{t-27} - 0.0718\hat{\epsilon}_{t-30} - 0.1462\hat{\epsilon}_{t-32} + \hat{\nu}_t, \quad \hat{\nu}_t = \hat{\sigma}_t\hat{a}_t$$

$$\log\hat{\sigma}_t^2 = -1.7426 + 0.304g(\hat{a}_{t-1}) + 0.9011\log\hat{\sigma}_{t-1}^2$$

$$g(\hat{a}_t) = -0.3433\hat{a}_t + |\hat{a}_t| - E|\hat{a}_t|$$

위 모형을 이용하여 예측치 및 신뢰구간을 그린 것이 그림 6.5이며, 그림 6.4에 비하여 신뢰구간이 좁아졌음을 알 수 있다.

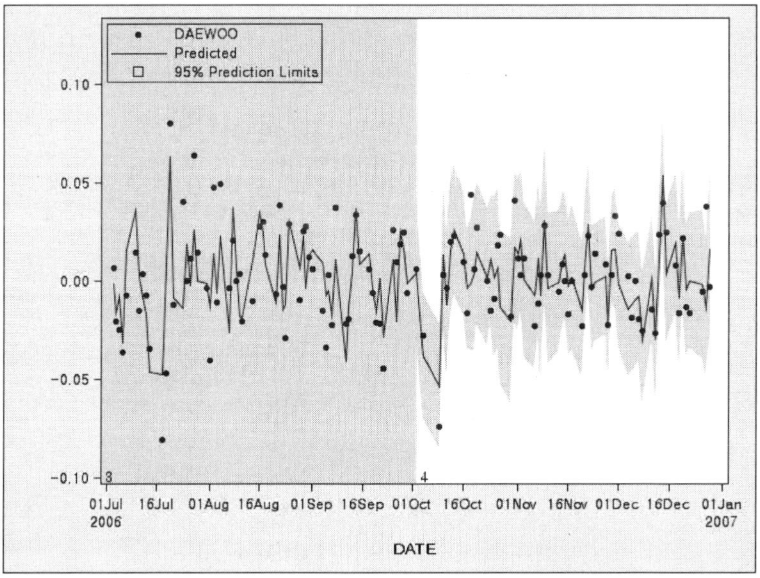

그림 6.5: 대우증권 주가지수, EGARCH 적합결과(2006.6.~2006.12.)

CHAPTER 7

회귀방정식 시스템

7.1 회귀방정식 시스템의 정의

지금까지 우리는 하나의 종속변수 $\mathbf{y}$와 k개의 독립변수 $\mathbf{x}_1,\ldots,\mathbf{x}_k$의 선형모형에 관하여 살펴보았다. 이 장에서는 M개의 종속변수 $\mathbf{y}_1,\ldots,\mathbf{y}_M$에 의해 설정된 M개의 선형회귀모형의 특성과 모수추정 및 검정의 문제를 다루고자 한다. 현재 우리나라의 대표적인 승용차 생산업체는 현대, 기아, GM대우, 르노삼성, 쌍용자동차가 있다. 각 회사는 자사의 승용차 판매량의 구조 및 예측을 위해 적절한 독립변수를 이용하여 승용차 판매량 모형을 설정할 것이다. $y_{1t},y_{2t},\ldots,y_{5t}$를 각각 시점 t에서 각 회사의 자동차 판매량이라 하고 $\mathbf{x}_{1t},\mathbf{x}_{2t},\ldots,\mathbf{x}_{5t}$를 각 회사의 자동차 판매량 예측을 위해 이용한 독립변수라고 하면, 이를 모형 (7.1)로 표현할 수 있다.

$$\begin{aligned} y_{1t} &= \mathbf{x}_{1t}'\boldsymbol{\beta}_1 + \epsilon_{1t} \\ &\vdots \\ y_{5t} &= \mathbf{x}_{5t}'\boldsymbol{\beta}_5 + \epsilon_{5t} \end{aligned} \tag{7.1}$$

여기에서 $t = 1,2,\ldots,T$이므로 (7.1)의 다섯 개 모형 모두 같은 개수의 관찰치를 갖는다는 것을 의미한다. 시점 t에서 현대, 기아, GM대우, 르노삼성, 쌍용자동차의 자동차 판매량이 동시에 관찰되기 때문에 관찰치의 개수를 동일하다고 가정하는 것에는 무리가 따르지 않는다. 이처럼 동시에 다섯 개 회귀방정식의 관찰치를 얻는다는 관점에서 모형 (7.1)을 회귀방정식 시스템이라고 한다(모형 (7.1)에서처럼 동일한 크기의 관찰치에 대한 가정이 없을 경우에는 Judge, et. al.(1985)을 참조하기 바란다). 모형 (7.1)을 일반화한 회귀방정식 시스템으로 쓰면 모형 (7.2)가 된다.

$$
\begin{aligned}
y_{1t} &= \mathbf{x}'_{1t}\boldsymbol{\beta}_1 + \epsilon_{1t} \\
&\vdots \\
y_{Mt} &= \mathbf{x}'_{Mt}\boldsymbol{\beta}_M + \boldsymbol{\epsilon}_{Mt}
\end{aligned}
\tag{7.2}
$$

여기에서 $t = 1,2,\ldots,T$이고 $\mathbf{x}_{it}$의 크기는 $k_i \times 1$이다. 모형 (7.2)에서 주된 관심은 $\boldsymbol{\beta}_i$, $i = 1,2,\ldots,M$의 추정문제이다. 종속변수가 1개인 모형에서와같이 $\boldsymbol{\beta}_i$의 추정은 $\mathbf{x}_{it}$와 ϵ_{it}의 상관 여부와 $\boldsymbol{\epsilon}_t = (\epsilon_{1t},\epsilon_{2t},\ldots,\epsilon_{Mt})'$의 분산공분산 행렬에 대한 가정에 따라 크게 달라진다. $Var(\boldsymbol{\epsilon}_t) = \boldsymbol{\Omega}$로, 시간 t와 무관하게 동일한 분산공분산행렬을 가지고 있고, $Cov(\boldsymbol{\epsilon}_t,\boldsymbol{\epsilon}_s) = \mathbf{O}$, $t \neq s$이면 이는 종속변수가 1개일 때인 고전적 회귀모형과 동일한 가정을 가진 다변량 선형회귀모형이 된다. 표면무상관회귀(seemingly unrelated regression, SUR, 이후 본문에서는 SUR모형으로 표기) 모형(Zellner, 1962,1963; Srivastava and Giles, 1987) 또는 제8장에서 논의할 연립방정식 모형(simultaneous equation model)이 이 범주에 속하는 모형이다. $Var(\boldsymbol{\epsilon}_t) = \boldsymbol{\Omega}_t$로, 시간 t에 $\boldsymbol{\epsilon}_t$의 분산공분산이 의존하거나 $Cov(\boldsymbol{\epsilon}_t,\boldsymbol{\epsilon}_s) \neq \mathbf{O}$, $t \neq s$이면 모형 (7.2)는 패널자료(panel data)에 적용하는 패널모형이 된다.

7.2 회귀방정식 시스템 내용종합

회귀방적식 시스템을 자료에 적용하면서 고려해야할 내용들을 다음과 같이 정리하였으며, 이를 다시 그림 7.1로 제시하였다.

☞ 모형 (7.2)를 회귀방정식 시스템으로 고려해야 하는가?

✍ : 회귀방정식 시스템 (7.2)를 분석하기 위해 가장 먼저 고려해야 할 사항은 오차항 $\boldsymbol{\epsilon}_t = (\epsilon_{1t},\epsilon_{2t},\ldots,\epsilon_{Mt})'$에서 ϵ_{it}와 ϵ_{jt}, $i \neq j$의 자기상관 여부이다. 만약 $Cov(\epsilon_{it},\epsilon_{jt})$

$= 0,\ i \neq j,\ i, j = 1, 2, \ldots, M$이면 모형 (7.2)의 회귀방정식을 동시에 고려할 필요없이, 각각의 방정식을 해당 방정식 오차항의 가정에 따라 제2장, 제4장~제6장의 분석절차를 따르면 된다(7.5절 참조). 그러나 $Cov(\epsilon_{it}, \epsilon_{jt}) \neq 0$이면 회귀방정식 시스템의 모수를 추정하기 위해 M개의 회귀방정식을 동시에 고려해야 한다.

☞ 오차항 $\boldsymbol{\epsilon}_t$의 이분산 또는 자기상관

✍ : $Cov(\epsilon_{it}, \epsilon_{jt}) \neq 0$이면, 다음으로 고려해야 할 문제가 모형 (7.2)에서 $\boldsymbol{\epsilon}_t$의 분산공분산행렬의 구조이다. $Var(\boldsymbol{\epsilon}_t)$가 t에 의존하는 이분산을 갖거나 0이 아닌 공분산행렬에 의존하는 자기상관을 갖는다면 이는 패널자료분석의 범주에 속하게 된다(Baltagi, 1995). 한편 모형 (7.2)에서 독립변수 $\mathbf{x}_{1t}, \mathbf{x}_{2t}, \ldots, \mathbf{x}_{Mt}$가 없고 $\boldsymbol{\epsilon}_t$가 벡터 AR(p) 모형을 따르면 이는 VAR(p) 모형이 된다. 즉

$$
\begin{aligned}
y_{1t} &= \mu_1 + \epsilon_{1t} \\
y_{2t} &= \mu_2 + \epsilon_{2t} \\
&\vdots \\
y_{Mt} &= \mu_M + \epsilon_{Mt}
\end{aligned}
$$

이고 $\boldsymbol{\epsilon}_t = \boldsymbol{\Phi}_1 \boldsymbol{\epsilon}_{t-1} + \boldsymbol{\Phi}_2 \boldsymbol{\epsilon}_{t-2} + \cdots + \boldsymbol{\Phi}_p \boldsymbol{\epsilon}_{t-p} + \boldsymbol{\nu}_t$ 여기에서 $\boldsymbol{\Phi}_i$는 크기가 $M \times M$인 모수행렬이다(자세한 내용은 Hamilton(1994) 참조).

☞ $\mathbf{x}_{it}$와 ϵ_{it}의 자기상관

✍ : ϵ_{it}와 $\epsilon_{jt},\ i \neq j$ 간에는 상관관계가 있으나 $\boldsymbol{\epsilon}_t$는 모든 t에 대해 $Var(\boldsymbol{\epsilon}_t) = \boldsymbol{\Omega}$이고 $Cov(\boldsymbol{\epsilon}_t, \boldsymbol{\epsilon}_s) = \mathbf{O},\ t \neq s$이면 다음 단계는 독립변수 $\mathbf{x}_{it}$와 ϵ_{it}의 상관 여부를 점검해야 한다. 일반적으로, $\mathbf{x}_{it}$에 종속변수 $y_{jt},\ j = 1, 2, \ldots, M,\ j \neq i$가 포함되어 있으면 $\mathbf{x}_{it}$와 ϵ_{it}는 상관관계가 있다. 이에 대한 자세한 내용은 제8장에서 다루어질 것이다. 그림 7.1에서 볼 수 있듯이

(i) $Var(\boldsymbol{\epsilon}_t) = \boldsymbol{\Omega} = \begin{pmatrix} \sigma_{11} & \sigma_{12} & \cdots & \sigma_{1M} \\ \sigma_{21} & \sigma_{22} & \cdots & \sigma_{2M} \\ \vdots & \vdots & \ddots & \vdots \\ \sigma_{M1} & \sigma_{M2} & \cdots & \sigma_{MM} \end{pmatrix}$

(ii) $Cov(\boldsymbol{\epsilon}_t, \boldsymbol{\epsilon}_s) = \mathbf{O},\ t \neq s$

(iii) $Cov(\mathbf{x}_{it}, \epsilon_{it}) = \mathbf{0}$

이면 모형 (7.2)는 SUR 모형이 된다. 동시점에서만 오차항의 공분산이 존재하고 동시점이 아닐 때는 공분산이 0인 경우 사용하는 모형이 SUR 모형이다. SUR 모형에서 모수 $\boldsymbol{\beta}_i$, $i = 1, 2, \ldots, M$의 추정에는 FGLS 추정량을 사용한다(자세한 내용은 7.6절 참조). 그러나 만약 독립변수 $\mathbf{x}_{1t}, \mathbf{x}_{2t}, \ldots, \mathbf{x}_{Mt}$가 모두 같다면, 모수 $\boldsymbol{\beta}_i$의 추정에 OLS 추정량을 사용해도 된다. 이런 경우 $\boldsymbol{\beta}_i$의 GLS추정량과 OLS 추정량은 같아진다(자세한 내용은 7.6절 참조). 모수 $\boldsymbol{\beta}_i$, $i = 1, 2, \ldots, M$을 추정한 후에는 $\boldsymbol{\beta}_i$의 검정문제를 고려하여야 하며, 이때 방정식 내에서 모수의 선형관계 검정뿐만 아니라 방정식 간 모수의 선형관계에 대해서도 검정도 포함한다(7.7절 참조).

표 7.1: 회귀방정식 시스템의 분석절차

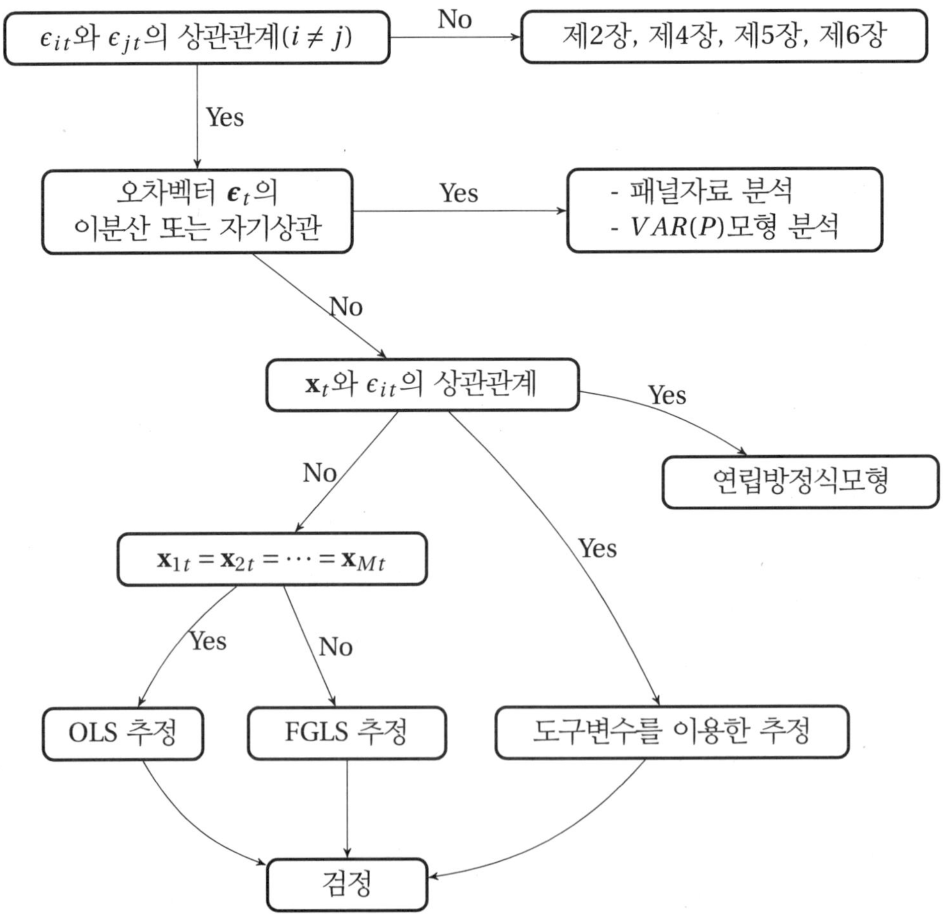

7.3 SAS/ETS 사용법

제7장에서 논의하는 내용은 SAS/ETS 중 SYSLIN 프로시저를 이용하여 해결할 수 있지만 SYSLIN 프로시저는 모든 회귀방정식의 시스템을 해결할 수 있는 것이 아니라 오직 SUR 모형에서 가정한 오차항의 분산공분산 구조를 가진 회귀방정식 시스템만 해결할 수 있다.

---

① **PROC SYSLIN** *options;*

② **MODEL** *response = regressors;*

③ **OUTPUT** *P = variable R = variable;*

④ **RESTRICT** *restrictions;*

⑤ **SRESTRICT** *restrictions;*

⑥ **TEST** *equations;*

⑦ **STEST** *equations;*

---

① *options*에 포함되는 것은 다음과 같다.

Data = *input-data-set* : 회귀방정식 시스템을 분석하기 위한 입력데이터세트.

Out = *output-data-set* : ③에 지정된 예측치와 관찰치를 저장하는 출력데이터세트.

Estimation options : 회귀방정식 시스템의 모수를 추정하는 방법으로 6.4절의 SUR 모형을 추정하기 위한 옵션은 SUR, ITSUR(iterated SUR)가 있고, 그 밖의 추정방법으로는 제2장에서 소개한 OLS(default), 제7장의 연립방정식 모형에서 이용할 2SLS, 3SLS, LIML, FIML 등의 추정방법을 지정할 수 있다. 이들에 관한 내용은 제7장에서 자세히 논의될 것이다.

Singular = *value* : $\mathbf{X}'\mathbf{X}$의 역행렬이 존재하는지를 점검할 때 사용되는 기준(criterion)을 지정한다. 이 값은 0과 1 사이에 있어야 하며 기본적으로 10^{-7}이 지정된다. 즉 $\mathbf{X}'\mathbf{X}$의 역행렬이 존재하는지를 점검하기 위해 계산된 어떤 값이 *value*=1*E* − 8 보다 작아진다면 $\mathbf{X}'\mathbf{X}$의 역행렬이 존재하지 않는 것으로 간주하게 된다. *value*=1*E* − 10처럼 10^{-7}보다 작게 정의함으로써 $\mathbf{X}'\mathbf{X}$ 의 역행렬이 존재하지 않아 발생하는 추정 불가능 문제를 일정 부분 회피할 수 있다.

② 두 개 이상의 회귀방정식을 지정할 수 있으며 각 회귀방정식의 출력을 구분하기 위해

모형에 라벨을 부여할 수 있다. 예를 들어,

$$y_1 = \beta_{01} + \beta_{11}x_1 + \beta_{21}x_2 + \beta_{31}x_3 + \epsilon_1$$
$$y_2 = \beta_{02} + \beta_{12}z_1 + \beta_{22}z_2 + \beta_{32}z_3 + \epsilon_2$$

를 적합하기 위해

```
PROC SYSLIN data = IN sur;
 MODEL y1 = x1 x2 x3;
 MODEL y2 = z1 z2 z3;
```

로 하면 이 모형은 앞에서 언급한 SUR 모형이고 추정방법은 7.4절에서 논의할 방법에 의해 모수를 추정하게 된다. 만약 sur라는 옵션을 포함하지 않으면 모형별로 OLS 모수 추정치를 제공하게 된다. 출력상태에서 모형을 구별하기 위해

```
MY1 : MODEL y1 = x1 x2 x3;
MY2 : MODEL y2 = z1 z2 z3;
```

로 지정하면 출력에서 MY1과 MY2라는 라벨을 부여하여 출력하게 된다.

③ 각 회귀모형의 예측치(predicted value)와 잔차(residual)를 지정된 변수에 저장하고 이 결과를 옵션 ①의 *out= output-data-set*에 저장하게 된다.

```
PROC SYSLIN DATA = IN sur out = out1;
 MY1 : MODEL y1 = x1 x2 x3 /plot;
       OUTPUT p = p1, r = r1;
 MY2 : MODEL y2 = z1 z2 z3 /plot;
       OUTPUT p = p2, r = r2;
```

이 프로그램에 의해 7.4절의 방법(SUR)으로 모수를 추정하고 첫 번째 모형(MY1)의 예측치는 p1이라는 변수로, 잔차는 r1이라는 변수로 출력데이터세트 out1에 저장된다. 그리고 두 번째 모형(MY2)의 예측치는 p2라는 변수로, 잔차는 r2라는 변수로 out1에 저장된다. MODEL response = regressors /plot에서 plot 옵션은 regressors와 잔차의 플롯을 얻기 위한 명령어이다.

④ RESTRICT와 SRESTRICT는 모수의 제약조건 하에서 모수를 추정하게 하는 명령어이다. RESTRICT는 회귀방정식 내에서의 모수에 대한 제약조건이고 SRESTRICT는 회귀방정식 간의 모수의 제약조건이다.

```
PROC SYSLIN data = IN sur;
 MODEL y1 = x1 x2 x3;
 RESTRICT x1 + x2 = 1;
 RESTRICT intercept + 2*x3 = 0;
 RESTRICT x1 = x2, 2*x2-x3=0;
```

위의 예에서 `RESTRICT x1 + x2 = 1`은 x1의 계수 + x2의 계수 = 1이라는 제약조건이고 나머지 두 개의 제약조건도 동일한 방법으로 해석되는 제약조건들이다. 물론 다음과 같이 RESTRICT 각각에 라벨을 부여할 수 있다.

```
PROC SYSLIN data = IN sur;
 MODEL y1 = x1 x2 x3;
 A1 : RESTRICT x1 + x2 = 1;
 A2 : RESTRICT x1 = x2, 2*x2-x3 = 0;
```

다음은 SRESTRICT를 사용하는 예제들이다.

```
PROC SYSLIN data = IN sur;
 MY1 : MODEL y1 = x1 x2 x3;
 MY2 : MODEL y2 = z1 z2 z3;
       SRESTRICT y1.x2 = y2.z2;
       SRESTRICT y1.intercept = 2*y2.intercept, y1.x1 = y2.z1;
  B1 : SRESTRICT y1.x3 = y2.z3;
  B2 : SRESTRICT MY1.x1 = MY2.z2;
```

SRESTRICT는 회귀방정식 간 계수에 대한 제약조건이므로 명령어 형태는 response.variable 또는 label.variable 형태가 되어야만 한다. 즉, 위의 예제에서 첫 번째 모형 x2의 계수와 두 번째 모형 z2의 계수가 같다는 제약조건은 `SRESTRICT y1.x2 = y2.z2` 또는 `SRESTRICT MY1.x2 = MY2.z2`가 된다.

⑤ TEST, STEST의 옵션 형태는 RESTRICT, SRESTRICT와 같다. 즉, 회귀방정식 내에서 모수의 선형관계 검정일 때는 TEST를, 회귀방정식 간 모수의 선형관계 검정은 STEST를 사용한다. 이론적인 배경은 7.5절에 있고 SAS/ETS에서는 검정통계량으로 F 값을 이용한다. 간단한 예는 다음과 같다.

```
PROC SYSLIN data = IN sur;
 MY1 : MODEL y1 = x1 x2 x3;
       TEST x1 = x2;
 MY2 : MODEL y2 = z1 z2 z3;
  A1 : TEST z1 = z2;
       STEST y1.x1 = y2.z2;
  B1 : STEST MY1.intercept = 0.2*MY2.intercept;
```

7.4 사례분석

표 7.2의 자료는 1978~2010년 기간 동안 우리나라 자동차 시장에서 현대자동차, 기아자동차, GM대우, 쌍용자동차의 연별 모든 차종(승용차, RV, 버스, 트럭) 판매량 자료이다. 르노삼성은 1997년 이전 자료는 존재하지 않기 때문에 자료에서 제외하였다(현대자동차, 기아자동차, GM대우자동차 각각 합병 전 현대정공, 아시아자동차, 대우중공업 판매대수 포함).

표 7.2: 우리나라 승용차 삼사의 승용차 판매량

연도	현대자동차	기아자동차	GM대우	쌍용자동차
1978	64,995	44,752	24,773	2,510
1979	80,798	51,977	34,153	1,604
1980	47,903	31,399	21,121	2,327
1981	51,718	34,388	18,366	2,291
1982	72,910	42,168	21,050	2,149
1983	88,391	63,162	34,156	3,221
1984	88,854	76,020	40,250	3,245
1985	106,652	86,697	40,961	2,744
1986	120,610	106,047	53,498	3,548
1987	188,135	135,116	89,083	4,475
1988	236,728	183,335	93,483	7,010
1989	388,575	236,584	119,094	16,657
1990	450,198	330,810	147,345	21,137
1991	515,871	375,424	189,168	22,337
1992	586,827	434,666	224,543	17,990
1993	652,892	482,129	278,871	17,626
1994	759,075	439,978	309,660	37,372
1995	784,448	468,805	254,614	37,748
1996	795,941	484,305	300,030	55,286
1997	710,099	371,872	361,544	58,271
1998	324,293	155,446	201,642	30,984
1999	570,530	347,241	257,537	82,499
2000	646,670	408,339	242,813	94,481
2001	706,651	391,784	170,711	111,515
2002	769,811	429,103	161,231	148,303
2003	627,367	313,330	135,196	129,821
2004	550,431	251,646	111,486	97,847
2005	570,814	266,508	114,258	75,532
2006	581,092	270,597	137,248	56,078
2007	625,275	272,330	143,447	60,616
2008	570,111	308,233	116,520	39,165
2009	702,678	412,752	114,845	22,189
2010	659,565	484,512	125,730	32,459

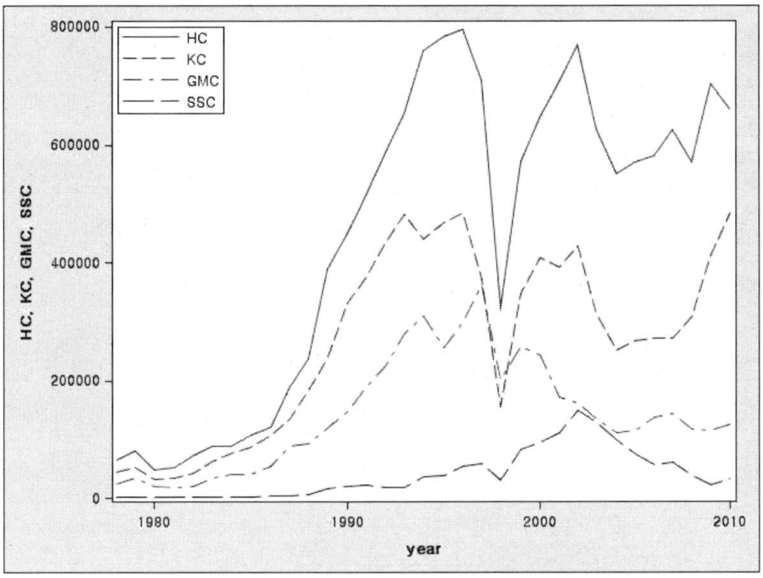

그림 7.1: 자동차 4사의 연도별 모든 차종 판매량 시도표

HC를 현대자동차의 판매량, KC를 기아자동차의 판매량, GMC를 GM대우의 판매량, SSC를 쌍용자동차의 판매량이라고 정의하자. 그림 7.1은 표 7.2의 자료를 시도표로 나타낸 것으로 각 자동차사의 판매량 증감을 쉽게 관찰할 수 있다. 이를 바탕으로 다음의 모형을 고려해 보자.

$$
\begin{aligned}
HC_t &= \alpha_0 + \alpha_1 HC_{t-1} + \alpha_2 t + \epsilon_{1t} \\
KC_t &= \beta_0 + \beta_1 KC_{t-1} + \beta_2 t + \epsilon_{2t} \\
GMC_t &= \gamma_0 + \gamma_1 GMC_{t-1} + \gamma_2 t + \epsilon_{3t} \\
SSC_t &= \delta_0 + \delta_1 SSC_{t-1} + \delta_2 t + \epsilon_{4t}
\end{aligned}
\tag{7.3}
$$

모형 (7.3)을 분석하기 위해 SYSLIN 프로시저를 이용한 다음의 프로그램을 사용한다.

프로그램 7.1 : 모형 (7.3)을 위한 프로그램

```
data auto;
input HC KC GMC SSC;
time=1977+_n_;
HC1=LAG(HC); KC1=LAG(KC);
GMC1=LAG(GMC); SSC1=LAG(SSC);
```

```
cards;
64995  44752  24773  2510
  ... ; run;

proc syslin data=auto sur;
     H: model HC=HC1 time;
     K: model KC=KC1 time;
     G: model GMC=GMC1 time;
     S: model SSC=SSC1 time;
  HKT1: stest H.HC1=K.KC1;
   GST: stest G.GMC1 = S.SSC1; run;
```

위 프로그램으로 모형 (7.3)의 두 가지 추정값을 구하게 된다. 즉, 오차항 $\epsilon_{1t}, \epsilon_{2t}, \epsilon_{3t}, \epsilon_{4t}$가 서로 간에 독립이라는 가정 하에서 OLS 추정치를 구하고 $\epsilon_{1t}, \epsilon_{2t}, \epsilon_{3t}, \epsilon_{4t}$가 동시점에서는 상관관계가 있다는 가정 하에서(SUR 모형에서의 가정) FGLS를 구하게 된다.

출력 7.1.A : 모형 (7.3)의 OLS 추정결과

```
                         Model                    H
                         Dependent Variable      HC

                           Analysis of Variance

                                     Sum of          Mean
 Source                  DF         Squares        Square     F Value     Pr > F

 Model                    2       1.827E12      9.134E11       88.85     <.0001
 Error                   29       2.981E11      1.028E10
 Corrected Total         31       2.125E12

         Root MSE            101388.309      R-Square          0.85971
         Dependent Mean      457247.281      Adj R-Sq          0.85003
         Coeff Var             22.17363

                            Parameter      Standard
  Variable          DF       Estimate         Error      t Value      Pr > |t|

  Intercept          1       -7465577       6656640        -1.12        0.2713
  HC1                1       0.794005      0.117554         6.75        <.0001
  time               1       3797.704      3358.551         1.13        0.2674
----------------------------------------------------------------------------
                         Model                    K
                         Dependent Variable      KC

                           Analysis of Variance

                                     Sum of          Mean
 Source                  DF         Squares        Square     F Value     Pr > F

 Model                    2       5.972E11      2.986E11       60.89     <.0001
 Error                   29       1.422E11     4.9032E9
 Corrected Total         31       7.393E11
```

```

         Root MSE              70022.9054    R-Square        0.80768
         Dependent Mean        273334.469    Adj R-Sq        0.79441
         Coeff Var               25.61803

                                 Parameter     Standard
  Variable            DF         Estimate        Error      t Value     Pr > |t|

  Intercept            1         -4197908      3595330        -1.17       0.2525
  KC1                  1         0.805348     0.109960         7.32       <.0001
  time                 1         2136.967     1812.210         1.18       0.2479
-----------------------------------------------------------------------------
                             Model                        G
                             Dependent Variable         GMC

                                Analysis of Variance

                                         Sum of           Mean
 Source                      DF         Squares         Square      F Value      Pr > F

 Model                        2       2.235E11       1.118E11        63.10      <.0001
 Error                       29       5.136E10        1.771E9
 Corrected Total             31       2.749E11

         Root MSE              42082.8785    R-Square        0.81315
         Dependent Mean        145739.188    Adj R-Sq        0.80027
         Coeff Var               28.87547

                                 Parameter     Standard
  Variable            DF         Estimate        Error      t Value     Pr > |t|

  Intercept            1         543293.0      1838190         0.30       0.7697
  GMC1                 1         0.892025     0.089881         9.92       <.0001
  time                 1         -263.095     924.7585        -0.28       0.7780
-----------------------------------------------------------------------------
                             Model                        S
                             Dependent Variable         SSC

                                Analysis of Variance

                                         Sum of           Mean
 Source                      DF         Squares         Square      F Value      Pr > F

 Model                        2       4.313E10       2.156E10        72.79      <.0001
 Error                       29      8.5916E9       2.9626E8
 Corrected Total             31       5.172E10

         Root MSE              17212.2579    R-Square        0.83388
         Dependent Mean        40578.9688    Adj R-Sq        0.82243
         Coeff Var               42.41670

                                 Parameter     Standard
  Variable            DF         Estimate        Error      t Value     Pr > |t|

  Intercept            1          -203423     949830.9        -0.21       0.8319
  SSC1                 1         0.884091     0.108319         8.16       <.0001
  time                 1         104.7648     477.7792         0.22       0.8280
```

출력 7.1.A의 OLS 추정결과를 살펴보면, 먼저 시간 t의 계수들은 비록 통계적으로 모두 유의하지는 않지만 현대자동차와 기아자동차가 시간이 지남에 따라 급속한 승용차 판매량의 증가세를 보이고 있고 쌍용자동차와 GM대우 순으로 나타나고 있지만, 현대·기아와 GM대우·쌍용 간에는 큰 격차를 보이고 있다. 전년 판매량으로부터 양의 효과는 GM 대우, 쌍용, 기아, 현대 순으로 나타나고 있다. 그러나 이들의 추정값 크기에는 차이가 없는 반면 판매량은 워낙 차이가 크게 나고 있어 추정계수의 순위에 의미를 부여하기는 어렵다. 다음의 출력 7.1.B는 프로그램 7.1의 sur 옵션에 의해 출력된 오차항 간 추정 상관계수이다.

출력 7.1.B : 모형 (7.3)의 오차항간의 상관관계

```
                        Cross Model Correlation

                          H              K              G              S

          H         1.00000        0.85056        0.68667        0.62494
          K         0.85056        1.00000        0.59866        0.50892
          G         0.68667        0.59866        1.00000        0.37594
          S         0.62494        0.50892        0.37594        1.00000
```

출력 7.1.B를 보면 현대자동차와 기아자동차의 상관계수는 0.85, 현대와 GM대우의 상관계수는 0.69로 나타났으며, 자동차 4사 간의 나머지 상관계수들도 0.38 ~ 0.62사에에서 나타나 높은 상관관계가 존재함을 알 수 있다. 따라서 자동차 4사 간 판매량에 대한 모형 적합은 OLS 모형보다는 SUR 모형이 더 타당한 것으로 보인다.

출력 7.1.C : 모형 (7.3)의 SUR 추정결과

```
                          Model                       H
                          Dependent Variable         HC

                           Parameter     Standard
   Variable           DF    Estimate        Error     t Value    Pr > |t|

   Intercept           1   -1.003E7       5350254       -1.88      0.0709
   HC1                 1   0.738272      0.080164        9.21      <.0001
   time                1   5097.102      2694.687        1.89      0.0686
------------------------------------------------------------------------------
                          Model                       K
                          Dependent Variable         KC

                           Parameter     Standard
   Variable           DF    Estimate        Error     t Value    Pr > |t|

   Intercept           1   -7024790       3252429       -2.16      0.0392
```

```
      KC1                 1      0.676013    0.084711        7.98      <.0001
      time                1      3571.139    1636.989        2.18      0.0374
-----------------------------------------------------------------------------
                              Model                     G
                              Dependent Variable      GMC

                                Parameter    Standard
      Variable           DF      Estimate       Error     t Value     Pr > |t|

      Intercept           1      165368.1     1772042        0.09      0.9263
      GMC1                1      0.853962    0.075208       11.35      <.0001
      time                1      -70.8902    890.7353       -0.08      0.9371
-----------------------------------------------------------------------------
                              Model                     S
                              Dependent Variable      SSC

                                Parameter    Standard
      Variable           DF      Estimate       Error     t Value     Pr > |t|

      Intercept           1      227287.3    850087.6        0.27      0.7911
      SSC1                1      0.952132    0.085163       11.18      <.0001
      time                1      -112.536    427.2886       -0.26      0.7941
```

출력 7.1.C의 SUR 추정결과는 다음과 같이 정리할 수 있다.

$$
\begin{aligned}
\widehat{HC}_t &= -10030000 + 0.738HC_{t-1} + 5097.102t \\
\widehat{KC}_t &= -7024790 + 0.676KC_{t-1} + 3571.139t \\
\widehat{GMC}_t &= 165368.1 + 0.854GMC_{t-1} - 70.890t \\
\widehat{SSC}_t &= 227287.3 + 0.952SSC_{t-1} - 112.536t
\end{aligned}
\tag{7.4}
$$

출력 7.1.A의 OLS 추정결과와 비교해 보기 위해 표 7.3에 추정된 모수 중 절편값을 제외하고 정리하였다. 먼저 모수의 추정값을 보면 전월판매량으로부터의 영향력은 SUR 모형의 추정값이 OLS 추정값에 비하여 작아졌음을 알 수 있다(쌍용자동차를 제외). 반면 시간의 영향은 SUR 모형의 추정결과가 OLS 모형의 추정결과에 비하여 일괄적으로 커졌음을 알 수 있다. 표준오차가 SUR 모형의 추정결과에서 OLS 모형 추정결과보다 모두 개선되었기 때문에 p-값에서도 많은 변화를 보이고 있다. 특히 현대자동차와 기아자동차는 시간의 영향 부분인 α_2와 β_2의 추정결과 OLS 모형 추정에서는 통계적으로 유의하지 못하였으나 SUR 모형 추정에서는 통계적으로 유의한 것으로 나타났다.

그림 7.2는 SUR 모형의 추정결과 보기 위하여 추정결과 (7.4)와 원자료를 함께 시도표로 그린 것이다.

표 7.3: OLS모형과 SUR모형의 추정값 비교

		OLS			SUR		
		추정값	표준오차	p-값	추정값	표준오차	p-값
현대	α_1	0.794005	0.117554	<.0001	0.738272	0.080164	<.0001
	α_2	3797.704	3358.551	0.2674	5097.102	2694.687	0.0686
기아	β_1	0.805348	0.10996	<.0001	0.676013	0.084711	<.0001
	β_2	2136.967	1812.21	0.2479	3571.139	1636.989	0.0374
GM대우	γ_1	0.892025	0.089881	<.0001	0.853962	0.075208	<.0001
	γ_2	-263.095	924.7585	0.778	-70.8902	890.7353	0.9371
쌍용	δ_1	0.884091	0.108319	<.0001	0.952132	0.085163	<.0001
	δ_2	104.7648	477.7792	0.828	-112.536	427.2886	0.7941

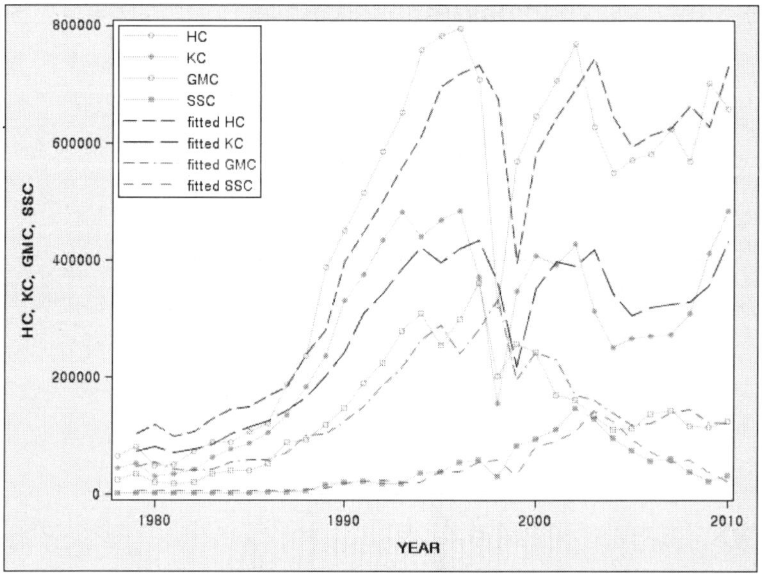

그림 7.2: 자동차 4사의 연도별 모든 차종 판매량 SUR 모형 적합결과 플롯

출력 7.1.C의 추정결과를 바탕으로 모형 (7.3)에서 $H_0 : \alpha_1 = \beta_1$과 $H_0 : \gamma_1 = \delta_1$의 검정을 해보자. 그 결과는 출력 7.1.D에 정리되어 있다. 출력 7.1.D의 검정결과 $H_0 : \alpha_1 = \beta_1$의 검정은 p-값=0.2982로 귀무가설을 기각하지 못하고 있고 $H_0 : \gamma_1 = \delta_1$ 역시 p-값=0.3646으로 귀무가설을 기각하지 못하고 있다. 즉 현대자동차와 기아자동차, GM대우와 쌍용자동차의 판매량은 각기 전월로부터의 영향력이 통계적으로 같은 것을 알 수 있다.

출력 7.1.D : $H_0 : \alpha_1 = \beta_1$과 $H_0 : \gamma_1 = \delta_1$의 검정결과

```
         Num DF       Den DF     F Value     Pr > F     Label
              1          116        1.09     0.2982     HKT1

         Num DF       Den DF     F Value     Pr > F     Label
              1          116        0.83     0.3646     GST
```

이제 $\alpha_1 = \beta_1$과 $\gamma_1 = \delta_1$의 제약조건을 적용하고 통계적으로 유의의 하지 않은 시간효과를 제외한 후 SUR 모형을 재 추정해보도록 하자. 이에 대한 프로그램은 다음과 같다.

프로그램 7.2 : 제약조건 하에서 모형 (7.3)의 추정

```
proc syslin data=auto sur;
 H: model HC=HC1 time;
 K: model KC=KC1 time;
 G: model GMC=GMC1 ;
 S: model SSC=SSC1 ;
 srestrict H.HC1=K.KC1, G.GMC1=S.SSC1;
run;
```

출력 7.2 : 제약조건 하에서 모형 (7.3)의 추정결과

```
                         Model                     H

                          Parameter     Standard
 Variable           DF     Estimate        Error     t Value     Pr > |t|

 Intercept           1     -1.065E7      3847314       -2.77       0.0097
 HC1                 1     0.731413     0.072275       10.12       <.0001
 time                1     5408.144     1940.312        2.79       0.0093
------------------------------------------------------------------------------
                         Model                     K

                          Parameter     Standard
 Variable           DF     Estimate        Error     t Value     Pr > |t|

 Intercept           1     -6022973      2452590       -2.46       0.0203
 KC1                 1     0.731413     0.072275       10.12       <.0001
 time                1     3061.639     1234.449        2.48       0.0192
------------------------------------------------------------------------------
                        Model                      G

                          Parameter     Standard
 Variable           DF     Estimate        Error     t Value     Pr > |t|

 Intercept           1     18349.51     10125.92        1.81       0.0800
 GMC1                1     0.893434     0.049037       18.22       <.0001
```

```
--------------------------------------------------------------------------------
                        Model                          S

                            Parameter     Standard
   Variable        DF        Estimate        Error      t Value     Pr > |t|

   Intercept        1        5160.501     3569.800         1.45       0.1587
   SSC1             1        0.893434     0.049037        18.22       <.0001
```

출력 7.2의 결과를 정리하면 제약조건 하에서 최종 추정된 모형식은 다음과 같다.

$$\widehat{HC}_t = -10650000 + 0.731 HC_{t-1} + 5408.144t$$

$$\widehat{KC}_t = -6022973 + 0.731 KC_{t-1} + 3061.639t$$

$$\widehat{GMC}_t = 18349.51 + 0.893 GMC_{t-1}$$

$$\widehat{SSC}_t = 5160.501 + 0.893 SSC_{t-1}$$

7.5 모수의 추정

회귀방정식 시스템에서 모수 $\boldsymbol{\beta}$의 추정은 오차 간의 공분산 존재 여부에 따라 크게 달라진다. 모형의 요소들을 다음과 같이 정의하면 모형 (7.2)는 $t = 1, 2, \ldots, T$의 모든 관찰치를 포함하는 행렬식 (7.5)로 표기될 수 있다.

$$\mathbf{y}_i = \begin{pmatrix} y_{i1} \\ y_{i2} \\ \vdots \\ y_{iT} \end{pmatrix}, \quad \mathbf{X}_i = \begin{pmatrix} \mathbf{x}'_{i1} \\ \mathbf{x}'_{i2} \\ \vdots \\ \mathbf{x}'_{iT} \end{pmatrix}, \quad \boldsymbol{\epsilon}_i = \begin{pmatrix} \epsilon_{i1} \\ \epsilon_{i2} \\ \cdots \\ \epsilon_{iT} \end{pmatrix}, \quad i = 1, 2, \ldots, M.$$

$$\begin{aligned} \mathbf{y}_1 &= \mathbf{X}_1 \boldsymbol{\beta}_1 + \boldsymbol{\epsilon}_1 \\ \mathbf{y}_2 &= \mathbf{X}_2 \boldsymbol{\beta}_2 + \boldsymbol{\epsilon}_2 \\ &\vdots \\ \mathbf{y}_M &= \mathbf{X}_M \boldsymbol{\beta}_M + \boldsymbol{\epsilon}_M \end{aligned} \tag{7.5}$$

(7.5)를 하나의 회귀식으로 표현하면

$$\begin{pmatrix} \mathbf{y}_1 \\ \mathbf{y}_2 \\ \vdots \\ \mathbf{y}_M \end{pmatrix} = \begin{pmatrix} \mathbf{X}_1 & O & \cdots & O \\ O & \mathbf{X}_2 & \cdots & O \\ \vdots & \vdots & \ddots & \vdots \\ O & O & \cdots & \mathbf{X}_M \end{pmatrix} \begin{pmatrix} \boldsymbol{\beta}_1 \\ \boldsymbol{\beta}_2 \\ \vdots \\ \boldsymbol{\beta}_M \end{pmatrix} + \begin{pmatrix} \boldsymbol{\epsilon}_1 \\ \boldsymbol{\epsilon}_2 \\ \vdots \\ \boldsymbol{\epsilon}_M \end{pmatrix} \tag{7.6}$$

이 된다. 즉, 모형 (7.6)은

$$\mathbf{y} = \mathbf{X}\boldsymbol{\beta} + \boldsymbol{\epsilon}$$

의 일반적인 모형으로 표현이 가능해지므로 $\boldsymbol{\beta}$의 GLS는

$$\widehat{\boldsymbol{\beta}}_{GLS} = (\mathbf{X}'\boldsymbol{\Omega}^{-1}\mathbf{X})^{-1}\mathbf{X}'\boldsymbol{\Omega}^{-1}\mathbf{y}, \quad \boldsymbol{\Omega} = Var(\boldsymbol{\epsilon}) \tag{7.7}$$

이 된다. 모형 (7.6)에서 $Cov(\boldsymbol{\epsilon}_i, \boldsymbol{\epsilon}_j) = \mathbf{O},\ i \neq j$이면

$$Var(\boldsymbol{\epsilon}) = Var\begin{pmatrix} \boldsymbol{\epsilon}_1 \\ \boldsymbol{\epsilon}_2 \\ \vdots \\ \boldsymbol{\epsilon}_M \end{pmatrix} = \begin{pmatrix} Var(\boldsymbol{\epsilon}_1) & O & \cdots & O \\ O & Var(\boldsymbol{\epsilon}_2) & \cdots & O \\ \vdots & \vdots & \ddots & \vdots \\ O & O & \cdots & Var(\boldsymbol{\epsilon}_M) \end{pmatrix}$$

이 된다. 따라서 $Var(\boldsymbol{\epsilon}_i) = \boldsymbol{\Omega}_i$로 표시하면 식 (7.7)의 $\mathbf{X}'\boldsymbol{\Omega}^{-1}\mathbf{X}$ 부분은 다음과 같이 표현할 수 있으므로

$$\mathbf{X}'\boldsymbol{\Omega}^{-1}\mathbf{X} = \begin{pmatrix} \mathbf{X}_1' & O & \cdots & O \\ O & \mathbf{X}_2' & \cdots & O \\ \vdots & \vdots & \ddots & \vdots \\ O & O & \cdots & \mathbf{X}_M' \end{pmatrix} \begin{pmatrix} \boldsymbol{\Omega}_1^{-1} & O & \cdots & O \\ O & \boldsymbol{\Omega}_2^{-1} & \cdots & O \\ \vdots & \vdots & \ddots & \vdots \\ O & O & \cdots & \boldsymbol{\Omega}_M^{-1} \end{pmatrix} \begin{pmatrix} \mathbf{X}_1 & O & \cdots & O \\ O & \mathbf{X}_2 & \cdots & O \\ \vdots & \vdots & \ddots & \vdots \\ O & O & \cdots & \mathbf{X}_M \end{pmatrix}$$

$\mathbf{X}'\boldsymbol{\Omega}^{-1}\mathbf{X}$와 $\mathbf{X}'\boldsymbol{\Omega}^{-1}\mathbf{y}$는 각기 다음과 같이 정리할 수 있다.

$$\mathbf{X}'\boldsymbol{\Omega}^{-1}\mathbf{X} = \begin{pmatrix} \mathbf{X}_1'\boldsymbol{\Omega}_1^{-1}\mathbf{X}_1 & O & \cdots & O \\ O & \mathbf{X}_2'\boldsymbol{\Omega}_2^{-1}\mathbf{X}_2 & \cdots & O \\ \vdots & \vdots & \ddots & \vdots \\ O & O & \cdots & \mathbf{X}_M'\boldsymbol{\Omega}_M^{-1}\mathbf{X}_M \end{pmatrix}, \quad \mathbf{X}'\boldsymbol{\Omega}^{-1}\mathbf{y} = \begin{pmatrix} \mathbf{X}_1'\boldsymbol{\Omega}_1^{-1}\mathbf{y}_1 \\ \mathbf{X}_2'\boldsymbol{\Omega}_2^{-1}\mathbf{y}_2 \\ \vdots \\ \mathbf{X}_M'\boldsymbol{\Omega}^{-1}\mathbf{y}_M \end{pmatrix}$$

그러므로 (7.7)에 정의된 $\boldsymbol{\beta}$의 GLS 추정량은 (7.8)이 됨을 알 수 있다.

$$\widehat{\boldsymbol{\beta}}_{GLS} = \begin{pmatrix} (\mathbf{X}_1'\boldsymbol{\Omega}_1^{-1}\mathbf{X}_1)^{-1}\mathbf{X}_1'\boldsymbol{\Omega}_1^{-1}\mathbf{y}_1 \\ (\mathbf{X}_2'\boldsymbol{\Omega}_2^{-1}\mathbf{X}_2)^{-1}\mathbf{X}_2'\boldsymbol{\Omega}_2^{-1}\mathbf{y}_2 \\ \vdots \\ (\mathbf{X}_M'\boldsymbol{\Omega}_M^{-1}\mathbf{X}_M)^{-1}\mathbf{X}_M'\boldsymbol{\Omega}_M^{-1}\mathbf{y}_M \end{pmatrix} \tag{7.8}$$

즉, $Cov(\boldsymbol{\epsilon}_i, \boldsymbol{\epsilon}_j) = \mathbf{O},\ i \neq j$이면 (7.5)의 회귀방정식 시스템에서의 $\boldsymbol{\beta}_i$의 GLS 추정량은 (7.8)에 의해 각각의 방정식에 의해 구한 $\boldsymbol{\beta}_i$의 GLS 추정량과 완전히 일치하게 된다. 그러나 $Cov(\boldsymbol{\epsilon}_i, \boldsymbol{\epsilon}_j) \equiv \boldsymbol{\Omega}_{ij} \neq O$이면 (7.5)의 $\boldsymbol{\beta}_i$의 GLS 추정량이 (7.8)과는 다르게 된다. 이를 살펴보기 위해 $Var(\boldsymbol{\epsilon})$의 역행렬을

$$\boldsymbol{\Omega}^{-1} = \begin{pmatrix} \boldsymbol{\Omega}^{11} & \boldsymbol{\Omega}^{12} & \cdots & \boldsymbol{\Omega}^{1M} \\ \boldsymbol{\Omega}^{21} & \boldsymbol{\Omega}^{22} & \cdots & \boldsymbol{\Omega}^{2M} \\ \vdots & \vdots & \ddots & \vdots \\ \boldsymbol{\Omega}^{M1} & \boldsymbol{\Omega}^{M2} & \cdots & \boldsymbol{\Omega}^{MM} \end{pmatrix}$$

이라고 표기하자. 그러면 $\boldsymbol{\beta}$의 GLS 추정량 (7.7)은 (7.9)로 정리된다.

$$\widehat{\boldsymbol{\beta}}_{GLS} = \begin{pmatrix} \widehat{\boldsymbol{\beta}}_{1,GLS} \\ \widehat{\boldsymbol{\beta}}_{2,GLS} \\ \vdots \\ \widehat{\boldsymbol{\beta}}_{M,GLS} \end{pmatrix} = (\mathbf{X}'\boldsymbol{\Omega}^{-1}\mathbf{X})^{-1} \begin{pmatrix} \sum_{j=1}^{M} \mathbf{X}_1{}'\boldsymbol{\Omega}^{1j}\mathbf{y}_j \\ \sum_{j=1}^{M} \mathbf{X}_2{}'\boldsymbol{\Omega}^{2j}\mathbf{y}_j \\ \vdots \\ \sum_{j=1}^{M} \mathbf{X}_M{}'\boldsymbol{\Omega}^{Mj}\mathbf{y}_j \end{pmatrix} \tag{7.9}$$

즉 $Cov(\boldsymbol{\epsilon}_i, \boldsymbol{\epsilon}_j) \neq O,\ i \neq j$이면 (7.9)는 $\boldsymbol{\beta}$의 최소분산선형불편추정량이 되며, 이는 모형 (7.5)와 같이 모든 회귀방정식을 동시에 고려하는 회귀방정식의 시스템으로부터 구현되는 추정량이 된다. 이를 직관적으로 설명하면, $y_{it} = \mathbf{x}_{it}'\boldsymbol{\beta}_i + \epsilon_{it}$의 모형에서 ϵ_{it}가 $\epsilon_{jt},\ i \neq j$와 상관관계가 있을 때 $\boldsymbol{\beta}_i$의 최소분산선형불편추정량은 y_{it}와 $\mathbf{x}_{it}$뿐만 아니라 ϵ_{it}와 상관관계가 있는 오차항 ϵ_{jt}에 대응된 y_{jt}를 이용하여 구해야 한다는 의미이다.

7.6 표면무상관회귀모형

SUR(Seemingly Unrelated Regression)모형은 회귀방정식 시스템의 일반모형인 (7.6)에서 $i, j = 1, 2, \ldots, M$에 대해 $Cov(\epsilon_{it}, \epsilon_{jt}) = \sigma_{ij} \neq 0$이나 $Cov(\epsilon_{it}, \epsilon_{js}) = 0,\ t \neq s$를 가정한 모형

이다. 즉, $Var(\boldsymbol{\epsilon}_i) = \sigma_{ii}\mathbf{I}_T$이고 $Cov(\boldsymbol{\epsilon}_i, \boldsymbol{\epsilon}_j) = \sigma_{ij}\mathbf{I}_T$을 가정한 모형이다. 7.4절의 예제인 자동차 4사의 모형에서 가정한 바와 같이 오차항이 동시점에만 상관관계가 있을 때의 회귀방정식 시스템이다. 모형 (7.5)에서 오직 i번째 방정식만을 고려한 (7.10)을 보면

$$\mathbf{y}_i = \mathbf{X}_i\boldsymbol{\beta}_i + \boldsymbol{\epsilon}_i \tag{7.10}$$

$Var(\boldsymbol{\epsilon}_i) = \sigma_{ii}\mathbf{I}_T$이므로 이는 제2장에서 다룬 고전적 선형회귀모형과 일치하게 된다. 그러나 M개의 회귀방정식을 모두 고려한 모형 (7.5)에서의 $\boldsymbol{\beta}_i$의 추정량은 7.3절에서 살펴보았듯이 $Cov(\epsilon_{it}, \epsilon_{jt}) \neq 0,\ i \neq j$이므로 (7.10)의 모형만 고려했을 때 $\boldsymbol{\beta}_i$의 추정량과 다르게 된다. 즉 모형 (7.5)는 각 모형의 관점에서는 고전적 선형회귀모형이나, 관찰되지 않은 오차항의 공분산에 의해 방정식 간의 관계가 설정되므로 $Cov(\boldsymbol{\epsilon}_i, \boldsymbol{\epsilon}_j) = \sigma_{ij}\mathbf{I}_T$의 가정을 충족하는 모형 (7.5)를 SUR 모형이라고 한다. 그러므로 SUR 모형 역시 (7.11)로 표현되며

$$\begin{pmatrix} \mathbf{y}_1 \\ \mathbf{y}_2 \\ \vdots \\ \mathbf{y}_M \end{pmatrix} = \begin{pmatrix} \mathbf{X}_1 & O & \cdots & O \\ O & \mathbf{X}_2 & \cdots & O \\ \vdots & \vdots & \ddots & \vdots \\ O & O & \cdots & \mathbf{X}_M \end{pmatrix} \begin{pmatrix} \boldsymbol{\beta}_1 \\ \boldsymbol{\beta}_2 \\ \vdots \\ \boldsymbol{\beta}_M \end{pmatrix} + \begin{pmatrix} \boldsymbol{\epsilon}_1 \\ \boldsymbol{\epsilon}_2 \\ \vdots \\ \boldsymbol{\epsilon}_M \end{pmatrix} \tag{7.11}$$

오차항의 분산공분산 구조는 $Var(\boldsymbol{\epsilon}) = \boldsymbol{\Omega}$는 $Cov(\boldsymbol{\epsilon}_i, \boldsymbol{\epsilon}_j) = \sigma_{ij}\mathbf{I}_T$이므로 (7.12)의 형태를 갖는다.

$$\boldsymbol{\Omega} = \begin{pmatrix} \sigma_{11}\mathbf{I}_T & \sigma_{12}\mathbf{I}_T & \cdots & \sigma_{1M}\mathbf{I}_T \\ \sigma_{21}\mathbf{I}_T & \sigma_{22}\mathbf{I}_T & \cdots & \sigma_{2M}\mathbf{I}_T \\ \vdots & \vdots & \ddots & \vdots \\ \sigma_{M1}\mathbf{I}_T & \sigma_{M2}\mathbf{I}_T & \cdots & \sigma_{MM}\mathbf{I}_T \end{pmatrix} \tag{7.12}$$

(7.12)를 크로네커 곱(Kronecker product) $\otimes$를 사용하여 표시하면

$$\begin{aligned} \boldsymbol{\Omega} &= \begin{pmatrix} \sigma_{11} & \sigma_{12} & \cdots & \sigma_{1M} \\ \sigma_{21} & \sigma_{22} & \cdots & \sigma_{2M} \\ \vdots & \vdots & \ddots & \vdots \\ \sigma_{M1} & \sigma_{M2} & \cdots & \sigma_{MM} \end{pmatrix} \otimes \begin{pmatrix} 1 & 0 & \cdots & 0 \\ 0 & 1 & \cdots & 0 \\ \vdots & \vdots & \ddots & \vdots \\ 0 & 0 & \cdots & 1 \end{pmatrix}_{T\times T} \\ &= \boldsymbol{\Sigma} \otimes \mathbf{I}_T \end{aligned}$$

가 된다.

> 크로네커 곱(kronecker product) $\mathbf{A}$가 $n \times k$행렬이고, $\mathbf{B}$가 $p \times q$행렬이면, 행렬 $\mathbf{A}$와 $\mathbf{B}$의 크로네커 곱 $\mathbf{A} \otimes \mathbf{B}$는 다음과 같은 $np \times kq$ 행렬이다.
>
> $$\mathbf{A} \otimes \mathbf{B} = \begin{pmatrix} a_{11}\mathbf{B} & a_{12}\mathbf{B} & \cdots & a_{1k}\mathbf{B} \\ \vdots & \vdots & \ddots & \vdots \\ a_{n1}\mathbf{B} & a_{n2}\mathbf{B} & \cdots & a_{nk}\mathbf{B} \end{pmatrix}$$
>
> 크로네커 곱은 행렬 $\mathbf{A}, \mathbf{B}, \mathbf{C}$와 상수 k에 대하여 다음의 성질을 만족한다.
>
> ❶ $k(\mathbf{A} \otimes \mathbf{B}) = (k\mathbf{A}) = \mathbf{A} \otimes (k\mathbf{B})$
>
> ❷ $\mathbf{A} \otimes (\mathbf{B} \otimes \mathbf{C}) = (\mathbf{A} \otimes \mathbf{B}) \otimes \mathbf{C})$
>
> ❸ $\mathbf{A} \otimes (\mathbf{B} + \mathbf{C}) = (\mathbf{A} \otimes \mathbf{B}) + (\mathbf{A} \otimes \mathbf{C})$
>
> ❹ $(\mathbf{A} \otimes \mathbf{B})' = \mathbf{A}' \otimes \mathbf{B}'$
>
> ❺ $tr(\mathbf{A} \otimes \mathbf{B}) = (tr\mathbf{A})(tr\mathbf{B})$
>
> ❻ $(\mathbf{A} \otimes \mathbf{B})^{-1} = \mathbf{A}^{-1} \otimes \mathbf{B}^{-1}$
>
> ❼ $(\mathbf{A} \otimes \mathbf{B})(\mathbf{C} \otimes \mathbf{D}) = (\mathbf{AC} \otimes \mathbf{BD})$

크로네커 곱 $\otimes$의 성질에 의해

$$\mathbf{\Omega}^{-1} = (\mathbf{\Sigma} \otimes \mathbf{I}_T)^{-1} = \mathbf{\Sigma}^{-1} \otimes \mathbf{I}_T^{-1} = \mathbf{\Sigma}^{-1} \otimes \mathbf{I}_T$$

이므로 SUR 모형에서는 $\boldsymbol{\beta}$의 GLS는 (7.13)이 된다.

$$\begin{aligned} \widehat{\boldsymbol{\beta}}_{GLS} &= (\mathbf{X}'\mathbf{\Omega}^{-1}\mathbf{X})^{-1}\mathbf{X}'\mathbf{\Omega}^{-1}\mathbf{y} \\ &= (\mathbf{X}'(\mathbf{\Sigma}^{-1} \otimes \mathbf{I}_T)\mathbf{X})^{-1}X'(\mathbf{\Sigma}^{-1} \otimes \mathbf{I}_T)\mathbf{y} \end{aligned} \tag{7.13}$$

여기에서 $\mathbf{X}$와 $\mathbf{y}$는 (7.11)에 정의되어 있다. 만약 $\mathbf{\Sigma}$가 알려졌다면 (7.13)의 GLS 추정량은 최소분산선형불편추정량임과 동시에 오차항이 정규분포를 따를 때의 ML 추정량이 된다. 그러나 대부분은 $\mathbf{\Sigma}$가 알려지지 않았으므로 $\mathbf{\Sigma}$의 일치추정량 $\widehat{\mathbf{\Sigma}}$로 $\boldsymbol{\beta}$의 FGLS를 구한다.

$\boldsymbol{\beta}$의 FGLS를 구하기 이전에 한 가지 특수한 경우를 고려하여 보자. 모형 (7.11)에서 $\mathbf{X}_1 = \mathbf{X}_2 = \cdots = \mathbf{X}_M$일 경우에 모형 (7.13)에 정의된 $\boldsymbol{\beta}$의 GLS를 구해보자. $\mathbf{X}_1 = \mathbf{X}_2 = \cdots = \mathbf{X}_M$

이므로

$$\mathbf{X} = \begin{pmatrix} \mathbf{X}_1 & O & \cdots & O \\ O & \mathbf{X}_2 & \cdots & O \\ \vdots & \vdots & \ddots & \vdots \\ O & O & \cdots & \mathbf{X}_M \end{pmatrix} = \begin{pmatrix} \mathbf{X}_1 & O & \cdots & O \\ O & \mathbf{X}_1 & \cdots & O \\ \vdots & \vdots & \ddots & \vdots \\ O & O & \cdots & \mathbf{X}_1 \end{pmatrix}$$
$$= \mathbf{I}_M \otimes \mathbf{X}_1$$

이 된다. 그러므로 $\boldsymbol{\beta}$의 GLS는 (7.13)에 의해 (7.14)로 정리되며

$$\begin{aligned} \hat{\boldsymbol{\beta}}_{GLS} &= \left(\mathbf{X}'\left(\boldsymbol{\Sigma}^{-1} \otimes \mathbf{I}_T\right)\mathbf{X}\right)^{-1}\mathbf{X}'\left(\boldsymbol{\Sigma}^{-1} \otimes \mathbf{I}_T\right)\mathbf{y} \\ &= \left[\left(\mathbf{I}_M \otimes \mathbf{X}_1\right)'\left(\boldsymbol{\Sigma}^{-1} \otimes \mathbf{I}_T\right)\left(\mathbf{I}_M \otimes \mathbf{X}_1\right)\right]^{-1}\left(\mathbf{I}_M \otimes \mathbf{X}_1\right)'\left(\boldsymbol{\Sigma}^{-1} \otimes \mathbf{I}_T\right)\mathbf{y} \\ &= \left[\left(\boldsymbol{\Sigma}^{-1} \otimes \mathbf{X}_1'\right)\left(\mathbf{I}_M \otimes \mathbf{X}_1\right)\right]^{-1}\left(\boldsymbol{\Sigma}^{-1} \otimes \mathbf{X}_1'\right)\mathbf{y} \\ &= \left(\boldsymbol{\Sigma}^{-1} \otimes \mathbf{X}_1'\mathbf{X}_1\right)^{-1}\left(\boldsymbol{\Sigma}^{-1} \otimes \mathbf{X}_1'\right)\mathbf{y} \\ &= \left(\boldsymbol{\Sigma} \otimes \left(\mathbf{X}_1'\mathbf{X}_1\right)^{-1}\right)\left(\boldsymbol{\Sigma}^{-1} \otimes \mathbf{X}_1'\right)\mathbf{y} \\ &= \left[\mathbf{I}_M \otimes \left(\mathbf{X}_1'\mathbf{X}_1\right)^{-1}\mathbf{X}_1'\right]\mathbf{y} \end{aligned} \tag{7.14}$$

여기서

$$\begin{aligned} \mathbf{I}_M \otimes \left(\mathbf{X}_1'\mathbf{X}_1\right)^{-1}\mathbf{X}_1' &= \begin{pmatrix} \left(\mathbf{X}_1'\mathbf{X}_1\right)^{-1}\mathbf{X}_1' & O & \dots & O \\ O & \left(\mathbf{X}_1'\mathbf{X}_1\right)^{-1}\mathbf{X}_1' & \dots & O \\ \vdots & \vdots & \ddots & \vdots \\ O & O & \dots & \left(\mathbf{X}_1'\mathbf{X}_1\right)^{-1}\mathbf{X}_1' \end{pmatrix} \\ &= \left(\mathbf{X}'\mathbf{X}\right)^{-1}\mathbf{X}' \end{aligned} \tag{7.15}$$

이다. 그러므로 $\mathbf{X}_1 = \mathbf{X}_2 = \cdots = \mathbf{X}_M$일 때의 $\boldsymbol{\beta}$의 GLS는 (7.14)과 (7.15)에 의해

$$\hat{\boldsymbol{\beta}}_{GLS} = \left(\mathbf{X}'\mathbf{X}\right)^{-1}\mathbf{X}'\mathbf{y}$$

가 된다. 즉, 모형 (7.11)에서 $\mathbf{X}_1 = \mathbf{X}_2 = \cdots = \mathbf{X}_M$일 경우, $\boldsymbol{\Sigma}$가 알려졌을 경우나 알려지지 않았을 경우 모두 $\boldsymbol{\beta}$의 GLS는 $\boldsymbol{\beta}$의 OLS 추정량과 일치하게 된다.

이제 모든 설명변수가 같지 않을 뿐만 아니라, $\boldsymbol{\Sigma}$도 알려지지 않았을 경우 $\boldsymbol{\beta}$의 추정방법에 대해 살펴보자. $\boldsymbol{\Sigma}$의 일치추정량을 $\hat{\boldsymbol{\Sigma}}$라고 할 때 $\boldsymbol{\beta}$의 FGLS는 (7.13)에 의해

$$\hat{\boldsymbol{\beta}}_{FGLS} = \left(\mathbf{X}'\left(\hat{\boldsymbol{\Sigma}}^{-1} \otimes \mathbf{I}_T\right)\mathbf{X}\right)^{-1}\mathbf{X}'\left(\hat{\boldsymbol{\Sigma}}^{-1} \otimes \mathbf{I}_T\right)\mathbf{y}$$

가 된다. $\boldsymbol{\Sigma}$의 일치추정량은 회귀방정식별로 OLS 추정량의 잔차를 이용하여 구하게 된다. 앞에서 살펴보았듯이 회귀방정식 각각의 관점에서는 고전적 선형회귀모형이므로((7.10) 참조) i번째 회귀방정식의 모수 $\boldsymbol{\beta}_i$의 일치추정량은

$$\widehat{\boldsymbol{\beta}}_{i,OLS} = (\mathbf{X}_i'\mathbf{X}_i)^{-1}\mathbf{X}_i'\mathbf{y}_i$$

이기 때문에 $\boldsymbol{\Sigma}$의 일치추정량을 각 회귀방정식의 OLS 잔차를 이용한다. 그 절차는 다음과 같다.

step 1: 각각의 $\mathbf{y}_i = \mathbf{X}_i\boldsymbol{\beta}_i + \boldsymbol{\epsilon}_i,\ i = 1, 2, \ldots, M$의 모형에서 $\boldsymbol{\beta}_i$의 OLS 추정량

$$\widehat{\boldsymbol{\beta}}_{OLS} = (\mathbf{X}_i'\mathbf{X}_i)^{-1}\mathbf{X}_i'\mathbf{y}_i$$

를 구하여 잔차 $\mathbf{e}_i$를 구한다.

step 2: σ_{ij}의 추정치를 $\widehat{\sigma}_{ij} = \mathbf{e}_i'\mathbf{e}_j / T$에 의해 구한다.

step 3: 추정치 $\widehat{\sigma}_{ij}$를 이용하여

$$\widehat{\boldsymbol{\beta}}_{FGLS} = (\mathbf{X}'(\widehat{\boldsymbol{\Sigma}}^{-1} \otimes \mathbf{I}_T)\mathbf{X})^{-1}\mathbf{X}'(\widehat{\boldsymbol{\Sigma}}^{-1} \otimes \mathbf{I}_T)\mathbf{y}$$

를 구한다.

step 3에서 구한 $\boldsymbol{\beta}$의 추정량을 $\boldsymbol{\beta}$의 FGLS 추정량이라고 한다. **step 1 ~ step 3**을 $\widehat{\sigma}_{ij}$와 $\widehat{\boldsymbol{\beta}}_{FGLS}$가 어떤 일정한 값으로 수렴할 때까지 구한 $\widehat{\boldsymbol{\beta}}_{FGLS}$를 IFGLS(Iterated FGLS)라고 하며 이는 $\boldsymbol{\epsilon}$이 정규분포를 따른다는 가정하에서 구한 ML 추정치와 간아진다.

예제 7.1

7.4절 자동차 4사의 판매량 자료를 이용한 다음의 모형을 고려해 보자.

$$y_{1t} = \mathbf{x}_{1t}'\boldsymbol{\beta}_1 + \epsilon_{1t}$$
$$y_{2t} = \mathbf{x}_{2t}'\boldsymbol{\beta}_2 + \epsilon_{2t}$$
$$y_{3t} = \mathbf{x}_{3t}'\boldsymbol{\beta}_3 + \epsilon_{3t}$$
$$y_{4t} = \mathbf{x}_{4t}'\boldsymbol{\beta}_4 + \epsilon_{4t}$$

여기에서 $\epsilon_{1t}, \epsilon_{2t}, \epsilon_{3t}, \epsilon_{4t}$는 동일 시점 t에서 상관관계를 가정하고, 다른 시점에서는 무상관관

계를 가정한 SUR 모형이다. 이 SUR 모형 가정에서 추정된 $\hat{\boldsymbol{\beta}}_{FGLS}$ 추정치는

$$\widehat{HC}_t = -10030000 + 0.738HC_{t-1} + 5097.102t$$

$$\widehat{KC}_t = -7024790 + 0.676KC_{t-1} + 3571.139t$$

$$\widehat{GMC}_t = 165368.1 + 0.854GMC_{t-1} - 70.890t$$

$$\widehat{SSC}_t = 227287.3 + 0.952SSC_{t-1} - 112.536t$$

이다(출력 7.1.C 참조). ■

7.7 표면무상관회귀모형에서 검정 및 제약조건 하에서의 추정

7.4절의 예제에서 다룬 자동차 4사의 판매량에 대한 SUR 모형은 다음과 같다.

$$\text{현대}: y_{1t} = \beta_{01} + \beta_{11}y_{1t-1} + \beta_{21}t + \epsilon_{1t}$$

$$\text{기아}: y_{2t} = \beta_{02} + \beta_{12}y_{2t-1} + \beta_{22}t + \epsilon_{2t}$$

$$\text{GM대우}: y_{3t} = \beta_{03} + \beta_{13}y_{3t-1} + \beta_{23}t + \epsilon_{3t}$$

$$\text{쌍용}: y_{4t} = \beta_{04} + \beta_{14}y_{4t-1} + \beta_{24}t + \epsilon_{4t}$$

이 예제에서 "각 회귀방정식에 포함된 시간 t의 계수가 모두 같다고 할 수 있는가?" 또는 "기아와 GM대우의 $\beta_{12} = \beta_{13}$라고 할 수 있는가?" 등의 검정에 관심이 있다고 하자. 그리고 "$\beta_{12} = \beta_{13}$라면 이러한 제약조건 하에서 모수추정은 어떻게 해야 하는가?"도 고려해야할 사항이다. 이런 문제들은 이미 3.4절에서 논의한 바 있다. 3.4절에서 다루었던 모형은 종속변수가 1개인 단변량 회귀모형이고, 여기에서는 종속변수가 4개인 다변량 회귀모형이라는 차이가 있으나 이론적인 측면에서는 전혀 새로운 것이 없고, 3.4절에서 논의한 것들의 적절한 응용에 해당된다. 모형 (7.11)에서 모든 모수의 검정 및 제약조건은 $\mathbf{R}\boldsymbol{\beta} = \mathbf{q}$로 표현할 수 있다. 위의 예에서 $\beta_{21} = \beta_{22} = \beta_{23} = \beta_{24}$는 $\beta_{21} - \beta_{22} = 0$, $\beta_{22} - \beta_{23} = 0$과 $\beta_{23} - \beta_{24} = 0$으로 표현되므로 이것을 $\mathbf{R}\boldsymbol{\beta} = \mathbf{q}$로 표현하면

$$\mathbf{R} = \begin{pmatrix} 0 & 0 & 1 & 0 & 0 & -1 & 0 & 0 & 0 & 0 & 0 & 0 \\ 0 & 0 & 0 & 0 & 0 & 1 & 0 & 0 & -1 & 0 & 0 & 0 \\ 0 & 0 & 0 & 0 & 0 & 0 & 0 & 0 & 1 & 0 & 0 & -1 \end{pmatrix}, \quad \mathbf{q} = \begin{pmatrix} 0 \\ 0 \\ 0 \end{pmatrix}$$

$$\boldsymbol{\beta}' = \begin{pmatrix} \beta_{01} & \beta_{11} & \beta_{21} & \beta_{02} & \beta_{12} & \beta_{22} & \beta_{03} & \beta_{13} & \beta_{23} & \beta_{04} & \beta_{14} & \beta_{24} \end{pmatrix}$$

인 경우가 된다. 유사하게 $\beta_{12} = \beta_{13}$는 다음과 같이 표현할 수 있다.

$$\mathbf{R} = \begin{pmatrix} 0 & 0 & 0 & 0 & 1 & 0 & 0 & -1 & 0 & 0 & 0 & 0 \end{pmatrix}, \quad \mathbf{q} = 0$$

모형 (7.11)에서 $\mathbf{R}\boldsymbol{\beta} = \mathbf{q}$의 제약조건 하에서 모수 추정량과 검정에 대하여 살펴보면 다음과 같다. 모형 (7.13)에서 구한 $\widehat{\boldsymbol{\beta}}_{GLS}$는

$$SSE = (\mathbf{y} - \mathbf{X}\boldsymbol{\beta})'(\boldsymbol{\Sigma}^{-1} \otimes \mathbf{I}_T)(\mathbf{y} - \mathbf{X}\boldsymbol{\beta})$$

를 최소화하는 $\boldsymbol{\beta}$이다. $\mathbf{R}\boldsymbol{\beta} = \mathbf{q}$의 제약조건 하에서 $\boldsymbol{\beta}$의 추정량은 2.7절에서 논의한 대로

$$SSE_c = (\mathbf{y} - \mathbf{X}\boldsymbol{\beta})'(\boldsymbol{\Sigma}^{-1} \otimes \mathbf{I}_T)(\mathbf{y} - \mathbf{X}\boldsymbol{\beta}) + 2\lambda'(\mathbf{R}\boldsymbol{\beta} - \mathbf{q})$$

를 최소화하는 $\boldsymbol{\beta}$이다. 그런데 $Var(\boldsymbol{\epsilon}) = \boldsymbol{\Omega} = \boldsymbol{\Sigma} \otimes \mathbf{I}_T$는 양정치행렬이므로 $\boldsymbol{\Omega}^{-1} = \mathbf{P}'\mathbf{P}$로 표시할 수 있고 $\mathbf{y}^* = \mathbf{P}\mathbf{y}, \mathbf{X}^* = \mathbf{P}\mathbf{X}$로 정의하면,

$$\begin{aligned} SSE_c &= (\mathbf{y} - \mathbf{X}\boldsymbol{\beta})'\mathbf{P}'\mathbf{P}(\mathbf{y} - \mathbf{X}\boldsymbol{\beta}) + 2\lambda'(\mathbf{R}\boldsymbol{\beta} - \mathbf{q}) \\ &= (\mathbf{y}^* - \mathbf{X}^*\boldsymbol{\beta})'(\mathbf{y}^* - \mathbf{X}^*\boldsymbol{\beta}) + 2\lambda'(\mathbf{R}\boldsymbol{\beta} - \mathbf{q}) \end{aligned}$$

가 되어 이는 2.7절에서 논의한 제약조건 하에서 추정목적함수와 동일한 형태임을 알 수 있다. 그러므로 2.7절과 동일한 방법으로 SSE_c를 최소화하는 $\boldsymbol{\beta}$를 추정하면 다음과 같다.

$$\begin{aligned} \widehat{\boldsymbol{\beta}}_c &= \left(\mathbf{X}^{*\prime}\mathbf{X}^*\right)^{-1}\mathbf{X}^{*\prime}\mathbf{y}^* - \left(\mathbf{X}^{*\prime}\mathbf{X}^*\right)^{-1}\mathbf{R}'\left[\mathbf{R}\left(\mathbf{X}^{*\prime}\mathbf{X}^*\right)^{-1}\mathbf{R}'\right]^{-1}\left(\mathbf{R}\left(\mathbf{X}^{*\prime}\mathbf{X}^*\right)^{-1}\mathbf{X}^{*\prime}\mathbf{y}^* - \mathbf{q}\right) \\ &= \left(\mathbf{X}'\boldsymbol{\Omega}^{-1}\mathbf{X}\right)^{-1}\mathbf{X}'\boldsymbol{\Omega}^{-1}\mathbf{y} - \left(\mathbf{X}'\boldsymbol{\Omega}^{-1}\mathbf{X}\right)^{-1}\mathbf{R}'\left[\mathbf{R}\left(\mathbf{X}'\boldsymbol{\Omega}^{-1}\mathbf{X}\right)^{-1}\mathbf{R}'\right]^{-1}\left(\mathbf{R}\left(\mathbf{X}'\boldsymbol{\Omega}^{-1}\mathbf{X}\right)^{-1}\mathbf{X}'\boldsymbol{\Omega}^{-1}\mathbf{y} - \mathbf{q}\right) \\ &= \widehat{\boldsymbol{\beta}}_{GLS} - \left(\mathbf{X}'\left(\Sigma^{-1} \otimes \mathbf{I}_T\right)\mathbf{X}\right)^{-1}\mathbf{R}'\left[\mathbf{R}\left(\mathbf{X}'\left(\Sigma^{-1} \otimes \mathbf{I}_T\right)\mathbf{X}\right)^{-1}\mathbf{R}'\right]^{-1}\left(\mathbf{R}\widehat{\boldsymbol{\beta}}_{GLS} - \mathbf{q}\right) \end{aligned}$$

물론 $\boldsymbol{\Sigma}$를 모를 때는 7.6절에서 논의한 $\boldsymbol{\Sigma}$의 일치추정량 $\widehat{\boldsymbol{\Sigma}}$를 이용하고 $\widehat{\boldsymbol{\beta}}_{GLS}$대신 $\widehat{\boldsymbol{\beta}}_{FGLS}$를 사용한다.

J개의 제약조건 $\mathbf{R}\boldsymbol{\beta} = \mathbf{q}$의 검정은 $\mathbf{R}\boldsymbol{\beta} = \mathbf{q}$하에서 $\mathbf{R}\widehat{\boldsymbol{\beta}} - \mathbf{q}$는 평균이 0이고 분산이 $\mathbf{R}(\mathbf{X}'(\boldsymbol{\Sigma}^{-1} \otimes \mathbf{I}_T)\mathbf{X})^{-1}\mathbf{R}'$임을 쉽게 보일 수 있다. 물론 여기에서 $\widehat{\boldsymbol{\beta}}$는 $\widehat{\boldsymbol{\beta}}_{FGLS}$또는 $\widehat{\boldsymbol{\beta}}_{GLS}$이다. 그리고 부록 B.4에 의해

$$(\mathbf{y}^* - \mathbf{X}^*\widehat{\boldsymbol{\beta}})'(\mathbf{y}^* - \mathbf{X}^*\widehat{\boldsymbol{\beta}}) = (\mathbf{y} - \mathbf{X}\widehat{\boldsymbol{\beta}})^{-1}(\boldsymbol{\Sigma}^{-1} \otimes \mathbf{I}_T)(\mathbf{y} - \mathbf{X}\widehat{\boldsymbol{\beta}})$$

는 근사적으로 자유도가 $MT-k$인 χ^2 분포를 따르므로

$$\frac{(\mathbf{R}\widehat{\boldsymbol{\beta}}-\mathbf{q})'[\mathbf{R}(\mathbf{X}'(\boldsymbol{\Sigma}^{-1}\otimes\mathbf{I}_T)\mathbf{X})\mathbf{R}']^{-1}(\mathbf{R}\widehat{\boldsymbol{\beta}}-\mathbf{q})/J}{(\mathbf{y}-\mathbf{X}\widehat{\boldsymbol{\beta}})'(\boldsymbol{\Sigma}^{-1}\otimes\mathbf{I}_T)(\mathbf{y}-\mathbf{X}\widehat{\boldsymbol{\beta}})/(MT-k)}$$

는 근사적으로 자유도가 J, $MT-k$인 F 분포를 따른다. 여기에서 $k=\sum_{i=1}^{M}k_i$이다. 또는

$$\frac{(\mathbf{R}\widehat{\boldsymbol{\beta}}-\mathbf{q})'[\mathbf{R}(\mathbf{X}'(\boldsymbol{\Sigma}^{-1}\otimes\mathbf{I}_T)\mathbf{X})\mathbf{R}']^{-1}(\mathbf{R}\widehat{\boldsymbol{\beta}}-\mathbf{q})}{J}$$

가 근사적으로 $\chi^2_{(J)}$ 분포를 따른다는 것을 이용하여 $\mathbf{R}\boldsymbol{\beta}=\mathbf{q}$를 검정한다. $\boldsymbol{\Sigma}$를 모를 때는 7.6절에서 논의한 $\boldsymbol{\Sigma}$의 일치추정량 $\widehat{\boldsymbol{\Sigma}}$를 이용한다. SUR 모형에서 LM 검정에 관한 문제는 Breusch and Pagan(1980)을 참조하기 바란다.

예제 7.2

7.4절 사례분석의 모형 (7.3)을 $\alpha_1=\beta_1$, $\gamma_1=\delta_1$이라는 제약조건 하에서 SUR 추정된 결과는 다음과 같다.

$$\widehat{HC}_t = -10650000 + 0.731HC_{t-1} + 5408.144t$$
$$\widehat{KC}_t = -6022973 + 0.731KC_{t-1} + 3061.639t$$
$$\widehat{GMC}_t = 18349.51 + 0.893GMC_{t-1}$$
$$\widehat{SSC}_t = 5150.501 + 0.893SSC_{t-1}$$

한편, 제약조건 하에서 추정 전에 실시하였던 검정을 자세히 살펴보면, $H_0:\alpha_1=\beta_1$의 $F=1.09$이고 제약식이 1개이며 $MT-k=4(32)-12=116$이므로 이는 자유도가 (1,240)인 F 분포를 따른다 (모형 내에서 시차변수의 사용으로 자료의 개수인 T는 33개에서 32개가 모형적합에 사용되었다) $P[\mathrm{F}_{(1,240)}>1.09]=0.2982$이므로 $H_0:\alpha_1=\beta_1$의 가설을 기각하지 못한다. 동일하게 $H_0:\gamma_1=\delta_1$의 검정 역시 $F=0.83$이고 $P[\mathrm{F}_{(1,116)}>0.83]=0.3646$이므로 $H_0:\gamma_1=\delta_1$의 가설을 기각하지 못한다. ■

7.8 표면무상관회귀모형의 제반문제와 확장

일반적으로 일반선형회귀모형에서 OLS 추정법을 사용하였을 때 발생하는 문제는 두 가지로 요약된다. 하나는 OLS 추정량이 비록 선형불편추정량이지만 GLS 추정량과 비교하면

상대적으로 비효율적이라는 것이고, 다른 하나는 OLS 추정량을 근거로 한 통계적 추론에서 편의(bias)가 발생한다는 점이다.

그러나 어떤 경우에는 GLS가 갖는 최적의 성질들을 OLS도 가질 수 있다. 특히 6.4절에서 Zellner(1962)가 제시한 조건 외에도 SUR 모형에서 회귀계수에 대한 OLS와 GLS 추정량이 일치하는 조건에 대한 연구로는 Dwivedi and Srivastava(1978), Baltagi(1987,1980), Baksalary and Trenkler(1989) 등이 있다.

이 장에서 다룬 SUR 모형은 각각의 방정식 내에서는 오차항이 서로 간에 무상관(uncorrelated)이었다. 이러한 가정이 위배되는 모형에 대한 연구는 Parks(1967), Doran and Griffiths(1983) 등을 참조하기 바란다.

연습문제

다음은 "Grunfeld's Investment Data"로 널리 알려져 있는 자료이다.

	General Electric			Westinghouse		
연도	I_t	F_t	C_t	I_t	F_t	C_t
1935	33.1	1170.6	97.8	12.93	191.5	1.8
1936	45.0	2015.8	104.4	25.90	516.0	0.8
1937	77.2	2803.3	118.0	35.05	729.0	7.4
1938	44.6	2039.7	156.2	22.89	560.4	18.1
1939	48.1	2256.2	172.6	18.84	519.9	23.5
1940	74.4	2132.2	186.6	28.57	628.5	26.5
1941	113.0	1834.1	220.9	48.51	537.1	36.2
1942	91.9	1588.0	287.8	43.34	561.2	60.8
1943	61.3	1749.4	319.9	37.02	617.2	84.4
1944	56.8	1687.2	321.3	37.81	626.7	91.2
1945	93.6	2007.7	319.6	39.27	737.2	92.4
1946	159.9	2208.3	346.0	53.46	760.5	86.0
1947	147.2	1656.7	456.4	55.56	581.4	111.1
1948	146.3	1604.4	543.4	49.56	662.3	130.6
1949	98.3	1431.8	618.3	32.04	583.8	141.8
1950	93.5	1610.5	647.4	32.24	635.2	136.7
1951	135.2	1819.4	671.3	54.38	723.8	129.7
1952	157.3	2079.7	726.1	71.78	864.1	145.5
1953	179.5	2371.6	800.3	90.08	1193.5	174.8
1954	189.6	2759.9	888.9	68.60	1188.9	213.5

각 변수명의 의미는 다음과 같다.

I_t(투자), F_t(기업의 가치), C_t(설비)

1. General Electric과 Whestinghouse 각각에 대하여 F_t와 C_t로 I_t를 설명하는 회귀모형을 설정하고, OLS 추정치를 구하시오.

2. $I_{it} = \beta_{1i} + \beta_{2i} F_{it} + \beta_{3i} C_{it} + \epsilon_{it}$, $i = 1, 2$의 모형에서 오차항의 분산공분산행렬을 구하고 특히 동시점에서 오차항의 상관관계 여부를 점검하시오.

3. SUR 모형으로 자료를 적합하고, 문제 1의 OLS 추정치와 비교하시오.

CHAPTER 8

연립방정식모형

8.1 연립방정식모형의 정의

지금까지 우리는 M개의 종속변수와 K개의 독립변수를 이용한 선형모형을 고려하였다. $M=1$일 때는 제2장의 다중선형회귀모형이 되고 $M\geq 2$일 때는 제7장에서 논의한 회귀방정식 시스템이 된다. 이들 모형의 전제조건은 K개의 독립변수로 만들어지는 적절한 선형결합으로 종속변수를 설명한다는 것이다. 즉, 다음의 모형과 같이

$$y_i = \mathbf{x}_i'\boldsymbol{\beta}_i + \epsilon_i, \quad i = 1,2,\ldots,M.$$

종속변수 y_i를 K_i개의 독립변수의 선형결합으로 설명하려는 시도를 논의했었다. 이제 이를 더 확장하여 독립변수의 선형결합에 종속변수의 선형결합까지 고려해보도록 하자. 즉, M개 종속변수의 적절한 선형결합을 K_i개의 독립변수의 선형결합으로 설명하는 모형은 어떻게 정의되며, 어떤 의미를 부여할 수 있을 지 알아보자.

$$\boldsymbol{\gamma}_i'\mathbf{y} = \mathbf{x}_i'\boldsymbol{\beta}_i + \epsilon_i, \quad i = 1,2,\ldots,M. \tag{8.1}$$

이 모형을 표현한 것이 (8.1)이며, 종속변수의 선형결합을 독립변수의 선형결합으로 모형화한

것임을 알 수 있다. 모형 (8.1)을 연립방정식모형(Simultaneous Equations Model)이라고 한다. 연립방정식모형에서 사용할 용어정의를 위해 모형 (8.1)에서 $M=2$이고 $\boldsymbol{\gamma}_1'=(1,\gamma_2)$, $\boldsymbol{\gamma}_2'=(\gamma_1,1)$인 경우를 고려해 보자. 이를 풀어쓰면 다음과 같고,

$$\begin{pmatrix}1 & \gamma_2\end{pmatrix}\begin{pmatrix}y_1\\ y_2\end{pmatrix}=\mathbf{x}_1'\boldsymbol{\beta}_1+\epsilon_1$$

$$\begin{pmatrix}\gamma_1 & 1\end{pmatrix}\begin{pmatrix}y_1\\ y_2\end{pmatrix}=\mathbf{x}_2'\boldsymbol{\beta}_2+\epsilon_2$$

이를 다시 정리하면 모형 (8.2)가 된다.

$$\begin{aligned}y_1&=-\gamma_2y_2+\mathbf{x}_1'\boldsymbol{\beta}_1+\epsilon_1\\ y_2&=-\gamma_1y_1+\mathbf{x}_2'\boldsymbol{\beta}_2+\epsilon_2\end{aligned}\tag{8.2}$$

모형 (8.2)에서, 종속변수 y_1과 y_2가 방정식의 양변에 모두 나타나기 때문에 일반적인 회귀모형처럼 방정식 내에서 변수의 위치에 따라 종속변수(dependent variable)와 독립변수(independent variable)로 성격을 규정하는 것은 충분하지 못하다. 그러므로 연립방정식모형에서는 y_1과 y_2가 $\mathbf{x}_1$과 $\mathbf{x}_2$에 의해 모형 내에서 만들어진다는 의미로 내생변수(endogenous variable)라 하고, $\mathbf{x}_1$과 $\mathbf{x}_2$는 이미 모형 밖에서 결정된 변수라는 의미로 외생변수(exogenous variable)라고 정의한다. 이 외생변수는 일반적인 회귀모형에서 독립변수와 같은 의미를 가지므로 내생변수 y_1과 y_2에 대한 원인(cause)은 되지만 결과(result)는 될 수 없다. 또한, 모형 (8.2)를 모형 (8.3)처럼 시계열자료에 적용할 때,

$$\begin{aligned}y_{1t}&=-\gamma_2y_{2t}+\mathbf{x}_{1t}'\boldsymbol{\beta}_1+\epsilon_{1t}\\ y_{2t}&=-\gamma_1y_{1t}+\mathbf{x}_{2t}'\boldsymbol{\beta}_2+\epsilon_{2t}\end{aligned}\tag{8.3}$$

$\mathbf{x}_{1t}$, $\mathbf{x}_{2t}$가 y_{1t}, y_{2t}의 시차변수(lagged variable) $y_{1,t-k}$, $y_{2,t-k}$, $k\ge1$를 포함하고 있으면, 이 시차변수는 외생변수로 구분한다. 그 이유는 시점 t에서 $y_{1,t-k}$, $y_{2,t-k}$, $k\ge1$는 이미 결정된 값이기 때문이다.

모형 (8.2)에서 모수 γ_1, γ_2, $\boldsymbol{\beta}_1$, $\boldsymbol{\beta}_2$를 적절한 추정방법에 따라 추정했다고 가정하자. 각 오차항이 없다고 보면 모형 (8.2)는 변수 y_1과 y_2에 대한 연립방정식이 된다. 유일한 y_1과 y_2의 해를 구하기 위해서는 내생변수 y_1과 y_2의 개수와 방정식의 개수가 일치해야 한다. 일반적으로, 모형 (8.1)에서 내생변수 $\mathbf{y}$의 개수와 방정식의 개수($i=1,2,\ldots,M$)가 일치할 때 이를 완전연립방정식모형(complete simultaneous equations model)이라고 한다. 시계열자료

를 고려하여 모형 (8.1)을 다시 표현하면 모형 (8.4)가 된다. 여기에서 $\mathbf{y}_t$는 $M\times 1$ 벡터이고, $t=1,2,\ldots,T$ 이다. $\boldsymbol{\epsilon}_i=(\epsilon_{i1},\epsilon_{i2},\cdots,\epsilon_{iT})'$이라고 정의할 때 오차항의 분산공분산 구조 (8.5)를 만족할 때 모형 (8.4)를 정확하게 정의된 연립방정식모형이라고 할 수 있다.

$$\begin{aligned}
\boldsymbol{\gamma}_1'\mathbf{y}_t &= \mathbf{x}_{1t}'\boldsymbol{\beta}_1+\epsilon_{1t}\\
\boldsymbol{\gamma}_2'\mathbf{y}_t &= \mathbf{x}_{2t}'\boldsymbol{\beta}_2+\epsilon_{2t}\\
&\vdots\\
\boldsymbol{\gamma}_M'\mathbf{y}_t &= \mathbf{x}_{Mt}'\boldsymbol{\beta}_M+\epsilon_{Mt}
\end{aligned} \tag{8.4}$$

즉, 오차항의 분산에 대한 가정이 제6장에서 다룬 SUR 모형과 같지만 내생변수의 선형결합을 외생변수의 선형결합에 의해 설명하는 모형으로 표현될 때 연립방정식모형이 된다.

$$Var\begin{pmatrix}\boldsymbol{\epsilon}_1\\ \boldsymbol{\epsilon}_2\\ \vdots\\ \boldsymbol{\epsilon}_M\end{pmatrix}=\begin{pmatrix}\sigma_{11}I_T & \sigma_{12}I_T & \cdots & \sigma_{1M}I_T\\ \sigma_{21}I_T & \sigma_{22}I_T & \cdots & \sigma_{2M}I_T\\ \vdots & \vdots & \ddots & \vdots\\ \sigma_{M1}I_T & \sigma_{M2}I_T & \cdots & \sigma_{MM}I_T\end{pmatrix}=\Sigma\otimes I_T \tag{8.5}$$

(8.5)의 가정을 만족하는 모형 (8.4)의 주된 관심사항은 모수 $\boldsymbol{\gamma}_i$, $\boldsymbol{\beta}_i$, $i=1,2,\cdots,M$의 추정문제가 된다. 이제 이 장에서 다루고자 하는 내용을 정리하면 표 8.1과 같다.

표 8.1: 연립방정식모형의 분석절차

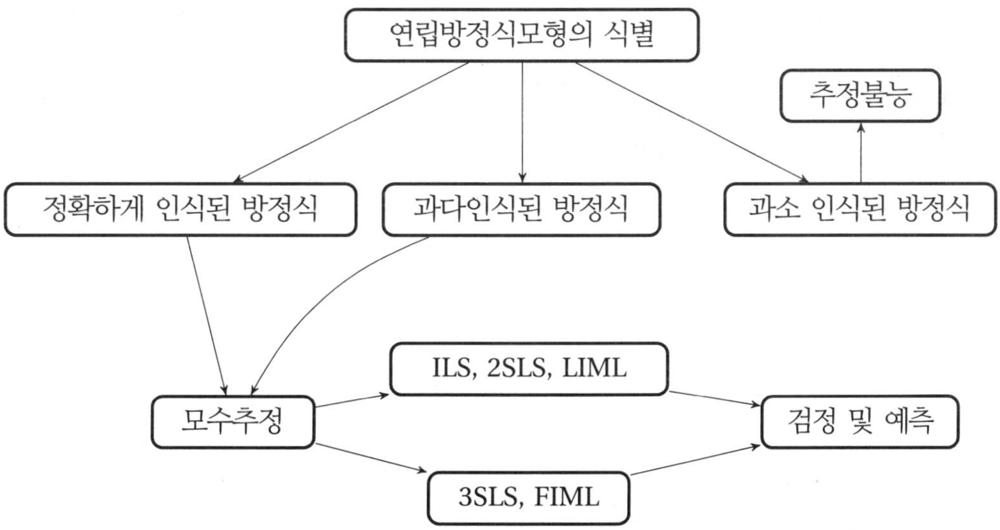

8.2 연립방정식모형의 식별

연립방정식모형은 구조형식(structural form)과 축약형식(reduced form) 두 가지로 표현가능하다. 모형 (8.4)처럼 $\boldsymbol{\gamma}_i$, $\boldsymbol{\beta}_i$, $i = 1, 2, \ldots, M$에 의하여 내생변수 간의 결합과 외생변수 간의 결합이 혼재되어 나타나는 형식을 구조형식이라 하고, 모형 (8.4)로는 정확하게 표현할 수 없지만, 방정식의 등호 왼쪽에는 내생변수만을 오른쪽에는 외생변수만으로 정리한 연립방정식 형식을 축약형식이라 한다(8.7절에서 정확하게 정리함).

연립방정식모형의 궁극적인 목표는 모형 (8.4) 같은 구조형식에서 모수 $\boldsymbol{\gamma}_i$, $\boldsymbol{\beta}_i$, $i = 1, 2, \ldots, M$의 추정이다. 그러나 모형 (8.4)의 i번째 구조방정식의 모수 $\boldsymbol{\gamma}_i$, $\boldsymbol{\beta}_i$는 추정 가능할 수도 있으며 추정 불가능할 수도 있다. i번째 구조방정식의 추정 여부는 연립방정식의 구조형식과 축약형식의 관계로부터 도출된 연립방정식모형의 식별문제로 귀결되며, i번째 방정식의 모수 $\boldsymbol{\gamma}_i$와 $\boldsymbol{\beta}_i$를 추정가능하도록 하기 위해서는 $\boldsymbol{\gamma}_i$와 $\boldsymbol{\beta}_i$에 적절한 제약조건을 부여해야 한다.

첫 번째가 표준화이다. 이는 $\boldsymbol{\gamma}_i$ 중 하나의 모수를 1로 고정하는 것을 말한다(자세한 내용은 8.7절 참조). 두 번째는 순서조건(order condition)과 계수조건(rank condition)이다. 순서조건은 모수를 추정할 수 있게 하는 필요조건(necessary condition)이고 계수조건은 모수의 유일한 해를 구할 수 있도록 해주는 충분조건(sufficient condition)이 된다.

순서조건과 계수조건을 설명하기 위해 모형 (8.4)의 모든 외생변수를 $\mathbf{x} = (\mathbf{x}_1', \mathbf{x}_2', \ldots, \mathbf{x}_M')'$로 정의하자. i번째 방정식이 순서조건을 만족하기 위해서는 ***i 번째 방정식에서 모든 내생변수 $y_1, y_2, \ldots, y_M$ 중 표준화된 내생변수를 제외한 i 번째 방정식에 포함된 내생변수의 숫자가 모든 $\mathbf{x}$ 중 i 번째 방정식에 포함되지 않은 외생변수의 숫자보다 작거나 같아야 한다*** (자세한 내용은 8.7절 참조). 또는 이렇게도 표현할 수 있다. ***i 번째 모형에서 제외된 외생변수의 수가 i 번째 모형에 포함된 내생변수의 개수-1 보다 크거나 같아야 한다.*** 예를 들어 식(8.6)을 고려해 보자.

$$
\begin{aligned}
y_1 + \gamma_{21} y_2 &= \beta_{11} x_1 + \epsilon_1 \\
y_1 + \gamma_{32} y_3 &= \beta_{12} x_1 + \beta_{32} x_3 + \epsilon_2 \\
y_2 + \gamma_{33} y_3 &= \beta_{13} x_1 + \beta_{23} x_2 + \beta_{33} x_3 + \epsilon_3
\end{aligned}
\tag{8.6}
$$

모형 (8.6)에서 내생변수는 y_1, y_2, y_3이고 외생변수는 x_1, x_2, x_3이다. 첫 번째 방정식과 두

번째 방정식에서는 y_1이 표준화되었고, 세 번째 방정식은 y_2가 표준화되어 있다.

첫 번째 방정식에서 표준화되지 않은 내생변수의 숫자는 1개(y_2)이고 첫 번째 방정식에서 제외된 외생변수의 숫자는 2개(x_2, x_3)이므로, 첫 번째 방정식은 순서조건을 만족한다. 두 번째 방정식에서 방정식에 포함되면서 표준화되지 않은 내생변수의 숫자는 1개 (y_3), 방정식에서 제외된 외생변수의 숫자는 1개(x_2)이므로 두 번째 방정식도 순서조건을 만족한다. 그러나 세 번째 방정식은 표준화되지 않고 방정식에 포함된 내생변수의 숫자는 1개(y_3)인 반면 방정식에서 제외된 외생변수의 숫자는 0이므로 순서조건을 만족하지 못한다. 즉, M_i를 i 번째 방정식에 포함되고 표준화되지 않은 내생변수 숫자로 정의하고, K_i^*를 i번째 방정식에서 제외된 외생변수의 숫자라 할 때, i번째 방정식의 순서조건은 $M_i \le K_i^*$가 된다.

i번째 방정식이 순서조건을 만족하더라도 무수히 많은 $\boldsymbol{\gamma}_i$와 $\boldsymbol{\beta}_i$가 존재할 수 있다(자세한 내용은 8.7.1절 참조). 따라서 $\boldsymbol{\gamma}_i$와 $\boldsymbol{\beta}_i$의 유일한 해를 결정하기 위한 조건이 계수조건이다. 정확한 정의는 아니지만 대강의 계수조건은 다음과 같다. ***i 번째 방정식이 계수조건을 만족하려면, i 번째 방정식에서 제외된 내생변수와 외생변수의 총 개수가 M − 1보다 크거나 같아야 하며(M은 방정식의 총수 또는 모든 내생변수의 수), 동시에 나머지 M − 1개 방정식 각각은 i 번째 방정식에서 제외된 내생변수와 외생변수를 최소한 1개 이상 포함해야 한다***(좀 더 정확한 정의는 8.7절 참조). 계수조건을 간단하게 점검하는 방법은 8.5절의 사례분석 1, 2, 혹은 8.7절의 끝부분을 참조하기 바란다.

모형 (8.6)의 관점에서 살펴볼 때, 첫 번째 방정식에서는 3개(y_3, x_2, x_3)의 변수가 제외되었고(즉, $3 \ge M-1=2$), 두 번째 및 세 번째 방정식이 각각 최소한 1개의 y_3, x_2, x_3를 포함하고 있으므로 첫 번째 방정식은 계수조건을 만족한다. 두 번째 방정식에서는 y_2, x_2가 제외되었고(즉, $2 = M-1=2$), 첫 번째 및 세 번째 방정식이 각각 최소한 1개의 y_2, x_2를 포함하고 있으므로 두 번째 방정식도 계수조건을 만족한다. 그러나 세 번째 방정식에서는 1개(y_1)의 변수가 제외되어(즉 $1 \le M-1=2$) 계수조건을 만족하지 못한다. 특히, i번째 방정식이 계수조건을 만족하고 $M_i < K_i^*$이면 과다인식된 방정식이라 하며, 계수조건을 만족하고 $M_i = K_i^*$이면 이 방정식을 정확하게 인식된 방정식이라 한다. 그러나, $M_i > K_i^*$이거나 계수조건을 만족하지 않으면 이를 과소인식된 방정식이라 하고 추정 불가능한 경우가 된다. 모형 (8.6)에서 첫 번째는 과다인식된 방정식, 두 번째 방정식은 정확하게 인식된 방정식, 세 번째 방정식은 과소인식된 방정식의 예가 된다.

8.3 모수추정의 요약

이 절의 내용은 모수추정방법을 간략하게 정리한 것에 불과하며, 모수추정에 관한 더욱 자세한 내용은 8.8절을 참고하기 바란다.

모형 (8.4)에서 모수 $\boldsymbol{\gamma}_i$, $\boldsymbol{\beta}_i$의 추정방법은 개개의 방정식을 추정하는 방법과 M개의 방정식을 동시에 추정하는 방법 두 가지로 구분된다. 개개의 방정식을 추정하는 방법은 간접최소제곱법(ILS), 2단계 최소제곱법(2SLS) 그리고 제한정보최우추정법(LIML) 등이 있다. 그리고 M개의 방정식을 동시에 추정하는 방법은 3단계 최소제곱법(3SLS)과 완전정보최우추정법(FIML)이 있다.

위의 모든 추정방법은 도구변수를 이용한 추정법으로 해석할 수 있다(자세한 내용은 8.8절 참조). 개개의 방정식을 추정하는 방법은 (8.5)의 오차항 가정에서 $\sigma_{ij}(i \neq j)$의 정보를 무시한 경우이고, M개의 방정식을 동시에 추정하는 방법은 $\sigma_{ij}(i \neq j)$의 정보를 이용하는 추정방법이다. 만약 $\sigma_{ij} = 0$이면 개개의 방정식을 추정하는 방법이나 M개의 방정식을 동시에 추정하는 방법이나 동일한 결과를 얻게된다. 그러나 σ_{ij}가 작은 값일 때, 정확하게 표현하여 i번째 방정식의 오차항과 j번째 방정식의 오차항의 상관관계가 작을 때는 개개의 방정식의 추정방법이 좀 더 안정적인 것으로 알려졌다.

i번째 방정식이 정확하게 인식된 방정식일 때 ILS 추정법을 이용하고, 과다인식되었을 때는 2SLS를 사용한다. 만약 정확하게 인식된 방정식을 2SLS로 추정하면, 이는 ILS의 추정결과와 일치하게 된다. LIML은 i번째 방정식의 오차항이 정규분포를 따른다는 가정 하에서 모수를 추정하는 방법이다(자세한 내용은 8.8절 참고). ILS는 축약모형으로부터 구한 최소제곱추정량을 통해 바로 구한다는 의미에서 붙여진 이름이고, 2SLS는 i번째 방정식에 포함된 내생변수(표준화 되지않은)를 외생변수로 추정한 후(OLS를 이용하여), 이 추정치와 i번째 방정식에 포함된 외생변수를 종속변수로 하여 모수를 OLS로 추정한다는 의미에서 붙여진 이름이다.

M개의 방정식을 동시에 추정하는 방법인 3SLS와 FIML 중 3SLS는 2SLS의 모수추정량을 이용하여 (8.5)의 σ_{ij}의 추정치를 구한 후 이 추정치를 이용하여 제7장의 SUR 모형 추정법과 동일하게 구한 FGLS 추정량이다. 물론 $\sigma_{ij} = 0$일 때는 3SLS는 2SLS의 추정결과와 일치하게 된다. FIML 추정법은 M개의 오차항 $\epsilon_{1t}, \epsilon_{2t}, \cdots, \epsilon_{Mt}$가 평균이 0이고 분산공분산 구조가 (8.5)인 정규분포를 따른다는 가정 하에서 구한 추정량이다. FIML도 $\sigma_{ij} = 0$일 때 LIML의 추정결과와 일치한다. LIML이나 FIML은 기존의 최우추정법과 동일하나 모수에 대한 제약조건 하에서 구한 최우추정량이므로 제7장에서 구한 최우추정량(ML)과 차이가 있다(8.8절 참조).

8.4 SAS/ETS 사용법

연립방정식모형의 분석은 SAS/ETS의 SYSLIN 프로시저를 이용한다. SYSLIN 프로시저는 이미 제7장에서 사용하였으나 연립방정식모형을 분석하기 위해서는 내생변수 · 외생변수 등의 지정이 필요하고, 모수의 추정방법도 다양하게 제공되므로 이와 관련된 내용들을 위주로 설명을 추가하였다. 다음의 프로그램 중 OUTPUT, RESTRICT, SRESTRICT, TEST, STEST는 이미 7.2절에서 설명하였으므로 여기서는 생략하기로 한다.

---

① **PROC SYSLIN** *options*;

② **ENDOGENOUS** *variables*;

③ **INSTRUMENTS** *variables*;

④ **MODEL** *response* = *regressors*;

⑤ **IDENTITY** *identities*;

⑥ **OUTPUT** P = *variable* R = *variable*;

⑦ **RESTRICT** *restrictions*;

⑧ **SRESTRICT** *restrictions*;

⑨ **TEST** *equations*;

⑩ **STEST** *equations*;

---

① *options*에 포함되는 명령어 중 DATA=입력데이터세트, OUT=출력데이터세트 등은 7.2절에 설명과 같다. *options*의 중요한 명령어는 ④에 정의된 연립방정식모형을 추정하는 방법을 지정하는 것으로 2SLS, 3SLS, LIML, FIML 등이 가능하다. 그 밖에 ①의 옵션에 포함될 수 있는 명령어는 다음과 같다.

FIRST : 1단계 회귀의 통계치를 출력하는 명령어이다. 즉, 2SLS나 3SLS에서는 도구변수를 이용한 회귀를 먼저 하게 되므로 이들에 대한 모수추정치, SSE 등을 출력하여 준다.

CONVERGE=value : FIML은 수치해석적인 방법으로 모수를 추정하게 된다. 그러므로 CONVERGE=value에서 value를 조정함으로써 FIML의 추정치의 정도를 조절하게 된다. 기준값(default value)은 0.0001이다.

MAXIT=value : FIML에 사용하는 옵션으로 CONVERGE=value에 주어진 value값의 범위 안으로 수렴할 때까지의 최대반복추정회수를 지정하여 주는 명령어로 기준값은 50이다. FIML은 수치해석적인 방법으로 모수를 추정하며 사용되는 초기값은 2SLS에 의해 추정된 모수이다.

CONVERGE=value와 MAXIT=value의 이해를 위해 다음의 간단한 예를 보도록 하자. 모수가 1개이고 그 모수의 초기추정치가 $\hat{\theta}_{2SLS}$=0.235라 하고, CONVERGE=0.001, MAXIT=30이라고 놓자. 초기추정치 0.235를 이용하여 재추정한 θ의 추정치가 초기추정치 0.235와의 차이가 0.001 이하면 재추정한 θ값이 FIML 추정치가 된다. 만약 차이가 0.001보다 크면 재추정된 θ값을 이용하여 우도함수를 최대화하는 3번째 추정치를 구하여 2번째 추정치와 3번째 추정치의 차이가 0.001 이하인지 또는 이상인지에 따라 추정을 종료하든지 계속하든지를 결정한다. 만약 계속해서 추정치의 차이가 0.001보다 크면 MAXIT=30에 의해 30번째 추정치를 구하고 "추정치가 수렴하지 않는다"는 메시지를 남기고 추정을 종료하게 된다. 그러므로 FIML 추정치를 구할 때, CONVERGE=value나 MAXIT=value라는 옵션을 주지 않은 상태에서 FIML 추정치를 구하지 못하면 MAXIT=value에 50보다 큰 값을 부여하여 FIML 추정치를 구하도록 하는 방법을 고려할 수 있다.

REDUCED : 이 옵션을 지정함으로써 연립방정식의 구조형식과 축약형식을 얻을 수 있다.

② **ENDOGENOUS** *variables;*

연립방정식모형에서 내생변수를 선언해주는 명령어이다. 예를 들어, 수요공급 모형을 다음과 같이 놓으면 (Q: 수요 및 공급량, P: 가격, I: 소득, W: 기온),

$$\text{수요}: Q = \beta_0 + \beta_1 P + \beta_2 I + \epsilon$$

$$\text{공급}: Q = \alpha_0 + \alpha_1 P + \alpha_2 W + \epsilon$$

Q와 P가 내생변수이므로 `ENODOGENOUS Q P;`로 지정한다.

③ **INSTRUMENTS** *variables;*

연립방정식모형에서 추정법이 2SLS나 3SLS를 사용할 때는 반드시 이 명령어를 주어야만 한다. 이 명령어는 2SLS나 3SLS의 1단계 추정치를 구하기 위한 도구변수를 지정해 주는 명령어이다. LIML이나 FIML에서는 이를 사용할 필요가 없으나 도구변수를 사용함으로써 좀 더 좋은 추정치를 구할 수 있으므로 추정법과 관계없이 이 명령어를 사용하는 것이 바람직하다. 일반적으로 INSTRUMENTS *variables*에서 연립방정식 내에 있는 외생변수를 지정하게 되지만, 순서조건을 만족하도록 모형에 포함되지 않는 외부 변수의 지정도 가능하다. 위의 수요공급 함수에서는 `INSTRUMENTS I W;`가 된다.

④ 연립방정식모형을 지정해주는 명령어이다. 7.2절에서 설명하였듯이 각 방정식 및 모형에 라벨을 부여할 수 있다. 경제학에서 연립방정식모형의 대표적 예는 Klein 모형으로 다음과 같다.

$$\text{소비함수}: C_t = \alpha_0 + \alpha_1 P_t + \alpha_2 P_{t-1} + \alpha_3 WSUM_t + \epsilon_{1t}$$

$$\text{투자함수}: I_t = \beta_0 + \beta_1 P_t + \beta_2 P_{t-1} + \beta_3 K_{t-1} + \epsilon_{2t}$$

$$\text{노동함수}: W_t = \gamma_0 + \gamma_1 X_t + \gamma_2 X_{t-1} + \gamma_3 t + \epsilon_{3t}$$

$$\text{생산}: X_t = C_t + I_t + g_t$$

$$\text{소득}: y_t = C_t + I_t + g_t - T_t$$

$$\text{이익}: P_t = y_t - W_t - WP_t$$

$$\text{임금}: WSUM_t = W_t + WP_t$$

$$\text{주식}: K_t = K_{t-1} + I_t$$

여기에서 사용된 변수의 의미는 C(=consumption), P(=profits), W(=private wage bill), I(=investment), K(=capital), y(=national income), X(=private production), $WSUM$(=W+WP), WP(=goverment wage bill), g(=goverment demand), T(=taxes)이다. Klein의 모형에서 내생변수는 $C, P, W, I, X, WSUM, K, y$이므로 프로그램은 다음과 같이 쓴다.

```
ENDOGENOUS  C P W I X WSUM K y;
INSTRUMENTS Klag Plag Xlag WP g I t;
CONSUM : MODEL C = P Plag WSUM;
INVEST : MODEL I = P Plag Klag;
LABOR  : MODEL W = X Xlag t;
```

위 프로그램으로 소비, 투자, 노동함수의 모수들을 추정할 수 있고, $Plag = P_{t-1}$, $Xlag = X_{t-1}$, $Klag = K_{t-1}$을 의미한다. 연립방정식 내의 외생변수는 $Plag, Klag, Xlag, t$의 4개이지만 도구변수의 정의에는 WP, g, I가 추가로 포함되어있다. 또한, 내생변수는 8개이지만 방정식의 개수가 3개이므로 이 연립방정식의 해를 구하는 방법은 개개의 방정식을 추정하는 2SLS나 LIML로 방정식의 모수를 구할 수 있다. 그러나 Klein 모형의 오차항 $\epsilon_{1t}, \epsilon_{2t}, \epsilon_{3t}$는 동시점에서 상관관계가 있으므로 위 프로그램에 의한 추정방법인 2SLS(혹은 LIML)는 좋은 추정량이 되지 못할 가능성이 있다. 즉, 더욱 좋은 추정치를 구하기 위해서 오차항 간의 상관관계를 반영한 3SLS나 FIML이 바람직하다. 그러나 3SLS나 FIML 추정법을 이용하기 위해서는 내생변수의 개수와 방정식의 개수가 일치해야 하는 조건이 필요하다(즉, 연립방정식모형이 완전해야 한다). 이를 위한 SYSLIN 프로시저의 명령어는 ⑤의 IDENTITY이다.

⑤ **IDENTITY** *identities*;

이 명령어는 ①의 *options*에 REDUCED라는 옵션을 추가할 경우, 연립방정식모형의 축약형식을 제공하는 데 사용된다. 연립방정식모형의 구조형식을 축약형식으로 전환하기 위해서는 연립방정식모형이 완전해야 한다. 그러므로 IDENTITY에 의해 모자라는 방정식 5개를 다음과 같이 추가하여 모형을 완전하게 만들 수 있다.

```
PROC SYSLIN data = Klein 3SLS REDUCED;
   ENDOGENOUS  C P W IX WSUM K y;
   INSTRUMENTS Klag Plag Xlag WP g T t;
   MODEL C = P Plag WSUM;
   MODEL I = P Plag Klag;
   MODEL W = X Xlag t;
   PRODUCT : IDENTITY X = C + I + g;
   INCOME  : IDENTITY y = C + I + g - T;
   PROFIT  : IDENTITY P = y - W - WP;
   STOCK   : IDENTITY K = Klag + I;
   WAGE    : IDENTITY WSUM = W + WP;
RUN;
```

이 프로그램으로 모형은 완전하게 되고 연립방정식모형의 축약형식을 구할 수 있다.

8.5 사례분석

8.5.1 사례분석 1: 돼지고기 수요함수와 공급함수

표 8.2는 '축산관측연보', '2011 농수산식품부주요통계', '한국육가공협회자료'로부터 1980~2010년까지 돼지고기 관련 생산자료를 정리한 것으로 돼지고기판매량($DEM = SUP$, 단위:

톤), 돼지고기가격(PIG_P, 단위:원/500g), 소고기가격($BEEP\_P$, 단위:원/ 500g), 월평균 근로자가구소득(IC, 단위:원), 마지막으로 비육돈생산비($UNIT\_P$, 단위: 원/100kg) 총 5개의 항목으로 되어있다. 표 8.2의 자료를 이용하여 국내 돼지고기의 수요함수와 공급함수를 도출하고자 한다 (가격결정이론에 의하여 돼지고기판매량은 수요와 공급이 일치하여 결정되는

표 8.2: 비육돈 생산자료

연도	돼지고기판매량	돼지고기가격	소고기가격	근로가구소득	비육돈생산비
1980	242,423	1,217	2,892	234,086	110,000
1981	249,141	2,115	3,878	280,953	143,000
1982	237,530	2,052	4,459	313,608	135,000
1983	294,912	1,925	4,942	359,041	130,000
1984	339,503	1,401	4,158	395,613	123,000
1985	346,274	1,761	3,527	423,788	120,000
1986	320,389	1,919	3,117	473,553	124,000
1987	372,630	1,616	3,198	553,099	105,000
1988	425,444	1,578	4,138	646,672	107,000
1989	471,732	1,514	5,213	804,938	114,000
1990	504,799	2,125	5,726	943,272	123,000
1991	510,848	2,642	6,351	1,158,608	135,000
1992	584,953	2,192	7,085	1,356,110	138,000
1993	613,215	2,269	7,395	1,477,828	135,000
1994	632,244	2,368	7,719	1,701,304	128,000
1995	661,710	2,454	8,093	1,911,064	134,000
1996	696,931	2,447	8,118	2,152,687	149,000
1997	698,261	2,554	7,537	2,287,335	160,000
1998	700,763	2,805	6,911	2,133,115	164,000
1999	755,356	3,723	7,235	2,224,743	157,000
2000	779,908	3,883	8,709	2,386,947	152,000
2001	807,421	4,224	9,617	2,625,118	156,000
2002	810,447	4,769	14,739	2,792,400	155,000
2003	834,059	4,849	15,650	2,940,026	157,000
2004	856,682	5,731	15,196	3,113,362	179,000
2005	838,479	7,244	18,637	3,250,837	174,000
2006	874,704	7,719	16,937	3,406,365	174,000
2007	931,339	7,128	15,588	3,589,469	183,000
2008	928,394	8,410	14,059	3,811,962	222,000
2009	931,068	9,118	14,116	3,805,120	239,000
2010	937,594	8,315	16,522	3,965,336	248,000

가격에서 결정되므로 이를 수요함수에서는 돼지고기수요량으로, 공급함수에서는 돼지고기공급량으로 부르기로 한다). 돼지고기 수요는 돼지고기의 가격, 가구소득, 그리고 소고기의 가격에 영향을 받게 된다. 즉 돼지고기 가격이 낮을수록, 가구소득과 소고기의 가격이 높을수록 돼지고기의 수요량은 늘어나게 된다. 그림 8.1은 표 8.2의 자료 중 돼지고기판매량, 돼지고기가격, 소고기가격을 함께 그린 것이다(가구소득이 포함되는 경우 그림의 판독을 어렵게 하므로 생략하였음). 돼지고기판매량의 계속된 증가와 함께 돼지고기가격, 소고기가격도 증가한 것을 볼 수 있다. 특히 전반에 결쳐 돼지고기가격, 소고기가격의 상승과 하락이 함께 나타나고

있어 소고기가격의 상승을 돼지고기판매량 증가의 원인으로 보기에는 어려움이 있을 것으로 예상된다. 돼지고기의 공급은 돼지고기 가격과 돼지고기 생산비에 의존한다. 즉 돼지고기

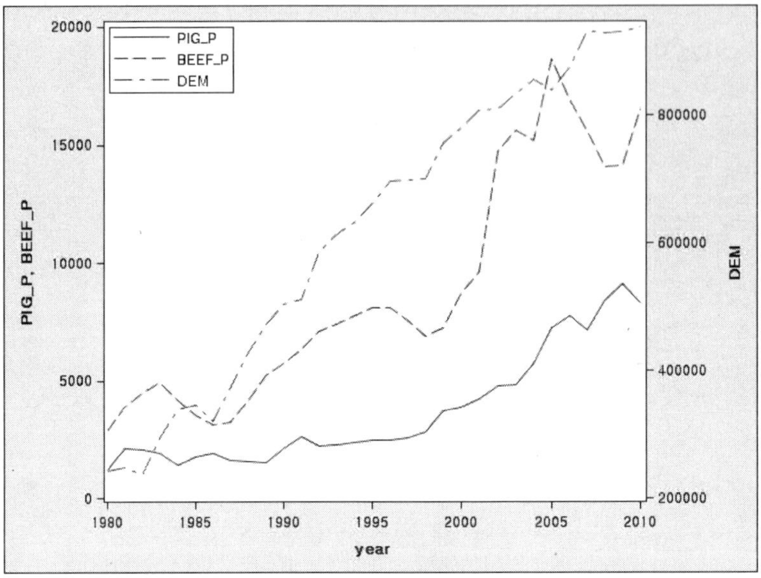

그림 8.1: 돼지고기수요량과 돼지고기, 소고기 가격

가격이 높을수록 돼지고기 생산비가 낮을수록 공급량은 늘어나게 된다. 그림 8.2는 표 8.2의 자료 중 돼지고기공급량과 돼지고기생산비를 함께 그린 것이다. 돼지고기생산비는 돼지고기 곱급량과 함께 계속 증가하는 추세이지만 돼지고기공급량의 변화에 따른 등락이 나타나는 것을 관찰할 수 있다. 이 관계를 모형으로 정의하면 (8.7)이 된다. 모형 (8.7)에서 DEM, SUP와 시장균형에 의해 수요와 공급이 일치하여 결정되는 돼지고기가격 PIG_P는 내생변수가 되며 $BEEF\_P$, IC 그리고 $UNIT_P$는 외생변수가 된다.

$$\begin{aligned} &\text{수요함수}: DEM_t = \alpha_0 + \alpha_1 PIG\_P + \alpha_2 IC + \alpha_3 BEEF\_P + \epsilon_{1t} \\ &\text{공급함수}: SUP_t = \beta_0 + \beta_1 PIG\_P + \beta_2 UNIT\_P + \epsilon_{2t} \\ &\text{시장균형}: DEM_t = SUP_t \end{aligned} \tag{8.7}$$

앞서 설명하였듯이 돼지고기 수요는 돼지고기가격에 음의 효과를, 가구소득에 양의 효과를, 소고기가격에 양의 효과를 기대하게 되므로 $\alpha_1 < 0$, $\alpha_2 > 0$, $\alpha_3 > 0$을 예상할 수 있다. 한편 공급의 측면에서 돼지고기의 공급은 돼지고기가격에 양의 효과를 돼지고기생산비에 음의 효과

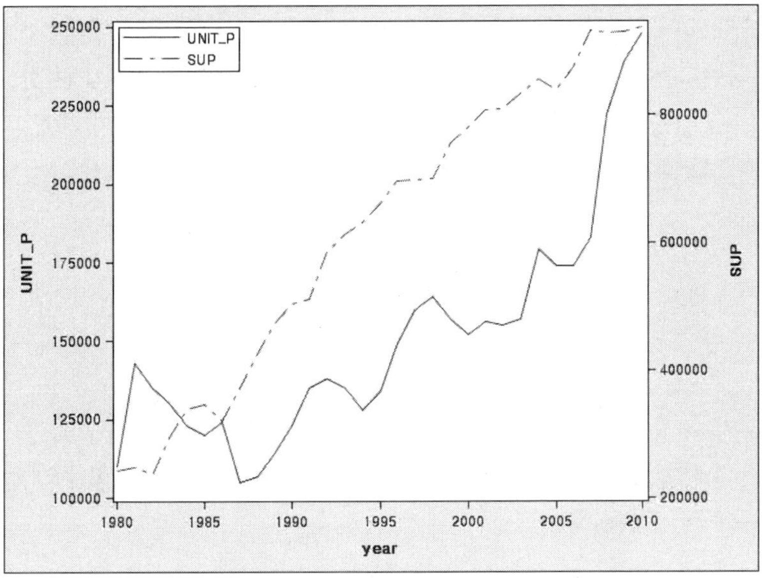

그림 8.2: 돼지고기공급량과 돼지고기생산비

를 기대하게 되므로 $\beta_1 > 0$, $\beta_2 < 0$을 예상할 수 있다. 모형 (8.7)은 3개의 내생변수와 3개의 방정식을 갖고 있으므로 완전하다. 수요함수에서 DEM이 표준화되었으며 수요함수에 포함된

표 8.3: 계수조건 점검표

	DEM	SUP	PIG_P	$BEEF\_P$	IC	$UNIT\_P$
수요함수	1	0	$-\alpha_1$	α_2	α_3	0
공급함수	0	1	$-\beta_1$	0	0	β_2
균형조건	1	-1	0	0	0	0

내생변수의 수(표준화된 내생변수를 제외한)는 한 개이고 수요함수에서 제외된 외생변수의 수는 한 개이므로 수요함수는 순서조건을 만족한다. 공급함수도 역시 표준화된 내생변수(이 경우, SUP)를 제외한 내생변수의 수가 한 개이고 공급함수에서 제외된 외생변수의 수가 두 개이므로 공급함수도 순서조건을 만족한다. 다음으로 계수조건을 점검하기 위해 모형 (8.7)의 계수로만 구성된 표 8.3을 보자. 수요함수에서 0의 계수에 대응하는 공급함수 및 균형조건의 계수행렬은 다음과 같다.

$$\begin{pmatrix} 1 & -1 \\ \beta_2 & 0 \end{pmatrix}$$

이 행렬의 계수는 2이고 이는 방정식의 개수 $-1 = 2(= 3-1)$과 일치한다. 어떤 방정식이 계수조건을 만족한다는 것은 이 경우처럼 계수행렬의 계수(rank)가 $M-1$인 것을 의미하므로 수요함수는 계수조건을 만족하며, 순서조건을 함께 고려하였을 때 정확하게 인식된 방정식이 된다. 한편, 공급함수도 0의 계수를 가진 열들로 구성된 계수행렬은

$$\begin{pmatrix} 1 & 1 \\ \alpha_2 & 0 \\ \alpha_3 & 0 \end{pmatrix}$$

이고 이 행렬의 계수 역시 2이므로 $M-1$과 일치한다. 그러므로 공급함수는 계수조건을 만족하며, 순서조건을 함께 고려하였을 때 과다인식된 방정식이 되어 수요함수와 공급함수 모두 유일한 해를 구할 수 있게 된다.

프로그램 8.1 : 모형 (8.7)의 분석을 위한 프로그램

```
1   data pig;
2    input year DEM PIG_P BEEF_P IC UNIT_P;
3    SUP=DEM;
4    cards;
5    1980 242423  1217   2892   234086  110000
6     ...  ; run;
7
8    proc syslin data=pig;
9     demand: model DEM = PIG_P IC BEEF_P;
10    supply: model SUP = PIG_P UNIT_P;  run;
11
12   proc syslin data=pig 2sls first reduced;
13     endogenous DEM SUP PIG_P;
14     instruments IC UNIT_P;
15     demand: model DEM = PIG_P IC BEEF_P;
16     supply: model SUP = PIG_P UNIT_P;
17     identity DEM=SUP;  run;
```

프로그램 8.1의 *P8*~*P10*은 수요함수와 공급함수의 OLS 추정을 하라는 것으로 추후 추정 결과를 비교하기 위한 부분이다. *P12*~*P17*의 `2sls`는 모수추정방법을 2SLS로 사용하라는 명령어이며, `first`는 모형 (8.7)의 등로 오른쪽에 있는 내생변수(이 경우 *PIG_P*)의 도구변수 추정을 위한 OLS 추정치를 출력하라는 명령어이다. `reduced`는 2SLS의 추정치를 이용하여 모형 (8.7)을 구조형식과 축약형식으로 출력하라는 명령어이다. 모형 (8.7)을 행렬을 이용하여

재정리하면 (8.8)이 된다.

$$\begin{pmatrix} 1 & 0 & -\alpha_1 \\ 0 & 1 & -\beta_1 \\ 1 & -1 & 0 \end{pmatrix} \begin{pmatrix} DEM_t \\ SUP_t \\ PIG\_P_t \end{pmatrix} = \begin{pmatrix} \alpha_0 & \alpha_2 & 0 & 0 \\ \beta_0 & 0 & 0 & \beta_2 \\ 0 & 0 & 0 & 0 \end{pmatrix} \begin{pmatrix} 1 \\ IC \\ BEEF\_P \\ UNIT\_P \end{pmatrix} + \begin{pmatrix} \epsilon_{1t} \\ \epsilon_{2t} \\ 0 \end{pmatrix} \tag{8.8}$$

모형 (8.8)이 모형 (8.7)의 구조형식이다. 그리고 이 구조형식으로부터 구한 (8.9)가 모형 (8.7)의 축약형식이다.

$$\begin{pmatrix} DEM_t \\ SUP_t \\ PIG\_P_t \end{pmatrix} = \begin{pmatrix} 1 & 0 & -\alpha_1 \\ 0 & 1 & -\beta_1 \\ 1 & -1 & 0 \end{pmatrix}^{-1} \begin{pmatrix} \alpha_0 & \alpha_2 & 0 & 0 \\ \beta_0 & 0 & 0 & \beta_2 \\ 0 & 0 & 0 & 0 \end{pmatrix} \begin{pmatrix} 1 \\ IC \\ BEEF\_P \\ UNIT\_P \end{pmatrix} + \begin{pmatrix} 1 & 0 & -\alpha_1 \\ 0 & 1 & -\beta_1 \\ 1 & -1 & 0 \end{pmatrix}^{-1} \begin{pmatrix} \epsilon_{1t} \\ \epsilon_{2t} \\ 0 \end{pmatrix} \tag{8.9}$$

출력 8.1.A는 프로그램 P8~P10의 결과로 수요함수와 공급함수에서 순서대로 $BEEP_P$와 $UNIP_P$가 통계적으로 유의하지 않은 것으로 나타나 앞서 예상하였던 모형 (8.7)의 돼지고기 판매량에 대한 인과구조와는 다른 추정결과임을 알 수 있다.

출력 8.1.A : 프로그램 7.1의 OLS 추정결과

```
                       The SYSLIN Procedure
                 Ordinary Least Squares Estimation

                    Model                      DEMAND
                    Dependent Variable            DEM

                       Parameter     Standard
Variable          DF    Estimate        Error     t Value    Pr > |t|

Intercept          1    288758.0     12977.44       22.25      <.0001
PIG_P              1    -35.2091     6.874220       -5.12      <.0001
IC                 1    0.250280     0.015162       16.51      <.0001
BEEF_P             1    -0.52243     3.746625       -0.14      0.8901

                    Model                      SUPPLY
                    Dependent Variable            SUP
```

```
  Variable          DF       Estimate         Error     t Value     Pr > |t|

  Intercept          1       213508.8      178915.1        1.19       0.2427
  PIG_P              1       66.98520      25.26365        2.65       0.0130
  UNIT_P             1       1.054907      1.715868        0.61       0.5437
```

출력 7.1B는 프로그램 P12~P17의 first의 옵션에 의해 나오는 것으로 각 내생변수 (DEM, SUP, PIG_P)에 instruments문에 정의된 외생변수들을 회귀시킨 OLS 추정결과를 포함하고 있다. 여기서는 PIG_P에 대한 결과만을 제시하였다. instruments문에 지정된 외생변수에 따라 이후의 모든 결과에 영향을 미치게 된다. instruments문에는 외생변수들 중 선별하여 사용할 수도 있고, 모형에 사용되지 않는 외생변수를 추가할 수도 있다. 여기서는 OLS 추정결과 이후 추정결과의 적절성 등을 고려하여 instruments에서 $BEEF_P$를 제외하고 IC, $UNIT_P$만을 사용하였다.

출력 8.1.B : 프로그램 7.1의 first 옵션결과

```
                        Dependent Variable        PIG_P

                             Analysis of Variance

                                      Sum of          Mean
  Source                    DF       Squares        Square     F Value     Pr > F

  Model                      2     1.5701E8      78506482      118.89     <.0001
  Error                     28     18489724      660347.3
  Corrected Total           30      1.755E8

          Root MSE              812.61755    R-Square        0.89465
          Dependent Mean       3679.58065    Adj R-Sq        0.88712
          Coeff Var              22.08452

                            Parameter      Standard
   Variable          DF      Estimate         Error     t Value     Pr > |t|

   Intercept          1      -3178.99      931.1982       -3.41       0.0020
   IC                 1      0.000925      0.000246        3.77       0.0008
   UNIT_P             1      0.034110      0.008562        3.98       0.0004
```

출력 8.1.B에 의해

$$\widehat{PIG\_P_t} = -3178.99 + 0.000925IC_t - 0.034UNIT\_P_t$$

로 도구변수를 이용한 1단계 PIG_P의 적합값을 구하였다. 2SLS에 의해 추정된 수요함수와 공급함수 결과는 다음과 같다.

출력 8.1.C : 프로그램 7.1의 2SLS 추정결과

```
                          The SYSLIN Procedure
                   Two-Stage Least Squares Estimation

                      Model                  DEMAND

                         Parameter    Standard
Variable          DF      Estimate       Error    t Value    Pr > |t|

Intercept          1      317952.6    20460.44      15.54      <.0001
PIG_P              1      -58.1650    15.60459      -3.73      0.0009
IC                 1      0.329628    0.036532       9.02      <.0001
BEEF_P             1      -11.0230    5.115617      -2.15      0.0403

                      Model                  SUPPLY

                         Parameter    Standard
Variable          DF      Estimate       Error    t Value    Pr > |t|

Intercept          1       1257066    457792.0       2.75      0.0104
PIG_P              1      249.7228    73.76639       3.39      0.0021
UNIT_P             1      -10.3285    4.738841      -2.18      0.0379
```

수요함수와 공급함수는

$$\widehat{DEM_t} = 317962.6 - 58.165 PIG\_P_t + 0.3296 IC_t - 11.023 BEEF\_P$$
$$\widehat{SUP_t} = 1257066 + 249.723 PIG\_P_t - 10.329 UNIT\_P_t \tag{8.10}$$

로 추정되었으며 수요함수와 공급함수의 모든 계수는 통계적으로 유의한 것으로 나타났다.

표 8.4: OLS와 2SLS의 추정결과 비교

	α_1	α_2	α_3	β_1	β_2
예상부호	−	+	+	+	−
OLS (P-value)	-35.2091 (<.0001)	0.25028 (<.0001)	-0.52243 (0.8901)	66.9852 (0.0130)	1.05491 (0.5437)
2SLS (P-value)	-58.165 (0.0009)	0.32963 (<.0001)	-11.023 (0.0403)	249.723 (0.0021)	-10.3285 (0.0379)

표 8.4는 OLS와 2SLS의 추정결과를 비교하기 위해 정리한 것이다. 비교결과 추정값의 부호, 추정값의 크기, 검정결과에서 OLS와 2SLS는 큰 차이를 보이고 있으며, OLS의 추정결과보다는

2SLS의 추정결과가 예상하였던 수요함수와 공급함수의 구조와 유사함을 알 수 있다. 2SLS의 추정결과를 살펴보면 수요함수의 경우 돼지고기가격 1단위(원/500g) 상승은 58.165톤의 수요(판매)감소를 가져왔지만 월평균 근로가구소득 10,000원 증가는 3296.3톤의 돼지고기 수요(판매)의 증가를 가져왔다. 소고기가격의 상승은 돼지고기수요의 증가를 가져올 것으로 예상하였으나 이와는 달리 돼지고기 수요(판매)의 감소가 일어났다. 이는 돼지고기와 소고기가 상호 간에 탄력적인 대체재 역할을 했다기보다는 육류소비량의 계속적된 증가와 가격상승이 계속해서 발생한 것으로 해석할 수 있다. 공급함수의 경우 돼지고기가격 1단위(원/500g) 상승은 249.7톤의 공급(판매)량 증가를 가져왔으며, 비육돈생산비 1단위(원/100kg) 증가는 10.33톤의 돼지고기 공급(판매)량 감소의 원인이 됨을 알 수 있다.

출력 8.1.D : 구조형식과 축약형식의 2SLS 추정결과

```
                       Endogenous Variables

                          DEM              SUP          PIG_P

         DEMAND             1                0       58.16498
         SUPPLY             0                1       -249.723
         _                  1               -1              0

                       Exogenous Variables

             Intercept            IC         BEEF_P         UNIT_P

 DEMAND       317952.6      0.329628        -11.023              0
 SUPPLY        1257066             0              0       -10.3285
 _                   0             0              0              0
 ---------------------------------------------------------------
                           Reduced Form

             Intercept            IC         BEEF_P         UNIT_P

  DEM         495366.3      0.267356       -8.94054       -1.95122
  SUP         495366.3      0.267356       -8.94054       -1.95122
  PIG_P       -3050.18      0.001071        -0.0358       0.033546
```

출력 8.1D를 이용하여 구조형식과 축약형식으로 추정결과를 정리할 수 있다. 모형 (8.8)에 표현된 구조형식은 다음과 같이 추정되었다.

$$\begin{pmatrix} 1 & 0 & 58.16 \\ 0 & 1 & -249.72 \\ 1 & -1 & 0 \end{pmatrix} \begin{pmatrix} \widehat{DEM}_t \\ \widehat{SUP}_t \\ \widehat{PIG\_P}_t \end{pmatrix} = \begin{pmatrix} 317952.6 & 0.33 & -11.02 & 0 \\ 1257066 & 0 & 0 & -10.33 \\ 0 & 0 & 0 & 0 \end{pmatrix} \begin{pmatrix} 1 \\ IC_t \\ BEEF\_P_t \\ UNIT\_P_t \end{pmatrix}$$

이고, 모형 (8.9)에 표현된 축약형식은 다음과 같이 추정되었다.

$$\begin{pmatrix} \widehat{DEM}_t \\ \widehat{SUP}_t \\ \widehat{PIG\_P}_t \end{pmatrix} = \begin{pmatrix} 495366.3 & 0.267356 & -8.94054 & -1.95122 \\ 495366.3 & 0.267356 & -8.94054 & -1.95122 \\ -3050.18 & 0.001071 & -0.0358 & 0.033546 \end{pmatrix} \begin{pmatrix} 1 \\ IC_t \\ BEEF\_P_t \\ UNIT\_P_t \end{pmatrix}$$

계산의 관점에서 보면 위의 구조형식에서 처음에 나오는 정방행렬의 역행렬을 양변에 곱하면 축약형식이 얻어지지만 추가로 구조형식과 축약형식은 다음과 같은 의미를 부여할 수 있다. 구조형식은 외생변수의 결합으로 내생변수의 결합을 설명하는 연립방정식의 목적(연립구조)을 파악할 수 있다는 장점이 있지만 '$DEM_t = SUP_t$' 조건이 있음에도 식 (8.10)처럼 $\widehat{DEM}_t \neq \widehat{SUP}_t$을 얻게 된다(SYSLIN의 OUTPUT문을 통해 DEM과 SUP의 적합값을 얻어보면 확인할 수 있다). 축약형식은 연립방정식모형이 식별 가능한 경우 구조형식으로

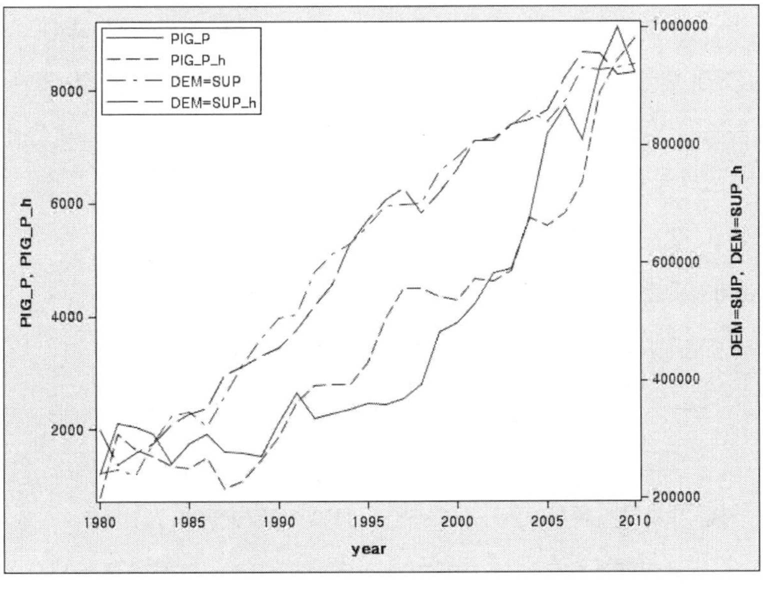

그림 8.3: 모형 (8.9)의 2SLS 적합결과

표현되었을 때보다 적은 수의 모수를 적합과정에서 추정하게 된다(모형이 규모가 커지는 것을 고려한다면 이는 큰 장점이 될 수 있다).

$$\widehat{DEM_t}\left(=\widehat{SUP_t}\right) = 495366.3 + 0.27IC_t - 8.94BEEF\_P_t - 1.95UNIT\_P_t$$
$$\widehat{PIG\_P_t} = -3050.18 + 0.00011IC_t - 0.0368BEEF\_P_t + 0.034UNIT\_P_t \tag{8.11}$$

또한, 위의 축약형식에서도 확인할 수 있듯이 식 (8.11)에서 처럼 $\widehat{DEM}_t = \widehat{SUP}_t$을 만족하는 적합값을 구할 수 있으며, 아울러 또 다른 내생변수인 PIG_P의 적합값도 얻을 수 있다. 그림 8.3은 식 (8.11)을 이용하여 내생변수들의 적합결과(PIG_P_h, DEM=SUP_h)들을 함께 그린 것이다.

8.5.2 사례분석 2: 거시경제자료

표 8.5는 1970년부터 2009년까지 연도별 자료로 우리나라의 국민계정 상의 조세총액(국세+지방세, T), 명목국민총소득(Y), 가계최종소비지출(C), 일반정부(중앙정부+지방정부) 최종소비지출(G)의 자료이다. 우리나라는 1999년부터 실질 소득 지표로 국민총생산(GNP) 대신 국민총소득(GNI)을 사용하고 있다. 국민총생산은 국민소득을 생산 측면에서 본 것이고, 국민총소득은 국민소득을 분배 측면에서 본 것이다.

$$\begin{aligned}
\text{가계최종소비지출}(C_t) &= \alpha_0 + \alpha_1 \cdot \text{국민가처분소득}(D_t) + \epsilon_{1t} \\
\text{고정자본형성}(I_t) &= \beta_0 + \beta_1 \cdot \text{국민총소득}(Y_t) \\
&\quad + \beta_2 \cdot \text{시차국민총소득}(Y_{t-1}) + \epsilon_{2t} \\
\text{조세총액}(T_t) &= \gamma_0 + \gamma_1 \cdot \text{국민총소득}(Y_t) + \epsilon_{3t} \\
\text{국민가처분소득}(D_t) &= \text{국민총소득}(Y_t) - \text{조세총액}(T_t) \\
\text{국민총소득}(Y_t) &= \text{가계최종소비지출}(C_t) + \text{고정자본형성}(I_t) \\
&\quad + \text{일반정부최종소비지출}(G_t)
\end{aligned} \tag{8.12}$$

자료의 단위는 네 가지 항목 모두 10억 원이며, 출처는 한국은행 경제통계시스템(ECOS, http://ecos.bok.or.kr/)의 재정과 국민계정 부분이다. 그림 8.4는 표 8.5의 네 가지 자료를 비교해보기 위하여 국민총소득과 가계최종소비지출을 왼쪽 축을 기준으로, 조세총액과 일반정

표 8.5: 연도 별 거시경제자료(단위 : 10억 원)

연도	조세총액	국민총소득	가계최종소비지출	일반정부최종소비지출
1970	398.0	2,812.1	2,037.9	281.5
1971	492.9	3,450.3	2,545.8	357.1
1972	522.9	4,242.8	3,054.0	454.1
1973	652.6	5,489.3	3,721.6	500.7
1974	1,021.7	7,841.1	5,353.5	781.9
1975	1,549.8	10,373.2	7,153.0	1,207.9
1976	2,313.3	14,313.2	9,112.3	1,660.1
1977	2,959.3	18,382.8	11,087.1	2,117.7
1978	4,095.6	24,877.7	14,646.5	2,685.0
1979	5,360.9	31,838.8	18,968.3	3,410.9
1980	6,575.4	38,479.2	24,245.3	4,968.3
1981	8,172.3	48,162.4	30,294.6	6,255.0
1982	9,515.6	55,425.7	34,235.7	7,101.0
1983	11,429.9	65,449.3	38,540.8	7,974.8
1984	12,408.1	74,904.2	43,010.5	8,599.1
1985	13,531.3	83,666.6	47,622.7	9,698.1
1986	15,416.1	98,148.7	52,694.7	11,072.2
1987	18,536.0	116,467.2	58,984.9	12,659.5
1988	22,584.2	139,643.6	67,828.5	15,120.5
1989	26,194.9	158,334.8	79,569.9	18,245.0
1990	33,214.8	191,284.3	95,293.9	22,526.8
1991	38,354.9	231,097.1	115,031.7	26,874.2
1992	44,680.6	263,501.1	132,352.5	31,698.6
1993	50,286.7	298,057.1	150,362.0	35,224.6
1994	60,492.6	348,955.6	178,897.1	39,895.4
1995	72,090.5	408,013.6	209,875.3	45,715.0
1996	82,354.9	458,636.3	240,431.7	53,292.0
1997	88,333.4	502,865.4	265,412.9	57,977.8
1998	84,947.4	492,574.3	246,097.9	63,100.8
1999	94,244.2	542,177.5	283,518.9	66,309.2
2000	113,535.3	600,158.8	323,292.7	72,100.9
2001	122,457.7	649,898.9	356,406.6	83,010.0
2002	135,493.5	720,996.3	399,853.2	90,930.3
2003	147,797.1	767,771.4	410,415.5	100,057.4
2004	151,997.4	829,326.7	424,619.9	110,127.7
2005	163,443.1	864,427.3	454,027.0	120,010.1
2006	179,338.0	910,134.2	482,616.6	131,900.7
2007	204,983.4	976,813.9	516,536.3	143,262.2
2008	212,785.7	1,034,115.4	546,734.2	156,944.1
2009	209,709.4	1,069,783.1	560,041.2	170,324.7

부최종지출은 오른쪽 축을 기준으로 그린 것이다. 각 변수의 관계를 고려하여 세 개의 모형과 두 개의 균형조건으로 이루어진 모형 (8.12)를 고려할 수 있다. 모형 (8.12)에서 균형조건은 국민계정상의 항목으로 보면 정확히 일치하는 것은 아니지만 과거 자료와의 연계성을 고려하여 받아들이기로 한다. 내생변수(endogenous variables)는 C_t, I_t, T_t, D_t, Y_t이고 외생변수(exogenous variables)는 Y_{t-1}, G_t이다. 모형 (8.12)의 순서조건은 쉽게 점검할 수 있고, 계수

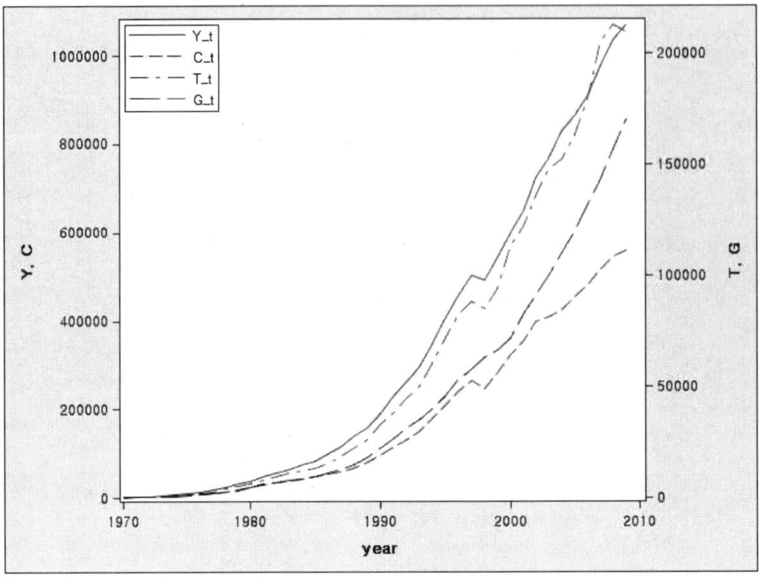

그림 8.4: 거시경제지표

조건 점검을 위해 사례분석 1과 같이 모형 (8.12)의 계수로만 만들어진 다음의 표를 고려하자. 표 8.6로부터 가계최종소비지출 방정식을 위한 계수조건행렬(표 8.6에서 가계최종소비지출

표 8.6: 계수조건 점검표

	C_t	I_t	T_t	D_t	Y_t	Y_{t-1}	G_t
가계최종소비지출	1	0	0	$-\alpha_1$	0	0	0
고정자본형성	0	1	0	0	$-\beta_1$	β_2	0
조세총액	0	0	1	0	$-\gamma_1$	0	0
국민가처분소득	0	0	1	1	-1	0	0
국민총소득	-1	-1	0	0	1	0	1

행의 값이 0인 열들)은 다음과 같고,

$$\text{rank}\begin{pmatrix} 1 & 0 & 0 & -1 \\ 0 & 1 & 1 & 0 \\ -\beta & -\gamma_1 & -1 & 1 \\ \beta_2 & 0 & 0 & 0 \\ 0 & 0 & 0 & 1 \end{pmatrix} = 4 = M - 1 = 5 - 1 = 4$$

동일한 방법으로 고정자본형성 방정식의 계수조건행렬은 다음과 같이 되며

$$\text{rank}\begin{pmatrix} 1 & 0 & 0 & -1 \\ 0 & 1 & 1 & 0 \\ -\alpha_1 & 0 & 1 & 0 \\ 0 & 0 & 0 & 1 \end{pmatrix} = 4 = M - 1 = 4$$

조세수입 방정식의 계수조건행렬은 다음과 같다.

$$\text{rank}\begin{pmatrix} 1 & 0 & 0 & -1 \\ 0 & 1 & 0 & -1 \\ -\alpha_1 & 0 & 1 & 0 \\ 0 & \beta_2 & 0 & 0 \\ 0 & 0 & 0 & 1 \end{pmatrix} = 4 = M - 1 = 4$$

그러므로 연립방정식모형 (8.12)는 완전하며, 순서 및 계수조건을 만족하는 모형이 된다. 모형 (8.12)의 적합을 위한 프로그램은 다음과 같다.

프로그램 8.2 : 모형 (8.12)의 분석을 위한 프로그램

```
data NAC;
 input year T Y C G;
 I = Y-C-G;  D=Y-T; Y1 = LAG(Y);
 cards;
 1970  398.0  2812.1  2037.9  281.5
 ... ; run;

proc syslin data=NAC 3sls first reduced;
 endogenous C I T D Y;
 instruments G Y1;
 M_C : model C=D;
 M_I : model I=Y Y1;
 M_T : model T=Y;
 identity D=Y-T;
 identity Y=C+I+G; run;
```

프로그램 8.2에서 `first` 옵션으로 제공되는 도구변수 추정과정은 생략하였다. 출력 8.2.A는 3SLS 추정과정 중에 제공되는 2SLS의 추정결과로, 이 역시 중간결과이므로 부가적인 설명 없이 넘어가도록 한다.

출력 8.2.A : 프로그램 8.2의 2SLS 추정결과

```
                         The SYSLIN Procedure
                  Two-Stage Least Squares Estimation

                      Model                    M_C

                         Parameter Estimates

                          Parameter     Standard
Variable          DF       Estimate        Error     t Value     Pr > |t|

Intercept          1       -2116.24     1833.603       -1.15       0.2558
D                  1       0.656350     0.004737      138.57       <.0001

                      Model                    M_I

                         Parameter Estimates

                          Parameter     Standard
Variable          DF       Estimate        Error     t Value     Pr > |t|

Intercept          1       -9474.08     7351.292       -1.29       0.2057
Y                  1       1.559986     0.572972        2.72       0.0099
Y1                 1       -1.29666     0.603628       -2.15       0.0385

                      Model                    M_T

                         Parameter Estimates

                          Parameter     Standard
Variable          DF       Estimate        Error     t Value     Pr > |t|

Intercept          1       -3555.50     1146.234       -3.10       0.0037
Y                  1       0.197000     0.002393       82.31       <.0001
```

프로그램 8.2에서 추정방법으로 3SLS를 사용한 근거는 모형 간에 존재하는 상관관계 때문이다. 출력 8.2.B는 2SLS 추정으로 모형 (8.12)의 연립방정식모형의 모수를 추정한 후, 그 잔차를 이용하여 구한 오차항 간의 상관계수를 보여주고 있고, 여기서 모형 간의 상관계수가 높게 나타나고 있음을 볼 수 있다.

출력 8.2.B : 모형 (8.12)의 오차항 간의 상관계수

```
                         The SYSLIN Procedure
                 Three-Stage Least Squares Estimation

                        Cross Model Correlation

                          M_C           M_I            M_T

           M_C        1.00000      -0.42618        0.69521
```

```
               M_I       -0.42618        1.00000       -0.11738
               M_T        0.69521       -0.11738        1.00000
```

출력 8.2.C는 3SLS의 추정결과로, System Weighted R-Square가 0.9956으로 매우 높은 것을 알 수 있다. 이 R^2는 3개의 모형에 사용된 자료들을 역할(원인, 결과)에 따라 그대로 결합한 후 모형 간 오차항의 분산공분산 행렬의 역행렬을 가중치로 하여 하나의 회귀모형처럼 적합하여 구하게 된다. 그러므로 세 모형의 적합정도를 종합적으로 나타낸다고 할 수 있다. 출력 8.2.B.에서 볼 수 있듯이 오차항 간의 상관계수가 높으므로 2SLS보다는 3SLS 가 효율적인 추정방법이 될 것이다. 3SLS의 추정결과는 소득과 지출이라는 관점에서 큰 어려움 없이 이해할 수 있으므로 설명은 생략하기로 한다.

출력 8.2.C : 프로그램 8.2의 3SLS 추정결과

```
                              The SYSLIN Procedure
                        Three-Stage Least Squares Estimation

                       System Weighted MSE              1.3502
                       Degrees of freedom                  110
                       System Weighted R-Square         0.9956

                            Model                    M_C

                              Parameter Estimates

                              Parameter     Standard
    Variable           DF      Estimate        Error     t Value     Pr > |t|

    Intercept           1      -2195.22     1833.518       -1.20       0.2388
    D                   1      0.656638     0.004736      138.65       <.0001

                            Model                    M_I

                              Parameter Estimates

                              Parameter     Standard
    Variable           DF      Estimate        Error     t Value     Pr > |t|

    Intercept           1      -10552.2     6706.302       -1.57       0.1244
    Y                   1      1.663713     0.498415        3.34       0.0020
    Y1                  1      -1.40606     0.525022       -2.68       0.0111

                            Model                    M_T

                              Parameter Estimates

                              Parameter     Standard
    Variable           DF      Estimate        Error     t Value     Pr > |t|

    Intercept           1      -3572.38     1146.181       -3.12       0.0035
    Y                   1      0.197050     0.002393       82.34       <.0001
```

출력 8.2.D는 3SLS의 추정결과를 구조형식과 축약형식으로 정리한 것이다. 이 결과를 행렬로 표현하는 것은 이미 사례분석 1에서 충분히 설명하였으므로 행렬로 재표현하는 것은 생략하기로 한다.

출력 8.2.D : 프로그램 8.2의 구조형식과 축약형식의 3SLS 추정결과

```
                           Endogenous Variables

                  C              I              T              D              Y

M_C               1              0              0       -0.65664              0
M_I               0              1              0              0       -1.66371
M_T               0              0              1              0       -0.19705
_                 0              0              1              1             -1
_                -1             -1              0              0              1


                            Exogenous Variables

                        Intercept              Y1              G

              M_C        -2195.22               0              0
              M_I        -10552.2        -1.40606              0
              M_T        -3572.38               0              0
              _                 0               0              0
              _                 0               0              1
-----------------------------------------------------------------------------
                                  Reduced Form

                       Intercept              Y1              G

              C         4755.412        0.622473       -0.44271
              I         3978.398        0.558136       -1.39695
              T         -1851.38        0.232639       -0.16545
              D         10585.19         0.94797        -0.6742
              Y          8733.81        1.180609       -0.83966
```

축약형식에 의해 추정된 내생변수들의 추정값은 식 (8.13)으로 정리할 수 있다.

$$
\begin{aligned}
\widehat{C_t} &= 4755.412 + 0.622473 Y_{t-1} - 0.44271 G_t \\
\widehat{I_t} &= 3978.398 + 0.558136 Y_{t-1} - 1.39695 G_t \\
\widehat{T_t} &= -1851.38 + 0.232639 Y_{t-1} - 0.16545 G_t \\
\widehat{D_t} &= 10585.19 + 0.94797 Y_{t-1} - 0.6742 G_t \\
\widehat{Y_t} &= 8733.81 + 1.180609 Y_{t-1} - 0.83966 G_t
\end{aligned}
\tag{8.13}
$$

식 (8.13) 중 가계최종소비지출(C_t), 고정자본형성(I_t), 조세수입(T_t)의 적합계열(첨자 'h' 포함)은 비교를 위하여 원 계열과 함께 그림 8.5에 정리하였다.

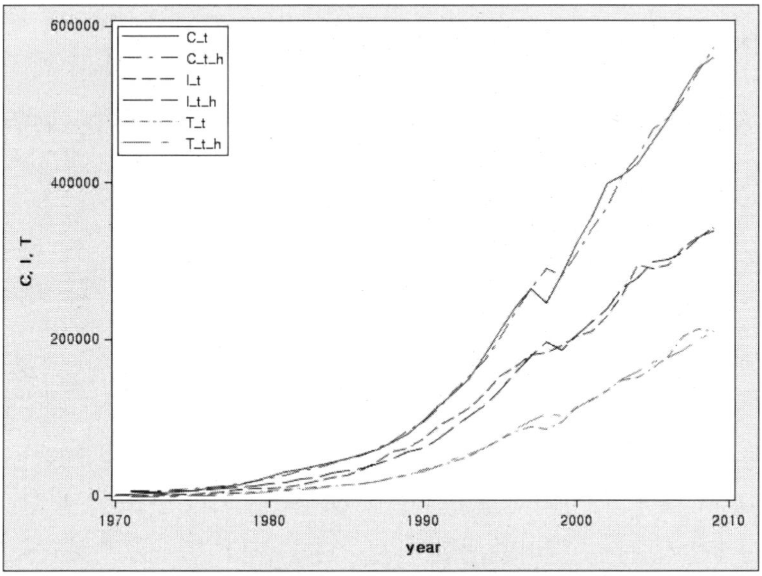

그림 8.5: 모형 (8.12)의 3SLS 적합결과

사례분석 1에서 프로그램 결과의 해석에 대하여 이미 설명하였으므로 사례분석 2에서는 이를 반복하기 보다는 여러 가지 추정방법을 비교하기로 한다. 추정방법의 이론적인 배경은 8.8절을 참고하기 바라며 프로그램 8.2에서 3SLS 대신에 LIML 또는 FIML로 옵션을 지정함으로써 표 8.7의 추정방법별 결과를 구할 수 있다.

표 8.7: 모수추정법에 따른 추정치

		OLS	2SLS	3SLS	LIML	FIML
C_t	α_0	-2095.26	-2116.24	-2195.22	-2119.33	-2170.23
	α_1	0.656274	0.656350	0.656638	0.656361	0.656547
	β_0	1576.448	-9474.08	-10552.2	-9474.08	-14500.2
I_t	β_1	0.537095	1.559986	1.663713	1.559985	2.027238
	β_2	-0.21915	-1.29666	-1.40606	-1.29666	-1.78892
T_t	γ_0	-3555.82	-3555.50	-3572.38	-3555.01	-3574.47
	γ_1	0.197001	0.197000	0.197050	0.196999	0.197056

8.6 연립방정식모형에서 발생하는 여러 문제

어떤 상품 A의 수요를 Q_d, 공급을 Q_s, 가격을 P라고 하고, 시장균형이론에 따라 모형 (8.14)를 고려해 보자.

$$\begin{aligned} \text{수요}: Q_d &= \gamma_1 P + \epsilon_d \\ \text{공급}: Q_s &= \gamma_2 P + \epsilon_s \\ \text{균형조건}: Q_d &= Q_s = Q \end{aligned} \tag{8.14}$$

시장균형이론에 따라 Q와 P를 동시에 결정해야 하므로 모형에서 Q와 P는 내생변수에 속하게 된다. 모형 (8.14)에서 수요함수의 모수 $\gamma_1 < 0$이고 공급함수에서의 모수 $\gamma_2 > 0$을 기대하게 될 것이다. 그러나 모형 (8.14)의 균형조건 $Q_d = Q_s = Q$에 따라 수요함수모형과 공급함수모형은 동일한 형태를 갖는다. 그러면 관찰치 (Q, P)를 가지고 모수를 추정했을 때 그 모수가 수요함수의 γ_1일까? 아니면 공급함수의 γ_2일까? 만약 모수의 추정치가 양의 값이면 그 모수는 공급함수의 γ_2라고 할 수 있을까? 이에 대한 답을 위해 간단한 그림을 통해 살펴보자.

그림 8.6은 (Q, P)의 3개의 관찰치를 나타내고 관찰점을 연결한 선은 관찰치에 의해 추정된

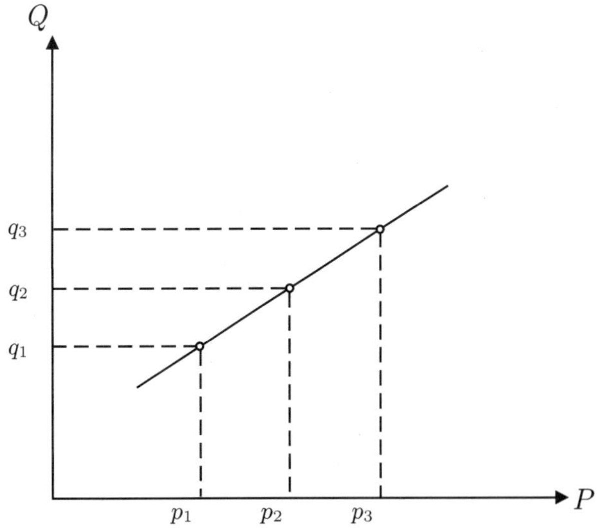

그림 8.6: Q와 P의 관찰점

회귀선이다. 그림 8.6에 의해 추정된 회귀선은 수요함수도 아니고 공급함수도 아니다.

이는 그림 8.7과 그림 8.8에 의해 명확하게 볼 수 있다. 그림 8.7의 수요함수는 그림 8.8의

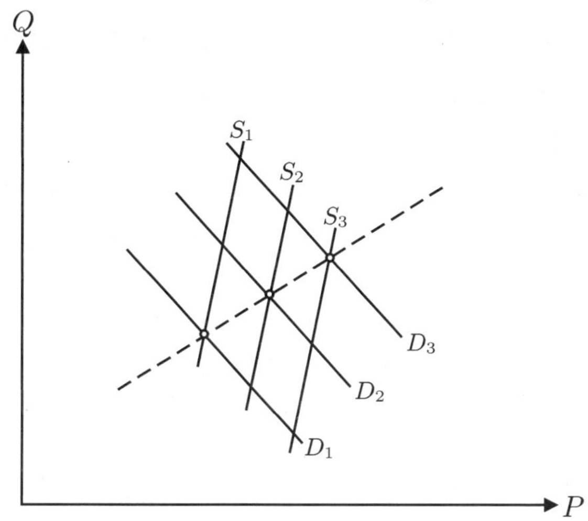

그림 8.7: 탄력적인 수요함수

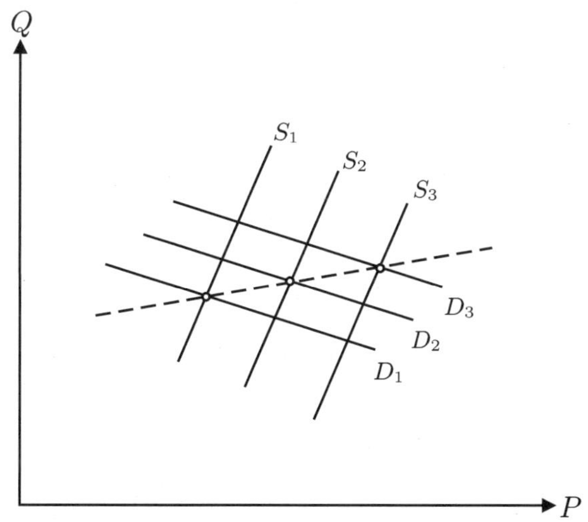

그림 8.8: 비탄력적인 수요함수

수요함수보다도 가격에 대해 상대적으로 탄력적인 경우이다. 그림 8.7와 그림 8.8에서 볼 수

있듯이 시장균형이론에 따라 수요함수 D_i와 공급함수 S_i, $i = 1,2,3$가 만나는 점에서 (Q,P)가 관찰된다. 그러므로 그림 8.6의 회귀선 기울기는 그림 8.7과 그림 8.8의 공급함수 S_i나 수요함수 D_i와는 전혀 다른 모습을 보여주게 된다. 그림 8.6의 관찰치만 가지고도 그림 8.7 또는 그림 8.8과 유사한 수많은 공급함수와 수요함수가 가능하게 되므로 모형 (8.14)는 추정이 불가능한 모형이 된다. 그렇다면 모형 (8.14)를 추정 가능하게 할 수는 없을까? 해결방법은 모형에 외생변수를 추가하는 것이다.. 예를 들어 모형 (8.14)에서 A 상품의 공급은 기온 W에 영향을 받지만 수요는 W에 영향을 받지 않는다고 가정하자. 그러면 모형 (8.14)를 다음과 같이 바꾸어 쓸 수 있다.

$$\text{수요} : Q = \gamma_1 P + \epsilon_d$$
$$\text{공급} : Q = \gamma_2 P + \beta_2 W + \epsilon_s$$

가정에 따라 W는 공급함수에만 영향을 주기 때문에 일정한 γ_2에 대해 W의 변동은 공급함수의 변동만 가져오게 된다. 이를 그림으로 표시하면 그림 8.9와 같다. 그림 8.9에서 볼 수 있듯이

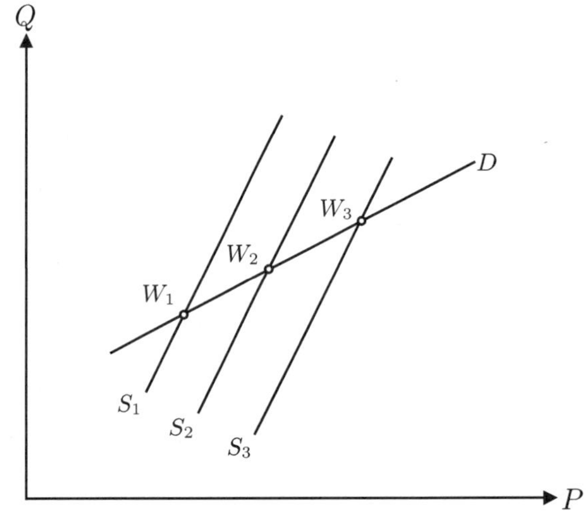

그림 8.9: 추정가능한 수요함수

$W_1 \to W_2 \to W_3$로 기온 W가 변화함에 따라 γ_2는 일정하며 기온 W는 오직 공급함수에만 영향을 주게 되므로 수요함수는 이동하지 않지만 공급함수는 $S_1 \to S_2 \to S_3$로 이동(상향)하게 된다. 그러므로 수요함수와 공급함수가 만나는 점에서 관찰치가 형성되고 이 관찰치에 의한 회귀선이 추정된 수요함수가 된다. 즉, 이 경우 수요함수는 추정 가능하지만 공급함수는 그림

8.9와 같이 기울기가 동일한 γ_2를 갖는다는 가정을 할 수 없으므로 추정 불가능하게 된다. 여기에서 한 가지 중요한 것은 W와 P가 어떤 선형관계를 가져야 한다는 것이다. 만약 W가 이동할 때 P가 이동하지 않는다면 그림 8.9와 같은 공급함수의 이동을 기대하기 어렵기 때문이다.

이제 수요함수와 공급함수가 모두 추정 가능한 모형을 고려하여 보자. I를 수입(income)이라고 정의하고 수입 I는 오직 수요함수에만 영향을 미친다고 하면, 모형을 다음과 같이 쓸 수 있다.

$$\text{수요}: Q = \gamma_1 P + \beta_1 I + \epsilon_d$$
$$\text{공급}: Q = \gamma_2 P + \beta_2 W + \epsilon_s$$

위의 모형에서 Q와 P는 내생변수이고 I와 W는 외생변수이다. 두 개의 방정식이 두 개의 내생변수를 가지고 있으므로 위의 모형은 완전한(complete) 모형이 된다. I는 수요함수에만 영향을 미치므로 수요함수는 $I_1 \to I_2 \to I_3$로 이동함에 따라, W는 공급함수에만 영향을 미치므로 공급함수는 $W_1 \to W_2 \to W_3$로 이동함에 따라 그림 8.10과 같이 두 개의 선이 이동하게 될 것이다. 그림 8.10를 살펴보면, I만을 변동시킬 때 공급함수는 고정되고 수요함수만 이동하게

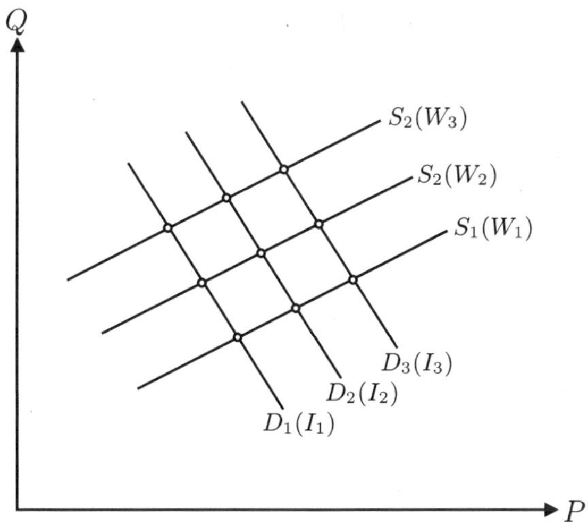

그림 8.10: 추정가능한 수요 및 공급함수

되므로 공급함수의 γ_2를 추정할 수 있고, 반면 W만 이동시키면 수요함수의 γ_1을 추정할 수 있으므로 수요 및 공급함수의 추정 여부는 외생변수의 선택과 수요 및 공급함수 모형에서

외생변수의 포함 여부에 달려 있다고 할 수 있다. 그러므로 연립방정식모형에서는 추정 및 검정을 포함한 통계적인 여러 문제를 논하기 이전에 추정 가능한 모형인지에 대한 사전 점검이 필요하게 된다. 이것을 연립방정식모형에서의 식별(identification)문제라고 한다.

이제, 추정문제를 살펴보기 위하여 모형 (8.15)를 고려해 보자.

$$\begin{aligned} &\text{수요}: Q_t = \gamma_1 P_t + \epsilon_{dt} \\ &\text{공급}: Q_t = \gamma_2 P_t + \beta_2 W_t + \epsilon_{st}, \qquad t = 1, 2, \ldots, T. \end{aligned} \tag{8.15}$$

문제를 더욱 간단히 하기 위해 ϵ_{dt}와 ϵ_{st}는 각각이 평균이 0이고 분산이 ${\sigma_d}^2, {\sigma_s}^2$인 확률변수로 놓고 $Cov(\epsilon_{dt}, \epsilon_{st}) = 0$이라고 가정하자. 앞에서 논의하였듯이 수요함수는 추정 가능하고 수요함수의 오차항은 겉으로 보기에 고전적 회귀모형의 가정을 충족하게 되므로 γ_1의 가장 좋은 추정량은 다음의 OLS 추정량이 될 것이다.

$$\widehat{\gamma}_1 = \frac{\sum_{t=1}^{T} P_t Q_t}{\sum_{t=1}^{T} {P_t}^2}$$

과연 이것이 옳은 추정량일까? 제2장에서 살펴보았듯이 위의 $\widehat{\gamma}_1$가 γ_1의 일치추정량이 되기 위한 전제조건은 P_t와 ϵ_{dt}가 무상관이라는 것이다. P_t와 ϵ_{dt}가 무상관인가를 살펴보기 위해 내생변수 Q, P를 종속변수 자리에 놓고 연립하여 정리하면 (8.16)이 된다.

$$\begin{aligned} Q_t &= \frac{\gamma_1 \beta_2}{\gamma_1 - \gamma_2} W_t + \frac{1}{\gamma_1 - \gamma_2} (\gamma_1 \epsilon_{st} - \gamma_2 \epsilon_{dt}) \\ P_t &= \frac{\beta_2}{\gamma_1 - \gamma_2} W_t + \frac{\epsilon_{st} - \epsilon_{dt}}{\gamma_1 - \gamma_2} \end{aligned} \tag{8.16}$$

W_t는 외생변수이므로 ϵ_{dt}와 무상관임을 이용하여 P_t와 ϵ_{dt}의 공분산을 구하면

$$Cov(P_t, \epsilon_{dt}) = Cov\left(\frac{\beta_2}{\gamma_1 - \gamma_2} W_t + \frac{\epsilon_{st} - \epsilon_{dt}}{\gamma_1 - \gamma_2}, \epsilon_{dt} \right) = \frac{-{\sigma_d}^2}{\gamma_1 - \gamma_2}$$

가 되어 P_t와 ϵ_{dt}는 무상관이 아님을 알 수 있다. 따라서 OLS 추정량 $\widehat{\gamma}_1$는 γ_1의 일치추정량이 될 수 없다. 이처럼 연립방정식모형에서 OLS 추정량은 모수의 일치추정량이 될 수 없으며 이러한 현상을 연립편의(simultaneous bias)라고 한다. 이 연립편의를 제거하는 추정법이 2SLS, 3SLS 등 이다(자세한 내용은 8.8절을 참조).

모형 (8.15)처럼 방정식의 등호 오른쪽에 내생변수와 외생변수가 혼재된 모형을 연립방정식모형의 구조형식(structural form)이라 하고 모형 (8.16)과 같이 내생변수를 오직 외생변수로만 표현한 모형을 축약형식(reduced form)이라고 한다. 축약형식 (8.16)을 좀 더 자세히 살펴보자. $\mathbf{Q} = (Q_1, Q_2, \ldots, Q_T)'$, $\mathbf{P} = (P_1, P_2, \ldots, P_T)'$로 정의하고,

$$\beta_1{}^* = \frac{\gamma_1\beta_2}{\gamma_1-\gamma_2},\ \beta_2{}^* = \frac{\beta_2}{\gamma_1-\gamma_2},\ \epsilon_{1t}^* = \frac{\gamma_1\epsilon_{st}-\gamma_2\epsilon_{dt}}{\gamma_1-\gamma_2},\ \epsilon_{2t}^* = \frac{\epsilon_{st}-\epsilon_{dt}}{\gamma_1-\gamma_2}$$

로 놓자. $\boldsymbol{\epsilon}_1{}^* = (\epsilon_{11}{}^*, \epsilon_{12}{}^*, \ldots, \epsilon_{1T}{}^*)'$, $\boldsymbol{\epsilon}_2{}^* = (\epsilon_{21}{}^*, \epsilon_{22}{}^*, \ldots, \epsilon_{2T}{}^*)'$로 놓으면 모형 (8.16)은

$$\begin{pmatrix}\mathbf{Q}\\ \mathbf{p}\end{pmatrix} = \begin{pmatrix}\mathbf{W} & \mathbf{0}\\ \mathbf{0} & \mathbf{W}\end{pmatrix}\begin{pmatrix}\beta_1{}^*\\ \beta_2{}^*\end{pmatrix} + \begin{pmatrix}\boldsymbol{\epsilon}_1{}^*\\ \boldsymbol{\epsilon}_2{}^*\end{pmatrix} \tag{8.17}$$

로 표현할 수 있다. 여기서 $\mathbf{W} = (W_1, W_2, \ldots, W_T)'$이다. 모형 (8.17)에서 오차항의 분산은 다음의 형태이므로

$$Var\begin{pmatrix}\boldsymbol{\epsilon}_1{}^*\\ \boldsymbol{\epsilon}_2{}^*\end{pmatrix} = \begin{pmatrix}\sigma_{11}I_T & \sigma_{12}I_T\\ \sigma_{12}I_T & \sigma_{22}I_T\end{pmatrix} = \begin{pmatrix}\sigma_{11} & \sigma_{12}\\ \sigma_{12} & \sigma_{22}\end{pmatrix}\otimes I_T$$

제7장에서 논의한 SUR 모형에서 오차항의 분산과 동일한 구조를 가진다. 특히, 독립변수가 **W**로 모두 같으므로 7.4절에서 논의하였듯이 $\beta_1{}^*$와 $\beta_2{}^*$의 최소분산선형추정량은 모형 (8.17)의 OLS 추정량이 된다. 그러나 축약형식에서 구한 두 개의 모수추정량 $\beta_1{}^*$와 $\beta_2{}^*$는 구조형식의 세 개의 모수 $\gamma_1, \gamma_2, \beta_2$의 결합된 형태이므로 이를 풀어낼 수 없게되는 문제가 발생할 수 있다. 정리해 보면 축약형식은 내생변수 Q_t와 P_t의 예측에는 유용하지만 모수추정 즉, $\gamma_1, \gamma_2, \beta_2$를 구하는 것에는 어려움이 따름을 알 수 있다. 그러므로 이를 해결하기 위해서는 모수에 대한 어떤 제약조건이 필요하게 되며, 이러한 제약조건은 모형의 식별문제와 직결된다. 이에 관해서는 다음 절에서 자세히 논의하게 될 것이다.

8.7 연립방정식모형의 용어 정의 및 식별

먼저 연립방정식모형의 구조형식을 일반적으로 쓰면 다음과 같다.

$$\begin{aligned}
\gamma_{11}y_{1t}+\gamma_{21}y_{2t}+\cdots+\gamma_{M1}y_{Mt}+\beta_{11}x_{1t}+\beta_{21}x_{2t}+\cdots+\beta_{K1}x_{Kt} &= \epsilon_{1t}\\
\gamma_{12}y_{1t}+\gamma_{22}y_{2t}+\cdots+\gamma_{M2}y_{Mt}+\beta_{12}x_{1t}+\beta_{22}x_{2t}+\cdots+\beta_{K2}x_{Kt} &= \epsilon_{2t}\\
&\ \vdots\\
\gamma_{1M}y_{1t}+\gamma_{2M}y_{2t}+\cdots+\gamma_{MM}y_{Mt}+\beta_{1M}x_{1t}+\beta_{2M}x_{2t}+\cdots+\beta_{KM}x_{Kt} &= \epsilon_{Mt}
\end{aligned} \tag{8.18}$$

여기서 $t = 1,2,\ldots,T$이며 T는 관찰 수를 나타내고 $y_{1t}, y_{2t}, \ldots, y_{Mt}$는 내생변수, $x_{1t}, x_{2t}, \ldots, x_{Kt}$는 외생변수를 나타낸다. 물론 이 외생변수는 내생변수의 시차변수를 포함할 수 있다. (8.15)를 (8.18)로 표현하면, $M = 2$이며 $\gamma_{11} = 1, \gamma_{21} = -\gamma_1, \beta_{11} = 0$이고 $\gamma_{12} = 1, \gamma_{22} = -\gamma_2, \beta_{12} = -\beta_2$인 경우가 된다. (8.18)을 행렬식으로 표현하면

$$
\begin{pmatrix} y_{1t} & y_{2t} & \cdots & y_{Mt} \end{pmatrix} \begin{pmatrix} \gamma_{11} & \gamma_{12} & \cdots & \gamma_{1M} \\ \gamma_{21} & \gamma_{22} & \cdots & \gamma_{2M} \\ \vdots & \vdots & \ddots & \vdots \\ \gamma_{M1} & \gamma_{M2} & \cdots & \gamma_{MM} \end{pmatrix} + \begin{pmatrix} x_{1t} & x_{2t} & \cdots & x_{Kt} \end{pmatrix} \begin{pmatrix} \beta_{11} & \beta_{12} & \cdots & \beta_{1M} \\ \beta_{21} & \beta_{22} & \cdots & \beta_{2M} \\ \vdots & \vdots & \ddots & \vdots \\ \beta_{K1} & \beta_{K2} & \cdots & \beta_{KM} \end{pmatrix} = \begin{pmatrix} \epsilon_{1t} & \epsilon_{2t} & \cdots & \epsilon_{Mt} \end{pmatrix} \qquad (8.19)
$$

가 된다. 다음과 같이 벡터를 정의하고

$$
\mathbf{y}_i = \begin{pmatrix} y_{i1} & y_{i2} & \ldots & y_{iT} \end{pmatrix}', \quad \mathbf{x}_i = \begin{pmatrix} x_{i1} & x_{i2} & \ldots & x_{iT} \end{pmatrix}', \quad \boldsymbol{\epsilon}_i = \begin{pmatrix} \epsilon_{i1} & \epsilon_{i2} & \ldots & \epsilon_{iT} \end{pmatrix}'
$$
$$
\boldsymbol{\gamma}_i = \begin{pmatrix} \gamma_{1i} & \gamma_{2i} & \ldots & \gamma_{Mi} \end{pmatrix}', \quad \boldsymbol{\beta}_i = \begin{pmatrix} \beta_{1i} & \beta_{2i} & \ldots & \beta_{Ki} \end{pmatrix}'
$$

모형 (8.18)을 모든 $t = 1,2,\ldots,T$를 포함한 (8.19)로 표현하면

$$
\begin{pmatrix} \mathbf{y}_1 & \mathbf{y}_2 & \ldots & \mathbf{y}_M \end{pmatrix} \begin{pmatrix} \boldsymbol{\gamma}_1 & \boldsymbol{\gamma}_2 & \ldots & \boldsymbol{\gamma}_M \end{pmatrix} + \begin{pmatrix} \mathbf{x}_1 & \mathbf{x}_2 & \ldots & \mathbf{x}_K \end{pmatrix} \begin{pmatrix} \boldsymbol{\beta}_1 & \boldsymbol{\beta}_2 & \ldots & \boldsymbol{\beta}_M \end{pmatrix} = \begin{pmatrix} \boldsymbol{\epsilon}_1 & \boldsymbol{\epsilon}_2 & \ldots & \boldsymbol{\epsilon}_M \end{pmatrix}
$$

즉,

$$
\mathbf{Y\Gamma} + \mathbf{XB} = \mathbf{E} \qquad (8.20)
$$

가 된다. 여기에서 $\mathbf{Y}_{T\times M} = (\mathbf{y}_1, \mathbf{y}_2, \ldots, \mathbf{y}_M)$는 내생변수 행렬이고 $\mathbf{X}_{T\times K} = (\mathbf{x}_1, \mathbf{x}_2, \cdots, \mathbf{x}_K)$는 외생변수 행렬이며, $\mathbf{\Gamma}_{M\times M} = (\boldsymbol{\gamma}_1, \boldsymbol{\gamma}_2, \ldots, \boldsymbol{\gamma}_M)$와 $\mathbf{B}_{K\times M} = (\boldsymbol{\beta}_1, \boldsymbol{\beta}_2, \ldots, \boldsymbol{\beta}_M)$는 모수 행렬이다. 그리고 $\mathbf{E}_{T\times M} = (\boldsymbol{\epsilon}_1, \boldsymbol{\epsilon}_2, \ldots, \boldsymbol{\epsilon}_M)$는 오차항 행렬로 기대치는 $\mathbf{0}$이며 분산은 다음과 같이 가정한다.

$$
Var \begin{pmatrix} \boldsymbol{\epsilon}_1 \\ \boldsymbol{\epsilon}_2 \\ \vdots \\ \boldsymbol{\epsilon}_M \end{pmatrix} = \begin{pmatrix} \sigma_{11} I_T & \sigma_{12} I_T & \cdots & \sigma_{1M} I_T \\ \sigma_{21} I_T & \sigma_{22} I_T & \cdots & \sigma_{2M} I_T \\ \vdots & \vdots & \ddots & \vdots \\ \sigma_{M1} I_T & \sigma_{M2} I_T & \cdots & \sigma_{MM} I_T \end{pmatrix} = \mathbf{\Sigma} \otimes I_T \qquad (8.21)
$$

여기서

$$\boldsymbol{\Sigma} = \begin{pmatrix} \sigma_{11} & \sigma_{12} & \cdots & \sigma_{1M} \\ \sigma_{21} & \sigma_{22} & \cdots & \sigma_{2M} \\ \vdots & \vdots & \ddots & \vdots \\ \sigma_{M1} & \sigma_{M2} & \cdots & \sigma_{MM} \end{pmatrix}$$

이며, $\sigma_{ij} = Cov(\epsilon_{it}, \epsilon_{jt})$이다. 이 가정은 7.4절의 SUR 모형에서 오차항의 분산공분산 가정과 같다. (8.21)의 분산에 관한 가정을 만족하는 모형 (8.20)을 연립방정식모형이라고 한다. 모형 (8.20)을 축약형식으로 표현하기 위해 양변에 $\boldsymbol{\Gamma}^{-1}$를 곱하면, $\mathbf{Y\Gamma\Gamma}^{-1} + \mathbf{XB\Gamma}^{-1} = \mathbf{E\Gamma}^{-1}$가 되어 축약형식은 (8.22)가 된다.

$$\begin{aligned} \mathbf{Y} &= \mathbf{XB\Gamma}^{-1} + \mathbf{E\Gamma}^{-1} \\ &= \mathbf{X\Pi} + V \end{aligned} \tag{8.22}$$

여기에서

$$\boldsymbol{\Pi} = -\mathbf{B\Gamma}^{-1} = \begin{pmatrix} \pi_{11} & \pi_{12} & \cdots & \pi_{1M} \\ \pi_{21} & \pi_{22} & \cdots & \pi_{2M} \\ \vdots & \vdots & \ddots & \vdots \\ \pi_{K1} & \pi_{K2} & \cdots & \pi_{KM} \end{pmatrix}_{K \times M} = \begin{pmatrix} \boldsymbol{\pi}_1 & \boldsymbol{\pi}_2 & \cdots & \boldsymbol{\pi}_M \end{pmatrix}$$

이고

$$\mathbf{V} = \mathbf{E\Gamma}^{-1} = \begin{pmatrix} v_{11} & v_{21} & \cdots & v_{M1} \\ v_{12} & v_{22} & \cdots & v_{M2} \\ \vdots & \vdots & \ddots & \vdots \\ v_{1T} & v_{2T} & \cdots & v_{MT} \end{pmatrix}_{T \times M} = \begin{pmatrix} \boldsymbol{v}_1 & \boldsymbol{v}_2 & \cdots & \boldsymbol{v}_M \end{pmatrix}$$

이다. 모형 (8.15)의 축약형식은 모형 (8.16)에서 $K = 1$이므로 다음의 관계를 알 수 있다.

$$\pi_{11} = \frac{\gamma_1 \beta_2}{\gamma_1 - \gamma_2}, \quad \pi_{12} = \frac{\beta_2}{\gamma_1 - \gamma_2}$$

(8.22)의 축약형식이 성립하기 위해서는 $\boldsymbol{\Gamma}^{-1}$가 존재한다는 가정이 있어야 한다. $\boldsymbol{\Gamma}^{-1}$가 존재하기 위한 필요조건은 $\boldsymbol{\Gamma}$가 정방행렬이어야 하므로, 이는 내생변수의 수와 방정식의 수가 같다는 것을 의미하게 된다. 그러므로 $\boldsymbol{\Gamma}^{-1}$가 존재하기 위한 필요조건은 (8.20)의 연립방정식모형이 완전(complete)하다는 조건이 된다.

8.7.1 구조형식과 축약형식의 관계

(8.20)의 구조형식과 (8.22)의 축약형식의 관계를 살펴보기 위해, 구조형식 (8.19)을 앞에서 정의한 $\mathbf{\Gamma}$와 $\mathbf{B}$를 이용하여 쓰면 모형 (8.23)이 되고

$$\begin{pmatrix} y_{1t} & y_{2t} & \dots & y_{Mt} \end{pmatrix}\mathbf{\Gamma} + \begin{pmatrix} x_{1t} & x_{2t} & \dots & x_{Mt} \end{pmatrix}\mathbf{B} = \begin{pmatrix} \epsilon_{1t} & \epsilon_{2t} & \dots & \epsilon_{Mt} \end{pmatrix} \tag{8.23}$$

축약형식은

$$\begin{aligned}\begin{pmatrix} y_{1t} & y_{2t} & \dots & y_{Mt} \end{pmatrix} &= -\begin{pmatrix} x_{1t} & x_{2t} & \dots & x_{Mt} \end{pmatrix}\mathbf{B}\mathbf{\Gamma}^{-1} + \begin{pmatrix} \epsilon_{1t} & \epsilon_{2t} & \dots & \epsilon_{Mt} \end{pmatrix}\mathbf{\Gamma}^{-1} \\ &= \begin{pmatrix} x_{1t} & x_{2t} & \dots & x_{Mt} \end{pmatrix}\mathbf{\Pi} + \begin{pmatrix} \nu_{1t} & \nu_{2t} & \dots & \nu_{Mt} \end{pmatrix}\end{aligned}$$

이다. 즉,

$$y_{it} = \begin{pmatrix} x_{1t} & x_{2t} & \dots & x_{Kt} \end{pmatrix}\boldsymbol{\pi}_i + \nu_{it}, \quad i = 1, 2, \dots, M$$

이므로

$$\begin{pmatrix} \mathbf{y}_1 \\ \mathbf{y}_2 \\ \vdots \\ \mathbf{y}_M \end{pmatrix} = \begin{pmatrix} \mathbf{X} & O & \cdots & O \\ O & \mathbf{X} & \cdots & O \\ \vdots & \vdots & \ddots & \vdots \\ O & O & \cdots & \mathbf{X} \end{pmatrix} \begin{pmatrix} \boldsymbol{\pi}_1 \\ \boldsymbol{\pi}_2 \\ \vdots \\ \boldsymbol{\pi}_M \end{pmatrix} + \begin{pmatrix} \boldsymbol{\nu}_1 \\ \boldsymbol{\nu}_2 \\ \vdots \\ \boldsymbol{\nu}_M \end{pmatrix} \tag{8.24}$$

이 된다. 한편

$$Var\begin{pmatrix} \boldsymbol{\epsilon}_1 \\ \boldsymbol{\epsilon}_2 \\ \vdots \\ \boldsymbol{\epsilon}_M \end{pmatrix} = \mathbf{\Sigma} \otimes \mathbf{I}_T$$

이고 $\mathbf{V} = \mathbf{E}\mathbf{\Gamma}^{-1}$이므로

$$Var\begin{pmatrix} \boldsymbol{\nu}_1 \\ \boldsymbol{\nu}_2 \\ \vdots \\ \boldsymbol{\nu}_M \end{pmatrix} = (\mathbf{\Gamma}^{-1})'\mathbf{\Sigma}\mathbf{\Gamma}^{-1} \otimes \mathbf{I}_T$$

가 된다. 그러므로 (8.24)는 7.4절 SUR 모형과 동일하며, 특히 독립변수는 모두 같은 $\mathbf{X}$이기 때문에 7.4절에서 논의한대로 (8.24)의 최소분산선형추정량은 $\mathbf{\Pi}$의 OLS 추정량이 된다. 즉,

(8.25)가 축약형식 (8.22)의 모수 **Π**의 최소분산추정량인 것이다.

$$\hat{\mathbf{\Pi}} = (\mathbf{X}'\mathbf{X})^{-1}\mathbf{X}'\mathbf{Y} \tag{8.25}$$

그러면 (8.25)에서 구한 OLS 추정량 $\hat{\mathbf{\Pi}}$를 이용하여 구조형식 (8.20)의 모수 **Γ**와 **B**를 구할 수 있을까? **Π**의 크기가 $K \times M$이고 **Γ**의 크기가 $M \times M$, 그리고 **B**의 크기가 $K \times M$이므로 $K \times M$ 개의 π_{ij} 추정량으로sms $(M \times M + K \times M)$개의 γ_{ij}와 β_{ij}의 추정량들을 구할 수 없다. 따라서 추정이 가능해 지려면 **Γ**와 **B**에 적절한 제약조건이 필요함을 알 수 있다. 만약 추정된 **Π**에 의해 구조형식 모수 **Γ**와 **B**를 추정할 수 있다면 이 모형을 식별 가능(identifiable)하다고 말하며, 식별 가능한 모형을 설명하기 위해 (8.19)에 정의된 구조형식을 다시 고려해 보자.

$$\mathbf{y}_t{}'\mathbf{\Gamma} + \mathbf{x}_t{}'\mathbf{B} = \boldsymbol{\epsilon}_t{}' \tag{8.26}$$

여기에서 $\mathbf{y}_t{}' = (y_{1t}, y_{2t}, \cdots, y_{Mt})$, $\mathbf{x}_t{}' = (x_{1t}, x_{2t}, \cdots, x_{Kt})$, 그리고 $\boldsymbol{\epsilon}_t{}' = (\epsilon_{1t}, \epsilon_{2t}, \ldots, \epsilon_{Mt})$이다. (8.26)의 축약형식은 다음과 같다.

$$\begin{aligned}\mathbf{y}_t{}' &= -\mathbf{x}_t'\mathbf{B}\mathbf{\Gamma}^{-1} + \boldsymbol{\epsilon}_t{}'\mathbf{\Gamma}^{-1}\\ &= \mathbf{x}_t'\mathbf{\Pi} + \boldsymbol{\nu}_t{}'\end{aligned}$$

여기에서 $\boldsymbol{\nu}_t' = \boldsymbol{\epsilon}_t'\mathbf{\Gamma}^{-1}$이므로 $\boldsymbol{\nu}_t$의 분산은 다음과 같다.

$$Var(\boldsymbol{\nu}_t) = Var\big((\mathbf{\Gamma}^{-1})'\boldsymbol{\epsilon}_t\big) = (\mathbf{\Gamma}^{-1})'\mathbf{\Sigma}\mathbf{\Gamma}^{-1}$$

이제 구조형식 (8.26)의 양변에 임의의 정칙행렬 **F**를 곱하면

$$\mathbf{y}_t{}'\tilde{\mathbf{\Gamma}} + \mathbf{x}_t{}'\tilde{\mathbf{B}} = \tilde{\boldsymbol{\epsilon}}_t{}' \tag{8.27}$$

이 되고, 여기서 $\tilde{\mathbf{\Gamma}} = \mathbf{\Gamma}\mathbf{F}$, $\tilde{\mathbf{B}} = \mathbf{B}\mathbf{F}$, $\tilde{\boldsymbol{\epsilon}}_t' = \boldsymbol{\epsilon}_t'\mathbf{F}$이다. (8.27)의 축약형식은 다음과 같다.

$$\begin{aligned}\mathbf{y}_t{}' &= -\mathbf{x}_t{}'\tilde{\mathbf{B}}\tilde{\mathbf{\Gamma}}^{-1} + \tilde{\boldsymbol{\epsilon}}_t'\tilde{\mathbf{\Gamma}}^{-1}\\ &= \mathbf{x}_t{}'\tilde{\mathbf{\Pi}} + \tilde{\boldsymbol{\nu}}_t'\end{aligned}$$

그런데 $\tilde{\mathbf{\Pi}} = -\tilde{\mathbf{B}}\tilde{\mathbf{\Gamma}}^{-1} = -\mathbf{B}\mathbf{F}(\mathbf{\Gamma}\mathbf{F})^{-1} = -\mathbf{B}\mathbf{\Gamma}^{-1} = \mathbf{\Pi}$ 가 되고

$$\begin{aligned}Var(\tilde{\boldsymbol{\nu}}_t) &= Var\big((\tilde{\mathbf{\Gamma}}^{-1})'\tilde{\boldsymbol{\epsilon}}_t\big) = (\tilde{\mathbf{\Gamma}}^{-1})'Var(\tilde{\boldsymbol{\epsilon}}_t)\tilde{\mathbf{\Gamma}}^{-1}\\ &= (\mathbf{F}^{-1}\mathbf{\Gamma}^{-1})'\mathbf{F}'\mathbf{\Sigma}\mathbf{F}\mathbf{F}^{-1}\mathbf{\Gamma}^{-1} = (\mathbf{\Gamma}^{-1})'\mathbf{\Sigma}\mathbf{\Gamma}^{-1}\end{aligned}$$

임을 알 수 있다. 이는 (8.26)의 축약형식에서 모수와 오차항의 분산과 임의의 정칙행렬 **F**를

곱해서 만든 새로운 구조형식 (8.27)의 축약형식에서 모수와 오차항의 분산이 완전히 일치함을 보여주는 것이다. 즉 (8.26)과 (8.27)의 구조형식의 모수가 다를지라도 같은 축약형식의 모수를 가지게 되는 것이다. 특히 $\boldsymbol{\epsilon}_t$가 정규분포를 따를 때 $\mathbf{\Pi} = -\mathbf{B}\mathbf{\Gamma}^{-1}$인지 $\mathbf{\Pi} = -\tilde{\mathbf{B}}\tilde{\mathbf{\Gamma}}^{-1}$인지를 구분할 방법이 없게 된다. 이와 같은 현상을 두 개의 모형 (8.26)과 (8.27)이 관찰치 측면에서 동일(observationally equivalent)하다고 말한다. 이 같은 현상을 없애고 $\mathbf{\Pi}$로부터 유일한 $\mathbf{\Gamma}$와 $\mathbf{B}$를 구하는 조건을 먼저 예제를 통해 살펴보기로 하자. P와 Q를 내생변수, I와 W를 외생변수라고 할 때, 다음의 모형 (8.28)을 보자.

$$\begin{aligned} \text{수요}: \gamma_{11}Q_t + \gamma_{21}P_t &= \beta_{11}I_t + \beta_{21}W_t + \epsilon_{dt} \\ \text{공급}: \gamma_{12}Q_t + \gamma_{22}P_t &= \beta_{12}I_t + \beta_{22}W_t + \epsilon_{st} \end{aligned} \tag{8.28}$$

위의 구조형식에서 임의의 $\mathbf{F}$를 곱하더라도 같은 축약형식을 가지게 되므로 수요함수의 내생변수의 계수 중 하나와 공급함수의 내생변수의 계수 중 하나를 1로 고정하여도 일반화에 전혀 영향을 미치지 않게 된다. 이러한 과정을 표준화(normalization)라고 말한다. 즉 일반적으로, 표준화는 구조형식에서 $\mathbf{\Gamma}$의 각 행 중 하나의 계수를 1로 고정하는 것을 말한다. 이 예에서 $\gamma_{11} = \gamma_{12} = 1$로 표준화 하면 구조형식은 (8.29)가 된다.

$$\begin{pmatrix} Q_t & P_t \end{pmatrix} \begin{pmatrix} 1 & 1 \\ \gamma_{21} & \gamma_{22} \end{pmatrix} + \begin{pmatrix} I_t & W_t \end{pmatrix} \begin{pmatrix} -\beta_{11} & -\beta_{12} \\ -\beta_{21} & -\beta_{22} \end{pmatrix} = \begin{pmatrix} \epsilon_{dt} & \epsilon_{st} \end{pmatrix} \tag{8.29}$$

이제 임의의 $\mathbf{F} = \begin{pmatrix} f_{11} & f_{12} \\ f_{21} & f_{22} \end{pmatrix}$를 $\mathbf{\Gamma}$와 $\mathbf{B}$에 곱하면 다음과 같이 된다.

$$\begin{aligned} \tilde{\mathbf{\Gamma}} = \mathbf{\Gamma}\mathbf{F} &= \begin{pmatrix} 1 & 1 \\ \gamma_{21} & \gamma_{22} \end{pmatrix} \begin{pmatrix} f_{11} & f_{12} \\ f_{21} & f_{22} \end{pmatrix} = \begin{pmatrix} f_{11} + f_{21} & f_{12} + f_{22} \\ \gamma_{21}f_{11} + \gamma_{22}f_{21} & \gamma_{21}f_{12} + \gamma_{22}f_{22} \end{pmatrix} \\ \tilde{\mathbf{B}} = \mathbf{B}\mathbf{F} &= \begin{pmatrix} -\beta_{11} & -\beta_{12} \\ -\beta_{21} & -\beta_{22} \end{pmatrix} \begin{pmatrix} f_{11} & f_{12} \\ f_{21} & f_{22} \end{pmatrix} = \begin{pmatrix} -\beta_{11}f_{11} - \beta_{12}f_{21} & -\beta_{11}f_{12} - \beta_{12}f_{22} \\ -\beta_{21}f_{11} - \beta_{22}f_{21} & -\beta_{21}f_{12} - \beta_{22}f_{22} \end{pmatrix} \end{aligned}$$

이 새로운 $\tilde{\mathbf{\Gamma}}$는 (8.29)의 표준화된 $\mathbf{\Gamma}$와 동일한 형태를 가져야하기 때문에 $\mathbf{\Gamma}$의 첫 행이 모두 1로 표준화되어있는 것처럼 $\tilde{\mathbf{\Gamma}}$의 첫 행도 표준화의 제약조건에 따라 $f_{11} + f_{21} = 1$, $f_{12} + f_{22} = 1$을 만족해야 한다. 이제, 구조형식의 모수와 축약형식의 모수는 $\mathbf{\Pi} = -\tilde{\mathbf{B}}\tilde{\mathbf{\Gamma}}^{-1}$의 관계가 있으므로

$$\begin{pmatrix} 1 & 1 \\ \gamma_{21}f_{11}+\gamma_{22}f_{21} & \gamma_{21}f_{12}+\gamma_{22}f_{22} \end{pmatrix}\begin{pmatrix} \pi_{11} & \pi_{12} \\ \pi_{21} & \pi_{22} \end{pmatrix} = \begin{pmatrix} \beta_{11}f_{11}+\beta_{12}f_{21} & \beta_{11}f_{12}+\beta_{12}f_{22} \\ \beta_{21}f_{11}+\beta_{22}f_{21} & \beta_{21}f_{12}+\beta_{22}f_{22} \end{pmatrix}$$

가 된다. 이제, $\mathbf{\Pi} = \left(\begin{smallmatrix} \pi_{11} & \pi_{12} \\ \pi_{21} & \pi_{22} \end{smallmatrix}\right)$ 는 앞에서 살펴보았듯이 OLS 방법으로 항상 추정가능하므로 $\mathbf{\Pi}$가 주어졌다는 가정에서 $\mathbf{B}$와 $\mathbf{\Gamma}$를 위 방정식으로부터 구하면 $\mathbf{B}$와 $\mathbf{\Gamma}$는 항상 $\mathbf{F}$에 의존함을 어렵지 않게 볼 수 있을 것이다. 이는 주어진 $\mathbf{\Pi}$에 의해 $\mathbf{B}$와 $\mathbf{\Gamma}$는 유일한 해를 구할 수 없다는 것을 의미한다. 그러므로 표준화의 제약조건을 가진 모형 (8.29)는 추정 불가능한 모형이 된다. 물론 제약조건이 없는 모형 (8.28)도 추정할 수 없는 모형이다. 이러한 모형을 과소인식된(under identified) 모형이라고 한다. 그림 8.7과 그림 8.8은 과소인식된 모형을 그림으로 표현한 것이다. 일반적으로 말해서, 축약형식의 모수 $\mathbf{\Pi}$로부터 구조형식의 모수 $\mathbf{\Gamma}$와 $\mathbf{B}$의 유일한 해를 구할 수 있으면 이를 인식된(identified) 모형이라고 한다. 모형 (8.29)와 같이 과소인식된 모형을 인식된 모형으로 환원하기 위해 모수 $\mathbf{\Gamma}$와 $\mathbf{B}$에 적절한 제약조건을 부여하여야 한다. 몇 가지 예제를 더 살펴보자.

예제 8.1

모형 (8.28)에서 $\gamma_{11} = \gamma_{12} = 1$이라는 표준화 조건의 추가로 W_t는 공급함수에만 영향을 미치고 수요함수에는 영향을 미치지 못한다고 가정하자. 즉, $\beta_{21} = 0$이라는 제약조건을 추가하면 모형은 (8.30)이 된다.

$$\begin{aligned} \text{수요} &: Q_t + \gamma_{21}P_t = \beta_{11}I_t + \epsilon_{dt} \\ \text{공급} &: Q_t + \gamma_{22}P_t = \beta_{12}I_t + \beta_{22}W_t + \epsilon_{st} \end{aligned} \tag{8.30}$$

모형 (8.30)을 정리하면 다음과 같고

$$\mathbf{\Gamma} = \begin{pmatrix} 1 & 1 \\ \gamma_{21} & \gamma_{22} \end{pmatrix}, \quad \mathbf{B} = -\begin{pmatrix} \beta_{11} & \beta_{12} \\ 0 & \beta_{22} \end{pmatrix}$$

임의의 $F = \left(\begin{smallmatrix} f_{11} & f_{12} \\ f_{21} & f_{22} \end{smallmatrix}\right)$를 모수 $\mathbf{\Gamma}$와 $\mathbf{B}$에 곱하면 다음의 결과를 얻는다.

$$\widetilde{\mathbf{\Gamma}} = \mathbf{\Gamma F} = \begin{pmatrix} f_{11}+f_{21} & f_{12}+f_{22} \\ \gamma_{21}f_{11}+\gamma_{22}f_{21} & \gamma_{21}f_{12}+\gamma_{22}f_{22} \end{pmatrix}$$

$$\widetilde{\mathbf{B}} = \mathbf{BF} = -\begin{pmatrix} \beta_{11}f_{11}+\beta_{12}f_{21} & \beta_{11}f_{12}+\beta_{12}f_{22} \\ \beta_{22}f_{21} & \beta_{22}f_{22} \end{pmatrix}$$

그런데 제약조건에 의해 수요함수와 공급함수 Q_t의 계수가 모두 1이므로 $f_{11}+f_{21}=1$, $f_{12}+f_{22}=1$이 되고, (8.30)의 수요함수는 W_t를 포함하지 않아야 하므로 $\tilde{\mathbf{B}}$에서 $f_{21}=0$이어야만 한다. 그러므로 $\gamma_{11}=\gamma_{12}=1$, $\beta_{21}=0$를 만족하는 F는 $f_{11}+f_{21}=1$이고 $f_{21}=0$이므로 $F=\begin{pmatrix}1 & f_{12}\\ 0 & f_{22}\end{pmatrix}$가 되므로 축약형식 모수 $\mathbf{\Pi}$로부터 다음을 얻는다.

$$\mathbf{\Pi}=\begin{pmatrix}\pi_{11} & \pi_{12}\\ \pi_{21} & \pi_{22}\end{pmatrix}=-\tilde{\mathbf{B}}\tilde{\mathbf{\Gamma}}^{-1}=\begin{pmatrix}\beta_{11} & \beta_{11}f_{12}+\beta_{12}f_{22}\\ 0 & \beta_{22}f_{22}\end{pmatrix}\begin{pmatrix}1 & 1\\ \gamma_{21} & \gamma_{21}f_{12}+\gamma_{22}f_{22}\end{pmatrix}^{-1}$$
$$=\begin{pmatrix}\beta_{11}c-d\gamma_{21} & -\beta_{11}+d\\ -\gamma_{21}\beta_{22}f_{22} & \beta_{22}f_{22}\end{pmatrix}\frac{1}{c-\gamma_{21}}$$

단, $c=\gamma_{21}f_{12}+\gamma_{22}f_{22}$, $d=\beta_{11}f_{12}+\beta_{12}f_{22}$이다. 앞의 관계식에 의해 f_{12}와 f_{22}가 무슨 값을 갖든지 관계없이, 추정된 $\mathbf{\Pi}$로부터

$$\gamma_{21}=-\frac{\pi_{21}}{\pi_{22}},\quad \beta_{11}=-\frac{\pi_{21}\pi_{12}}{\pi_{22}+\pi_{11}}$$

의 해를 유일하게 결정할 수 있다. 그러나 γ_{22}, β_{12}, β_{22}는 f_{12}와 f_{22}에 의존하기 때문에 추정 불가능한 모수가 된다. 그러므로 모형 (8.30)에서 수요함수는 인식된 모형이나 공급함수는 과소인식된 모형이 된다. 그림 8.9가 예제 8.1의 대표적인 경우이다. ■

예제 8.2

모형 (8.30)에서 I_t는 오직 수요함수에만 영향을 준다는 가정 하에 모형 (8.31)을 고려하자.

$$\text{수요}: Q_t+\gamma_{21}P_t=\beta_{11}I_t+\epsilon_{dt}$$
$$\text{공급}: Q_t+\gamma_{22}P_t=\beta_{22}W_t+\epsilon_{st} \tag{8.31}$$

모형 8.31을 정리하면, 모수행렬 $\mathbf{\Gamma}$, $\mathbf{B}$을 얻을 수 있고, 예제 8.1과 동일한 방법으로 $\mathbf{\Gamma}$와 $\mathbf{B}$에 부여된 제약조건을 만족하는 $\mathbf{F}$는 다음과 같다.

$$\mathbf{\Gamma}=\begin{pmatrix}1 & 1\\ \gamma_{21} & \gamma_{22}\end{pmatrix},\quad \mathbf{B}=-\begin{pmatrix}\beta_{11} & 0\\ 0 & \beta_{22}\end{pmatrix},\quad \mathbf{F}=\begin{pmatrix}1 & 0\\ 0 & 1\end{pmatrix}$$

그러므로 추정된 축약형식의 모수는 다음과 같이 되어

$$\mathbf{\Pi}=\begin{pmatrix}\pi_{11} & \pi_{12}\\ \pi_{21} & \pi_{22}\end{pmatrix}=-\mathbf{B}\mathbf{\Gamma}^{-1}=\begin{pmatrix}\beta_{11}\gamma_{22} & -\beta_{11}\\ -\beta_{22}\gamma_{21} & \beta_{22}\end{pmatrix}\frac{1}{\gamma_{22}-\gamma_{21}}$$

$$\gamma_{21} = -\frac{\pi_{21}}{\pi_{22}}, \quad \gamma_{22} = -\frac{\pi_{11}}{\pi_{12}}, \quad \beta_{11} = -\pi_{12}\left(\frac{\pi_{21}}{\pi_{22}} - \frac{\pi_{11}}{\pi_{12}}\right)^{-1}, \quad \beta_{22} = \pi_{22}\left(\frac{\pi_{21}}{\pi_{22}} - \frac{\pi_{11}}{\pi_{12}}\right)^{-1}$$

유일한 해를 구할 수 있다. 따라서 모형 (8.31)의 수요 및 공급함수는 모두 인식된 모형이 된다. 그림 8.10이 이 경우에 해당된다. ■

예제 8.3

3개의 내생변수와 3개의 외생변수로 구성된 다음의 연립방정식모형을 고려해 보자.

$$\begin{aligned} y_1 + \gamma_{21} y_2 &= \beta_{11} x_1 + \epsilon_1 \\ y_1 + \gamma_{32} y_3 &= \beta_{12} x_1 + \beta_{32} x_3 + \epsilon_2 \\ y_2 + \gamma_{33} y_3 &= \beta_{13} x_1 + \beta_{23} x_2 + \beta_{33} x_3 + \epsilon_3 \end{aligned} \tag{8.32}$$

모형 (8.32)를 정리하면 모수행렬 **Γ**, **B**을 얻을 수 있고, 예제 8.1과 동일한 방법으로 **Γ**와 **B**에 부여된 제약조건을 만족하는 **F**는 다음과 같다.

$$\mathbf{\Gamma} = \begin{pmatrix} 1 & 1 & 0 \\ \gamma_{21} & 0 & 1 \\ 0 & \gamma_{32} & \gamma_{33} \end{pmatrix}, \quad \mathbf{B} = -\begin{pmatrix} \beta_{11} & \beta_{12} & \beta_{13} \\ 0 & 0 & \beta_{23} \\ 0 & \beta_{32} & \beta_{33} \end{pmatrix}, \quad \mathbf{F} = \begin{pmatrix} 1 & 0 & f_{13} \\ 0 & 1 & f_{23} \\ 0 & 0 & f_{33} \end{pmatrix}$$

이 **F**를 이용하면

$$\widetilde{\mathbf{\Gamma}} = \mathbf{\Gamma F} = \begin{pmatrix} 1 & 1 & 0 \\ \gamma_{21} & 0 & \gamma_{21} f_{13} + f_{13} \\ 0 & \gamma_{32} & \gamma_{32} f_{23} + \gamma_{33} f_{33} \end{pmatrix}$$

$$\widetilde{\mathbf{B}} = \mathbf{BF} = \begin{pmatrix} \beta_{11} & \beta_{12} + \beta_{32} f_{13} & \beta_{11} f_{13} + \beta_{12} f_{23} + \beta_{13} f_{23} \\ 0 & 0 & 0 \\ 0 & \beta_{32} & \beta_{32} f_{23} + \beta_{33} f_{33} \end{pmatrix}$$

가 된다. 이제

$$\mathbf{\Pi} = \begin{pmatrix} \pi_{11} & \pi_{12} & \pi_{13} \\ \pi_{21} & \pi_{22} & \pi_{23} \\ \pi_{31} & \pi_{32} & \pi_{33} \end{pmatrix} = -\widetilde{\mathbf{B}}\widetilde{\mathbf{\Gamma}}^{-1}$$

의 관계식에 의해 해를 구하면, 모형 (8.32)의 두 번째 방정식에 있는 모수의 해는

$$-\frac{\pi_{21}}{\pi_{22}} = \gamma_{32}, \quad -\frac{\pi_{21}}{\pi_{23}}\pi_{13} + \pi_{11} = \beta_{12}, \quad -\frac{\pi_{21}}{\pi_{23}}\pi_3 + \pi_{31} = \beta_{32}$$

로써 f_{13}, f_{23}, f_{33}에 무관하게 유일하게 결정된다. 모형 (8.32)에서 첫 번째 방정식의 모수에 대한 해는 $\gamma_{21} = -\pi_{21}/\pi_{22}$ 또는 $-\pi_{31}/\pi_{32}$이 되고, $\pi_{12} \cdot \gamma_{21} + \pi_{11} = \beta_{11}$이 되므로 $\mathbf{\Pi}$의 추정치에 의해 γ_{21}와 β_{11}에 대한 2개의 해가 존재하게 된다. 그러나 모형 (8.32)의 세 번째 방정식의 모수에 대한 해는 f_{13}, f_{23}, f_{33}에 의존하게 되어 γ_{33}, β_{13}, β_{23}, β_{33}의 해를 유일하게 결정할 수 없게 된다. 즉 모형 (8.32)의 첫 번째는 하나 이상의 해가 존재하게 되고 이 경우 인식가능한 방정식이라고 말한다. 그리고 두 번째 방정식은 모수의 해가 유일하게 존재하므로 이를 정확하게 인식된(just identified) 방정식이라고 한다. 세 번째 방정식은 모수를 $\mathbf{\Pi}$를 통해 추정할 수 없으므로 이를 과소인식된 방정식이라고 한다. 어떤 모형의 방정식이 과소인식된 방정식일 때 그 방정식의 모수를 추정할 수 없게 된다. 이제 모형 (8.32)의 첫 번째 방정식 (인식가능한 방정식)에 대해 $\mathbf{\Pi}$로부터 유일한 해를 구할 수는 없을까? 이 의문의 해결을 위해 축약형식의 모수 중 γ_{21}을 결정하는 $\mathbf{\Pi}$의 부행렬(sub-matrix) 즉, $\pi_{21}, \pi_{22}, \pi_{31}, \pi_{32}$로 구성된 Π_1^*를 고려하여 보자.

$$\mathbf{\Pi} = \begin{pmatrix} \pi_{11} & \pi_{12} & \pi_{13} \\ \pi_{21} & \pi_{22} & \pi_{23} \\ \pi_{31} & \pi_{32} & \pi_{33} \end{pmatrix}, \quad \mathbf{\Pi}_1^* = \begin{pmatrix} \pi_{21} & \pi_{22} \\ \pi_{31} & \pi_{32} \end{pmatrix}$$

만약 $\mathbf{\Pi}_1^*$의 계수(rank)가 1이면 $\pi_{21}/\pi_{22} = \pi_{31}/\pi_{32}$가 되므로 $\gamma_{21} = -\pi_{21}/\pi_{22}$ 또는 $\gamma_{21} = -\pi_{31}/\pi_{32}$의 해는 유일하게 결정되고 이에 따라 β_{11}도 유일하게 결정된다.

또 다른 방법은 구조형식으로부터 구할 수 있다. 모형 (8.32)의 첫 번째 방정식에서 내생변수 y_3의 계수는 0이다. 두 번째, 세 번째 방정식에서 y_3의 계수는 γ_{32}, γ_{33}이다. 같은 방법으로 첫 번째 방정식에는 외생변수 x_2와 x_3는 포함되어 있지 않으므로 계수는 (0,0)이고, 여기에 대응하는 두 번째 및 세 번째 방정식의 계수는 $\begin{pmatrix} 0 & \beta_{23} \\ \beta_{32} & \beta_{33} \end{pmatrix}$이 된다. 다음과 같이 행렬을 정의하고

$$\begin{pmatrix} \gamma_{32} & \gamma_{33} \\ \hdashline 0 & \beta_{23} \\ \beta_{32} & \beta_{33} \end{pmatrix} = \begin{pmatrix} \boldsymbol{\gamma}_1^{*\prime} \\ \hdashline \mathbf{B}_1^* \end{pmatrix}$$

$\begin{pmatrix} \boldsymbol{\gamma}_1^{*\prime} \\ \mathbf{B}_1^* \end{pmatrix}$의 계수(rank)가 2라 하자. 그러면, $\begin{pmatrix} \gamma_{32} & \gamma_{33} \\ 0 & \beta_{23} \\ \beta_{32} & \beta_{33} \end{pmatrix}$는 행벡터 간에 선형관계가 있다는 것을 의미한다. 즉 $\beta_{23} = 0$이거나 임의의 상수 k에 대해 $\beta_{32} = k\gamma_{32}$, $\beta_{33} = k\gamma_{33}$의 관계가 있을 때

$\begin{pmatrix} \gamma_{32} & \gamma_{33} \\ 0 & \beta_{23} \\ \beta_{32} & \beta_{33} \end{pmatrix}$의 계수는 2가 된다. $\mathbf{\Pi}$를 풀어쓰면 다음과 같기 때문에

$$\mathbf{\Pi} = -\widetilde{\mathbf{B}}\widetilde{\mathbf{\Gamma}}^{-1} = -\mathbf{B}\mathbf{\Gamma}^{-1}$$

$$= \left(\begin{array}{c|c|c} \beta_{11}\gamma_{32} + \beta_{12}\gamma_{12}\gamma_{33} & \beta_{11}\gamma_{33} - \beta_{12}\gamma_{33} & -\beta_{11} + \beta_{12} \\ -\beta_{13}\gamma_{21}\gamma_{32} & +\beta_{13}\gamma_{32} & +\beta_{13}\gamma_{21} \\ \hline -\beta_{23}\gamma_{21}\gamma_{32} & \beta_{23}\gamma_{32} & \beta_{23}\gamma_{21} \\ \hline \beta_{32}\gamma_{21}\gamma_{33} - \beta_{33}\gamma_{21}\gamma_{32} & -\beta_{32}\gamma_{33} + \beta_{33}\gamma_{32} & \beta_{32} + \beta_{33}\gamma_{21} \end{array}\right) \times \frac{1}{\gamma_{32} + \gamma_{21}\gamma_{33}}$$

$\beta_{23} = 0$이면, $\pi_{21} = \pi_{22} = 0$이므로 $\gamma_{21} = -\pi_{31}/\pi_{32}$에 의해 γ_{21}의 유일한 해를 구할 수 있다 ($\gamma_{32} - \gamma_{21}\gamma_{33}$는 모형이 완전(complete)하다는 조건에 의해 0이 될 수 없다). 한편 $\beta_{32} = k\gamma_{32}$ 그리고 $\beta_{33} = k\gamma_{33}$일 때 $\pi_{31} = \pi_{32} = 0$이기 때문에 $\gamma_{21} = -\pi_{21}/\pi_{22}$에 의해 γ_{21}의 유일한 해를 구할 수 있게 된다. 종합하면, 인식 가능한 첫 번째 방정식의 유일한 해를 구하기 위한 조건은 $\Pi_1{}^*$의 계수가 1이거나 $\begin{pmatrix} \gamma_{32} & \gamma_{33} \\ 0 & \beta_{23} \\ \beta_{32} & \beta_{33} \end{pmatrix}$의 계수가 2인 경우이다. 그리고 이 예에서 볼 수 있듯이 $\Pi_1{}^*$의 계수가 1이면 $\begin{pmatrix} \gamma_{32} & \gamma_{33} \\ 0 & \beta_{23} \\ \beta_{32} & \beta_{33} \end{pmatrix}$의 계수가 2인 것을 의미하며, 반대의 경우도 항상 성립함을 알 수 있다. ■

지금까지 살펴본 세 개의 예로부터 연립방정식모형에서 인식 가능한(또는 인식된) 모형의 구별은 일정한 규칙을 따라 이루어짐을 알 수 있다. 이 규칙을 찾기 위해 모형 (8.33)을 고려하자.

$$\begin{aligned} &\begin{pmatrix} y_{1t} & y_{2t} & \cdots & y_{Mt} \end{pmatrix}\mathbf{\Gamma} + \begin{pmatrix} x_{1t} & x_{2t} & \cdots & x_{Kt} \end{pmatrix}\mathbf{B} \\ &\quad = \begin{pmatrix} y_{1t} & y_{2t} & \cdots & y_{Mt} \end{pmatrix}\begin{pmatrix} \boldsymbol{\gamma}_1 & \boldsymbol{\gamma}_2 & \cdots & \boldsymbol{\gamma}_M \end{pmatrix} + \begin{pmatrix} x_{1t} & x_{2t} & \cdots & x_{Kt} \end{pmatrix}\begin{pmatrix} \boldsymbol{\beta}_1 & \boldsymbol{\beta}_2 & \cdots & \boldsymbol{\beta}_M \end{pmatrix} \\ &\quad = \begin{pmatrix} \epsilon_{1t} & \epsilon_{2t} & \cdots & \epsilon_{Mt} \end{pmatrix} \end{aligned} \tag{8.33}$$

(8.33)의 연립방정식모형 중 i번째 방정식을 (8.34)로 쓰고

$$\begin{pmatrix} y_{1t} & y_{2t} & \cdots & y_{Mt} \end{pmatrix}\boldsymbol{\gamma}_i + \begin{pmatrix} x_{1t} & x_{2t} & \cdots & x_{Kt} \end{pmatrix}\boldsymbol{\beta}_i = \epsilon_{it} \tag{8.34}$$

i번째 방정식에서 표준화에 의해 계수가 1인 내생변수를 y_i, 계수가 1이 아닌 내생변수 중 i 번째 방정식에 포함된 내생변수를 $\mathbf{y}_i$, 그리고 i 번째 방정식에서 제외된 내생변수를 $\mathbf{y}_i{}^*$라고 하자. 또한, i번째 방정식에서 방정식에 포함되는 외생변수를 $\mathbf{x}_i$, 제외된 외생변수를 $\mathbf{x}_i{}^*$라고 정의하자. 그리고 $\mathbf{y}_i$에 포함된 외생변수의 수를 M_i, $\mathbf{y}_i{}^*$의 수를 $M_i{}^*$, $\mathbf{x}_i$의 수는 K_i, 그리고

$\mathbf{x}_i{}^*$의 수는 $K_i{}^*$라고 하자. 그러면 (8.34)는 다음과 같이 쓸 수 있다.

$$\begin{pmatrix} \overset{1}{y_i} & \overset{M_i}{\mathbf{y}_i{}'} & \overset{M_i^*}{\mathbf{y}_i^{*\prime}} \end{pmatrix} \boldsymbol{\gamma}_i + \begin{pmatrix} \overset{K_i}{\mathbf{x}_i{}'} & \overset{K_i^*}{\mathbf{x}_i^{*\prime}} \end{pmatrix} \boldsymbol{\beta}_i = \epsilon_{it}$$

여기서 $M = 1 + M_i + M_i{}^*$이고 $K = K_i + K_i{}^*$가 되고 이를 정리한 것이 표 8.8이다.

이제 자세한 증명 없이 앞의 세 개의 예를 통해 모형의 인식문제의 규칙을 정리하면 다음과

표 8.8: ***i*** 번째 방정식의 변수

	외생변수	내생변수
i번째 방정식에 포함됨	$\mathbf{y}_i$: M_i개	$\mathbf{x}_i$: K_i개
i번째 방정식에서 제외됨	$\mathbf{y}_i{}^*$: $M_i{}^*$개	$\mathbf{x}_i{}^*$: $K_i{}^*$개
	$M = 1 + M_i + M_i{}^*$	$K = K_i + K_i{}^*$

같다(자세한 증명에 관심이 있는 독자는 Hamilton(1994), Greene(1997), Judge et. al(1985)를 참조).

1. **모형 (8.33)에서 i번째 방정식은 다음과 같이 분류할 수 있다.**

   $M_i \le K_i{}^*$이면 i번째 방정식은 인식 가능한 방정식이고, $M_i > K_i{}^*$이면 i번째 방정식은 과소인식된(underidentified) 방정식이다.

   (1) **예제 8.1의 경우**

   수요함수는 $M_i = 1$이고 $K_i{}^* = 1$ 이므로 인식 가능한 함수이고, 공급함수는 $M_i = 1$, $K_i{}^* = 0$이므로 과소인식된 모형이다.

   (2) **예제 8.2의 경우**

   수요함수와 공급함수 모두 $M_i = K_i{}^* = 1$이므로 인식 가능한 모형이다.

   (3) **예제 8.3의 경우**

   첫 번째 방정식의 $M_1 = 1$, $K_1{}^* = 2$이므로 인식 가능한 방정식이고 두 번째 방정식도 $M_2 = K_2{}^* = 1$이므로 인식 가능한 방정식이다. 그러나 세 번째 방정식은 $M_3 = 1$이고 $K_3{}^* = 0$이므로 과소인식된 모형이다. 예제 8.3에서 살펴보았듯이 세 번째 방정식이 추정 불가능한 과소인식된 방정식이라는 결론과 동일함을 알 수

있다. i번째 방정식이 $M_i \le K_i{}^*$를 만족하면 이를 순서조건(order condition)을 만족한다고 정의한다.

2. $M_i \le K_i{}^*$**를 만족하는 방정식이 인식된 모형이 되기 위한 조건은 다음과 같다.**

i번째 방정식의 구조형식을 $y_i, \mathbf{y}_i, \mathbf{y}_i{}^*$의 순으로 그리고 $\mathbf{x}_i, \mathbf{x}_i{}^*$ 순으로 재정리하면

$$\begin{pmatrix} y_i & \mathbf{y}_i{}' & \mathbf{y}_i^{*\prime} \end{pmatrix} \begin{pmatrix} 1 \\ \boldsymbol{\gamma}_i{}^0 \\ \mathbf{0} \end{pmatrix} + \begin{pmatrix} \mathbf{x}_i' & \mathbf{x}_i{}^{*\prime} \end{pmatrix} \begin{pmatrix} \boldsymbol{\beta}_i{}^0 \\ \mathbf{0} \end{pmatrix} = \epsilon_{it}$$

가 된다. 여기에서 $\boldsymbol{\gamma}_i{}^0$는 $\boldsymbol{\gamma}_i$에서 0이 아닌 계수들(즉 구조형식에서 i번째 방정식에 포함되고 표준화되지 않은 내생변수의 계수들)을 나타내며, $\boldsymbol{\beta}_i{}^0$는 $\boldsymbol{\beta}_i$에서 0이 아닌 계수들(즉 i번째 방정식에 포함된 외생변수의 계수들)를 나타낸다. 앞의 재표현된 구조형식의 축약형식은 (8.35)가 된다.

$$\begin{pmatrix} y_i & \mathbf{y}_i{}' & \mathbf{y}_i^{*\prime} \end{pmatrix} = \begin{pmatrix} \mathbf{x}_i' & \mathbf{x}_i^{*\prime} \end{pmatrix} \times \begin{matrix} \\ K_i \\ K_i^* \end{matrix} \overset{\begin{matrix} 1 & M_i & M_i^* \end{matrix}}{\begin{pmatrix} \boldsymbol{\phi}_i & \boldsymbol{\Phi}_i & \overline{\boldsymbol{\Phi}}_i \\ \boldsymbol{\phi}_i^* & \boldsymbol{\Phi}_i^* & \overline{\boldsymbol{\Phi}}_i^* \end{pmatrix}} + \begin{pmatrix} v_i & \boldsymbol{v}_i{}' & \boldsymbol{v}_i^{*\prime} \end{pmatrix} \tag{8.35}$$

그러면 i번째 방정식이, $M_i \le K_i{}^*$이고 $\text{rank}(\boldsymbol{\phi}_i{}^*, \Phi_i{}^*) = \text{rank}(\Phi_i{}^*) = M_i$(계수조건)이면 i번째 방정식을 인식된(identified) 방정식이라고 한다. 좀 더 세분하면

(1) $M_i < K_i{}^*$이며 $\text{rank}(\boldsymbol{\phi}_i{}^*, \Phi_i{}^*) = \text{rank}(\Phi_i{}^*) = M_i$이면 이 방정식은 과다인식된(over identified) 방정식이라고 하며, 유일한 해가 존재한다.

(2) $M_i = K_i{}^*$이며 $\text{rank}(\boldsymbol{\phi}_i{}^*, \Phi_i{}^*) = \text{rank}(\Phi_i{}^*) = M_i$이면 이 방정식은 정확하게 인식된(just identified) 방정식이라고 하며, 유일한 해가 존재한다.

$\text{rank}(\boldsymbol{\phi}_i{}^*, \Phi_i{}^*) = \text{rank}(\Phi_i{}^*) = M_i$를 만족하면 i번째 방정식이 계수조건(rank condition)을 만족한다고 한다.

예제 8.1을 다시 보자. 오차항을 생략한 수요함수에 대한 축약형식은

$$(Q_t, P_t) = (I_t, W_t^{\,*}) \times \begin{array}{c} \\ k_i=1 \\ k_i^*=1 \end{array} \begin{array}{c} \begin{array}{cc} 1 \qquad\qquad & M_i=1 \end{array} \\ \begin{pmatrix} \beta_{11}\gamma_{22}-\beta_{12}\gamma_{21} & -\beta_{11}+\beta_{12} \\ -\beta_{22}\gamma_{21} & \beta_{22} \end{pmatrix} \end{array} \frac{1}{\gamma_{22}-\gamma_{21}}$$

이므로 만약 $\beta_{22} \neq 0$이라면

$$\text{rank}(\boldsymbol{\phi}_1^{\,*}, \Phi_1^{\,*}) = \text{rank}(-\beta_{22}\gamma_{21}, \beta_{22}) = 1$$

이 되므로 $M_i = 1$이 되어 계수조건을 만족하게 된다. 한편 공급함수는

$$(Q_t, P_t) = (I_t, W_t) \times \begin{array}{c} \\ k_i=1 \\ k_i=1 \end{array} \begin{array}{c} \begin{array}{cc} 1 \qquad\qquad & M_i=1 \end{array} \\ \begin{pmatrix} \beta_{11}\gamma_{22}-\beta_{12}\gamma_{21} & -\beta_{11}+\beta_{12} \\ -\beta_{22}\gamma_{21} & \beta_{22} \end{pmatrix} \end{array} \frac{1}{\gamma_{22}-\gamma_{21}}$$

이 된다. $\boldsymbol{\phi}_2^{\,*}$와 $\Phi_2^{\,*}$는 정의되지 않으므로 계수가 0이 되어 계수조건을 만족하지 못하게 된다. 예제 8.1의 수요함수는 $M_1 = K_1^{\,*} = 1$이고 계수조건을 만족하므로 정확하게 인식된(just identified) 방정식이며 유일한 해가 존재하며, 우리는 이미 이 사실을 예제 8.1에서 확인한 바 있다. 예제 8.2도 예제 8.1의 절차에 따라 수요함수와 공급함수 모두가 정확하게 인식된 모형임을 쉽게 점검할 수 있다.

이제 예제 8.3을 살펴보자. 오차항을 생략한 축약형식은

$$\begin{aligned} \begin{pmatrix} y_1 & y_2 & y_3 \end{pmatrix} &= \begin{pmatrix} x_1 & x_2 & x_3 \end{pmatrix} \mathbf{\Pi} = \begin{pmatrix} x_1 & x_2 & x_3 \end{pmatrix} \frac{1}{\gamma_{32}+\gamma_{21}\gamma_{33}} \\ &\times \left(\begin{array}{c:c:c} \beta_{11}\gamma_{32}+\beta_{12}\gamma_{12}\gamma_{33} & \beta_{11}\gamma_{33}-\beta_{12}\gamma_{33} & -\beta_{11}+\beta_{12} \\ -\beta_{13}\gamma_{21}\gamma_{32} & +\beta_{13}\gamma_{32} & +\beta_{13}\gamma_{21} \\ \hdashline -\beta_{23}\gamma_{21}\gamma_{32} & \beta_{23}\gamma_{32} & \beta_{23}\gamma_{21} \\ \hdashline \beta_{32}\gamma_{21}\gamma_{33}-\beta_{33}\gamma_{21}\gamma_{32} & -\beta_{32}\gamma_{33}+\beta_{33}\gamma_{32} & \beta_{32}+\beta_{33}\gamma_{21} \end{array} \right) \end{aligned}$$

이다. 그러므로 첫 번째 방정식의 축약형식은

$$\begin{pmatrix} y_1 & y_2 & y_3^{\,*} \end{pmatrix} = \begin{pmatrix} x_1 & x_2^{\,*} & x_3^{\,*} \end{pmatrix} \begin{pmatrix} \phi_1 & \Phi_1 & \overline{\Phi}_1 \\ \boldsymbol{\phi}_1^{\,*} & \Phi_1^{\,*} & \overline{\Phi}_1^{\,*} \end{pmatrix}$$

이므로

$$\text{rank}(\boldsymbol{\phi}_1{}^*, \Phi_1{}^*) = \text{rank}\begin{pmatrix} \beta_{23}\gamma_{21}\gamma_{32} & -\beta_{23}\gamma_{32} \\ -\beta_{32}\gamma_{21}\gamma_{33} + \beta_{33}\gamma_{21}\gamma_{32} & \beta_{32}\gamma_{33} - \beta_{33}\gamma_{32} \end{pmatrix}$$

$$= \text{rank}(\Phi_1{}^*) = \text{rank}\begin{pmatrix} -\beta_{23}\gamma_{32} \\ \beta_{32}\gamma_{33} - \beta_{33}\gamma_{32} \end{pmatrix} = M_1 = 1$$

이면, 예제 8.3의 첫 번째 방정식은 유일한 해를 갖게 된다. 이는 예제 8.3에서 이미 설명한 바 있다. 첫 번째 방정식이 위의 계수조건을 충족하면 $M_1 = 1 < K_1{}^* = 2$ 이므로 이는 과다인식된 방정식이 되게 된다. 두 번째 방정식의 축약형식은

$$\begin{pmatrix} y_1 & y_3 & y_2{}^* \end{pmatrix} = \begin{pmatrix} x_1 & x_3{}^* & x_2{}^* \end{pmatrix}\begin{pmatrix} \boldsymbol{\phi}_2 & \Phi_2 & \overline{\Phi}_2 \\ \phi_2{}^* & \Phi_2{}^* & \overline{\Phi}_2{}^* \end{pmatrix}$$

이다. 여기에서 $\phi_2{}^* = -\beta_{32}\gamma_{21}\gamma_{33} + \beta_{33}\gamma_{21}\gamma_{32}$이고, $\Phi_2{}^* = -\beta_{32} - \beta_{33}\gamma_{21}$이 된다. $\text{rank}(\phi_2{}^*, \Phi_2{}^*) = \text{rank}(\Phi_2{}^*) = 1$이면 두 번째 방정식은 유일한 해를 가지게 된다. 위의 계수조건은 $\phi_2{}^* = \Phi_2{}^* = 0$가 아닌 한 항상 성립하게 되고, 두 번째 방정식이 계수조건을 만족하면 $M_2 = K_2{}^*$이므로 정확하게 인식된(just identified) 방정식이 된다. 세 번째 방정식은 $M_3 = 1 > K_3{}^* = 0$이므로 과소인식된 방정식이 됨을 알 수 있다.

지금까지 계수조건을 축약형식에서 논의하였다. 축약형식에서 계수조건의 충족 여부를 검증하기 위해서는 $\mathbf{\Pi} = -\mathbf{B}\mathbf{\Gamma}^{-1}$를 계산해야 하므로 $\mathbf{\Gamma}^{-1}$의 값이 필요하지만 $\mathbf{\Gamma}$가 $M \times M$ 행렬인 $\mathbf{\Gamma}$에서 M이 크게 되면 $\mathbf{\Gamma}^{-1}$를 구하는 문제가 쉽지 않게 된다. 그러므로 우리는 앞서 구조형식에 의한 계수조건을 살펴보았고, 이 계수조건이 축약형식에 의한 계수조건과 동일함을 이미 논의했던바 있다.

다음과 같이 표현된 연립방정식모형의 구조형식을

$$\begin{pmatrix} y_{1t} & y_{2t} & \cdots & y_{Mt} \end{pmatrix}\mathbf{\Gamma} + \begin{pmatrix} x_{1t} & x_{2t} & \cdots & x_{Mt} \end{pmatrix}\mathbf{B} = \begin{pmatrix} \epsilon_{1t} & \epsilon_{2t} & \cdots & \epsilon_{Mt} \end{pmatrix}$$

i번째 구조형식에 따라 재정리하면 아래와 같아진다.

$$\begin{pmatrix} y_i & \mathbf{y}_i{}' & \mathbf{y}_i{}^* \end{pmatrix}\begin{pmatrix} 1 & \mathbf{\Gamma}_1 \\ \boldsymbol{\gamma}_i{}^0 & \mathbf{\Gamma}_2 \\ \mathbf{0} & \mathbf{\Gamma}_3 \end{pmatrix} + \begin{pmatrix} \mathbf{x}_i{}' & \mathbf{x}_i{}^* \end{pmatrix}\begin{pmatrix} \boldsymbol{\beta}_i{}^0 & \mathbf{B}_1 \\ \mathbf{0} & \mathbf{B}_2 \end{pmatrix} = \begin{pmatrix} \epsilon_{1t} & \epsilon_{2t} & \cdots & \epsilon_{Mt} \end{pmatrix}$$

구조형식에 의한 계수조건은 rank$\begin{pmatrix}\mathbf{\Gamma}_3\\ \mathbf{B}_2\end{pmatrix} = M-1$이며, 이 조건은 축약형식에 의한 계수조건과 같다. 예제 8.1에서

$$\begin{pmatrix}Q_t & P_t\end{pmatrix}\begin{pmatrix}1 & 1\\ \gamma_{21} & \gamma_{22}\end{pmatrix}+\begin{pmatrix}I_t & W_t\end{pmatrix}\begin{pmatrix}\beta_{11} & \beta_{12}\\ 0 & \beta_{22}\end{pmatrix}$$

이므로 수요함수에 대해 $\mathbf{\Gamma}_3$는 정의되지 않고 $\mathbf{B}_2 = \beta_{22}$이므로 $\beta_{22} \neq 0$이 아닌 한

$$\text{rank}\begin{pmatrix}\mathbf{\Gamma}_3\\ \mathbf{B}_2\end{pmatrix} = \text{rank}(\beta_{22}) = 1 = M-1$$

이 되어 계수조건을 충족한다. 한편 공급함수는 $\mathbf{\Gamma}_3$와 $\mathbf{B}_2$가 정의되지 않으므로 계수 $M-1=1$을 가질 수 없게 되어 계수조건을 만족하지 못한다. 이를 좀 더 쉽게 정리하면 다음과 같이 되고 이로 부터

	Q	P	I	W
수요	1	γ_{21}	β_{11}	0
공급	1	γ_{22}	β_{12}	β_{22}

수요함수와 공급함수의 $\mathbf{\Gamma}_3$와 $\mathbf{B}_2$를 쉽게 구할 수 있다. 즉, 수요함수에서 내생변수의 첨자가 0인 열이 $\mathbf{\Gamma}_3$이고 외생변수의 첨자가 0인 열이 $\mathbf{B}_2$이다. 그러므로 $\mathbf{\Gamma}_3$는 정의되지 않고 $\mathbf{B}_2 = \beta_{22}$로 정의된다. 그러나 공급함수에서 내생변수와 외생변수의 계수가 0인 것이 없으므로 $\mathbf{\Gamma}_3$과 $\mathbf{B}_2$가 정의될 수 없다.

예제 8.2의 경우,

	Q	P	I	W
수요	1	γ_{21}	β_{11}	0
공급	1	γ_{22}	0	β_{22}

이므로 수요함수의 $\begin{pmatrix}\Gamma_3\\ B_2\end{pmatrix} = \beta_{22}$이므로 계수조건 $M-1=2-1=1$을 만족하고 공급함수의 $\begin{pmatrix}\Gamma_3\\ B_2\end{pmatrix} = \beta_{11}$이므로 계수조건 $M-1=2-1=1$을 만족하게 되어 두 방정식 모두 계수조건을 만족한다.

예제 8.3의 경우,

	y_1	y_2	y_3	x_1	x_2	x_3
방정식 1	1	γ_{21}	0	β_{11}	0	0
방정식 2	1	0	γ_{32}	β_{12}	0	β_{32}
방정식 3	0	1	γ_{33}	β_{13}	β_{23}	β_{33}

이므로, 방정식 1의

$$\begin{pmatrix}\Gamma_3\\B_2\end{pmatrix}=\begin{pmatrix}\gamma_{32}&\gamma_{33}\\0&\beta_{23}\\\beta_{32}&\beta_{33}\end{pmatrix}$$

가 되어

$$\text{rank}\begin{pmatrix}\gamma_{32}&\gamma_{33}\\0&\beta_{23}\\\beta_{32}&\beta_{33}\end{pmatrix}=M-1=3-1=2$$

이면 계수조건을 만족하고, 방정식 2의

$$\begin{pmatrix}\Gamma_3\\B_2\end{pmatrix}=\begin{pmatrix}\gamma_{21}&1\\0&\beta_{23}\end{pmatrix}$$

이므로

$$\text{rank}\begin{pmatrix}\gamma_{21}&1\\0&\beta_{23}\end{pmatrix}=2$$

이면 계수조건을 만족한다. 방정식 3의 경우 $\begin{pmatrix}\mathbf{\Gamma}_3\\\mathbf{B}_2\end{pmatrix}=\begin{pmatrix}1\\1\end{pmatrix}$ 이므로 계수가 1이 되어 방정식 3은 계수조건을 충족시키지 못하게 된다.

이상에서 살펴본 것을 연립방정식모형의 i번째 방정식에 대해 요약하면 다음과 같다.

❶ 순서조건(order condition) $M_i \le K_i{}^*$

❷ 계수조건(rank condition)

- 축약형식에서 $\text{rank}(\boldsymbol{\phi}_i{}^*, \Phi_i{}^*) = \text{rank}(\Phi_i{}^*) = M_i$ 이거나,
- 구조형식에서 $\text{rank}\begin{pmatrix}\mathbf{\Gamma}_3\\\mathbf{B}_3\end{pmatrix} = M-1$

❸ i번째 방정식이

- $M_i > K_i{}^*$이거나 계수조건을 만족하지 못하면 이를 과소인식된(under identified) 방정식이라고 하고,
- $M_i = K_i{}^*$ 이고 계수조건을 만족하면 이를 정확하게 인식된(just identified) 방정식이라고 한다.
- $M_i < K_i{}^*$ 이고 계수조건을 만족하면 이를 과다인식된(over identified) 방정식이라고 한다.

통계적인 관점에서 살펴볼 때, 계수조건은 곧 논의하게 될 모수추정량의 일치성(consistency)을 위한 필요조건이 된다.

8.8 모수의 추정

연립방정식모형에서 모수의 추정은 크게 두 가지로 나눌 수 있다. 하나는 연립방정식모형에서 개개의 방정식을 추정하는 방법이고, 다른 하나는 M개의 방정식을 동시에 추정하는 방법이다. 두 가지 추정방법의 선택은 연립방정식모형에서 오차항의 가정에 의존하게 된다. 즉,

$$\begin{pmatrix} y_{1t} & y_{2t} & \cdots & y_{Mt} \end{pmatrix} \mathbf{\Gamma} + \begin{pmatrix} x_{1t} & x_{2t} & \cdots & x_{Mt} \end{pmatrix} \mathbf{B} = \begin{pmatrix} \epsilon_{1t} & \epsilon_{2t} & \cdots & \epsilon_{Mt} \end{pmatrix}$$

에서 $Var(\epsilon_{it}) = \sigma_{ii}{}^2$이고 $Cov(\epsilon_{it}, \epsilon_{jt}) = 0,\ i \neq j$이면 개개의 방정식을 추정하는 방법을 선택하게 되고 반면, $Var(\epsilon_{it}) = \sigma_{ii}{}^2$이고 $Cov(\epsilon_{it}, \epsilon_{jt}) \neq 0,\ i \neq j$이면 M개의 방정식을 동시에 추정하는 방법을 택하게 된다. 물론 $Cov(\epsilon_{it}, \epsilon_{jt}) = 0$일 때 M개의 방정식을 동시에 추정하는 방법으로 모수를 추정했을 때 개개의 방정식으로 추정한 모수추정량과 같아진다. 연립방정식에서 추정하고자 하는 모수는 다음의 모형에서 $\mathbf{\Gamma}$와 $\mathbf{B}$이다.

$$\mathbf{Y\Gamma} + \mathbf{XB} = \mathbf{E}$$

여기에서 i번째 방정식은 $\mathbf{Y}\boldsymbol{\gamma}_i + \mathbf{X}\boldsymbol{\beta}_i = \boldsymbol{\epsilon}_i$로 표준화되어있고, 내생변수 중 $M_i{}^*$개의 계수가 0이고, 외생변수 중 $K_i{}^*$개의 계수가 0이라고 하면 i번째 방정식은

$$\mathbf{Y} = \begin{pmatrix} \mathbf{y}_i & \mathbf{Y}_i & \mathbf{Y}_i{}^* \end{pmatrix}, \quad \boldsymbol{\gamma}_i = \begin{pmatrix} 1 \\ \boldsymbol{\gamma}_i{}^0 \\ \mathbf{0} \end{pmatrix}, \quad \mathbf{X} = \begin{pmatrix} \mathbf{X}_i & \mathbf{X}_i^* \end{pmatrix}, \quad \boldsymbol{\beta}_i = \begin{pmatrix} \boldsymbol{\beta}_i{}^* \\ \mathbf{0} \end{pmatrix}$$

이므로 각 Y_i에 대하여 (8.36)으로 표현할 수 있다.

$$\begin{aligned}\mathbf{Y}_i &= -\mathbf{Y}_i\boldsymbol{\gamma}_i^0 - \mathbf{X}_i\boldsymbol{\beta}_i^0 + \boldsymbol{\epsilon}_i \\ &= \begin{pmatrix}\mathbf{Y}_i & \mathbf{X}_i\end{pmatrix}\begin{pmatrix}-\boldsymbol{\gamma}_i^0 \\ -\boldsymbol{\beta}_i^0\end{pmatrix} + \boldsymbol{\epsilon}_i \\ &= \mathbf{Z}_i\boldsymbol{\delta}_i + \boldsymbol{\epsilon}_i, \qquad i = 1, 2, \ldots, M\end{aligned} \tag{8.36}$$

여기에서

$$\mathbf{Z}_i = \begin{pmatrix}\mathbf{Y}_i & \mathbf{X}_i\end{pmatrix}, \qquad \boldsymbol{\delta}_i = \begin{pmatrix}-\boldsymbol{\gamma}_i^0 \\ -\boldsymbol{\beta}_i^0\end{pmatrix}$$

이다. 제8장의 첫머리에서 살펴보았듯이 $Var(\boldsymbol{\epsilon}_i) = \sigma_{ii}{}^2\mathbf{I}$이더라도 $\mathbf{Y}_i$와 $\boldsymbol{\epsilon}_i$는 상관관계가 있으므로 $\boldsymbol{\delta}_i$의 OLS 추정량 $(\mathbf{Z}_i'\mathbf{Z}_i)^{-1}\mathbf{Z}_i'\mathbf{Y}_i$는 $\boldsymbol{\delta}_i$의 일치추정량이 될 수 없다. M개의 모든 방정식을 (8.36)과 같이 표현하면

$$\begin{pmatrix}\mathbf{y}_1 \\ \mathbf{y}_2 \\ \vdots \\ \mathbf{y}_M\end{pmatrix} = \begin{pmatrix}\mathbf{Z}_1 & O & \cdots & O \\ O & \mathbf{Z}_2 & \cdots & O \\ \vdots & \vdots & \ddots & \vdots \\ O & O & O & \mathbf{Z}_M\end{pmatrix}\begin{pmatrix}\boldsymbol{\delta}_1 \\ \boldsymbol{\delta}_2 \\ \vdots \\ \boldsymbol{\delta}_M\end{pmatrix} + \begin{pmatrix}\boldsymbol{\epsilon}_1 \\ \boldsymbol{\epsilon}_2 \\ \vdots \\ \boldsymbol{\epsilon}_M\end{pmatrix}$$

이 된다. 이 모형은 형태와 오차항의 가정(8.7절 참조)의 측면에서는 제7장의 SUR 모형과 동일하나 (8.36)과 같은 이유로 즉, $\mathbf{Z}_i$와 $\boldsymbol{\epsilon}_i$가 상관관계를 가지므로 제7장에 소개된 SUR의 추정량은 모수 $\boldsymbol{\delta}_i$의 일치추정량이 되지 못한다.

8.8.1 개개의 방정식을 추정하는 방법

개개의 방정식을 추정하는 방법은 간접최소제곱법(indirect least squares), 2단계 최소제곱법(2 stage least squares) 그리고 제한정보최우추정법(limited information maximum likelihood estimation) 등이 있다.

(a) 간접최소제곱법(Indirect Least Squares Estimation, ILS)

간접최소제곱법은 축약모형에서 OLS에 의해 추정된 $\hat{\mathbf{\Pi}} = (\mathbf{X}'\mathbf{X})^{-1}\mathbf{X}'\mathbf{Y}$와 $\mathbf{\Pi} = -\mathbf{B}\mathbf{\Gamma}^{-1}$의 관계에 의해 구한다는 의미로 명명된 추정법이다. i번째 방정식의 모수 $\boldsymbol{\gamma}_i$와 $\boldsymbol{\beta}_i$는 $\mathbf{\Pi}\mathbf{\Gamma} = -\mathbf{B}$

에 의해 $\mathbf{\Pi}\boldsymbol{\gamma}_i = -\boldsymbol{\beta}_i$의 관계식을 가진다. 그리고

$$\boldsymbol{\gamma}_i = \begin{pmatrix} 1 \\ \boldsymbol{\gamma}_i{}^0 \\ \mathbf{0} \end{pmatrix} \text{이고} \quad \boldsymbol{\beta}_i = \begin{pmatrix} \boldsymbol{\beta}_i{}^0 \\ \mathbf{0} \end{pmatrix}$$

이므로

$$(\mathbf{X}'\mathbf{X})^{-1}\mathbf{X}'\mathbf{Y}\begin{pmatrix} 1 \\ \boldsymbol{\gamma}_i{}^0 \\ \mathbf{0} \end{pmatrix} = \begin{pmatrix} -\boldsymbol{\beta}_i{}^0 \\ \mathbf{0} \end{pmatrix}$$

이 된다. 이제 양변에 $(\mathbf{X}'\mathbf{X})$를 곱하고 $\mathbf{X} = (\mathbf{X}_i\ \mathbf{X}_i{}^*)$와 $\mathbf{Y} = (\mathbf{y}_i\ \mathbf{Y}_i\ \mathbf{Y}_i^*)$를 이용하여 정리하면

$$\mathbf{X}'\mathbf{y}_i = -\mathbf{X}'\mathbf{Y}_i\boldsymbol{\gamma}_i{}^0 - \mathbf{X}'\mathbf{X}_i\boldsymbol{\beta}_i{}^0 = \mathbf{X}'\mathbf{Z}_i\boldsymbol{\delta}_i$$

가 되어 만약 $\mathbf{X}'\mathbf{Z}_i$의 역행렬이 존재하면 $\hat{\boldsymbol{\delta}}_{i,ILS} = (\mathbf{X}'\mathbf{Z}_i)^{-1}\mathbf{X}'\mathbf{y}_i$가 된다. $\mathbf{X}'\mathbf{Z}_i$의 역행렬이 존재하기 위해서는 $\mathbf{X}$가 $T \times K$ 행렬이고, $\mathbf{Z}_i$가 $T \times (M_i + K_i)$ 행렬이므로 $K = M_i + K_i$이어야만 한다. 즉, $K = K_i + K_i{}^*$이므로 $K_i{}^* = M_i$가 되어야 하는 것이다. 즉, $\hat{\boldsymbol{\delta}}_{i,ILS}$가 존재하기 위한 필요조건은 $K_i{}^* = M_i$라는 것이다. 이 조건에 추가하여 계수조건을 만족하게 되면 $\hat{\boldsymbol{\delta}}_{i,ILS}$는 유일하게 존재하게 된다. 즉 ILS는 정확하게 인식된(just identified) 모형에 사용하는 추정방법이다. 만약, i번째 방정식이 정확하게 인식된 방정식일 때 $\hat{\boldsymbol{\delta}}_{i,ILS} = (\mathbf{X}'\mathbf{Z}_i)^{-1}\mathbf{X}'\mathbf{y}_i$ 에서 $\mathbf{X}'\mathbf{Z}_i/T$가 $\mathbf{0}$이 아닌 어떤 Σ_{Z_iX}로 수렴하게 되면 $\hat{\boldsymbol{\delta}}_{i,ILS}$는 $\boldsymbol{\delta}_i$의 일치추정량이 된다.

i번째 방정식이 정확하게 인식된 방정식일 때 $\sqrt{T}(\hat{\boldsymbol{\delta}}_{i,ILS} - \boldsymbol{\delta}_i)$는 근사적으로 평균이 $\mathbf{0}$이고 근사분산이

$$\hat{\mathbf{\Sigma}} = T\hat{\sigma}_{ii}^2(\mathbf{Z}_i'\mathbf{X})^{-1}(\mathbf{X}'\mathbf{X})(\mathbf{X}'\mathbf{Z}_i)^{-1}$$

인 정규분포를 따른다. 여기에서 $\hat{\sigma}_{i,i} = (\mathbf{y}_i - \mathbf{Z}_i\hat{\boldsymbol{\delta}}_{i,ILS})'(\mathbf{y}_i - \mathbf{Z}_i\hat{\boldsymbol{\delta}}_{i,ILS})/T$이다.

(b) 2단계 최소제곱법(Two-stage Least Squares Estimation, 2SLS)

축약형식 $\mathbf{Y} = \mathbf{X\Pi} + \mathbf{V}$의 i번째 방정식은 $(\mathbf{y}_i\ \ \mathbf{Y}_i\ \ \mathbf{Y}_i^*) = \mathbf{X\Pi} + \mathbf{V}$가 되므로 $\mathbf{\Pi}$의 일치추정량은 $\hat{\mathbf{\Pi}} = (\mathbf{X}'\mathbf{X})^{-1}\mathbf{X}'(\mathbf{y}_i\ \mathbf{Y}_i\ \mathbf{Y}_i^*)$이다. 그러므로 $\mathbf{Y}_i$의 예측치는

$$\hat{\mathbf{Y}}_i = \mathbf{X}(\mathbf{X}'\mathbf{X})^{-1}\mathbf{X}'\mathbf{Y}_i$$

가 된다. 이것이 2단계 최소제곱법의 첫 번째 단계이다. 이제 구조모형 $\mathbf{y}_i = -\mathbf{Y}_i\boldsymbol{\gamma}_i{}^0 - \mathbf{X}_i\boldsymbol{\beta}_i{}^0 +$

$\boldsymbol{\epsilon}_i$에서 $\mathbf{Y}_i$를 1단계에서 구한 $\widehat{\mathbf{Y}}_i$로 대치하면

$$\mathbf{y}_i = -\widehat{\mathbf{Y}}_i\boldsymbol{\gamma}_i{}^0 - \mathbf{X}_i\boldsymbol{\beta}_i{}^0 + \boldsymbol{\epsilon}_i = (\widehat{\mathbf{Y}}_i \;\; \mathbf{X}_i)\boldsymbol{\delta}_i + \boldsymbol{\epsilon}_i$$

가 된다. $\mathbf{X}(\mathbf{X}'\mathbf{X})^{-1}\mathbf{X}'\mathbf{X}_i = \mathbf{X}_i$이므로(이는 $\mathbf{X}_i$를 $\mathbf{X} = (\mathbf{X}_i \;\; \mathbf{X}_i^*)$에 대해 회귀한 후 $\mathbf{X}_i$의 적합값에 해당한다. $\mathbf{X}_i$를 포함하고 있는 $\mathbf{X}$에 대해 회귀하기 때문에 완벽한 적합값을 갖게 되므로 이 등식이 성립한다. 물론 $\mathbf{X}(\mathbf{X}'\mathbf{X})^{-1}\mathbf{X}'\mathbf{X}_i = \mathbf{X}_i$는 양변에 $\mathbf{X}'$을 곱하면 쉽게 증명된다),

$$\begin{aligned}\mathbf{y}_i &= (\widehat{\mathbf{Y}}_i \;\; \mathbf{X}_i)\boldsymbol{\delta}_i + \boldsymbol{\epsilon}_i \\ &= (\mathbf{X}(\mathbf{X}'\mathbf{X})^{-1}\mathbf{X}'\mathbf{Y}_i \;\; \mathbf{X}(\mathbf{X}'\mathbf{X})^{-1}\mathbf{X}'\mathbf{X}_i)\boldsymbol{\delta}_i + \boldsymbol{\epsilon}_i \\ &= \mathbf{X}(\mathbf{X}'\mathbf{X})^{-1}\mathbf{X}'\mathbf{Z}_i\boldsymbol{\delta}_i + \boldsymbol{\epsilon}_i\end{aligned}$$

여기에서 $\mathbf{Z}_i = (\mathbf{Y}_i \;\; \mathbf{X}_i)$이며 $\mathbf{X}(\mathbf{X}'\mathbf{X})^{-1}\mathbf{X}'\mathbf{Z}_i$는 $\mathbf{Z}_i$를 $\mathbf{X}$에 대해 회귀한 후 $\mathbf{Z}_i$의 적합값이므로 $\mathbf{X}(\mathbf{X}'\mathbf{X})^{-1}\mathbf{X}'\mathbf{Z}_i = \widehat{\mathbf{Z}}_i$로 표기할 수 있다. 그러므로 $\mathbf{y}_i = \widehat{\mathbf{Z}}_i\boldsymbol{\delta}_i + \boldsymbol{\epsilon}_i$가 된다. 한편 $\widehat{\mathbf{Y}}_i$는 $\mathbf{X}$에 대해 회귀시켰기 때문에 $\boldsymbol{\epsilon}_i$와는 무상관이 된다. 그러므로

$$\widehat{\boldsymbol{\delta}}_{i,2SLS} = (\widehat{\mathbf{Z}}_i'\widehat{\mathbf{Z}}_i)^{-1}\widehat{\mathbf{Z}}_i'\mathbf{y}_i \tag{8.37}$$

가 되고 이는 $\boldsymbol{\delta}_i$의 일치추정량이 된다. (8.37)에 주어진 $\widehat{\boldsymbol{\delta}}_{i,2SLS}$는 다음과 같은 해석을 내릴 수 있다.

$$\mathbf{y}_i = \mathbf{Z}_i\boldsymbol{\delta}_i + \boldsymbol{\epsilon}_i$$

의 양변에 $\mathbf{X}'$을 곱하면

$$\mathbf{X}'\mathbf{y}_i = \mathbf{X}'\mathbf{Z}_i\boldsymbol{\delta}_i + \mathbf{X}'\boldsymbol{\epsilon}_i$$

가 된다. $Var(\boldsymbol{\epsilon}_i) = \sigma_{ii}\mathbf{I}$이므로 $Var(X'\boldsymbol{\epsilon}_i) = \sigma_{ii}\mathbf{X}'\mathbf{X}$이다. 그러므로 $\boldsymbol{\delta}_i$의 GLS 추정량은 (8.38)이다.

$$\begin{aligned}\widehat{\boldsymbol{\delta}}_i &= (\mathbf{Z}_i'\mathbf{X}(\sigma_{ii}\mathbf{X}'\mathbf{X})^{-1}\mathbf{X}'\mathbf{Z}_i)^{-1}\mathbf{Z}_i'\mathbf{X}(\sigma_{ii}\mathbf{X}'\mathbf{X})^{-1}\mathbf{X}'\mathbf{y}_i \\ &= (\mathbf{Z}_i'\mathbf{X}(\mathbf{X}'\mathbf{X})^{-1}\mathbf{X}'\mathbf{Z}_i)^{-1}\mathbf{Z_i}'\mathbf{X}(\mathbf{X}'\mathbf{X})^{-1}\mathbf{X}'\mathbf{y}_i\end{aligned} \tag{8.38}$$

여기에서 $\mathbf{X}$는 $T \times K$ 행렬이고 $\mathbf{Z}_i$는 $T \times (M_i + K_i)$행렬이기 때문에 $\mathbf{Z_i}'\mathbf{X}(\mathbf{X}'\mathbf{X})^{-1}\mathbf{X}'\mathbf{Z_i}$의 역행렬이 존재하기 위해서는 $\mathbf{Z_i}'\mathbf{X}(\mathbf{X}'\mathbf{X})^{-1}\mathbf{X}'\mathbf{Z_i}$의 계수(rank)가 $M_i + K_i$이어야만 한다. 이를 위한 조건은 $K \geq M_i + K_i$이어야만 하고 $K = M_i + K_i{}^*$이므로 $K_i{}^* \geq M_i$인 경우가 된다. 한편

$\mathbf{X}(\mathbf{X}'\mathbf{X})^{-1}\mathbf{X}' = \mathbf{X}(\mathbf{X}'\mathbf{X})^{-1}\mathbf{X}'\mathbf{X}(\mathbf{X}'\mathbf{X})^{-1}\mathbf{X}'$이므로

$$\begin{aligned}\widehat{\boldsymbol{\delta}}_i &= (\mathbf{Z_i}'\mathbf{X}(\mathbf{X}'\mathbf{X})^{-1}\mathbf{X}'\mathbf{Z_i})^{-1}\mathbf{Z_i}'\mathbf{X}(\mathbf{X}'\mathbf{X})^{-1}\mathbf{X}'\mathbf{y}_i \\ &= (\mathbf{Z_i}'\mathbf{X}(\mathbf{X}'\mathbf{X})^{-1}\mathbf{X}'\mathbf{X}(\mathbf{X}'\mathbf{X})^{-1}\mathbf{X}'\mathbf{Z_i})^{-1}\mathbf{Z_i}'\mathbf{X}(\mathbf{X}'\mathbf{X})^{-1}\mathbf{X}'\mathbf{y}_i \\ &= (\widehat{\mathbf{Z}}_\mathbf{i}'\widehat{\mathbf{Z}}_\mathbf{i})^{-1}\widehat{\mathbf{Z}}_\mathbf{i}'\mathbf{y}_i\end{aligned}$$

가 되어 이는 $\widehat{\boldsymbol{\delta}}_{i,2SLS}$와 일치하게 된다. 만약 i번째 방정식이 계수조건을 만족하면 $K_i{}^* \geq M_i$ 이므로 이는 과다인식된 방정식이 된다. 그러므로 2SLS는 과다식별된 모형에 사용하는 추정법으로 해석할 수 있다. $\boldsymbol{\delta}_i$의 2단계 최소제곱추정량인 (8.37)은 (8.38)에 의해

$$\widehat{\boldsymbol{\delta}}_{i,2SLS} = (\widehat{\mathbf{Z}}_\mathbf{i}'\widehat{\mathbf{Z}}_\mathbf{i})^{-1}\widehat{\mathbf{Z}}_\mathbf{i}'\mathbf{y}_i = (\mathbf{Z_i}'\mathbf{X}(\mathbf{X}'\mathbf{X})^{-1}\mathbf{X}'\mathbf{Z_i})^{-1}\mathbf{Z_i}'\mathbf{X}(\mathbf{X}'\mathbf{X})^{-1}\mathbf{X}'\mathbf{y}_i \tag{8.39}$$

이므로, 만약 $K_i{}^* = M_i$이면 $T \times (M_i + K_i)$ 행렬인 $\mathbf{Z}_i$는 $T \times K$ 행렬이 되어 $\mathbf{Z}_\mathbf{i}'\mathbf{X}$는 $K \times K$ 행렬이 된다. 그러므로 $\mathbf{Z}_\mathbf{i}'\mathbf{X}$의 역행렬이 존재하게 되면 (8.39)로부터

$$\widehat{\boldsymbol{\delta}}_{i,2SLS} = (\mathbf{X}'\mathbf{Z_i})^{-1}\mathbf{X}'\mathbf{y}_i$$

가 된다. 즉, $K_i{}^* = M_i$이고 계수조건을 만족하면(정확하게 인식된 모형이면) 2SLS 는 ILS와 일치하게 된다.

2단계 최소제곱추정량의 분포는 $\sqrt{T}(\widehat{\boldsymbol{\delta}}_{i,2SLS} - \boldsymbol{\delta}_i)$이 근사적으로 평균이 $\mathbf{0}$ 근사분산이 $T\widehat{\sigma}_{ii}(\widehat{\mathbf{Z}}_\mathbf{i}'\widehat{\mathbf{Z}}_\mathbf{i})^{-1}$인 정규분포를 따르게 되며 여기서 $\widehat{\sigma}_{ii}$는 다음과 같다.

$$\widehat{\sigma}_{ii} = \frac{1}{T}(\mathbf{y}_i - \mathbf{Z}_i\widehat{\boldsymbol{\delta}}_{i,2SLS})'(\mathbf{y}_i - \mathbf{Z}_i\widehat{\boldsymbol{\delta}}_{i,2SLS})$$

(c) 제한정보최우추정법(Limited Information MLE, LIML)

연립방정식모형에서 오차항의 분포가 정규분포를 따를 때, 여러 방정식 중 하나의 방정식에 관련된 정보만 이용하여 모수를 추정한다는 의미에서 제한정보최우추정법이라고 말한다. 문제를 간단히 하기 위해 i번째 방정식의 모수를 추정한다고 가정하자. 제한정보최우추정법은 i번째 방정식에 포함된 정보만 이용하기 때문에 (8.35)에 표현된 i번째 방정식의 축약형식에서 제외된 $\mathbf{y}_i^{*\prime}$를 제외한 축약형식을 쓰면 (8.40)이 된다.

$$\begin{pmatrix} y_i & \mathbf{y}_i' \end{pmatrix} = \begin{pmatrix} \mathbf{x}_i' & \mathbf{x}_i{}^{*\prime} \end{pmatrix} \begin{pmatrix} \boldsymbol{\phi}_i & \Phi_i \\ \boldsymbol{\phi}_i{}^* & \Phi_i{}^* \end{pmatrix} + \begin{pmatrix} v_i & \boldsymbol{v}_i' \end{pmatrix} \tag{8.40}$$

모형 (8.40)에서

$$Var\begin{pmatrix} \nu_i \\ \boldsymbol{\nu}_i \end{pmatrix} = \boldsymbol{\Omega}_i = \begin{pmatrix} \omega_{ii} & \boldsymbol{\omega}_i' \\ \boldsymbol{\omega}_i & \boldsymbol{\Omega}_{ii} \end{pmatrix}_{(M_i+1)\times(M_i+1)}$$

라고 표기하면, 연립방정식모형의 오차항이 다변량 정규분포를 따른다는 가정 하에서 T개의 관찰치 $(y_{i1}\ \mathbf{y}_{i1}')$, $(y_{i2}\ \mathbf{y}_{i2}')$, …, $(y_{iT}\ \mathbf{y}_{iT}')$의 로그우도함수는 (8.41)가 된다.

$$\ln L_i = -\frac{T}{2}\left[(M_i+1)\ln(2\pi) + \ln|\boldsymbol{\Omega}_i|\right] - \frac{1}{2}\sum_{t=1}^{T}\left[\mathbf{Y}_{it} - \mathbf{x}_t'\boldsymbol{\Pi}_i\right]'\boldsymbol{\Omega}_i^{-1}\left[\mathbf{Y}_{it} - \mathbf{x}_t'\boldsymbol{\Pi}_i\right] \tag{8.41}$$

여기에서

$$\mathbf{Y}_{it} = \begin{pmatrix} y_{it} \\ \mathbf{y}_{it} \end{pmatrix}, \qquad \boldsymbol{\Pi}_i = \begin{pmatrix} \boldsymbol{\phi}_i & \boldsymbol{\Phi}_i \\ \boldsymbol{\phi}_i^* & \boldsymbol{\Phi}_i^* \end{pmatrix}$$

이다. $\boldsymbol{\Pi} = -\mathbf{B}\boldsymbol{\Gamma}^{-1}$에 의해 $\boldsymbol{\Pi}_i\boldsymbol{\Gamma}_i = -\mathbf{B}_i$이므로 (8.42)의 관계를 가진다.

$$\begin{pmatrix} \boldsymbol{\phi}_i & \boldsymbol{\Phi}_i \\ \boldsymbol{\phi}_i^* & \boldsymbol{\Phi}_i^* \end{pmatrix}\begin{pmatrix} 1 \\ \boldsymbol{\gamma}_i^0 \end{pmatrix} = -\begin{pmatrix} \boldsymbol{\beta}_i^0 \\ 0 \end{pmatrix} \tag{8.42}$$

그러므로 모수 $\boldsymbol{\gamma}_i^0$와 $\boldsymbol{\beta}_i^0$의 LIML 추정량은 조건 (8.42)하에서 (8.41)의 우도함수를 최대화하는 추정량이 되게 된다. LIML 추정량과 LIML 추정량의 근사분포는 i번째 방정식이 정확하게 인식된 방정식일 때 ILS와 근사적으로 동일하며, 과다식별되었을 때는 2SLS와 근사적으로 동일하다. 자세한 내용은 Schmidt(1976) 또는 Pegan(1979)을 참조하기 바란다.

(d) 도구변수를 이용한 추정방법

i번째 방정식 $\mathbf{y}_i = \mathbf{Z}_i\boldsymbol{\delta}_i + \boldsymbol{\epsilon}_i$ 에서 $\mathbf{Z}_i$와 $\boldsymbol{\epsilon}_i$는 상관관계가 있으므로 $\boldsymbol{\delta}_i$의 OLS 추정량은 일치성을 갖지 못한다는 것은 이미 살펴본 바 있다. $T\times l(l \ge M_i+K_i)$ 행렬 $\mathbf{P}_i$가 $T\times(M_i+K_i)$ 행렬 $\mathbf{Z}_i$와는 상관관계가 있고 $\boldsymbol{\epsilon}_i$와는 독립인 도구변수 행렬이라고 하고

$$\widehat{\mathbf{Z}}_i = \mathbf{P_i}(\mathbf{P_i}'\mathbf{P_i})^{-1}\mathbf{P_i}'\mathbf{Z_i}$$

라고 하자. 즉 $\widehat{\mathbf{Z}}_i$는 $\mathbf{Z}_i$를 $\mathbf{P}_i$에 회귀한 $\mathbf{Z}_i$의 적합값이다. 이 $\widehat{\mathbf{Z}}_i$를 이용하여 모형 $\mathbf{y}_i = \widehat{\mathbf{Z}}_i\boldsymbol{\delta}_i + \boldsymbol{\epsilon}_i$로부터의 $\boldsymbol{\delta}_i$의 OLS 추정량은 (8.43)이 된다.

$$\widehat{\boldsymbol{\delta}}_{i,IV} = (\widehat{\mathbf{Z}}_i'\mathbf{Z}_i')^{-1}\widehat{\mathbf{Z}}_i'\mathbf{y} \tag{8.43}$$

연립방정식모형에서 도구변수 $\mathbf{P}_i$의 좋은 후보는 외생변수 $\mathbf{X}$가 될 것이다. 이는 외생변수 $\mathbf{X}$가

$\boldsymbol{\epsilon}$과는 무상관이라는 가정 때문이다. 도구변수 $\mathbf{P}_i$가 $\mathbf{X}$일 때 (8.43)의 $\widehat{\boldsymbol{\delta}}_{i,IV}$는

$$\begin{aligned}\widehat{\boldsymbol{\delta}}_{i,IV} &= ((\mathbf{X}(\mathbf{X}'\mathbf{X})^{-1}\mathbf{X}'\mathbf{Z_i})'(\mathbf{X}(\mathbf{X}'\mathbf{X})^{-1}\mathbf{X}'\mathbf{Z_i}))^{-1}(\mathbf{X}(\mathbf{X}'\mathbf{X})^{-1}\mathbf{X}'\mathbf{Z_i})'\mathbf{y}_i \\ &= (\mathbf{Z_i'X}(\mathbf{X}'\mathbf{X})^{-1}\mathbf{X}'\mathbf{Z_i})^{-1}\mathbf{Z_i'X}(\mathbf{X}'\mathbf{X})^{-1}\mathbf{X}'\mathbf{y}_i\end{aligned} \tag{8.44}$$

이 된다. 그러므로 $\mathbf{Z_i'X}$의 역행렬이 존재하여 i번째 방정식이 정확하게 인식된 모형이면 (8.44)의 $\widehat{\boldsymbol{\delta}}_{i,IV}$는 ILS와 같아지며, i번째 방정식이 과다인식된 방정식이면 $\widehat{\boldsymbol{\delta}}_{i,IV}$는 2SLS와 같아진다. ILS와 2SLS는 도구변수 $\mathbf{P}_i$를 외생변수로 한 $\widehat{\boldsymbol{\delta}}_{i,IV}$의 특별한 경우로 해석될 수 있다.

8.8.2 방정식의 시스템을 이용한 추정방법

M개의 방정식이 가지고 있는 모든 정보를 이용하여 추정하는 방법은 개개의 방정식을 추정하는 방법보다는 모수추정량의 효율이 높다고 할 수 있다. 연립방정식의 구조형식에 있는 오차항의 정규성 여부에 따라 방정식의 시스템을 이용한 추정방법은 3단계 최소제곱법(Three-stage Least Squares Estimation : 3SLS)과 완전정보최우추정법(Full Information Maximum Likelihood Estimation : FIML)으로 구분할 수 있다.

(a) 3단계 최소제곱법(Three-stage Least Squares Estimation, 3SLS)

연립방정식모형에서 i번째 방정식의 구조형식인 $\mathbf{y}_i = \mathbf{Z}_i\boldsymbol{\delta}_i + \boldsymbol{\epsilon}_i$, $i = 1,2,\ldots,M$의 양변에 $\mathbf{X}'$ 행렬을 곱하면 $\mathbf{X}'\mathbf{y}_i = \mathbf{X}'\mathbf{Z_i}\boldsymbol{\delta}_i + \mathbf{X}'\boldsymbol{\epsilon}_i$이 되므로 M개의 모든 방정식을 행렬로 표시하면 모형 (8.45)가 된다.

$$\begin{pmatrix}\mathbf{X}'\mathbf{y}_1\\ \mathbf{X}'\mathbf{y}_2\\ \vdots\\ \mathbf{X}'\mathbf{y}_M\end{pmatrix} = \begin{pmatrix}\mathbf{X}'\mathbf{Z}_1 & O & \cdots & O\\ O & \mathbf{X}'\mathbf{Z}_2 & \cdots & O\\ \vdots & \vdots & \ddots & \vdots\\ O & O & \cdots & \mathbf{X}'\mathbf{Z}_M\end{pmatrix}\begin{pmatrix}\boldsymbol{\delta}_1\\ \boldsymbol{\delta}_2\\ \vdots\\ \boldsymbol{\delta}_M\end{pmatrix} + \begin{pmatrix}\mathbf{X}'\boldsymbol{\epsilon}_1\\ \mathbf{X}'\boldsymbol{\epsilon}_2\\ \vdots\\ \mathbf{X}'\boldsymbol{\epsilon}_M\end{pmatrix} \tag{8.45}$$

이 된다. (8.45)에서 $Var\left(\mathbf{X}'\boldsymbol{\epsilon}_i\right) = \sigma_{ii}\mathbf{X}'\mathbf{X}$이고 $Cov\left(\mathbf{X}'\boldsymbol{\epsilon}_i, \mathbf{X}'\boldsymbol{\epsilon}_j\right) = \sigma_{ij}\mathbf{X}'\mathbf{X}$이므로

$$Var\begin{pmatrix}\mathbf{X}'\boldsymbol{\epsilon}_1\\ \mathbf{X}'\boldsymbol{\epsilon}_2\\ \vdots\\ \mathbf{X}'\boldsymbol{\epsilon}_M\end{pmatrix} = \boldsymbol{\Sigma}\otimes\mathbf{X}'\mathbf{X}$$

가 된다. 여기에서

$$\boldsymbol{\Sigma} = \begin{pmatrix} \sigma_{11} & \sigma_{12} & \cdots & \sigma_{1M} \\ \sigma_{21} & \sigma_{22} & \cdots & \sigma_{2M} \\ \vdots & \vdots & \ddots & \vdots \\ \sigma_{M1} & \sigma_{M2} & \cdots & \sigma_{MM} \end{pmatrix}$$

이다. 그러므로 $\boldsymbol{\delta} = (\boldsymbol{\delta}_1{}', \boldsymbol{\delta}_2{}', \cdots, \boldsymbol{\delta}_M{}')'$의 GLS 추정량은

$$\widehat{\boldsymbol{\delta}}_{GLS} = \left[\mathscr{X}'(\boldsymbol{\Sigma} \otimes \mathbf{X}'\mathbf{X})^{-1}\mathscr{X}\right]^{-1} \mathscr{X}'(\boldsymbol{\Sigma} \otimes \mathbf{X}'\mathbf{X})^{-1} \begin{pmatrix} \mathbf{X}'\mathbf{y}_1 \\ \mathbf{X}'\mathbf{y}_2 \\ \vdots \\ \mathbf{X}'\mathbf{y}_M \end{pmatrix} \tag{8.46}$$

이 된다. 여기에서

$$\mathscr{X} = \begin{pmatrix} \mathbf{X}'\mathbf{Z}_1 & O & \cdots & O \\ O & \mathbf{X}'\mathbf{Z}_2 & \cdots & O \\ \vdots & \vdots & \ddots & \vdots \\ O & O & \cdots & \mathbf{X}'\mathbf{Z}_M \end{pmatrix}$$

이다. $\mathscr{X}$와 $\mathbf{X}'\mathbf{y}$를 Kroneker 곱, $\otimes$를 이용하여 재표현하면

$$\mathscr{X} = (\mathbf{I} \otimes \mathbf{X}')\mathbf{Z}, \qquad \mathbf{X}'\mathbf{y} = (\mathbf{I} \otimes \mathbf{X}')\mathbf{y}$$

가 된다. 여기에서

$$\mathbf{Z} = \begin{pmatrix} \mathbf{Z}_1 \\ \mathbf{Z}_2 \\ \vdots \\ \mathbf{Z}_M \end{pmatrix}, \qquad \mathbf{y} = \begin{pmatrix} \mathbf{y}_1 \\ \mathbf{y}_2 \\ \vdots \\ \mathbf{y}_M \end{pmatrix}$$

이다. 그러므로 (8.46)의 $\widehat{\boldsymbol{\delta}}_{GLS}$는 다음과 같다.

$$\begin{aligned} \widehat{\boldsymbol{\delta}}_{GLS} &= \left[\mathbf{Z}'(\mathbf{I} \otimes \mathbf{X}')'(\boldsymbol{\Sigma}^{-1} \otimes (\mathbf{X}'\mathbf{X})^{-1})(\mathbf{I} \otimes \mathbf{X}')\mathbf{Z}\right]^{-1} \mathbf{Z}'(\mathbf{I} \otimes \mathbf{X}')'(\boldsymbol{\Sigma}^{-1} \otimes (\mathbf{X}'\mathbf{X})^{-1})(\mathbf{I} \otimes \mathbf{X}')\mathbf{y} \\ &= \left[\mathbf{Z}'(\boldsymbol{\Sigma}^{-1} \otimes \mathbf{X}(\mathbf{X}'\mathbf{X})^{-1}\mathbf{X}')\mathbf{Z}\right]^{-1} \mathbf{Z}'(\boldsymbol{\Sigma}^{-1} \otimes \mathbf{X}(\mathbf{X}'\mathbf{X})^{-1}\mathbf{X}')\mathbf{y} \end{aligned} \tag{8.47}$$

그러나 $\boldsymbol{\Sigma}$가 알려지지 않은 값이므로 $\boldsymbol{\Sigma}$의 어떤 일치추정량 $\widehat{\boldsymbol{\Sigma}}$를 대입하여 $\boldsymbol{\delta}$의 FGLS를 구하게

된다. 일반적으로, $\boldsymbol{\Sigma}$의 $(i,\ j)$번째 항 σ_{ij}의 일치추정량은

$$\widehat{\sigma}_{ij} = \frac{(\mathbf{y}_i - \mathbf{Z}_i\widetilde{\boldsymbol{\delta}}_i)'(\mathbf{y}_j - \mathbf{Z}_j\widetilde{\boldsymbol{\delta}}_j)}{T}$$

를 이용한다. 단 $\widetilde{\boldsymbol{\delta}}_i$는 2SLS 추정량이다. 즉,

$$\widehat{\boldsymbol{\delta}}_{FGLS} = \left[\mathbf{Z}'(\widehat{\boldsymbol{\Sigma}}^{-1} \otimes \mathbf{X}(\mathbf{X}'\mathbf{X})^{-1}\mathbf{X}')\mathbf{Z}\right]^{-1} \mathbf{Z}'(\widehat{\boldsymbol{\Sigma}}^{-1} \otimes \mathbf{X}(\mathbf{X}'\mathbf{X})^{-1}\mathbf{X}')\mathbf{y} \tag{8.48}$$

가 된다. (8.48)의 $\widehat{\boldsymbol{\delta}}_{FGLS}$는 다음의 절차에 의해서도 구할 수 있다.

(i) 먼저 8.8.1절의 (b)에 보인 2SLS를 구하는 방법에 따라 각 방정식의 2SLS 추정량 $\widehat{\boldsymbol{\delta}}_i$, $i = 1, 2, \ldots, M$.을 구한다.

(ii) 앞의 2SLS 추정량 $\widehat{\boldsymbol{\delta}}_i$, $i = 1, 2, \ldots, M$을 이용하여 $\widehat{\sigma}_{ij}$를 추정한다.

$$\widehat{\sigma}_{ij} = \frac{(\mathbf{y}_i - \mathbf{Z}_i\widehat{\boldsymbol{\delta}}_i)'(\mathbf{y}_j - \mathbf{Z}_j\widehat{\boldsymbol{\delta}}_j)}{T}$$

(iii) $\widehat{\sigma}_{ij}$를 이용하여

$$\begin{pmatrix} \mathbf{y}_1 \\ \mathbf{y}_1 \\ \vdots \\ \mathbf{y}_M \end{pmatrix} = \begin{pmatrix} \widehat{\mathbf{Z}}_i & O & \cdots & O \\ O & \widehat{\mathbf{Z}}_2 & \cdots & O \\ \vdots & \vdots & \ddots & \vdots \\ O & O & O & \widehat{\mathbf{Z}}_M \end{pmatrix} \begin{pmatrix} \boldsymbol{\delta}_1 \\ \boldsymbol{\delta}_2 \\ \vdots \\ \boldsymbol{\delta}_M \end{pmatrix} + \begin{pmatrix} \boldsymbol{\epsilon}_1 \\ \boldsymbol{\epsilon}_2 \\ \vdots \\ \boldsymbol{\epsilon}_M \end{pmatrix}$$

의 모형으로부터 $\boldsymbol{\delta}$의 FGLS를 구한다. 여기에서 $\widehat{\mathbf{Z}}_i = \mathbf{X}(\mathbf{X}'\mathbf{X})^{-1}\mathbf{X}'\mathbf{Z}_i$이다.

이와같이 3단계를 거쳐 모수의 추정값을 구한다는 의미에서 (8.48)에 구한 $\widehat{\boldsymbol{\delta}}_{FGLS}$를 3단계 최소제곱추정량이라고 하며 $\widehat{\boldsymbol{\delta}}_{3SLS}$라고 쓴다. (8.47)에 정의된 $\widehat{\boldsymbol{\delta}}_{GLS}$에서 $\sigma_{ij} = 0,\ i \neq j$로 가정하면

$$\boldsymbol{\Sigma} = \begin{pmatrix} \sigma_{11} & 0 & \cdots & 0 \\ 0 & \sigma_{22} & \cdots & 0 \\ \vdots & \vdots & \ddots & \vdots \\ 0 & 0 & \cdots & \sigma_{MM} \end{pmatrix}$$

(8.48)의 $\widehat{\boldsymbol{\delta}}_{FGLS}$에서

$$\widehat{\boldsymbol{\Sigma}}^{-1} \otimes \mathbf{X}(\mathbf{X}'\mathbf{X})^{-1}\mathbf{X}' = \begin{pmatrix} \widehat{\sigma}_{11}^{-1}\mathbf{X}(\mathbf{X}'\mathbf{X})^{-1}\mathbf{X}' & 0 & \cdots & 0 \\ 0 & \widehat{\sigma}_{22}^{-1}\mathbf{X}(\mathbf{X}'\mathbf{X})^{-1}\mathbf{X}' & \cdots & 0 \\ \vdots & \vdots & \ddots & \vdots \\ 0 & 0 & \cdots & \widehat{\sigma}_{MM}^{-1}\mathbf{X}(\mathbf{X}'\mathbf{X})^{-1}\mathbf{X}' \end{pmatrix}$$

이므로

$$\widehat{\boldsymbol{\delta}}_{i,FGLS} = (\mathbf{Z}_i'\mathbf{X}(\mathbf{X}'\mathbf{X})^{-1}\mathbf{X}'\mathbf{Z}_i)^{-1}\mathbf{Z}_i'\mathbf{X}(\mathbf{X}'\mathbf{X})^{-1}\mathbf{X}'\mathbf{y}_i, \qquad i = 1, 2, \ldots, M$$

이 된다. 이 $\widehat{\boldsymbol{\delta}}_{i,FGLS}$는 (7.36)에 정의된 $\widehat{\boldsymbol{\delta}}_{i,2SLS}$와 같음을 알 수 있다. 즉, 연립방정식모형에서 $Var(\epsilon_i) = \sigma_{ii} \neq 0, i = 1, 2, \cdots, M$이고, $Cov(\epsilon_i, \epsilon_j) = 0, i \neq j$이면 $\widehat{\boldsymbol{\delta}}_{3SLS}$는 $\widehat{\boldsymbol{\delta}}_{2SLS}$와 일치하게 되는 것이다.

(b) 완전정보최우추정법(Full Information MLE, FIML)

연립방정식모형을 모든 관찰치 $t = 1, 2, \ldots, T$를 이용한 축약형식으로 쓰면

$$\mathbf{Y} = \mathbf{X\Pi} + \mathbf{V}$$

가 된다. 여기에서 **Y**, **X**, **Π** 그리고 **V** 는 8.2절에 정의되어 있다. **V**의 t번째 행 $\boldsymbol{v}_t$가 평균이 **0** 이고 분산 $E(\boldsymbol{v}_t\boldsymbol{v}_t') = \boldsymbol{\Omega}$인 정규분포를 따른다고 가정할 때 **Y**의 로그우도함수는 (8.49)가 된다.

$$\ln L = -\frac{T}{2}\left[M\ln(2\pi) + \ln|\boldsymbol{\Omega}| + tr(\boldsymbol{\Omega}^{-1}\mathbf{W})\right] \tag{8.49}$$

여기에서 **W**의 (i, j)항은 다음과 같이 정의된다.

$$w_{ij} = \frac{1}{T}(\mathbf{y}_i - \mathbf{X}\boldsymbol{\pi}_i)'(\mathbf{y}_j - \mathbf{X}\boldsymbol{\pi}_j)$$

$\widehat{\boldsymbol{\delta}}_{FIML}$은 $\boldsymbol{\Pi} = -\mathbf{B}\boldsymbol{\Gamma}^{-1}$와 $\boldsymbol{\Omega} = (\boldsymbol{\Gamma}^{-1})'\boldsymbol{\Sigma}\boldsymbol{\Gamma}^{-1}$의 제약 하에서 (8.49)을 최대화하는 추정량이 된다. $\widehat{\boldsymbol{\delta}}_{FIML}$은 수치해석적인 방법으로 구해지며, 자세한 절차는 생략하고 SAS/ETS의 결과에 의존하기로 한다. 그러나 $\widehat{\boldsymbol{\delta}}_{FIML}$은 $\widehat{\boldsymbol{\delta}}_{3SLS}$와 근사적으로 같은 분포를 가지고 있다. 즉, $\widehat{\boldsymbol{\delta}}_{FIML}$은 T가 클 때 평균이 $\boldsymbol{\delta}$이고 분산이 $\left[\mathbf{Z}'(\widehat{\boldsymbol{\Sigma}}^{-1} \otimes \mathbf{X}(\mathbf{X}'\mathbf{X})^{-1}\mathbf{X}')\mathbf{Z}\right]^{-1}$ 인 정규분포를 따른다고 알려졌다 (관심 있는 독자는 Judge, Griffiths et.al(1985) 을 참조).

지금까지 논의한 여러 가지 추정법 중 어떤 추정법을 선택해야 하는지에 대한 뚜렷한 기준은

없다. 일반적으로 3SLS나 FIML 방법이 가장 효율적이긴 하나, 이 두 가지 방법은 2SLS보다는 오차항의 가정에 민감하다는 약점을 가지고 있다. 특히 표본의 수가 작을 때는 3SLS보다는 2SLS가 좀 더 선호되는 경향이 있다. 2SLS나 3SLS의 추정법은 모형의 인식(identification)과 밀접한 관계가 있다. 앞에서도 논의하였듯이 모형의 인식은 모형의 순서(order)와 계수(rank) 조건의 충족 여부에 달려있다. 그러나 현실적인 측면에서 계수조건을 점검하는 것은 불가능한 경우가 대부분이다. 그러므로 모형의 인식문제는 일반적으로 순서조건의 충족 여부만으로 대치하게 된다. 2SLS나 LIML은 연립방정식모형에서 방정식별로 모수를 추정하기 때문에 내생변수의 수와 방정식의 수가 일치해야 하는 완전(complete)조건은 만족하지 않아도 된다. 그러나 3SLS와 FIML은 연립방정식모형을 한꺼번에 추정하기 때문에 완전조건을 반드시 충족시켜야 한다. 한편 LIML이나 FIML은 2SLS나 3SLS와 같이 도구변수를 이용할 필요가 없으나, 그럼에도 도구변수를 이용한 LIML이나 FIML 추정량은 그렇지 않은 경우에 비교해서 좀 더 나은 추정량을 구할 수 있다(Hausman, 1975).

연습문제

다음의 자료는 1987년부터 2010년까지 한국은행 경제통계시스템에서 발췌한 자료이며 변수의 정의와 내용은 다음과 같다.

$MONEY$: 광의통화(M2), 평잔, 단위 : 십억 원

INV : 총투자, 계절조정되지 않은 원자료, 단위 : 십억 원

GNI : 명목국민총소득, 단위 : 십억 원

$RATE$: 회사채금리, 단위 : 연리(%)

GOV : 명목정부최종소비지출, 단위 : 십억 원

CON : 명목민간최종소비지출, 단위 : 십억 원

연도	광의통화	총투자	국민총소득	회사채금리	민간최종소비지출	정부최종소비지출
1987	62,358.9	44,882.6	11,646.7	12.6	60,014.6	12,659.5
1988	81,931.4	56,524.7	13,964.4	14.2	69,064.9	15,120.5
1989	102,077.9	59,989.6	15,833.5	15.2	80,986.8	18,245.0
1990	130,599.2	72,310.2	19,128.4	16.5	96,947.8	22,526.8
1991	160,777.3	87,607.3	23,109.7	18.9	117,044.2	26,874.2
1992	193,604.1	97,628.8	26,350.1	16.2	134,957.8	31,698.6
1993	235,318.3	110,246.7	29,805.7	12.6	153,299.6	35,224.6
1994	282,476.3	127,537.5	34,895.6	12.9	182,579.3	39,895.4
1995	338,213.2	147,435.1	40,801.4	13.8	214,414.5	45,715.0
1996	408,989.2	159,123.3	45,863.6	11.9	245,692.1	53,292.0
1997	482,437.8	174,291.3	50,286.5	13.4	271,343.3	57,977.8
1998	596,168.3	182,790.9	49,257.4	15.1	252,110.9	63,100.8
1999	676,674.7	189,385.5	54,217.8	8.9	289,961.5	66,309.2
2000	691,393.5	199,164.7	60,015.9	9.4	330,389.5	72,100.9
2001	739,337.0	202,689.3	64,989.9	7.1	364,251.4	83,010.0
2002	824,227.8	219,485.1	72,099.6	6.6	408,715.7	90,930.3
2003	888,988.6	243,892.6	76,777.1	5.4	420,098.6	100,057.4
2004	929,640.6	281,543.1	82,932.7	4.7	435,060.4	110,127.7
2005	993,960.1	276,890.7	86,442.7	4.7	465,430.5	120,010.1
2006	1,076,682.4	279,325.0	91,013.4	5.2	494,917.6	131,900.7
2007	1,197,094.8	300,152.9	97,681.4	5.7	530,264.1	143,262.2
2008	1,367,713.4	315,777.1	103,411.5	7.0	561,627.5	156,944.1
2009	1,508,550.4	323,434.9	106,978.3	5.8	575,970.2	170,324.7
2010	1,639,675.1	371,206.9	117,312.3	4.7	615,406.9	180,053.8

위의 변수를 이용하여 다음의 함수를 정의하였다.

$$\text{소비함수}: CON = f(GNI, CON_{t-1})$$

$$\text{투자함수}: INV = f(\Delta GNI, GNI, RATE, INV_{t-1})$$

$$\text{이자율함수}: RATE = f(\Delta GNI, GNI, MONEY, \Delta MONEY, RATE_{t-1})$$

여기서 $\Delta GNI_t = GNI_t - GNI_{t-1}$이고 $\Delta MONEY = MONEY_t - MONEY_{t-1}$이다.

각각의 함수를 통하여 구성된 연립방정식모형은 아래와 같으며 3개의 방정식과 1개의 항등식으로 이루어진다.

$$\begin{aligned} CON_t &= a_0 + a_1 GNI_t + CON_{t-1} + \epsilon_{1t} \\ INV_t &= b_0 + b_1 \Delta GNI_{t-1} + b_2 GNI_t + RATE_{t-4} + b_4 INV_{t-4} + \epsilon_{2t} \\ RATE_t &= c_0 + c_1 GNI_t + c_2 \Delta GNI_{t-1} + c_3 MONEY + c_4 \Delta MONEY_{t-1} \\ &\quad + c_5 RATE_{t-1} + \epsilon_{3t} \\ GNI_t &\equiv CON_t + INV_T + GOV_t \end{aligned}$$

위 연립방정식에서 내생변수는 $CON, INV, RATE, GNI$이고 외생변수는 $GOV, MONEY$이다.

1. 소비함수, 투자함수, 그리고 이자율함수의 순서조건과 계수조건을 점검하시오.

2. 위의 구조형식 모형으로부터 축약형식 모형을 도출하시오 .

3. 위의 연립방정식모형을 LIML, 2SLS, 3SLS, FIML의 추정방법을 이용하여 모수를 추정하고 각 추정치를 비교하시오.

다음은 경제학에서 널리 사용되고 있는 고전적 Klein's Model I을 적합하기 위한 자료로 각 변수명의 의미는 다음과 같다.

C(소비),	P(물가),	W^p(민간부문임금)
I(투자),	K(자본),	X(국민소득)
W^g(정부부문임금),	G(임금 이외 정부지출),	T(기업에 부과되는 간접세)

연도	C	P	W^p	I	K	X	W^g	G	T
1920	39.5	12.7	28.8	2.7	182.8	44.9	2.2	2.4	3.4
1921	41.9	12.4	25.5	-0.2	182.6	45.6	2.7	3.9	7.7
1922	45.0	16.9	29.3	1.9	184.5	50.1	2.9	3.2	3.9
1923	49.2	18.4	34.1	5.2	189.7	57.2	2.9	2.8	4.7
1924	50.6	19.4	33.9	3.0	192.7	57.1	3.1	3.5	3.8
1925	52.6	20.1	35.4	5.1	197.8	61.0	3.2	3.3	5.5
1926	55.1	19.6	37.4	5.6	203.4	64.0	3.3	3.3	7.0
1927	56.2	19.8	37.9	4.2	207.6	64.4	3.6	4.0	6.7
1928	57.3	21.1	39.2	3.0	210.6	64.5	3.7	4.2	4.2
1929	57.8	21.7	41.3	5.1	215.7	67.0	4.0	4.1	4.0
1930	55.0	15.6	37.9	1.0	216.7	61.2	4.2	5.2	7.7
1931	50.9	11.4	34.5	-3.4	213.3	53.4	4.8	5.9	7.5
1932	45.6	7.0	29.0	-6.2	207.1	44.3	5.3	4.9	8.3
1933	45.5	11.2	28.5	-5.1	202.2	45.1	5.6	3.7	5.4
1934	48.7	12.3	30.6	-3.0	199.0	49.7	6.0	4.0	6.8
1935	51.3	14.0	33.2	-1.3	197.7	54.4	6.1	4.4	7.2
1936	57.7	17.6	36.8	2.1	199.8	62.7	7.4	2.9	8.3
1937	58.7	17.3	41.0	2.0	201.8	65.0	6.7	4.3	6.7
1938	57.5	15.3	38.2	-1.9	199.9	60.9	7.7	5.3	7.4
1939	61.6	19.0	41.6	1.3	201.2	69.5	7.8	6.6	8.9
1940	65.0	21.1	45.0	3.3	204.5	75.7	8.0	7.4	9.6
1941	69.7	23.5	53.3	4.9	209.4	88.4	8.5	13.8	11.6

각각의 함수를 통하여 구성된 연립방정식모형은 다음과 같으며 3개의 방정식과 3개의 항등식으로 이루어진다.

$$
\begin{aligned}
\text{소비함수:}\quad C_t &= \alpha_0 + \alpha_1 P_t + \alpha_2 P_{t-1} + \alpha_3 (W_t^p + W_t^g) + \epsilon_{1t} \\
\text{투자함수:}\quad I_t &= \beta_0 + \beta_1 P_t + \beta_2 P_{t-1} + \beta_3 K_{t-1} + \epsilon_{2t} \\
\text{임금함수:}\quad W_t^p &= \gamma_0 + \gamma_1 X_t + \gamma_2 X_{t-1} + \gamma_3 A_t + \epsilon_{3t} \\
X_t &\equiv C_t + I_t + G_t \\
P_t &\equiv X_t - T_t - W_t^p \\
K_t &\equiv K_{t-1} + I_t
\end{aligned}
$$

여기서 A_t = 연도 − 1931이다. 위 연립방정식에서 C, P, W^p, W^g, I, X, K는 내생변수이고 G, T는 외생변수이다.

4. 계수조건과 순서조건을 이용하여 3가지 방정식의 식별 여부를 판단하시오.

5. 위의 연립방정식모형을 LIML, 2SLS, 3SLS, FIML의 추정방법을 이용하여 모수를 추정하고 각 추정치를 비교하시오.

6. 3SLS에 의해 추정된 연립방정식을 이용하여 내생변수의 추정치를 구하고 이 추정치를 실제 관측값과 비교하시오.

CHAPTER 9

단위근 검정

9.1 단위근의 개념

시계열 자료 $\{y_t\}$는 추세(trend), 정상과정(stationary component), 잡음과정(noise)의 합으로 표현할 수 있다. 이 세 개의 구성요소 중 정상과정과 잡음과정은 각각 ARMA 모형과 GARCH 모형에 의해 구현될 수 있는 과정이다. 이 장에서는 나머지 요소인 추세에 관한 내용을 다루게 된다. 시계열의 주된 구성요소인 추세는 전반적인 시계열의 흐름을 주도하기 때문에 미래의 시계열 흐름을 파악하기 위하여 추세선이 추세정상(trend stationary) 특성을 갖는지 아니면 확률적 추세(stochastic trend) 특성을 갖는지를 구분할 필요가 있으며 이러한 구분은 단위근 검정(unit root test)을 통해서 하게 된다.

추세정상이라는 것을 쉽게 표현하면, 추세가 회귀모형으로 제거될 수 있음을 의미한다. 즉 시계열자료를 종속변수로 놓고 시간의 함수를 독립변수로 놓아 회귀모형을 적합하면 정상과정을 따르는 잔차(residual)만 남게 됨을 말한다. 확률적추세와의 차이점을 살펴보기 위해

$$\nabla y_t = y_t - y_{t-1}$$

로 정의하고 $\nabla y_t = a_0$, 즉 $y_t - y_{t-1}$가 일정한 값 a_0만큼의 차이가 난다고 가정할 때

$$\begin{aligned} y_t &= y_{t-1} + a_0 \\ &= \left(y_{t-2} + a_0\right) + a_0 = \left(y_{t-3} + a_0\right) + a_0 + a_0 = \cdots \\ &= y_0 + a_0 \cdot t \end{aligned} \tag{9.1}$$

이 된다. (9.1)에 정상과정 N_t를 추가하면

$$y_t = y_0 + a_0 t + N_t \tag{9.2}$$

이 되고, 이 모형을 추세정상 모형(trend stationary model)이라고 한다. 여기에서 정상과정 N_t는 $A(L)\epsilon_t$로 표현되며 ϵ_t는 백색잡음과정으로 $E(\epsilon_t) = 0$이고 $Var(\epsilon_t) = \sigma^2$인 i.i.d. 과정이다. 예를 들어 N_t가 ARMA(p,q) 모형을 따른다면

$$\left(1 - \phi_1 L - \phi_2 L^2 - \cdots - \phi_p L^p\right) N_t = \left(1 - \theta_1 L - \theta_2 L^2 - \cdots - \theta_q L^q\right) \epsilon_t$$

로 표현할 수 있고 $\phi(L) = \left(1 - \phi_1 L - \cdots - \phi_p L^p\right)$, $\theta(L) = \left(1 - \theta_1 L - \cdots - \theta_q L^q\right)$로 놓을 때 $N_t = \phi(L)^{-1}\theta(L)\epsilon_t = A(L)\epsilon_t$로 나타낼 수 있다. N_t가 정상과정이기 때문에 y_t가 시계열의 추세 $y_0 + a_0 t$에서 벗어나더라도 곧바로 원래의 추세인 $y_0 + a_0 t$로 돌아오게 된다.

(9.1)에 백색잡음과정 ϵ_t을 추가하여 정리하면

$$\begin{aligned} y_t &= y_{t-1} + a_0 + \epsilon_t \\ &= \left(y_{t-2} + a_0 + \epsilon_{t-1}\right) + a_0 + \epsilon_t = \cdots \\ &= y_0 + a_0 t + \sum_{i=1}^{t} \epsilon_i \end{aligned} \tag{9.3}$$

이 된다. ϵ_{t-i}의 모든 계수가 1이므로 ϵ_t의 충격이 y_t에 계속해서 영향을 미치게 된다(반면에 모형 (9.2)의 $N_t = A(L)\epsilon_t$에서 ϵ_t의 계수는 지수적으로 감소한다). 모형 (9.3)은 $\sum_{i=0}^{t} \epsilon_i$에 의해서 y_t가 확률적추세를 가지고 있다고 하며, ϵ_{t-i}의 계수가 1이므로 단위근과정(unit root process) 이라고도 불리운다. 또한 모형(9.3)을 상수항(a_0)이 있는 확률보행(random walk with drift) 모형이라고 불린다.

모형 (9.3)에서 $a_0 = 0$이면

$$y_t = y_0 + \sum_{i=1}^{t} \epsilon_i \tag{9.4}$$

이 되며 이를 확률보행 모형이라고 한다. y_0가 주어졌다는 가정 하에서

$$E\left(y_{t+s}\right) = E\left(y_t\right) = y_0$$

가 되어 이는 미래시점의 예측치가 시점과 관계없이 항상 같다는 것을 의미하며, 이에 더하여 $Var\left(y_t\right) = \sigma^2 t$가 되어 정상과정이 되지 않아 분석할 수 없게 된다. 확률보행 모형을 따르는

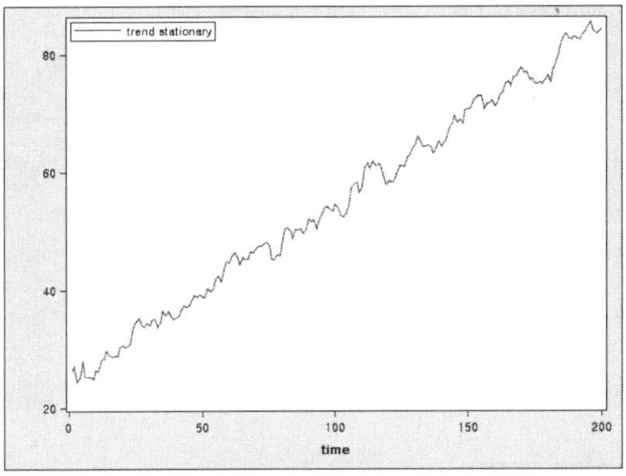

(a) 추세정상 모형, $\epsilon_t \sim N(0,1)$

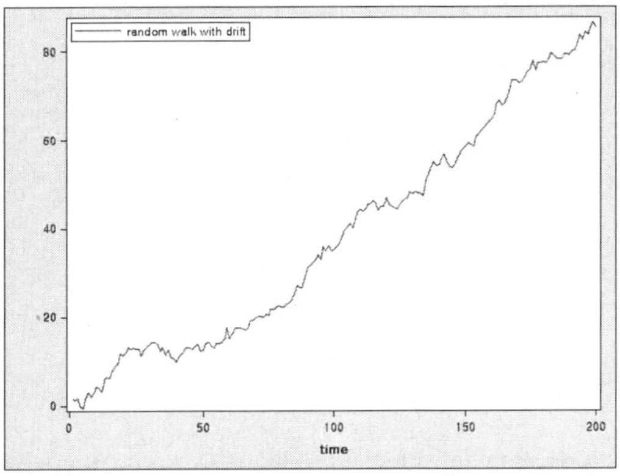

(b) 상수항이 있는 확률보행 모형, $\epsilon_t \sim N(0,1)$

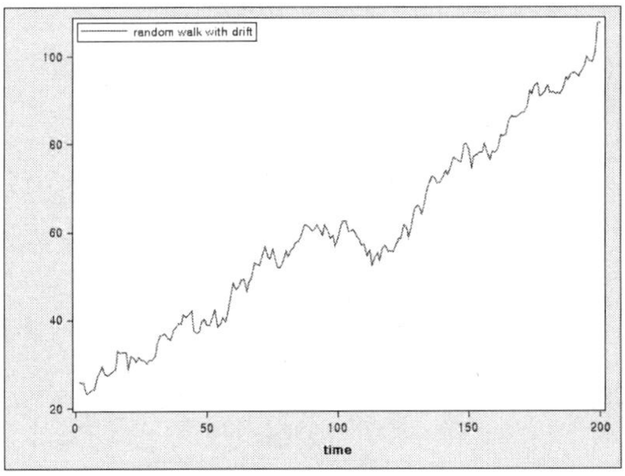

(c) 상수항이 있는 확률보행 모형, $\epsilon_t \sim N(0,3)$

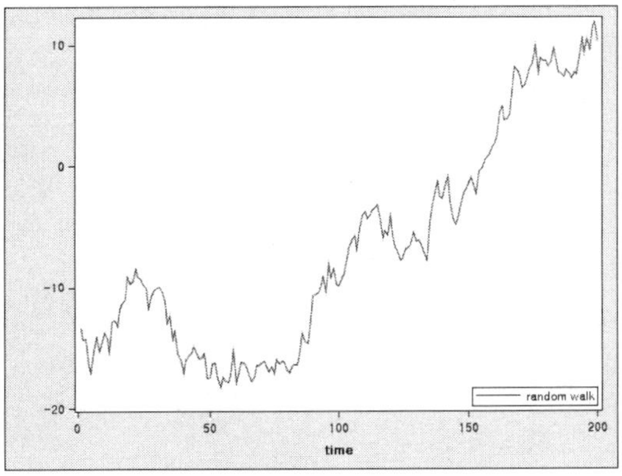

(d) 확률보행 모형, $\epsilon_t \sim N(0,1)$

그림 9.1: 시계열자료의 구분

y_t의 자기상관를 구하기 위하여 공분산을 먼저 구해보면

$$\begin{aligned} Cov\left(y_t, y_{t-s}\right) &= Cov\left(y_0 + \sum_{i=1}^{t} \epsilon_i, y_0 + \sum_{i=1}^{t-s} \epsilon_i\right) \\ &= Cov\left(\sum_{i=1}^{t-s} \epsilon_i, \sum_{i=1}^{t-s} \epsilon_i\right) = Var\left(\sum_{i=1}^{t-s} \epsilon_i\right) = (t-s)\sigma^2 \end{aligned}$$

이고, y_t와 y_{t-s}의 상관계수는

$$\rho_s = \frac{(t-s)\sigma^2}{\sigma^2\sqrt{t-s}\sqrt{t}} = \sqrt{\frac{t-s}{t}} \tag{9.5}$$

가 되어 ρ_s가 거의 1이고(t가 클 때) 매우 느린 속도로 줄어드는 것을 알 수 있다. 이러한 이유로 확률보행과정(또는 단위근 과정)은 자기회귀계수가 1에 가까운 정상과정과 구별하기가 어렵게 된다. 그림 9.1은 추세정상 모형, 상수항이 있는 확률보행 모형, 확률보행 모형을 구현한 것으로 각 모형의 특성이 확연히 나타나고 있다. 각 모형의 구현을 위하여 (9.2) ~ (9.4)에서 $y_0 = 5, a_0 = 0.3$을 사용하였으며, 오차항은 $N(0,1)$에서 생성하였다.

9.2 확률추세 모형의 일반화

(i) 확률보행+잡음 모형(random walk plus noise model)

모형 (9.4)에 잡음과정이 더해진 모형으로 다음과 같이 표현할 수 있다.

$$y_t = y_0 + \sum_{i=1}^{t} \epsilon_i + \eta_t$$

여기에서 η_t는 ϵ_t와 다른 백색잡음과정으로 $Var(\eta_t) = \sigma_\eta^2$이며 η_t와 η_{t-s}는 모든 t와 s에 대해 독립임을 가정한다. y_0가 주어졌다는 가정 하에서 $Var(y_t|y_0) = \sigma^2 \cdot t + \sigma_\eta^2$이고 $Cov(y_t, y_{t-s}|y_0) = (t-s)\sigma^2$임을 쉽게 보일 수 있다. 그러므로

$$Corr(y_t, y_{t-s}) = \rho_s = \frac{(t-s)\sigma^2}{\sqrt{\left(t\sigma^2 + \sigma_\eta^2\right)\left((t-s)\sigma^2 + \sigma_\eta^2\right)}}$$

가 되어 이는 확률보행과정의 상관계수 (9.5)보다 분모 값이 항상 커서 '확률보행+잡음 모형'의 상관계수가 확률보행과정의 상관계수보다 항상 작아짐을 알 수 있다. 즉 확률보행과정에 잡음과정의 추가는 확률보행과정의 상관계수를 줄이는 역할을 하게된다.

(ii) 추세+잡음 모형(trend plus noise model)

모형 (9.6)은 결정적추세(deterministic trend), 확률적추세(stochastic trend), 그리고 백색잡음과정(white noise)의 합으로 표현된 것이다.

$$y_t = y_0 + a_0 t + \sum_{i=1}^{t} \epsilon_i + \eta_t \tag{9.6}$$

이 과정은 시간 t 증가함에 따라 전반에 걸쳐 선형적으로 증가 또는 감소하는 행태를 보이지만 확률적추세 때문에 기대치인 $y_0 + a_0 t$에 다시 회귀하는 모습은 보이지 않는다. 또 다른 '추세+잡음모형'은 모형 (9.6)의 백색잡음과정을 정상과정으로 대체한 것으로 다음과 같다. 여기서 N_t는 ARMA모형 등의 정상과정이다.

$$y_t = y_0 + a_0 t + \sum_{i=1}^{t} \epsilon_t + N_t$$

9.3 추세 제거

시계열자료로부터 추세를 제거하는 방법은 모형에 추세를 설명하는 부분을 넣어 시계열에 자료에서 추세를 분리하거나 (detrending), 차분(differencing)을 하는 것이다. 추세의 분리는 추세정상 모형에서 적용하는 방법이고, 차분은 단위근과정에서 추세를 제거하는 데 사용하는 방법이다. 구체적으로 예를 들면 다음의 추세정상 모형에서

$$y_t = y_0 + a_0 t + \epsilon_t$$

추세 $y_0 + a_0 t$를 y_t로 부터 분리시키는 것을 추세분리(detrending)라 하고, 다음의 단위근 모형

$$y_t = y_0 + a_0 t + \sum_{i=1}^{t} \epsilon_i$$

를 차분하여 $\nabla y_t = y_t - y_{t-1} = a_0 + \epsilon_t$로 자료를 정상과정으로 만든 후(즉, ∇y_t) 분석하는 것을 차분(differencing) 이라고 한다. 그러나 추세정상 모형에서 추세분리 대신 차분으로 추세를 제거하게 되면 차분된 시계열자료는 다음과 같이 오차의 합으로 표현된다.

$$\nabla y_t = y_t - y_{t-1} = \left(y_0 + a_0 t + \epsilon_t\right) - \left(y_0 + a_0(t-1) + \epsilon_{t-1}\right) = a_0 + \epsilon_t - \epsilon_{t-1}$$

이는 이동평균과정의 가역성(invertibility) 조건을 만족하지 못하게 되어 ϵ_t를 자기회귀모형 (autoregressive process)으로 표현할 수 없게 된다. 한편, 단위근 모형 $y_t = y_0 + a_0 t + \sum_{i=1}^{t} \epsilon_t$ 를 차분 대신 추세분리를 하게 되면 $\sum_{i=1}^{t} \epsilon_i$가 제거되지 않아 정상과정으로 변환되지 않으므로 분석을 할 수 없게 된다. 정리하면, 추세정상 모형으로 설명되는(추세정상과정을 따르는) 자료는 추세분리를 통하여 모형을 적합해야하고 단위근 모형으로 설명되는(단위근과정을 따르는) 자료는 원자료를 차분하여 정상과정으로 만든 후 모형을 적합하여야 한다.

9.4 단위근과 회귀잔차

y_t가 ARMA 모형을 따른다면 y_t는 모형 (9.7)로 표현할 수 있고

$$y_t - \phi_1 y_{t-1} - \cdots - \phi_p y_{t-p} = \epsilon_t - \theta_1 \epsilon_{t-1} - \cdots - \theta_q \epsilon_{t-q} \tag{9.7}$$

$L^i y_t = y_{t-i}$로 정의하면 모형 (9.7)의 자기회귀 부분을 다음과 같이 표현할 수 있다.

$$y_t - \phi_1 y_{t-1} - \cdots - \phi_p y_{t-p} = (1 - \phi_1 L - \phi_2 L^2 - \cdots - \phi_p L^p) y_t$$

여기서 $\left(1 - \phi_1 L - \phi_2 L^2 - \cdots - \phi_p L^p\right)$를 특성함수(characteristic function)라 하고 이 특성함수를 0으로 놓고 근을 구해 p개의 근 중에서 하나라도 1이 있으면 이 ARMA 모형은 단위근을 가지고 있다고 말한다. 이 경우 y_t는 단위근과정이 되므로 차분을 취하고 분석해야 한다.

앞서 논의하였던 단위근 모형으로 설명되는 자료를

$$y_t = y_0 + a_0 t + \sum_{i=1}^{t} \epsilon_i$$

차분하지 않고 원자료에 회귀모형을 적용하게 되면, $y_t = \beta_0 + \beta_1 t + e_t$의 모형을 통해 y_0와 a_0를 추정하게 되고 잔차 $\hat{e}_t = y_t - (\hat{y}_0 - \hat{a}_0 t)$는 $\sum_{i=1}^{t} \epsilon_t$의 추정치가 되므로 이는 정상과정이 아닌 비정상(nonstationary) 과정(평균이 0이고 분산이 $\sigma^2 t$이고 자기상관 관계가 매우 강한 과정)이 되어 회귀모형의 가정을 위반하게 된다. 이런 결과를 의사회귀(spurious regression)라고 한다. 회귀모형이 의사회귀에 빠지게 되면 그 회귀모형이 어떠한 의미도 갖지 못하더라도 높은 결정계수 R^2를 가지며 추정된 회귀계수는 매우 유의미(significant)한 결과를 보인다. 실제로 두 개의 독립적인 확률보행과정 $y_t = y_{t-1} + \epsilon_{yt}$와 $z_t = z_{t-1} + \epsilon_{zt}$를 이용하여 다음의 회귀모형을 고려해 보자.

$$y_t = \beta_0 + \beta_1 z_t + e_t$$

이는 Granger and Newbold(1974)의 실험으로 검정결과 $\beta_1 = 0$이 됨을 기대하였으나 총 모의실험 횟수의 75%에서 $H_0 : \beta_1 = 0$를 기각($\alpha = 0.05$)하는 것으로 나타났다. 이러한 결과는 오차항 e_t가 다음과 같은 단위근과정이 되기 때문에 발생한 것이다.

$$e_t = \sum_{i=1}^{t} \epsilon_{yi} - \beta_1 \sum_{i=1}^{t} \epsilon_{zi}$$

ARMA모형에서는 단위근의 개수와 동일하게 차분 개수가 정해진다. 예를 들어 단위근의

개수가 2이면 다음과 같이 두 번 차분한 시계열이

$$\nabla^2 y \equiv \nabla(\nabla y_t) = \nabla(y_t - y_{t-1}) = y_t - 2y_{t-1} + y_{t-2}$$

정상과정이 되며, $\nabla^2 y_t$를 이용하여 모형을 세우고 분석을 하게 된다. 어떤 시계열 y_t를 d번 차분하여 정상성과정이 되면, 이를 $y_t \sim I(d)$라고 표현한다. 따라서 $y_t \sim I(0)$는 y_t가 정상과정임을 나타내는 것이다.

다음 내용으로 지금까지 설명한 내용을 정리할 수 있다. 어떤 두 시계열 y_t와 z_t가 있을 때

(i) y_t와 z_t가 모두 $I(0)$이면 보통의 회귀분석모형을 적용할 수 있고

(ii) $y_t \sim I(d_1)$이고 $z_t \sim I(d_2)$, 단 $d_1 \neq d_2$이면 y_t와 z_t에 대한 회귀모형은 아무런 의미를 부여할 수 없으며

(iii) y_t와 z_t는 모두 같은 $I(d)$이나 잔차가 확률적추세를 포함하고 있으면 y_t와 z_t에 대한 회귀모형은 의사회귀(spurious regression)가 되고

(iv) y_t와 z_t가 모두 같은 $I(d)$이고 잔차가 정상과정이면 y_t와 z_t가 공적분관계(cointegrated)를 가지고 있다고 하며 (i)의 경우와 동일하게 회귀분석을 해도 된다. 공적분관계는 다음 장에서 자세히 다루게 된다.

이상에서 살펴본 바와 같이 시계열의 단위근 여부나 단위근 개수(order of integration)에 대한 검정은 시계열자료의 모형화 및 분석에서 매우 중요한 역할을 하게 된다.

9.5 단위근 검정 분포의 도출

단위근 검정은 일반적인 통계적 검정과 달리 검정의 대상이 되는 시계열을 세 가지로 나누어서 고려해야 하는 어려움이 있다. 세 가지 시계열을 순수한 확률과정인 경우, 상수항(drift)을 포함하는 경우, 상수항과 추세가 모두 포함되는 경우로 나누어진다. 이뿐 아니라 시계열자료에 단위근이 존재한다는 귀무가설에서 검정통계량의 분포가 t-분포와 같은 일반적인 분포가 아니라는 것도 큰 어려움이 된다. 사실, 단위근의 검정통계량은 위너과정(winer process)을 이용하여 구하게 되며 그 극한분포(limiting distribution)는 구할 수 있으나 분포값을 구할 수

없어 검정통계량의 임계치를 구할 수 없다. 자세한 극한분포의 유도 과정은 Hamilton(1994)을 참고하기 바란다. 이러한 이유로 Dickey and Fuller(1979)는 다음의 절차에 따라 단위근 검정을 위한 검정통계량의 경험분포(empirical distribution)를 모의실험에 의해 제시하였다.

Dickey-Fuller 분포의 도출

Dickey-Fuller 분포는 다음의 과정을 거쳐서 생성할 수 있다.

절차1: $N(0,1)$으로부터 서로 독립인 ϵ_t를 발생시킨다. 물론 충분한 근거가 있는 경우 다른 분포를 이용해 발생시킨 ϵ_t의 사용도 가능하다.

절차2: 아래 **절차3**의 (i)과 (ii)의 경우 $y_t = y_{t-1} + \epsilon_t$로부터 y_t를 발생시키고 (iii)의 경우 $y_t = \alpha_0 + y_{t-1} + \epsilon_t$로 부터 y_t를 발생시킨다.

절차3: 다음의 세 모형으로부터 γ를 추정 후 $H_0 : \gamma = 0$의 t-검정 통계량을 계산한다.

(i) $\nabla y_t = \gamma y_{t-1} + \epsilon_t$

(ii) $\nabla y_t = a_0 + \gamma y_{t-1} + \epsilon_t$

(iii) $\nabla y_t = a_0 + \gamma y_{t-1} + a_1 t + \epsilon_t$

절차4: 절차1 ~ 절차3을 m번 반복하여 t-검정통계량의 경험분포를 구한다.

위의 절차에 의해 도출된 Dickey-Fuller의 분포는 절차3의 세 개의 모형과 표본의 크기에 의존한다. 절차3의 모형(i)은 순수한 확률보행과정(pure random walk), 모형(ii)는 상수항이 있는 확률보행과정, 모형(iii)은 상수항과 추세가 있는 확률보행과정으로 모형(i)의 검정통계량은 τ, 모형(ii)의 검정통계량은 τ_μ, 그리고 모형(iii)의 검정통계량은 τ_τ라고 한다. 실제 관찰치에 대해 세 모형 중 한 모형에 해당하는 Dickey-Fuller의 경험분포를 이용하여 단위근의 존재여부 $H_0 : \gamma = 0$를 검정한다. 세 모형 중 어떤 모형이 분석하고자 하는 자료에 적합한지는 시도표(time plot) 등을 이용하여 판단하게 된다. 좀 더 자세한 내용은 다음 절에서 다시 논의할 것이다.

Dickey-Fuller 분포의 유도과정 중 **절차3**에서 중요한 가정은 오차항 ϵ_t가 i.i.d 하다는 것이다. 그러므로 y_t가 자기상관되어 있다면 이를 제거해 주어야 한다. 이를 위해 모형 (9.8)과 같이 y_t의 자기상관을 제거하는 AR(p) 모형을 고려해 보자.

$$y_t = \phi_1 y_{t-1} + \cdots + \phi_p y_{t-p} + \epsilon_t \tag{9.8}$$

여기서 $\gamma = -\left(1 - \sum_{i=1}^{p} \phi_i\right)$, $\beta_i = -\sum_{j=i+1}^{p} \phi_j$로 놓으면 모형 (9.8)은

$$\nabla y_t = \gamma y_{t-1} + \sum_{i=1}^{p-1} \beta_i \nabla y_{t-i} + \epsilon_t \tag{9.9}$$

로 쓸 수 있다. 이의 이해를 위하여 모형 (9.8)에서 $p = 3$인 경우 즉 AR(3) 모형에서 예를 보도록 하자. AR(3) 모형의 우변에 $\phi_3 y_{t-2}$를 첨삭해 보면

$$\begin{aligned} y_t &= \phi_1 y_{t-2} + \phi_2 y_{t-2} + \left(\phi_3 y_{t-2} - \phi_3 y_{t-2}\right) + \phi_3 y_{t-3} + \epsilon_t \\ &= \phi_1 y_{t-1} + \left(\phi_2 + \phi_3\right) y_{t-2} - \phi_3 \nabla y_{t-2} + \epsilon_t \end{aligned} \tag{9.10}$$

이 되고, 다시 모형 (9.10)의 우변에 $\left(\phi_2 + \phi_3\right) y_{t-1}$을 첨삭하면

$$\begin{aligned} y_t &= \phi_1 y_{t-1} + \left(\phi_2 + \phi_3\right) y_{t-2} - \left(\phi_2 + \phi_3\right) y_{t-1} + \left(\phi_2 + \phi_3\right) y_{t-1} - \phi_3 \nabla y_{t-2} + \epsilon_t \\ &= \left(\phi_1 + \phi_2 + \phi_3\right) y_{t-1} - \left(\phi_2 + \phi_3\right) \nabla y_{t-1} - \phi_2 \nabla y_{t-2} + \epsilon_t \end{aligned} \tag{9.11}$$

로 정리되고 다시 모형 (9.11)의 양변에서 y_{t-1}을 빼주면

$$\nabla y_t = -\left(1 - (\phi_1 + \phi_2 + \phi_3)\right) y_{t-1} - \left(\phi_2 + \phi_3\right) \nabla y_{t-1} - \phi_2 \nabla y_{t-2} + \epsilon_t \tag{9.12}$$

를 얻게 된다. 모형 (9.12)를 정리하면

$$\nabla y_t = -\left(1 - \sum_{i=1}^{3} \phi_i\right) y_{t-1} - \sum_{i=2}^{3} \phi_i \nabla y_{t-1} - \phi_2 \nabla y_{t-2} + \epsilon_t$$

가 되어 모형 (9.9)에서 $p = 3$의 형태로 정리된 것을 알 수 있다. 같은 방법으로 모형 (9.8)에서도 절편이 있는 경우와 절편과 선형추세가 있는 경우도 정리할 수 있다.

$$\nabla y_t = \gamma y_{t-1} + \sum_{i=1}^{p-1} \beta_i \nabla y_{t-i} + \epsilon_t \tag{9.13}$$

$$\nabla y_t = a_0 + \gamma y_{t-1} + \sum_{i=1}^{p-1} \beta_i \nabla y_{t-i} + \epsilon_t \tag{9.14}$$

$$\nabla y_t = a_0 + \gamma y_{t-1} + a_2 t + \sum_{i=1}^{p-1} \beta_i \nabla y_{t-i} + \epsilon_t \tag{9.15}$$

모형 (9.13)은 **절차3**의 (i)을, 모형 (9.14)는 (ii)를, 그리고 모형 (9.15)은 (iii)을 일반화한 것이며 이에 대한 단위근 검정을 ADF 검정(augmented Dickey-Fuller test)이라고 한다. 그러

나 중요한 것은 **절차3**의 세 개의 모형이 (9.13), (9.14), (9.15)로 바뀌어도 검정통계량의 분포는 변함이 없다는 것이다. 그러므로 만약 y_t가 자기상관되어 있으면 이 세 모형 중 하나를 택하여 귀무가설 $H_0: \gamma = 0$ 하에서 t값을 구해 앞의 **절차 4**에서 구현된 경험분포를 통해 검정하게 된다. 모형 (9.13), (9.14), (9.15)에서 $\gamma = 0$이면 $\gamma = -\left(1 - \sum_{i=1}^{p} \phi_i\right) = 0$이 되어 $1 - \sum_{i=1}^{p} \phi_i = 0$을 의미한다. 이는 AR($p$)모형의 특성함수 $\left(1 - \phi_1 L - \cdots - \phi_p L^p\right) = 0$의 근이 적어도 하나는 1이라는 것을 의미하며, AR(p)모형이 단위근(unit root)을 포함하고 있다는 것을 의미한다. 따라서 $\gamma = 0$일 때 모형 (9.13)~ (9.15)은 $\nabla y_t, \nabla y_{t-1}, \cdots, \nabla y_{t-p+1}$으로만 구성되며 ϵ_t가 i.i.d. 이므로 ∇y_t가 정상과정임을 의미한다. 그러므로 $\gamma = 0$은 y_t가 확률적추세를 가지고 있다는 것을 의미하며 y_t 대신에 ∇y_t를 이용하여 시계열을 분석해야 함을 의미한다.

절차 3의 (ii)와 (iii) 또는 모형 (9.14), (9.15)에서 2개 이상의 모수에 대해서도 동시에 검정할 수 있다. **절차 3**의 (ii) 또는 모형 (9.14)에서 $H_0: \gamma = a_0 = 0$에 대한 검정은 상수항이 없는 단위근 검정과 동일하며 검정통계량을 ϕ_1이라고 표기한다. 절차(iii) 또는 모형 (9.15)에서 $H_0: a_0 = \gamma = a_2 = 0$ 또는 $H_0: \gamma = a_2 = 0$을 검정할 수 있으며 각각의 검정통계량을 ϕ_2, ϕ_3라고 한다. 이 세 검정을 Dickey-Fuller의 F-검정이라고 한다. 그러나 앞의 $H_0: \gamma = 0$의 t-검정통계량과 마찬가지로 F-검정통계량 ϕ_1, ϕ_2, ϕ_3도 F 분포를 따르지 않고 앞에서 설명한 D-F의 t-검정분포의 도출과정과 동일하게 F-검정분포를 구해야 한다. 검정통계량은 (9.16)으로 다음과 같이 정의되며, 여기서 s는 제한된 모수의 수(즉, ϕ_1에서는 2, ϕ_2에서는 3, ϕ_3에서는 2)를 나타내고 T는 관찰치의 수, 그리고 K는 (9.14), (9.15) 모형에 포함된(제약이 없는 모형(full model)에 포함된) 모수의 수이다.

$$\phi_i = \frac{(SSE_r - SSE_u)/s}{SSE_u/(T-K)}, \quad i = 1, 2, 3. \tag{9.16}$$

SSE_r은 H_0 하에서 추정된 회귀잔차의 제곱합이며, SSE_u는 제약없이 추정된 회귀잔차의 제곱합이다. Dickey-Fuller의 $H_0: \gamma = 0$에 대한 검정 통계량 $\tau, \tau_\mu, \tau_\tau$와 두 개 이상의 모수에 대한 검정통계량 ϕ_1, ϕ_2, ϕ_3의 p-값은 SAS에서 제공된다.

9.6 Dickey-Fuller 검정에서 발생하는 문제점과 해결

Dickey-Fuller 검정에서 발행하는 여러 가지 문제점들은 아래의 다섯 가지로 정리할 수 있다. 문제점들을 살펴보고, 이로부터 Dickey-Fuller 검정의 특성과 확장을 고려하여 보자.

Q1. ADF 검정을 위한 모형 (9.13)~ (9.15)에서, 자기상관을 제거하기 위해 자기회귀 모형 (autoregressive model)만 사용하였으나 자기상관이 이동평균과정(moving average process)에 의한 것이라면?

✎ Said and Dickey(1984)는 ARMA(p,q)모형을 ARMA(n,0) (즉, AR(n) 모형에 의해 매우 잘 근사시킬 수 있음을 보여주었다. 단, $n \le T^{1/3}$이며 T는 관찰치의 수이다.

Q2. 모형 (9.13)~ (9.15)의 AR(p)모형에서 참(true) p를 선택하지 못했을 때 γ의 추정과 검정은 그 신뢰도를 잃게 된다. 너무 큰 p를 선택하게 되면 추정할 모수가 많아지게 되어 D-F검정의 검정력이 떨어지게 되고 참 p보다 작은 p를 선택하게 되면 모형 (9.13)~ (9.15)에서 ϵ_t가 자기상관을 가지게 되어 $H_0 : \gamma = 0$를 기각하는 데 실패하는 중요한 원인이 된다. 그렇다면 어떻게 p를 선택해야 하는가?

✎ 모형 (9.13)~ (9.15)는 $H_0 : \gamma = 0$의 가정에서(즉, y_t가 단위근을 가지고 있다는 가정에서) $y_t \sim I(1), \nabla y_t \sim I(0)$가 되므로

$$\begin{aligned} \nabla y_t &= \gamma y_{t-1} + \sum_{i=1}^{p-1} \beta_i \nabla y_{t-1} + \epsilon_t \\ &= I(1) + I(0) + \epsilon_t \end{aligned} \tag{9.17}$$

로 표현될 수 있다. Sims, Stock and Watson(1990)은 모형 (9.17)에서 $I(0)$에 있는 변수(모형 (9.13)~ (9.15)의 경우, ∇y_{t-i})에 걸려있는 계수들의 OLS 추정량은 근사적으로 정규분포를 따르고 있다는 것을 증명하였다($I(1)$에 있는 계수 γ에 대한 검정은 단위근 검정이므로 t-검정을 할 수 없다). 이 결과는 모형 (9.13)~ (9.15)에서 적절한 p를 선택하는데 보통의 t-검정 또는 보통의 F-검정을 사용할 수 있다는 이론적인 배경이 된다.

회귀분석에서 흔히들, 적절한 설명변수를 선택하는 방법으로 후향법(backward method) 또는 전향법(forward method)를 사용한다. 후향법은 가능한 모든 설명변수를 모형에 포함시킨 후 t-검정 또는 F-검정을 통해 불필요한 변수를 제거하는 변수선택 방법이고 전향법은 가장 유의한 하나의 변수로부터 출발하여 유의한 변수를 모형에 포함시켜가는 변수선택 방법이다. 회귀분석에서 기본가정은 오차항이 정상(stationary)이라는

것이다. 이는 종속변수를 설명하는 모든 독립변수가 모형에 포함되어야 한다는 것을 의미한다(이는 오차항에 더는 정보가 남아있지 않다는 말과 같다). 그러므로 전향법은 설명변수(즉, 독립변수)를 선택하는 방법으로는 적절치 못하다. Ng and Perron(2001)은 AR(p)모형에서 원래의 p의 선택에서 참 p보다 같거나 큰 p를 선택한 경우, 후향법은 참 p를 선택할 확률이 1이 됨을 보여주었다(정확하게 수학적으로 표현하면 "almost surely as T → ∞"). 한편, 모의실험을 통해 전향법은 참 p보다 작은 p를 선택하는 경향이 있음을 보여주었다. 참고로, 모형선택에 많이 사용되는 SBC와 AIC를 비교해 볼 때 SBC는 AIC나 t-검정보다 좀 더 간결한(parsimony) 모형을 선택하는 경향이 있다.

위의 논의로부터 AR(p)의 p의 선택은 비교적 큰 p로부터 출발하여 보통의 t-검정 또는 F-검정을 통해 p를 줄여가는 방법으로 하면 됨을 알 수 있다. 단, 잔차는 백색잡음과정(white noise process) 가정에 맞는지를 검정하여야 한다(오차항에 대한 검정은 5장에서와 같은 방법을 사용한다).

Q3. 만약 m개의 단위근이 있다면 시계열을 정상화하기 위해서는 m번의 차분($\nabla^m y_t$)이 필요하다. 재정자료(finance data)의 대부분은 ∇y_t (한 개의 단위근)에 의해 정상성을 만족하지만, 때로는 두 번 이상 차분이 필요한 경우도 있다. 즉 이번 문제는 "두 개 이상의 단위근이 존재한다면 어떻게 해야 하는가?"이다.

✎ **다중 단위근 검정(multiple unit root test)** : 먼저 적절하게 큰 r개의 단위근을 설정한다. 시도표에 의해 일반적 추세가 r차 곡선을 띄고 있다고 판단할 수 있다면 이 r을 결정한다.

$$\nabla^r y_t = \alpha_0 + \beta_1 \nabla^{r-1} y_{t-1} + \epsilon_t$$

의 모형으로부터 $H_0 : \beta_1 = 0$에 대한 D-F 검정결과, H_0를 기각하지 못하면 y_t는 r개의 단위근을 가지고 있다는 결론을 내린다. 만약 H_0를 기각하게 되면

$$\nabla^r y_t = \alpha_0 + \beta_1 \nabla^{r-1} y_{t-1} + \beta_2 \nabla^{r-2} y_{t-1} + \epsilon_t$$

의 모형으로부터 $H_0 : \beta_2 = 0$에 대한 D-F 검정 결과, H_0를 기각하지 못하면 y_t는 $r-1$개의 단위근을 가지고 있다고 결론을 내린다. 이후의 과정은 검정결과에 따라 앞서의 과정을 반복한다. 최종적으로 단위근이 하나인지를 검정하는 모형은

$$\nabla^r y_t = \alpha_0 + \beta_1 \nabla^{r-1} y_{t-1} + \beta_2 \nabla^{r-2} y_{t-1} + \cdots + \beta_r y_{t-1} + \epsilon_t$$

이다. 이 모형에서 $H_0 : \beta_r = 0$ 인지를 검정하며 H_0를 기각하지 못하면 단위근이 한 개 있으며, H_0를 기각하면 y_t는 정상성과정이라는 결론에 도달한다. 다중 단위근 검정은 α_0가 있는 모형, α_0와 시간추세가 있는 모형에서도 사용할 수 있으며, ADF검정에서도 적용할 수 있다.

Q4. 시계열자료가 계절성을 가지고 있을 때 지금까지 논의한 비계절 차분 뿐만 아니라 계절 차분이 필요한 단위근을 가질 경우가 있다.

✎ 계절 단위근(seasonal unit root)은 Dickey, Hasza, and Fuller(1984)의 분포를 이용하여 D-F 검정과 유사한 방법으로 검정할 수 있다. 이 문제에 대한 자세한 논의는 9.6절에서 다시 다루기로 한다.

Q5. 시계열의 구조변화(structural change)는 단위근이 있는 시계열과 구별하기 어렵게 만든다.

✎ 이 문제는 9.7절에서 다루기로 한다.

9.7 Dickey-Fuller 검정의 일반적인 접근

D-F 검정의 가장 큰 문제는 검정력(power)에 있다. 추세를 가진 어떤 정상시계열도 단위근을 가진 시계열로 충분히 근사시킬 수 있고 반대로 어떤 단위근 시계열도 추세정상 시계열(trend stationary process) 로 충분히 근사시킬 수 있다. 이러한 이유로 D-F 검정은 시계열이 단위근을 가지고 있다는 귀무가설을 잘 기각하지 못하는, 즉, 검정력이 낮다는 단점이 있다. 제한된 모의실험에서, 1시점 예측(one-step-ahead forecast)의 경우 정상시계열이지만 단위근에 가까울수록 차분한 자료를 이용한 예측(단위근 모형)이 원래의 자료를 이용한 예측(정상모형)보다 좀 더 좋은 경향이 있으나, 장기 예측의 경우, 단위근모형과 정상모형의 예측치는 근본적인 차이를 보이고 있어 D-F 검정의 검정력을 높이는 것은 중요한 일이 된다.

D-F 검정은 순수확률보행과정, 절편(drift)이 있는 단위근 과정, 그리고 절편+선형추세가 있는 단위근 과정으로 모수가 추가되어 모형이 복잡해진다. 추정해야 할 모수가 많아짐에

따라 모형의 적합도는 좋아지지만, D-F 검정의 검정력은 낮아지게 된다. 그러나 검정력을 높이기 위해 절편이나 선형추세가 단위근 모형에 포함되지 않으면 오히려 검정력은 표본의 크기가 증가함에 따라 '0'으로 접근하게 되는 결과를 가져오게 된다.

D-F 검정의 첫 번째 단계는 시도표(time plot)의 작성으로부터 출발한다. 시도표가 선형추세를 보이지 않으면 순수확률보행과정을 이용한 단위근 검정을 한다. 선형추세가 있으면 절편이 있는 단위근과정이나 절편+선형추세가 있는 단위근과정을 이용하여 단위근 검정을 하게 된다. 분석하고자 하는 시계열자료가 이 두 개의 단위근과정 중 하나라는 특별한 정보가 없는 한 어느 단위근과정이 적절한 단위근 과정인지 구별하기는 쉽지 않다. 선형추세가 있는 시계열의 단위근 검정의 일반적인 절차를 설명하기 이전에 단위근 검정에 매우 유용한 Sims, Stock and Watson(1990)의 결과를 제시하고 이를 이용한 단위근 검정절차를 설명하고자 한다.

Sims, Stock and Watson 의 단위근 검정을 위한 결과

Sims, Stock and Watson의 결과는 D-F 검정에서 시도표의 관측에 의존하여 결정하던 추정모형 내 절편이나 선형추세의 포함 여부를 검정절차를 통하여 결정할 수 있도록 해준다는 것에 의미를 둘 수 있으며 검정절차에서는 다음의 내용을 이용하게 된다.

"참 시계열과정(true process)이 절편과 선형추세와 같은 결정적 독립변수를 포함하고 있을 때 추정모형도 이를 포함하고 있다면, 단위근 검정을 위해 필요한 계수를 포함한 회귀모형의 모든 계수는 보통의 t-검정 또는 F-검정을 통해 검정할 수 있다" 이의 증명은 검정통계량의 수렴속도(convergence rate)와 관계가 있고 이는 이 책의 수준을 넘어서는 것이므로 생략하기로 한다. 이제 시계열의 선형추세가 있을 때 가장 일반화된 단위근 과정인 절편+선형추세가 있는 다음의 모형을 이용한 검정절차를 표 9.1로 설명하면 다음과 같다.

$$\nabla y_t = a_0 + \gamma y_{t-1} + a_2 t + \sum_{i=1}^{p-1} \beta_i \nabla y_{t-i} + \epsilon_t$$

❶ 가장 복잡한 모형으로 D-F 검정의 검정력이 가장 낮지만 $H_0 : \gamma = 0$를 기각하면 y_t가 정상과정이라고 결론 내린다. 그러나 $H_0 : \gamma = 0$을 기각하지 못하면 ❷로 넘어가게 된다.

표 9.1: 단위근 검정 절차

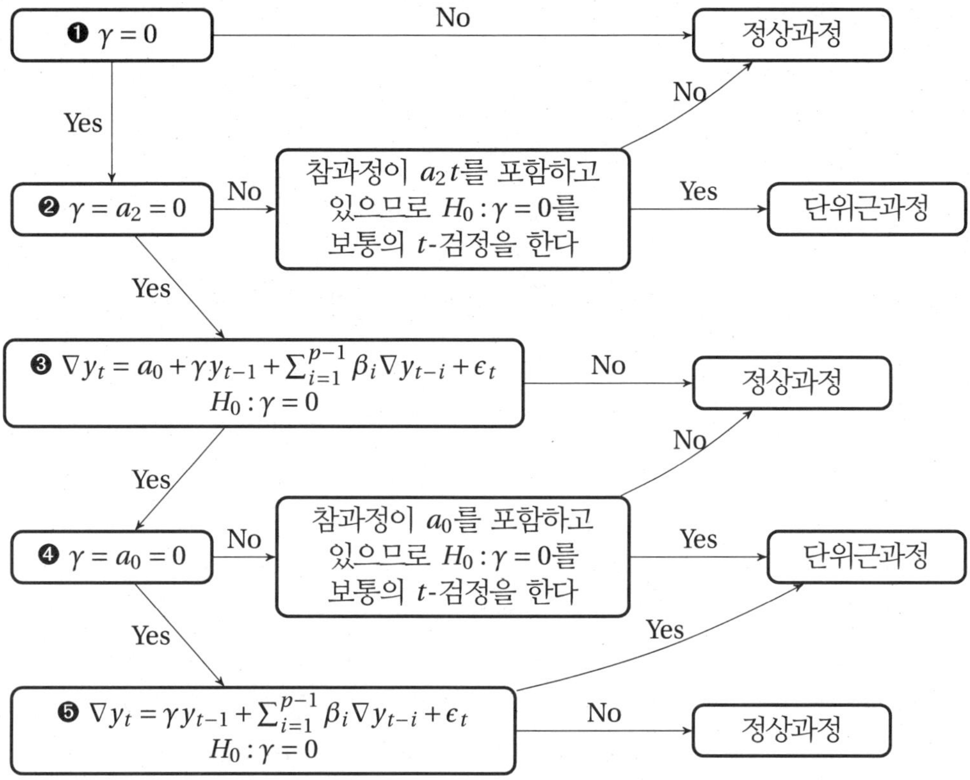

❷ ϕ_3검정을 이용하여 $H_0 : \gamma = a_2 = 0$에 대한 검정을 한다. 이 검정은 실제로 $\gamma = 0$라는 가정 하에서 실시하는 조건부 검정이다. 그러므로 $H_0 : \gamma = a_2 = 0$을 기각하게 되면 $a_2 \neq 0$가 되어 참 과정(true process)이 선형추세를 가지고 있다는 것을 의미하므로 $H_0 : \gamma = 0$을 보통의 t-검정을 하여 단위근 여부를 검정한다. 이는 앞에서 설명한 Sims, Stock and Watson의 결과에 의한 것이다.

❸ ❷에서 $H_0 : \gamma = a_2 = 0$을 기각하지 못하면 $a_2 = 0$이므로 추세가 없는 단위근 과정

$$\nabla y_t = a_0 + \gamma y_{t-1} + \sum_{i=1}^{p-1} \beta_i \nabla y_{t-i} + \epsilon_t$$

를 고려하여 $H_0 : \gamma = 0$에 대한 검정을 D-F 분포를 이용하여 실시한다.

❹ ϕ_1검정을 통해 $H_0 : a_0 = \gamma = 0$에 대한 검정을 한다. 이 검정은 ❸에서 $H_0 : \gamma = 0$를 기각하지 못한 상태에서 시행되는 검정이므로 $\gamma = 0$ 하에서 $a_0 = 0$에 대한 조건부 검정이

된다. $H_0 : a_0 = \gamma = 0$를 기각하게 되면 ❷와 동일하게 Sims, Stock and Watson의 결과를 이용하여 $H_0 : \gamma = 0$에 대한 검정을 보통의 t-검정을 통해 단위근 존재 여부를 결정한다.

❺ ❹에서 $H_0 : a_0 = \gamma = 0$를 기각하지 못하면 절편이 없는

$$\nabla y_t = \gamma y_{t-1} + \sum_{i=1}^{p-1} \beta_i \nabla y_{t-i} + \epsilon_t$$

를 이용하여 $H_0 : \gamma = 0$에 대한 검정을 D-F 분포를 이용하여 실시한다.

9.8 SAS/ETS 사용법

SAS/ETS에서는 단위근 검정을 AUTOREG와 ARIMA 프로시저, %DFTEST 매크로에서 제공하고 있다. %DFTEST에서는 Dickey-Fuller의 검정을 제공하며, AUTOREG에서는 Phillips-Perron의 검정을 제공하고, ARIMA에서는 두 가지 검정을 모두 제공한다. 단위근 검정에 관한 내용을 Dickey-Fuller 검정을 중심으로 설명하였기 때문에 이 절에서는 %DFTEST와 ARIMA를 소개하고, 이들을 이용하여 사례분석을 한다. 사례분석은 실제 자료 및 모의실험에 의한 가상의 자료를 이용하여 설명하였다.

단위근 검정을 위한 도구인 %DFTEST와 ARIMA는 서로 같은 검정결과를 제공하지만 사용하는 방법에는 차이가 있다. ARIMA는 프로시저 형식이기 때문에 사용방법에서 앞서 설명되었던 SAS/ETS의 여러 프로시저들과 차이가 없으나 %DFTEST는 매크로이기 때문에 사용방법이 생소할 수 있다. 그러나 ARIMA 프로시저는 단위근 검정을 위해서 프로시저 사용법을 읽혀야 하는 번거로움이 있지만 %DFTEST는 사용방법이 매우 간결하다는 장점이 있다. 사용자의 편리성에 따라 선택하면 될 것이다.

%DFTEST(*input-data-set, variable,* options)

SAS에서 '%' 기호로 시작되는 명령어는 매크로 명령어임을 나타낸다. '%DFTEST'는 Dickey-Fuller의 단위근 검정, Dickey, Hasza and Fuller(1984)의 계절 단위근 검정을 제공하며, 몇 가지 option을 지정하여 간단하게 사용할 수 있다.

AR=n : 모형 (9.13)~ (9.15)에서 자기상관 차수인 $n = p - 1$ 이다. 기본값은 AR=3 이다. AR=0 을 지정하면, ADF 검정이 아닌 DF 검정이다.

DIF=n : 분석대상인 변수의 차분 차수를 결정한다. 예를 들어, DIF=1 을 지정하면 분석대상인 변수를 1차 차분한 후 단위근 검정을 시행한다.

DLAG=lag of unit root for test : 단위근의 차수를 결정한다. 사용 가능한 값은 1, 2, 4, 12 이며 DLAG=1 은 비계절 단위근에 대한 검정이며, 다른 값들은 계절 단위근에 대한 검정이다. 기본값은 DLAG=1 이다.

OUT=output data-set : 지정한 데이터셋에 잔차를 저장한다.

OUTSTAT=output data-set : 지정한 데이터셋에 단위근 검정의 결과 및 모수 추정치 등을 저장한다.

TREND=orders of trend : 사용 가능한 값은 0,1,2로 TREND=0인 경우는 절편 및 선형추세가 없는 모형 (9.13)을 지정하며 TREND=1은 절편이 존재하는 모형 (9.14)을 지정한다. TREND=2는 절 및 선형추세가 존재하는 모형 (9.15)을 지정한다.

ARIMA 프로시저는 Box-Jenkins의 ARMA 과정(Autoregressiven-Moving-average process)을 기반으로 하는 시계열예측 방법에 관한 것으로 시계열의 정상성을 검정하는 과정에서 단위근 검정이 가능하다. 여기서는 예측절차에 관한 내용은 생략하고 단위근 검정에 관한 내용만을 다룬다.

---

① **PROC ARIMA** data=input data-set options;

② **IDENTIFY** var=variables options;

③ **ESTIMATE** options;

④ **OUTLIER** options;

⑤ **FORECAST** options;

---

① ARIMA 프로시저를 시작하는 명령어이다. 입력자료를 지정하는 것 이외의 option들은 단위근 검정과 무관하므로 생략하기로 한다.

② 이 명령어는 시계열의 식별을 수행하는 명령어로 차분, 단위근 검정을 포함한다.

VAR=variabls($d_1, d_2, \cdots, d_k$) : 이 명령어에서는 지정된 $d_1, d_2, \cdots, d_k$에 따라 해당 변수에 차분연산자를 부여한다. VAR= 이후에 지정되는 내용을 예로 들어보면 다음과 같다.

$$y(1) = (1-L)y_t = y_t - y_{t-1}$$
$$y(4,1) = (1-L)(1-L^4)y_t = (1-L)(y_t - y_{t-4}) = y_t - y_{t-4} - y_{t-1} + y_{t-5}$$
$$y(12,1) = (1-L)(1-L^{12})y_t = (1-L)(y_t - y_{t-12}) = y_t - y_{t-12} - y_{t-1} + y_{t-13}$$
$$y(1,1,1) = (1-L)(1-L)(1-L)y_t = (1-L)^3 y_4 = y_t - 3y_{t-1} + 3y_{t-2} - y_{t-3}$$

이 예를 통해 비계절 차분과 계절 차분 방법 및 결과를 알 수 있다.

STATIONARITY=(ADF=($ar_1, ar_2, \ldots, ar_n$) DLAG=s): ADF=($ar_1, ar_2, \ldots, ar_n$)는 모형 (9.13)~ (9.15)에서 자기상관 차수인 $p-1$ 을 나타낸다. 예를 들어 ADF=(0)으로 오차항이 AR(1)을 따르는 경우는 DF 검정을 하며, ADF=(0,1,2)이면, 순서대로 오차항이 AR(1)을 따르는 경우의 DF검정, 오차항이 AR(2)와 AR(3)를 따르는 경우의 ADF검정을 실시한다. DLAG=s에서 $s = 1$이면 비계절 단위근 검정을, $1 < s \leq 12$이면 계절 단위근 검정을 실시한다. 일반적으로 s의 값은 1(비계절 단위근), 4(분기자료의 계절 단위근), 12(월별자료의 계절 단위근)가 사용된다.

③ ④, ⑤의 경우는 단위근 검정과 무관하므로 설명은 생략하기로 한다.

%DFTEST에 있던 DIF의 역할은 ARIMA 프로시저의 차분기능을 이용하며, %DFTEST에서 TREND로 선택하던 단위근 검정 모형을 ARIMA 프로시저에서는 TREND=(0,1,2)의 결과를 동시에 제공하므로 사용할 필요가 없다.

9.9 사례분석

사례분석에서는 표 9.1의 단위근 검정 절차에 따라 설명하며 모의실험에 의한 가상자료와 실제 자료를 모두 이용하여 분석된 결과를 설명한다.

9.9.1 비계절 단위근 검정 사례

그림 9.2는 2005년 1월 3일부터 2006년 12월 28일까지의 일별 종합주가지수의 시도표이

며, 이를 이용하여 단위근 검정을 한다.

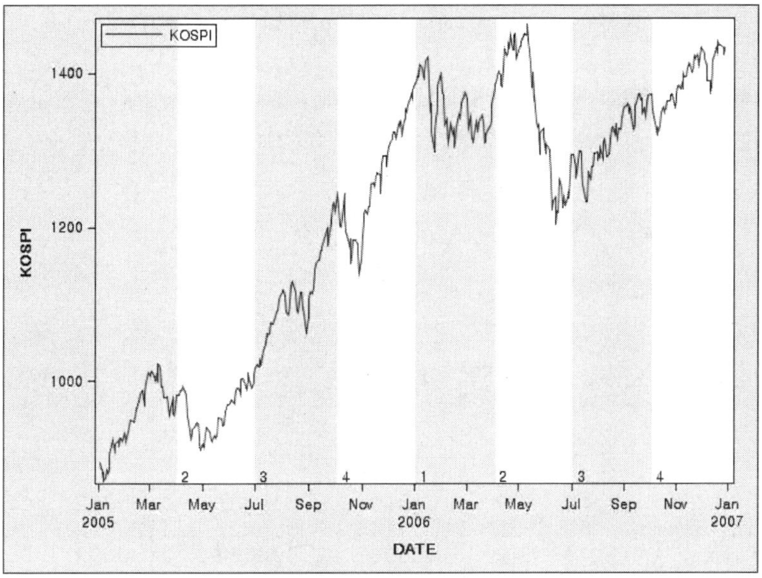

그림 9.2: 종합주가지수

단위근 검정에 앞서, 적용할 모형에 있는 오차항의 자기상관 차수를 결정해야 한다. 이는 9.4절에서 설명했듯이 단위근 검정은 오차항 ϵ_t 가 i.i.d. 하다는 가정을 하므로, y_t에 자기상관이 반영되어 있다면 제거되어야 한다. 자기상관 차수는 모형 (9.15)에서 적당히 큰 p를 설정하여 유의하지 않은 변수를 제거하는 방식으로 p를 결정한다. 그 결과 자기상관이 존재하지 않는다는 결과를 얻게되면, 모형 (9.15)에서 $p-1=0$이므로, AR=0 을 설정한다. 프로그램 9.1은 표 9.1의 ❶에 해당하며, 모형 (9.15)에 대한 검정으로 $H_0:\gamma=0$ 을 기각하면 정상과정이라는 결론을 내린다.

프로그램 9.1 : 단위근 검정 단계 1

```
%dftest(STOCK1,KOSPI,DLAG=1,AR=0,OUTSTAT=DFOUT,TREND=2);
proc print data=DFOUT; run;
```

출력 9.1의 단위근 검정결과를 보면 기존의 SAS OUTPUT과는 형식이 다른 것을 알 수 있다. 이는 %dftest에서 검정결과를 output 형식이 아닌 data-set 형식으로 저장한 것을 출력한 것이기 때문이다. 결과를 해석하기 전에 출력형식을 살펴보면 출력 9.1 *R3* 의 PARM는 회귀계수의 추정값를 나타낸다. 따라서 추정된 결과는 다음과 같다.

$$\nabla \hat{y}_t = 15.2049 - 0.014331 y_{t-1} + 0.013127 t$$

또한 출력 9.1의 R4 ~ R6 의 COV는 _NAME_과 함께 회귀계수 추정량의 분산공분산 행렬을 나타낸다. 따라서 "H_0 : 단위근이 존재한다" 에 대한 검정결과는 다음과 같이 되어

$$\tau_\tau = \frac{\hat{\gamma}}{se_{\hat{\gamma}}} = \frac{-0.014331}{\sqrt{0.000057}} = -1.89062$$

p-값은 0.65871이 되며 H_0 를 기각하지 못한다.

출력 9.1. : 단위근 검정 단계 1의 결과

```
1 OBS _TYPE_  _NAME_     Intercept      TIME     DLAG_V      _TAU_      _PVALUE_
2
3  1  PARM                15.2049  0.013127 -0.014331  -1.89062    0.65871
4  2  COV     Intercept   52.6568  0.054155 -0.054228  -1.89062    0.65871
5  3  COV     time         0.0542  0.000085 -0.000062  -1.89062    0.65871
6  4  COV     DLAG_V      -0.0542 -0.000062  0.000057  -1.89062    0.65871
```

프로그램 9.2는 표 9.1의 ❷에 해당하며, 참과정이 선형추세를 포함하고 있는지에 대해 ϕ_3 검정 즉 $H_0 : \gamma = a_1 = 0$에 대한 검정을 한다. 이를 기각하면 참과정이 선형추세를 포함하고 있다는 가정 하에서 출력 9.2와 같이 단위근 검정을 실시하게 된다.

프로그램 9.2 : 단위근 검정 단계 2

```
data STOCK1;  set STOCK1;
 DK1=DIF(KOSPI); LK1=LAG(KOSPI); TIME=_n_; run;
proc autoreg data=STOCK1;
    model DK1=TIME LK1; test TIME=0, LK1=0; run;
```

여기서 DK1은 ∇y_t이며, LK1는 y_{t-1}, TIME은 $t = 1, 2, \ldots, 495$를 나타낸다. TEST문은 각 변수의 계수인 γ와 a_1이 모두 0인지에 대해 검정하라는 명령문이다.

출력 9.2 : 단위근 검정 단계 2의 결과

```
                                     Mean
      Source           DF          Square     F Value     Pr > F

      Numerator         2      354.477587        1.94     0.1444
      Denominator     492      182.486413
```

$H_0 : \gamma = a_1 = 0$의 검정결과는 F-값이 1.94 로 ϕ_3의 유의수준 0.05에서의 임계치인 약 6.3(표 9.2의 ϕ_3 검정에서 표본크기 500개인 경우) 보다 작으므로, H_0 를 기각하지 못한다. 여기서 F-값은 9.4절에서 설명하였던 것처럼 일반적은 F-분포를 따르지 않기 때문에 output 의 p-값을 그대로 읽어서는 안된다. 이를 위해 Dickey, David and Fuller(1981)는 그들의 연구에서 $\phi_i, i = 1,2,3$의 경험분포를 제공하였으며 이를 정리한 것이 표 9.2이다. 분포값이 표본의 크기에 의존하고 있어서 일반적으로 사용하는 데는 불편함이 따른다. ϕ_3검정에서 H_0 를 기각하지 못하였기 때문에 참과정이 선형추세를 포함하지 않는 모형을 가정하고 단위근 검정을 다시 실시한다.

표 9.2: 검정통계량 $\phi_i, i = 1,2,3$의 경험분포

	ϕ_1				ϕ_2				ϕ_3			
표본 \ α	0.1	0.05	0.025	0.01	0.1	0.05	0.025	0.01	0.1	0.05	0.025	0.01
25	4.12	5.18	6.30	7.88	4.67	5.68	6.75	8.21	5.91	7.24	8.65	10.61
50	3.94	4.86	5.80	7.06	4.31	5.13	5.94	7.02	5.61	6.73	7.81	9.31
100	3.86	4.71	5.57	6.70	4.16	4.88	5.59	6.50	5.47	6.49	7.44	8.73
250	3.81	4.63	5.45	6.52	4.07	4.75	5.40	6.22	5.39	6.34	7.25	8.43
500	3.79	4.61	5.41	6.47	4.05	4.71	5.35	6.15	5.36	6.30	7.20	8.34
∞	3.78	4.59	5.38	6.43	4.03	4.68	5.31	6.09	5.34	6.25	7.16	8.27

프로그램 9.3은 표 9.1의 ❸에 해당하며, 추세가 없는 단위근 과정인 모형 (9.14)로 $H_0 : \gamma = 0$ 을 검정한다.

프로그램 9.3 : 단위근 검정 단계 3

```
%dftest(STOCK1,KOSPI,DLAG=1,AR=0,OUTSTAT=DFOUT,TREND=1);
 proc print data=DFOUT; run;
```

출력 9.3에 의하면, 추정된 모형은 다음과 같고

$$\nabla \hat{y}_t = 6.8636 - 0.004762 y_{t-1}$$

검정 결과는 p-값이 0.60157로 H_0 를 기각하지 못한다. 따라서 참과정이 선형추세를 포함하지 않고 절편만 포함하는지에 대한 검정인 ϕ_1 검정이 필요하게 된다.

출력 9.3 : 단위근 검정 단계 3의 결과

OBS	_TYPE_	_NAME_	Intercept	DLAG_V	_NOBS_	_TAU_	_PVALUE_
1	PARM		6.8636	-0.004762	495	-1.36350	0.60157
2	COV	Intercept	18.2842	-0.014783	495	-1.36350	0.60157
3	COV	DLAG_V	-0.0148	0.000012	495	-1.36350	0.60157

프로그램 9.4는 표 9.1의 ❹에 해당하며, 모형 (9.14)로 $H_0 : \gamma = a_0 = 0$을 검정한다. 이를 기각하면 참과정이 절편 a_0를 포함하고 있다는 가정 하에서 $H_0 : \gamma = 0$ 을 검정한다.

프로그램 9.4 : 단위근 검정 단계 4

```
proc autoreg data=STOCK1;
    model DK1= LK1;
    test intercept=0, LK1=0; run;
```

출력 9.4에 의하면, F-값이 2.54로 표 9.2에서 유의수준 0.05의 ϕ_1 검정 임계치인 4.61 보다 작으므로 H_0를 기각하지 못한다. 따라서 추세 및 절편이 없는 모형을 가정하고 단위근 검정을 다시 실시한다.

출력 9.4 : 단위근 검정 단계 4의 결과

Source	DF	Square	F Value	Pr > F
Numerator	2	465.349018	2.54	0.0795
Denominator	493	182.864708		

프로그램 9.5는 표 9.1의 ❺에 해당하며, 추세 및 절편이 없는 단위근 과정인 모형 (9.13)으로 $H_0 : \gamma = 0$을 검정한다.

프로그램 9.5 : 단위근 검정 단계 5

```
%dftest(STOCK1,KOSPI,DLAG=1,AR=0,OUTSTAT=DFOUT,TREND=0);
proc print data=DFOUT; run;
```

출력 9.5에 의하면, 추정된 모형은 다음과 같고 검정 결과, p-value 는 0.97 로 H_0 를 기각하지 못하므로 최종적으로 단위근이 존재한다는 결론을 내린다.

$$\nabla \widehat{y}_t = 0.000786995 y_{t-1}$$

출력 9.5 : 단위근 검정 단계 5의 결과

```
OBS _TYPE_ _NAME_      DLAG_V    _NOBS_    _TAU_ _PVALUE_

  1  PARM            .000786995   495   1.58275  0.97260
  2  COV     DLAG_V  .000000247   495   1.58275  0.97260
```

%dftest를 이용한 단위근 검정은 표 9.1의 절차를 이해하는 데는 매우 유용하지만 F-검정은 별도로 해야 하며 SAS에서 제공하는 p-값을 바로 이용하지 못하는 번거로움이 있다. 단위근 검정절차에 익숙한 사용자라면 ARIMA 프로시저의 단위근 검정을 이용하여 %dftest의 번거로움을 피할 수 있다. ARIMA 프로시저에서는 %dftest의 TREND=0,1,2의 결과가 모두 제공된다. 따라서 프로그램 9.6은 프로그램 9.1, 9.3, 9.5를 모두 포함한다.

프로그램 9.6 : ARIMA를 이용한 단위근 검정

```
proc arima data=STOCK1;
 identify var=kospi stationarity=(adf=(0) DLAG=1); run;
```

출력 9.6을 보면 회귀계수의 추정값은 없지만(사실 단위근의 존재 여부를 판단하는데, 추정된 회귀계수는 필요하지 않다) 출력 9.1~9.5의 검정결과가 모두 포함된 것을 알 수 있으며, p-값 역시 DF 분포에 기반하고 있어 단위근 검정결과를 쉽게 판단할 수 있다(ϕ 검정에서 유용). 단위근 검정결과는 앞서 설명한 다섯 단계의 순서에 따라 해석하면 같은 결과를 얻게 된다. Rho로 표시된 통계량은 Dickey and Fuller(1979)가 제안한 것으로 다음을 보면 계산과정을 쉽게 알 수 있다(TREND=0,1 경우도 같은 방법으로 계산).

$$\rho_{\text{trend}} = n * \hat{\gamma}_{\text{trend}} = 495 \times -0.014331 = -7.093845$$

Dickey(1984)는 이 통계량이 DLAG=1인 경우 τ 통계량보다 검정력이 다소 높은 것을 보였으나 일반적인 경우로 확장하지 못하여 널리 사용되지 못하고 있다.

출력 9.6 : ARIMA를 이용한 단위근 검정 결과

```
                    Dickey-Fuller Unit Root Tests

Type          Lags      Rho   Pr < Rho    Tau  Pr < Tau     F  Pr > F

Zero Mean       0    0.3896    0.7785   1.58    0.9726
Single Mean     0   -2.3572    0.7352  -1.36    0.6016  2.54  0.4193
Trend           0   -7.0940    0.6546  -1.89    0.6587  1.94  0.7887
```

단위근 검정절차에 익숙하지 않은 사용자라면 결과를 해석하는데 혼란이 있을 수 있으므로 %dftes를 절차에 따라 사용해볼 필요가 있으나, 검정절차에 익숙한 사용자라면 ARIMA 프로시저를 이용한 단위근 검정을 추천한다.

9.9.2 계절 단위근 검정 사례

그림 9.3은 계절 단위근을 갖는 가상의 시계열자료이다. 이 자료는 다음 모형에 의해 만들어졌으며

$$y_t = 0.2y_{t-1} - 0.4y_{t-2} + y_{t-12} - 0.2y_{t-13} + 0.4y_{t-14} + \epsilon_t, \quad \epsilon_t \sim N(0,1)$$

프로그램 9.7은 이를 생성하기 위한 것으로 이를 수행하면, 변수 T와 Y를 갖는 데이터셋 season이 생성된다.

프로그램 9.7 : 계절 단위근을 갖는 가상 자료를 생성하기 위한 프로그램

```
proc iml;
 seed=shape(654321, 400, 1); epsilon=rannor(seed);
 y=shape(0,400,2);
 do i=281 to 400;
  y[i,1]=i-280;
  y[i,2]= 0.2*y[i-1,2]-0.4*y[i-2,2]+y[i-12,2]
          -0.2*y[i-13,2]+0.4y[i-14,2]+epsilon[i,];
 end;
 c_name={t y}; yt=y[281:400,];
 create season from yt[c=c_name];
 append from yt;
 quit;
```

이를 이용하여 계절 단위근 검정을 하도록 한다. 그림 9.3에서 알 수 있듯이, 시차 12를 주기로 데이터의 패턴이 일정하므로 시차 12에서 단위근이 존재하는지를 검정한다. 계절 단위근 검정 절차 역시 비계절 단위근 검정 절차와 유사하다. 우선 오차항이 i.i.d 를 따라야 하므로 자기 상관 차수 p를 결정하도록 한다. 사실 p의 결정은 간단하지 않다. 모형 (9.13)을 이용하여 차수 p를 결정하게 되는데, 이때 사용하는 방법이 프로그램 9.8이다(월별자료를 가정하였으므로 시차 12까지 차분된 자료를 고려하였다).

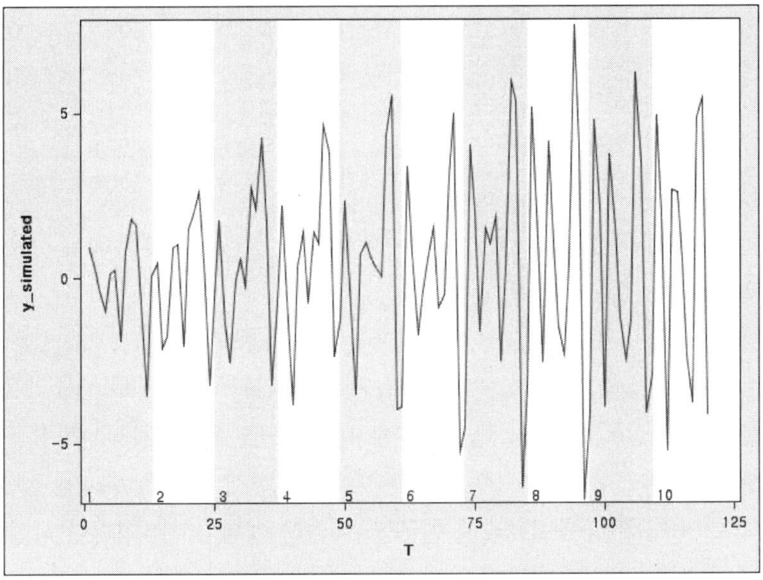

그림 9.3: 계절 단위근 과정

프로그램 9.8 : p의 선택을 위한 프로그램

```
data season; set season;
 diff_y=dif12(y); y12=lag12(y);
 diff_y1=lag(diff_y);     diff_y2=lag2(diff_y);    diff_y3=lag3(diff_y);
 diff_y4=lag4(diff_y);    diff_y5=lag5(diff_y);    diff_y6=lag6(diff_y);
 diff_y7=lag7(diff_y);    diff_y8=lag8(diff_y);    diff_y9=lag9(diff_y);
 diff_y10=lag10(diff_y); diff_y11=lag11(diff_y); diff_y12=lag12(diff_y);
run;

proc autoreg data=season;
  model diff_y= y12 diff_y1-diff_y12; run;
```

출력 9.8 : p의 선택

```
                                        Standard                  Approx
   Variable        DF       Estimate       Error     t Value     Pr > |t|

   Intercept        1         0.0710      0.1195        0.59       0.5539
   y12              1        -0.0320      0.0437       -0.73       0.4656
   diff_y1          1         0.1601      0.1128        1.42       0.1596
   diff_y2          1        -0.3344      0.1121       -2.98       0.0038
   diff_y3          1        -0.0868      0.1187       -0.73       0.4666
   diff_y4          1         0.1532      0.1184        1.29       0.1992
   diff_y5          1         0.0312      0.1172        0.27       0.7911
   diff_y6          1        -0.1592      0.1164       -1.37       0.1751
   diff_y7          1         0.2008      0.1164        1.73       0.0881
```

```
    diff_y8         1       -0.1198        0.1180       -1.02       0.3129
    diff_y9         1       -0.1347        0.1185       -1.14       0.2591
    diff_y10        1        0.0319        0.1181        0.27       0.7879
    diff_y11        1       -0.0575        0.1132       -0.51       0.6128
    diff_y12        1        0.1315        0.1186        1.11       0.2710
```

출력 9.8을 보면, diff_y2만 유일하게 유의수준 5%에서 유의한 것을 알 수 있다. 따라서 계절 단위근 검정에서는 AR=1로 설정한다.

계절 단위근 검정과 비계절 단위근 검정을 %DFTEST로 하는 데 있어서 차이점은 비계절 단위근의 경우 DLAG=1을 지정하는 데 반해, 계절 단위근의 경우 DLAG=12를 지정한다. 또한 $\phi_i, i = 1,2,3$의 검정은 DLAG=1인 경우에 맞도록 개발된 것이므로 계절 단위근 검정에서는 사용할 수 없다. 따라서 표 9.1의 절차를 따를 수 없게 된다. 유의할 점은%DFTEST에서는 DLAG=12인 경우 TREND=2를 이용할 수 없다는 점이다. 이러한 사항들은 ARIMA 프로시저를 이용한 단위근 검정에도 동일하게 적용된다.

계절 단위근의 경우 앞서 설명한 것처럼 $\phi_i, i = 1,2,3$ 검정을 할 수 없으므로 시도표를 보고 검정을 위한 모형을 선택하여야 한다. 그림 9.3에서 추세가 존재하지 않고 시계열의 평균이 0에 가까운 것을 볼 수 있으므로 프로그램 9.9에서는 TREND=0을 선택하여 $H_0 : \gamma = 0$을 검정한다(이는 자료를 생성할 때 모형에 적용한 형태이기도 하다).

프로그램 9.9 : 계절 단위근 검정을 위한 프로그램

```
%detest(SEASON,Y,DLAG=12,AR=1,OUTSTAT=DFOUT, TREND=0);
proc print data=DFOUT; RUN;
```

출력 9.9의 검정결과를 보면 p-값이 0.57943으로 H_0를 기각하지 못하여 계절 단위근이 존재한다고 결론을 내리게 된다.

출력 9.9 : 계절 단위근 검정결과

```
 OBS _TYPE_ _NAME_       DLAG_V  _NOBS_    _TAU_   _TREND_ _DLAG_ _PVALUE_

  1   PARM           .003561990    107  0.088176     0       12     0.57943
  2   COV    DLAG_V  .001631882    107  0.088176     0       12     0.57943
  3   COV    AR_V1   .000710476    107  0.088176     0       12     0.57943
```

다음은 ARIMA 프로시저를 이용한 계절 단위근 검정에 관한 것이다. %dftest의 경우처럼 DLAG=12를 명시하는 것으로 계절 단위근 검정이 가능하며 구체적인 프로그램은 9.10과 같다.

프로그램 9.10 : 계절 단위근 검정을 위한 프로그램

```
proc arima data=SEASON;
 identify var=Y stationarity=(adf=(0,1,2) DLAG=12); run;
```

출력결과 9.10을 보면 adf=(0,1,2)에 의해 lags=0,1,2($p = 0,1,2$)의 검정결과가 모두 나온 것을 알 수 있다. %dftest와 마찬가지로 추세를 포함하는 모형에 대한 검정결과는 없으며, DLAG=1일 때 적용되는 ϕ 검정결과도 제시되지 않았다. 모든 경우에서 계절 단위근 검정결과는 $H_0 : \gamma = 0$를 기각하지 못하여 계절 단위근이 존재한다고 결론을 내린다.

출력 9.10 : 계절 단위근 검정결과

```
           Seasonal Augmented Dickey-Fuller Unit Root Tests

 Type            Lags          Rho     Pr < Rho        Tau     Pr < Tau

 Zero Mean          0      -0.2621       0.5260      -0.06       0.5210
                    1       0.3811       0.5745       0.09       0.5794
                    2      -3.7971       0.2900      -0.77       0.2567
 Single Mean        0      -0.5220       0.5816      -0.12       0.5763
                    1       0.1345       0.6281       0.03       0.6329
                    2      -4.5649       0.3191      -0.91       0.2819
```

9.9.3 다중 단위근 검정 사례

그림 9.4는 가상자료를 시도표로 나타낸 것으로 다중단위근을 갖는 시계열이다. 곡선형태의 2차 추세를 가지며 이 자료를 생성하는 과정은 프로그램 9.11에 제시하였다. 이 프로그램은 200개의 관측치를 갖고 2중 단위근을 갖는 시계열을 생성한다.

프로그램 9.11 : 다중 단위근 검정을 위한 가상자료 생성 프로그램

```
proc iml;
 phi={1,-0.5,0.7}; theta={0,0};
 d2y=armasim(phi,theta,0,3,210,123456);
 y_out=shape(0,210,2);
```

```
  do t= 3 to 210;
   y_out[t,1]=t; y_out[t,2]=d2y[t,1]+2*y_out[t-1,2]-y_out[t-2,2];
  end;
  c_name={t y}; yt=y_out[11:210,]; yt[,1] = yt[,1]-10;
  create double from yt[c=c_name];
  append from yt;
quit;
```

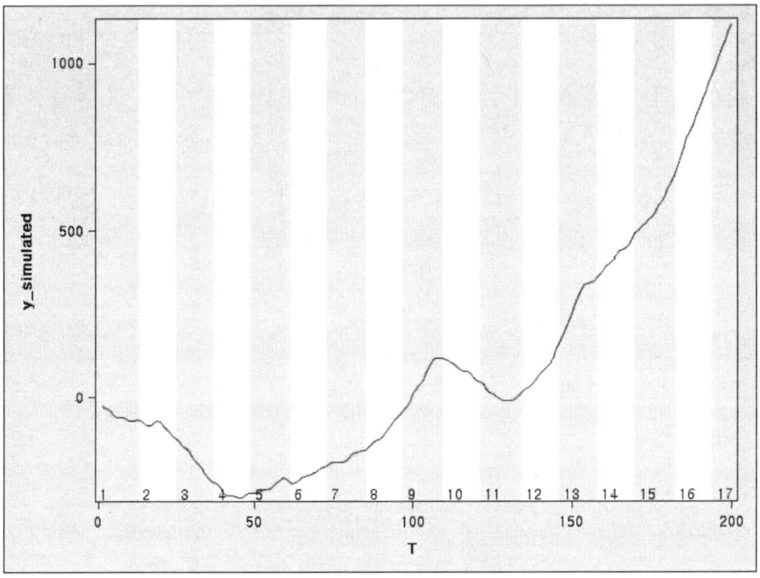

그림 9.4: 다중 단위근 과정

다중 단위근 검정은 9.5절의 **Q3**에서 정리하였던 것처럼 r 개의 단위근이 존재한다고 설정하고, 다음의 모형에서

$$\nabla^r y_t = \alpha_0 + \beta_1 \nabla^{r-1} y_{t-1} + \epsilon_t$$

에서 $H_0 : \beta_1 = 0$을 기각하지 못하면 r개의 단위근을 가지고 있다는 결론을 내린다. 그러나 H_0를 기각할 경우에는 다음의 모형에서

$$\nabla^r y_t = \alpha_0 + \beta_1 \nabla^{r-1} y_{t-1} + \beta_2 \nabla^{r-2} y_{t-1} + \epsilon_t$$

$H_0 : \beta_2 = 0$ 에 대해 검정하고 H_0를 기각하지 못하면 $r-1$개의 단위근을 가지고 있다고 결론을 내린다. H_0를 기각하지 못하는 경우는 앞의 절차를 모형의 항 수를 늘려가면서 반복한다. 이런 다중 단위근 검정을 %DFTEST나 ARIMA 프로시저에서 하는 경우 먼저 자료에 차분을 적용하게 된다. 즉, 2중 단위근을 갖는 것으로 판단되는 경우 원자료를 1차 차분한 후 차분된

자료를 이용하여 단위근 검정을 한다. 프로그램 9.12는 이에 관한 것으로 두 방법을 함께 정리하였다.

프로그램 9.12 : 다중 단위근 검정

```
%dftest(DOUBLE,Y,DIF=(1), AR=2, DLAG=1,OUTSTAT=DFOUT,TREND=0);
proc print data=DFOUT; run;

proc arima data=DOUBLE;
identify var=Y(1) stationarity=(adf=(2) DLAG=1); run;
```

검정결과, p-값이 0.24105로 H_0를 기각하지 못하였으므로 2중 단위근이 존재하는 것으로 결론을 내리게 된다. 이 결론을 내리게 될 때까지 ARIMA에 의한 단위근 검정결과는 표 9.1의 절차에 따라 해석해 보면 도움이 된다. 실제로 프로그램 9.11에서 자료를 만들 때 추세를 넣지 않았지만 2중 단위근의 역할로 그림 9.4에서는 2차 추세가 관찰되기 때문이다. 즉, ARIMA에서 단위근 검정결과로부터 TREND=2에서 TREND=0으로의 검정과정을 볼 수 있다.

출력 9.12 : 다중 단위근 검정결과

```
 OBS _TYPE_ _NAME_      DLAG_V  _NOBS_    _TAU_  _TREND_ _DLAG_ _PVALUE_

  1  PARM            -0.020031   196   -1.11222     0        1    0.24105
  2  COV    DLAG_V    0.000324   196   -1.11222     0        1    0.24105
  3  COV    AR_V1    -0.000108   196   -1.11222     0        1    0.24105
  4  COV    AR_V2    -0.000265   196   -1.11222     0        1    0.24105
--------------------------------------------------------------------------
 Type          Lags       Rho  Pr < Rho     Tau  Pr < Tau      F  Pr > F

 Zero Mean        2   -3.6824    0.1863   -1.11    0.2410
 Single Mean      2   -6.2733    0.3218   -1.66    0.4485   1.67  0.6449
 Trend            2  -15.6335    0.1541   -2.70    0.2388   3.66  0.4468
```

9.10 계절 단위근

시계열자료를 월별 또는 분기별로 시도표를 그려보면 매년 특정 월에서 시계열의 고점과 저점이 반복적으로 나타나는 것을 관찰할 수 있다. 이를 계절성(seasonality)이라 하며 시계열자료의 중요한 특징 중 하나로 간주한다. 다음의 모형을 고려해 보자.

$$y_t = y_{t-4} + \epsilon_t \tag{9.18}$$

이 모형이 의미하는 바는 $\nabla_4 y_t = y_t - y_{t-4}$가 정상시계열이 된다는 것이며 그림 9.5를 통해 어떤 형태를 보이게 되는지 알 수 있다. 모형 (9.18)을 정리하면 모형 (9.19)로 표현되며 이는

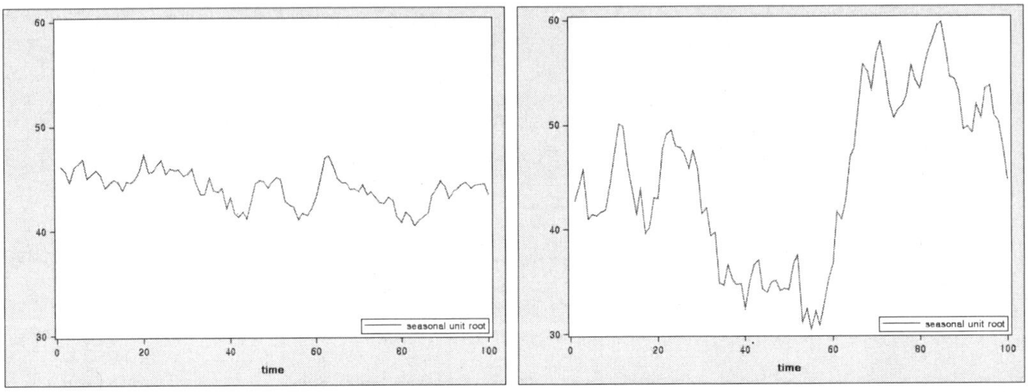

(a) $y_t = y_{t-4} + \epsilon_t, \quad \epsilon_t \sim N(0,1)$ (b) $y_t = y_{t-4} + \epsilon_t, \quad \epsilon_t \sim N(0,5)$

그림 9.5: 계절성이 있는 확률보행 모형

y_t에 확률적추세가 있다는 것을 의미한다.

$$y_t = \sum_{i=1}^{t/4} \epsilon_{4i} + y_0 \tag{9.19}$$

모형 (9.19)는

$$y_t = \epsilon_t + \epsilon_{t-4} + \epsilon_{t-8} + \cdots + y_\ell$$

이므로 $y_\ell = 0(\ell \le 0)$이라는 조건 하에서 1차 차분한 모형은

$$y_t - y_{t-1} = \sum_{i=0}^{t/4} \epsilon_{4i} - \sum_{i=0}^{t/4} \epsilon_{4i-1}$$

이 되어 $y_t - y_{t-4}$가 정상과정(stationary process)일 때 $y_t - y_{t-1}$는 확률적추세가 제거되지 않음을 알 수 있다. 즉, 계절 차분이 필요한 시계열을 비계절 차분하게 되면 확률적추세가 제거되지 않고 남아있다는 것이다. 반대의 경우, 즉 1차 차분만으로도 정상과정이 되는 시계열

$\nabla y_t = y_t - y_{t-1} = \epsilon_t$에 계절 차분을 적용하면

$$\nabla_4 y_t = y_t - y_{t-4} = \epsilon_t + \epsilon_{t-1} + \epsilon_{t-2} + \epsilon_{t-3}$$

이 되어 $y_t - y_{t-4}$는 정상과정이 된다. 그러므로 시계열자료에서 계절 차분과 비계절 차분이 동시에 의심된다면, 먼저 계절 차분 후 비계절 차분을 고려해야 함을 알 수 있다.

이제 계절 단위근 문제의 논의를 위해 시계열이 분기별로(1년에 4개의 관측치) 관찰되었다고 하자. 이는 문제를 단순화하기 위함이며 앞으로의 논의 내용은 월별 관측치에도 적용된다. 먼저 계절성이 결정적(deterministic)일 때 비계절 단위근 검정에 대하여 알아보자. 여기서 결정적이라는 것은 비확률적이고, 규칙적이어서 예측 가능하다는 의미로 보면 된다. 따라서 계절성을 가변수를 이용하여 제거해주는 방법을 고려할 수 있고 이를 모형을 표현하면 모형 (9.20)과 같다.

$$\nabla y_t = \alpha_0 + \alpha_1 D_{1t} + \alpha_2 D_{2t} + \alpha_3 D_{3t} + \gamma y_{t-1} + \sum_{i=1}^{p-1} \beta_i \nabla y_{t-i} + \epsilon_t \tag{9.20}$$

여기에서 $D_{it}, i = 1,2,3$은 계절효과를 잡아주기 위한 가변수이다(가변수 사용 방법은 제2장 참조). $H_0 : \gamma = 0$에 대한 단위근 검정은 Dickey-Fuller의 τ_μ 검정통계량을 사용하고 추세가 있으면, τ_τ 검정통계량을 사용한다(Dickey, Bell and Miller, 1986). 모형 (9.20)에서 상수항이 없는 경우 단위근 검정인 τ 검정통계량을 사용할 때는 사전에 $H_0 : \gamma = \alpha_0 = 0$에 대한 검정을 해야 한다. 하지만 이때 상수항 α_0에서 문제가 발생하게 된다. 왜냐하면, 자료가 1분기로 시작해서 4분기로 끝나는 경우 D_{it}들의 평균값은 0.25가 되어 상수항에 영향을 주기 때문이다. 이런 문제를 효과적으로 제어하기 위하여 중심화된 가변수(centered dummy)를 이용한다. 이 경우 중심화된 가변수는 그 값을 1 대신 0.75, 0 대신 -0.25를 사용하여 D_{it}의 평균이 0이 되도록 조정한 것으로 α_0의 값에 영향을 주지 않도록 한 것이다. 다음으로 계절성이 확률적일 때, 즉 계절 단위근이 의심될 때는 위와는 다른 방법을 사용해야 한다. 계절 단위근을 검정할 때는 비계절 단위근도 동시에 존재할 경우가 많기 때문에 두 개 이상의 단위근을 동시에 검정하는 방법을 고려하게 된다. Hylleberg, Engle, Granger and Yoo(1990, 이하 HEGY라고 표기)는 다음과 같은 계절 및 비계절 단위근 검정방법을 제시하였다. 시계열이 분기별로 관측되었을 때 모형 (9.18)은 $L^i y_t = y_{t-i}$에 의해 다음과 같이 쓸 수 있다.

$$\left(1 - L^4\right) y_t = \epsilon_t \tag{9.21}$$

모형 (9.21)의 특성함수 부분은 계절 단위근의 논의를 위하여 $\left(1 - \gamma L^4\right)$는 바꾸어 쓸 수 있으며

$i^2 = -1$이라 할 때 다음과 같이 풀어쓸 수 있다(계절 단위근이 있다면 $\gamma = 1$이다).

$$\left(1-\gamma L^4\right) = \left(1-\gamma^{1/4}L\right)\left(1+\gamma^{1/4}L\right)\left(1-i\gamma^{1/4}L\right)\left(1+i\gamma^{1/4}L\right)$$

이를 바탕으로 HEGY 검정을 정리해보자. 모형 (9.21)은 특성함수 부분을 전개하여 다음과 같이 바꿔쓸 수 있고

$$(1-\alpha_1 L)(1+\alpha_2 L)(1-\alpha_3 iL)(1+\alpha_4 iL)\,y_t = \epsilon_t \tag{9.22}$$

여기서 $\alpha_1 = \alpha_2 = \alpha_3 = \alpha_4 = 1$이면 앞서의 경우($\gamma = 1$)처럼 계절 단위근이 있는 것과 같아지게 된다. 그러면 모형 (9.22)의 특성함수를 0으로 놓았을 때 $\alpha_1 = \alpha_2 = \alpha_3 = \alpha_4 = 1$을 계절 단위근이 있는 경우로 하고, 다른 경우들에 대하여 알아보도록 하자.

Case 1 ($\alpha_1 = 1$인 경우) $(1-L) = 0$에 의해 $L = 1$이라는 단위근이 구해지므로 $(1-L)y_t = 0$이 되어 $y_t = y_{t-1}$을 의미한다. 이는 확률보행과정과 동일하게 과거의 값이 계속 반복된다는 것을 의미하게 되며, 이 경우 비계절 단위근이 있다는 것이므로 비계절 차분 $\nabla y_t = y_t - y_{t-1}$을 취해야 한다는 것을 의미한다.

Case 2 ($\alpha_2 = 1$인 경우) $(1+L)y_t = 0$에 의해 $y_t = -y_{t-1}$이 된다. 이는 $y_t = 1$이면 $y_{t+1} = -1, y_{t+2} = 1, y_{t+3} = -1$이 됨을 말하며 2분기마다 y_t의 값이 반복되어 2분기 단위근이 있다는 것을 의미한다. 그러므로 $\nabla_2 y_t = y_t - y_{t-2}$의 차분이 필요함을 의미한다.

Case 3 ($\alpha_3 = 1$ 또는 $\alpha_4 = 1$인 경우) $(1-iL)y_t = 0$ 또는 $(1+iL)y_t = 0$이므로 y_t가 4분기마다 반복되고 있음을 알 수 있다. 예를 들어, $(1-iL)y_t = 0$는 $y_t = iy_{t-1}$이므로 $y_t = 1$이면 $y_{t+1} = i, y_{t+2} = -1, y_{t+3} = -i, y_{t+4} = 1$이 되어 $\nabla_4 y_t = y_t - y_{t-4}$의 차분이 필요함을 의미하다.

모형 (9.22)의 특성함수를 다음과 같이 놓고

$$(1-\alpha_1 L)(1+\alpha_2 L)(1-i\alpha_3 L)(1+i\alpha_4 L) \equiv A(\alpha_1,\alpha_2,\alpha_3,\alpha_4)$$

이 함수를 $\alpha_1 = \alpha_2 = \alpha_3 = \alpha_4 = 1$에서 테일러 전개로 1차항까지 근사시키면

$$\begin{aligned} A(\alpha_1,\alpha_2,\alpha_3,\alpha_4) \approx{}& A(1,1,1,1) + \left.\frac{\partial A}{\partial \alpha_1}\right|_{\boldsymbol{a}=\mathbf{1}}(\alpha_1 - 1) \\ &+ \left.\frac{\partial A}{\partial \alpha_2}\right|_{\boldsymbol{a}=\mathbf{1}}(\alpha_2 - 1) + \left.\frac{\partial A}{\partial \alpha_3}\right|_{\boldsymbol{a}=\mathbf{1}}(\alpha_3 - 1) + \left.\frac{\partial A}{\partial \alpha_4}\right|_{\boldsymbol{a}=\mathbf{1}}(\alpha_4 - 1) \end{aligned} \tag{9.23}$$

이 된다. 여기에서 $\boldsymbol{\alpha} = (\alpha_1, \alpha_2, \alpha_3, \alpha_4)'$ 이며 $\mathbf{1} = (1,1,1,1)'$이다. 그리고

$$\begin{aligned}
\left.\frac{\partial A}{\partial \alpha_1}\right|_{\boldsymbol{\alpha}=\mathbf{1}} &= -L(1+\alpha_2 L)(1-\alpha_3 iL)(1+\alpha_4 i)|_{\boldsymbol{\alpha}=\mathbf{1}} \\
&= -L(1+L)(1-iL)(1+iL) = -L(1+L+L^2+L^3) \\
\left.\frac{\partial A}{\partial \alpha_2}\right|_{\boldsymbol{\alpha}=\mathbf{1}} &= L(1-\alpha_1 L)(1-\alpha_3 iL)(1+\alpha_4 iL)|_{\boldsymbol{\alpha}=\mathbf{1}} \\
&= L(1-L)(1-iL)(1+iL) = L(1-L+L^2-L^3) \\
\left.\frac{\partial A}{\partial \alpha_3}\right|_{\boldsymbol{\alpha}=\mathbf{1}} &= -iL(1-\alpha_1 L)(1+\alpha_2 L)(1+\alpha_4 iL)|_{\boldsymbol{\alpha}=\mathbf{1}} \\
&= -iL(1-L)(1+L)(1+iL) = -iL\left(1-L^2\right)(1+iL) \\
\left.\frac{\partial A}{\partial \alpha_4}\right|_{\boldsymbol{\alpha}=\mathbf{1}} &= iL(1-\alpha_1 L)(1+\alpha_2 L)(1-\alpha_3 iL)|_{\boldsymbol{\alpha}=\mathbf{1}} \\
&= iL(1-L)(1+L)(1-iL) = iL\left(1-L^2\right)(1-iL)
\end{aligned}$$

$A(1,1,1,1) = (1-L^4)$이므로

$$\begin{aligned}
A(\alpha_1,\alpha_2,\alpha_3,\alpha_4) \approx \left(1-L^4\right) &- L\left(1+L+L^2+L^3\right)(\alpha_1-1) + L\left(1-L+L^2-L^3\right)(\alpha_2-1) \\
&- iL\left(1-L^2\right)(1+iL)(\alpha_3-1) + iL\left(1-L^2\right)(1-iL)(\alpha_4-1)
\end{aligned}$$

이 된다. 그러므로 (9.22)의 근사식은 $\gamma_i = (a_i - 1)$로 정의할 때 다음과 같이 되고

$$\begin{aligned}
\big[(1-L^4) &- L(1+L+L^2+L^3)\gamma_1 + L(1-L+L^2-L^3)\gamma_2 \\
&- iL(1-L^2)(1+iL)\gamma_3 + iL(1-L^2)(1-iL)\gamma_4\big] y_t = \epsilon_t
\end{aligned}$$

이를 다시 정리하면 모형 (9.24)를 얻게 된다.

$$\begin{aligned}
(1-L^4)y_t =& \gamma_1(1+L+L^2+L^3)y_{t-1} - \gamma_2(1-L+L^2-L^3)y_{t-1} \\
&+ (1-L)^2\big[(\gamma_3-\gamma_4)i - (\gamma_3+\gamma_4)L\big] y_{t-1} + \epsilon_t
\end{aligned} \tag{9.24}$$

이제 $y_{it}, i = 1,2,3.$을 다음과 같이 정의하고, $\gamma_3^* = (\gamma_3-\gamma_4)i$, $\gamma_4^* = \gamma_3+\gamma_4$로 정의한 후

$$\begin{aligned}
y_{1,t} &= (1+L+L^2+L^3)y_t = y_t - y_{t-1} + y_{t-2} + y_{t-3} \\
y_{2,t} &= (1-L+L^2-L^3)y_t = y_t - y_{t-1} + y_{t-2} - y_{t-3} \\
y_{3,t} &= (1-L^2)y_t = y_t - y_{t-2}
\end{aligned}$$

모형 (9.24)를 다시 정리하면 최종적으로 모형 (9.25)를 얻게 된다.

$$\nabla_4 y_t = \gamma_1 y_{1,t-1} - \gamma_2 y_{2,t-1} + \gamma_3^* y_{3,t-1} + \gamma_4^* y_{3,t-2} + \epsilon_t \tag{9.25}$$

모형 (9.25)에서 $\gamma_1 = 0$은 $\alpha_1 = 1$을 의미하고 Case 1의 비계절 차분이 필요함을 의미한다. $\gamma_2 = 0$은 $\alpha_2 = 1$을 의미하고 Case 2의 $\nabla_2 y_t$가 필요함을 의미한다. $\gamma_3^* = \gamma_4^* = 0$이면 $\gamma_3 = \gamma_4 = 0$이고, 이는 $\alpha_3 = 1$ 또는 $\alpha_4 = 1$을 의미하게 되어 $\nabla_4 y_t$가 필요함을 의미한다. HEGY의 계절 단위근 검정 절차는 다음과 같이 정리할 수 있다.

(1) 모형 (9.25)를 적용하여 $\gamma_1, \gamma_2, \gamma_3^*, \gamma_4^*$를 추정한다. 물론 모형 (9.25)에 절편, 계절가변수 D_i, 선형추세, 자기상관을 제거하기 위한 $\nabla_4 y_{t-i}$를 추가할 수 있다.

(2) $H_0 : \gamma_1 = 0$에 대한 t-값을 구해서 HEGY가 제공한 임계치(critical value) 와 비교하여 H_0를 기각하지 못하면 비계절 단위근이 있다는 결론을 내린다. HEGY의 임계치는 D-F 검정통계량의 분포를 구하는 것과 같은 방법으로 구해진다. HEGY의 임계치는 5% 유의수준과 표본의 크기 $n = 100$에서 다음과 같다.

	$\gamma_1 = 0$	$\gamma_2 = 0$	$\gamma_3^* = \gamma_4^* = 0$
절편	-2.88	-1.95	3.08
절편+계절더미	-2.95	-2.94	6.57
절편+계절더미+추세	-3.53	-2.94	6.60

$H_0 : \gamma_2 = 0$에 대한 검정도 같은 방법으로 구해지며 H_0을 기각하지 못하면(즉, 임계치보다 작지 않으면) 2분기 계절 단위근이 존재하다고 판단하며, $\nabla_2 y = y_t - y_{t-2}$ 차분을 한다. 또한 $H_0 : \gamma_3^* = \gamma_4^* = 0$에 대한 검정은 F-값을 구해 HEGY의 임계치와 비교하고 F-값이 임계치보다 작으면 분기 계절 단위근이 있다는 결론을 내리고 $\nabla_4 y = y_t - y_{t-4}$ 차분을 한다.

9.11 구조변화와 단위근 검정

시계열에 구조변화(structural change)가 있을 때 단위근 검정은 매우 신중하게 시행되어야 한다. 특히 그림 9.6과 같이 구조변화가 존재하는 경우와 단위근이 존재하는 경우 시도표는

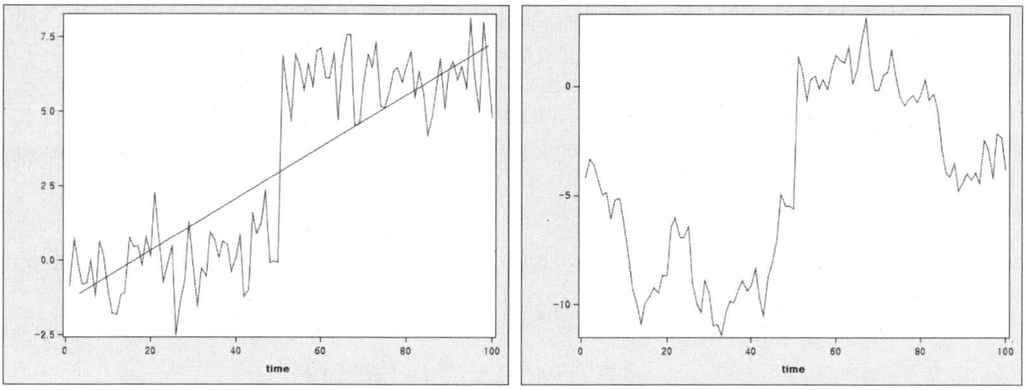

(a) 평균이 변하는 정상시계열　　(b) 단위근이 있는 시계열

그림 9.6: 평균변화로 보이는 시계열

매우 유사하게 보일 수 있고, 단위근 검정결과도 구조변화가 있는 시계열을 단위근이 있는 시계열로 잘못된 통계적 판정을 하는 경우가 많이 발생한다.

그림 9.6의 (a)는 정상시계열의 시점 $t \ge \tau$에 일정한 상수를 더해준 그림으로 '평균이 변하는 정상시계열'에 해당한며 다음과 같은 경우이다.

$$y_t = 0.3y_{t-1} + aS_t(\tau) + \epsilon_t, \quad S_t(\tau) = \begin{cases} 0 & , t < \tau \\ 1 & , t \ge \tau \end{cases}$$

즉, $t < \tau$이면 $y_t = 0.3y_{t-1} + \epsilon_t$인 정상시계열이고, $t \ge \tau$에서도 $y_t = a + 0.3y_{t-1} + \epsilon_t$인 정상시계열임에도 $a \cdot S_t(\tau)$에서 a가 비교적 작은 값이면 직선과 같이 선형증가하는 형태로 잘못 인식하여 $y_t = y_0 + a_0 t + \sum_{i=1}^{t} \epsilon_i$ 모형처럼 단위근이 있다는 결론을 내리기 쉽다. 그림 9.6의 (b)는 (9.26)을 시도표로 구현한 것으로 단위근의 효과가 발생하도록 만든 모형이다.

$$y_t = y_{t-1} + b \cdot P_t(\tau) + \epsilon_t, \quad P_t(\tau) = \begin{cases} 0 & , t \ne \tau \\ 1 & , t = \tau \end{cases} \tag{9.26}$$

문제를 간단히 하기 위해 $y_0 = 0$이라는 가정 하에 모형 (9.26)을 $t = \tau$를 기준으로 반복적으로 풀면

$$\begin{cases} y_t = \sum_{i=1}^{t} \epsilon_i & , t < \tau \\ y_t = b + \sum_{i=1}^{t} \epsilon_i & , t = \tau \\ y_t = b + \sum_{i=1}^{t} \epsilon_i & , t > \tau \end{cases}$$

이 된다. 정리된 모형을 살펴보면, 단위근을 가지는 시계열의 특성에 의해 $t = \tau$에 한 번 가해진 충격 b는 시점 τ 이후 소멸되지 않고 영향이 지속되므로 그림 9.6의 (a), (b) 두 그림은 육안으로 구분하는 것이 어려워진다. 구조변화가 있는 시계열에서 단위근 검정은 시계열이 보여주는 모습에 따라 세 가지 경우로 나누어 볼 수 있으며, 각 경우는 서로 다른 가설을 이용하여 단위근 검정을 한다.

Case 1: 시계열의 평균이 특정시점에서 변하는 경우로, 시계열의 변화는 그림 9.7과 같은 모습을 보인다. 이 경우 (9.27)과 같은 가설을 사용하여 단위근 검정을 한다.

$$\begin{aligned} H_0 &: y_t = a_0 + y_{t-1} + \mu_1 P_t(\tau) + \epsilon_t \\ H_1 &: y_t = a_0 + a_2 t + \mu_2 S_t(\tau) + \epsilon_t \end{aligned} \tag{9.27}$$

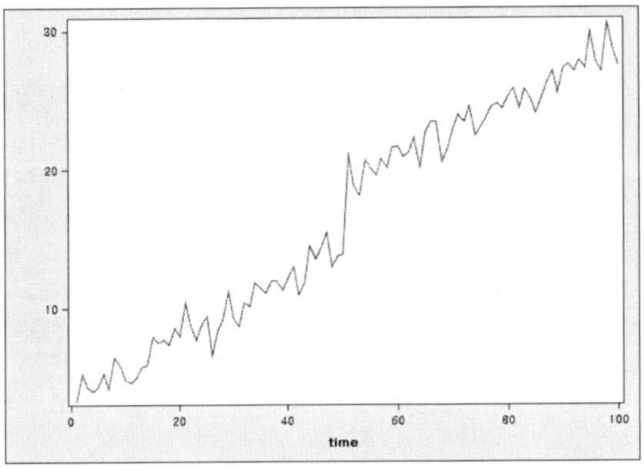

그림 9.7: 구조변화와 단위근 검정 - Case 1

Case 2: 시계열이 특정시점 이후로 선형추세를 가지는 경우로, 시계열의 변화는 그림 9.8과 같은 모습을 보인다. 이 경우 (9.28)과 같은 가설을 사용하여 단위근 검정을 한다.

$$\begin{aligned} H_0 &: y_t = a_0 + y_{t-1} + \mu_2 S_t(\tau) + \epsilon_t \\ H_1 &: y_t = a_0 + a_2 t + \mu_3 \cdot (t-\tau) \cdot S_t(\tau) + \epsilon_t \end{aligned} \tag{9.28}$$

Case 3: 시계열의 특정시점에서 평균변화와 선형추세가 동시에 생기는 경우이다. 그림 9.9와

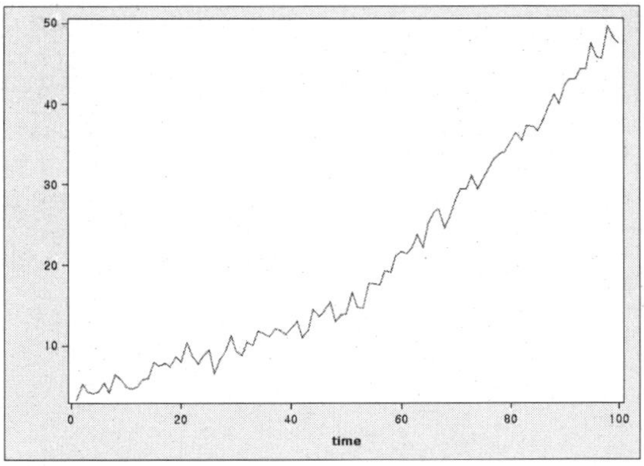

그림 9.8: 구조변화와 단위근 검정 - Case 2

같은 모습을 보이며 (9.29)의 가설을 사용하여 단위근 검정을 한다.

$$
\begin{aligned}
H_0 &: y_t = a_0 + y_{t-1} + \mu_2 P_t(\tau) + \mu_3 S_t(\tau) + \epsilon_t \\
H_1 &: y_t = a_0 + a_2 t + \mu_2 S_t(\tau) + \mu_3 \cdot (t-\tau) \cdot S_t(\tau) + \epsilon_t
\end{aligned}
\tag{9.29}
$$

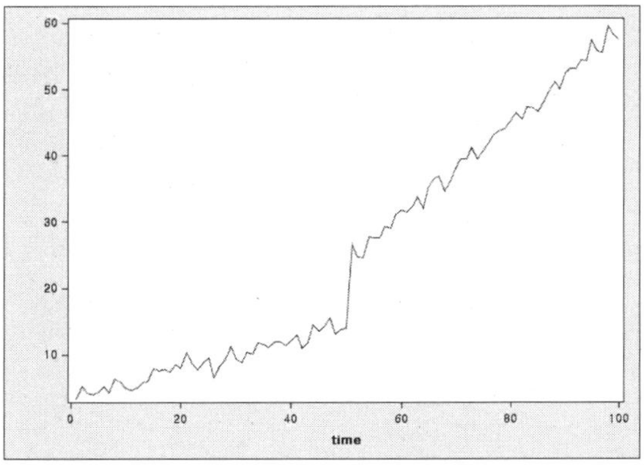

그림 9.9: 구조변화와 단위근 검정 - Case 3

다음의 절차는 (9.27)~(9.29)에 주어진 H_1의 모형에서 잔차 $\hat{\epsilon}_t$를 구한 후

$$
\hat{\epsilon}_t = a\hat{\epsilon}_{t-1} + \sum_{i=1}^{k} \beta_i \nabla \hat{\epsilon}_{t-i} + \nu_t
$$

에 의해 $H_0 : a = 1$에 대한 단위근 검정을 하는 것이다. 여기에서 k는 $\hat{\epsilon}_t$의 자기상관을 제거하기 위해 적절히 선택한다. 단위근 검정의 절차는 9.4절과 동일하나 t 통계량의 임계치는

Perron(1989)이 제시한 임계치와 비교한다. Perron(1989)의 연구에서는 $H_0 : a = 1$ 하에서 a의 분포는 구조변화가 일어나는 시점 $t = \tau$ 이전의 관찰치의 비율 $\lambda = \tau / T$(T는 총 관찰치의 수)에 의존함을 보여주고 있다. 또한 (9.27)~(9.29)의 대립가설 H_1에서 λ의 값을 0에서 1까지 변화시키면서 0.1 단위마다 $\hat{\epsilon}_t$을 구하고 $\hat{\epsilon}_t = a\hat{\epsilon}_t + \nu_t$로부터 회귀계수 a를 추정하여 a의 경험분포를 구하였다. $\lambda = 0$ 또는 $\lambda = 1$이 되면 D-F 검정과 일치하게 되어 Perron의 구조변화에서 단위근 검정은 D-F 검정의 일반화라고 설명될 수 있다.

CHAPTER 10

공적분 검정과 오차수정모형

공적분 검정(cointegration test)은 다변량 시계열의 단위근 검정이라고 해석할 수 있다. 차이점이라면 단변량 시계열에서의 단위근 검정은 시계열 자료가 확률적 추세(stochastic trend)를 갖고 있는 가를 검정하지만, 공적분 검정은 확률적 추세가 있는 두 개 이상의 시계열 변수 간에 장기균형관계(long-term equilibrium)가 있는가를 검정한다. 즉, 확률적 추세를 가진(즉, 정상과정이 아닌) 두 개 이상의 시계열 변수가 정상과정이 되도록 하는 선형결합이 있는가를 검정한다.

10.1 VAR(p) 모형

공적분 검정(cointegration test)을 논의하기 위해서는 먼저 VAR(p)(Vector Autoregressive Model with order p) 모형을 논의해야 한다. VAR(p) 모형은 단변량 AR(p) 모형의 확장이라고 생각하면 된다. 즉, 두 개 이상의 시계열이 서로 간에 상호 의존적이며 자신들의 과거값에 영향을 받을 때 이용하는 시계열 모형이다.

$$\begin{pmatrix} y_{1,t} \\ y_{2,t} \end{pmatrix} = \begin{pmatrix} \phi_{1,11} & \phi_{1,12} \\ \phi_{1,21} & \phi_{1,22} \end{pmatrix} \begin{pmatrix} y_{1,t-1} \\ y_{2,t-1} \end{pmatrix} + \begin{pmatrix} \phi_{2,11} & \phi_{2,12} \\ \phi_{2,21} & \phi_{2,22} \end{pmatrix} \begin{pmatrix} y_{1,t-2} \\ y_{2,t-2} \end{pmatrix} + \begin{pmatrix} \epsilon_{1,t} \\ \epsilon_{2,t} \end{pmatrix} \tag{10.1}$$

$y_{1,t}$와 $y_{2,t}$를 시점 t에서 주식 A와 B의 수익률이라고 정의하고, 다음과 같이 모형 (10.1)을 정의하면 $\mathbf{y}_t = (y_{1,t}, y_{2,t})'$는 VAR(2) 모형을 따른다고 말하며 오차항의 분산공분산 구조는 다음을 가정하고 있다.

$$Var\begin{pmatrix} \epsilon_{1,t} \\ \epsilon_{2,t} \end{pmatrix} = \begin{pmatrix} \sigma_{11} & \sigma_{12} \\ \sigma_{21} & \sigma_{22} \end{pmatrix}$$

그러므로 $\sigma_{12} = \sigma_{21} \neq 0$이면 $y_{1,t}$와 $y_{2,t}$는 서로 상관관계가 있으며 $y_{1,t}$는 자신의 과거 값과 $y_{2,t}$의 과거 값, $y_{2,t}$는 자신의 과거 값과 $y_{1,t}$의 과거 값에 의존하는 구조를 가진 모형이 된다. 모형 (10.1)은 $y_{1,t}$와 $y_{2,t}$의 평균이 0임을 가정하고 있지만 $y_{1,t}$와 $y_{2,t}$의 평균 μ_1과 μ_2가 모두 0이 아니라면 $y_{1,t}$와 $y_{2,t}$를 $y_{1,t} - \mu_1$와 $y_{2,t} - \mu_2$로 대체하면 된다. $Var(\boldsymbol{\epsilon}_t)$가 양정치 행렬(positive definite)이면 대각원소가 모두 1인 하삼각행렬(lower triangular matrix) $\mathbf{A}_0$가 존재하며 이 행렬 $\mathbf{A}_0$는 $\mathbf{A}_0 Var(\boldsymbol{\epsilon}_t)\mathbf{A}_0' = \boldsymbol{\Lambda}$를 만족한다. 단 $\boldsymbol{\Lambda}$는 대각행렬이며 양정치행렬이다.

행렬의 부호

$n \times n$ 대칭행렬 $A = (a_{ij})$와 $\mathbf{x} = (x_1, \ldots, x_n)'$에서 다음을 $\mathbf{x}$의 이차형식(quadratic form)이라고 부른다.

$$\mathbf{x}'\mathbf{A}\mathbf{x} = \sum_{i=1}^{n}\sum_{j=1}^{n} a_{ij} x_i x_j$$

$\mathbf{x} \neq 0$인 모든 벡터 $\mathbf{x}$에 대해서

1. $\mathbf{x}'\mathbf{A}\mathbf{x} > 0$ 이면, 행렬 **A**는 양정치(positive definite)행렬이며, $A > 0$로 표시한다.
2. $\mathbf{x}'\mathbf{A}\mathbf{x} \geq 0$ 이면, 행렬 **A**는 양반정치(positive semidefinite)행렬이며, $A \geq 0$로 표시한다.
3. $\mathbf{x}'\mathbf{A}\mathbf{x} < 0$ 이면, 행렬 **A**는 음정치(negative definite)행렬이며, $A < 0$로 표시한다.

이 하삼각행렬 $\mathbf{A}_0$의 역할을 살펴보기 위해 모형 (10.1)의 분산 공분산 구조를 다음과 같이 가정하자.

$$Var(\boldsymbol{\epsilon}_t) = \begin{pmatrix} 1 & 1 \\ 1 & 4 \end{pmatrix}$$

그러면 $\mathbf{A}_0$와 $\boldsymbol{\Lambda}$가 아래와 같이 결정됨을 어렵지 않게 알 수 있다.

$$\mathbf{A}_0 = \begin{pmatrix} 1 & 0 \\ -1 & 1 \end{pmatrix}, \quad \boldsymbol{\Lambda} = \begin{pmatrix} 1 & 0 \\ 0 & 3 \end{pmatrix}$$

이 $\mathbf{A}_0$ 행렬을 모형 (10.1)의 양변에 곱하면 다음과 같이 되고

$$\begin{pmatrix} 1 & 0 \\ -1 & 1 \end{pmatrix}\begin{pmatrix} y_{1,t} \\ y_{2,t} \end{pmatrix} = \begin{pmatrix} 1 & 0 \\ -1 & 1 \end{pmatrix}\begin{pmatrix} \phi_{1,11} & \phi_{1,12} \\ \phi_{1,21} & \phi_{1,22} \end{pmatrix}\begin{pmatrix} y_{1,t-1} \\ y_{2,t-1} \end{pmatrix} + \begin{pmatrix} 1 & 0 \\ -1 & 1 \end{pmatrix}\begin{pmatrix} \phi_{2,11} & \phi_{2,12} \\ \phi_{2,21} & \phi_{2,22} \end{pmatrix}\begin{pmatrix} y_{1,t-2} \\ y_{2,t-2} \end{pmatrix} + \begin{pmatrix} 1 & 0 \\ -1 & 1 \end{pmatrix}\begin{pmatrix} \epsilon_{1,t} \\ \epsilon_{2,t} \end{pmatrix}$$

이를 정리하면 모형 (10.2)가 얻어진다.

$$\begin{aligned} y_{1,t} &= \phi_{1,11}y_{1,t-1} + \phi_{1,12}y_{2,t-1} + \phi_{2,11}y_{1,t-2} + \phi_{2,12}y_{2,t-2} + \epsilon_{1,t} \\ y_{2,t} &= y_{1,t} + (\phi_{1,21} - \phi_{1,11})y_{1,t-1} + (\phi_{1,22} - \phi_{1,12})y_{2,t-1} + (\phi_{2,21} - \phi_{2,11})y_{1,t-2} \\ &\quad + (\phi_{2,22} - \phi_{2,12})y_{2,t-2} + \epsilon_{2,t} - \epsilon_{1,t} \end{aligned} \tag{10.2}$$

모형 (10.2)의 특징은 모형 (10.1)과 달리 동시점에서 $y_{1,t}$와 $y_{2,t}$의 관계를 파악할 수 있다는 것이다(오차항의 분산공분산 구조가 $\mathbf{\Lambda}$로 변환됨을 기억하자). 이러한 의미에서 모형 (10.2)를 동적연립방정식모형(dynamic simultaneous equations model) 또는 동적구조방정식모형(dynamic structural equations model)이라고 한다.

모형 (10.1) 형식으로 표현된 모형을 축약모형(reduced model)이라고 하며 우리가 주로 다루게 되는 모형이다. 이제 k개의 시계열을 $\mathbf{y}_t = (y_{1t}, y_{2t}, \ldots, y_{kt})'$라고 할 때 VAR($p$) 모형은 (10.3)으로 표현된다.

$$\mathbf{y}_t = \mathbf{\Phi}_1\mathbf{y}_{t-1} + \mathbf{\Phi}_2\mathbf{y}_{t-2} + \cdots + \mathbf{\Phi}_p\mathbf{y}_{t-p} + \boldsymbol{\epsilon}_t \tag{10.3}$$

$\mathbf{\Phi}_i, i = 1, \ldots, p$는 $k \times k$ 모수행렬이다. $Var(\boldsymbol{\epsilon}_t) = \mathbf{\Omega}$, $Cov(\boldsymbol{\epsilon}_t, \boldsymbol{\epsilon}_s) = 0, t \neq s$를 가정하고 있으며, VAR($p$) 모형에서도 통계적 추론을 하기 위해서는 단변량 AR(p) 모형의 경우처럼 $\mathbf{y}_t$에 대한 정상성(stationarity) 가정을 하게 된다.

모형 (10.3)을 후향연산자 B를 이용하여 재표현하면($B^j\mathbf{y}_t = \mathbf{y}_{t-j}$)

$$(\mathbf{I}_{k\times k} - \mathbf{\Phi}_1B - \mathbf{\Phi}_2B^2 - \cdots - \mathbf{\Phi}_pB^p)\mathbf{y}_t = \boldsymbol{\epsilon}_t$$

가 되며

$$|\mathbf{I}_{k\times k} - \mathbf{\Phi}_1B - \mathbf{\Phi}_2B^2 - \cdots - \mathbf{\Phi}_pB^p| = \mathbf{0}$$

에서 B에 대한 해의 절대값이 모두 1보다 크면 VAR(p) 모형은 정상성 조건을 만족한다고 한다. 이와 같은 정상성 조건은 모형 (10.3)에 표현된 VAR(p) 모형을 다음과 같이 VAR(1) 모형으로

재표현함으로써 점검할 수 있다. $\mathbf{Z}_t = \left(\mathbf{y}'_t, \mathbf{y}'_{t-1}, \ldots, \mathbf{y}'_{t-p+1}\right)'$, $\boldsymbol{\epsilon}^o_t = \left(\boldsymbol{\epsilon}'_t, \mathbf{0}', \ldots, \mathbf{0}'\right)'$,

$$\mathbf{\Phi} = \begin{pmatrix} \mathbf{\Phi}_1 & \mathbf{\Phi}_2 & \cdots & \mathbf{\Phi}_{p-1} & \mathbf{\Phi}_p \\ \mathbf{I}_k & \mathbf{0} & \cdots & \mathbf{0} & \mathbf{0} \\ \mathbf{0} & \mathbf{I}_k & \cdots & \mathbf{0} & \mathbf{0} \\ \vdots & \vdots & \ddots & \vdots & \vdots \\ \mathbf{0} & \mathbf{0} & \cdots & \mathbf{I}_k & \mathbf{0} \end{pmatrix}$$

로 정의하면 모형 (10.3)의 VAR(p) 모형은

$$\mathbf{Z}_t = \mathbf{\Phi}\mathbf{Z}_{t-1} + \boldsymbol{\epsilon}^o_t$$

가 된다. VAR(1) 모형에서 $\mathbf{\Phi}$의 특성값(eigen value)의 절대값이 모두 1보다 작으면 정상성 조건을 만족한다고 한다. 이제 모형 (10.3)에서 모수 추정에 관하여 알아보자. i번째 변수의 전체 관찰치를 $\mathbf{y}^*_i = (y_{i1}, y_{i2}, \ldots, y_{iT})'$, $i = 1, 2, \ldots, k$로, $\mathbf{X}^*$를 다음과 같이 정의하고,

$$\mathbf{X}^* = \begin{pmatrix} \mathbf{y}'_0 & \mathbf{y}'_{-1} & \mathbf{y}'_{-2} & \cdots & \mathbf{y}'_{-p+1} \\ \mathbf{y}'_1 & \mathbf{y}'_0 & \mathbf{y}'_{-1} & \cdots & \mathbf{y}'_{-p+2} \\ \vdots & \vdots & \vdots & & \vdots \\ \mathbf{y}'_t & \mathbf{y}'_{t-1} & \mathbf{y}'_{t-2} & \cdots & \mathbf{y}'_{t-p+1} \\ \vdots & \vdots & \vdots & & \vdots \\ \mathbf{y}'_T & \mathbf{y}'_{T-1} & \mathbf{y}'_{T-2} & \cdots & \mathbf{y}'_{T-p+1} \end{pmatrix}$$

i번째 변수에 대응하는 오차항을 $\boldsymbol{\epsilon}^*_i = (\epsilon_{i1}, \epsilon_{i2}, \ldots, \epsilon_{iT})'$한 후, $\boldsymbol{\beta}_{i(kp\times 1)} = (\boldsymbol{\phi}'_{i1}, \boldsymbol{\phi}'_{i2}, \ldots, \boldsymbol{\phi}'_{ip})'$로 표현하면(여기에서 $\boldsymbol{\phi}_{ij}$는 모형 (10.3)에서 모수행렬 $\mathbf{\Phi}_j$의 i번째 행을 말한다), 모형 (10.3)의 VAR(p) 모형은 (10.4)의 형식으로 표현할 수 있다.

$$\begin{pmatrix} \mathbf{y}^*_1 \\ \mathbf{y}^*_2 \\ \vdots \\ \mathbf{y}^*_k \end{pmatrix} = \begin{pmatrix} \mathbf{X}^* & \mathbf{0} & \cdots & \mathbf{0} \\ \mathbf{0} & \mathbf{X}^* & \cdots & \mathbf{0} \\ \vdots & \vdots & \ddots & \vdots \\ \mathbf{0} & \mathbf{0} & \cdots & \mathbf{X}^* \end{pmatrix} \begin{pmatrix} \boldsymbol{\beta}_1 \\ \boldsymbol{\beta}_2 \\ \vdots \\ \boldsymbol{\beta}_k \end{pmatrix} + \begin{pmatrix} \boldsymbol{\epsilon}^*_1 \\ \boldsymbol{\epsilon}^*_2 \\ \vdots \\ \boldsymbol{\epsilon}^*_k \end{pmatrix} \tag{10.4}$$

모형 (10.4)는 제7장의 표면무상관회귀(SUR) 모형에서 독립변수가 모두 같은 경우의 추정방법과 동일하다. 즉, 모형 (10.4)를 다음과 같이 축약해서 쓰면,

$$\mathbf{y} = \left(\mathbf{I}_k \otimes \mathbf{X}^*\right)\boldsymbol{\beta} + \boldsymbol{\epsilon} = \mathbf{X}\boldsymbol{\beta} + \boldsymbol{\epsilon}$$

$\boldsymbol{\beta}$의 OLS 추정량

$$\widehat{\boldsymbol{\beta}}_{OLS} = \left(\mathbf{X}'\mathbf{X}\right)^{-1}\mathbf{X}'\mathbf{y}$$

가 오차항의 제곱합을 최소화 하며, $\boldsymbol{\epsilon}$가 정규분포를 따를 때 최우추정량이 된다. 여기에서 $\mathbf{X} = (\mathbf{I}_k \otimes \mathbf{X}^*)$이다. 이미 단변량회귀모형에서 논의하였듯이,

$$Var\begin{pmatrix}\boldsymbol{\epsilon}_1^* \\ \boldsymbol{\epsilon}_2^* \\ \vdots \\ \boldsymbol{\epsilon}_k^*\end{pmatrix} = \boldsymbol{\Omega} \otimes \mathbf{I}_T$$

이므로 다음이 성립함을 알 수 있다.

$$\sqrt{T}\left(\widehat{\boldsymbol{\beta}}_{OLS} - \boldsymbol{\beta}\right) \xrightarrow{d} N\left(\mathbf{0}, (\mathbf{X}'\mathbf{X})^{-1}(\boldsymbol{\Omega} \otimes \mathbf{I}_T)\right)$$

10.2 VAR(p) 모형의 식별·진단

VAR(p)모형에서 식별(identification)이란 p의 크기를 결정하는 것으로, 초기값 선정에 사용되는 일반적인 방법은 총 관찰치의 개수를 T라고 할 때, $p = T^{1/3}$로 놓는 것이다. 이는 단변량 AR(p) 모형에서 사용하였던 초기치 선정 방법과 동일하다. 그러나 VAR(p) 모형에서는 추정해야 할 모수 개수가 절편을 포함하여 $k^2p + k$개나 되어 초기치 p의 선택에 관한 진단통계량의 검정력이 현저하게 떨어지게 되어 초기치 p의 선정에 어려움이 따르게 된다. 이에 관한 해결책의 하나로 Juselius(2007)는 $p = 2$를 초기치로 사용할 때, 대부분의 다변량시계열 동적구조를 잘 설명하는 것으로 주장하였다. 따라서 이러한 경험적 결과를 기초로 이 책에서도 VAR(p) 모형의 초기치를 $p = 2$로 사용할 것을 권장한다.

초기치 $p = 2$에서 시작하는 p의 결정과정은 다음과 같다. VAR(2) 모형을 적합한 후 잔차 $\widehat{\boldsymbol{\epsilon}}_t$를 구하게 되고, 이를 통해 $\widehat{\epsilon}_{i,t}$와 $\widehat{\epsilon}_{j,t-l}$ $i, j = 1, 2, \ldots, k.$, $l = 1, 2, \ldots, L$의 상관관계를 추정하여 유의한 상관관계를 가지고 있으면 p의 크기를 증가시키는 일반적인 절차를 따르게 된다. 그러나 k개의 변수 중 일부분만 유의할 경우 p를 증가시키는 것이 옳은 것인지를 판단할 근거가 부족하다. 그 이유는 너무 큰 p는 통계적 추론에 치명적인 해를 끼치기 때문이다. 이 문제의 해결에는 포트맨토 Q 검정통계량을 이용하는 것이 도움된다. Q 검정통계량은 "H_0 : 더 이상의 자기상관은 존재하지 않는다" 가정 하에서 근사적으로 자유도가 $k^2(s-p)$인

χ^2 분포를 따르며 구체적인 형태는 다음과 같다.

$$Q = T^2 \sum_{l=1}^{s} (T-l)^{-1} tr\left(\widehat{\boldsymbol{\Omega}}_h' \widehat{\boldsymbol{\Omega}}_0^{-1} \widehat{\boldsymbol{\Omega}}_h' \widehat{\boldsymbol{\Omega}}_0^{-1}\right), \quad \widehat{\boldsymbol{\Omega}}_h = \frac{1}{T}\sum_{t=h}^{T} \widehat{\boldsymbol{\epsilon}}_t \widehat{\boldsymbol{\epsilon}}_{t-h}, \quad \widehat{\boldsymbol{\Omega}}_0 = \widehat{\boldsymbol{\Omega}}_{h=0}$$

두 개 이상의 후보 모형을 자료에 적합한 후 모형 선택을 위하여 사용하는 정보기준(information criterion)에는 여러 가지가 있다. Akaike information criterion(AIC), corrected Akaike information criterion(AICC), final prediction error criterion(FPE), Hannan-Quinn criterion(HQC) 그리고 Schwaz Bayesian criterion(SBC) 등이며, 아래와 같이 정의된다.

$$\begin{aligned}
AIC &= \log\left(|\widehat{\boldsymbol{\Sigma}}|\right) + \frac{2r}{T} \\
AICC &= \log\left(|\widehat{\boldsymbol{\Sigma}}|\right) + \frac{2r}{T - r/k} \\
FPE &= \left(\frac{T + r/k}{T - r/k}\right)^k |\widehat{\boldsymbol{\Sigma}}| \\
HQC &= \log\left(|\widehat{\boldsymbol{\Sigma}}|\right) + 2r\log\left(\frac{\log(T)}{T}\right) \\
SBC &= \log\left(|\widehat{\boldsymbol{\Sigma}}|\right) + r\log\left(\frac{\log(T)}{T}\right)
\end{aligned}$$

여기에서 $\widehat{\boldsymbol{\Sigma}}$는 $Var(\boldsymbol{\epsilon}_t)$의 최우추정량이며 r은 추정한 모수의 개수, k는 변수의 개수, T는 관찰치의 개수이다. 이 다섯 가지의 정보기준은 추정해야 할 모수의 증가에 대하여 서로 다른 수준의 제재(the strength of penalty)를 가하고 있으며, 가장 낮은 정보기준 값을 갖는 모수의 개수 r(VAR(p)에서 p)을 선택하게 된다. 그러나 이 다섯 가지의 정보기준은 제재 기준이 달라 동일한 r에서 서로 다른 결과를 보이는 것이 일반적인 현상이므로, 앞에서 제시한 잔차의 자기상관과 포트멘토 Q검정을 동시에 이용하여 적절한 p를 선택하여야 한다.

10.3 Granger Causality 검정

다음의 VAR(p)모형은

$$\mathbf{y}_t = \boldsymbol{\Phi}_1 \mathbf{y}_{t-1} + \boldsymbol{\Phi}_2 \mathbf{y}_{t-2} + \cdots + \boldsymbol{\Phi}_p \mathbf{y}_{t-p} + \boldsymbol{\epsilon}_t$$

VAR(p)의 특성함수 $\boldsymbol{\Phi}(\mathbf{B})$를 이용하여 아래와 같이 바꾸어 쓸 수 있다.

$$\boldsymbol{\Phi}(B)\mathbf{y}_t = \boldsymbol{\epsilon}_t, \quad \boldsymbol{\Phi}(B) = \left(\mathbf{I}_{k\times k} - \boldsymbol{\Phi}_1 B - \boldsymbol{\Phi}_2 B^2 - \cdots - \boldsymbol{\Phi}_p B^p\right)$$

이제 k개의 변수로 구성된 $\mathbf{y}_t$를 $\mathbf{y}_{1t}$와 $\mathbf{y}_{2t}$ 두 그룹으로 나누어 다음과 같이 쓸 수 있다.

$$\begin{pmatrix} \mathbf{\Phi}_{11}(B) & \mathbf{\Phi}_{12}(B) \\ \mathbf{\Phi}_{21}(B) & \mathbf{\Phi}_{22}(B) \end{pmatrix} \begin{pmatrix} \mathbf{y}_{1t} \\ \mathbf{y}_{2t} \end{pmatrix} = \begin{pmatrix} \boldsymbol{\epsilon}_{1t} \\ \boldsymbol{\epsilon}_{2t} \end{pmatrix}$$

로 쓸 수 있다. 여기에서 만약 $\mathbf{\Phi}_{12}(B) = \mathbf{0}$이면 $\mathbf{y}_{1t}$는 $\mathbf{y}_{2t}$의 원인(cause)이 되지만 $\mathbf{y}_{2t}$는 $\mathbf{y}_{1t}$의 원인이 아니라고 하며 $\mathbf{y}_{2t}$는 $\mathbf{y}_{1t}$의 Granger cause가 아니라고 말한다. 이에 대한 검정은 $H_0 : \mathbf{C}\boldsymbol{\beta} = \mathbf{q}$로 일반화할 수 있다. 여기에서 $\boldsymbol{\beta}$는 크기가 $(k^2p+k)\times 1$인 벡터이고, $\mathbf{C}$는 크기가 $s\times(k^2p+k)$인 행렬로 s는 H_0에서 제한된 모수의 개수를 말한다.

$$\sqrt{T}\left(\widehat{\boldsymbol{\beta}}_{OLS} - \boldsymbol{\beta}\right) \xrightarrow{d} N\left(\mathbf{0}, (\mathbf{X}'\mathbf{X})^{-1}(\mathbf{\Omega}\otimes\mathbf{I}_T)\right)$$

이므로 제7장에서 논의되었듯이

$$\sqrt{T}\left(\mathbf{C}\widehat{\boldsymbol{\beta}}_{OLS} - \mathbf{C}\boldsymbol{\beta}\right) \xrightarrow{d} N\left(\mathbf{0}, \mathbf{C}(\mathbf{X}'\mathbf{X})^{-1}(\mathbf{\Omega}\otimes\mathbf{I}_T)\mathbf{C}'\right)$$

이 되며, $H_0 : \mathbf{C}\boldsymbol{\beta} = \mathbf{q}$ 가정 하에서

$$T\left(\mathbf{C}\widehat{\boldsymbol{\beta}}_{OLS} - \mathbf{q}\right)' \left[\mathbf{C}(\mathbf{X}'\mathbf{X})^{-1}\left(\mathbf{\Omega}\otimes\mathbf{I}_T\right)\mathbf{C}'\right]^{-1}\left(\mathbf{C}\widehat{\boldsymbol{\beta}}_{OLS} - \mathbf{q}\right) \xrightarrow{d} \chi^2_s$$

가 된다.

10.4 공적분

공적분 검정은 $I(1)$인 변수들을 $I(0)$로 변환시킬 수 있는 선형결합이 있는지를 규명하는 검정이다. 그러므로 관심있는 시계열 변수가 $I(1)$인가를 D-F 검정을 통해 확인하는 것이 선행되어야 한다. 이에 대한 내용은 9장에서 다루었으므로 바로 공적분에 대한 내용 설명을 한다. $\mathbf{y}_t$가 VAR(p) 모형을 따르면

$$\mathbf{y}_t = \mathbf{\Phi}_1\mathbf{y}_{t-1} + \mathbf{\Phi}_2\mathbf{y}_{t-2} + \cdots + \mathbf{\Phi}_p\mathbf{y}_{t-p} + \boldsymbol{\epsilon}_t$$

로 표현된다. $\mathbf{\Phi}_i^* = -\sum_{j=i+1}^{p}\mathbf{\Phi}_j$로 놓으면, VAR($p$) 모형은

$$\nabla\mathbf{y}_t = -\left(\mathbf{I}_k - \mathbf{\Phi}_1 - \mathbf{\Phi}_2 - \cdots - \mathbf{\Phi}_p\right)\mathbf{y}_{t-1} + \sum_{i=1}^{p-1}\mathbf{\Phi}_i^*\nabla\mathbf{y}_{t-i} + \boldsymbol{\epsilon}_t \tag{10.5}$$

로 재표현된다. 여기에서 $\nabla\mathbf{y}_t = \mathbf{y}_t - \mathbf{y}_{t-1}$이다.

$\boldsymbol{\alpha}$와 $\boldsymbol{\beta}$를 각각 크기가 $k \times r (k \geq r)$이고 계수(rank)가 r인 행렬이라하고

$$\boldsymbol{\alpha}\boldsymbol{\beta}' = -(\mathbf{I}_k - \boldsymbol{\Phi}_1 - \boldsymbol{\Phi}_2 - \cdots - \boldsymbol{\Phi}_k)$$

로 놓으면 모형 (10.5)는 모형 (10.6)으로 표현된다.

$$\nabla \mathbf{y}_t = \boldsymbol{\alpha}\boldsymbol{\beta}'\mathbf{y}_{t-1} + \sum_{i=1}^{p-1} \boldsymbol{\Phi}_i^* \nabla \mathbf{y}_{t-i} + \boldsymbol{\epsilon}_t \tag{10.6}$$

모형 (10.6)은 VAR(p) 모형의 다른 표현이며 이를 벡터오차수정모형(Vector Error Correction Model: VECM)이라고 한다. 여기서 $\boldsymbol{\beta}'\mathbf{y}_{t-1}$은 공적분관계(cointegration relation) 또는 장기균형관계(equilibrium)라고 말하고, $\boldsymbol{\alpha}$는 속도조정 모수로서 자료가 $\boldsymbol{\beta}'\mathbf{y}_{t-1}$의 장기균형관계에서 벗어났을 때 얼마나 민감하게 반응하는가를 측정하는 계수이다. 흥미있는 것은 모형 (10.6)이 단변량 ADF 검정을 위한 모형과 같다는 점이다. 즉, $\boldsymbol{\alpha}\boldsymbol{\beta}' = \mathbf{0}$이라는 의미는

$$\boldsymbol{\Phi}(1) = \mathbf{I}_k - \boldsymbol{\Phi}_1 - \cdots - \boldsymbol{\Phi}_p = \mathbf{0}$$

을 의미하므로 ADF 검정에서 단위근이 있다는 것과 동일하다. 이러한 의미에서 공적분 검정은 ADF 검정의 일반화라고 볼 수 있다.

10.4.1 공적분 모수의 추정과 검정

공적분 검정은 단위근 검정 그 이상의 의미와 역할을 한다. 이미 단위근 검정을 통해서 $\mathbf{y}_t$는 모두 $I(1)$이 됨을 확인하였다고 가정하자. 그러므로 모형 (10.6)이 성립하기 위해서는 $\boldsymbol{\alpha}\boldsymbol{\beta}'\mathbf{y}_{t-1}$이 반드시 $I(0)$가 되어야 한다.

(1) $\text{rank}(\boldsymbol{\alpha}\boldsymbol{\beta}') = 0$인 경우
이는 $\mathbf{I}_k - \boldsymbol{\Phi}_1 - \cdots - \boldsymbol{\Phi}_p = \mathbf{0}$을 의미하며 모형 (10.6)에서 $\boldsymbol{\alpha}\boldsymbol{\beta}' = \mathbf{0}$을 의미한다. 이는 각각 $\mathbf{y}_t$는 모두 $I(1)$임을 말하며 $\mathbf{y}_t$의 어떤 선형결합도 $I(0)$가 될 수 없음을 말한다.

(2) $\text{rank}(\boldsymbol{\alpha}\boldsymbol{\beta}') = k$로 최대계수(full rank)인 경우
어떤 행렬의 rank는 선형적으로 독립인 행이나 열의 숫자이므로 $\text{rank}(\boldsymbol{\alpha}\boldsymbol{\beta}') = k$이면 $\boldsymbol{\beta}'\mathbf{y}_{t-1}$은 선형적으로 독립인 k개의 $I(1)$의 선형결합이 존재하며, 이 선형결합은 모두 $I(0)$임을 말한다. 즉,

$$\beta_{i1}y_{1,t-1} + \beta_{i2}y_{2,t-1} + \cdots + \beta_{ik}y_{k,t-1} = \epsilon_{i,t-1}^*, \quad i = 1, 2, \cdots, k$$

이므로 모든 $y_{i,t-1}$은 $\epsilon^*_{1,t-1}, \epsilon^*_{2,t-1}, \ldots, \epsilon^*_{k,t-1}$의 선형결합으로 표현할 수 있게된다. 그런데 $\epsilon^*_{1,t-1}, \epsilon^*_{2,t-1}, \ldots, \epsilon^*_{k,t-1}$는 모두 정상과정이므로 $y_{i,t-1}$은 모두 정상과정이 된다. 그러므로 $\text{rank}\big(\boldsymbol{\alpha\beta}'\big) = k$는 $\mathbf{y}_t$가 모두 $I(0)$임을 말하며 $\nabla\mathbf{y}_t$는 과대차분(over-differencing) 되었음을 의미한다.

(3) $\text{rank}\big(\boldsymbol{\alpha\beta}'\big) = r, \quad 0 < r < k$인 경우
이는 오직 r개의 선형결합 $\boldsymbol{\beta}'\mathbf{y}_{t-1}$만이 $I(0)$임을 말한다. 즉, k개의 시계열 변수 y_{it}의 동적구조는 각각은 $I(1)$이지만 $I(0)$가 되는 r개의 선형결합 $\boldsymbol{\beta}'\mathbf{y}_t$로 설명될 수 있다는 것이다. 이 r개의 선형결합 $\boldsymbol{\beta}'\mathbf{y}_t$를 공적분 관계(cointegration relation)라고 하며 장기균형(long term equilibrium)이라고도 한다.

공적분 벡터 $\boldsymbol{\alpha}$와 $\boldsymbol{\beta}$의 추정절차를 간략하게 살펴보자. 좀 더 자세한 추정방법은 Juselius (2007)를 참고하기 바란다. 먼저 $\mathbf{z}_{0t} = \nabla\mathbf{y}_t$, $\mathbf{z}_{1t} = \mathbf{y}_{t-1}$, $\mathbf{z}_{2t} = \big(\nabla\mathbf{y}'_{t-1}, \ldots, \nabla\mathbf{y}'_{t-p+1}\big)'$로 놓고 $\boldsymbol{\Psi} = \big(\boldsymbol{\Phi}^*_1, \boldsymbol{\Phi}^*_2, \cdots, \boldsymbol{\Phi}^*_{p-1}\big)$로 정의하면 모형 (10.6)은 다음과 같이 된다.

$$\mathbf{z}_{0t} = \boldsymbol{\alpha\beta}'\mathbf{z}_{1t} + \boldsymbol{\Psi}\mathbf{z}_{2t} + \boldsymbol{\epsilon}_t$$

단변량 회귀모형에서 논의한 바와 같이 $\mathbf{z}_{0t}$를 $\mathbf{z}_{2t}$에 대해 회귀모형을 적합시키고, $\mathbf{z}_{1t}$를 $\mathbf{z}_{2t}$에 대해 회귀모형을 적합시키는 과정은 다음의 두 모형으로 표현할 수 있다.

$$\mathbf{z}_{0t} = \mathbf{B}'_1\mathbf{z}_{2t} + \boldsymbol{\gamma}_{0t}$$
$$\mathbf{z}_{1t} = \mathbf{B}'_2\mathbf{z}_{2t} + \boldsymbol{\gamma}_{1t}$$

OLS 추정에 의해 $\widehat{\mathbf{B}}_1$과 $\widehat{\mathbf{B}}_2$를 구하고 잔차 $\widehat{\boldsymbol{\gamma}}_{0t}$와 $\widehat{\boldsymbol{\gamma}}_{1t}$를 구한 후, $\widehat{\boldsymbol{\gamma}}_{0t}$를 $\widehat{\boldsymbol{\gamma}}_{1t}$에 대해 다음과 같이 회귀시키면

$$\widehat{\boldsymbol{\gamma}}_{0t} = \boldsymbol{\alpha\beta}'\widehat{\boldsymbol{\gamma}}_{1t} + \boldsymbol{\epsilon}_t \tag{10.7}$$

$\boldsymbol{\alpha\beta}'$의 추정치를 구할 수 있고 이 $\boldsymbol{\alpha\beta}'$은 모형 (10.6)에서의 $\boldsymbol{\alpha\beta}'$과 일치한다. 모형 (10.7)에서 $\boldsymbol{\epsilon}_t \sim N\big(\mathbf{0}, \boldsymbol{\Omega}\big)$라는 가정 하에서 $\boldsymbol{\alpha}$와 $\boldsymbol{\beta}$의 최우추정치는 다음의 절차에 의해 구한다.

Step 1: $\boldsymbol{\beta}$가 주어졌다는 가정 하에서 $\boldsymbol{\alpha}$의 OLS 추정치를 구한다.

$$\mathbf{S}_{ij} = \frac{1}{T}\sum_{t=1}^{T}\widehat{\gamma}_{it}\widehat{\gamma}'_{jt}, \; i, j = 0, 1.$$

로 정의하면 식 (10.7)로 부터 $\boldsymbol{\beta}$가 주어졌다는 가정 하에서 $\boldsymbol{\alpha}$의 OLS 추정량은 $\widehat{\boldsymbol{\gamma}}_{0t} = \widehat{\boldsymbol{\alpha}}\boldsymbol{\beta}'\widehat{\boldsymbol{\gamma}}_{1t}$로 부터

$$\widehat{\boldsymbol{\gamma}}_{0t}\widehat{\boldsymbol{\gamma}}'_{1t}\boldsymbol{\beta} = \boldsymbol{\alpha}\boldsymbol{\beta}'\widehat{\boldsymbol{\gamma}}_{1t}\widehat{\boldsymbol{\gamma}}'_{1t}\boldsymbol{\beta}$$

이 되고 이를 다시 $\mathbf{S}_i j$를 이용하여 정리하면

$$T\mathbf{S}_{01}\boldsymbol{\beta} = \widehat{\boldsymbol{\alpha}}\boldsymbol{\beta}'(T\mathbf{S}_{11})\boldsymbol{\beta}$$

이 된다. 따라서

$$\widehat{\boldsymbol{\alpha}} = \mathbf{S}_{01}\boldsymbol{\beta}\left(\boldsymbol{\beta}'\mathbf{S}_{11}\boldsymbol{\beta}\right)^{-1}$$

이 됨을 쉽게 보일 수 있다.

Step 2: $\boldsymbol{\epsilon}_t \sim N\left(\mathbf{0}, \boldsymbol{\Omega}\right)$ 가정에서 우도함수는 다음과 같이 된다.

$$-2\log L(\boldsymbol{\alpha}, \boldsymbol{\beta}) = \log|\Omega(\boldsymbol{\alpha}, \boldsymbol{\beta})| + \text{constant}$$

Step 1에서 구한 $\widehat{\boldsymbol{\alpha}}$을 이 우도함수에 대입하여 풀면

$$\left|\boldsymbol{\Omega}\left(\boldsymbol{\beta}\right)\right| = |\mathbf{S}_{00}| \frac{\left|\boldsymbol{\beta}'\left(\mathbf{S}_{11} - \mathbf{S}_{10}\mathbf{S}_{00}^{-1}\mathbf{S}_{01}\right)\boldsymbol{\beta}\right|}{\left|\boldsymbol{\beta}'\mathbf{S}_{11}\boldsymbol{\beta}\right|}$$

가 됨을 보일 수 있으며, 또한

$$-2\log L\left(\boldsymbol{\alpha}, \boldsymbol{\beta}\right) = T\log|\mathbf{S}_{00}| \prod_{i=1}^{k}\left(1 - \lambda_i\right)$$

이 됨을 보일 수 있다. 여기서 $1 \geq \lambda_1 \geq \lambda_2 \geq \cdots \geq \lambda_k \geq 0$이며 λ_i는 다음을 만족하는

$$|\boldsymbol{\lambda}\mathbf{S}_{11} - \mathbf{S}_{10}\mathbf{S}_{00}^{-1}\mathbf{S}_{01}| = \mathbf{0}$$

i번째 특성값이다. 이 특성값 λ_i에 대응되는 $k \times 1$ 특성벡터를 $\boldsymbol{\nu}_i$라고 할 때

$$\widehat{\boldsymbol{\beta}}_{k\times k} = \mathbf{S}_{11}^{1/2}\left(\boldsymbol{\nu}_1, \boldsymbol{\nu}_2, \ldots, \boldsymbol{\nu}_k\right)$$

가 된다. $\boldsymbol{\beta}$의 추정치에 $\mathbf{S}_{11}^{1/2}$이 곱해진 이유는 다음처럼 표준화했기 때문이다.

$$\left(\boldsymbol{\nu}_1, \boldsymbol{\nu}_2, \ldots, \boldsymbol{\nu}_k\right)'\mathbf{S}_{11}\left(\boldsymbol{\nu}_1, \boldsymbol{\nu}_2, \ldots, \boldsymbol{\nu}_k\right) = \mathbf{I}_k$$

Step 1에서 $\widehat{\boldsymbol{\alpha}} = \mathbf{S}_{01}\boldsymbol{\beta}\left(\boldsymbol{\beta}'\mathbf{S}_{11}\boldsymbol{\beta}\right)^{-1}$ 이므로 $\widehat{\boldsymbol{\alpha}}_{k\times k} = \mathbf{S}_{01}\widehat{\boldsymbol{\beta}}\left(\widehat{\boldsymbol{\beta}}'\mathbf{S}_{11}\widehat{\boldsymbol{\beta}}\right)^{-1}$ 이 된다. λ_i가 클수

록 대응되는 $\mathbf{S}_{11}^{1/2}\boldsymbol{\nu}_i\mathbf{y}_t$는 좀 더 강한 정상성 관계를 유지한다고 해석할 수 있다.

공적분 검정을 위한 방법은 Engle-Granger(1987)방법, Johansen(1980), Stock and Watson(1988)의 방법 두 가지가 있다. Engle-Granger의 방법은 두 개의 $I(1)$ 변수 y_t와 z_t가 있을 때, $y_t = \beta_0 + \beta_1 z_t + e_t$의 회귀모형으로부터 잔차 $\hat{e}_t$를 구하고 이 $\hat{e}_t$에 대해 단위근 검정을 실시해 정상성 여부를 검정한다. 만약 단위근이 없다면 y_t와 z_t는 공적분 관계가 있다고 판정하게 된다. 그러나 Engle-Granger의 공적분 검정은 두 가지 문제를 가지고 있다. 첫 번째는 잔차를 잔차제곱합이 최소화되도록 구했기 때문에 잔차가 정상과정이 되도록 사전에 조정되게 되어 D-F 단위근 검정을 일반적으로 사용할 수 없다. 두 번째는 회귀모형에서 종속변수와 독립변수를 바꿀 때 한 경우는 단위근이 없는 경우로 다른 경우는 단위근이 있는 경우로 검정결과가 나올 수 있다. 공적분계수(cointegration rank)는 유일하지 않기 때문에 어떤 변수를 표준화(공적분계수에서 특정 변수의 계수를 1로 하는 것)하는 것과 관계없이 동일한 결과를 제공해야 해야 함에도 Engle-Granger 의 공적분 검정은 이러한 성질을 만족하지 못한다는 것이다. 따라서 Engle-Granger의 공적분 검정보다 Johansen(1998)의 공적분 검정법을 주로 이용한다.

10.4.2 Johansen 공적분계수 검정

공적분 검정은 $\boldsymbol{\alpha}$와 $\boldsymbol{\beta}$의 추정에서 논의한 특성값 $\lambda_1, \lambda_2, \ldots, \lambda_k$ 중 0이 아닌 특성값이 몇 개인지를 검정하는 문제이다. $1 \geq \lambda_1 \geq \lambda_2 \geq \cdots \geq \lambda_k \geq 0$을 가정하였으므로 귀무가설은 '$H_0 : \lambda_{r+1} = \cdots \lambda_k = 0$' 또는 '$H_0 : \lambda_{r+1} = 0$'가 된다. 이는 $\lambda_1, \ldots, \lambda_r$까지는 0이 아니므로

$$\widehat{\boldsymbol{\beta}}_{k\times r} = \mathbf{S}_{11}^{1/2}\left(\boldsymbol{\nu}_1, \boldsymbol{\nu}_2, \ldots, \boldsymbol{\nu}_r\right)$$

이 되어 오직 r개의 $\mathbf{y}_t$에 대한 선형결합이 존재하며 이 선형결합은 r개의 $I(0)$ 선형결합 $\widehat{\boldsymbol{\alpha}}\widehat{\boldsymbol{\beta}}\mathbf{y}_t$로 표현된다. 물론 여기에서 $\mathbf{y}_t$는 $I(1)$이다. 공적분계수 검정에 사용되는 가설로써 다음의 두 표현은 같은 의미이며

$$H_0 : \lambda_{r+1} = \cdots = \lambda_k = 0 \quad \text{vs.} \quad H_1 : \text{not } H_0$$
$$H_0 : rank(\boldsymbol{\alpha}\boldsymbol{\beta}') = r \quad \text{vs.} \quad H_1 : rank(\boldsymbol{\alpha}\boldsymbol{\beta}') > r$$

다음의 두 표현 역시 같은 의미를 갖는 가설이 된다.

$$H_0 : \lambda_{r+1} = 0 \quad \text{vs.} \quad H_1 : \lambda_{r+1} \neq 0$$
$$H_0 : rank(\boldsymbol{\alpha\beta}') = r \quad \text{vs.} \quad H_1 : rank(\boldsymbol{\alpha\beta}') = r+1$$

이제 이러한 가설을 검정하기 위한 검정통계량을 정리해 보자.

'$H_0 : rank(\boldsymbol{\alpha\beta}') = r \quad \text{vs.} \quad H_1 : rank(\boldsymbol{\alpha\beta}') > r$'에 관한 검정통계량은 (10.8)이 된다.

$$\lambda_{trace}(r) = -T \sum_{i=r+1}^{k} \log\left(1 - \widehat{\lambda}_i\right) \tag{10.8}$$

H_0가 참이면, $\widehat{\lambda}_{r+1},\ldots,\widehat{\lambda}_k$은 모두 0에 가까워져 (10.8)은 아주 작은 값이 될 것이다.

'$H_0 : rank(\boldsymbol{\alpha\beta}') = r \quad \text{vs.} \quad H_1 : rank(\boldsymbol{\alpha\beta}') = r+1$'에 관한 검정통계량은 (10.9)가 된다.

$$\lambda_{max}(r, r+1) = -T\log\left(1 - \widehat{\lambda}_{r+1}\right) \tag{10.9}$$

H_0가 참이면 $\widehat{\lambda}_{r+1}$은 0에 가까운 값이 되어 (10.9)는 아주 작은 값이 될 것이다.

공적분계수 검정을 위해서는 검정통계량 (10.8)과 (10.9)의 확률분포를 구해야 하지만, $\widehat{\lambda}_{r+1},\ldots,\widehat{\lambda}_k$는 H_0가 참일 때 비정상선형결합에 대응되는 특성값이기 때문에 단위근 검정에서와 같은 이유로 검정통계량 (10.8)과 (10.9)의 확률분포는 t, F, χ^2와 같은 확률분포를 따르지 않는다. 그러므로 (10.8)과 (10.9)의 확률분포는 단위근 검정의 경우와 같이 몬테카를로 모의실험으로 경험적 분포를 구하게 된다. 검정통계량 (10.8)과 (10.9)의 확률분포는 다음과 같은 다섯 가지 경우에 의존하여 다른 분포를 갖게 된다.

Case 1: $\nabla \mathbf{y}_t = \boldsymbol{\alpha\beta}'\mathbf{y}_{t-1} + \sum_{i=1}^{p-1} \boldsymbol{\Phi}_i^* \nabla \mathbf{y}_{t-i} + \boldsymbol{\epsilon}_t$

이 경우는 $\mathbf{y}_t$에 선형적 추세가 존재하지 않고, 공적분 관계인 $\boldsymbol{\alpha\beta}'\mathbf{y}_{t-1}$에도 절편이 존재하지 않아 $E(\boldsymbol{\beta}'\mathbf{y}_t) = \mathbf{0}$을 의미한다. 시도표의 형태는 그림 10.1과 같은 형태가 된다.

Case 2: $\nabla \mathbf{y}_t = \boldsymbol{\alpha}(\boldsymbol{\beta}', \beta_0)(\mathbf{y}_{t-1}', \mathbf{1})' + \sum_{i=1}^{p-1} \boldsymbol{\Phi}_i^* \nabla \mathbf{y}_{t-i} + \boldsymbol{\epsilon}_t$

이 경우는 관찰치 $\mathbf{y}_t$에 선형시간추세(time trend)가 존재하지 않고, 공적분 관계에는 절편 $\boldsymbol{\beta}_0$가 존재하는 경우이다. 이는 장기균형관계 $\boldsymbol{\beta}'\mathbf{y}_t$의 기대치가 0이 아님을 의미한다. 즉, $E(\boldsymbol{\beta}'\mathbf{y}_t) \neq \mathbf{0}$이다. 시도표의 형태는 그림 10.2와 같은 형태가 된다..

Case 3: $\nabla \mathbf{y}_t = \boldsymbol{\alpha\beta}'\mathbf{y}_{t-1} + \sum_{i=1}^{p-1} \boldsymbol{\Phi}_i^* \nabla \mathbf{y}_{t-i} + \boldsymbol{\delta}_0 + \boldsymbol{\epsilon}_t$

이 경우는 $E(\boldsymbol{\beta}'\mathbf{y}_t) = \mathbf{0}$이지만 $\nabla \mathbf{y}_t$의 절편인 $\boldsymbol{\delta}_0$(이를 drift라고 한다)가 존재하여 관찰치

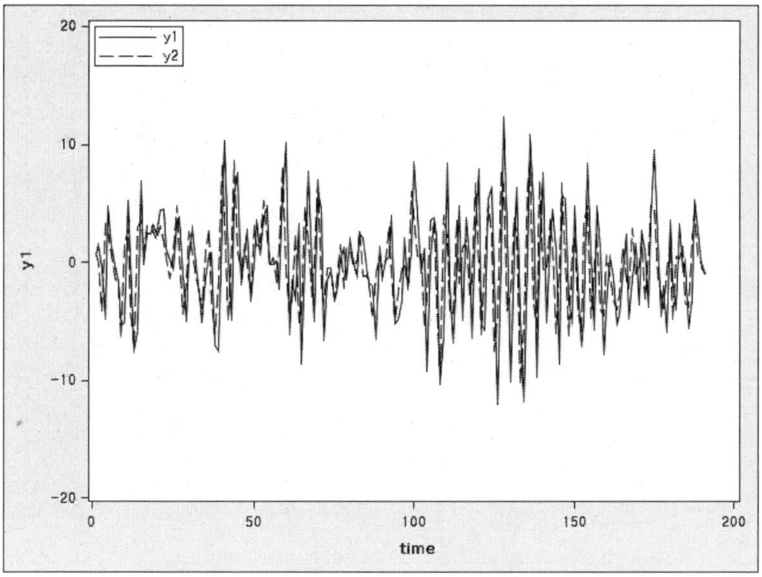

그림 10.1: Case 1

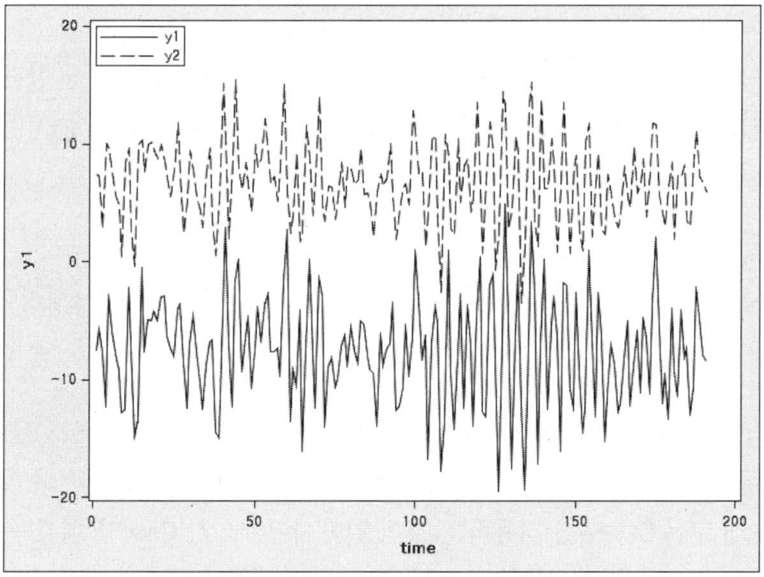

그림 10.2: Case 2

$\mathbf{y}_t$는 $\boldsymbol{\delta}_0 t$의 선형시간추세를 가지고 있을 때 적용하는 모형이다. 시도표의 형태는 그림 10.3과 같은 형태가 된다.

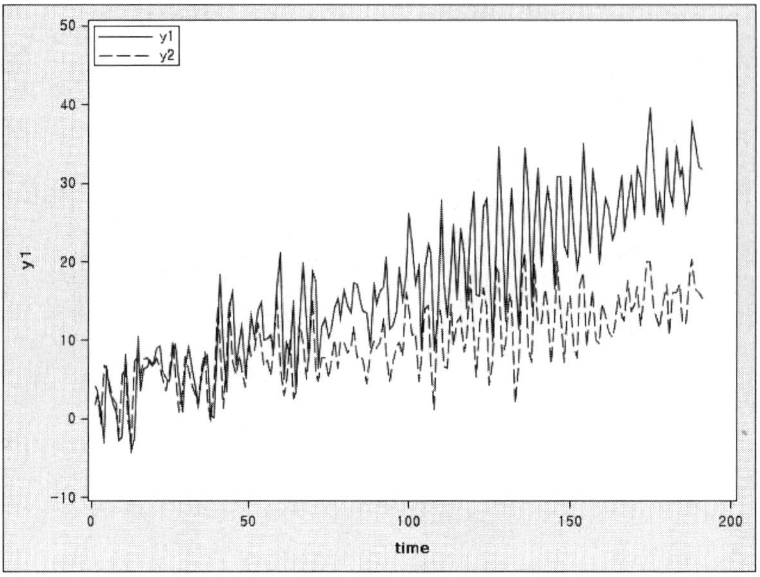

그림 10.3: Case 3

Case 4: $\nabla \mathbf{y}_t = \boldsymbol{\alpha}\big(\boldsymbol{\beta}', \beta_1\big)\big(\mathbf{y}'_{t-1}, t\big)' + \sum_{i=1}^{p-1} \boldsymbol{\Phi}_i^* \nabla \mathbf{y}_{t-i} + \boldsymbol{\delta}_0 + \boldsymbol{\epsilon}_t$

이 경우는 $\mathbf{y}_t$가 $\boldsymbol{\delta}_0 t$의 선형추세를 가지고 있을 뿐만 아니라 장기균형관계도 선형적 추세(이를 , trend-stationary 공적분 관계라고 한다)를 갖고 있는 경우이다. 시도표의 형태는 그림 10.4와 같은 형태가 된다.

Case 5: $\nabla \mathbf{y}_t = \boldsymbol{\alpha}\boldsymbol{\beta}'\mathbf{y}_{t-1} + \sum_{i=1}^{p-1} \boldsymbol{\Phi}_i^* \nabla \mathbf{y}_{t-i} + \boldsymbol{\delta}_0 + \boldsymbol{\delta}_1 t + \boldsymbol{\epsilon}_t$

이 경우는 관찰치 $\mathbf{y}_t$가 시간 t에 2차 함수 관계가 있을 때 적합한 모형이다. 시도표의 형태는 그림 10.5와 같은 형태가 된다.

검정통계량 λ_{trace}와 λ_{max}는 이 다섯 가지 경우에 의존하여 서로 다른 확률분포를 가진다. $\mathbf{y}_t$가 뚜렷한 선형추세를 보이지 않으면 **Case 1** 또는 **Case 2**를 이용하여 검정하고, 선형추세가 존재하면 **Case 3** 또는 **Case 4**를 적용하는 것이 일반적이다. 각 **Case**에 따른 특성치와 특성벡터, $\boldsymbol{\alpha}$와 $\boldsymbol{\beta}$의 추정은 앞에서 설명한 것과 동일하다. 예를 들어 **Case 4**의 경우, $\mathbf{z}_{0t} = \nabla \mathbf{y}_t$, $\mathbf{z}_{1t} = \big(\mathbf{y}'_{t-1}, t\big)'$이고 $\mathbf{z}_{2t} = \big(\nabla \mathbf{y}'_{t-1}, \ldots, \nabla \mathbf{y}'_{t-p+1}, \mathbf{1}'\big)$이고 $\boldsymbol{\Psi} = \big(\boldsymbol{\Phi}_1^*, \ldots, \boldsymbol{\Phi}_{p-1}^*, \boldsymbol{\delta}_0\big)$로 정의하면 모든 추정절차는 동일하다.

검정통계량 (10.8)과 (10.9)를 이용한 공적분계수 검정은 $r = 0$부터 검정을 시작하여 r을 하나씩 증가시키는 상향식(bottom-up) 절차의 검정이 $r = k$부터 하나씩 r을 하나씩 줄여가는

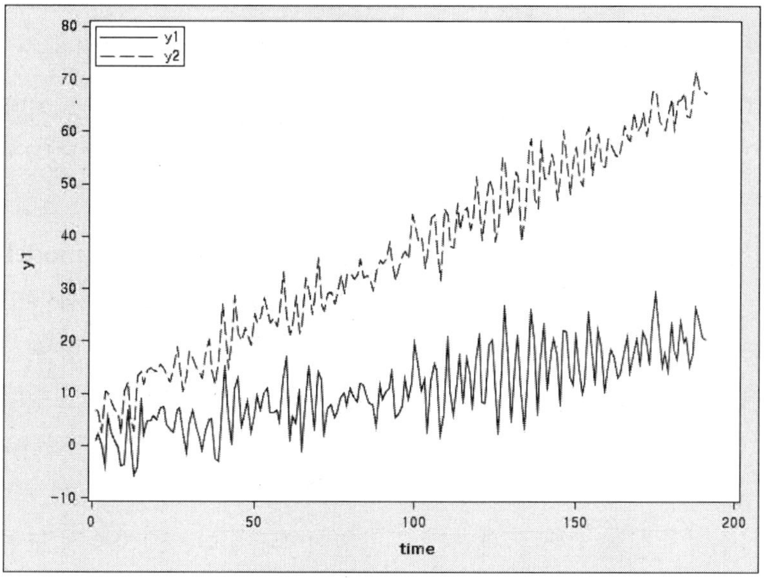

그림 10.4: Case 4

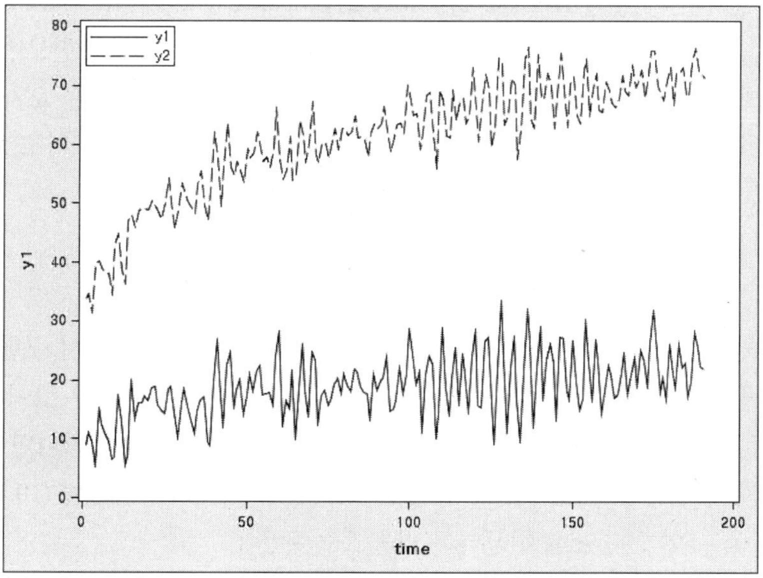

그림 10.5: Case 5

하향식(top-down) 절차보다 더 우수한 검정결과를 보이는 것으로 나타났다(Juselius, 2007).

10.4.3 오차수정 모형에 관련된 검정

공적분계수 r이 결정된 후 앞 절에서 소개한 다섯 가지 오차수정 모형 중 어떤 것이 자료에 가장 적합한가를 선택하는 검정과 공적분관계를 나타내는 모수 $\boldsymbol{\beta}$에 대한 검정문제를 다루고자 한다.

통계적 가설검정의 가장 일반적인 방법은 제한이 없는 모형(unrestricted model)에서 가설을 검정할 수 있는 통계량을 구한 후 제한이 있는 모형(restricted model)에서 동일한 통계량을 구해 그 차이를 살펴보는 것이다. 만약 그 차이가 작다면 제한이 있는 모형을 선택하게 된다. 그 이유는 통계적으로 유의한 차가 보이지 않으면 간단한 모형이 더 좋은 모형이기 때문이다. 통계학에서는 제한이 있는 모형을 귀무가설(H_0)로 표현하고 제한이 없는 모형을 대립가설(H_1)로 표현한다.

다섯 가지 오차수정 모형의 선택 문제도 같은 방법이 적용된다. 오차수정 모형에서 공적분 관계 안에 있는 절편과 선형시간추세(time trend)는 $\mathbf{y}_t$가 공통으로 가지고 있는 절편과 선형시간추세이다. 그러나 공적분 관계 밖에 있는 $\boldsymbol{\delta}_0$는 y_{it}들 각각이 독립적으로 갖는 선형시간추세이다. 이러한 관점에서 볼 때 **Case 1**은 **Case 2**에 대해 제한모형이고, **Case 2**는 **Case 3**에 대한 제한모형, **Case 3**는 **Case 4**에 대한 제한모형, **Case 4**는 **Case 5**의 제한모형으로 해석할 수 있다. 그러므로 예를 들어 'H_0: Case 2 vs. H_1: Case 3' 와 같은 오차수정 모형에 대한 가설검정이 성립한다. H_0에서 구한 특성값을 $0 < \widehat{\lambda}_k^* < \cdots < \widehat{\lambda}_1^*$라 하고 H_1에서 구한 특성값을 $0 < \widehat{\lambda}_k < \cdots < \widehat{\lambda}_1$으로 할 때 검정통계량은 (10.10)과 같다.

$$-T \sum_{i=r+1}^{k} \left(\log(1-\widehat{\lambda}_i^*) - \log(1-\widehat{\lambda}_i)\right) \tag{10.10}$$

그런데 공적분계수는 r이므로(이 공적분계수 r은 제한이 없는 H_1하에서 구한 $rank$이다) H_0가 맞는다면 $\widehat{\lambda}_{r+1},\ldots,\widehat{\lambda}_k$와 마찬가지로 $\widehat{\lambda}_{r+1}^*,\ldots,\widehat{\lambda}_k^*$도 모두 0에 가까운 값이 되어 통계량 (10.10)이 아주 작은 값을 갖게 될 것이고 H_0에 부여된 제한조건이 맞지 않다면 $\widehat{\lambda}_{r+1}^*$의 값이 부풀려지게 되어 통계량 (10.10)이 커지게 된다. Johansen(1991)은 통계량 (10.10)이 근사적으로 자유도가 $k-r$인 χ^2 분포를 따른다는 것을 보여주었다.

공적분 관계를 나타내는 모수 $\boldsymbol{\beta}$와 속도조정 모수 $\boldsymbol{\alpha}$에 대한 검정을 하기 위해 다음의 오차수정 모형(VECM)을 고려해 보자.

$$\begin{pmatrix} \nabla y_{1t} \\ \nabla y_{2t} \\ \nabla y_{3t} \end{pmatrix} = \begin{pmatrix} \alpha_{11} & \alpha_{12} \\ \alpha_{21} & \alpha_{22} \\ \alpha_{31} & \alpha_{32} \end{pmatrix} \begin{pmatrix} \beta_{11} & \beta_{21} & \beta_{31} \\ \beta_{12} & \beta_{22} & \beta_{32} \end{pmatrix} \begin{pmatrix} y_{1,t-1} \\ y_{2,t-1} \\ y_{3,t-1} \end{pmatrix} + \begin{pmatrix} \epsilon_{1t} \\ \epsilon_{2t} \\ \epsilon_{3t} \end{pmatrix}$$

먼저 공적분 관계에서 y_{2t}가 의미가 없는 경우, $\beta_{21}=\beta_{22}=0$을 검정하게 된다. 이 경우

$$H_0:\begin{pmatrix}\beta_{11} & \beta_{12}\\ \beta_{21} & \beta_{22}\\ \beta_{31} & \beta_{32}\end{pmatrix}=\begin{pmatrix}1 & 0\\ 0 & 0\\ 0 & 1\end{pmatrix}\begin{pmatrix}\phi_{11} & \phi_{12}\\ \phi_{21} & \phi_{22}\end{pmatrix}$$

로 귀무가설이 설정된다. 즉,

$$H_0:\begin{pmatrix}\beta_{11} & \beta_{12}\\ \beta_{21} & \beta_{22}\\ \beta_{31} & \beta_{32}\end{pmatrix}=\begin{pmatrix}\phi_{11} & \phi_{12}\\ 0 & 0\\ \phi_{21} & \phi_{22}\end{pmatrix}$$

로 원래의 6개 모수 β_{ij}를 4개의 모수 ϕ_{ij}로 재표현하는 형식이다. 또 다른 예로, $2\beta_{11}+\beta_{21}=0$과 $2\beta_{12}+\beta_{22}=0$을 검정하고자 할 때 귀무가설을 다음과 같이 설정한다.

$$H_0:\begin{pmatrix}\beta_{11} & \beta_{12}\\ \beta_{21} & \beta_{22}\\ \beta_{31} & \beta_{32}\end{pmatrix}=\begin{pmatrix}1 & 0\\ -2 & 0\\ 0 & 1\end{pmatrix}\begin{pmatrix}\phi_{11} & \phi_{12}\\ \phi_{21} & \phi_{22}\end{pmatrix}$$

일반적으로 공적분 계수의 검정을 위한 귀무가설은

$$H_0:\boldsymbol{\beta}_{k\times r}=\mathbf{H}_{k\times s}\boldsymbol{\phi}_{s\times r},\quad s\le r$$

로 설정한다. 이 귀무가설에서 오차수정모형 (10.11)은 모형 (10.12)가 되어

$$\nabla\mathbf{y}_t=\boldsymbol{\alpha}\boldsymbol{\beta}'\mathbf{y}_{t-1}+\sum_{i=1}^{p-1}\boldsymbol{\Phi}_i^*\nabla\mathbf{y}_{t-i}+\boldsymbol{\epsilon}_t \tag{10.11}$$

$$\nabla\mathbf{y}_t=\boldsymbol{\alpha}\boldsymbol{\phi}'\mathbf{H}'\mathbf{y}_{t-1}+\sum_{i=1}^{p-1}\boldsymbol{\Phi}_i^*\nabla\mathbf{y}_{t-i}+\boldsymbol{\epsilon}_t \tag{10.12}$$

$\mathbf{H}'\mathbf{y}_{t-1}$를 $\mathbf{y}_{t-1}^*$로 놓고 10.4.1절의 모수 추정방법에 따라 구한 특성값을 $1>\widehat{\lambda}_1^*>\widehat{\lambda}_2^*>\cdots>\widehat{\lambda}_r^*>\cdots>\widehat{\lambda}_k^*>0$을 구하게 된다. 제한이 없는 모형 (10.11)에서 특성치를 $0\le\widehat{\lambda}_k\le\cdots\le\widehat{\lambda}_1\le 1$로 표현하자. 그런데 이미 공적분계수 r은 결정되었기 때문에 0보다 유의하게 큰 특성값은 H_0에서 $\widehat{\lambda}_1^*,\ldots,\widehat{\lambda}_r^*$이고 H_1에서는 $\widehat{\lambda}_1,\ldots,\widehat{\lambda}_r$이 된다. 그러므로 10.4.1절에서 논의하였듯이 H_0 하에서 우도함수는

$$2\log L_0(\boldsymbol{\alpha},\boldsymbol{\phi})=-T\log|\mathbf{S}_{00}|-T\sum_{i=1}^{r}\log\left(1-\widehat{\lambda}_i^*\right)$$

이고 H_1하에서 우도함수는

$$2\log L_1(\boldsymbol{\alpha},\boldsymbol{\beta}) = -T\log|\mathbf{S}_{00}| - T\sum_{i=1}^{r}\log(1-\hat{\lambda}_i)$$

가 된다. 그러므로 두 우도함수에 의하여 검정통계량 (10.13)을 얻게 된다.

$$2\log\frac{L_1(\boldsymbol{\alpha},\boldsymbol{\beta})}{L_0(\boldsymbol{\alpha},\boldsymbol{\phi})} = -T\sum_{i=1}^{r}\left(\log(1-\hat{\lambda}_i)-\log(1-\hat{\lambda}_i^*)\right) \tag{10.13}$$

이 검정통계량을 LR(Likelihood Ratio) 검정통계량이라고 하며, H_0가 참일 때 자유도가 $kr-rs=r(k-s)$인 χ^2 분포를 따른다. 이 LR 검정통계량은 H_0가 참이면 작은 값을, 틀리면 큰 값을 갖게 되고 $kr-rs$는 H_0에 의해 제한을 준 모수의 개수가 된다.

유사하게, 속도조정 모수 $\boldsymbol{\alpha}_{k\times r}$에 대한 검정을 할 수 있다. 앞의 예에서 $H_0:\alpha_{21}=\alpha_{22}=0$에 대한 검정은 다음과 같이 쓸 수 있다.

$$H_0:\begin{pmatrix}\alpha_{11} & \alpha_{12}\\ \alpha_{21} & \alpha_{22}\\ \alpha_{31} & \alpha_{32}\end{pmatrix}=\begin{pmatrix}1 & 0\\ 0 & 0\\ 0 & 1\end{pmatrix}\begin{pmatrix}\psi_{11} & \psi_{12}\\ \psi_{21} & \psi_{22}\end{pmatrix}$$

이 귀무가설은 y_{2t}가 장기균형관계 $\boldsymbol{\beta}'\mathbf{y}_{t-1}$에 반응하지 않는다는 것을 의미하며 y_{2t}가 약외생성(weakly exogenous)이라고 말한다. 일반적으로 귀무가설 H_0는

$$H_0:\boldsymbol{\alpha}_{k\times r}=\mathbf{J}_{k\times m}\boldsymbol{\Psi}_{m\times r},\quad m<r$$

로 표현되면 H_0에서 구한 특성값을 $\hat{\lambda}_1^*,\ldots,\hat{\lambda}_r^*$로 표현하고 $\boldsymbol{\alpha}$에 대한 제한조건이 없는 H_1에서 구한 특성값을 $\hat{\lambda}_1,\ldots,\hat{\lambda}_r$라고 하면 (10.13)과 동일한 LR 검정통계량을 갖고 H_0가 참일 때 LR 검정통계량은 자유도가 $r(k-m)$인 χ^2 분포를 따른다.

10.4.4 $I(2)$ 공적분 검정

이제 $k\times 1$ 시계열 벡터 $\mathbf{y}_t$가 $I(2)$인 경우를 고려해 보자. 우선 가능한 것은 $\mathbf{y}_t$가 $I(2)$이기 때문에 $\boldsymbol{\beta}'\mathbf{y}_t$가 $I(1)$이 될 수 있는 공적분 계수 $\boldsymbol{\beta}$가 존재하면 $\nabla\mathbf{y}_t$가 $I(1)$이므로 $\boldsymbol{\beta}'\mathbf{y}_t$와 $\nabla\mathbf{y}_t$의 선형결합이 $I(0)$가 될 수 있다. 그러므로 VAR(p) 모형은 (10.14)로 표현할 수 있다.

$$\nabla^2\mathbf{y}_t=\boldsymbol{\Pi}\mathbf{y}_{t-1}+\boldsymbol{\Gamma}\nabla\mathbf{y}_t+\sum_{i=1}^{p-2}\boldsymbol{\Phi}_i\nabla^2\mathbf{y}_{t-2}+\boldsymbol{\epsilon}_t \tag{10.14}$$

여기에서 $\boldsymbol{\Pi}$와 $\boldsymbol{\Gamma}$는 서로 간에 직교(orthogonal)해야 한다. 즉, $\boldsymbol{\Pi}$는 $\boldsymbol{\Gamma}$의 선형결합으로 표

현되지 않아야 한다. 그 이유를 살펴보자. $\pi_{11}y_{1t}+\pi_{12}y_{2t}\sim I(1)$인 π_{11}과 π_{12}가 존재하면 $\pi_{11}\nabla y_{1t}+\pi_{12}\nabla y_{2t}\sim I(0)$가 된다. 그러면

$$\pi_{11}y_{1t}+\pi_{12}y_{2t}-\pi_{11}\nabla y_{1t}-\pi_{22}\nabla y_{2t}=\pi_{11}y_{1,t-1}+\pi_{12}y_{2,t-1}$$

이 되어 이는 다시 $I(1)$이 됨을 알 수 있다. 즉, 모형 (10.14)의 관점에서 $\mathbf{\Gamma}=-\mathbf{\Pi}$가 되어 $\mathbf{\Gamma}$가 $\mathbf{\Pi}$의 선형결합의 한 유형을 가지게 되면 모형 (10.14)의 다중 공적분 관계가 성립할 수 없음을 알 수 있다. 이제 $\mathbf{\Gamma}$와 $\mathbf{\Pi}$가 직교한다는 가정 하에서 $rank(\mathbf{\Pi})=r$과 $rank(\mathbf{\Gamma})=s$일 때

(i) $r=0$인 경우

$\mathbf{\Pi y}_{t-1}=\mathbf{0}$이므로 다중공적분이 발생하지 않는다는 것을 의미한다.

(ii) $s=k-r$인 경우

r개의 선형결합 $\mathbf{\Pi y}_{t-1}$이 $I(1)$이고 나머지 $(k-r)$개의 선형결합이 $\mathbf{\Gamma}\nabla\mathbf{y}_t$에 의해 표현된다. (10.14)에 의해 $\nabla^2\mathbf{y}_t$가 $I(0)$이므로 $\mathbf{\Pi y}_{t-1}+\mathbf{\Gamma}\nabla\mathbf{y}_t$는 k개의 독립적인 선형결합이며 이 선형결합은 모두 $I(0)$가 된다. 이는 $\mathbf{y}_t$가 $I(1)$을 따른다는 것을 말하므로 $\mathbf{y}_t$가 $I(2)$가 될 수 없음을 의미한다.

(iii) 그러므로 $s<k-r$ 즉 $s+r<k$이어야만 다중공적분 검정의 대상이 된다.

$I(2)$ 시계열 변수에 대한 다중공적분 검정은 Johansen(1995)의 조건부 검정을 이용한다. 즉 r이 주어진 조건에서 s를 검정하는 2단계 검정을 한다. 그러므로 $\mathbf{\Pi}$에 대한 특성값을 구해 λ_{trace}나 λ_{max}를 이용하여 r을 결정한 후 $\mathbf{\Gamma}$의 특성값 $\widehat{\lambda}_i$을 구해 아래의 통계량을 이용하여 s를 결정한다. 귀무가설 '$H_0: s=s_0$'에 대해 다음의 $Q_{r,s}$를 구한다.

$$Q_{r,s}=-T\sum_{i=s_0+1}^{k-r}\log\left(1-\widehat{\lambda}_i\right),\quad s_0=0,1,\ldots,k-r-1$$

$Q_{r,s}$의 확률분포는 몬테카를로 모의실험에 의해 구하며, 임계치보다 크면 H_0를 기각한다.

10.5 SAS/ETS 사용법

이 절에서는 SAS/ETS 의 VARMAX 프로시져를 소개하고, 이를 이용하여 사례분석을 하도록 한다. VARMAX의 다양한 기능 중 VAR(p) 모형과 오차수정모형에 관련된 내용을 중점적으로 다룬다.

---

① **PROC VARMAX** data=*input-data-set* options;

② **MODEL** dependent variables= regressors / options;

③ **CAUSAL** group1= (*variables*) group2=(*variables*);

④ **COINTEG** rank= *number* options;

⑤ **OUTPUT** options;

---

① VARMAX 프로시져를 시작하는 명령어로 options에 포함될 수 있는 사항은 다음과 같다.

data=input data-set : VARMAX 분석을 위한 데이터세트를 지정한다.

OUTEST=data-set : 추정된 모형의 모수 추정값들과 관련 통계량 값들을 지정된 데이터세트에 저장한다.

OUTSTAT=data-set : 모형진단 결과 및 공적분 검정결과를 데이터세트에 저장한다.

② VARMAX 모형을 위해 종속변수와 독립변수를 지정하고 이에 관련된 다양한 분석을 시도하는 명령어들을 지정할 수 있다.

❶ 모형의 지정

$\mathbf{y}_t = (y_{1t}, y_{2t}, y_{3t})'$ 이고 $\mathbf{y}_t \sim$ VAR(2) 모형을 따를 때 프로그램은 다음의 두 가지 형식으로 표현할 수 있다.

```
model Y1 Y2 Y3 /p=2;
model Y1-Y3 /p=2;
```

다음 장에서 자세하게 설명하겠지만 독립변수 $\mathbf{x}_{1t}, \mathbf{x}_{2t}, \mathbf{x}_{3t}, \mathbf{x}_{4t}$가 있는 다변량회귀모형의 프로그램은 다음과 같은 세 가지 형식으로 표현할 수 있다.

```
model Y1 Y2 Y3=X1 X2 X3 X4;
model Y1-Y3=X1-X4;
model Y1=X1 X2, Y2=X2 X3, Y3=X1-X4;
```

첫 번째와 두 번째 모형은 동일한 모형의 다른 표현이고, 마지막 모형은 독립변수가 서로 다른 경우이다. 즉, 종속변수 Y1은 독립변수 X1, X2로 정의되고, Y2는 X2, X3, 그리고 Y3는 모든 독립변수 X1-X4로 정의되는 다변량회귀모형임과 동시에 SUR 모형이기도 하다.

❷ options에 지정되는 명령어

DIF=(variable(number-list),⋯, variable(number-list)) : MODEL에 지정된 각 변수들의 차분차수를 설정한다. 차분차수가 다음과 같이 지정되면,

```
dif=(Y1(1,4) Y2(1), X2(1,1))
```

$\nabla\nabla_4 y_{1t} = (1-B)(1-B^4)y_{1t}$, ∇y_{2t}, $\nabla^2 x_{2t} = (1-B)^2 x_{2t}$로 종속변수와 독립변수를 차분하고, 차분된 변수로 모형을 설정하고 분석한다.

METHOD=value : 모수 추정방법을 지정하는 명령어이다. **value**는 **LS**(최소제곱추정) 또는 **ML**(최우추정)으로 지정할 수 있다. 오차수정모형을 지정하는 명령어 **ECM=** 이나 다변량 GARCH 모형을 지정하는 명령어를 쓰면 **ML** 추정이 기본으로 지정된다.

NOINT : 모형의 절편을 쓰지말라는 명령어이다.

```
model Y1 Y2 Y3 /p=2 noint;
```

TREND=value : 모형에 결정적 선형시간추세 또는 2차시간추세를 지정하는 명령어이다. **value**는 **LINEAR** 또는 **QUAD**를 사용할 수 있다. **LINEAR**는 모형에 $\delta \cdot t$가 추가되고 **QUAD**는 $\delta \cdot t + \delta_1 \cdot t^2$가 추가된다. 그러므로 공적분 분석에서는 **QUAD** 명령어를 사용할 수 없다.

```
model Y1-Y3 /p=2 trend=linear;
```

❸ 출력에 관련된 사항

PRINT=(options)으로 명령어를 지정할 수 있으며 **options**에 포함되는 명령어는 다음과 같다.

DIAGNOSE : 잔차진단과 모형진단을 위한 통계값을 출력하라는 명령어이다. 잔차의 공분산 행렬과 상관계수 행렬, 유의성을 나타내는 체계적 표현(schematic representation; '+'는 2·std 보다 크고, '-'는 −2·std 보다 작고, '·'은 그 사이에 있다는 것을 의미). 포트멘토 통계량, 각 y_t 변수에 대한 단변량 ANOVA, 각 잔차항 $\hat{\epsilon}_{it}$에 대한 정규성 검정과 무상관 검정을 위한 F-통계량 등을 제공한다.

DYNAMIC : 축약모형인 VAR(p) 모형을 동적연립방정식모형으로 전환하여 출력하라는 명령어이다.

ESTIMATES : 모수 추정치와 추정치의 유의성을 나타내는 체계적 표현을 제공한다.

PARCOEF(number) : 편자기회귀행렬(partial autoregression matrix)을 **number**에 지정된 시차(time lag)까지 출력하라는 명령어이다. 편자기회귀행렬은 편자기상관행렬(partial autocorrelation matrix)과 같은 역할을 한다. 그러므로 VAR(p) 모형에서 p를 결정하는데 중요한 역할을 한다. 즉 VAR(p)가 참일 때 편자기회귀행렬 $\mathbf{\Phi}_m = \mathbf{0}$, $m > p$의 성질을 이용할 수 있기 때문이다.

ROOT : VAR(p) 모형을 VAR(1) 모형으로 재표현한 $\mathbf{z}_t = \mathbf{\Phi z}_{t-1} + \boldsymbol{\epsilon}_t^o$ 모형에서 $\mathbf{\Phi}$의 특성값을 출력하라는 명령어로, 모든 특성값이 1보다 작아야 대응되는 VAR(p) 모형이 정상성을 만족한다.

```
model Y1-Y3 /p=2 lagmax=5 print=(diagnose parcoef);
```

여기에서 `lagmax=5`는 `(diagnose parcoef)`를 시차 5까지 출력하라는 조정 명령어이다.

❹ p의 선택을 위한 options

MINIC=(TYPE=value p=number)

VAR(p) 모형의 p를 결정하기 위한 정보기준(information criterion, IC)값을 제시한다.

TYPE=value : **value**는 AIC, AICC, FPE, HQC, SBC를 지정할 수 있다. **TYPE**을 지정하지 않으면 모든 IC를 출력한다.

p=number : VAR(0)부터 VAR(p)까지 **TYPE**에 지정된 IC값을 출력한다. 기본값은 0 ~ 5이다.

사용 예는 다음과 같다.

```
model Y1-Y3 / minic=(p=3);
model Y1-Y3 / minic=(type=aicc p=3);
```

❺ 공적분 검정을 위한 options

DFTEST=(DLAG=(number)··· (number))

Dickey-Fuller 검정을 시행한다. **DLAG=number**에 지정될 수 있는 값은 1, 2, 4, 12이며 1은 단위근 검정을 2, 4, 12는 계절단위근 검정을 시행하라는 명령어이다. 기본 값은 1이다. 사용 예는 다음과 같다.

```
model Y1 Y2 / p=2 dftest;
model Y1 Y2 / p=2 dftest=(dlag=12);
model Y1 Y2 / p=2 dftest=(dlag=(1)(12));
```

첫 번째 줄은 단위근 검정을 실시하라는 것이고, 두 번째 줄은 계절단위근(lag=12)을 실시하라는 것이며, 마지막 줄은 단위근과 계절단위근 검정을 동시에 실시하라는 것이다.

COINTTEST=(Johansen=(TYPE=val IORDER=num NORMALIZE=var))
Johansen 공적분 검정을 실시한다.

TYPE=value : λ_{trace} 또는 λ_{max}를 이용한 공적분 계수 r을 결정한다. λ_{trace}는 trace로 λ_{max}는 max로 지정한다. 기본 값은 trace이다.

IORDER=number : 1 또는 2를 지정하며, 각각 $I(1)$ 또는 $I(2)$ 시계열 자료에 대한 공적분 검정이다. 기본 값은 $I(1)$이다.

NORMALIZE = variable : 계수가 1로 지정될 변수 y_{it}를 지정하는 명령어이다.

NOINT

```
model Y1-Y3 / p=2 cointtest=(johansen) noint ;
```

이면 **Case 1**의 공적분 검정을 하고

```
model Y1-Y3 / p=2 cointtest=(johansen) ;
```

이면 **Case 2**와 **Case 3**에서 공적분 검정을 한다. 특히 H_0 : **Case 2** vs. H_1 : **Case 3**의 가설검정 결과를 제공하여 이 결과에 따라 공적분 검정을 **Case 2** 또는 **Case 3**으로 하여 공적분 계수(rank)를 결정한다.

```
model Y1-Y3 / p=2 trend=linear cointtest=(johansen) ;
```

은 **Case 4** 또는 **Case 5**에서 공적분 검정을 하고 H_0 : **Case 4** vs. H_1 : **Case 5**의 가설검정 결과를 제공한다.

ECM=(RANK=number NORMALIZE=variable ECTREND)
VECM(p) 모형을 적합하여 모수를 추정한다.

RANK=r : $1 \le r \le k$의 값을 지정하여야 하면 **COINTTEST**에서 결정된 공적분 계수를 지정한다.

NORMALIZE=variable : 계수가 1로 지정될 변수 y_{it}를 지정한다.

ECTREND : 공적분 관계에서 절편 또는 선형시간추세를 지정하라는 명령어로 **Case 2**(공적분 관계에 절편이 있는 경우)일 때는

```
model Y1 Y2 / p=2 ecm=(rank=1 ectrend);
```

가 되고 **Case 4**(공적분 관계에 시간추세+drift)인 경우에는

```
model Y1 Y2 / p=2 ecm=(rank=1 ectrend) trend=linear;
```

가 된다. 참고로

Case 1 인 경우

```
model Y1 Y2 / p=2 ecm=(rank=1) noint;
```

Case 3 인 경우

```
model Y1 Y2 / p=2 ecm=(rank=1);
```

Case 5 인 경우

```
model Y1 Y2 / p=2 ecm=(rank=1) trend=linear;
```

으로 명령어를 지정한다.

③ Granger causality 검정을 실시하라는 명령어이다. VAR(p) 모형에서 "H_0 : Group 1에 있는 변수들은 Group 2에 있는 변수들에 영향을 받지 않는다"를 검정한다. $p=0$이면 Granger causality 검정을 하지 않는다.

```
proc varmax data=AA;
 model Y1-Y3 / p=1;
 causal group1=(Y2) group2=(Y1 Y3);
```

위 프로그램은 "y_2가 y_1, y_3의 원인(cause)이지만 반대는 성립하지 않는다"를 검정한다.

④ 공적분 관계 계수 $\boldsymbol{\beta}$와 속도조정 계수 $\boldsymbol{\alpha}$에 대한 검정과 약외생성(weak exogeneity)에 대한 검정을 위한 명령어이다. **COINTEG**의 일반적인 형식은 다음과 같다.

COINTEG RANK=number H=(matrix) J=(matrix) EXOGENEITY NORMALIZE=variable

EXOGENEITY : 이 명령어는 각 변수가 장기균형관계 $\boldsymbol{\beta}'\mathbf{y}_{t-1}$에 반응하지 않는다는 귀무가설을 검정한다.

```
model Y1-Y3 / p=1;
 cointeg rank=1 exogeneity;
```

이 프로그램은 VAR(1) 모형으로 공적분 계수는 1이며 y_1은 y_2와 y_3에 약외생성인지(즉, y_1은 $\boldsymbol{\beta}'\mathbf{y}_t$에 반응하지 않으며), y_2는 y_1과 y_3에 약외생성인지, y_3는 y_1과 y_2에 약외생성인지를 검정한다. 다음의 두 프로그램은 같은 결과를 출력한다.

```
proc varmax data=AA;
 model Y1-Y3 / p=2 ecm=(rank=1);

proc varmax data=AA;
 model Y1-Y3 / p=2;
 cointeg rank=1;
```

H=(matrix) : $H_0 : \boldsymbol{\beta} = \mathbf{H}\phi$에 대한 검정을 위해 **H** 행렬을 정의한다. 예를 들어, rank=1이고 $\boldsymbol{\beta} = (\beta_1, \beta_2, \beta_3, \beta_4)'$일 때 $\beta_2 = \beta_3$의 검정은 다음과 같이 쓴다.

```
cointeg rank=1 h=(1 0 0, 0 1 0, 0 -1 0, 0 0 1);
```

Case 2나 **Case 4**와 같이 공적분 관계에 절편이나 시간추세를 가질 경우 모수 $\boldsymbol{\beta} = (\beta_1, \beta_2, \beta_3, \beta_4, \beta_5)$가 되며, 단 β_5는 **Case 2**일 때 절편을, **Case 4**일 때는 시간추세 계수가 된다. $\beta_2 = \beta_3$에 대한 검정은 **Case 2**일 때,

```
model Y1-Y4 / p=2 ecm=(rank=1 ectrend);
 cointeg h=(1 0 0 0, 0 1 0 0, 0 -1 0 0, 0 0 1 0, 0 0 0 1);
```

이며 **Case 4**일 때는

```
model Y1-Y4 / p=2 ecm=(rank=1 ectrend) trend=linear;
 cointeg h=(1 0 0 0, 0 1 0 0, 0 -1 0 0, 0 0 1 0, 0 0 0 1);
```

이 된다.

J=(matrix) : 속도조정 모수 $\boldsymbol{\alpha}$에 대한 검정을 위해 **J** 행렬을 정의한다. $\boldsymbol{\alpha} = (\alpha_1, \alpha_2, \alpha_3, \alpha_4)'$이고 rank=1일 때 $H_0 : \alpha_1 = 0$와 $H_0 : \alpha_2 = \alpha_3 = \alpha_4 = 0$의 검정을 위한 프로그램은 각각

```
cointeg rank=1 J=( 0 0 0, 1 0 0, 0 1 0, 0 0 1);
cointeg rank=1 J=(1, 0, 0, 0);
```

이다. 특히, $H_0 : \alpha_1 = 0$는 y_1이 다른 변수에 대해 약외생성인 검정이다.

⑤ 예측치를 출력하라는 명령어이다. option에 포함되는 사항은 다음과 같다.

ALPHA=number : $100(1-\alpha)\%$ 신뢰구간을 위한 α값을 지정한다. 기본 값은 0.05이다.

BACK=number: 가장 최근의 자료를 지정된 숫자만큼 제외하고 예측을 시작한다. 예를 들어 100개의 관찰치가 있을 때 **BACK=5**로 지정하면 최근 5개 자료를 제외한 95개 자료를 이용하여 예측을 한다. 순수한 예측만 할 경우 **BACK**문은 쓰지 않는다.

LEAD=number: 예측치를 출력하는 미래 시점을 지정한다.

```
proc varmax data=AA;
 model Y1 Y2 / p=2;
 output lead=6 back=2;
run;
```

이 프로그램은 최근 관측치 두 개를 제외하고 6개의 값을 예측한다. 예를 들어, 100개의 관측치가 있을 때 최근 2개의 관측치를 제외하고 99번째 부터 104번째까지 예측하게 된다. 그러므로 99번째와 100번째는 예측치와 관측치를 비교할 수 있다. 순수한 예측만을 위해서는 **BACK**문을 쓰지 않는다.

10.6 사례분석

표 10.1은 서울외국환중개에서 제공하는 통화선도환율을 한 달(M1), 여섯 달(M6)로 정리한 것과 현물거래시에 적용되는 현물환율(spot rate)을 정리한 것으로 2005년~2013년 월별 자료이다. 통화선도환율은 주요 외국환은행이 기간별로 예측한 선물환율을 평균하여 산출한 환율로 금융기관 및 기업체 등이 보유하는 외환표시 자산의 회계평가 등에 기준이 되는 환율로 활용되고 있으며, 기간별로 1주일 물/ 1,2,3,6,9개월 물/ 1,2,3년 물이 있다(서울외국환중개). 외환 매매계약의 성립과 동시에 외환의 인도와 대금결제가 이루어지는 외환거래를 현물거래(spot transaction)라 하고 이때 적용되는 환시세를 현물환율이라 한다. 외환현물 시장에서의 결제는 거래일로부터 제2영업일에 이루어지는 것이 보통이다. 이에 상응되는 것으로 매매계약 후 3영업일 이후 특정일 또는 특정기간 내에 외환의 인도가 이루어지는 거래를 선물환거래라 한다(매일경제용어사전).

이번 사례분석에서는 표 10.1의 자료를 이용하여 세 변수에 대한 공적분검정과 오차수정모형에 대하여 다룬다. 그림 10.6은 이들 자료의 시도표로 세로축은 통화선도환율(M1, M6)과 현물환율(spot rate)을 가로축은 시간을 나타낸다. 그림 10.6을 보면 세 시계열의 변화가 거의

표 10.1: 통화선도환율 자료

연월	1개월 물	6개월 물	현물환율	연월	1개월 물	6개월 물	현물환율	연월	1개월 물	6개월 물	현물환율
05/01	1,026.23	1,027.30	1,038.23	08/01	944.89	946.56	942.39	11/01	1,123.60	1,134.00	1,120.07
05/02	1,005.98	1,007.18	1,022.43	08/02	939.30	940.45	944.69	11/02	1,130.81	1,139.39	1,118.14
05/03	1,015.98	1,015.55	1,007.49	08/03	989.72	988.90	979.86	11/03	1,098.65	1,108.69	1,122.45
05/04	997.36	996.92	1,010.94	08/04	1,003.40	1,002.88	986.66	11/04	1,073.70	1,083.60	1,086.84
05/05	1,007.93	1,006.77	1,002.21	08/05	1,031.89	1,035.18	1,036.73	11/05	1,081.60	1,091.01	1,083.54
05/06	1,025.45	1,024.57	1,010.87	08/06	1,047.40	1,049.23	1,029.27	11/06	1,069.78	1,078.40	1,081.27
05/07	1,026.77	1,025.50	1,037.44	08/07	1,013.35	1,017.64	1,019.12	11/07	1,056.85	1,066.29	1,059.50
05/08	1,038.27	1,036.00	1,021.17	08/08	1,089.29	1,091.99	1,041.54	11/08	1,069.07	1,075.53	1,073.17
05/09	1,040.85	1,039.80	1,029.33	08/09	1,201.56	1,200.00	1,130.40	11/09	1,180.55	1,183.72	1,118.61
05/10	1,039.82	1,037.80	1,046.25	08/10	1,284.00	1,267.00	1,326.92	11/10	1,112.54	1,120.41	1,155.45
05/11	1,033.18	1,031.66	1,041.43	08/11	1,453.69	1,437.31	1,390.09	11/11	1,145.52	1,151.60	1,132.31
05/12	1,011.30	1,009.76	1,024.15	08/12	1,255.50	1,249.50	1,373.84	11/12	1,154.49	1,162.30	1,147.45
06/01	964.05	961.95	987.03	09/01	1,379.25	1,370.53	1,346.10	12/01	1,125.91	1,135.30	1,145.85
06/02	970.40	967.47	970.22	09/02	1,533.50	1,525.00	1,429.46	12/02	1,121.35	1,130.90	1,123.35
06/03	970.92	967.34	975.09	09/03	1,381.40	1,374.06	1,461.98	12/03	1,135.65	1,146.00	1,125.90
06/04	942.5	938.79	954.44	09/04	1,280.60	1,274.09	1,341.90	12/04	1,132.45	1,142.91	1,135.55
06/05	944.55	939.30	941.40	09/05	1,253.34	1,248.00	1,258.71	12/05	1,182.85	1,190.90	1,154.27
06/06	947.92	942.91	955.16	09/06	1,271.57	1,266.40	1,261.35	12/06	1,147.90	1,156.70	1,165.51
06/07	954.28	950.10	950.15	09/07	1,228.80	1,228.53	1,263.97	12/07	1,133.20	1,141.60	1,143.36
06/08	960.57	956.44	960.72	09/08	1,249.30	1,250.90	1,238.40	12/08	1,136.80	1,145.10	1,131.69
06/09	945.44	941.50	953.68	09/09	1,178.55	1,181.81	1,219.15	12/09	1,113.23	1,121.00	1,124.78
06/10	941.57	937.33	954.23	09/10	1,183.00	1,183.90	1,175.25	12/10	1,092.60	1,100.39	1,106.93
06/11	928.82	925.61	936.22	09/11	1,163.60	1,167.61	1,164.23	12/11	1,084.45	1,092.00	1,087.52
06/12	929.16	926.26	925.75	09/12	1,165.70	1,172.44	1,166.45	12/12	1,072.80	1,080.80	1,076.97
07/01	940.53	937.70	936.36	10/01	1,162.75	1,167.80	1,138.82	13/01	1,090.90	1,099.00	1,065.35
07/02	941.18	938.3	937.02	10/02	1,161.00	1,165.80	1,157.08	13/02	1,085.10	1,093.34	1,086.68
07/03	940.27	937.23	943.26	10/03	1,132.65	1,139.09	1,137.64	13/03	1,113.03	1,120.60	1,102.20
07/04	930.30	927.04	931.50	10/04	1,109.45	1,113.40	1,117.11	13/04	1,102.50	1,108.40	1,121.83
07/05	927.02	923.81	927.91	10/05	1,203.40	1,202.70	1,163.11	13/05	1,131.55	1,138.31	1,110.67
07/06	922.67	919.64	928.32	10/06	1,223.55	1,226.38	1,212.33	13/06	1,143.89	1,150.60	1,135.21
07/07	918.29	914.05	918.85	10/07	1,184.40	1,190.70	1,207.30	13/07	1,125.65	1,132.81	1,127.23
07/08	936.34	928.72	933.80	10/08	1,200.10	1,208.81	1,179.92	13/08	1,112.20	1,120.50	1,116.98
07/09	914.05	909.90	932.41	10/09	1,141.60	1,148.55	1,167.01	13/09	1,077.00	1,086.10	1,087.35
07/10	899.45	896.65	915.86	10/10	1,126.80	1,130.90	1,123.45	13/10	1,063.05	1,072.67	1,066.80
07/11	918.80	910.10	916.98	10/11	1,161.65	1,165.50	1,126.20	13/11	1,060.40	1,068.81	1,062.82
07/12	933.77	928.54	930.24	10/12	1,136.84	1,142.36	1,147.55	13/12	1,057.65	1,065.62	1,056.67

같음을 알 수 있다. 이제 이 세 시계열을 대상으로 단위근 검정, 공적분 검정, 오차수정모형에 관한 프로그램과 결과에 대하여 알아보자.

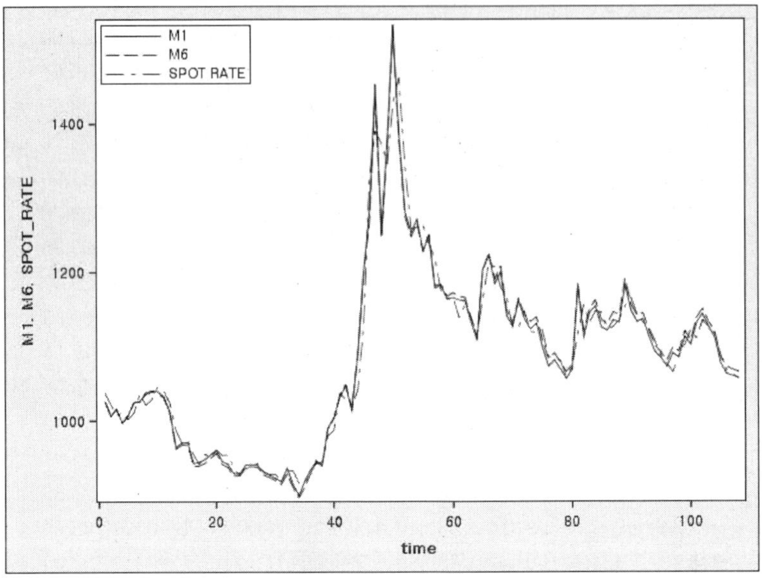

그림 10.6: 1개월, 6개월 선도환율(M1, M6)과 현물환율(spot rate), 2005~2013

프로그램 10.1의 *P1*~*P6*는 세 시계열 자료의 단위근 검정을 위한 부분이며, *P8*~*P9*는 VAR(p) 모형에서 정보기준(Information Criterion)을 최소화하는 p를 자동으로 설정해주는 minic 옵션을 사용한 예이다.

프로그램 10.1 : 단위근 검정과 초기모형 설정을 위한 프로그램

```
1  proc arima data=ER;
2    identify var=m1 stationarity=(adf=(0) dlag=1); run;
3  proc arima data=ER;
4    identify var=m6 stationarity=(adf=(0) dlag=1); run;
5  proc arima data=ER;
6    identify var=spot_rate stationarity=(adf=(0) dlag=1); run;
7
8  proc varmax data=ER;
9    model m1 m6 spot_rate/ minic=(type=aicc p=4 q=4); run;
```

출력 10.1.A는 세 시계열의 단위근 검정결과이다. 검정결과가 모두 동일하므로 M1의 단위근 검정결과만 설명한다. 단위근 검정 1단계인 $H_0 : \gamma = 0$는 *R7* 인 Trend의 Pr<Tau

는 0.5172로 유의수준 보다 크므로 H_0를 기각하지 못한다. 2단계인 $H_0 : \gamma = a_0 = 0$ 검정은 Trend의 Pr>F가 0.7098로 유의수준 보다 크므로 H_0를 기각하지 못한다. 3단계 검정은 $\nabla y_t = a_0 + \gamma y_{t-1} + \sum_{i=1}^{p-1} \beta_i \nabla y_{t-i} + \epsilon_t$에서 가설 $H_0 : \gamma = 0$는 R6 의 Single Mean에서 Pr<Tau가 0.2623으로 유의수준 보다 크므로 H_0를 기각하지 못한다. 4단계 검정은 Single Mean에서 Pr>F가 0.5312로 유의수준 보다 크므로 H_0를 기각하지 못한다. 마지각 5단계 검정은 $\nabla y_t = \gamma y_{t-1} + \sum_{i=1}^{p-1} \beta_i \nabla y_{t-i} + \epsilon_t$에서 가설 $H_0 : \gamma = 0$는 R5 의 Zero Mean에서 Pr<Tau가 0.6267로 유의수준 보다 크므로 H_0를 기각하지 못한다. 이 결과들을 통해 최종적으로 단위근이 존재한다는 결론을 내일 수 있다. 출력 10.1.A에서 제시하지는 않았지만 세 시계열을 각각 1차 차분 후에 동일한 단위근 검정을 하였을 때 모두 단위근이 없다는 결과가 나와 세 시계열이 각각 $I(1)$을 따르고 있음을 확인하였다.

출력 10.1.A : 프로그램 10.1의 단위근 검정결과

```
                          Dickey-Fuller Unit Root Tests

 Variable     Type             Rho   Pr < Rho    Tau   Pr < Tau      F   Pr > F

 M1           Zero Mean    -0.0714     0.6649  -0.16     0.6267
              Single Mean  -8.1930     0.1984  -2.06     0.2623   2.12   0.5312
              Trend        -9.5830     0.4473  -2.14     0.5172   2.34   0.7098

 M6           Zero Mean    -0.0714     0.6649  -0.16     0.6267
              Single Mean  -8.1930     0.1984  -2.06     0.2623   2.12   0.5312
              Trend        -9.5830     0.4473  -2.14     0.5172   2.34   0.7098

 spot_rate    Zero Mean    -0.0331     0.6735  -0.10     0.6459
              Single Mean  -4.1685     0.5140  -1.45     0.5539   1.06   0.8013
              Trend        -4.5875     0.8448  -1.42     0.8484   1.09   0.9554
```

출력 10.1.B는 공적분 검정의 전 단계인 VAR(p) 모형의 추정결과를 나타낸 것이다. VAR(p) 모형에서 $p = 2$를 사용하면 다변량시계열의 동적구조를 잘 설명한다는 연구결과가 있기도 하지만 여기서는 minic 옵션에 의한 p의 자동설정 절차를 따랐다. model 옵션에서 minic이 지정되면, VARMA(p, q) 모형 중 정보기준(information criterion)을 가장 작게하는 p와 q를 자동으로 선정하게 된다. 프로그램 10.1의 P9 minic 사용 예를 보면 type에서는 AIC, AICC, FPE, HQC, SBC의 정보기준 중 하나를 선택할 수 있으며, 지정되지 않으면 AICC가 사용된다. p, q가 지정되지 않으면 모두 5가 사용된다. 공적분 검정을 위한 초기모형의 설정에서는 VAR(p) 모형 만을 고려한다. 즉 출력 10.1.B에서 MA 0인 열에서 AICC가 가장 작은 p를 선택한다. 여기서는 모든 경우에서 $p = 4$일 때 AICC가 13.687792(R9)로 가장 작으므로

VAR(4) 모형을 선정한다.

출력 10.1.B : 프로그램 10.1의 VAR(4) 추정결과

```
               Minimum Information Criterion Based on AICC

     Lag        MA 0        MA 1        MA 2        MA 3        MA 4

    AR 0   19.731239   19.624322   19.249830   19.200082   18.986213
    AR 1   14.116462   14.074924   13.810450   13.952128   13.847045
    AR 2   13.867956   13.908368   13.788061   13.808607   13.931103
    AR 3   13.723332   13.764565   13.787094   13.801253   13.843198
    AR 4   13.687792   13.750898   13.774927   13.881044   13.887151
```

프로그램 10.2는 세 시계열 변수(M1, M6, spotf_rate)에 대하여 Johansen 공적분 검정을 실시하는 것이다. 공적분 검정을 위한 모형으로 VAR(4) 모형을 지정하였으며, 그림 10.6에서 볼 수 있듯이 세 변수 모두 뚜렷한 시간추세를 가지고 있으므로 `trend=linear` 옵션을 추가하였다. 또한 공적분 벡터 $\boldsymbol{\beta}$에서 계수가 1로 추정될 y_{it}로 현물환율(spot_rate)을 지정하였다.

프로그램 10.2 : 공적분 계수검정

```
proc varmax data=ER;
 model m1 m6 spot_rate/ p=4 trend=linear
                          cointtest=(johansen=(normalize=spot_rate)); run;
```

출력 10.2는 공적분 계수검정 결과에 관한 것으로 검정결과는 `model` 문에서 `noint`, `trend` 옵션의 유무에 따라 **Case 1**~**Case 5** 별로 달라진다. 프로그램 10.2에서 `noint`는 사용하지 않고 `trend=linear`를 사용하였으므로 **Case 5**(*R1* ~ *R8*)과 **Case 4**(*R10* ~ *R17*)의 공적분 계수검정결과가 제공된다. 먼저 **Case 5**(Cointegration Rank Test Using Trace)의 검정결과를 보면, $H_0: rank = 0$에 대한 검정에서 Trace 값이 52.0854이고 `Pr>Trace`가 0.0002로 유의수준 보다 작으므로 H_0를 기각한다. 이어서 $H_0: rank = 1$에 대한 검정은 Trace 값이 13.6331이고 `Pr>Trace`가 0.2041로 유의수준 보다 크므로 H_0를 기각하지 못한다. 그러므로 공적분 관계가 하나 존재함을 알 수 있다. 같은 방법으로 **Case 4**(Cointegration Rank Test Using Trace Under Restriction)의 검정결과를 보면 한 개의 공적분 관계가 있음을 알 수 있다. 이제 **Case 4**와 **Case 5** 중 어떤 것을 선택해야 하는 지를 결정해야하며, 이에 관한 검정결과가 *R19* ~ *R34* 이다. 우선 *R24* , *R25* 을 보면 H_0가 `Case 4` 모형이며, H_0를 기각하게 되면 `Case 5` 모형에서의 공적분 계수가 선택되어야 함을 알 수 있다. 검정결과에 의하면 $rank = 1$에서

H_0를 기각하지 못하므로 **Case 4**가 선택된다. 그러므로 $\boldsymbol{\alpha}, \boldsymbol{\beta}$의 추정결과는 *R36* ~ *R68* 중 제약하에서의 추정결과인 *R52* ~ *R68*이 된다.

출력 10.2 : 프로그램 10.2의 공적분 계수검정 결과

```
1                       Cointegration Rank Test Using Trace
2
3     H0:     H1:                                          Drift      Drift in
4   Rank=r  Rank>r  Eigenvalue      Trace   Pr > Trace    in ECM     Process
5
6        0       0      0.3091    52.0854       0.0002    Linear     Quadratic
7        1       1      0.0973    13.6331       0.2041
8        2       2      0.0283     2.9853       0.0837
9
10             Cointegration Rank Test Using Trace Under Restriction
11
12    H0:     H1:                                          Drift       Drift in
13  Rank=r  Rank>r  Eigenvalue       Trace  Pr > Trace    in ECM      Process
14
15       0       0      0.3092     52.4717      0.0043    Linear      Linear
16       1       1      0.1003     14.0033      0.6562
17       2       2      0.0285      3.0091      0.8743
18
19                         Hypothesis of the Restriction
20
21                                  Drift        Drift in
22                     Hypothesis   in ECM       Process
23
24                     H0(Case 4)   Linear       Linear
25                     H1(Case 5)   Linear       Quadratic
26
27                      Hypothesis Test of the Restriction
28
29                               Restricted
30   Rank  Eigenvalue            Eigenvalue      DF     Chi-Square     Pr > ChiSq
31
32      0      0.3091            0.3092           3           0.39         0.9430
33      1      0.0973            0.1003           2           0.37         0.8310
34      2      0.0283            0.0285           1           0.02         0.8772
35
36                       Long-Run Parameter Beta Estimates
37
38          Variable                    1                2                3
39
40          M1                   -1.50518         -6.73210        -16.07676
41          M6                    0.50789          5.71032         16.02248
42          SPOT_RATE             1.00000          1.00000          1.00000
43
44                      Adjustment Coefficient Alpha Estimates
45
46            Variable                    1                2                3
47
48            M1                    0.33758          0.33823         -0.05757
49            M6                    0.48454          0.30316         -0.05768
50            SPOT_RATE            -1.17329          0.17332         -0.03322
51
52             Long-Run Coefficient Beta Based on the Restricted Trend
53
54            Variable                    1                2                3
55
```

```
56            M1                 -1.50688        -6.83191       -14.74944
57            M6                  0.50957         5.80831        14.57620
58            SPOT_RATE           1.00000         1.00000         1.00000
59            t                  -0.04560        -0.88987        -3.44001
60
61                          Adjustment Coefficient Alpha
62                          Based on the Restricted Trend
63
64            Variable                  1               2               3
65
66            M1                  0.34705         0.33638        -0.06519
67            M6                  0.49332         0.30206        -0.06536
68            SPOT_RATE          -1.16874         0.17321        -0.03766
```

그림 10.7은 장기균형계수 $\boldsymbol{\beta}$의 역할을 알아보기 위하여 출력 10.2이 *R56* ~ *R59* 의 계수를 이용하여 그린 것이다. 이를 위한 시계열 변수는 다음과 같이 정의하였다. 여기서 Long-Run coef 1, 2, 3은 순서대로 *R56* ~ *R59* 의 첫 번째 열, 두 번째 열, 세 번째 열의 계수가 사용된 시계열 변수임을 나타내며, t는 $1, 2, \ldots, 108$ 값을 부여한 시간추세변수이다.

$$\text{Long-Run coef 1} = \text{spot\_rate} - 1.50688 \cdot \text{M1} + 0.50957 \cdot \text{M6} - 0.04560 \cdot t$$

$$\text{Long-Run coef 2} = \text{spot\_rate} - 6.83191 \cdot \text{M1} + 5.80831 \cdot \text{M6} - 0.88987 \cdot t$$

$$\text{Long-Run coef 3} = \text{spot\_rate} - 14.74944 \cdot \text{M1} + 14.57620 \cdot \text{M6} - 3.44001 \cdot t$$

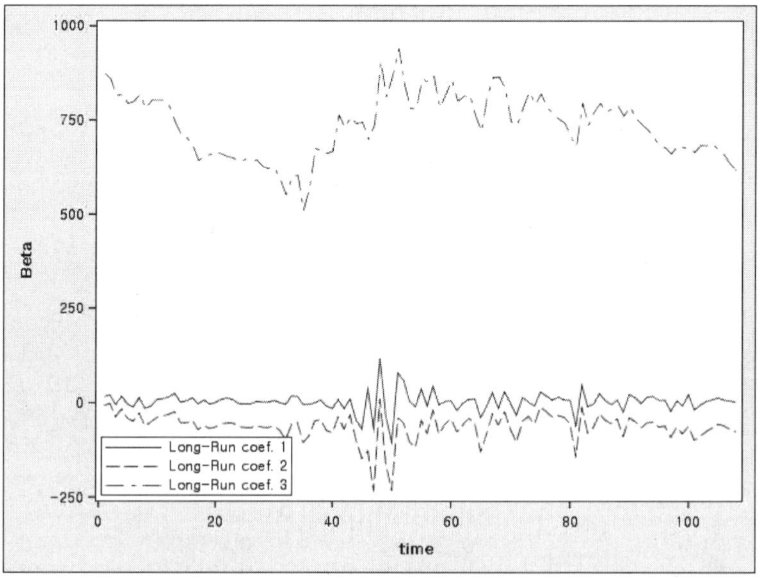

그림 10.7: 공적분계수 비교

그림 10.7에서 Long-Run coef 1, 2는 두 개의 공적분 계수에서 장기균형을 갖는 것이

어떻게 나타나는 지를 보여주고 있으며, Long-Run coef 3은 장기균형을 갖지 못하는 경우를 보여주고 있다. 이제 공적분 계수검정 결과에 의한 오차수정모형(VECM)을 적합해 보자.

프로그램 10.3 : VECM(4) 모형 적합

```
proc varmax data=ER;
 model M1 M6 spot_rate/ p=4 trend=linear
                        ECM=(rank=1 normalize=spot_rate ectrend)
                        print=(estimates); run;
```

프로그램 10.3은 VECM(4)의 **Case 4** 모형을 적합하는 것이다. 프로그램 10.2의 1개월 물(M1), 6개월 물(M6), 현물환율(spot_rate)의 공적분 검정에서 공적분 관계가 한 개 존재하는 것으로 나타나 모형적합에 rank=1을 사용하였다. print=(estimate)는 추정된 계수들을 정리된 형태로 출력하고, 체계적 표현(sechmatic represention)에 의해 검정결과의 유의성이 출력되도록 한다. **Case** 별 프로그램 방법은 SAS/ETS 사용법에서 설명하고 있으니 이를 참고하도록 하자.

출력 10.2 : 프로그램 10.2의 VECM(4) 모형적합 결과

```
       Type of Model                                             VECM(4)
                          with a Restriction on the Deterministic Term
       Estimation Method                     Maximum Likelihood Estimation
       Cointegrated Rank                                                 1

                 Long-Run Parameter Beta Estimates When RANK=1

                           Variable                  1

                           M1                 -1.50688
                           M6                  0.50957
                           SPOT_RATE           1.00000
                           t                  -0.04560

                Adjustment Coefficient Alpha Estimates When RANK=1

                           Variable                  1

                           M1                  0.34705
                           M6                  0.49332
                           SPOT_RATE          -1.16874

                              Constant Estimates

                           Variable       Constant

                           M1                  0.04143
                           M6                 -0.15612
                           SPOT_RATE           2.95312
```

```
                       Parameter Alpha * Beta' Estimates

           Variable              M1           M6     SPOT_RATE            t

           M1              -0.52296      0.17685       0.34705     -0.01583
           M6              -0.74338      0.25138       0.49332     -0.02250
           SPOT_RATE        1.76114     -0.59555      -1.16874      0.05329

               Schematic Representation of Parameter Estimates

               Variable/
               Lag            C     LT     AR1     AR2     AR3     AR4

               M1             .     .      ...     .-.     -+.     +-+
               M6             .     .      ...     ...     ...     +-.
               SPOT_RATE      .     .      ...     ...     ...     ...

        + is > 2*std error,  - is < -2*std error,  . is between,  * is N/A

                     Model Parameter Estimates

                                          Standard
Equation    Parameter  Estimate      Error t Value  Pr>|t|  Variable

D_M1          CONST1     0.04143  3.79225    0.01  0.9913  1
              LTREND1   -0.01583  0.03292   -0.48  0.6319  t, EC
              AR1_1_1   -0.52296  1.08784   -0.48  0.6319  M1(t-1)
              AR1_1_2    0.17685  0.36787    0.48  0.6319  M6(t-1)
              AR1_1_3    0.34705  0.72192    0.48  0.6319  SPOT_RATE(t-1)
              AR2_1_1    3.53222  2.08566    1.69  0.0938  D_M1(t-1)
              AR2_1_2   -3.70302  1.84855   -2.00  0.0482  D_M6(t-1)
              AR2_1_3    0.84190  0.62467    1.35  0.1811  D_SPOT_RATE(t-1)
              AR3_1_1   -3.79524  1.86593   -2.03  0.0449  D_M1(t-2)
              AR3_1_2    3.52123  1.73705    2.03  0.0456  D_M6(t-2)
              AR3_1_3   -0.63263  0.43106   -1.47  0.1457  D_SPOT_RATE(t-2)
              AR4_1_1    4.27661  1.67164    2.56  0.0122  D_M1(t-3)
              AR4_1_2   -4.10608  1.70542   -2.41  0.0181  D_M6(t-3)
              AR4_1_3    0.32711  0.15145    2.16  0.0334  D_SPOT_RATE(t-3)
D_M6          CONST2    -0.15612  3.68730   -0.04  0.9663  1
              LTREND2   -0.02250  0.03201   -0.70  0.4840  t, EC
              AR1_2_1   -0.74338  1.05773   -0.70  0.4840  M1(t-1)
              AR1_2_2    0.25138  0.35769    0.70  0.4840  M6(t-1)
              AR1_2_3    0.49332  0.70194    0.70  0.4840  SPOT_RATE(t-1)
              AR2_2_1    3.64947  2.02794    1.80  0.0753  D_M1(t-1)
              AR2_2_2   -3.68625  1.79738   -2.05  0.0432  D_M6(t-1)
              AR2_2_3    0.71739  0.60738    1.18  0.2407  D_SPOT_RATE(t-1)
              AR3_2_1   -3.30686  1.81429   -1.82  0.0717  D_M1(t-2)
              AR3_2_2    3.10337  1.68897    1.84  0.0694  D_M6(t-2)
              AR3_2_3   -0.67344  0.41913   -1.61  0.1116  D_SPOT_RATE(t-2)
              AR4_2_1    4.25429  1.62538    2.62  0.0104  D_M1(t-3)
              AR4_2_2   -4.05143  1.65822   -2.44  0.0165  D_M6(t-3)
              AR4_2_3    0.29882  0.14726    2.03  0.0454  D_SPOT_RATE(t-3)
D_SPOT_RATE   CONST3     2.95312  2.29432    1.29  0.2013  1
              LTREND3    0.05329  0.01992    2.68  0.0089  t, EC
              AR1_3_1    1.76114  0.65815    2.68  0.0089  M1(t-1)
              AR1_3_2   -0.59555  0.22256   -2.68  0.0089  M6(t-1)
              AR1_3_3   -1.16874  0.43676   -2.68  0.0089  SPOT_RATE(t-1)
              AR2_3_1    2.26161  1.26183    1.79  0.0764  D_M1(t-1)
              AR2_3_2   -2.58751  1.11837   -2.31  0.0230  D_M6(t-1)
              AR2_3_3    0.59919  0.37793    1.59  0.1164  D_SPOT_RATE(t-1)
              AR3_3_1   -2.08536  1.12889   -1.85  0.0680  D_M1(t-2)
              AR3_3_2    1.91247  1.05092    1.82  0.0721  D_M6(t-2)
              AR3_3_3   -0.19078  0.26079   -0.73  0.4664  D_SPOT_RATE(t-2)
              AR4_3_1    2.79842  1.01135    2.77  0.0069  D_M1(t-3)
              AR4_3_2   -2.82349  1.03178   -2.74  0.0075  D_M6(t-3)
```

```
96              AR4_3_3     0.23473  0.09163     2.56  0.0121  D_SPOT_RATE(t-3)
97
98                         Alpha and Beta Parameter Estimates
99
100                                       Standard  t
101  Equation     Parameter Estimate     Error  Value  Pr>|t|  Variable
102
103  D_M1         ALPHA1_1   0.34705  0.72192    0.48  0.6319  Beta[,1]'*_DEP_(t-1)
104               BETA1_1   -1.50688                           M1(t-1)
105  D_M6         ALPHA2_1   0.49332  0.70194    0.70  0.4840  Beta[,1]'*_DEP_(t-1)
106               BETA2_1    0.50957                           M6(t-1)
107  D_SPOT_RATE  ALPHA3_1  -1.16874  0.43676   -2.68  0.0089  Beta[,1]'*_DEP_(t-1)
108               BETA3_1    1.00000                             SPOT_RATE(t-1)
109  _ECTREND_    ECLTREND1 -0.04560                             t
```

출력 10.2를 보면 VECM 모형의 모수 추정값과 검정결과들이 정리되어있다. **Case 4**의 VECM(4) 모형과 10.2의 모수 추정결과를 정리하면 다음과 같다.

$$
\begin{aligned}
\widehat{\nabla \mathbf{y}_t} &= \widehat{\boldsymbol{\alpha}}(\widehat{\boldsymbol{\beta}'}, \widehat{\beta_1})(\mathbf{y}'_{t-1}, t)' + \sum_{i=1}^{p-1} \widehat{\boldsymbol{\Phi}^*_i} \nabla \mathbf{y}_{t-i} + \widehat{\delta_0} \\
&= \begin{pmatrix} 0.34705 \\ 0.49332 \\ -1.16874 \end{pmatrix} \begin{pmatrix} -1.50688 & 0.50957 & 1.00000 & -0.04560 \end{pmatrix} \begin{pmatrix} \mathbf{y}_{t-1} \\ t \end{pmatrix} \\
&+ \begin{pmatrix} 3.53222 & -3.70302 & 0.84190 \\ 3.64947 & -3.68625 & 0.71739 \\ 2.26161 & -2.58751 & 0.59919 \end{pmatrix} \nabla \mathbf{y}_{t-1} + \begin{pmatrix} -3.79524 & 3.52123 & -0.63263 \\ -3.30686 & 3.10337 & -0.67344 \\ -2.08536 & 1.91247 & -0.19078 \end{pmatrix} \nabla \mathbf{y}_{t-2} \\
&+ \begin{pmatrix} 4.27661 & -4.10608 & 0.32711 \\ 4.25429 & -4.05143 & 0.29882 \\ 2.79842 & -2.82349 & 0.23473 \end{pmatrix} \nabla \mathbf{y}_{t-3} + \begin{pmatrix} 0.04143 \\ -0.15612 \\ 2.95312 \end{pmatrix}
\end{aligned}
$$

여기서 $\mathbf{y}_t$는 시점 t에서 1개월 물(M1), 6개월 물(M6), 현물환율(spor_rate)를 나타내는 벡터이고 t는 선형추세를 나타내는 값이다. $(\boldsymbol{\beta}', \beta_1)$은 장기균형관계를 이루는 역할을 하며, 현물환율의 역할을 1로 놓았을 때 1개월 물, 6개월 물, 선형추세가 각기 상대적인 크기를 갖는다. 구체적인 역할은 그림 10.7의 `Long-Run coef 1`이 0으로 수렴해 가는 것을 보면 알 수 있다. $\boldsymbol{\alpha}$는 속도조정모수로써 $(\boldsymbol{\beta}', \beta_1)(\mathbf{y}'_{t-1}, t)'$가 장기균형관계에서 벗어났을 때 얼마나 빠르게 균형관계로 돌아가느냐를 나타낸다. 값이 작을 수록 민감하게 반응함을 의미하며, 추정결과 $\widehat{\boldsymbol{\alpha}}$를 보면 균형관계로의 회귀속도가 빠름을 알 수 있다. *R39* ~ *R109*는 VECM(4) **Case 4**의 추정결과를 체계화된 표현과 모수 추정및 검정결과를 보여주고 있다. 체계화된 표현은 출력에 설명이 있으므로 이를 참고하기 바란다('C'는 상수항(constant), 'LT'는 선형추세(linear trend), 'AR1'은 $\boldsymbol{\alpha\beta}'$의 계수, 'AR2'~'AR4'는 $\boldsymbol{\Phi}_1 \sim \boldsymbol{\Phi}_3$의 계수를 나타낸다. 검정결과에서 $\boldsymbol{\alpha}$와 $\boldsymbol{\beta}$는 공적분관계 검정 결과에 따라 적합된 모형으로부터 추정된 결과이므로 각 벡터 내의 계수에 대한 가설검정은 가능하지만 결과에 의미를 부여할 필요는 없다. 그러므로 $\boldsymbol{\alpha\beta}'$의 개별 계수에서도 검정결과에 의미를 부여할 필요는 없다. 그러나 $\boldsymbol{\alpha}$와 $\boldsymbol{\beta}$ 각 벡터 내의 계수들 간의 관계 점정은 다른 의미를 갖는다. 즉 공적분 관계에서 각 시계열들의 변화를 설명하는데 도움이 되기 때문이다. 프로그램 10.4는 $\boldsymbol{\alpha}$, $\boldsymbol{\beta}$ 각 백터 내의 계수들의 관계에 대한 검정, 즉 모수들 간의 제약에 대한 검정에 관한 것이다.

프로그램 10.4 : 모수제약에 대한 검정과 제약 하에서의 추정 결과

```
proc varmax data=ER;
  model M1 M6 spot_rate/ p=4 trend=linear
                         ECM=(rank=1 normalize=spot_rate ectrend);
  causal group1=(spot_rate) group2=(M1 M6);
  cointeg rank=1 H=(-3 0 0, 1 0 0, 0 1 0, 0 0 1) J=(1 0, 0 0, 0 1 ); run;
```

프로그램 10.4는 VARMAX 프로시져에서 사용되는 검정에 관한 명령어를 모아놓은 것이다. 먼저 **P4**의 causal 문은 Granger 인과관계(casuality) 검정에 관한 명령어이다. 일반적인 인과관계에서 원인과 Granger 인과관계에서 Granger 원인(cause) 사이에는 차이가 있다. 두 시계열 y_t와 x_t에서 y_t가 y_t의 과거값$(y_{t-1}, y_{t-2}, \ldots)$에 영향을 받고 y_t가 x_t의 현재 값과 과거 값$(x_{t-1}, x_{t-2}, \ldots)$에도 영향을 받으면 x_t를 y_t의 Granger 원인이라고 한다. 그러나 y_t가 y_t의 과거 값$(y_{t-1}, y_{t-2}, \ldots)$에만 영향을 받고 x_t의 현재값이나 과거값$(x_{t-1}, x_{t-2}, \ldots)$에는 영향을 받지 않으며 x_t는 y_t의 Granger 원인이 될 수 없다. 다시 **P4**를 보면, 이 명령어는 "H_0 : group2는 group1의 Granger 원인이 아니다" 에 대한 검정을 실시한다. 만약 H_0를 기각하지 못한다면, group1은 자기 자신의 과거 값에만 영향을 받고 group2의 현재 값이나 과거 값에는 영향을 받지 않는다는 것을 뜻한다.

이번에는 공적분 벡터 $\boldsymbol{\beta}$의 제약을 지정하는 **H**행렬과 속도조절 모수벡터 $\boldsymbol{\alpha}$의 제약을 지정하는 **J**행렬의 작성방법에 대하여 알아보자. 출력 10.2에서 $\boldsymbol{\beta}$의 추정결과를 보면 $\boldsymbol{\beta} = (\beta_1\ \beta_2\ \beta_3\ \beta_4)'$라고 할 때 $\beta_1 = -3\beta_2$를 생각해 볼 수 있다$(\widehat{\beta}_1 = -1.50688, \widehat{\beta}_2 = 0.50957)$. 이 관계가 맞다면, $\beta_1 \sim \beta_4$는 $\phi_1 \sim \phi_3$로 표현할 수 있다. 즉, $\beta_1 = -3\phi_1$, $\beta_2 = \phi_1$, $\beta_3 = \phi_2$, $\beta_4 = \phi_3$가 된다. 다음은 모수 $\boldsymbol{\alpha}$의 행에 대한 검정이다. 이를 약외생성(weak exogeneity)에 관한 검정이라고 한다. 위의 예에서 $\boldsymbol{\alpha} = (\alpha_1\ \alpha_2\ \alpha_3)'$라 하고 I 개의 시계열이 공적분관계에 있을 때 $\alpha_i = 0$이면 i번째 시계열은 장기균형관계에 대하여 약외생성을 갖는다는 뜻이다. 이는 i번째 시계열은

균형관계의 변동에 반응하지 않는 다는 의미이다. 예를 들어 $\alpha_2 = 0$의 검정을 위한 제약은 $\boldsymbol{\beta}$의 제약에서와 같은 방법으로 얻을 수 있다. 이 관계를 행렬로 정리하면 다음과 같다.

$$\boldsymbol{\beta} = \begin{pmatrix} \beta_1 \\ \beta_2 \\ \beta_3 \\ \beta_4 \end{pmatrix} = \begin{pmatrix} -3 & 0 & 0 \\ 1 & 0 & 0 \\ 0 & 1 & 0 \\ 0 & 0 & 1 \end{pmatrix} \begin{pmatrix} \phi_1 \\ \phi_2 \\ \phi_3 \end{pmatrix} = \boldsymbol{H\phi}, \quad \boldsymbol{\alpha} = \begin{pmatrix} \alpha_1 \\ \alpha_2 \\ \alpha_3 \end{pmatrix} = \begin{pmatrix} 1 & 0 \\ 0 & 0 \\ 0 & 1 \end{pmatrix} \begin{pmatrix} \psi_1 \\ \psi_2 \end{pmatrix} = \boldsymbol{J\psi}$$

프로그램 10.4의 *P5*의 H는 **H** 행렬을 나타낸 것이고, J는 **J**를 나타낸 것이다.

출력 10.4 : 프로그램 10.4의 출력결과

```
1                          Granger-Causality Wald Test
2
3                   Test          DF      Chi-Square      Pr > ChiSq
4
5                      1           8           92.50          <.0001
6
7                    Test 1:   Group 1 Variables:   SPOT_RATE
8                              Group 2 Variables:   M1 M6
9
10              Test for Restricted Long-Run Coefficient Beta
11
12                                 Restricted
13  Index      Eigenvalue          Eigenvalue           DF     Chi-Square      Pr > ChiSq
14
15      1          0.3092              0.3092            1           0.00          0.9688
16
17             Test for Restricted Adjustment Coefficient Alpha
18
19                                 Restricted
20  Index      Eigenvalue          Eigenvalue           DF     Chi-Square      Pr > ChiSq
21
22      1          0.3092              0.3063            1           0.43          0.5117
```

출력 10.4를 보면 Granger 인과관계 검정결과 p값(*R5*)은 유의수준 보다 작아 "H_0 : group2(M1, M6)는 group1(spot_rate)의 Granger 원인이 아니다"를 기각하여 1개월 물(M1), 6개월 물(M6)은 현물환율(spot_rate)의 Granger 원인임을 알 수 있다. *R10*~*R15*는 $H_0 : \beta_1 = -3\beta_2$의 검정결과로 H_0를 기각하지 못하여 가정한 공적분 계수 간의 관계가 성립함을 알 수 있다. *R17*~*R22*는 $H_0 : \alpha_2 = 0$에 대한 검정결과로 H_0를 기각하지 못하여 6개월 물(M6)이 공적분 관계에서 약외생성을 갖고있음을 알 수 있다.

프로그램 10.5는 VECM(4) 모형을 이용한 5년 예측값을 구하는 것이다. `lead=5`가 5년을 예측하라는 명령어이며, 관련결과는 `ER_f`에 저장된다. 또한 `plot=(forecasts)` 옵션에 의해 예측시도표를 출력할 수 있다. 출력 10.5는 예측결과이며, 예측시도표도 이어서 제시하였다.

프로그램 10.5 : VECM(4) 예측 프로그램

```
proc varmax data=ER plot=(forecasts);
 model M1 M6 spot_rate / p=4 trend=linear
                        ECM=(rank=1 normalize=spot_rate ectrend);
 output out=ER_F lead=5; run;
```

출력 10.5 : 프로그램 10.5의 출력결과

Variable	Obs	Forecast	Standard Error	95% Confidence Limits	
M1	109	1042.75614	35.23223	973.70225	1111.81003
	110	1045.25773	58.06684	931.44882	1159.06665
	111	1049.78001	67.76109	916.97072	1182.58931
	112	1046.71440	79.14469	891.59367	1201.83514
	113	1044.63813	91.85447	864.60668	1224.66958
M6	109	1051.72517	34.25713	984.58244	1118.86791
	110	1054.50517	56.22883	944.29870	1164.71165
	111	1058.92978	65.56636	930.42208	1187.43748
	112	1055.81296	76.68686	905.50947	1206.11645
	113	1053.92615	89.04629	879.39864	1228.45366
SPOT_RATE	109	1049.60017	21.31555	1007.82245	1091.37788
	110	1042.96884	47.16272	950.53161	1135.40607
	111	1045.69553	64.62927	919.02449	1172.36657
	112	1048.09608	75.40886	900.29743	1195.89473
	113	1045.20637	87.14788	874.39966	1216.01308

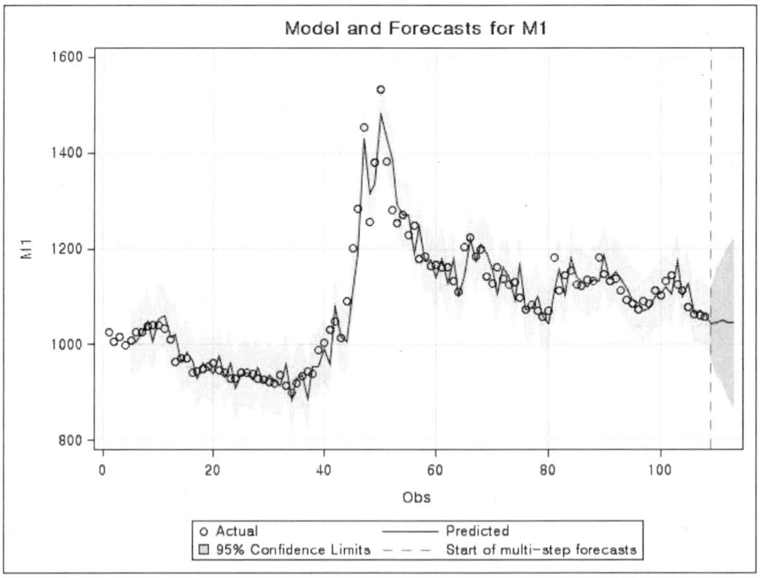

그림 10.8: 1개월 물(M1) 예측결과

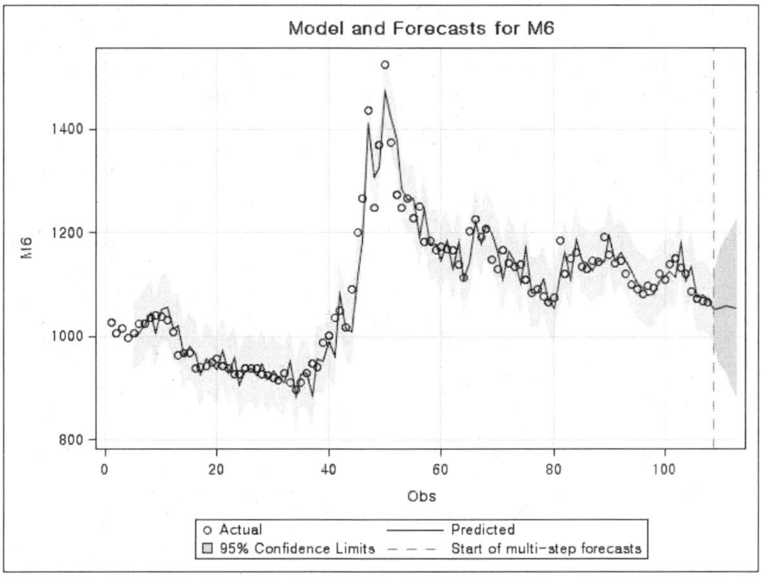

그림 10.9: 6개월 물(M6) 예측결과

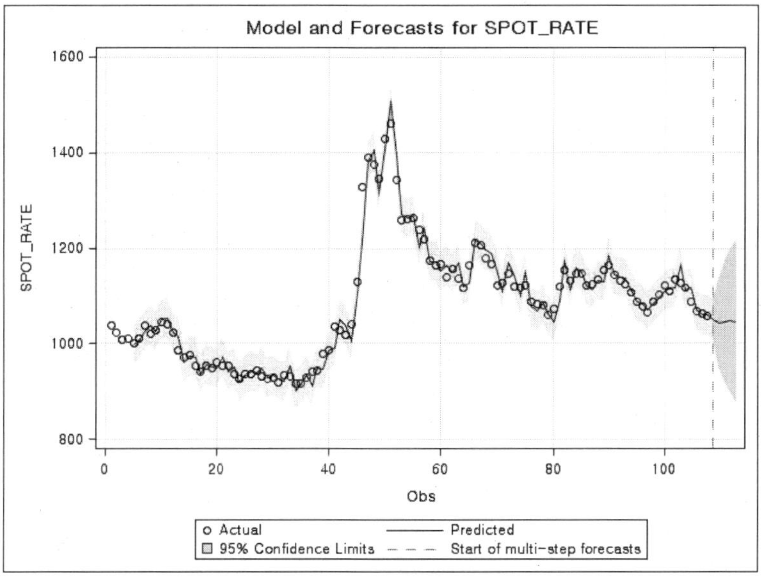

그림 10.10: 현물환율(spot_rate) 예측결과

CHAPTER 11

VARMAX 모형

11.1 VARMAX 모형의 정의

외생변수를 가진 벡터자기회귀이동평균 모형(vector autoregressive moving average model with exogenous variables, VARMAX)은 VARMAX(p, q, s) 모형이라고 하며 모형을 다음과 같이 표시한다.

$$\mathbf{y}_t = \sum_{i=1}^{p} \boldsymbol{\Phi}_i \mathbf{y}_{t-i} + \sum_{i=0}^{s} \boldsymbol{\Theta}_i^* \mathbf{x}_{t-i} + \boldsymbol{\epsilon}_t - \sum_{i=1}^{q} \boldsymbol{\Theta}_i \boldsymbol{\epsilon}_{t-i} \tag{11.1}$$

여기에서 $\mathbf{y}_t = (y_{1t}, y_{2t}, \ldots, y_{kt})'$, $\mathbf{x}_t = (x_{1t}, x_{2t}, \ldots, x_{rt})'$, 그리고 $\boldsymbol{\epsilon}_t = (\epsilon_{1t}, \epsilon_{2t}, \ldots, \epsilon_{kt})'$이다. $\boldsymbol{\Phi}_i = \boldsymbol{\Theta}_i = \mathbf{0}$ 이면 제7장에서 논의했던 회귀방정식 시스템이 되고 $\boldsymbol{\Theta}_i^* = \boldsymbol{\Theta}_i = \mathbf{0}$이면 제10장에서 다루었던 VAR$(p)$ 모형이 된다. 그리고 $\boldsymbol{\Theta}_i^* = \mathbf{0}$이면 벡터자기회귀이동평균(VARMA) 모형이 된다.

식 (11.1)에서 $E(\boldsymbol{\epsilon}_t) = \mathbf{0}$이고 $Var(\boldsymbol{\epsilon}_t) = \boldsymbol{\Omega}$, 그리고 $Cov(\boldsymbol{\epsilon}_t, \boldsymbol{\epsilon}_s) = \mathbf{0}, t \neq s$를 가정하고 있으며 외생변수(exogenous variable)인 $\mathbf{x}_t$와 오차벡터 $\boldsymbol{\epsilon}_t$는 $E(\mathbf{x}_t \boldsymbol{\epsilon}'_t) = \mathbf{0}$이 되는 무상관 관계를 가정한다. 또한 $\boldsymbol{\epsilon}_t \sim$ GARCH(p, q), 즉, $\boldsymbol{\epsilon}_t$의 분산 $Var(\boldsymbol{\epsilon}_t)$가 과거 값에 의존할 경우 적용 가능한 모형으로 다변량 GARCH(vector GARCH) 모형을 추가할 수 있다.

$\mathbf{\Theta}_i = \mathbf{0}$으로 이동평균과정이 없다면, 모수 $\mathbf{\Phi}_i$와 $\mathbf{\Theta}_i^*$의 추정과 검정은 제7장의 회귀방정식 시스템과 하등의 차이가 없게 된다. 다시 정리하면, $\mathbf{y}_{t-i}$는 시점 t에서 $\mathbf{x}_{t-i}$와 마찬가지로 이미 주어진 값이므로 외생변수가 되어 회귀방정식 시스템의 특수한 경우가 된다.

VARMAX 모형의 추정은 일반적으로 두 단계를 거쳐 이루어진다. 먼저 다음 모형에 의해

$$\mathbf{y}_t = \sum_{i=0}^{s} \mathbf{\Theta}_i^* \mathbf{x}_{t-i} + \boldsymbol{\epsilon}_t^*$$

$\mathbf{\Theta}_i^*$를 추정한 후, VARMA(p,q) 모형의 로그우도함수를 최대로 하는 모수 $\mathbf{\Phi}_i$와 $\mathbf{\Theta}_i$를 구하는 절차를 따른다. 이에 대한 자세한 과정은 Hamilton(1994) 또는 Wei(1990)을 참조하기 바란다. 사실 VAR(p) 모형으로 VARMA(p,q) 모형을 충분히 근사할 수 있기 때문에 VARMAX 모형 대신 VARX 모형이 응용측면에서 더 유용하게 사용된다. VARMAX(p,q,s) 모형은 (11.2)로 쓸 수 있다.

$$\mathbf{\Phi}(\mathbf{B})\mathbf{y}_t = \mathbf{\Theta}^*(\mathbf{B})\mathbf{x}_t + \mathbf{\Theta}(\mathbf{B})\boldsymbol{\epsilon}_t \tag{11.2}$$

여기에서

$$\begin{aligned}
\mathbf{\Phi}(\mathbf{B}) &= \mathbf{I}_k - \mathbf{\Phi}_1\mathbf{B} - \mathbf{\Phi}_2\mathbf{B}^2 - \cdots - \mathbf{\Phi}_p\mathbf{B}^p \\
\mathbf{\Theta}^*(\mathbf{B}) &= \mathbf{\Theta}_0^* + \mathbf{\Theta}_1^*\mathbf{B} + \mathbf{\Theta}_2^*\mathbf{B}^2 + \cdots + \mathbf{\Theta}_s^*\mathbf{B}^s \\
\mathbf{\Theta}(\mathbf{B}) &= \mathbf{I}_k - \mathbf{\Theta}_1\mathbf{B} - \mathbf{\Theta}_2\mathbf{B}^2 - \cdots - \mathbf{\Theta}_q\mathbf{B}^q
\end{aligned}$$

이며, $\mathbf{B}^i\mathbf{y}_t = \mathbf{y}_{t-i}$이다. $|\mathbf{\Phi}(\mathbf{B})| = \mathbf{0}$과 $|\mathbf{\Theta}(\mathbf{B})| = \mathbf{0}$의 근의 모든 절대값이 1보다 커야 하며, 이는 AR(p)의 정상성(stationarity) 조건과 MA(q)의 가역성(invertibility) 조건을 만족하기 위한 필요조건이다.

11.2 충격반응함수와 VARMAX 모형의 동적구조

모형 (11.2)은 다음과 같이 표현할 수 있다.

$$\begin{aligned}
\mathbf{y}_t &= \mathbf{\Phi}(\mathbf{B})^{-1}\mathbf{\Theta}^*(\mathbf{B})\mathbf{x}_t + \mathbf{\Phi}(\mathbf{B})^{-1}\mathbf{\Theta}(\mathbf{B})\boldsymbol{\epsilon}_t \\
&= \mathbf{\Psi}^*(\mathbf{B})\mathbf{x}_t + \mathbf{\Psi}(\mathbf{B})\boldsymbol{\epsilon}_t \\
&= \sum_{j=0}^{\infty} \mathbf{\Psi}_j^*\mathbf{x}_{t-j} + \sum_{j=0}^{\infty} \mathbf{\Psi}_j\boldsymbol{\epsilon}_{t-j}
\end{aligned} \tag{11.3}$$

$\mathbf{\Psi}_j^*$를 $\mathbf{x}_{t-j}$로 부터 $\mathbf{y}_t$로의 충격함수(impulse function)이라고 하며, $\mathbf{\Psi}_j$를 $\mathbf{y}_{t-j}$로 부터 $\mathbf{y}_t$로의 충격함수라고 한다. $\mathbf{\Psi}_j^*$의 (m,n)번째 값은 $x_{n,t-j}$가 $y_{n,t}$에 영향을 미치는 크기를 나타내고

$\boldsymbol{\Psi}_j$의 (m,n)번째 값은 $y_{m,t-j}$가 $y_{n,t}$에 영향을 미치는 크기를 나타낸다.
VAR(p) 모형에서 논의하였듯이 $Var(\boldsymbol{\epsilon}_t) = \boldsymbol{\Omega}$가 양정치 행렬(positive definite matrix)이면 $\mathbf{A\Omega A}' = \boldsymbol{\Lambda}$인 행렬 $\mathbf{A}$가 존재한다. 행렬 $\mathbf{A}$는 대각 행렬이 모두 1인 하삼각 행렬(lower triangular matrix)이며 $\boldsymbol{\Lambda}$는 대각 행렬(diagonal matrix)이다. 다음의 모형식

$$\mathbf{y}_t = \sum_{i=1}^{p} \boldsymbol{\Phi}_i \mathbf{y}_{t-i} + \sum_{i=0}^{s} \boldsymbol{\Theta}_i^* \mathbf{x}_{t-i} + \boldsymbol{\epsilon}_t - \sum_{i=1}^{q} \boldsymbol{\Theta}_i \boldsymbol{\epsilon}_{t-i}$$

양변에 $\mathbf{A}$를 곱하면 다음의 모형을 얻게되고,

$$\mathbf{A}\mathbf{y}_t = \sum_{i=1}^{p} \mathbf{A}\boldsymbol{\Phi}_i \mathbf{y}_{t-i} + \sum_{i=0}^{s} \mathbf{A}\boldsymbol{\Theta}_i^* \mathbf{x}_{t-i} + \mathbf{A}\boldsymbol{\epsilon}_t - \sum_{i=1}^{q} \mathbf{A}\boldsymbol{\Theta}_i \boldsymbol{\epsilon}_{t-i} \tag{11.4}$$

$\mathbf{A}$가 대각 행렬이므로, 이 형식을 VARMAX 모형의 동적구조모형(dynamic structural equations model)이라고 하며, 이 모형을 현 시점 t에서 종속변수(dependent variable) $\mathbf{y}_t$의 관계를 파악하는데 유용하다.

11.3 모형의 선택과 VECMX(p,s) 모형

VARMA(p,q) 모형의 선택은 제10장 VAR(p) 모형에서 사용한 AIC, AICC, FPE, HQC, SBC 등 정보기준(information criterion)을 최소화하는 p와 q를 선택한다. 외생변수 $\mathbf{x}_t$가 존재할 경우 다음의 모형으로부터

$$\mathbf{y}_t = \boldsymbol{\delta} + \sum_{i=1}^{s} \boldsymbol{\Theta}_i^* \mathbf{x}_{t-i} + \boldsymbol{\epsilon}_t^*$$

$\boldsymbol{\delta}$와 $\boldsymbol{\Theta}_i^*$의 OLS 추정치를 이용하여 잔차 $\boldsymbol{\epsilon}_t^*$를 구한 후, 이 잔차 $\widehat{\boldsymbol{\epsilon}^*}_t$에 정보기준을 적용하여 VARMA$(p,q)$의 p와 q를 결정한다.
공적분 모형이 외생변수 $\mathbf{x}_t$를 포함하고 있을 경우, 즉 다음과 같은 모형을

$$\nabla \mathbf{y}_t = \boldsymbol{\alpha}\boldsymbol{\beta}' \mathbf{y}_{t-1} + \sum_{i=1}^{p} \boldsymbol{\Phi}_i \nabla \mathbf{y}_{t-i} + \sum_{i=0}^{s} \boldsymbol{\Theta}_i^* \mathbf{x}_{t-i} + \boldsymbol{\epsilon}_t$$

VECMX(p,s) 모형이라고 하며, $\mathbf{x}_{t-i}$가 $\nabla \mathbf{y}_{t-i}$와 동일한 외생변수로 처리되므로 $\boldsymbol{\alpha}$와 $\boldsymbol{\beta}$에 대한 공적분 계수, 추정, 검정 등은 제10장의 VECM 모형과 동일하다.

11.4 다변량 GARCH 모형

VARMA(p,q,s) 모형에서

$$\mathbf{y}_t = \boldsymbol{\delta} + \sum_{i=1}^{p} \boldsymbol{\Phi}_i \mathbf{y}_{t-i} + \sum_{i=0}^{s} \boldsymbol{\Theta}_i^* \mathbf{x}_{t-i} + \boldsymbol{\epsilon}_t - \sum_{i=1}^{q} \boldsymbol{\Theta}_i \boldsymbol{\epsilon}_{t-i}$$

$\boldsymbol{\epsilon}_t$의 분산은 $Var(\boldsymbol{\epsilon}_t) = \boldsymbol{\Omega}$이지만 조건부 분산이

$$Var(\boldsymbol{\epsilon}_t | \mathbf{y}_{t-1}, \mathbf{y}_{t-2}, \ldots, \mathbf{x}_t, \mathbf{x}_{t-1}, \ldots) = \mathbf{H}_t$$

인 경우(이를 조건부 이분산성(conditional heteroscedasticity)이라고 한다)에는 제6장에서 논의한 단변량 GARCH(r,m)모형의 확장 모형인 다변량 GARCH(r,m) 모형을 고려할 수 있다. Engle과 Kroner(1995)는 $\boldsymbol{\epsilon}_t | \mathscr{F}_{t-1} \sim N(\mathbf{0}, \mathbf{H}_t)$라는 가정 하에서(여기에서 $\mathscr{F}_{t-1}$은 시점 $t-1$까지의 모든 정보의 모임을 뜻하며, 이를 $\mathbf{y}_{t-1}, \mathbf{y}_{t-2}, \ldots, \mathbf{x}_t, \mathbf{x}_{t-1}, \ldots$로 부터 만들어진 σ-field라고 한다) 다변량 GARCH 모형을 식(11.5)로 정의하였다. 이 모형을 BEKK 모형이라고 말하며, 다변량 GARCH(r,m) 모형이라고 표기한다.

$$\mathbf{H}_t = \mathbf{C} + \sum_{i=1}^{r} \mathbf{A}_i' \boldsymbol{\epsilon}_{t-i} \boldsymbol{\epsilon}_{t-i}' \mathbf{A}_i + \sum_{i=1}^{m} \mathbf{G}_i' \mathbf{H}_{t-i} \mathbf{G}_i \tag{11.5}$$

여기에서 $\mathbf{C}$, $\mathbf{A}_i$, $\mathbf{G}_i$는 $k \times k$ 모수행렬이다. 예를 들어 종속변수가 두 개인 이변량 GARCH (1,1) 모형은 다음과 같다.

$$\begin{pmatrix} h_{11,t} & h_{12,t} \\ h_{12,t} & h_{22,t} \end{pmatrix} = \begin{pmatrix} c_{11} & c_{12} \\ c_{21} & c_{22} \end{pmatrix} + \begin{pmatrix} a_{11} & a_{12} \\ a_{21} & a_{22} \end{pmatrix}' \begin{pmatrix} \epsilon_{1,t-1}^2 & \epsilon_{1,t-1}\epsilon_{2,t-1} \\ \epsilon_{1,t-1}\epsilon_{2,t-1} & \epsilon_{2,t-1}^2 \end{pmatrix} \begin{pmatrix} a_{11} & a_{12} \\ a_{21} & a_{22} \end{pmatrix}$$
$$+ \begin{pmatrix} g_{11} & g_{12} \\ g_{21} & g_{22} \end{pmatrix}' \begin{pmatrix} h_{11,t-1} & h_{12,t-1} \\ h_{12,t-1} & h_{22,t-1} \end{pmatrix} \begin{pmatrix} g_{11} & g_{12} \\ g_{21} & g_{22} \end{pmatrix}$$

또 다른 다변량 GARCH(r,m) 모형은 Bollerslev(1990)가 제안한 것으로 조건부 분산은 시간에 따라 변동하지만 상관계수는 시간에 무관하다는 가정 하에서 $\boldsymbol{\epsilon}_t | \mathscr{F}_{t-1} \sim N(\mathbf{0}, \mathbf{H}_t)$이며, $\mathbf{H}_t$의 각 원소는 다음과 같이 정의한다.

$$h_{ii,t} = c_i + \sum_{l=1}^{r} a_{ii,l} \epsilon_{i,t-l}^2 + \sum_{l=1}^{m} g_{ii,l} h_{ii,t-l}, \quad i,j = 1,2,\ldots,k$$
$$h_{ij,t} = \rho_{ij} \sqrt{h_{ii,t} h_{jj,t}}, \quad i \neq j$$

이 모형을 CCC(constant conditional correlation) 모형이라고 부른다. 다변량 GARCH(r, m) 모형의 추정은 다음 로그우도함수를 최대화 하는 모수이다.

$$\log L = -\frac{1}{2}\sum_{t=1}^{T}\left(\log|\mathbf{H}_t| + \boldsymbol{\epsilon}_t'\mathbf{H}_t^{-1}\boldsymbol{\epsilon}_t\right)$$

여기에서 $\boldsymbol{\epsilon}_t = \mathbf{y}_t - \sum_{i=1}^{p}\mathbf{\Phi}_i\mathbf{y}_{t-i} - \sum_{i=0}^{s}\mathbf{\Theta}_i^*\mathbf{x}_{t-i} + \sum_{i=1}^{q}\mathbf{\Theta}_i\boldsymbol{\epsilon}_{t-i}$이다. 이 로그우도함수를 최대로 하는 모수추정은 quasi-Newton optimization 등과 같은 수치해석적 방법으로 구한다.

11.5 SAS/ETS 사용법

VARMAX 모형을 실행하기 위한 SAS/ETS의 VARMAX 프로시저 구조는 다음과 같다.

---

① **PROC VARMAX** options;

② **MODEL** dependent variables= regressors / options;

③ **CAUSAL** group1= (*variables*) group2=(*variables*);

④ **GARCH** options;

⑤ **COINTEG** options;

⑥ **RESTRICT** *restriction, ..., restriction*;

⑦ **TEST** *restriction, ..., restriction*;

⑧ **OUTPUT** options;

---

① VARMAX 모형을 실행하라는 명령어로 options에 포함되는 내용은 다음과 같다.

DATA=data-set : VARMAX 모형에 사용되는 데이터세트를 지정한다.

OUTEST=data-set : 추정된 모형의 모수 값들과 관련 통계량 값들이 저장될 데이터세트를 지정한다.

② VARMAX 모형의 종속변수와 독립변수를 지정하고 이와 관련된 모형의 구체적인 형태를 정의 및 모수추정을 실시한다. 좀 더 쉬운 이해를 위해 세 개의 종속변수 y_1, y_2, y_3와 네 개의 독립변수 $x_1 \sim x_4$를 이용하여 설명한다. 다음의 프로그램은 모두 동일한 모형을 지정한 예들이다.

```
model Y1 Y2 Y3 = X1 X2 X3 X4;
model Y1-Y3 =  X1 X2 X3 X4;
model Y1-Y3 = X1-X4;
model Y1 = X1-X4, Y2=X1-X4, Y3=X1-X4;
```

이 모형이 의미하는 바는 모든 종속변수 y_1, y_2, y_3가 동일한 독립변수 $x_1 \sim x_4$를 가질 때를 가정한 것으로 OLS 추정치가 최우추정치(ML)와 일치하므로 모수의 OLS 추정치를 출력한다. 만약 각 종속변수가 같은 독립변수를 갖지 않으면, 예를 들어 프로그램이 다음과 같이 정의되면,

```
model Y1 = X1 X2, Y2=X2-X4, Y3=X1 X3 X4;
```

정의된 모형은 표면무상관회귀(SUR) 모형과 동일하며 추정방법도 SUR 추정방법을 따르게 된다(제7장 참조). 다음은 MODEL문의 options에서 사용할 수 있는 명령어들이다.

CENTER : 평균을 뺀 종속변수(중심화된 종속변수)를 분석의 대상으로 할 때 사용한다.

DIF=(variable(numbers),..., variable(numbers) : 원래의 변수 대신 **DIF**에 지정된 차수로 차분된 변수를 분석의 대상으로 할 때 사용한다. 다음의 프로그램 예에 의하면

```
model Y1 Y2= X1 X2 X3 / center dif=(Y1(1,4) Y2(1) X3(2));
```

$\mathbf{y}_1$은 $\nabla_4\nabla\mathbf{y}_{1,t} = \nabla_4(\mathbf{y}_{1,t} - \mathbf{y}_{1,t-1}) = (\mathbf{y}_{1,t} - \mathbf{y}_{1,t-1}) - (\mathbf{y}_{1,t-4} - \mathbf{y}_{1,t-5})$에 $\nabla_4\nabla\mathbf{y}_{1,t}$의 평균을 뺀 값을 분석 대상으로 하고, $\mathbf{y}_2$는 $(\mathbf{y}_{2,t} - \mathbf{y}_{2,t-1}) - (1/T)\sum_{t=1}^{T}\nabla\mathbf{y}_{2,t}$로 $\mathbf{x}_1$과 $\mathbf{x}_2$는 원래의 값을, $\mathbf{x}_3$는 $\nabla_2\mathbf{x}_{3,t} = \mathbf{x}_{3,t} - \mathbf{x}_{3,t-2}$로 대체하여 분석한다.

METHOD=value : 모수의 추정방법을 지정하는 명령어로 최소제곱추정법인 **LS**(와 최우추정법인 **ML**을 지정할 수 있다. 제10장의 오차수정모형을 위한 '**ECM=**', VARMAX 모형에서 이동평균과정을 위한 '**Q=**'를 동시에 사용하거나 GARCH 모형을 사용하게 되면 **ML**이 기본이며, 그 이외에는 **LS**가 기본이 된다.

NOCURRENTX : 독립변수의 현재 시점의 값을 사용하지 말라는 명령어이다. 예를 들어 **NOCURRENTX**가 없으면 모형은 다음과 같지만,

$$\mathbf{y}_t = \boldsymbol{\delta} + \sum_{i=1}^{p}\boldsymbol{\Phi}_i\mathbf{y}_{t-i} + \sum_{i=0}^{s}\boldsymbol{\Theta}_i^*\mathbf{x}_{t-i} + \boldsymbol{\epsilon}_t - \sum_{i=1}^{q}\boldsymbol{\Theta}_i\boldsymbol{\epsilon}_{t-i}$$

NOCURRENTX를 쓰면 모형은 다음과 같이 된다.

$$\mathbf{y}_t = \boldsymbol{\delta} + \sum_{i=1}^{p} \boldsymbol{\Phi}_i \mathbf{y}_{t-i} + \sum_{i=1}^{s} \boldsymbol{\Theta}_i^* \mathbf{x}_{t-i} + \boldsymbol{\epsilon}_t - \sum_{i=1}^{q} \boldsymbol{\Theta}_i \boldsymbol{\epsilon}_{t-i}$$

NOINT : VARMAX(p, d, s) 모형에서 절편 $\boldsymbol{\delta}$를 쓰지 말라는 명령어이다.

TREND=value : VARMAX(p, d, s) 모형에서 1차 및 2차 시간추세를 추가 독립변수로 지정하라는 명령어이다. **value**는 **LINEAR** 또는 **QUAD**를 사용할 수 있다.

LINEAR : 1차 시간추세를 독립변수로 추가한다.

QUAD : 1차 및 2차 시간추세를 독립변수로 추간하다.

❶ 출력에 관련된 option

LAGMAX=number : 충격함수나 잔차 출력시 최대 시차(time lag)를 지정해주는 명령어이다.

PRINT=(options) : **options**에 지정된 통계량을 출력하라는 명령어이다. options에 지정되는 명령어는 다음과 같다.

DIAGNOSE : 잔차나 모형검진을 위한 통계량을 출력한다. $Var(\boldsymbol{\epsilon}_t)$의 추정치를 출력하고 AIC, SBC 같은 정보기준(IC)을 출력하여, 모형선택을 할 수 있도록 한다. **LAGMAX=number**에 따라 lag=0부터 지정된 lag까지 잔차상관행렬을 출력하고 이에 대한 유의성 검정을 위한 부호표현(schematic representation)을 제공한다. 잔차에 대한 포트멘토 검정통계량을 제공하고, Jarque-Bera의 정규성 검정을 한다.

ESTIMATES : 모수추정치와 유의성에 대한 부호표현(schematic representation)을 출력한다.

DYNAMIC : VARMAX 모형을 동적구조모형으로 변환한 결과를 출력한다.

IMPULSE=(options) : VARMAX 모형에서 $\mathbf{y}_{t-j}$에서 $\mathbf{y}_t$로의 충격함수(impulse function)을 **LAGMAX**에 지정된 lag까지 출력한다. **options**에 포함될 수 있는 명령어는 다음과 같다.

SIMPLE : $\mathbf{y}_{t-j}$에서 $\mathbf{y}_t$로의 충격함수를 출력한다.

ACCUM : 누적(accumulated) 충격함수를 출력한다. 예를 들어 **LAGMAX=2**일 때 다음의 프로그램을 실행하면,

```
proc varmax data=AA;
model Y1 Y2= X1-X3/lagmax=2
                    print=(impulse=(simple accum));
```

$\mathbf{y}_t \to \mathbf{y}_t$, $\mathbf{y}_t + \mathbf{y}_{t-1} \to \mathbf{y}_t$, $\mathbf{y}_t + \mathbf{y}_{t-1} + \mathbf{y}_{t-2} \to \mathbf{y}_t$를 출력한다.

STDERR : 충격함수의 표준오차를 출력한다.

IMPULSEX=(options) : 독립변수(외생변수) $\mathbf{x}_{t-j}$가 종속변수(내생변수) $\mathbf{y}_t$에 미치는 충격함수를 출력한다. **option**에 포함될 수 있는 명령어는 **SIMPLE, ACCUM, STDERR** 등이 있다.

PARCOEF : VARMAX(p,q,s) 모형에서 p를 결정하기 위한 편자기상관행렬을 출력한다.

❷ 시차(time lag) 지정과 관련된 option

VARMAX(p,q,s) 모형에서 p,q,s를 지정하는 option이다.

P=number or P=(mumber-list) : VARMAX(p,q,s)에서 AR 모형의 p를 지정한다. $p=3$ 또는 $p=(1,3)$과 같이 지정할 수 있다. 다음의 프로그램이 표현한 모형 식은

```
model Y1 Y2 / p=3;
```

$$\begin{pmatrix} y_{1,t} \\ y_{2,t} \end{pmatrix} = \mathbf{\Phi}_1 \begin{pmatrix} y_{1,t-1} \\ y_{2,t-1} \end{pmatrix} + \mathbf{\Phi}_2 \begin{pmatrix} y_{1,t-2} \\ y_{2,t-2} \end{pmatrix} + \mathbf{\Phi}_3 \begin{pmatrix} y_{1,t-3} \\ y_{2,t-3} \end{pmatrix} + \begin{pmatrix} \epsilon_{1,t} \\ \epsilon_{2,t} \end{pmatrix}$$

를 의미하며, 다음 프로그램은

```
model Y1 Y2 / p=(1,3);
```

$$\begin{pmatrix} y_{1,t} \\ y_{2,t} \end{pmatrix} = \mathbf{\Phi}_1 \begin{pmatrix} y_{1,t-1} \\ y_{2,t-1} \end{pmatrix} + \mathbf{\Phi}_3 \begin{pmatrix} y_{1,t-3} \\ y_{2,t-3} \end{pmatrix} + \begin{pmatrix} \epsilon_{1,t} \\ \epsilon_{2,t} \end{pmatrix}$$

를 의미한다. **P=(number-list)**는 지정하고자 하는 시차만 고를 수 있다. 그러므로 **p=3**은 **p=(1,2,3)**과 동일하다.

Q=number or Q=(mumber-list) : VARMAX(p,q,s)에서 MA 모형의 q를 지정한다. $q=1$ 또는 $q=(1,3)$과 같이 **P=(number-list)**에서와 같은 방법으로 q를 지정한다.

XLAG=number or XLAG=(number-list) : VARMAX(p,q,s)에서 독립변수(외생변수) x_t의 시차 s를 지정한다. **P=(number-list)**에서와 같은 방법으로 s를 지정한다.

MINIC=(TYPE=value P=number Q=number) : VARMAX(p,q,s)에서 AR의 p, MA의 q를 결정하기 위한 정보기준 AIC, AICC, FPE, HQS, SBC의 값을 출력한다. **MINIC**의 option을 지정하지 않고 오직 **MINIC**만을 지정하면, 위 5가지 정보기준을 모두 제공하며, $p=(0:5), q=(0:5)$까지 정보기준을 출력하며 최소값을 갖는 p와 q를 결정하게 된다. **TYPE**에서 **value**는 AIC, AICC, FPE, HQS, SBC이며, **P=number**는 AR에서 p의 범위를 정하는 것으로, $p=4$이면, $p=(0:4)$의 정보기준을 출력한다. **Q=number** 는 MA에서 q의 범위를 정하는 것이며, 표현방법은 **P=number**의 경우와 같다.

③ Granger causality 검정을 위한 명령어이다. 제10장에서 소개한 VAR(p) 모형에서 사용하였듯이 VARMAX 모형에서도 같은 방법으로 사용할 수 있다. $y_{1t}, y_{2t}, y_{3t}, x_{1t}, x_{2t}$가 있을 때, 다음의 모형에서

$$\begin{pmatrix} y_{1,t} \\ y_{2,t} \\ y_{3,t} \end{pmatrix} = \begin{pmatrix} \phi_{11} & \phi_{12} & \phi_{13} \\ \phi_{21} & \phi_{22} & \phi_{23} \\ \phi_{31} & \phi_{32} & \phi_{33} \end{pmatrix} \begin{pmatrix} y_{1,t-1} \\ y_{2,t-1} \\ y_{3,t-1} \end{pmatrix} + \begin{pmatrix} \theta^*_{11} & \theta^*_{12} \\ \theta^*_{21} & \theta^*_{22} \\ \theta^*_{31} & \theta^*_{32} \end{pmatrix} \begin{pmatrix} x_{1,t} \\ x_{2,t} \\ x_{3,t} \end{pmatrix} + \begin{pmatrix} \epsilon_{1,t} \\ \epsilon_{2,t} \\ \epsilon_{3,t} \end{pmatrix}$$

$\phi_{21}=\phi_{23}=0$이면 $\mathbf{y}_{2,t}$는 $\mathbf{y}_{2,t-1}$의 영향만 받지만 $y_{1,t}$와 $y_{3,t}$는 자기자신의 과거값 뿐 아니라 $y_{2,t}$의 과거값에도 영향을 받게된다. 즉, $y_{2,t}$는 $y_{1,t}$, $y_{3,t}$의 원인(cause)이 되지만, $y_{1,t}$, $y_{3,t}$는 $y_{2,t}$의 원인이 되지 못한다. 이를 $y_{2,t}$는 $y_{1,t}$와 $y_{3,t}$의 Granger cause 라고하며 해당 프로그램은 다음과 같다.

```
proc varmax data=AA;
 model Y1-Y3= X1 X2 / p=1;
 causal group1=(y2) group=(y1 y3);
```

④ 다변령 GARCH 모형에 관련된 명령어이며, **GARCH** option에 사용될 수 있는 명령어들은 아래와 같다.

FORM=value : GARCH 모형을 지정하는 명령어로 **value**에는 BEKK 또는 CCC 모형을 지정한다. 기본 값은 BEKK 모형이다.

P=number or P=(number-list) : GARCH(r,m)에서 m의 값을 부여한다. $p=3$이면 GARCH$(r,3)$를 의미하며 $p=(1,3)$이면 GARCH$(r,3)$ 모형에서 H_{t-2}가 유의하지 않은 모형을 의미한다.

Q=number or Q=(number-list) : GARCH(r,m)에서 r의 값을 부여한다.

OUTHT=data-set : 조건부 분산공분산 행렬(conditional variance-covariance matrix)을 지정된 data-set에 저장한다.

```
proc varmax data=AA;
 model Y1-Y3= X1 X2 / p=2 xlag=3;
 garch p=2 q=1 form=BEKK outht=BB;
```

이 프로그램에서 의미하는 모형은 VARMA(2,0,3)-GARCH(1,2)이며 GARCH 모형은 BEKK 모형을 이용하였고, 이 모형에 의해 추정된 조건부 분산공분산 행렬은 SAS 데이터세트 BB에 저장된다.

⑤ 공적분 모형에 관한 부분으로 제10장에서 설명한 공적분 검정, 추정, 진단 등의 내용과 같다.

⑥ **RESTRICT**는 VARMAX(p, q, s) 모형에서 모수의 추정결과를 특정값으로 제한한다. 모수의 형태는 다음과 같다.

CONST(i) : $y_{i,t}$에 대응하는 절편이다.

AR(l,i,j) : $\mathbf{y}_{t-l}$에 대응되는 $\mathbf{\Phi}_l$의 (i, j)번째 모수를 말하며, $y_{j,t-l}$이 $y_{i,t}$에 미치는 영향을 나타내는 모수를 말한다.

MA(l,i,j) : $\boldsymbol{\epsilon}_{t-l}$에 대응되는 $\mathbf{\Theta}_l$의 (i, j)번째 모수를 말하며, $\epsilon_{j,t-l}$이 $\epsilon_{i,t}$에 미치는 영향을 나타내는 모수를 말한다.

XL(l,i,j) : $\mathbf{x}_{t-l}$에 대응되는 $\mathbf{\Theta}_l^*$의 (i, j)번째 모수를 말하며, $x_{j,t-l}$이 $y_{i,t}$에 미치는 영향을 나타내는 모수를 말한다.

LTREND(i) : $y_{i,t}$가 가지고 있는 시간추세 모수를 의미한다.

QTREND(i) : $y_{i,t}$가 가지고 있는 2차시간추세 모수를 의미한다.

다음은 GARCH 모형에 있는 모수에 제한을 주기 위한 형식이다.

GCHC(i,j) : BEKK 모형에서는 상수항 c_{ij} $(i \neq j)$를 의미하며 CCC 모형에서는 상수항 $c_i (i = j)$를 의미한다.

ACH(l,i,j) : BEKK 모형에서는 $\boldsymbol{\epsilon}_{t-l}\boldsymbol{\epsilon}'_{t-l}$에 대응되는 모수 a_{ij} $(i, j = 1, 2, \ldots, k)$에 대한 모수의 형식이며 CCC 모형에서는 $\epsilon^2_{i,t-l}$에 대응되는 모수 $a_{i,i,l}$ $(i = j = 1, 2, \ldots, k)$에 대한 형식이다.

GCH(l,i,j) : BEKK 모형에서는 H_{t-l}에 대응되는 모수 g_{ij} (그러므로 $i, j = 1,2,\ldots,k$) 이며 CCC 모형에서는 $h_{ii,t-l}$에 대응되는 모수 $g_{ii,l}$ $(i = j = 1,2,\ldots,k)$이다.

CCC(i,j) : CCC 모형에서 상관계수 ρ_{ij} $(i < j)$를 말한다. 다음의 프로그램은

```
proc varmax data=AA;
 model Y1-Y3= X1 X2 / p=1 xlag=2;
 garch p=2 q=1;
 restrict ar(1,1,2)=0, xl(2,1,3)=0.2, gchc=(1,2)=0,
          gch(2,2,3)=0.5;
```

VARMAX(1,0,2)-GARCH(1,2) 모형에서 조건부이분산 모형 BEKK를 이용하였으며, $\mathbf{y}_{t-1}$에 대응하는 (1,2)번째 모수 $\phi_{1,2} = 0$, $\mathbf{x}_{t-2}$에 대응되는 $\theta^*_{1,3} = 0.2$ 이고, 이분산 모형 부분에서는 상수항 $c_{12} = 0$이고 H_{t-2}에 대응되는 $g_{23} = 0.5$로 제한된 조건 하에서 모수의 ML 추정치를 출력한다.

⑦ **TEST**는 모수의 검정을 위한 명령어로 **RESTRICT** 명령어와 같은 형식을 갖는다. 다음의 프로그램은

```
proc varmax data=AA;
 model Y1-Y2 / p=2;
 test ar(1,1,2)=0, ar(1,2,2)=0;
```

VAR(2) 모형에서 $\mathbf{y}_{t-1}$에 대응되는 $H_0 : \phi_{12} = \phi_{22} = 0$에 대한 검정을 한다.

⑧ **OUTPUT**은 VARMAX 모형으로 예측된 값을 출력하는 명령어이다. option으로 사용되는 명령어들은 다음과 같다.

ALPHA=number : 예측값의 $100(1-\alpha)\%$ 신뢰구간을 지정하는 명령어로 α를 지정한다. 0과 1 사이값을 가지며, 기본값은 0.05이다.

BACK=number : 관찰값의 끝 시점에서 몇시점 뒤에서 부터 예측할지를 지정한다.

LEAD=number : 예측값의 개수를 지정한다.

```
proc varmax data=AA;
 model Y1-Y3 / p=2;
 output lead=6 back=3;
```

이 예제에서 총 관찰치의 개수가 100개 일 때 97번째 시점까지의 자료를 이용하여 (back=3)에 의해 103시점까지 예측(lead=6에 의해)하게 된다.

OUT= data-set : 예측값을 지정된 데이터세트에 저장한다.

11.6 사례분석

표 11.1은 2005년 1월 ~ 2012년 12월까지 현대자동차(현대차), 기아자동차(기아차), 그 이외의 자동차 회사(현기외)의 월별 자동차 판매량(수입차 포함)이다. 판매량의 변화를 보여주는 그림 11.1를 보면, 현대자동차의 월별 판매량이 가장 크지만, 월별 변동 폭이 상대적으로 크고 판매추세가 유지되고 있는 것을 볼 수 있다. 반면 '기아차'는 판매추세 상승하다 유지되는 모습을 보이고 '현기외'의 경우 판매규모는 가장 낮은 수준이지만 2009년 이후 월별 판매규모는 계속 상승하는 모습을 보이고 있다.

표 11.1: 월별 자동차 판매량 자료(단위 : 대)

연월	현대차	기아차	현기외	연월	현대차	기아차	현기외	연월	현대차	기아차	현기외
05/01	39,228	19,014	16,315	07/09	48,603	20,356	17,106	10/05	49,228	40,014	20,149
05/02	34,219	17,014	14,017	07/10	55,224	25,104	18,876	10/06	48,643	44,431	20,665
05/03	45,742	22,274	15,362	07/11	54,736	25,202	19,829	10/07	49,055	45,100	20,717
05/04	44,737	23,497	15,759	07/12	58,714	25,007	23,098	10/08	49,362	38,620	20,392
05/05	45,821	22,100	14,749	08/01	51,918	22,037	18,994	10/09	56,853	40,191	20,505
05/06	51,038	23,531	18,363	08/02	47,769	24,058	16,987	10/10	62,615	43,147	22,107
05/07	52,402	24,185	18,655	08/03	58,651	28,316	20,483	10/11	60,348	44,049	23,922
05/08	45,428	21,975	16,035	08/04	56,915	27,413	21,824	10/12	60,092	45,216	26,393
05/09	38,123	18,007	17,498	08/05	55,202	26,452	23,202	11/01	55,412	40,502	21,522
05/10	50,757	22,012	16,933	08/06	48,301	25,754	21,115	11/02	49,413	39,029	16,841
05/11	55,896	25,854	18,344	08/07	52,535	27,514	23,482	11/03	62,013	46,100	27,232
05/12	67,420	27,045	22,522	08/08	38,023	23,305	14,282	11/04	60,073	42,502	25,190
06/01	45,022	17,526	14,777	08/09	31,449	24,322	19,664	11/05	57,750	38,012	24,695
06/02	45,486	21,503	15,868	08/10	52,735	33,609	15,480	11/06	59,761	42,200	25,502
06/03	51,462	23,375	18,859	08/11	35,902	26,145	9,117	11/07	60,021	40,706	25,368
06/04	44,044	21,532	17,346	08/12	41,562	27,507	12,704	11/08	51,322	36,611	23,757
06/05	45,000	22,255	19,423	09/01	35,396	22,056	11,823	11/09	56,253	41,952	24,809
06/06	49,866	24,015	20,316	09/02	44,848	27,307	11,219	11/10	58,886	41,302	21,301
06/07	28,097	21,082	18,912	09/03	49,114	30,043	12,538	11/11	54,732	39,031	22,981
06/08	51,314	15,202	15,591	09/04	47,339	29,010	14,253	11/12	58,499	45,056	24,995
06/09	56,093	27,011	22,952	09/05	63,718	38,102	15,724	12/01	45,186	34,210	21,516
06/10	50,705	23,238	16,635	09/06	74,685	46,006	18,240	12/02	53,647	40,012	23,807
06/11	53,827	26,003	19,929	09/07	60,638	34,811	13,446	12/03	56,022	42,050	29,102
06/12	60,176	27,855	25,251	09/08	46,841	25,184	11,669	12/04	55,497	40,005	28,896
07/01	45,313	19,017	21,045	09/09	68,570	39,006	22,734	12/05	58,050	40,750	29,983
07/02	43,458	18,369	18,368	09/10	66,458	36,017	21,247	12/06	59,711	42,111	29,726
07/03	54,078	23,004	22,047	09/11	69,356	38,687	20,798	12/07	59,955	40,300	28,529
07/04	51,305	21,202	20,686	09/12	75,709	46,523	24,337	12/08	35,390	32,078	24,090
07/05	53,602	23,008	22,055	10/01	59,774	34,007	17,454	12/09	57,559	39,030	27,340
07/06	56,527	22,010	21,856	10/02	48,981	33,209	16,609	12/10	61,486	40,600	29,362
07/07	52,720	20,010	20,612	10/03	59,275	38,015	19,091	12/11	61,608	44,400	30,642
07/08	50,995	23,006	18,970	10/04	55,339	38,513	20,747	12/12	63,106	46,514	30,307

이제 세 시계열 변수를 이용하여 VARMAX 프로시져의 활용에 대하여 알아보자. VECM에 관해서는 앞 장에서 다루었으므로 이 장에서는 VARMAX(p, q, s)의 활용과 해석에 대하여 다룬다. 프로그램 11.1은 표 11.1의 자료를 읽고 분산안정화를 위한 제곱근변환을 하고 있으며, 단위근 검정 및 Granger 원인 검정을 하고 있다. 먼저 *P8*~*P9*의 단위근 검정 결과를 보도록 하자.

그림 11.1: 월별 자동차 판매량 비교

프로그램 11.1 : 단위근과 Granger Causality 검정

```
data auto3;
 input HY KIA GSI;
 SH=sqrt(HY); SK=sqrt(KIA); SG=sqrt(GSI);
 cards;
  39228 19014 16315
  ... ;  run;

 proc varmax data=auto3;
  model SH SK SG/ p=2 dftest; run;

 proc varmax data=auto3;
  model SH SK SG / dif=(SK(1) SG(1)) dftest ;
   causal group1=(SH) group2=(SK SG);
   causal group1=(SK) group2=(SH SG);
   causal group1=(SG) group2=(SH SK); run;
```

출력 11.1의 *R1* ~ *R13* 은 세 변수(SH, SK, SG)의 단위근 검정 결과이다. 단위근 검정결과에 대한 해석은 9장의 설명을 따르도록 한다. 여기서는 SH(현대자동차)는 단위근이 존재하지 않고, SK(기아자동차)와 SG(현대,기아자동차 이외)는 단위근이 존재하는 것으로 결정한다. *R15* ~ *R30* 은 프로그램 11.1의 *P11* ~ *P15* 의 Granger 인과관계에 검정에 대한 결과이다. 사실 이 검정은 VARMAX 모형에서 사용할 외생변수를 찾기위한 것으로 검정결과를 보면 두 번째와 세 번째 검정에서 `Group 1`의 변수가 `Group2`의 변수들에 대하여 Granger 원인이 아님을 알 수 있다. 여기서는 세 번째 검정결과를 중심으로 내용을 전개해 나아가기로 한다. 그러므로 먼저 SG를 외생변수로 제외하고 SH와 SK에 대한 VARMA 모형의 적합에 대하여 알아보도록 하자.

출력 11.1 : 프로그램 11.1의 단위근 검정과 Granger Causality 검정결과

```
1                         Dickey-Fuller Unit Root Tests
2
3    Variable  Type                Rho    Pr < Rho        Tau     Pr < Tau
4
5    SH        Zero Mean          0.07      0.6977       0.12       0.7186
6              Single Mean      -46.89      0.0009      -4.96       0.0001
7              Trend            -60.21      0.0003      -5.51       <.0001
8    SK        Zero Mean          0.31      0.7544       0.55       0.8328
9              Single Mean       -8.33      0.1902      -2.03       0.2714
10             Trend            -49.80      0.0003      -4.89       0.0007
11   SG        Zero Mean          0.22      0.7317       0.36       0.7870
12             Single Mean      -15.32      0.0306      -2.58       0.0999
13             Trend            -25.97      0.0132      -3.45       0.0514
14
15                          Granger-Causality Wald Test
16
17                 Test         DF     Chi-Square     Pr > ChiSq
18
19                    1          4           8.83         0.0655
20                    2          4           6.60         0.1587
21                    3          4           3.35         0.5017
22
23                    Test 1:   Group 1 Variables:   SH
24                              Group 2 Variables:   SK SG
25
26                    Test 2:   Group 1 Variables:   SK
27                              Group 2 Variables:   SH SG
28
29                    Test 3:   Group 1 Variables:   SG
30                              Group 2 Variables:   SH SK
```

프로그램 11.2는 SH와 SK 두 시계열에 대한 VARMA 모형의 적합에 관한 것이다. VARMA 모형은 정상시계을 대상으로 하는 모형이므로 *P1* ~ *P2* 에서 단위근 검정 결과에 따라 SK를 1차 차분한 것을 알 수 있으며, VARMA(p, q)에서 p, q 차수 설정을 위해 `minic` 옵션이 사용되었음을 알 수 있다. 출력 11.2A에서 *R1* ~ *R10* 은 VARMA($p=0:5, q=0:5$)에 대한 AICC 값이며, 이 중 AICC 값이 가장 작은 경우의 p, q가 선택된다. *R12* 를 보면 VAR(2) 모형이 선택된 것을 알 수 있고, AICC 값도 $p=2, q=0$에서 가장 작아짐을 확인할 수 있다. *R15* ~ *R29* 는 VAR(2) 모형의 모수 추정 및 검정결과이다.

프로그램 11.2 : VAR 모형 적합

```
proc varmax data=auto3;
 model SH SK/ dif=(SK(1)) minic lagmax=5; run;

proc varmax data=auto3 plots=(forecast);
 model SH SK/ dif=(SK(1)) p=2 lagmax=10 print=(diagnose);
 restrict AR(1,1,2)=0;
 output out=pred_auto3 lead=6; run;
```

일반적으로 모수의 검정결과에 따라 모형의 단순화를 위한 정리 절차를 거치게 되고 여기서도 동일하게 적용된다. $H_0: \phi_{ijk}=0$를 기각하지 못하는 경우 제거대상이 되지만, 제거 후 정보기준(information criterion)이 감소되거나 유지되는 경우만 받아들인다. 즉 제거 후 정보기준이 오히려 증가한다면 해당 모수를 제거하지 않는다.

출력 11.2A : 프로그램 11.2의 자동 차수결정결과

```
1                 Minimum Information Criterion Based on AICC
2
3     Lag          MA 0        MA 1        MA 2        MA 3        MA 4        MA 5
4
5     AR 0    11.076731   10.470617   10.264347   10.191597   10.241645   10.251164
6     AR 1    10.274609   10.106951   10.111328   10.138875   10.229292    10.30127
7     AR 2    10.068044   10.103071    10.18409   10.215183   10.304842   10.364245
8     AR 3    10.166865   10.137524   10.232357   10.322324   10.404131   10.439499
9     AR 4    10.192745   10.154267   10.226445   10.336138   10.324252   10.350365
10    AR 5    10.229984   10.240035   10.330929   10.435663   10.436775   10.489837
11
12              Type of Model                              VAR(2)
13              Estimation Method      Least Squares Estimation
14
15                                     Model Parameter Estimates
16
17                                          Standard
18   Equation   Parameter      Estimate        Error    t Value   Pr > |t|   Variable
19
20   SH         CONST1        100.89134     26.90871       3.75     0.0003   1
21              AR1_1_1         0.37689      0.14028       2.69     0.0086   SH(t-1)
22              AR1_1_2         0.00151      0.19211       0.01     0.9937   SK(t-1)
23              AR2_1_1         0.18654      0.13584       1.37     0.1732   SH(t-2)
24              AR2_1_2        -0.35124      0.14313      -2.45     0.0161   SK(t-2)
25   SK         CONST2         41.50597     18.65433       2.23     0.0286   1
```

```
            AR1_2_1       -0.00973     0.09725      -0.10      0.9205  SH(t-1)
            AR1_2_2       -0.51562     0.13318      -3.87      0.0002  SK(t-1)
            AR2_2_1       -0.16564     0.09417      -1.76      0.0821  SH(t-2)
            AR2_2_2       -0.35065     0.09923      -3.53      0.0007  SK(t-2)
```

출력 11.2B는 프로그램 11.2의 P4~P7의 처리결과이다. 프로그램을 보면, VAR(2) 모형의 최종적합(restrict에 의한 모수 제거), 적합결과에 대한 진단결과 출력(print=diagnose), 최종모형에 의한 6개월 예측을 처리하고 있다. 마지막으로 plots=(forecast) 옵션을 사용하여 예측 시도표를 출력하도록 하고 있다.

출력 11.2B : 프로그램 11.2 최종모형 설정

```
                          Model Parameter Estimates

                                             Standard
Equation  Parameter     Estimate                Error  t Value  Pr > |t|  Variable

SH        CONST1       100.86882             26.75649     3.77    0.0003  1
          AR1_1_1        0.37764              0.10283     3.67    0.0004  SH(t-1)
          AR1_1_2        0.00000              0.00000                     SK(t-1)
          AR2_1_1        0.18589              0.10802     1.72    0.0888  SH(t-2)
          AR2_1_2       -0.35154              0.13800    -2.55    0.0126  SK(t-2)
SK        CONST2        41.49495             18.60190     2.23    0.0282  1
          AR1_2_1       -0.00936              0.08532    -0.11    0.9129  SH(t-1)
          AR1_2_2       -0.51636              0.09440    -5.47    0.0001  SK(t-1)
          AR2_2_1       -0.16596              0.08512    -1.95    0.0544  SH(t-2)
          AR2_2_2       -0.35079              0.09747    -3.60    0.0005  SK(t-2)

                         Testing of the Restricted Parameters

                                   Standard
     Parameter    Estimate            Error t Value Pr > |t| Equation

     Restrict0     0.04103          5.20522    0.01   0.9937  AR1_1_2 = 0

                                Information Criteria

                                  AICC     10.06804
                                  HQC      10.16578
                                  AIC      10.05583
                                  SBC      10.32815
                                  FPEC     23295.91

          Schematic Representation of Cross Correlations of Residuals
   Variable/
   Lag               0    1    2    3    4    5    6    7    8    9    10

   SH               ++   ..   ..   ..   ..   ..   ..   ..   .-   ..   .-
   SK               ++   ..   ..   ..   ..   ..   .+   .+   ..   ..   .-

           + is > 2*std error,  - is < -2*std error,  . is between

          Portmanteau Test for Cross Correlations of Residuals
               Up To
```

```
                 Lag            DF     Chi-Square    Pr > ChiSq

                    3            4           6.84        0.1445
                    4            8          12.21        0.1421
                    5           12          13.86        0.3097
                    6           16          19.45        0.2462
                    7           20          26.39        0.1533
                    8           24          31.74        0.1335
                    9           28          33.24        0.2271
                   10           32          43.68        0.0817

                  Univariate Model ANOVA Diagnostics

                                                 Standard
          Variable        R-Square           Deviation      F Value      Pr > F

          SH                0.2342          17.16914          6.73      <.0001
          SK                0.3086          11.90242          9.82      <.0001

                     Univariate Model AR Diagnostics

                    AR1              AR2              AR3              AR4
Variable   F Value Pr > F   F Value Pr > F   F Value Pr > F   F Value Pr > F

SH            0.00 0.9632     0.07 0.9344     0.05 0.9871     0.12 0.9743
SK            0.10 0.7574     0.80 0.4543     1.82 0.1496     3.11 0.0195

                                 Forecasts

                                          Standard
   Variable    Obs      Forecast             Error     95% Confidence Limits

   SH           97     238.63401          17.16914     204.98311     272.28492
                98     235.94051          18.35263     199.97001     271.91100
                99     237.08587          18.78409     200.26974     273.90200
               100     234.30225          19.16924     196.73124     271.87327
               101     232.54501          19.43135     194.46027     270.62976
               102     232.63766          19.47334     194.47063     270.80470
   SK           97     207.82796          11.90242     184.49964     231.15628
                98     207.70938          20.83877     166.86613     248.55263
                99     210.20483          27.79990     155.71803     264.69163
               100     209.07709          35.55409     139.39235     278.76182
               101     208.73921          43.58383     123.31647     294.16196
               102     209.74288          50.82346     110.13073     309.35504
```

출력 11.2B의 *R1* ~ *R15* 는 restrict AR(1,1,2)=0에 의해 $\phi_{112} = 0$ 제약 하에서 VAR(2)의 추정결과이다. $H_0 : \phi_{ijk} = 0$을 기각하지 못한 검정결과들이 보이지만 제거 후 정보기준(*R24* ~ *R30*)이 감소하지 않는 경우는 제약을 걸어 제거하지 않았다. *R32* ~ *R37* 은 SH와 ∇SK의 잔차에 교차상관cross correlation)의 존재여부에 대한 체계적 표현이다. 모든 시차에서 '·'이 나오는 것이 제일 좋은 결과이지만 여기서는 시차 6,7에서는 양의 교차상관이 시차 8과 10에서는 음의 교차상관이 존재하는 것을 알 수 있다. 체계적 표현에 이어서 나오는 결과는 두 변수의 교차상관에 대한 포트만토 검정결과이다. 시차 9까지 'H_0 : 교차상관이 존재하지 않는다'를 기각하지 못하나 시차 10에서는 유의수준 10%($\alpha = 0.1$)에서 H_0를 기각하고 있다.

이는 체계적 표현에서도 확인할 수 있는 부분이었다. 이를 제거하기 위해서는 모형에 시차 10의 교차상관을 처리할 수 있는 모수행렬을 추가로 지정해야 하지만, 모형의 단순화와 시차가 커서 영향력이 적은 것으로 판단하여 결과를 그대로 받아들이기로 한다. 그러므로 추정결과는 다음과 같이 표현할 수 있다.

$$\begin{pmatrix} \widehat{SH}_t \\ \widehat{\nabla SK}_t \end{pmatrix} = \begin{pmatrix} 100.869 \\ 41.495 \end{pmatrix} + \begin{pmatrix} 0.378 & 0.000 \\ -0.009 & -0.516 \end{pmatrix} \begin{pmatrix} \widehat{SH}_{t-1} \\ \widehat{\nabla SK}_{t-1} \end{pmatrix} + \begin{pmatrix} 0.186 & -0.352 \\ -0166 & -0.351 \end{pmatrix} \begin{pmatrix} \widehat{SH}_{t-2} \\ \widehat{\nabla SK}_{t-2} \end{pmatrix}$$

이제 이 모형을 전개하면 SH_t와 ∇SK_t 각각의 모형식으로 표현할 수 있다. *R54* ~ *R68* 은 두 시계열 각각의 모형 식에서 모형 검정과 모형 적합 후 잔차의 자기상관 존재여부에 대한 검정 결과이다. 먼저 모형에 대한 F-검정의 귀무가설은 SH의 경우 $H_0 : \phi_{111} = \phi_{112} = \phi_{211} = \phi_{212} = 0$ 이고 SK의 경우는 $H_0 : \phi_{121} = \phi_{122} = \phi_{221} = \phi_{222} = 0$이 된다. 잔차의 자기상관 존재여부에 대한 검정에서는 AR1의 경우 귀무가설은 $H_0 : \rho_1 = 0$ 이고 AR2 는 $H_0 : \rho_1 = \rho_2 = 0$이 된다. 같은 형식으로 AR4는 $H_0 : \rho_1 = \rho_2 = \rho_3 = \rho_4 = 0$이 된다. 그러므로 *R68* 에서 SK AR4의 p-값 0.0195는 유의수준 5%의 검정결과 모형적합 후 잔차의 시차 1~4 까지 존재하는 자기상관이 모두 0은 아니라는 것을 의미한다. *R70* 이후 결과는 SH와 SK의 6개월 예측결과이고, 그림 11.2는 이를 모형의 적합결과와 함께 나타낸 것이다.

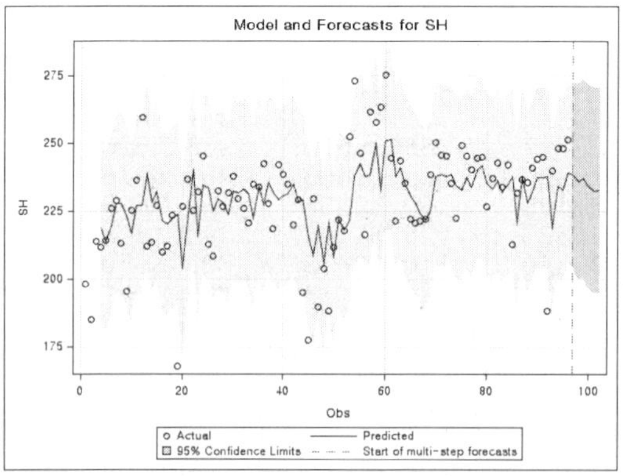

(a) 현대자동차 예측결과

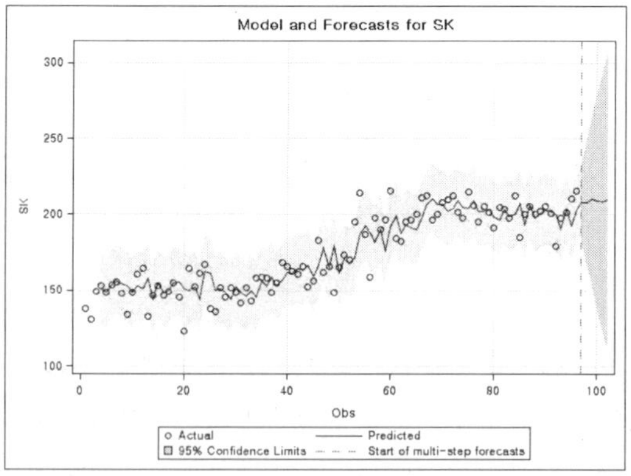

(b) 기아자동차 예측결과

그림 11.2: VAR(2) 모형 예측 시도표

출력 11.2B와 그림 11.2를 보면 모형적합 결과에 아쉬움이 남는다. 잔차의 정보를 모두 사용한 것도 아니고 모형의 적합도 역시 부족한 듯한 느낌이다. 이를 개선하기 위해 p의 크기를 늘려보는 방법도 있겠지만 이번에는 외생변수를 이용한 VARMAX(p, q, s) 모형을 적합해 보도록 하자. 외생변수는 앞서 Granger 인과관계 검정결과에 따라 SG(현대, 기아 자동차 이외의 제조사 자동차 판매량, 수입자동차 포함)를 사용한다. 프로그램 11.3에서 *P1*~*P3*은 VARMAX 모형의 적합을 위한 것으로 `model` 에서 모형의 정의가 VARMA(p, q) 모형과 다르게 SG 변수를 외생변수로 사용하고 있고 단위근 검정 결과에 따라 1차 차분을 실시한 것을 볼 수 있다. 차수의 결정은 `minic` 옵션으로 정보기준이 가장 작은 경우로 결정되도록 하였다. `nloptios`는 모수 추정을 의한 목적함수의 최적화 과정에서 불안정한 결과가 나오는 경우 안정된 결과로 수렴할 수 있도록 연산 횟수를 늘려주는 명령어이다. *P1*~*P3*은 초기모형 설정에 관한 내용이므로 출력 11.3에는 포함되어있지 않다. 수행결과 VARMAX(1,1,0) 모형이 선정되었다.

프로그램 11.3 : VARMAX 모형 적합

```
1  proc varmax data=auto3;
2   nloptions maxiter=500;
3    model SH SK=SG/ dif=(SK(1) SG(1)) minic lagmax=5; run;
4
5  proc varmax data=auto3 plots=(forecast);
6   nloptions maxiter=1000 maxfunc=1000;
7    model SH SK=SG/ dif=(SK(1) SG(1)) p=1 q=1 xlag=0
8                   lagmax=10 print=(diagnose);
9   output out=pred_auto3wx lead=0; run;
```

출력 11.3은 프로그램 11.3의 *P5*~*P9*의 수행결과이다. VARMAX(1,1,0) 모형에 대한 적합과 검진을 실시하고 적합결과를 출력하도록 하였다. 출력 11.3의 *R1* ~ *R20*을 보면 VARMAX(1,1,0) 모형이 적합되었음을 알 수 있다. 모수의 검정결과에 따라 제약에 의한 모수 정리를 해보았으나 정보기준이 감소하는 경우가 발생하지 않아 제약에 의한 모수 정리는 적용하지 않았다.

출력 11.3 : VARMAX 모형 적합결과

```
1              Type of Model                                  VARMAX(1,1,0)
2              Estimation Method    Maximum Likelihood Estimation
3
4                                Model Parameter Estimates
5
6                                            Standard
7  Equation  Parameter   Estimate            Error    t Value  Pr > |t|  Variable
8
```

```
SH      CONST1       40.86517     13.85553      2.95    0.0040   1
        XL0_1_1       0.97608      0.13604      7.17    0.0001   SG(t)
        AR1_1_1       0.81839      0.06066     13.49    0.0001   SH(t-1)
        AR1_1_2       0.30267      0.15192      1.99    0.0492   SK(t-1)
        MA1_1_1       0.53460      0.12384      4.32    0.0001   e1(t-1)
        MA1_1_2       0.28444      0.19372      1.47    0.1454   e2(t-1)
SK      CONST2       25.46371      9.91981      2.57    0.0118   1
        XL0_2_1       0.67720      0.09269      7.31    0.0001   SG(t)
        AR1_2_1      -0.11069      0.04350     -2.54    0.0126   SH(t-1)
        AR1_2_2       0.09817      0.08727      1.12    0.2635   SK(t-1)
        MA1_2_1      -0.05874      0.09335     -0.63    0.5307   e1(t-1)
        MA1_2_2       0.62992      0.14007      4.50    0.0001   e2(t-1)

                      Information Criteria

                        AICC      9.557213
                        HQC       9.670951
                        AIC       9.539805
                        SBC       9.864481
                        FPEC      13907.07

         Schematic Representation of Cross Correlations of Residuals
   Variable/
   Lag           0    1    2    3    4    5    6    7    8    9    10

   SH           ++   ..   ..   ..   ..   ..   ..   .+   ..   ..   ..
   SK           ++   ..   ..   ..   ..   ..   ..   .+   ..   ..   ..

          + is > 2*std error,  - is < -2*std error,  . is between

                    Portmanteau Test for Cross
                     Correlations of Residuals
          Up To
          Lag            DF     Chi-Square     Pr > ChiSq

               3          4           7.80         0.0992
               4          8          10.28         0.2459
               5         12          12.41         0.4132
               6         16          13.85         0.6097
               7         20          21.52         0.3669
               8         24          23.93         0.4655
               9         28          30.68         0.3314
              10         32          36.75         0.2580

                  Univariate Model ANOVA Diagnostics

                                      Standard
     Variable      R-Square          Deviation     F Value     Pr > F

     SH              0.5177           13.66663       18.90     <.0001
     SK              0.5870            8.99426       25.01     <.0001

                   Univariate Model AR Diagnostics

                  AR1                AR2                AR3                AR4
Variable  F Value Pr > F   F Value Pr > F   F Value Pr > F   F Value Pr > F

SH           0.43 0.5141      0.24 0.7905      0.17 0.9155      0.12 0.9735
SK           1.33 0.2515      1.97 0.1455      1.33 0.2702      0.93 0.4496
```

모형의 검진결과를 보면 일일이 설명하지 않더라도 VARMAX(1,1,0) 모형이 VAR(2) 모형에 비하여 많은 부분에서 개선되었음을 알 수 있다. 모형의 추정결과를 정리하면 다음과 같다. 그림 11.3을 보면 VAR(2) 모형을 적합하였던 그림 11.2에 비하여 적합이 개선되었음을 알 수 있다. VARMAX 모형에서 예측을 하면 예측결과는 예상과 다르게 나타난다. 이유는 외생변수의 예측값 없이 예측이 이루어지기 때문이다. 물로 외생변수의 예측값을 데이터에 추가한 후에 VARMAX 모형을 적합하면 예측결과를 얻어낼 수 있지만, VARMAX(p, q, s) 모형만으로는 예측이 불가능하다. 그러므로 그림 11.3에서도 적합결과만을 제시한 것이다.

$$\begin{aligned}\left(\widehat{SH}_t \quad \widehat{\nabla SK}_t\right) &= \left(40.865 \quad 25.463\right) + \begin{pmatrix} 0.818 & 0.303 \\ -0.111 & 0.098 \end{pmatrix} \begin{pmatrix} \widehat{SH}_{t-1} \\ \widehat{\nabla SK}_{t-1} \end{pmatrix} \\ &+ \begin{pmatrix} 0.976 \\ 0.677 \end{pmatrix} \nabla SG_t + \begin{pmatrix} \widehat{\epsilon^{SH}}_t \\ \widehat{\epsilon^{SK}}_t \end{pmatrix} + \begin{pmatrix} 0.535 & 0.284 \\ -0.059 & 0.630 \end{pmatrix} \begin{pmatrix} \widehat{\epsilon^{SH}}_{t-1} \\ \widehat{\epsilon^{SK}}_{t-1} \end{pmatrix}\end{aligned}$$

그림 11.3의 예측시도표까지 보았지만, 아쉬운 점은 추정모형에 대한 설명이 없다는 것이다.

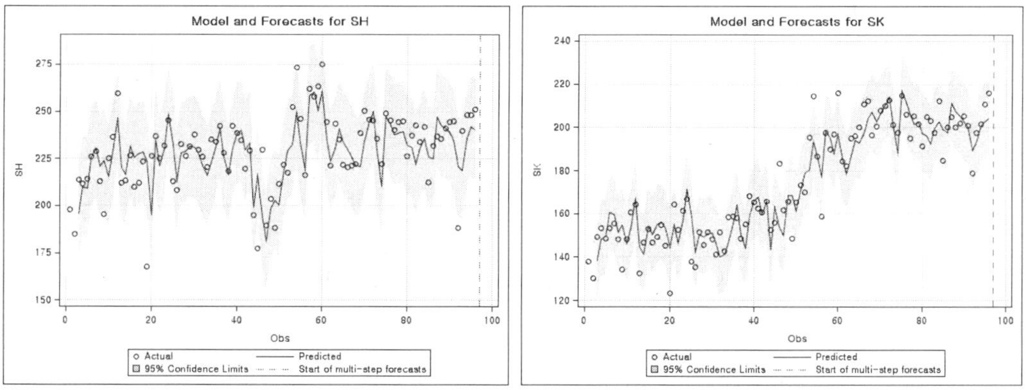

(a) 현대자동차 예측결과 (b) 기아자동차 예측결과

그림 11.3: VARMAX(1,1,0) 모형 적합 시도표

사실 VARMAX(1,1,0) 모형의 추정계수를 효과적으로 설명하고 의미를 부여하기는 매우 어렵다. 이제 모형에 의미를 파악하는데 도움이 되는 충격반응함수(impulse response)에 대하여 알아보자. 프로그램 11.4의 P4~P5는 충격반응함수 분석을 할 수 있도록 결과를 출력해주는 옵션이다. `impulse`와 `impulsex`에 옵션에 의해 식 11.3의 $\boldsymbol{\Psi}$와 $\boldsymbol{\Psi}^*$가 출력된다.

프로그램 11.4 : 충격반응함수 출력을 위한 프로그램

```
proc varmax data=auto3 plots=(impulse);
 nloptions maxiter=500 maxfunc=1000;
  model SH SK=SG/ dif=(SK(1) SG(1)) p=1 q=1 xlag=0 lagmax=10
                          print=(impulse=(simple accum stderr)
                          impulsex=(simple accum) dynamic); run;
```

출력 11.4의 *R1* ~ *R28* 은 impulsex에 의한 결과이며, 외생변수인 SG가 한 단위 변할 때 SH와 SK에 어떤 영향을 주는지를 보여준다. 출력물의 왼쪽인 Simple Impulse Response of Transfer Function을 보면 SH와 SK에 대한 영향력이 시차 별로 정리되어있다. 이 값들을 보기 쉽게 표현한 것이 그림 11.4(a)이며, SG의 충격에 대하여 SH와 SK가 어떤 반응을 보이는지 알 수 있다(plots=(impulse) 옵션). 이 그림을 보면 SG의 충격에 대하여 SH는 시간이 가면서 영향력이 빠르게 0으로 가까워 지는 것을 볼 수 있으며, SK는 SH보다 충격에 대한 반응이 둔감하며, 상대적으로 더 빠르게 0으로 가까워지는 것을 알 수 있다. 그림 11.4(b)는 그림 11.4(a)의 누적된 값을 표현한 것으로 *R1* ~ *R28* 의 오른쪽 출력물을 그린 것이다. 이들은 각각 simple, accum 옵션에 의하여 출력된다. 그림의 가로축의 시차는 lagmax에 지정되는 길이에 의해 조절된다.

출력 11.4 : 프로그램 11.4의 출력결과

```
        Simple Impulse Response                    Accumulated Impulse Response
          of Transfer Function                        of Transfer Function

         Variable                                    Variable
   Lag   Response\Impulse          SG         Lag   Response\Impulse           SG

     0   SH                   0.97608           0   SH                    0.97608
         SK                   0.67720               SK                    0.67720
     1   SH                   1.00379           1   SH                    1.97988
         SK                  -0.04157               SK                    0.63564
     2   SH                   0.80892           2   SH                    2.78879
         SK                  -0.11520               SK                    0.52044
     3   SH                   0.62715           3   SH                    3.41594
         SK                  -0.10085               SK                    0.41959
     4   SH                   0.48273           4   SH                    3.89867
         SK                  -0.07932               SK                    0.34027
     5   SH                   0.37105           5   SH                    4.26972
         SK                  -0.06122               SK                    0.27904
     6   SH                   0.28514           6   SH                    4.55486
         SK                  -0.04708               SK                    0.23196
     7   SH                   0.21910           7   SH                    4.77396
         SK                  -0.03619               SK                    0.19577
     8   SH                   0.16836           8   SH                    4.94232
```

```
24          SK                 -0.02781          SK                 0.16797
25     9    SH                  0.12937      9   SH                 5.07169
26          SK                 -0.02137          SK                 0.14660
27    10    SH                  0.09941     10   SH                 5.17110
28          SK                 -0.01642          SK                 0.13018
29
30
31          Simple Impulse Response           Accumulated Impulse Response
32
33      Variable                               Variable
34  Lag Response\Impulse     SH        SK    Lag Response\Impulse     SH        SK
35
36    1 SH              0.28379   0.01824      1 SH              1.28379   0.01824
37      SK             -0.05195  -0.53175        SK             -0.05195   0.46825
38    2 SH              0.21653  -0.14602      2 SH              1.50032  -0.12779
39      SK             -0.03651  -0.05422        SK             -0.08847   0.41403
40    3 SH              0.16615  -0.13591      3 SH              1.66647  -0.26370
41      SK             -0.02755   0.01084        SK             -0.11602   0.42487
42    4 SH              0.12764  -0.10795      4 SH              1.79411  -0.37165
43      SK             -0.02110   0.01611        SK             -0.13712   0.44098
44    5 SH              0.09807  -0.08347      5 SH              1.89219  -0.45512
45      SK             -0.01620   0.01353        SK             -0.15332   0.45451
46    6 SH              0.07536  -0.06422      6 SH              1.96755  -0.51934
47      SK             -0.01245   0.01057        SK             -0.16576   0.46508
48    7 SH              0.05791  -0.04936      7 SH              2.02545  -0.56869
49      SK             -0.00956   0.00815        SK             -0.17533   0.47323
50    8 SH              0.04450  -0.03793      8 SH              2.06995  -0.60662
51      SK             -0.00735   0.00626        SK             -0.18268   0.47949
52    9 SH              0.03419  -0.02914      9 SH              2.10414  -0.63576
53      SK             -0.00565   0.00481        SK             -0.18832   0.48430
54   10 SH              0.02627  -0.02239     10 SH              2.13041  -0.65816
55      SK             -0.00434   0.00370        SK             -0.19266   0.48800
56
57                      Dynamic Model Parameter Estimates
58
59                                          Standard
60    Equation  Parameter    Estimate        Error  t Value  Pr > |t|   Variable
61
62    SH        CONST1       40.86517     13.85553     2.95    0.0040   1
63              XL0_1_1       0.97608      0.00000                      SG(t)
64              AR1_1_1       0.81839      0.06066    13.49    0.0001   SH(t-1)
65              AR1_1_2       0.30267      0.13749     2.20    0.0302   SK(t-1)
66              MA1_1_1       0.53460      0.12384     4.32    0.0001   e1(t-1)
67              MA1_1_2       0.28444      0.19612     1.45    0.1503   e2(t-1)
68    SK        CONST2       11.05005      9.91981     1.11    0.2681   1
69              XL0_2_1       0.33293      3.49928     0.10    0.9244   SG(t)
70              AR0_2_1       0.35271                                   SH(t)
71              AR1_2_1      -0.39935      0.04350    -9.18    0.0001   SH(t-1)
72              AR1_2_2      -0.00859      0.06514    -0.13    0.8954   SK(t-1)
73              MA1_2_1      -0.24730      0.09335    -2.65    0.0095   e1(t-1)
74              MA1_2_2       0.52959      0.10006     5.29    0.0001   e2(t-1)
```

출력 11.4의 *R31* ~ *R55* 는 impulse 옵션에 의한 출력물이다. impulsex 보다 출력물이 복잡해 보이는 이유는 충격에 의한 영향력이 직접적인 영향력과 간접적인 영향력으로 나누어지기 때문이다. 식 11.3에서 알 수 있듯이 impulse 옵션에 의한 출력물은 $\boldsymbol{\Psi}$이며, 이는 각 오차항의 충격에 대한 반응이 된다. 그러므로 SH의 오차항의 충격은 SH의 직접적인 반응과 모형에서 엮여있는 SK에 대한 간접적인 영향으로 나누어진다. 이것을 그림으로 나타낸 것이 그림 11.5(a)이고, 순서대로 직접적인 효과와 간접적인 효과이다. 이 그림을 보면, 직접적인 효과는 충격에 대한 반응이 시간이 지나면서 점차 0으로 가까워 지는 것을 볼 수 있으며, 간접적인 효과는 거의 없는 것을 알 수 있다. 그림 11.5(b)는 그림 11.5(a)의 효과를 누적한 그림이다.

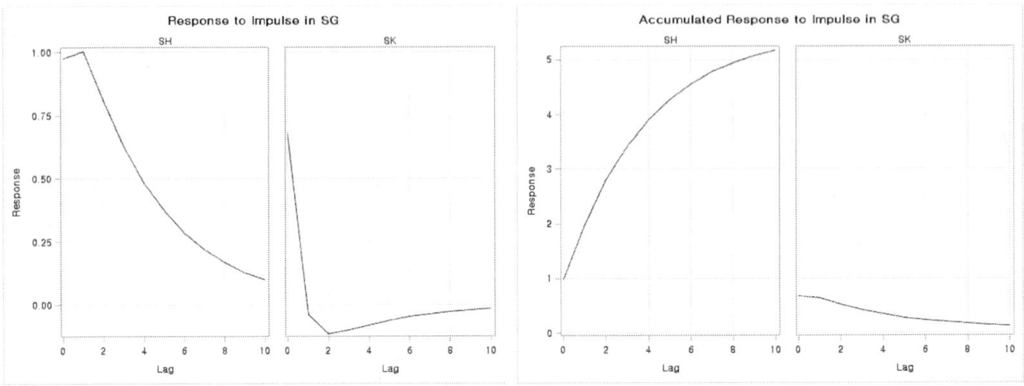

(a) Simple Response to Impulse (b) Accumulated Response to Impulse

그림 11.4: 현대, 기아자동차 이외에 의한 충격반응함수

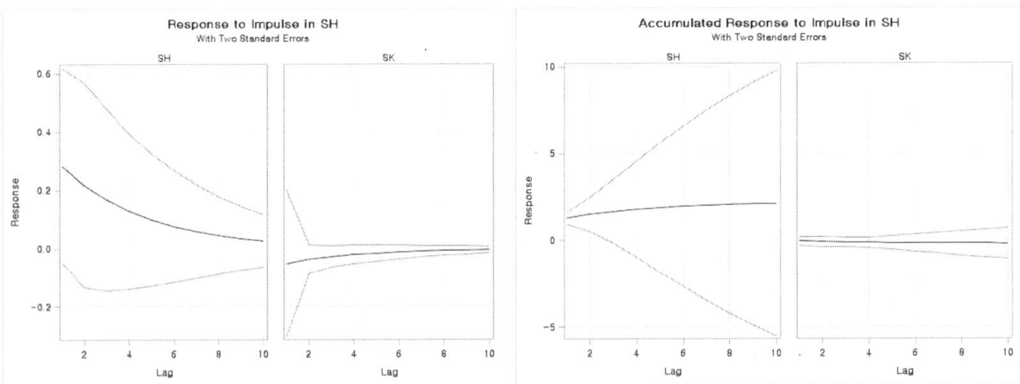

(a) Simple Response to Impulse (b) Accumulated Response to Impulse

그림 11.5: 현대자동차의 충격반응함수

그림 11.6는 SK의 오차에 대한 충격으로 인해 발생되는 직접적인 효과와 간접적인 효과를 그린 것이다. 충격에 대한 해석은 위의 경우와 동일하게 한다. 충격에 대한 반응을 온전하게 알기 위해서는 간접적인 효과가 제거된 상태에서 효과를 보아야 한다. 이는 직교화 충격(orthogonalized impluse)에 의한 반응을 보는 것으로 가능하며, 여기서는 생략하였지만 `orth` 옵션을 추가하는 것으로 결과를 얻을 수 있다.

모형의 추정결과를 이해하는데 도움이 되는 또 하나의 방법은 식 11.4과 같은 동적구조모형을 구해보는 것이다. 프로그램 11.4의 *P5*에서와 같이 `dynamic`을 추가하면 출력 11.4에서 *R57* ~ *R74*와 같은 결과를 얻을 수 있다. 출력물에는 식 11.4의 각 요소에 대한 상세한 결과가 포함되지만 여기서는 최종결과 만을 제시하였다.

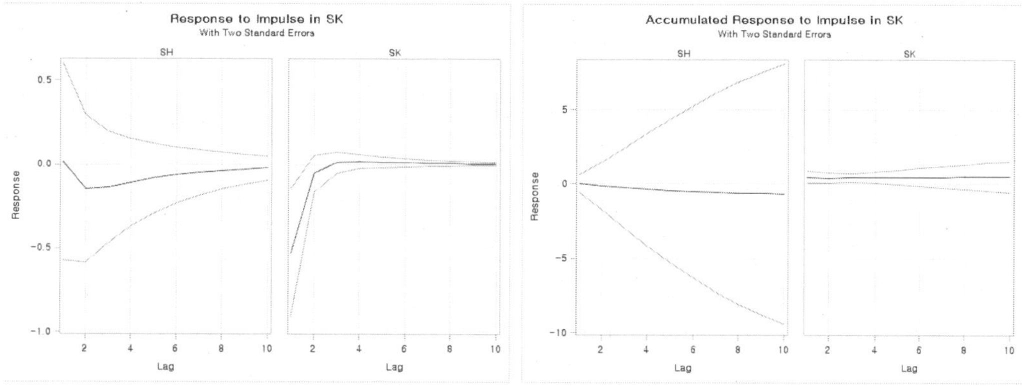

(a) Simple Response to Impulse

(b) Accumulated Response to Impulse

그림 11.6: 기아자동차의 충격반응함수

VARMAX(1,1,0) 모형을 동적구조모형으로 재표현하면 다음과 같다. 재표현된 구조형식은 모수의 영향력을 해석하기에 익숙한 형태임을 볼 수 있다.

$$\begin{aligned}\widehat{SH}_t =& 40.865 + 0.976SG_t + 0.818\widehat{SH}_{t-1} + 0.303\widehat{SK}_{t-1}\\ &+ 0.535\widehat{\epsilon^{SH}}_{t-1} + 0.284\widehat{\epsilon^{SK}}_{t-1}\\ \widehat{SK}_t =& 11.050 + 0.333SG_t + 0.353\widehat{SH}_t - 0.399\widehat{SH}_{t-1} - 0.008\widehat{SK}_{t-1}\\ &- 0.247\widehat{\epsilon^{SH}}_{t-1} + 0.530\widehat{\epsilon^{SK}}_{t-1}\end{aligned}$$

부록

A. 통계적 수렴(Stochastic Convergence)

Almost surely(a.s) 수렴

확률변수(또는 확률벡터) $X, X_1, X_2, \ldots$가

$$P\left[\lim_{n\to\infty} X_n = X\right] = 1$$

을 만족하면 X_n이 X로 a.s 수렴한다고 말한다. 이는 $X_n \xrightarrow{a.s} X$라고 표기한다.

In probability 수렴

확률변수(또는 확률벡터) $X, X_1, X_2, \ldots$가 임의의 $\epsilon > 0$에 대해

$$\lim_{n\to\infty} P\left[|X_n - X| < \epsilon\right] = 1$$

을 만족하면 X_n이 X로 in probability 수렴한다고 한다. 이를 $X_n \xrightarrow{p} X$로 표기한다.

In distribution 수렴

분포함수 $F_X(x)$를 가진 확률변수 X와 분포함수 $F_{X_n}(x)$를 가진 확률변수 $X_1, X_2, \ldots$

가 $F_X(x)$의 모든 연속점(countinuity point)인 x에 대해,

$$F_{X_n}(x) \overset{n\to\infty}{\longrightarrow} F_X(x)$$

를 만족하면 X_n이 X로 in distribution 수렴한다고 한다. 이를 $X_n \xrightarrow{d} X$라고 표기한다.

r차 평균수렴(Convergence in rth Mean)

모든 n에 대하여 $E(X_n^r) < \infty$, $r > 0$인 확률변수(또는 확률벡터) $X_1, X_2, \ldots$가

$$\lim_{n\to\infty} E|X_n - X|^r = 0$$

이면 X_n이 X로 r차 평균수렴한다고 한다. 이를 $X_n \xrightarrow{r} X$로 표기한다.

통계적 수렴의 관계

위에 열거한 통계적 수렴의 관계를 그림으로 나타내면 다음과 같다.

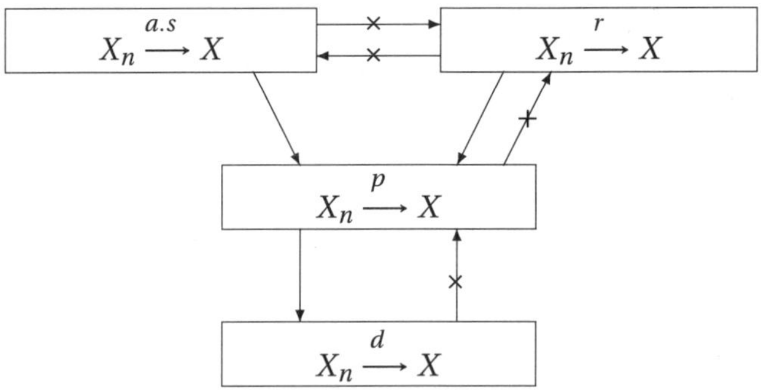

즉,

(1) $X_n \xrightarrow{a.s} X$이면 $X_n \xrightarrow{p} X$를 의미하지만, $X_n \xrightarrow{p} X$는 $X_n \xrightarrow{a.s} X$를 의미하지 않는다.

(2) $X_n \xrightarrow{p} X$는 $X_n \xrightarrow{d} X$를 의미하지만, 반대는 성립하지 않는다.

(3) $X_n \xrightarrow{r} X$는 $X_n \xrightarrow{p} X$를 의미하지만, 반대는 성립하지 않는다.

(4) $X_n \xrightarrow{a.s} X$는 $X_n \xrightarrow{r} X$를 의미하지 못하고, 반대도 성립하지 않는다.

(5) $X_n \xrightarrow{d} c$(상수)이면 예외적으로 $X_n \xrightarrow{p} c$는 성립한다.

a.s 및 in probability 수렴의 응용

(i) 어떤 통계량 $\delta_n \xrightarrow{p} \theta$이면, 연속함수 h에 대하여 $h(\delta_n) \xrightarrow{p} h(\theta)$이다.

(ii) $\delta_n \xrightarrow{p} \theta_1$이고 $\delta_n^* \xrightarrow{p} \theta_2$이면,

(a) $\delta_n + \delta_n^* \xrightarrow{p} \theta_1 + \theta_2$.

(b) $\delta_n - \delta_n^* \xrightarrow{p} \theta_1 - \theta_2$.

(c) $\delta_n \cdot \delta_n^* \xrightarrow{p} \theta_1 \cdot \theta_2$.

(d) $\delta_n / \delta_n^* \xrightarrow{p} \theta_1 / \theta_2$. 여기에서 $\theta_2 \neq 0$, $\delta_n^* \neq 0$이다.

(iii) $\delta_n \xrightarrow{p} \theta$이고 $a_n \longrightarrow a$이면, $a_n \pm \delta_n \xrightarrow{p} a \pm \theta$, $a_n \delta_n \xrightarrow{p} a\theta$, $\delta_n / a_n \xrightarrow{p} \theta / a$이다.

(iv) 위의 (i), (ii), (iii)은 a.s 수렴에서도 성립한다.

in distribution 수렴의 응용

(1) $X_n \xrightarrow{d} X$이면, $g(X_n) \xrightarrow{d} g(X)$이다. 단, g는 연속함수이다.

(2) (Slutsky 정리) 만약 $X_n \xrightarrow{d} X$이고 $Z_n \xrightarrow{p} c$(Áo)이면,

$$X_n + Z_n \xrightarrow{d} X + c,$$

$$X_n \cdot Z_n \xrightarrow{d} c \cdot X,$$

$$X_n / Z_n \xrightarrow{d} X / c, \; Z_n \neq 0, \; c \neq 0$$이다.

(3) 만약 X_n과 Z_n의 결합분포가 X와 Z의 결합분포로 수렴하면, 즉 $(X_n, Z_n) \xrightarrow{d} (X, Z)$이면, 임의의 연속함수 g에 대해

$$g(X_n, Z_n) \xrightarrow{d} g(X, Z)$$

이다. 특별한 경우로 $(X_n, Z_n) \xrightarrow{d} (X, Z)$이면,

$X_n + Z_n \xrightarrow{d} X + Z,$

$X_n \cdot Z_n \xrightarrow{d} X \cdot Z,$ 그리고

$X_n / Z_n \xrightarrow{d} X / Z$가 성립한다.

그러나 $X_n \xrightarrow{d} X$, $Z_n \xrightarrow{d} Z$이더라도 $X_n + Z_n \xrightarrow{d} X + Z$, $X_n \cdot Z_n \xrightarrow{d} X \cdot Z$, $X_n / Z_n \xrightarrow{d} X / Z$는 일반적으로 성립하지 않는다.

(4) (Cramér–Wold 정리) $(X_{1n}, X_{2n}, \ldots, X_{kn}) \xrightarrow{d} (X_1, X_2, \ldots, X_k)$이면, 모든 상수 $(a_1, \ldots, a_k) \in \mathbb{R}^k$에 대해

$$\sum_{j=1}^{k} a_j X_{jn} \xrightarrow{d} \sum_{j=1}^{k} a_j X_j$$

이고, 역도 성립한다.

B. 중심극한정리(Central Limit Theorem, C.L.T)

중심극한정리는 어떤 통계량이 표본의 크기가 무한대로 접근할 때 그 통계량의 분포가 정규분포를 따른다는 이론이다. 다음은 여러 가지 C.L.T 중에서 선형 및 비선형회귀모형에 가장 많이 쓰이는 두 가지 C.L.T만을 소개한 것이다.

확률변수가 *i.i.d.*일 때

확률벡터 $\mathbf{X}_1, \mathbf{X}_2, \ldots, \mathbf{X}_n$이 평균이 $\boldsymbol{\mu}$이고 분산이 Σ인 *i.i.d.*한 확률벡터일 때

$$\sqrt{n}(\overline{\mathbf{X}} - \boldsymbol{\mu}) \xrightarrow{d} N(\mathbf{0}, \Sigma)$$

이다. 단 Σ는 존재하며 양정치행렬이다.

확률벡터가 독립일 때(Lindberg–Feller C.L.T)

$\mathbf{X}_1, \mathbf{X}_2, \ldots, \mathbf{X}_n$이 평균이 $E(\mathbf{X}_i) = \boldsymbol{\mu}_i$, 분산이 $Var(\mathbf{X}_i) = \Sigma_i$인 독립확률벡터이고, $E(\mathbf{X}_i^{r_1} \mathbf{X}_j^{r_2}) < \infty$, $r_1 + r_2 = 3$, r_1, r_2는 음이 아닌 정수라고 가정하자. 이제 $\overline{\boldsymbol{\mu}}_n = \sum_{i=1}^{n} \boldsymbol{\mu}_i / n$, $\overline{\Sigma}_n =$

$\sum_{i=1}^{n} \Sigma_i / n$으로 놓았을 때, 만약 $\overline{\Sigma}_n \to \Sigma$이고 모든 $i = 1, 2, \ldots, n$에 대하여

$$\lim_{n\to\infty} \frac{\Sigma_i}{\sum_{i=1}^{n} \Sigma_i} = O$$

을 만족하면,

$$\sqrt{n}\left(\overline{\mathbf{X}}_n - \overline{\boldsymbol{\mu}}_n\right) \xrightarrow{d} N(\mathbf{0}, \Sigma)$$

이다. 단, Σ는 양정치행렬이다.

C. 대수의 법칙(Law of Large Numbers, LLN)

임의의 확률변수(또는 확률벡터) $X_1, X_2, \ldots, X_n$이

$$\frac{1}{n}\sum_{i=1}^{n}\left(X_i - E(X_i)\right) \xrightarrow{a.s} 0$$

이면 $\{X_n\}$이 강대수의 법칙(STRONG LLN, SLLN)을 따른다고 하고,

$$\frac{1}{n}\sum_{i=1}^{n}\left(X_i - E(X_i)\right) \xrightarrow{p} 0$$

이면 $\{X_n\}$이 약대수의 법칙(WEAK LLN, WLLN)을 따른다고 한다.

Kinchine 약대수의 법칙

$X_1, X_2, \ldots, X_n$이 $i.i.d.$한 확률변수(또는 확률벡터)이고 $E(X_i) = \mu < \infty$이면

$$\overline{X} - \mu \xrightarrow{p} 0.$$

즉, $\overline{X} \xrightarrow{p} \mu$이다.

Chebyshev 약대수의 법칙

$X_1, X_2, \ldots, X_n$이 $E(X_i) = \mu_i < \infty$, $Var(X_i) = \sigma_i^2 < \infty$인 무상관관계를 가지고 있는 확률변수(또는 확률벡터)라고 하자. $\overline{\mu}_n = \sum_{i=1}^{n} \mu_i / n$이라고 정의할 때, 만약

$$\lim_{n\to\infty} \frac{1}{n^2}\sum_{i=1}^{\infty} \sigma_i^2 < \infty$$

이면

$$\overline{X}_n - \overline{\mu}_n \xrightarrow{p} 0$$

이다.

Markov 강대수의 법칙

$X_1, X_2, \ldots, X_n$이 $E(X_i) = \mu_i < \infty$인 독립확률변수(벡터)이고, 어떤 $\delta > 0$에 대해

$$\sum_{i=1}^{\infty} \frac{E|X_i - \mu_i|^{1+\delta}}{i^{1+\delta}} < \infty$$

이면

$$\overline{X}_n - \overline{\mu}_n \xrightarrow{a.s} 0$$

이다. 단, $\overline{\mu}_n = \sum_{i=1}^{n} \mu_i / n$이다.

Kolmogorov 강대수의 법칙

$X_1, X_2, \ldots, X_n$이 $E(X_i) = \mu_i < \infty$, $Var(X_i) = \sigma_i^2 < \infty$, 그리고 $\sum_{i=1}^{\infty} \sigma_i^2 / i^2 < \infty$인 독립확률변수(또는 확률벡터)일 때

$$\overline{X}_n - \overline{\mu}_n \xrightarrow{a.s} 0$$

이다. 여기에서 $\overline{\mu}_n = \sum_{i=1}^{n} \mu_i / n$이다.

D. 응용

고전적 선형모형

$$\mathbf{y} = X\boldsymbol{\beta} + \boldsymbol{\epsilon}$$

여기에서

(1) X는 상수이고,

(2) $E(\boldsymbol{\epsilon}) = \mathbf{0}$, $Var(\boldsymbol{\epsilon}) = \sigma^2 I$, 그리고

(3) $\lim_{n\to\infty} X'X/n = Q$, Q는 양정치행렬이다.

위의 3가지 가정 하에서 $\mathbf{y} = X\boldsymbol{\beta} + \boldsymbol{\epsilon}$의 모형으로부터 추정된 $\boldsymbol{\beta}$의 OLS 추정량은

$$\widehat{\boldsymbol{\beta}} = (X'X)^{-1}X'\mathbf{y}$$

이다. $\mathbf{y} = X\boldsymbol{\beta} + \boldsymbol{\epsilon}$이므로

$$\begin{aligned}\widehat{\boldsymbol{\beta}} &= (X'X)^{-1}X'\mathbf{y} = (X'X)^{-1}X'(X\boldsymbol{\beta} + \boldsymbol{\epsilon}) \\ &= \boldsymbol{\beta} + (X'X)^{-1}X'\boldsymbol{\epsilon} = \boldsymbol{\beta} + \left(\frac{X'X}{n}\right)^{-1}\frac{1}{n}X'\boldsymbol{\epsilon}\end{aligned}$$

이 된다.

(1) $\widehat{\boldsymbol{\beta}}$의 일치성

$X'X/n \to Q$이므로

$$Var\left(\frac{1}{n}X'\boldsymbol{\epsilon}\right) = \frac{1}{n^2}X'Var(\boldsymbol{\epsilon})X = \frac{1}{n^2}X'\sigma^2 IX \overset{n\to\infty}{\longrightarrow} \mathbf{0}$$

이므로 $X'\boldsymbol{\epsilon}/n \overset{2}{\longrightarrow} \mathbf{0}$이 되어 B.1.5에 의해 $X'\boldsymbol{\epsilon}/n \overset{p}{\longrightarrow} \mathbf{0}$이 된다. 한편, 가정에 의해 $X'X/n \to Q$이므로 B.1.6의 (iii)에 의해

$$\widehat{\boldsymbol{\beta}} = \boldsymbol{\beta} + \left(\frac{X'X}{n}\right)^{-1}\frac{1}{n}X'\boldsymbol{\epsilon} \overset{p}{\longrightarrow} \boldsymbol{\beta} + Q^{-1}\cdot\mathbf{0} = \boldsymbol{\beta}$$

가 되어 고전적 선형회귀모형의 OLS 추정량 $\widehat{\boldsymbol{\beta}} = (X'X)^{-1}X'\mathbf{y}$는 $\boldsymbol{\beta}$의 일치추정량이 된다.

(2) $\widehat{\boldsymbol{\beta}}$의 정규성

$\widehat{\boldsymbol{\beta}}$의 극한분포를 구하기 위해, $\mathbf{x}_i$를 독립변수 X의 i번째, $i = 1,2,\dots,n$, 관찰벡터라고 하자. 그러면 $X'\boldsymbol{\epsilon}/n = \sum_{i=1}^n \mathbf{x}_i\epsilon_i/n$가 된다. 그러면 $\mathbf{x}_i\epsilon_i$는 가정에 의해 독립이며 $E(\mathbf{x}_i\epsilon_i) = \mathbf{x}_i E(\epsilon_i) = \mathbf{0}$가 된다. $Var(\mathbf{x}_i\epsilon_i) = \sigma^2\mathbf{x}_i\mathbf{x}_i' < \infty$이고 $X'X \to \infty$이므로

$$\frac{\mathbf{x}_i\mathbf{x}_i'}{\sum_{i=1}^n \mathbf{x}_i\mathbf{x}_i'} = \frac{\mathbf{x}_i\mathbf{x}_i'}{X'X} \longrightarrow O$$

가 된다.

$E|\epsilon_i|^3 < \infty$라는 가정 하에서 $\sum_{i=1}^n \sigma^2 \mathbf{x}_i \mathbf{x}_i' / n = \sigma^2 X'X/n \to \sigma^2 Q$이므로 B.2.2에 의해

$$\sqrt{n}\left(\frac{1}{n}X'\boldsymbol{\epsilon} - \mathbf{0}\right) \xrightarrow{d} N(\mathbf{0}, \sigma^2 Q)$$

가 된다. B.1.7의 (2)에 의해

$$\widehat{\boldsymbol{\beta}} = \boldsymbol{\beta} + (X'X)^{-1}X'\boldsymbol{\epsilon} = \boldsymbol{\beta} + \left(\frac{X'X}{n}\right)^{-1}\frac{1}{n}X'\boldsymbol{\epsilon}$$

에서 $X'X/n \longrightarrow Q$이므로

$$\sqrt{n}(\widehat{\boldsymbol{\beta}} - \boldsymbol{\beta}) \xrightarrow{d} N(\mathbf{0}, \sigma^2 Q^{-1})$$

이다. 그러므로, $\widehat{\boldsymbol{\beta}} \approx N(\boldsymbol{\beta}, \sigma^2 Q^{-1}/n)$의 근사분포를 따르고, $Var(\widehat{\boldsymbol{\beta}})$의 근사값은 다음 S^2의 일치성에 의해 $S^2 \xrightarrow{p} \sigma^2$이고, $X'X/n \longrightarrow Q$이므로 $S^2(X'X)^{-1}$가 된다.

(3) S^2의 일치성

$$\begin{aligned} S^2 &= \frac{1}{n-k}(\mathbf{y} - \widehat{\mathbf{y}})'(\mathbf{y} - \widehat{\mathbf{y}}) = \frac{1}{n-k}\left[\boldsymbol{\epsilon}'\boldsymbol{\epsilon} - \boldsymbol{\epsilon}'X(X'X)^{-1}X'\boldsymbol{\epsilon}\right] \\ &= \frac{n}{n-k}\left[\frac{1}{n}\boldsymbol{\epsilon}'\boldsymbol{\epsilon} - \frac{\boldsymbol{\epsilon}'X}{n}\left(\frac{X'X}{n}\right)^{-1}\frac{X'\boldsymbol{\epsilon}}{n}\right] \end{aligned}$$

이 된다. $\boldsymbol{\epsilon}'\boldsymbol{\epsilon}/n = \sum_{i=1}^n \boldsymbol{\epsilon}_i^2/n$이므로 B.3.1에 의해

$$\frac{\boldsymbol{\epsilon}'\boldsymbol{\epsilon}}{n} \xrightarrow{p} E(\boldsymbol{\epsilon}_i^2) = \sigma^2$$

이고, $\boldsymbol{\epsilon}'X/n \xrightarrow{p} \mathbf{0}$, $X'X/n \to Q$이므로 B.1.6에 의해

$$S^2 = \frac{n}{n-k}\left[\frac{1}{n}\boldsymbol{\epsilon}'\boldsymbol{\epsilon} - \frac{\boldsymbol{\epsilon}'X}{n}\left(\frac{X'X}{n}\right)^{-1}\frac{X'\boldsymbol{\epsilon}}{n}\right] \xrightarrow{p} 1 \cdot [\sigma^2 - \mathbf{0} \cdot Q^{-1} \cdot \mathbf{0}] = \sigma^2$$

이 된다.

(4) $R\boldsymbol{\beta} = \mathbf{q}$의 검정통계량의 근사분포

$\sqrt{n}(\widehat{\boldsymbol{\beta}} - \boldsymbol{\beta}) \xrightarrow{d} N(\mathbf{0}, \sigma^2 Q^{-1})$이므로 크기가 $J \times K$인 임의의 선형결합 $R\widehat{\boldsymbol{\beta}}$의 분포는

$$\sqrt{n}(R\widehat{\boldsymbol{\beta}} - R\boldsymbol{\beta}) \xrightarrow{d} N(\mathbf{0}, \sigma^2 RQ^{-1}R')$$

이 된다(B.1.7의 (2)).

$\sigma^2 RQ^{-1}R'$이 양정치행렬이므로 부록 A의 정리 26에 의해 $(\sigma^2 RQ^{-1}R')^{-1} = TT'$을 만족하는 행렬이 존재하여

$$\sqrt{n}T'(R\widehat{\boldsymbol{\beta}} - R\boldsymbol{\beta}) \xrightarrow{d} N\big(\mathbf{0}, T'(\sigma^2 RQ^{-1}R')T\big) = N\big(\mathbf{0}, T'(TT')^{-1}T\big) = N(\mathbf{0}, I)$$

가 된다. 그러므로,

$$\sqrt{n}(R\widehat{\boldsymbol{\beta}} - R\boldsymbol{\beta})'T\sqrt{n}T'(R\widehat{\boldsymbol{\beta}} - R\boldsymbol{\beta}) = n(R\widehat{\boldsymbol{\beta}} - R\boldsymbol{\beta})'(\sigma^2 RQ^{-1}R')^{-1}(R\widehat{\boldsymbol{\beta}} - R\boldsymbol{\beta}) \xrightarrow{d} \chi^2_{(J)}$$

를 따르게 된다(B.1.7의 (1)). 한편, $S^2 \xrightarrow{p} \sigma^2$이고 $X'X/n \longrightarrow Q$이므로

$$n(R\widehat{\boldsymbol{\beta}} - R\boldsymbol{\beta})'\left(S^2 R\left(\frac{X'X}{n}\right)^{-1} R'\right)^{-1}(R\widehat{\boldsymbol{\beta}} - R\boldsymbol{\beta}) \xrightarrow{d} \chi^2_{(J)}$$

를 따르게 된다(B.1.7의 (2)).

독립변수 X가 확률변수일 때

$y_i = \mathbf{x}_i'\boldsymbol{\beta} + \epsilon_i,\ i = 1, 2, \cdots, n$에서

(i) $\mathbf{x}_i$가 확률벡터이다.

(ii) $(\mathbf{x}_i, \epsilon_i)$가 $i.i.d.$한 확률벡터이다.

(iii) $X'X/n = \frac{1}{n}\sum_{i=1}^n \mathbf{x}_i\mathbf{x}_i' \xrightarrow{p} E(\mathbf{x}_i\mathbf{x}_i') = Q$이다. 여기에서 Q는 양의 값을 갖는 양정치행렬이다.

(iv) $\mathbf{x}_i$와 ϵ_i는 무상관관계(uncorrelated)이다. 즉 $E(\boldsymbol{\epsilon}|X) = E(\boldsymbol{\epsilon})$이고, $E(\boldsymbol{\epsilon}\boldsymbol{\epsilon}'|X) = E(\boldsymbol{\epsilon}\boldsymbol{\epsilon}') = \sigma^2 I$이다.

(1) OLS 추정량 $\widehat{\boldsymbol{\beta}} = (X'X)^{-1}X'\mathbf{y}$의 일치성

$\widehat{\boldsymbol{\beta}} = \boldsymbol{\beta} + (X'X/n)^{-1}X'\boldsymbol{\epsilon}/n$에서 $X'\boldsymbol{\epsilon}/n = \sum_{i=1}^n \mathbf{x}_i\epsilon_i/n$을 고려하여 보자. 가정 (iv)에 의해 $E(\mathbf{x}_i\epsilon_i) = E(\mathbf{x}_i)E(\epsilon_i|\mathbf{x}_i) = \mathbf{0}$이고 $\mathbf{x}_i\epsilon_i$가 가정 (ii)에 의해 $i.i.d.$한 확률변수이므로 B.3.1에 의해

$$\frac{X'\boldsymbol{\epsilon}}{n} = \frac{1}{n}\sum_{i=1}^n \mathbf{x}_i\epsilon_i \xrightarrow{p} \mathbf{0}$$

이 된다. 그러므로 가정 (iii)과 B.1.7 (2)에 의해

$$\widehat{\boldsymbol{\beta}} \xrightarrow{p} \boldsymbol{\beta} + Q^{-1} \cdot \mathbf{0} = \boldsymbol{\beta}$$

가 되어 $\widehat{\boldsymbol{\beta}}$는 β의 일치추정량이 된다.

(2) S^2의 일치성

$$S^2 = \frac{1}{n-k}(\mathbf{y} - \widehat{\mathbf{y}})'(\mathbf{y} - \widehat{\mathbf{y}}) = \frac{1}{n-k}\sum_{i=1}^{n} e_i^2$$

이다. 그런데 $e_i = \mathbf{x}_i'(\boldsymbol{\beta} - \widehat{\boldsymbol{\beta}}) + \epsilon_i$이므로

$$\begin{aligned} S^2 &= \frac{1}{n-k}\sum_{i=1}^{n} e_i^2 \\ &= \frac{1}{n-k}(\boldsymbol{\beta} - \widehat{\boldsymbol{\beta}})'\sum_{i=1}^{n} \mathbf{x}_i\mathbf{x}_i'(\boldsymbol{\beta} - \widehat{\boldsymbol{\beta}}) + \frac{2}{n-k}(\boldsymbol{\beta} - \widehat{\boldsymbol{\beta}})'\sum_{i=1}^{n} \mathbf{x}_i\epsilon_i + \frac{1}{n-k}\sum_{i=1}^{n} \epsilon_i^2 \end{aligned}$$

이 된다.

한편 $(\widehat{\boldsymbol{\beta}} - \boldsymbol{\beta}) \xrightarrow{p} \mathbf{0}$이고 가정 (iii)에 의해

$$\frac{1}{n}\sum_{i=1}^{n} \mathbf{x}_i\mathbf{x}_i' = \frac{1}{n}X'X \xrightarrow{p} Q$$

이므로 S^2의 첫번째 항은 0으로 수렴한다. 또한

$$\frac{1}{n}\sum_{i=1}^{n} \mathbf{x}_i\epsilon_i \xrightarrow{p} \mathbf{0} \text{ 이고 } \quad \frac{1}{n}\sum_{i=1}^{n} \epsilon_i^2 \xrightarrow{p} \sigma^2$$

이므로

$$S^2 \xrightarrow{p} 0 + 0 + \sigma^2$$

이 되어 S^2는 σ^2의 일치추정량이 된다.

(3) $\widehat{\boldsymbol{\beta}}$의 정규성

$X'\boldsymbol{\epsilon}/n = \sum_{i=1}^{n} \mathbf{x}_i\epsilon_i/n$에서 가정 (ii)에 의해 $E(\mathbf{x}_i\epsilon_i) = \mathbf{0}$이고

$$Var(\mathbf{x}_i\epsilon_i) = E(\mathbf{x}_i\epsilon_i^2\mathbf{x}_i') = E(\mathbf{x}_i\mathbf{x}_i'E(\epsilon_i^2|\mathbf{x}_i)) = \sigma^2 E(\mathbf{x}_i\mathbf{x}_i') = \sigma^2 Q < \infty$$

인 $i.i.d.$한 확률변수이다. 그러므로 B.2.1에 의해

$$\sqrt{n}\Big(\frac{1}{n}X'\boldsymbol{\epsilon}-\mathbf{0}\Big)\xrightarrow{d}N(\mathbf{0},\sigma^2 Q)$$

가 된다. 그러므로

$$\sqrt{n}(\widehat{\boldsymbol{\beta}}-\boldsymbol{\beta})\xrightarrow{d}N(\mathbf{0},\sigma^2 Q^{-1})$$

가 된다.

독립변수 X와 오차항 ϵ이 상관관계를 가질 때

$$y_i=\mathbf{x}_i'\boldsymbol{\beta}+\epsilon_i,\qquad i=1,2,\ldots,n.$$

여기에서

(i) $Cov(\mathbf{x}_i,\epsilon_i)=\boldsymbol{\gamma}\neq\mathbf{0}$, $E(\epsilon_i)=0$, $Var(\boldsymbol{\epsilon})=\sigma^2 I$.

(ii) $(\mathbf{x}_i,\mathbf{z}_i,\epsilon_i)$는 $i.i.d.$ 확률벡터이고

$$\frac{1}{n}Z'Z=\frac{1}{n}\sum_{i=1}^n\mathbf{z}_i\mathbf{z}_i'\xrightarrow{p}E(\mathbf{z}_i\mathbf{z}_i')=Q_{ZZ},$$
$$\frac{1}{n}Z'X=\frac{1}{n}\sum_{i=1}^n\mathbf{z}_i\mathbf{x}_i'\xrightarrow{p}E(\mathbf{z}_i\mathbf{x}_i')=Q_{ZX},$$
$$\frac{1}{n}X'X=\frac{1}{n}\sum_{i=1}^n\mathbf{x}_i\mathbf{x}_i'\xrightarrow{p}E(\mathbf{x}_i\mathbf{x}_i')=Q_{XX}$$

이다.

(iii) $E(\epsilon_i|\mathbf{z}_i)=0$.

(1) OLS 추정량 $\widehat{\boldsymbol{\beta}}=(X'X)^{-1}X'\mathbf{y}$의 불일치성

$\widehat{\boldsymbol{\beta}}=\boldsymbol{\beta}+(X'X)^{-1}X'\boldsymbol{\epsilon}$이므로 $X'\boldsymbol{\epsilon}/n=\sum_{i=1}^n\mathbf{x}_i\epsilon_i/n$은 가정 (i)과 (ii)에 의해 $E(\mathbf{x}_i\epsilon_i)=Cov(\mathbf{x}_i,\epsilon_i)=\boldsymbol{\gamma}\neq\mathbf{0}$인 $i.i.d.$한 확률변수이다. 그러므로 B.3.1에 의해

$$\frac{1}{n}X'\boldsymbol{\epsilon}\xrightarrow{p}\boldsymbol{\gamma}$$

가 되어

$$\widehat{\boldsymbol{\beta}} = \boldsymbol{\beta} + \left(\frac{X'X}{n}\right)^{-1} \frac{1}{n} X'\boldsymbol{\epsilon} \xrightarrow{p} \boldsymbol{\beta} + Q_{XX}^{-1}\boldsymbol{\gamma}$$

가 되어 OLS 추정량은 $\boldsymbol{\beta}$의 일치추정량이 될 수 없다.

(2) 도구변수 추정량 $\widehat{\boldsymbol{\beta}}_{IV}$의 일치성($\mathbf{x}_{i(K\times1)}, \mathbf{z}_{i(L\times1)}$ 에서 $K = L$일 경우)

$$\begin{aligned}\widehat{\boldsymbol{\beta}}_{IV} &= (Z'X)^{-1}Z'\mathbf{y} \\ &= (Z'X)^{-1}Z'(X\boldsymbol{\beta} + \boldsymbol{\epsilon}) = \boldsymbol{\beta} + (Z'X)^{-1}Z'\boldsymbol{\epsilon}\end{aligned}$$

이 된다. $Z'\boldsymbol{\epsilon}/n = \sum_{i=1}^{n} \mathbf{z}_i\epsilon_i/n$은 가정 (ii)와 (iii)에 의해 $E(\mathbf{z}_i\epsilon_i) = E\big(\mathbf{z}_i E(\epsilon_i|\mathbf{z}_i)\big) = \mathbf{0}$인 $i.i.d.$한 확률변수이므로 B.3.1에 의해

$$\frac{1}{n}\sum_{i=1}^{n} \mathbf{z}_i\epsilon_i \xrightarrow{p} \mathbf{0}$$

이다. 그러므로

$$\widehat{\boldsymbol{\beta}}_{IV} \longrightarrow \boldsymbol{\beta} + Q_{ZX}^{-1} \cdot \mathbf{0} = \boldsymbol{\beta}$$

가 된다.

(3) 도구변수 추정량 $\widehat{\boldsymbol{\beta}}_{IV}$의 일치성($L > K$일 경우)

$$\begin{aligned}\widehat{\boldsymbol{\beta}}_{IV} &= [X'Z(Z'Z)^{-1}Z'X]^{-1}X'Z(Z'Z)^{-1}Z'\mathbf{y} \\ &= \boldsymbol{\beta} + \left[X'Z(Z'Z)^{-1}Z'X\right]^{-1}X'Z(Z'Z)^{-1}Z'\boldsymbol{\epsilon} \\ &= \boldsymbol{\beta} + \left[\frac{X'Z}{n}\left(\frac{Z'Z}{n}\right)^{-1}\frac{Z'X}{n}\right]^{-1}\frac{X'Z}{n}\left(\frac{Z'Z}{n}\right)^{-1}\frac{1}{n}Z'\boldsymbol{\epsilon}\end{aligned}$$

이다. (2)에서 보여준 바와 같이 $Z'\boldsymbol{\epsilon}/n \xrightarrow{p} \mathbf{0}$이고 가정 (ii)에 의해 $\widehat{\boldsymbol{\beta}}_{IV} \xrightarrow{p} \boldsymbol{\beta}$가 됨을 알 수 있다.

(4) $\widehat{\boldsymbol{\beta}}_{IV}$의 정규성($K=L$인 경우)

$$\widehat{\boldsymbol{\beta}}_{IV}=\boldsymbol{\beta}+(Z'X)^{-1}Z'\boldsymbol{\epsilon}$$

에서 $Z'\boldsymbol{\epsilon}/n=\sum_{i=1}^{n}\mathbf{z}_i\epsilon_i/n$은 평균 $E(\mathbf{z}_i\epsilon_i)=\mathbf{0}$과 분산 $Var(\mathbf{z}_i\epsilon_i)=E(\mathbf{z}_i\epsilon_i^2\mathbf{z}_i')=E\big(\mathbf{z}_i\mathbf{z}_i'E(\epsilon_i^2|\mathbf{z}_i)\big)=\sigma^2Q_{ZZ}<\infty$인 $i.i.d.$ 확률변수의 평균이다. 그러므로 B.2.1에 의해

$$\sqrt{n}\Big(\frac{1}{n}Z'\boldsymbol{\epsilon}-\mathbf{0}\Big)\xrightarrow{d}N(\mathbf{0},\sigma^2Q_{ZZ})$$

를 따르게 되어

$$\sqrt{n}(\widehat{\boldsymbol{\beta}}_{IV}-\boldsymbol{\beta})\xrightarrow{d}N(\mathbf{0},\sigma^2Q_{ZX}^{-1}Q_{ZZ}Q_{ZX}^{'-1})$$

가 된다.

(5) $\widehat{\boldsymbol{\beta}}_{IV}$의 정규성($L>K$ 인 경우)

$$\widehat{\boldsymbol{\beta}}_{IV}=\boldsymbol{\beta}+\Big[\frac{X'Z}{n}\Big(\frac{Z'Z}{n}\Big)^{-1}\frac{Z'X}{n}\Big]^{-1}\frac{X'Z}{n}\Big(\frac{Z'Z}{n}\Big)^{-1}\frac{1}{n}Z'\boldsymbol{\epsilon}$$

에서 (4)와 동일하게

$$\sqrt{n}\Big(\frac{1}{n}Z'\boldsymbol{\epsilon}-\mathbf{0}\Big)\xrightarrow{d}N(\mathbf{0},\sigma^2Q_{ZZ})$$

를 따르므로

$$\begin{aligned}\sqrt{n}(\widehat{\boldsymbol{\beta}}_{IV}-\boldsymbol{\beta})&\xrightarrow{d}N\big(\mathbf{0},\sigma^2(Q_{ZX}'Q_{ZZ}^{-1}Q_{ZX})^{-1}Q_{ZX}'Q_{ZZ}^{-1}Q_{ZZ}Q_{ZZ}^{-1}Q_{ZX}(Q_{ZX}'Q_{ZZ}^{-1}Q_{ZX})^{-1}\big)\\&=N\big(\mathbf{0},\sigma^2(Q_{ZX}'Q_{ZZ}^{-1}Q_{ZX})^{-1}\big)\end{aligned}$$

의 분포를 따르게 된다.

(6) $\widehat{\sigma}^2=\sum_{i=1}^{n}(y_i-\mathbf{x}_i'\widehat{\boldsymbol{\beta}}_{IV})^2/n$의 일치성($K=L$일 경우)

$L>K$일 경우는 $K=L$일 때의 증명방법과 동일하므로 생략한다.

$$\widehat{\sigma}^2=\frac{1}{n}\sum_{i=1}^{n}(y_i-\mathbf{x}_i'\widehat{\boldsymbol{\beta}}_{IV})^2=\frac{1}{n}\widehat{\boldsymbol{\epsilon}}'\widehat{\boldsymbol{\epsilon}}$$

이다. 여기에서 $\widehat{\boldsymbol{\epsilon}}=\mathbf{y}-X\widehat{\boldsymbol{\beta}}_{IV}$이다.

$$\widehat{\boldsymbol{\epsilon}}=\mathbf{y}-X\widehat{\boldsymbol{\beta}}_{IV}=\mathbf{y}-X(Z'X)^{-1}Z'\mathbf{y}=[I-X(Z'X)^{-1}Z']\boldsymbol{\epsilon}$$

이므로

$$\hat{\boldsymbol{\epsilon}}'\hat{\boldsymbol{\epsilon}} = \boldsymbol{\epsilon}'\boldsymbol{\epsilon} - \boldsymbol{\epsilon}'X(Z'X)^{-1}Z'\boldsymbol{\epsilon} - \boldsymbol{\epsilon}'Z(X'Z)^{-1}X'\boldsymbol{\epsilon} + \boldsymbol{\epsilon}'Z(X'Z)^{-1}X'X(Z'X)^{-1}Z'\boldsymbol{\epsilon}$$

이 된다. $\boldsymbol{\epsilon}'\boldsymbol{\epsilon}/n \xrightarrow{p} \sigma^2$이고 $Z'\boldsymbol{\epsilon}/n \xrightarrow{p} \mathbf{0}$이므로

$$\hat{\sigma}^2 = \frac{1}{n}\hat{\boldsymbol{\epsilon}}'\hat{\boldsymbol{\epsilon}} \xrightarrow{p} \sigma^2$$

이 된다.

E. Gauss–Markov 정리의 증명

Gauss–Markov 정리의 증명에 관련된 사항을 정리하여 보자. 어떤 모수 θ의 2개의 불편추정량 T_1과 T_2가 있을 때 T_1과 T_2의 분산을 비교하여 작은 분산을 가진 추정량이 좋은 추정량이라고 한다. 이런한 비교는 θ가 벡터가 아닐 때는 매우 유용한 방법이다.

$\boldsymbol{\theta}$가 벡터일 때는 $\mathbf{T}_1$과 $\mathbf{T}_2$도 역시 벡터가 되어 $\mathbf{T}_1$과 $\mathbf{T}_2$의 분산은 행렬이 된다. 그러므로 $\mathbf{T}_1$과 $\mathbf{T}_2$의 분산의 비교는 매우 애매하게 된다. 이러한 애매모호함을 회피하기 위해 $\mathbf{T}_1$과 $\mathbf{T}_2$의 임의의 선형결합을 통해, 즉 $\mathbf{a} \neq \mathbf{0}$에 대해 $Var(\mathbf{a}'\mathbf{T}_1)$과 $Var(\mathbf{a}'\mathbf{T}_2)$를 계산하여 작은 분산을 가진 추정량을 좋은 추정량으로 판명하게 된다. 예를 들어, $\mathbf{T}_1' = (b_1, b_2)$, $\mathbf{T}_2' = (b_1^*, b_2^*)$라고 할 때 $Var(\mathbf{a}'\mathbf{T}_1) \le Var(\mathbf{a}'\mathbf{T}_2)$의 의미는 $\mathbf{a} \neq \mathbf{0}$인 임의의 벡터이므로 다음의 여러가지 의미를 가지게 된다. $\mathbf{a}' = (1,0)$이면 $Var(\mathbf{a}'\mathbf{T}_1) = Var(b_1) \le Var(\mathbf{a}'\mathbf{T}_2) = Var(b_1^*)$이고 $\mathbf{a}' = (0,1)$이면 $Var(\mathbf{a}'\mathbf{T}_1) = Var(b_2) \le Var(\mathbf{a}'\mathbf{T}_2) = Var(b_2^*)$이고 $\mathbf{a}' = (1,1)$이면 $Var(b_1 + b_2) \le Var(b_1^* + b_2^*)$ 등의 의미를 가지게 된다. 그러나 $\mathbf{a}'$이$\mathbf{0}$이 아닌 임의의 벡터이므로 $Var(\mathbf{a}'\mathbf{T}_1)$과 $Var(\mathbf{a}'\mathbf{T}_2)$를 계산할 수 없게 된다. $Var(\mathbf{a}'\mathbf{T}_1) \le Var(\mathbf{a}'\mathbf{T}_2)$는 $\mathbf{a}'\Sigma_1\mathbf{a} \le \mathbf{a}'\Sigma_2\mathbf{a}$를 의미한다. 여기에서 $\Sigma_1 = Var(\mathbf{T}_1)$이고 $\Sigma_2 = Var(\mathbf{T}_2)$이다. $\mathbf{a}'\Sigma_1\mathbf{a} \le \mathbf{a}'\Sigma_2\mathbf{a}$는 $\mathbf{a}'(\Sigma_2 - \Sigma_1)\mathbf{a}_1 \ge 0$을 의미하므로 $\Sigma_2 - \Sigma_1$이 비음준정치(non-positive semidefinite)행렬임을 증명함으로써 $Var(\mathbf{a}'\mathbf{T}_1) \le Var(\mathbf{a}'\mathbf{T}_2)$를 보일 수 있게 된다.

선형성

$\hat{\boldsymbol{\beta}} = (X'X)^{-1}X'\mathbf{y}$이므로 $\hat{\boldsymbol{\beta}}$가 $\mathbf{y}$의 선형함수이다.

불편성

$E(\widehat{\boldsymbol{\beta}}) = (X'X)^{-1}X'E(\mathbf{y}) = (X'X)^{-1}X'E(X\boldsymbol{\beta}+\boldsymbol{\epsilon}) = \boldsymbol{\beta}$이므로 $\widehat{\boldsymbol{\beta}}$는 $\boldsymbol{\beta}$의 불편추정량이다.

최소분산

$\widetilde{\boldsymbol{\beta}}$가 $\mathbf{y}$의 선형함수이고 $\boldsymbol{\beta}$의 불편추정량이라고 하자. 그러면 $\widetilde{\beta} = C\mathbf{y}$로 표현할 수 있다. 단 $E(\widetilde{\boldsymbol{\beta}}) = \boldsymbol{\beta}$이므로 $E(\widetilde{\boldsymbol{\beta}}) = CE(\mathbf{y}) = CX\boldsymbol{\beta}$이므로 $CX = I$이어야만 한다.

$Var(\widetilde{\boldsymbol{\beta}}) = CVar(\mathbf{y})C' = \sigma^2 CC'$이고 $Var(\widehat{\boldsymbol{\beta}}) = \sigma^2(X'X)^{-1}$이므로 만약 $CC' - (X'X)^{-1}$가 비음준정치행렬이면 C가 임의의 행렬이므로 $\widehat{\boldsymbol{\beta}}$가 선형최소분산불편추정량(또는 BLUE)이 되게 된다. 이를 위해 $\boldsymbol{\beta}^* = (C-(X'X)^{-1}X')\mathbf{y}$를 고려하여 보자. $\boldsymbol{\beta}^*$는 $\mathbf{y}$의 선형함수이며 $E(\boldsymbol{\beta}^*) = \boldsymbol{\beta}$가 됨을 쉽게 보일 수 있다. 즉, $\boldsymbol{\beta}^*$는 $\widetilde{\boldsymbol{\beta}}$의 특수한 경우이다. 이제

$$
\begin{aligned}
Var(\boldsymbol{\beta}^*) &= \left(C-(X'X)^{-1}X'\right)Var(\mathbf{y})\left(C-(X'X)^{-1}X'\right)' \\
&= \sigma^2\left(CC' - CX(X'X)^{-1} - (X'X)^{-1}X'C' - (X'X)^{-1}\right)
\end{aligned}
$$

그런데 $CX = I$이고 임의의 추정량의 분산공분산 행렬은 비음준정치행렬이므로 $Var(\boldsymbol{\beta}^*) = \sigma^2(CC' - (X'X)^{-1})$는 비음준정치행렬이 된다. 그러므로 $\widehat{\boldsymbol{\beta}}$는 선형최소분산불편추정량이 된다.

참고 문헌

[1] 국가통계포털, http://kosis.kr/.

[2] 농립수산식품부, http://www.mifaff.go.kr/.

[3] 박유성 (2011). *수리금융의 이해와 응용*, 자유아카데미.

[4] 박유성, 김기환 (2011). *시계열자료분석(제6판)*, 자유아카데미.

[5] 서울통계자료실, http://stat.seoul.go.kr/.

[6] 서울외국환중개, http://www.smbs.biz/.

[7] 한국은행 경제통계시스템, http://ecos.bok.or.kr/.

[8] 한국은행 지역본부, 지역경제통계, http://bok.or.kr/region/main/regionMain.action?menuNaviId=8.

[9] 한국육가공협회, http://www.kmia.or.kr/infocenter/infocenter2.html.

[10] 한국자동차산업협회, http://www.kama.or.kr/.

[11] 행정안전부, *한국도시통계*, http://www.mopas.go.kr/.

[12] 현대자동차. (2009). *2008 자동차산업 Hand Book*, http://www.hyundai.com.

[13] Ahn, S. K. and Reinsel, G. C. (1990). "Estimation for partially nonstationary multivariate autoregressive models", *Journal of the American Statistical Association*, 85, 813-823.

[14] Amemiya, T. (1977). "A note on a heteroscedastic model", *Journal of Econometrics, 6, 365-370. Corrigenda*, 8, 275.

[15] Andrews, D. (1991). "Heteroscedasticity and autocorrelation consistent covariance matrix estimation", *Econometrica*, 59, 817-858.

[16] Baksalary, J. K. and Trenkler, G. (1989). "The efficiency of OLS in a seemingly unrelated regression model", *Econometric Theory*, 5, 463-465.

[17] Baltagi, B. (1995). *Econometric Analysis of Panel Data*, Wiley, New York.

[18] Baltagi, B. (1980). "On seemingly unrelated regression with error components", *Econometrica*, 48, 1547-1551.

[19] Baltagi, B. (1995). *Econometric Analysis of Panel Data*, Wiley, New York.

[20] Bollerslev, T. (1986). "Generalized autoregressive conditional heteroscedasticity", *Journal of Econometrics*, 31, 307-327.

[21] Breusch, T. S. and Pagan, A. R. (1979). "A simple test for heteroscedasticity and random coefficient variation", *Econometrica*, 47, 1287-1294.

[22] Breusch, T. S. and Pagan, A. R. (1980). "The Lagrange multiplier test and its applications to model specification in econometrics", *Review of Economic Studies*, 47, 239-253.

[23] Breusch, T. S. (1978). "Testing for autocorrelation in dynamic linear models", *Australian Economic Papers*, 17 334-355.

[24] Chow, C. (1960). "Test for equality between sets of coefficients in two linear regressions", *Econometrica*, 38, 591-605.

[25] Cox, D. (1961). "Tests of seperate families of hypotheses", *Proceedings of Fourth Berkeley Symposium on Mathematical Statistics and Probability*, vol. 1, University of California Press, Berkeley.

[26] Cox, D. (1962). "Further results on tests of seperate families of hypotheses", *Journal of the Royal Statistical Society B*, 24, 406-424.

[27] Davidson, R. and MacKinnon, J. (1981). "Several tests for model specification in the presence of alternative hypotheses", *Econometrica*, 49, 781-793.

[28] Davidson, R. and MacKinnon, J. (1993). *Estimation and Inference in Econometrics*, Oxford University Press, New York.

[29] Dezhbakch, H. (1990). "The inappropriate use of serial correlation tests in dynamic linear models", *Review of Economics and Statistics*, 72, 126-132.

[30] Dickey, D., Bell, W. and Miller, R. (1986). "Unit roots in time series models: Tests and implications", *The American Statistician*, 40, 12-26.

[31] Dickey, D. and Fuller, W. (1979). "Distribution of estimators for autoregressive time series with a unit root", *Journal of the American Statistical Association*, 74, 427-431.

[32] Dickey, D. and Fuller, W. (1981). "Likelihood ratio tests for autoregressive time series with a unit root", *Econometrica*, 49, 1057-1072.

[33] Dickey, D., Hasza, D. P. and Fuller, W. (1984). "Testing for unit roots in seasonal time series", *Journal of the American Statistical Association*, 79, 355-367.

[34] Doran, H. E. and Griffiths, W. E. (1983). "On the relative efficiency of estimators which include the initial observations in the estimation of seemingly unrelated regressions with first-order autoregressive disturbances", *Journal of Econometrics*, 23, 165-191.

[35] Durbin, J. (1970). "Testing for serial correlation in least squares regression when some of the regressors are lagged dependent variables", *Econmetrica*, 38, 410-421.

[36] Dwivedi, T. D. and Srivastava, V. K. (1978). "Optimality of least squares in the seemingly unrelated regression equation model", Journal of *Econometrics*, 7, 391-395.

[37] Enders, W. (2004). *Applied Econometric Time Series*, Wiley, New York.

[38] Engle, R. and Granger, C.(1987). "Cointergration and error correction: representation, estimation, and testing", *Econometrica*, 55, 251-276.

[39] Engle, R. (1982). "Autoregressive conditional Heteroscedasticity with estimates of the variance of United Kingdom inflations", *Econmetrica*, 50, 987-1008.

[40] Fomby, T. B., Hill, R. C. and Johnson, S. R. (1984). *Advanced Econometric Methods*, Springer Verlag, Berlin, New York.

[41] Godfrey, L. (1978). "Testing for high order serial correlation in regression equations when the regressors include lagged endogenous variables", *Econmetrica*, 46, 1303-1310.

[42] Goldfeld, S. M. and Quandt, R.E. (1965). "Some tests for homoscedasticity", *Journal of the American Statistical Association*, 60, 539-547.

[43] Granger, C. and Newbold, P. (1974) "Spurious Regressions in Econometrics", *Journal of Econometrics*, 2, 111-120.

[44] Hamilton, J. D. (1994). *Time Series Analisis*, Princeton University Press, Princeton, New Jersey.

[45] Harrison, M and McCabe, B. (1979). "A test for homoscedasticity based on ordinary least squares residuals", *Journal of the American Statistical Association*, 74, 494-499.

[46] Harvey, A. and Phillips, G. (1976). "Esitimating regression models with multiplicative heteroscedasticity", *Eonometrica*, 44, 461-465.

[47] Harvey, A. (1974). "A comparison of the power of some tests for heteroscedasticity in the general linear model", *Journal of Econometrics*, 2, 307-316.

[48] Hausman, J. A. (1975). "An instrumental variables approach to full information estimators for linear and certain nonlinear models", *Econometrica*, 43, 727-738.

[49] Hylleberg, S., Engle, R., Granger, C. and Yoo, B. (1990). "Seasonal Integration and Cointegration", *Journal of Econometrics*, 44, 215-238.

[50] Johansen, S. (1991). "Estimation and Hypothesis Testing of Cointegration Vectors in Gaussian Vector Autoregressive Models", *Econometrica*, 59, 1551-1580.

[51] Johansen, S. (1995). "A Statistical Analysis of Cointegration for I(2) Variables", *Econometric Theory*, 11, 25-59.

[52] Johansen, S. (1998). "Asymptotic Inference on Cointegrating Rank in Partial Systems", *Journal of Business and Economic Statistics*, 16/4, 388-399.

[53] Johnston, J. (1984). *Econometric Methods*, McGraw-Hill, New York.

[54] Judge, G. G. and Takayama(1966). "Inequality restriction in regression analysis", *Journal of the American Statistical Association*, 61, 166-181.

[55] Judge, G. G., Griffiths, W. E., Hill, W. E., Luetkepohl, H. and Lee, T. C. (1985). *The Theory and Practic of Econometrics*, Wiley, New York.

[56] Ljung, G. and Box, G. (1979). "On a measure of lack of fit in time series models", *Biometrika*, 66, 265-270.

[57] McLachlan, and Krishnan. (1997). *The EM Algorithm and Extensions*, Wiley, New York.

[58] Nerlove, M and Diebold, F. (1990). "Unit Roots in Economic Time Series: A Selective Survey", In Bewley T (ed), *Advances in Econometrics*, Vol. 8. New York: JAI Press.

[59] Ng, S. and Perron, P. (2001). "Lag Length Selection and the Construction of Unit Root Tests with Good Size and Power", *Econometrica*, 69, 1519-1554.

[60] Pagan, A. (1979). "Some consequences of viewing LIML as an iterated Aitken estimator", *Economics Letters*, 3, 369-372.

[61] Park, J. Y. (1992). "Canonical cointergrating regressions", *Econometrica*, 60, 119-143.

[62] Parks, R. (1967). “Efficient estimstion of a system of regression equations when disturbances are both serially and contemporaneousely correlated”, *Journal of the American Statistical Association*, 62, 500-509.

[63] Perron, P. (1989). “The Great Crash, the Oil Price Shock, and the Unit Root Hypothesis”, *Econometrica*, 57, 1361-1401.

[64] Pesaran, H. and Deaton, A. (1978). “Testing non-nested nonlinear regression models”, *Econometrica*, 46, 677-694.

[65] Pesaran, H. (1974). “On the general problem of model selection”, *Review of Economic Studies*, 41, 153-171.

[66] Phillips, P. C. B. (1991). “Optimal inference in cointergrated system”, *Econometrica*, 59, 283-306.

[67] Phillips, P. C. B. (1991). “Time series regression with a unit root”, *Econometrica*, 55, 277-302.

[68] Said, S. and Dickey, D. (1984). “Testing for Unit Root in Autoregressive-Moving Average Models with Unknown Order”, *Biometrika*, 71, 599-607.

[69] SAS Institute Inc. (2013) *SAS 9.4 Functions and CALL Routines: Reference*, Cary, NC: SAS Institute Inc.

[70] SAS Institute Inc. (2013) *SAS 9.4 Graph Template Language Reference*, Cary, NC: SAS Institute Inc.

[71] SAS Institute Inc. (2013) *SAS 9.4 Graph Template Language User's Guide*, Cary, NC: SAS Institute Inc.

[72] SAS Institute Inc. (2013) *SAS 9.4 Language Reference Concepts*, Cary, NC: SAS Institute Inc.

[73] SAS Institute Inc. (2013) *SAS 9.4 Macro Language Reference*, Cary, NC: SAS Institute Inc.

[74] SAS Institute Inc. (2013) *SAS/ETS 12.3 User's Guide*, Cary, NC: SAS Institute Inc.

[75] SAS Institute Inc. (2013) *SAS/GRAPH 9.4 Reference*, Cary, NC: SAS Institute Inc.

[76] SAS Institute Inc. (2013) *SAS/IML 12.3 User's Guide*, Cary, NC: SAS Institute Inc.

[77] Schmidt, P. (1976). *Econometrics*, Marcel Dekker, New York.

[78] Sims, C., Stock, J. and Watson, M. (1990). "Inference in Linear Time Series Models with some Unit Roots", *Econometrica*, 58, 113-144.

[79] Sims, C. and Watson, M. (1988). "Testing for Common Trends", *Journal of American Statistical Association*, 83, 1097-1107.

[80] Srivastava, V. K. and Giles, D. E. A. (1987), *Seemingly Unrelated Regression Equations Models*, Dekker, New York.

[81] Stock, J. H. and Watson, M. H. (1993). "A simple estimator of cointergrating vectors in higher order integrated systems", *Econometrica*, 61, 783-820.

[82] Tong, B. (1989). *Threshold Models in Non-Linear Time Series Analysis*, Springer Verlag, Berlin, New York.

[83] Watson, M. (1994). "Vectorautoregressions and cointegration", in *Handbook of Econometrics*, Engle, R. and McFadden, D. eds., vol. 4, North-Holland, Amsterdam.

[84] White, H. (1980). "A heteroscedasticity consistent covariance matrix estimator and a direct test for heteroscedasticity", *Econometrica*, 48, 817-838.

[85] Zellner, A. (1962). "An efficient method of estimating seemingly unrelated regressions and tests of aggregation bias", *Journal of the American Statistical Association*, 57, 348-368.

[86] Zellner, A. (1963). "Estimation for seemingly unrelated regression equations: some exact finite sample results", *Journal of the American Statistical Association, 58, 997-992, Corrigenda*, 67, 255.

찾아보기

| **저자 소개** |

박유성

1994~현재 고려대학교 정경대학 통계학과 교수

김기환

2004~현재 고려대학교 세종캠퍼스 과학기술대학 응용통계학과 교수

SAS/ETS를 이용한

계량경제 금융자료 분석

| 저 자 박유성 · 김기환
| 발 행 인 주정희
| 발 행 처 자유아카데미
| 주 소 경기도 파주시 회동길 37-42
파주출판도시
| 전 화 031-955-1321
| 팩 스 031-955-1322
| 홈페이지 www.freeaca.com
| 전자우편 main@freeaca.com(대표)
editor@freeaca.com(편집)
crm@freeaca.com(영업)
| 등 록 제406-2003-017호, 1980. 7. 12
| 제1판1쇄 2016년 2월 25일 발행
| 제1판2쇄 2016년 8월 15일 발행
| 정 가 30,000원

저자와의
협의하에
인지생략

ISBN 979-11-5808-078-5 93310